普通高等教育"十三五"规划教材
全国高等医药院校规划教材

供中医、中西医结合、针灸等专业使用

病理学

第2版

李 萍 李瑞琴 主 编

科学出版社
北京

内 容 简 介

本书为普通高等教育"十三五"规划教材之一，内容包括病理解剖学和病理生理学。病理解剖学侧重从形态学角度研究疾病，病理生理学侧重从功能、代谢上研究疾病。结合中医院校的实际，本着教材应体现知识、方法、结构、内容等方面的创新，紧跟和引领教学实践的原则，本书延续第1版《病理学》的章节设计及编写结构，并对教材的章节安排、内容编写、教学模式、编写格式等进行了新的编写与修订。本次教材首次将"二维码"融入教材插图中，通过手机扫描可简单便捷地将教材中大量的插图下载进行保存和分享，随时随地进行辩识学习，同时也降低了教材的印刷成本。

本书可供中医药院校五年制和七年制医药类中医、中西医结合、针灸等专业学生开课使用，也可用作青年教师、临床医师、科研人员的参考用书。

图书在版编目（CIP）数据

病理学 / 李萍，李瑞琴主编 . —2 版 . —北京：科学出版社，2017.6
普通高等教育"十三五"规划教材·全国高等医药院校规划教材
ISBN 978-7-03-053709-6

Ⅰ . ①病… Ⅱ . ①李… ②李… Ⅲ . ①病理学 - 医学院校 - 教材
Ⅳ . ① R36

中国版本图书馆CIP数据核字(2017)第137603号

责任编辑：郭海燕　王　鑫 / 责任校对：郭瑞芝
责任印制：李　彤 / 封面设计：陈　敬

科 学 出 版 社 出版
北京东黄城根北街16号
邮政编码：100717
http://www.sciencep.com

北京盛通商印快线网络科技有限公司 印刷
科学出版社发行　各地新华书店经销

*

2012年 3 月第　一　版　开本：787×1092　1/16
2017年 7 月第　二　版　印张：22 1/4
2021年12月第六次印刷　字数：500 000

定价：54.80 元
（如有印装质量问题，我社负责调换）

《病理学》编委会

主　编　李　萍　李瑞琴
副主编　熊　凡　雷久士　王晓敏
编　者　（按姓氏笔画排序）
　　　　王晓敏（江西中医药大学）
　　　　刘　杨（山西中医药大学）
　　　　李　萍（湖北中医药大学）
　　　　李能莲（甘肃中医药大学）
　　　　李瑞琴（河南中医药大学）
　　　　陈　丽（湖南中医药大学）
　　　　苗宇船（山西中医药大学）
　　　　施　旻（江西中医药大学）
　　　　姜　霞（湖北中医药大学）
　　　　骆亚莉（甘肃中医药大学）
　　　　高爱社（河南中医药大学）
　　　　唐　群（湖南中医药大学）
　　　　黄　勇（甘肃中医药大学）
　　　　雷久士（湖南中医药大学）
　　　　熊　凡（湖北中医药大学）
秘　书　尹漾阳（湖北中医药大学）

前　言

根据教育部深化教育教学改革的要求，为进一步适应中医药院校医学教育课程体系与教学内容改革的需要，全面推进素质教育，培养具有创新精神和创新能力的医学人才，2011年科学出版社在充分调研的基础上，组织编写了《病理学》第1版及配套教材《病理学实验指导》第2版。本教材针对中医药院校病理学教学中的实际情况而组织编写，既有利于教学，又有利于学习者学以致用，解决实际工作中所遇到的问题。因此，编委会在《病理学》第1版基础上，组织《病理学》第2版及配套教材《病理学实验指导》第3版的编写工作，适当调整了编委会成员，充实进青年老师。

本教材的内容包括病理解剖学和病理生理学。病理解剖学侧重从形态学角度研究疾病，病理生理学侧重从功能、代谢上研究疾病。结合中医院校的实际，本着教材应体现知识、方法、结构、内容等方面的创新，紧跟和引领教学实践的原则，我们延续《病理学》第1版的章节设计及编写结构，并对教材编写做了以下设计。

(1) 在教材章节安排上，借鉴国内外教材在教学内容整合、版式设计等方面的经验，以病理解剖学和病理生理学的教学内容的内在有机联系为基础，把疾病时机体各器官、系统的形态、功能和代谢改变有机地联系在一起，着重介绍病理学基本知识和基本理论，特别是基本病理过程和重大疾病的基础知识。

(2) 在内容编写方面，坚持"三基"（基础理论、基本知识、基本技能）和"五性"（思想性、科学性、先进性、启发性、适用性）的基本宗旨，并力求语言简练、条理清楚、深入浅出。

(3) "以问题为中心"的教学模式是培养高素质、实用型和创新型医学人才的有效途径。为适应目前中医药院校的教育现状，改进现有的教学模式，每章后备有若干临床病理讨论案例，旨在教学中供老师以案例涉及内容为主线，将其融入课堂理论授课之中，提出启发性问题，开拓学生思路，提高学生的学习兴趣和求知欲望，突出以学生为中心的教育理念。

(4) 编写格式上，每章后增加了"插入框"，用以介绍病理学领域的里程碑工作，以及与临床紧密相关的内容等，使学生了解相关领域历史变迁与最新进展，拓展学生知识面，照顾学有余力的学生，同时也给教师分层教学提供素材。

(5) 将"二维码"融入教材插图中。病理教材中大体和组织学照片，一直以来通过彩色套印，提高图片清晰度及辨识力，但也增加了印刷成本及学生购书压力。本教材使用科学出版社创新技术，将"二维码"随插图印刷，通过手机扫描二维码，简单便捷地将教材中的黑白图片快速转换为彩图照片进行任意浏览，可下载保存和分享，随时随地对教材插图进行辨识学习，同时也降低了教材的印刷成本，绿色环保。

本教材可供中医药院校五年制和七年制医药类各专业学生使用，也可用作青年教师、临床医师、科研人员的参考用书。教材的参编人员均为来自中医药院校本科教学、科研及临床诊断工作第一线的教授、专家，在此感谢各位编委的高度责任感和对编稿工作精益求精的态度，对全书稿件进行了多次讨论、修改及审阅！在教材编写过程中始终得到梅家俊教授的关心和精心指导，他对本教材的编写大纲、初稿和终稿都进行了认真的审阅，并提出了宝贵的修改意见；参考文献所列的各类教材为本书的编写提供了重要的参考内容，在此，对本教材出版过程中提供过帮助的同仁及朋友一并表示诚挚的感谢和崇高的敬意!

由于我们水平有限,虽经努力,但仍难免存在不尽如人意之处,期盼同行专家、使用本教材的师生和其他读者批评、指正。

李　萍　李瑞琴

2017年5月

目 录

前言
绪论 …………………………………… 1
第一章　疾病概论 …………………… 7
　　第一节　健康与疾病 ……………… 7
　　第二节　病因学 …………………… 8
　　第三节　发病学 …………………… 10
　　第四节　疾病的经过与转归 ……… 13
第二章　细胞和组织的适应、损伤与修复 … 16
　　第一节　细胞和组织的适应性反应 … 16
　　第二节　细胞损伤的原因和机制 … 19
　　第三节　细胞和组织的损伤 ……… 20
　　第四节　损伤的修复 ……………… 29
第三章　局部血液循环障碍 ………… 36
　　第一节　局部充血 ………………… 36
　　第二节　出血 ……………………… 39
　　第三节　血栓形成 ………………… 41
　　第四节　栓塞 ……………………… 45
　　第五节　梗死 ……………………… 47
第四章　炎症 ………………………… 52
　　第一节　炎症概述 ………………… 52
　　第二节　急性炎症 ………………… 55
　　第三节　慢性炎症 ………………… 66
第五章　肿瘤 ………………………… 69
　　第一节　肿瘤的概念 ……………… 69
　　第二节　肿瘤的基本特征 ………… 70
　　第三节　肿瘤的生长与扩散 ……… 74
　　第四节　肿瘤的命名和分类 ……… 77
　　第五节　恶性肿瘤的分级和分期 … 78
　　第六节　肿瘤对机体的影响 ……… 79
　　第七节　良性肿瘤与恶性肿瘤的区别 … 80
　　第八节　癌前病变、非典型增生、原位癌及上皮内瘤变 ……… 81
　　第九节　常见肿瘤举例 …………… 82
　　第十节　肿瘤的病因学和发病学 … 87
第六章　水、电解质代谢紊乱 ……… 93
　　第一节　水与电解质的正常代谢 … 93
　　第二节　水、钠代谢紊乱 ………… 95
　　第三节　钾代谢紊乱 ……………… 99
第七章　水肿 ………………………… 104
　　第一节　水肿的发生机制 ………… 104
　　第二节　水肿的病理变化 ………… 107
　　第三节　水肿对机体的影响 ……… 108
第八章　酸碱平衡紊乱 ……………… 110
　　第一节　酸碱平衡的调节 ………… 110
　　第二节　反映血液酸碱平衡状况的常用指标及其意义 ……… 114
　　第三节　单纯型酸碱平衡紊乱 …… 116
　　第四节　混合型酸碱平衡紊乱 …… 122
　　第五节　酸碱平衡紊乱分析判断的病理生理学基础 ……… 124
第九章　缺氧 ………………………… 127
　　第一节　常用的血氧指标 ………… 127
　　第二节　缺氧的类型、原因和发病机制 ……………………… 128
　　第三节　缺氧对机体的影响 ……… 131
第十章　发热 ………………………… 136
　　第一节　发热的概念 ……………… 136
　　第二节　发热的病因 ……………… 137
　　第三节　发热的体温调节机制 …… 139
　　第四节　发热时机体的功能与代谢变化 …………………… 142
　　第五节　发热的意义 ……………… 144
第十一章　应激 ……………………… 146
　　第一节　概述 ……………………… 146
　　第二节　应激反应的主要表现 …… 147
　　第三节　应激与疾病 ……………… 152

第十二章 休克	156	第四节 肝硬化	244
第一节 休克的原因和分类	156	第五节 消化系统常见肿瘤	248
第二节 休克的发展过程	158	第六节 肝衰竭	253
第三节 休克的发病机制	163	第十八章 泌尿系统疾病	260
第四节 休克时各器官系统的功能变化	166	第一节 肾小球肾炎	261
第十三章 弥散性血管内凝血	170	第二节 肾盂肾炎	269
第一节 弥散性血管内凝血的病因与发病机制	170	第三节 泌尿系统常见肿瘤	270
第二节 影响弥散性血管内凝血发生和发展的因素	172	第四节 肾衰竭	273
第三节 弥散性血管内凝血的分期和分型	174	第十九章 生殖系统和乳腺疾病	281
第四节 弥散性血管内凝血时的功能代谢变化	175	第一节 子宫疾病	281
第十四章 缺血-再灌注损伤	178	第二节 滋养层细胞疾病	288
第一节 缺血-再灌注损伤的原因及条件	178	第三节 乳腺疾病	290
第二节 缺血-再灌注损伤的发生机制	179	第四节 前列腺疾病	293
第三节 缺血-再灌注损伤时机体的功能及代谢变化	184	第二十章 淋巴造血系统疾病	296
第十五章 心血管系统疾病	187	第一节 淋巴结的良性增生	296
第一节 动脉粥样硬化	187	第二节 淋巴瘤	298
第二节 冠状动脉粥样硬化及冠状动脉粥样硬化性心脏病	192	第三节 髓系肿瘤	304
第三节 高血压病	194	第四节 组织细胞和树突状细胞肿瘤	306
第四节 风湿病	198	第二十一章 常见传染病与寄生虫病	308
第五节 感染性心内膜炎	200	第一节 结核病	309
第六节 心瓣膜病	201	第二节 伤寒	317
第七节 心肌炎和心肌病	203	第三节 细菌性痢疾	319
第八节 周围血管病	204	第四节 流行性脑脊髓膜炎	320
第九节 心力衰竭	205	第五节 流行性乙型脑炎	322
第十六章 呼吸系统疾病	214	第六节 梅毒	323
第一节 肺炎	214	第七节 获得性免疫缺陷综合征	325
第二节 慢性阻塞性肺疾病	220	第八节 阿米巴病	326
第三节 慢性肺源性心脏病	224	第九节 血吸虫病	329
第四节 呼吸系统常见肿瘤	225	附 病理学常用新技术原理及应用	334
第五节 呼吸衰竭	229	第一节 组织化学与免疫组织化学技术	334
第十七章 消化系统疾病	235	第二节 电子显微镜技术	336
第一节 胃炎	235	第三节 显微切割技术	337
第二节 消化性溃疡	237	第四节 激光扫描共聚焦显微镜技术	337
第三节 病毒性肝炎	239	第五节 核酸原位杂交技术	339
		第六节 原位多聚酶链式反应技术	341
		第七节 流式细胞技术	341
		第八节 图像采集和分析技术	343
		第九节 比较基因组杂交技术	344
		第十节 生物芯片技术	345
		第十一节 生物信息学技术	347
		主要参考文献	348

绪　论

病理学的任务　　　　　　　　病理学的研究和观察的方法
病理学的基本内容　　　　　　学习《病理学》的指导思想
病理学在医学中的地位　　　　病理学的发展简史

一、病理学的任务

病理学（pathology）是一门医学基础学科。它的主要任务是研究疾病的病因，发病机制，疾病过程中机体的功能、代谢和形态结构的改变，以及这些改变与疾病转归之间的关系，从而达到认识疾病的本质及发生、发展和转归规律的目的。

病理学主要分为病理解剖学（pathologic anatomy）和病理生理学（pathophysiology）两门学科。病理解剖学即一般所说的病理学，侧重从形态学角度研究患病机体的形态结构改变，为疾病提供组织病理学依据；病理生理学侧重从功能和代谢角度研究患病机体的功能、代谢改变，揭示疾病发生、发展规律与机制。疾病时，功能、代谢的改变常常导致形态结构的改变，而形态结构的改变也常常伴有功能和代谢的改变。病理学和病理生理学是从不同角度、使用不同方法来探讨疾病的本质，为建立有效的疾病诊疗和预防策略提供理论和实验依据。

二、病理学的基本内容

虽然疾病的种类繁多，但不同的疾病可以具有一些相同的病理变化和共同的发病规律，而同一个器官系统的疾病，以及每一种具体疾病，又有其特殊的发生、发展规律，因此病理学涉及的范围非常广泛。作为一门医学基础课，本教材的教学内容主要包括以下三部分。

1. **疾病概论**　又称病理学总论。主要讨论疾病概念，疾病发生、发展和转归的过程中具有普遍规律性的问题，为正确理解和掌握具体疾病的特殊规律奠定基础。

2. **基本病理过程**　又称病理过程，是指在多种疾病过程中出现的共同的、成套的功能、代谢和形态结构的病理变化。例如，细胞和组织的损伤与修复、局部血液循环障碍、水肿、炎症、肿瘤、水电解质和酸碱平衡紊乱、缺氧、发热、应激、弥散性血管内凝血、休克、缺血-再灌注损伤等。基本病理过程不是一个独立的疾病，是疾病的重要组成部分，其原因也是非特异性的。一个基本病理过程可存在于许多疾病过程中，而一种疾病过程中又可以先后或同时出现多个基本病理过程。因此，深入了解基本病理过程的发病机制，对进一步认识疾病的本质有很大帮助。

3. **系统病理学**　又称病理学各论。各论是在总论和基本病理过程学习的基础上，主要讨论机体重要器官、系统在不同疾病中出现的共同的病理变化及其机制。例如，肝炎、肾炎、肺炎、肠炎等，其基本病变均为炎症；再如，心血管系统疾病时的心力衰竭、呼吸系统疾病时的呼吸衰竭、严重肝脏疾病时的肝衰竭、泌尿系统疾病时的肾衰竭等。这些都是疾病发生的共同规律，但由于各器官本身在功能、代谢和形态结构上的不同，其病因、发病机制、病变特点、转归，以及有关临床表现和采取的防治措施也各有不同，构成了每一个疾病的特殊规律。认识疾病的共同规律有利于认识疾病的特殊规律，反之亦然。

病理学三部分内容之间有着十分密切的内在联系，学好总论及基本病理过程是学习各论的必要基础，学习各论则必须经常联系运用前两者的知识。

三、病理学在医学中的地位

"病理学为医学之本"。病理学在医学教育、临床诊疗和科学研究中都扮演着极其重要的角色。

在医学教育中，病理学是基础医学和临床医学之间的桥梁。病理学的学习必须以解剖组织学、生理学、生物化学、细胞生物学、分子生物学、微生物学、寄生虫学和免疫学等为基础，同时其本身又是以后学习临床医学各门课程（注重具体疾病的症状、体征和诊治）的基础。病理学也是一门具有高度实践性的学科，课程的学习一般有理论课、实习课、临床病理讨论（clinical pathological conference，CPC）和见习尸体剖验等学习形式。对医学生来说，学习病理学要特别注意形态与功能、局部与整体、病理变化与临床病理之间的有机联系。

在医疗工作中，活体组织检查是迄今诊断疾病的最可靠的方法。细胞学检查在发现早期肿瘤等方面具有重要作用，对不幸去世的患者进行尸体剖验能对其诊断和死因做出最权威的终极回答，也是提高临床诊断和医疗水平的最重要方法。虽然医学实验室检测、内镜检查、影像学诊断等技术突飞猛进，在疾病的发现和定位上起重要的作用，但很多疾病仍然有赖于病理学检查才能做出最终诊断。同时，临床医务工作者在医疗实践中经常需要用病理生理学的知识来分析疾病的症状、体征及实验室检测指标的变化，指导和改进对疾病的诊疗。

在科学研究中，病理学是重要的研究领域。临床各科的实践中往往都有或者都会不断出现迫切需要解决的病理学问题，如疾病原因和条件的探索、发病机制的阐明、诊疗和预防措施的改进等。例如，心、脑血管疾病及恶性肿瘤等重大疾病的科学研究，无一不涉及病理学内容，常常使疾病的防治不断地改进，甚至发生重大的变革。应用蛋白质和核酸等分子生物学技术研究疾病发生、发展过程的分子病理学（molecular pathology）已是一门新兴的分支学科。临床病理数据和资料，包括大体标本、石蜡包埋组织和切片的积累，不仅是医学科学研究不可或缺的材料，也是病理学教学的资料来源。由此可见，病理学的研究成果，往往能促进临床医学不断发展，对于医生来说，学好病理学是学习临床学科的重要条件。可以认为，病理学是沟通基础医学和临床医学的桥梁，起着承前启后的作用。

四、病理学的研究和观察方法

病理学的研究方法多种多样，研究材料主要来自患者体和实验动物，以及其他实验材料如组织培养、细胞培养等。病理学研究的观察方法也随着新技术的运用越来越多样。

（一）人体病理学的诊断和研究方法

1. **尸体剖检（autopsy）** 简称尸检，即对死者的遗体进行病理解剖和后续的病理学观察，是病理学的基本研究方法之一。尸检的作用：①确定诊断，查明死因，协助临床总结在诊断和治疗过程中的经验和教训，以提高诊治水平；②发现和确诊某些新的疾病、传染病、地方病、流行病等，为卫生防疫部门采取防治措施提供依据；③积累各种疾病的人体病理材料，作为深入研究和防治这些疾病的基础的同时，也为病理学教学收集各种疾病的病理标本。

2. **活体组织检查（biopsy）** 简称活检，用局部切除、钳取、穿刺针吸及搔刮、摘除等手术方法，由患者活体取出小块病变组织进行病理检查，以确定诊断。这是被广泛采用的检查诊断方法。这种方法的优点在于组织新鲜，能基本保持病变的真相，利于进行组织学、免疫组织化学、超微结构和组织培养等研究。对临床工作而言，这种检查方法有助于及时准确地对疾病（特别是性质不明的肿瘤等疾患）做出准确而及时的诊断。同时，在疾病治疗过程中，定期活检可动态了解病变的发展和判断疗效，对治疗和预后都具有十分重要的意义。

3. **细胞学检查** 通过采集病变处的细胞，涂片染色后进行诊断。细胞的来源：可以是运用各种采集器在女性生殖道、口腔、食管、鼻咽部等病变部位直接采集脱落的细胞；也可以是自然分泌物（如痰、乳腺溢液、前列腺液）、体液（如胸腔积液、腹水、心包积液和脑脊液）及排泄物（如尿）中的细胞；还可以是通过内镜或用细针穿刺病变部位（如前列腺、肝、肾、胰、乳腺、甲状腺、淋巴结）等采集的细胞。细胞学检查除用于患者外，还可用于健康普查。此法设备简单，操作简便，患者痛苦少而易于接受，但最后确定是否为恶性病变尚需进一步做活检证实。此外，细胞学检查还可用于对激素水平的测定（如阴道脱落细胞涂片），以及为细胞培养和 DNA 提取等提供标本。

4. **临床观察** 病理学研究的是患病机体中功能、代谢和形态结构的改变，而人体是其主要的研究对象。因此很多研究必须在对患者做周密细致临床观察后得出结论，有时甚至要在对患者长期的随访中探索疾病动态发展的规律。为此，应在不损害患者健康的前提下，进行一系列必要的临床检查与实验研究。例如，对患者进行 B 超、CT、MEI 检查或收集患者的血液、脑脊液等进行检查，有助于探讨疾病过程中的功能、代谢和形态结构的变化。

5. **流行病学调查** 为了了解某些传染或非传染性疾病在不同人群和区域的发生、发展及分布规律，从宏观和微观世界中探讨疾病发生的原因、条件，疾病发生发展的规律和趋势，从而为疾病的预防、控制和治疗提供科学依据，因此群体流行病学研究和分子流行病学研究都已成为疾病研究中的重要方法和手段。

（二）实验病理学研究方法

1. *动物实验*（animal experiment） 大部分实验研究是不容许在人身上进行的。这就需要运用动物实验的方法，在适宜动物身上复制某些人类疾病的模型，以便研究者根据需要对之进行任何方式的观察研究。例如，分阶段地进行连续取材检查了解该疾病或某一病理过程的发生发展经过，研究某些疾病的病因、发病机制及药物或其他因素对疾病的疗效和影响等。目前除了上述的疾病整体动物模型外，还有离体器官模型、细胞模型、数学模型和基因工程动物模型等。这种方法的优点是可以弥补人体观察的受限和不足，但动物与人体之间毕竟存在种种差异，不能将动物实验的结果直接套用于人体，这是必须注意的。

2. *组织和细胞培养*（tissue and cell culture） 将某种组织或单细胞用适宜的培养基在体外加以培养，以观察细胞、组织病变的发生发展，如肿瘤的生长、细胞的癌变、病毒的复制、染色体的变异等。此外，也可以对其施加如射线、药物等外来因子，以观察其对细胞、组织的影响等。这种方法的优点是，可以较方便地在体外观察研究各种疾病或病变过程，研究加以影响的方法，而且周期短、见效快，可以节省研究时间，是很好的研究方法之一。但缺点是孤立的体外环境毕竟与各部分间互相联系、互相影响的体内的整体环境不同，故不能将研究结果与体内过程等同看待。

（三）病理学观察方法和新技术的应用

近年来，随着学科的发展，病理学的研究手段已远远超越了传统经典的形态观察，而采用了许多新方法、新技术，从而使研究工作得到了进一步的深化，但形态学方法仍不失为基本的研究方法。常用的方法简述如下。

1. **大体观察** 主要运用肉眼或辅之以放大镜、量尺、各种衡器等辅助工具，对检材及其病变性状（大小、形态、色泽、重量、表面及切面状态、质地等）和病灶特征（部位、范围、境界及与周边组织的关系等）进行细致的观察和检测。这种方法简便易行，有经验的病理及临床工作者往往能借大体观察而确定或大致确定诊断或病变性质（如肿瘤的良恶性等）。

2. **组织学观察** 将病变组织制成厚约数微米的病理切片，经不同的方法染色（常用苏木精-伊红染色）后用光学显微镜观察组织和细胞的细微病变，从而千百倍地提高了肉眼观察的分辨能力，加深了对疾病和病变的认识。这是最常用的观察、研究疾病的手段之一，同时，由于各种疾病和病变往往本身具有一定程度的组织形态特征，故常可借助组织学观察来诊断疾病，如上述的活检。

3. **细胞学观察** 运用采集器采集病变部位脱落的细胞，或用空针穿刺吸取病变部位的组织、细胞，或由体腔积液中分离所含病变细胞，制成细胞学涂片，做光学显微镜检查，了解其病变特征。此法常用于某些肿瘤（如肺癌、子宫颈癌、乳腺癌等）和其他疾病的早期诊断，既提高了穿刺的安全性，也提高了诊断的准确性。但限于取材的局限性和准确性，有时使诊断难免受到一定的限制。

4. **超微结构观察** 运用透射及扫描电子显微镜对组织、细胞及一些病原因子的内部和表面超微结构进行更细微的观察（电子显微镜较光学显微镜的分辨能力高千倍以上），即从亚细胞（细胞器）或大分子水平上认识和了解细胞的病变。这是迄今最细致的形态学观察方法。在超微结构水平上，还能将形态结构的改变与功能代谢的变化联系起来，大大有利于加深对疾病和病变的认识。

5. **组织化学和细胞化学观察** 一般称为特殊染色，是通过应用某些能与组织和细胞化学成分特异性结合的显色试剂，定位地显示病变组织某些成分，如蛋白质、酶类、核酸、糖原、脂类等化学成分的状况，从而加深对形态结构改变的认识和代谢改变的了解。这种方法不仅可以揭示普通形态学方法所不能观察到的组织细胞的化学成分的变化，而且往往在尚未出现形态结构改变之前，就能查出其化学成分的变化。对一些代谢性疾病的诊断有一定的参考价值，也可应用于肿瘤的诊断和鉴别诊断中。

6. **免疫组织化学观察** 运用免疫组织化学和免疫细胞化学的方法，了解组织细胞的免疫学性状。原理是利用抗原与抗体的特异性结合反应来检测组织中的未知抗原或者抗体，从而进行病理诊断和鉴别诊断。其优点是在原位观察待测物质的存在与否、所在部位及含量，将形态改变与功能和代谢变化结合起来，并可在光学显微镜、荧光显微镜或电子显微镜下直接观察，克服了传统免疫反应只能定性、定量，而不能定位的缺点。

7. **新方法、新技术的运用** 由于科学技术迅速发展，许多新方法、新技术相继应用于病理学的研究，如放射自显影技术、显微分光技术、分析电镜技术、流式细胞仪技术、形态测量（图像分析）技术、聚合酶链反应（PCR）技术、分子原位杂交及基因（或蛋白）芯片等一系列分子生物学技术等。这些新技术的应用，使常规的病理形态学观察发展到将形态结构改变与组织细胞的化学变化结合起来进行研究，而且将定性研究发展到对病理改变进行形态的和化学成分的定量研究，从而获得了更多更新的新信息，大大加深了疾病研究的深度。这是以往的研究所难以实现的。

五、学习《病理学》的指导思想

《病理学》是一门理论性和逻辑性很强的课程，在学习的过程中要特别注重学习方法。

（一）掌握重点内容

病理学课程的所有章节中，重点内容包括相关概念或定义、病因和发病机制、机体功能和代谢改变，以及防治的病理生理学依据。学习的难点是内容多，抽象概念及形态描述多，理论知识记忆难。但繁多的内容之间有点、线、面结构的联系，学会使用线条或图表勾画每一章节、每一单元甚至整个教学内容的结构图，以密切相关知识点、线、面结构的联系。

（二）体会课程的特点

病理学的教学内容中处处充满着辩证法，如矛盾的对立与统一（损伤与抗损伤）、转化（因果交替)、局部与整体等。而且，不同病理过程的高度复杂性，以及观察者所取得的时间、空间、对象和研究手段的差异性，同一致病因素所引起的结果可能完全不同。因此，学习过程中要充分运用辩证的思维方法，要善于追根求源，融会贯通，在理解的基础上加强记忆。此外，由于技术手段的限制，对有些矛盾的病理现象目前还无法得到明确的解释（如钠离子负荷改变对肾小球旁器致密斑的作用等）。虽然在教材编写过程中尽量采用已经被公认的理论，但科学技术是不断发展的，即使是由权威人士提出、被大多数人接受的理论也有错误的可能。因此，在学习中要敢于质疑和批判，并提出自己的观点并加以验证。唯有如此，才能不断完善对疾病的认识，改进诊治方案。胃幽门螺杆菌和促胰泌素的发现等就是不唯上、不唯书的典型案例。

(三) 追踪相关领域的最新进展

20世纪末以来，生命科学的快速发展大大促进了对疾病的认识。例如，随着人类基因组计划的完成，表观遗传学、功能基因组学、蛋白质组学、代谢组学的研究成果将极大地促进人类对生命奥秘及各种疾病发病机制和诊治效果的认识，极大地改善对疾病的诊断、治疗和预防。由于脑的高度复杂性及解剖结构的特殊性，对脑功能和脑疾病的研究大大滞后于外周器官。近年来，各种影像学技术的快速发展，给脑科学和脑疾病的研究带来了机遇。2010年启动的人类脑连接组计划，将描绘出人类大脑的所有神经连接，对促进人们对大脑功能和脑疾病的理解有重要价值。此外，2012年荣膺诺贝尔生理学或医学奖的成体细胞重编程技术的进一步完善，将为终末分化器官（心脏和脑）疾病的治疗带来新希望。

(四) 重视实验课

病理学实验课可验证大课堂中所学的相关理论，巩固基本理论知识。实验课中，学生通过对病变器官、组织的形态学观察，了解疾病时人体组织的结构变化；通过动物实验了解动物疾病模型复制的方法，培养学生严谨的科学态度、动手能力和分析解决问题的能力；通过对各种典型临床病例的病理学观察和分析，培养学生逻辑思维的能力；利用多学科融合的功能实验平台，通过设置综合性实验和设计性实验，有效激发学生的学习兴趣和主动性，培养学生的基本科研思维、实验技能和综合分析能力。由于实验课分组实行，同学们要有团队合作精神，要积极参与。

(五) 重视临床实践和社会调查

病理学以患者为主要对象，研究的是患病机体中功能、代谢和形态的变化。因此，早期接触临床患者，对相关疾病有一个感性认识，可提高学习兴趣和效率。最近10来年，国外越来越多的学校推行"服务学习"的理念，强调在服务于社会的过程中进行学习。作为医学生，要有高度社会责任感，以解除广大病患疾苦为己任，在学习过程中多做社会调查，促进学以致用。

六、病理学的发展简史

病理学是在人类探索和认识自身疾病的过程中应运而生的。它的发展必然受到人类认识自然能力的制约。从古希腊的 Hippocrates 开始，经过2千多年的发展，直到18世纪中叶，由于自然科学的兴起，促进了医学的进步，意大利医学家 Morgagni（1682～1771年）根据积累的尸检材料创立了器官病理学（organ pathology），标志着病理形态的开端。约一个世纪以后的19世纪中叶，德国病理学家 Virchow（1821～1902年）在显微镜的帮助下，首创了细胞病理学（cellular pathology），不仅对病理学而且对整个医学的发展做出了具有历史意义、划时代的贡献。直到今天，他的学说还继续影响着现代医学的理论和实践。

我国秦汉时期的《黄帝内经》、隋唐时代巢元方的《诸病源候论》、南宋时期宋慈的《洗冤集录》

等世界名著，对病理学的发展做出了很大的贡献。半个多世纪以来，我国现代病理学先驱徐育明、胡正详、梁伯强、谷镜汧、侯宝璋和林振纲、秦光煜、江晴芬、李佩琳、吴在东、杨述祖、杨简、刘永等为我国病理学教学、师资培养及病理学的发展，呕心沥血，艰辛创业，功绩卓著。在他们的主持和参与下，我国从无到有地编著了具有我国特色的病理学教科书和参考书。同时，大力推进我国的病理尸检和活检工作及科研工作，对长期以来严重危害我国人民健康的地方病和寄生虫病（如地方性心肌病、大骨节病、内脏利什曼病、血吸虫病等）、肿瘤（如肝癌、食管癌、鼻咽癌等）及心血管疾病（如动脉粥样硬化症、冠心病等）等常见病、多发病，进行了广泛深入的研究，得到了丰硕的成果。这些成就不仅对我国当前病理学教学、科研和检验工作，而且对今后我国病理的发展都起着重要的作用。

在整个医学的漫长发展史中，病理生理学是一门比较年轻的学科，是科学发展和实践需要的必然产物。19世纪中叶，人们开始认识到，仅仅用临床观察和尸体解剖的方法，还不足以使人们对疾病的本质有全面的、深刻的认识。于是有人开始在动物身上用实验的方法来研究疾病时功能、代谢的动态变化，为以后病理生理学的发展，奠定了基础。我国的病理生理学自1955年以来，全国医学院校普遍开设了病理生理学这门新的课程，在教材建设、教学改革等方面，通过辛勤的劳动，经历曲折的历程，终于走上了具有我国特色的病理生理学教学的发展道路。在科学研究方面，我国的病理生理学工作者在医学遗传学、肿瘤病因学、肿瘤发病学、免疫病理学、移植免疫学、冻伤、烧伤、休克、微循环障碍、缺氧、高山病、发热、炎症、放射病、心血管系统疾病、血液病、内分泌系统疾病、中西医结合，以及某些传染病、地方病、遗传病如钩端螺旋体病、地方性心肌病、内脏利什曼病、低血钾麻痹等各个方面，都做出了可喜的成绩。

病理学的发展与自然科学，特别是基础科学的发展与技术进步有着密切的联系。当人们还只能依赖肉眼和简单的放大镜观察事件时，便只能产生器官病理学。只有到了显微镜和细胞学问世之后，才诞生了细胞病理学。而半个多世纪以来，由于电子显微镜技术，特别是20多年来一系列有关新方法、新技术的相继建立和细胞生物学、分子生物学、环境医学及现代免疫学、现代遗传学等新兴学科及其分支的迅速兴起和发展，对医学科学、也对病理学的发展产生了深刻的影响，带来了新的动力。近年来，超微病理学（ultra-structural pathology）、分子病理学、分子免疫学（molecular immunology）、分子遗传学（molecular genetics）等新的边缘学科和学科分支的建立，促使病理学已不仅从细胞和亚细胞水平，而且深入到从分子水平、从人类遗传基因突变和染色体畸变等去认识有关疾病，研究疾病的起因和发病机制。现代遗传病理学认为，在人类疾病中虽然只有一小部分具有明显的遗传特征，但原则上几乎所有疾病都受遗传因素的影响。现代免疫病理学的研究则逐步阐明了许多长期以来未被认识的疾病的病因、发病机制及其本质，发现许多疾病的发生发展均与机体的免疫状态密切相关。这些进展和发现，为许多疾病的防治开辟了新的前景。

我国病理学科在前辈病理学者奠定的坚实基础上，经过新一代病理学者的努力，已有了长足的进步，在队伍和条件的建设上得到了显著的发展。我国是一个幅员辽阔、人口众多的大国，疾病谱和疾病都具有自己的特点，开展好这方面的研究，不仅对我国医学发展和疾病防治具有极为重要的意义，同时也是对世界医学的贡献。面对这一任务，我国病理学的发展具有充分的现实条件和广阔的前景。当前，我们既要面对现实，大力提倡和开展病理尸检工作，充分利用我国丰富的疾病材料资源，积极发展我国的人体病理学，也要充分利用各种途径吸收世界上的新方法、新技术，同时也要根据我国的实际情况，开发和建立自己的新方法、新技术，加强我国的实验病理学研究，使我国病理学的发展跟上世界病理学发展的步伐，并在某些方面处于领先地位。

（李 萍）

第一章 疾病概论

健康与疾病	发病学
健康	疾病发生发展的基本规律
疾病	疾病发生发展的基本机制
亚健康	疾病的经过与转归
病因学	疾病的经过
疾病发生的原因	疾病的转归
疾病发生的条件	临终关怀与安乐死

　　疾病概论又称病理生理学总论，主要论述的是健康与疾病的概念，疾病发生、发展和转归过程中具有普遍规律性的问题，可分为病因学和发病学两部分。病因学研究的是疾病发生的原因及条件；发病学研究的是疾病发生、发展及转归的规律与机制，两者互相衔接又相互影响。

第一节　健康与疾病

　　疾病是相对健康而言的，两者是正常生命现象的对立统一。长期以来人类为自身的健康同疾病进行着不懈的斗争，对疾病的认识随之不断提高，对健康的理解也日趋全面。但是，至今人们仍很难对"健康"和"疾病"这两个医学中重要的基本概念做出清晰、明确而又比较公认的定义。

一、健康

　　随着医学模式由生物医学模式转变为生物-心理-社会医学模式，健康（health）的内涵也发生了根本转变，由以往的"不生病""无病痛"就是健康，转变为世界卫生组织（World Health Organization，WHO）提出的："健康不仅是没有疾病或衰弱（infirmity），而且是躯体上、心理上和社会上的完好状态（state of complete well being）。"根据这个定义，健康不仅仅是拥有强壮的体魄，而且还要有健全的心理精神状态和对社会较强的适应能力，即包括生理健康、心理健康和社会适应良好三个方面，三者之间是互相影响的。

二、疾病

（一）疾病的定义

　　疾病（disease）是机体在一定的病因和条件下，机体自稳态（homeostasis）调节发生紊乱而导致的异常生命活动过程。现代医学认为疾病的特征有：①机体稳态的破坏导致各系统、器官、组织和细胞的活动不能互相协调，从而引起内环境紊乱和生命活动障碍。机体稳态是否被打破主要取决于两个方面，即病因的强度和机体自身调节稳态的能力。②任何疾病都是由病因引起的，虽然有些疾病原因不明，但并不意味着没有病因存在，只是尚未发现。③疾病的发生是损伤与抗损伤斗争的过程，通常会引起机体生理功能、代谢和形态结构的改变，出现各种临床症状、体征和社会行为异常。④疾病是一个过程，具有自身的一般规律，大致包括发生、发展和转归这三个阶段。

症状是指患者主观上的异常感觉，如头痛、头晕、恶心、呕吐等。

体征是指疾病时客观检查的异常变化，如肺部啰音、心脏杂音、肝脾大等。

（二）病理过程和病理状态

病理过程（pathological process）是指存在于不同疾病中共同的、具有内在联系的功能、代谢和形态结构的异常变化，如炎症、发热、休克、心力衰竭等都是病理过程。相同的病理过程可以发生在某些不同的疾病中；相反，一种疾病可出现几种不同的病理过程。例如，炎症可以发生在小叶性肺炎、结核病、风湿病等不同疾病中，而小叶性肺炎可出现炎症、发热、心力衰竭等不同的病理过程。

病理状态（pathological state）是指相对稳定或者发展较慢的局部形态变化，常是病理过程的后果，如损伤后形成的瘢痕。

三、亚健康

亚健康是指机体处于非病、非健康之间的生理功能低下状态。这种状态可体现在躯体、心理及人际交往各方面，躯体亚健康可出现疲乏无力、周身不适、性功能下降和月经紊乱等；心理亚健康可表现为情感障碍、思维紊乱、恐慌、焦虑、烦躁、易怒、失眠等；社会适应亚健康常表现为对工作学习环境难以适应、对人际关系难以协调等。

亚健康状态的群体很大，经过严格的统计学统计，人群中真正的健康者"第一状态"和患病者"第二状态"所占比例不足 1/3，有 2/3 以上的人群处在亚健康状态。由于目前对亚健康缺乏明确的判断标准和针对措施，因此只能通过加强自我保健、开展体育锻炼、提高免疫能力、调节心理活动等方式，进行多方面、多环节的综合防治，争取亚健康状态向健康状态发展，防止向疾病方向转化。

第二节 病因学

病因学（etiology）主要研究疾病发生的原因和条件。

一、疾病发生的原因

疾病发生的原因称为致病因素，简称为病因，是指能引起某种疾病的必不可少的、决定疾病特异性的因素。病因种类很多，大致分为以下几大类：

（一）生物性因素

生物性因素是比较常见的一类病因，主要包括病原微生物（如细菌、病毒、真菌、立克次体、螺旋体等）和寄生虫（如原虫、蠕虫）等。致病特点：通过一定的途径侵入体内，作用于不同的部位，引起具有一定特异性的病变；其致病作用除与病原体的数量、侵袭力、毒力的强弱及它逃避宿主攻击的能力有关外，与机体的免疫功能等条件也有着密切的关系。

（二）物理性因素

此类病因包括机械力、高温、低温、电流、电离辐射、大气压的改变等。致病特点：大多数物理性致病因素只引起疾病的发生，在疾病的进一步发展中它们本身不再继续起作用；引起疾病潜伏期一般较短或根本没有潜伏期；其致病作用对机体各器官、组织没有明显的选择性；具有一定的强度；与作用的部位和作用的时间长短等有关。

（三）化学性因素

此类病因包括强酸、强碱、一氧化碳、氰化物、有机磷农药、生物性毒物及某些药物等。致病特点：与化学物质的浓度和强度、是否被机体吸收、作用部位和整体的功能状态等有关；对机体器官、组织有一定的选择性损伤作用，如 CCl_4 主要引起肝细胞中毒；在整个发病过程中都起作用，但进入人体后，其致病性常发生改变，可被体液稀释、中和或被机体组织解毒。

（四）营养因素

维持生命活动的各种必需物质的缺乏或过多会引起生理功能上的改变，并且可能因此而发病，严重时甚至导致死亡。这些物质包括维持生命活动的一系列基本物质（如氧、水）、各种营养物质（如糖、蛋白质、脂肪、维生素、无机盐）、某些微量元素（如铜、锌、硒）等。

（五）遗传性因素

遗传性因素的致病作用主要表现在两个方面。一是通过遗传物质基因的突变或染色体畸变而引起的遗传性疾病（如血友病、先天愚型）；二是由于机体某种遗传上的缺陷，使后代有容易发生某种疾病的倾向，即所谓具有"遗传素质"，并在一定的环境因素作用下，机体发生相应的疾病（如高血压病、糖尿病、消化性溃疡），这种现象称为遗传易感性。

（六）先天性因素

先天性因素是指能够损害正在发育的胚胎和胎儿的有害因素。由先天性因素引起的疾病称为先天性疾病。例如，妊娠早期患风疹时，风疹病毒可损伤胎儿，引起先天性心脏病。

（七）免疫性因素

免疫性因素包括异常的免疫反应（变态反应或超敏反应），如某些药物、食物等引起的过敏性休克、支气管哮喘、荨麻疹；自身免疫病，是某些个体能对自身抗原发生免疫反应，并引起自身组织的损伤，如系统性红斑狼疮、类风湿关节炎、溃疡性结肠炎；免疫缺陷病，由体液免疫或细胞免疫缺陷所引起，如人类免疫缺陷病毒（human immunodeficiency virus，HIV）感染可引起获得性免疫缺陷综合征（acquired immunodeficiency syndrome，AIDS）。

（八）精神、心理、社会因素

长期的不良精神、心理因素如紧张忧虑、怨恨愤怒、悲伤失望、恐惧等，可引起神经、内分泌功能紊乱及免疫功能的异常，从而促进或加剧了神经症、溃疡病、原发性高血压、冠心病等疾病的发生、发展。社会因素包括社会制度、社会环境和生活劳动卫生条件等，对人类健康和疾病的发生、发展有着重要影响。

二、疾病发生的条件

疾病发生的条件主要是指那些能够影响疾病发生的各种体内外因素。虽然它本身不能直接引起疾病，与疾病的特异性无关，但可以促进或阻止疾病的发生。例如，结核杆菌是结核病的病因，没有结核杆菌就不会出现结核病。但营养状况、生活条件、体育锻炼等能影响结核病的发生。当营养不良、居住条件恶劣、过度疲劳等因素存在时，能削弱机体的抵抗力，少量的结核杆菌感染就可引起结核病。反之，充足的营养，良好的生活条件，适量的体育锻炼，则能增强机体的抵抗力，即使有少量结核杆菌的入侵，也可不发生结核病。但是，无论条件如何重要，若只具备条件而没有原因的作用，疾病就不会发生。有些疾病不需要条件存在即可发生，如切割伤、电击伤、烧伤等。

能加强病因作用而促进疾病发生发展的因素称为诱因（precipitating factor）。例如，肝硬化患者因食管静脉曲张破裂出血而发生上消化道大出血时，可致血氨突然增高而诱发肝性脑病；妊娠、体力活动、过度过快输液、肺部感染等作为诱因可诱发心力衰竭。与病因相比，诱因更易于防止和消除，因而在疾病的防治中具有较大意义。

当发现某一因素与疾病明显相关，但又难以区分是病因还是条件时，称为危险因素（risk factor），如高脂血症、高血压、吸烟等是动脉粥样硬化的危险因素。

不同年龄和性别也可作为某些疾病的条件。例如，小儿易患呼吸、消化系统传染病，而老年人易患恶性肿瘤、动脉粥样硬化；女性易患胆石症、癔症、甲状腺功能亢进症等，而男性易患胃癌、肺癌等。

疾病发生发展中原因和条件是相对的。同一因素对某一疾病来说是原因，而对另一种疾病则可能为条件。例如，营养不足是营养不良症的原因，而营养不良使机体抵抗力降低，又成为某些疾病（如结核病）发生的重要条件之一。因此，正确认识和区别疾病的原因和条件在疾病发生发展中的作用，对于防治疾病具有重要的意义。

第三节 发病学

发病学（pathogenesis）主要研究疾病发生和发展过程中的一般规律和共同机制。

一、疾病发生发展的基本规律

不同原因引起的疾病在发生、发展过程中有着不同的规律，但又存在着某些普遍、共同的基本规律。

（一）损伤与抗损伤

在疾病过程中始终贯穿着两类反应：一是原始病因引起的，以及在以后连锁反应中继发出现的损伤性反应，二是机体对这些损伤所产生的包括生理性防御反应和代偿作用在内的各种抗损伤反应。损伤和抗损伤反应之间相互依存又相互斗争的复杂关系是推动疾病不断发展演变的基本动力。在疾病中损伤与抗损伤反应常常同时出现、不断变化（图1-1）。

损伤与抗损伤贯穿于疾病的全过程，双方作用力量的对比决定着疾病的发展方向和转归。当机体抗损伤反应占主导地位时，各种防御功能和代偿措施增强，疾病向好的方向转化，并趋向缓解和康复；当机体以损伤性变化占主导地位时，疾病则逐渐恶化，甚

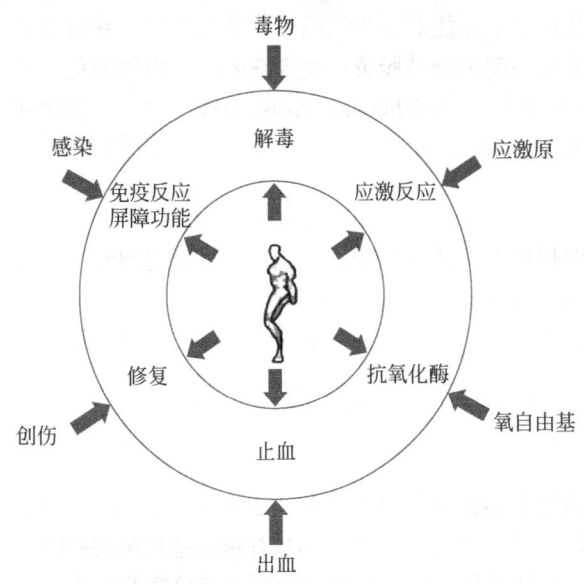

图1-1 疾病时体内损伤与抗损伤的反应

至死亡。

损伤与抗损伤之间无严格的界线，有些变化可有双重作用，并且可以相互转化。例如，炎症局部的变质属于组织损伤反应，而渗出和增生则属于抗损伤反应。但是若渗出物过多或增生过度时，压迫而影响器官功能，则转化为损伤性反应。因此，在临床疾病的防治过程中，应尽量减轻和消除损伤反应，保护和加强抗损伤反应。一旦抗损伤反应转化为损伤反应时，则应全力消除或减轻它，促使病情稳定、好转而痊愈。

（二）因果交替

在疾病的发生发展过程中，因果交替规律是指在原始病因作用下机体发生一定的变化，这些变化一方面作为原始病因引起的结果，另一方面又可能在一定的条件下转化为新的原因，引起新的变化，而后者再转化为原因，再引起新的变化，如此原因与结果交替作用，形成一个螺旋式的发展过程，在这个过程中，每一环节既是前一种变化的结果，同时又是后一个变化的原因。以外伤大出血为例，说明其发展过程中的因果交替规律（图1-2）。

在不同的疾病或同一疾病的不同状态下，因果交替规律的发展，常可形成恶性循环（vicious cycle），从而使疾病不断恶化、直到死亡。但如经过恰当的治疗，在疾病的康复过程中也可形成良性循环，从而促进机体的康复。

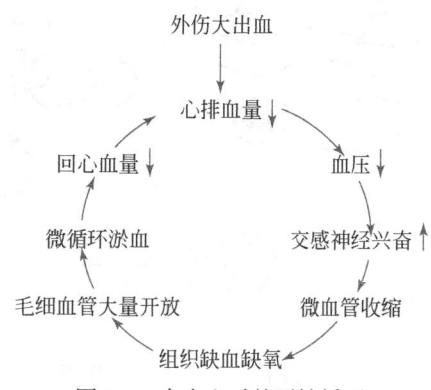

图 1-2　大出血时的恶性循环

（三）局部与整体

任何疾病，基本上都是整体疾病，而各组织、器官和病因作用部位的病理变化，均是全身性疾病的局部表现。在疾病过程中局部与整体通过神经和体液的途径相互影响、相互制约。例如，肺结核病的病变主要在肺，但常有发热、食欲不振及红细胞沉降率加快等全身反应；另一方面，肺结核病也受全身状态的影响，当机体的抵抗力增强时，肺部病变可以局限化甚至痊愈；抵抗力降低时，肺部病变可以发展，甚至播散到其他部位，形成新的病灶。正确认识疾病过程中局部和整体的关系，对于采取正确的医疗措施具有重要的意义。

二、疾病发生发展的基本机制

疾病发生的基本机制（mechanism）是指参与很多疾病发生发展的共同机制，不同于个别疾病的特殊机制。主要有神经机制、体液机制、组织细胞机制和分子机制等。

（一）神经机制

神经系统对维持和调控正常人体生命活动起主导作用，可以根据体内外环境情况调整机体各系统代谢的平衡。因此，许多致病因素可通过影响神经系统而引起疾病的发生。有的病因直接损害神经系统，如流行性乙型脑炎病毒；有的病因刺激神经反射引起相应系统的功能和代谢变化，如腹部钝击伤引起迷走神经反射可致心搏骤停，惊恐时交感神经兴奋引起心率加快、血压升高、呼吸加速；有的病因可抑制神经递质的合成、释放、分解，或者与神经递质受体结合，阻断正常递质的作用，由此干扰神经系统的功能而导致疾病的发生。例如，有机磷农药可使乙酰胆碱酯酶失活，从而抑制乙酰胆碱的分解，使之持续地停留在突触和神经肌接头上，引起持续的兴奋。此外，精神因素也可引起大脑皮质功能活动紊乱、皮质下中枢功能失调，使器官功能紊乱，最常见者为长期精神紧张、焦虑、烦恼导致大脑皮质功能紊乱，皮质与皮质下功能失调，导致内脏器官功能障碍。

（二）体液机制

体液是维持机体内环境稳定的重要因素，疾病发生发展的体液机制主要是指病因直接或间接引起体液的质和量的变化，使体液调节出现障碍，最后造成内环境紊乱，以致发生疾病。体液调节紊乱常由各种体液因子（humoral factor）数量或活性变化引起，它包括各种全身性作用的体液性因子（如组胺、去甲肾上腺素、前列腺素、激活的补体、活化的凝血与纤溶物质等）和局部作用的体液因子（如内皮素、某些神经肽等）及细胞因子（cytokines），如白介素（IL）、肿瘤坏死因子（TNF）等。

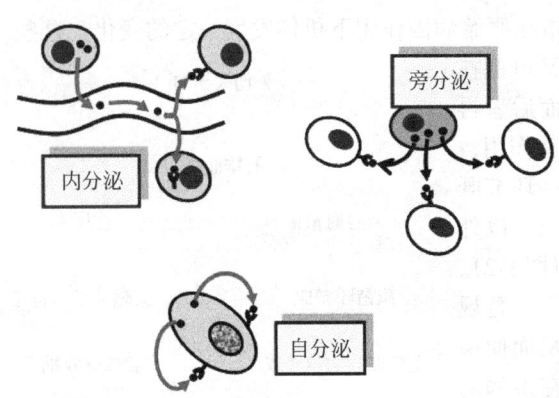

图 1-3　体液因子的作用方式

体液因子常通过以下三种方式作用于靶细胞：①内分泌（endocrine），体内一些特殊的分泌细胞分泌的各种化学介质，如激素，通过血液循环输送到身体的各个部分，被远距离靶细胞上的受体识别并发挥作用；②旁分泌（paracrine），由某些细胞分泌的信息分子由于很快被吸收破坏，故只能对邻近的靶细胞起作用，采用这种方式的有神经递质（如神经元之间的突触传递）及一些生长因子等；③自分泌（autocrine），细胞能对它们自身分泌的信息分子起反应，即分泌细胞和靶细胞为同一细胞，许多生长因子能以这种方式起作用（图 1-3）。

神经机制和体液机制密切相关，往往同时发生，共同参与疾病过程，所以常称神经-体液机制。例如，人遭受精神或心理的刺激可引起大脑皮质和皮质下中枢功能紊乱，使调节血压的血管运动中枢的反应性增强，此时交感神经兴奋，去甲肾上腺素、肾上腺素释放增加，导致小动脉收缩，外周阻力增加、心率加快、心排血量增加；同时因肾小动脉收缩，促使肾素释放，肾素-血管紧张素-醛固酮系统激活，血压升高，这就是高血压发病中的神经体液机制。

（三）组织细胞机制

病因作用于机体后可以直接或间接作用于组织、细胞，造成细胞功能代谢障碍，从而引起细胞的自稳调节紊乱。病因引起的细胞损伤除直接的破坏（如高温、外伤等）外，还可作用于细胞引起细胞膜、细胞器功能障碍。细胞膜功能障碍中目前对膜上的各种离子泵如钠泵（Na^+，K^+-ATP 酶）、钙泵（Ca^{2+}，Mg^{2+}-ATP 酶）等最为重视，当这些离子泵功能失调时造成细胞内 Na^+、Ca^{2+} 大量积聚、细胞水肿，甚至死亡，这是导致有关器官功能障碍的重要机制。细胞器功能障碍中重要的是线粒体功能障碍，在相关病因的作用下，线粒体氧化还原电位下降，辅酶Ⅱ不能再生，各种酶系统受抑制，特别是丙酮酸脱氢酶系统催化过程发生障碍，阻碍丙酮酸脱氢、脱羧生成乙酰辅酶 A，抑制葡萄糖、脂肪及酮体进入三羧酸循环，ATP 生成减少，此时因能量不足可造成严重的细胞功能障碍。此外，ATP 生成减少还可影响 cAMP（第二信使）的生成，使依赖 cAMP 的激素不能发挥其调节作用，最终导致细胞死亡。

（四）分子机制

细胞内含有多种大分子多聚体和小分子物质，属于大分子多聚体的蛋白质和核酸是有机体生命现象的主要分子基础，生命的信息储存于核酸，构成生命过程的化学反应则是由蛋白质调节、控制的。

各种病因无论通过何种途径引起疾病,都会以各种形式表现出分子水平上的异常,反之,分子水平的异常变化又会在不同程度上影响正常生命活动。近年来通过从分子水平研究疾病的发生机制相应产生了分子病理学或分子医学(molecular medicine)等学科。广义的分子病理学研究所有疾病的分子机制,狭义的分子病理学主要研究生物大分子(主要是核酸与蛋白质)在疾病中的作用。分子病(molecular disease)是指由于 DNA 遗传变异引起的一类以蛋白质异常为特征的疾病。它主要分成以下几类:

1. **酶缺陷所致的疾病** 主要是指 DNA 遗传变异引起的酶蛋白异常所致的疾病。例如,Ⅰ型糖原沉积病,它是由于编码 6-磷酸-葡萄糖脱氢酶的基因发生突变,致该酶缺乏,使 6-磷酸-葡萄糖无法酶解为葡萄糖,反而经可逆反应转化为糖原,并沉积于肝。

2. **血浆蛋白和细胞蛋白缺陷所致的疾病** 如镰刀细胞性贫血,它是由于血红蛋白的珠蛋白分子中在 β-肽链氨基端第 6 位的谷氨酸被缬氨酸异常取代,以致血红蛋白的稳定性破坏,表现为血氧分压降低的情况下容易形成棒状晶体,使红细胞扭曲呈镰状,故容易破坏,发生溶血。

3. **受体病** 由于受体基因突变使受体缺失、减少或结构异常而致的疾病称为受体病。它又可分为遗传性受体病(如家族性高胆固醇血症等)和自身免疫性受体病(如重症肌无力等)两种。

4. **膜转运障碍所致的疾病** 这是一类由于基因突变引起的特异性载体蛋白缺陷而造成膜转运障碍的疾病。目前了解最多的是肾小管上皮细胞转运障碍,表现为肾小管重吸收功能失调。例如,胱氨酸尿症患者的肾小管上皮细胞对胱氨酸、精氨酸、鸟氨酸与赖氨酸进行转运的载体蛋白发生遗传性缺陷而发生转运障碍,使上述氨基酸不能被肾小管重吸收,随尿排出,形成胱氨酸尿症。

某些疾病(如糖尿病、高血压等)的相关基因(disease-associated gene)或易感基因(susceptibility gene)也已找到,因此出现了基因病(gene disease)的新概念。基因病主要是指基因本身突变、缺失或其表达调控障碍引起的疾病,由一个致病基因引起的基因病称为单基因病(mono-gene disease or single gene disorder),如多囊肾,主要是由于常染色体 16p13.3 处存在有缺陷的等位基因 PKD1 所引起的显性遗传。多个基因共同控制其表型性状的疾病称多基因病(polygenic disease 或 multigene disease),此时多个基因的作用可以相加、协同或相互抑制。由于这些基因的作用也受环境因素的影响,因此多基因病也称多因子疾病(multifactorial disease)。高血压、冠心病、糖尿病等均属此类疾病。

第四节 疾病的经过与转归

一、疾病的经过

一般可将疾病发展的过程分为四个时期。

(一)潜伏期

潜伏期是指从病因作用于机体到疾病最初症状出现前的一段时间。潜伏期长短,随病因的特异性、疾病的类型和机体本身的特征不同而有所不同,短者几小时,长者达数月,甚至更长。但也有些疾病无潜伏期,如创伤引起的骨折。传染病的潜伏期比较明显,各种传染病都有一定的(由几天到几年)潜伏期。潜伏期中患者没有症状。这一时期正是机体本身的防御或代偿功能与致病因子斗争的时期,如果机体的防御能力能够战胜病因,疾病即告终止,否则将继续发展,而呈现疾病征象。所以正确了解疾病的潜伏期对传染病的防治具有重要意义,如确定或怀疑某些个体已经感染某种传染病时,就应当及早进行隔离(如烈性传染病)和(或)预防治疗(如狂犬病)。

(二) 前驱期

前驱期是指从最初症状开始出现到明显症状出现前的一段时间。这时机体出现一些非特异性症状，如全身不适、食欲减退、头痛、乏力、发热等一般性临床表现，这应该是提醒患者及时就医的信号，但有时也容易造成误诊。前驱期的发现有利于早期诊断和早期治疗。如能及时诊断、治疗，致病因素受到控制，疾病可不再发展，否则疾病便发展到下一个时期。

(三) 症状明显期

症状明显期是指出现疾病特征性临床表现的一段时间，如糖尿病时的三联症（高血糖，糖尿，多尿）等。这个时期的特殊症状和体征是诊断疾病的重要依据。持续时间取决于疾病的特异性和机体的反应性。

(四) 转归期

转归期是指疾病发展到最后终结的时期。

二、疾病的转归

不同疾病有不同的结局，相同疾病也可有不同的结局，这与病因作用于机体后发生的损伤与抗损伤反应力量的对比，以及治疗是否及时、正确有关。表现有康复(rehabilitation)和死亡(death)。

(一) 康复

1. **完全康复** 是指疾病时所发生的损伤性变化（功能、代谢和形态结构）完全消失，机体的自稳调节恢复正常，功能代谢完全恢复正常，临床症状和体征完全消退。临床上，大多数疾病可完全康复，有的传染病完全康复后还使机体获得特异的免疫力。

2. **不完全康复** 是指疾病时的损伤性变化（功能、代谢和形态结构）得到控制，但基本病理变化尚未完全恢复正常，机体通过代偿性机制来维持相对正常的生命活动。主要症状消失。不完全康复后，一方面为疾病的复发留下隐患，当机体免疫力下降或外界环境的剧烈变化使机体抗损伤减弱时可引起疾病的重新发生；另一方面则可能留下某种不可修复的病变或后遗症状，如风湿性心瓣膜病等。因此，不完全康复的人，实际上仍应作为患者对待，给予适当的保护和照顾。

(二) 死亡

死亡是指机体作为整体功能的永久性停止。传统的观念判断死亡的标志是心跳和自主呼吸的永久性停止。死亡是一个渐进过程，包括：①濒死期（临终状态），是死亡前的垂危阶段。患者脑干以上的神经中枢处于深度抑制状态，各种功能明显障碍，表现为体温下降、反应迟钝、意识模糊或消失、心跳减弱、血压降低、呼吸不规则、有时大小便失禁。此期持续时间不一，可几分钟、几小时或达几天。②临床死亡期，此期患者延髓以上的神经中枢处于深度的抑制状态，表现为各种反射消失、心跳呼吸停止。从外表上看，生命活动已停止。但在一定的时间内，组织细胞中仍然保持着微弱的物质代谢过程，如能及时抢救，可望复苏成功。③生物学死亡期，是死亡的不可逆阶段。中枢神经系统及其他器官系统的代谢和功能相继停止，并逐渐出现尸冷、尸僵、尸斑，最后尸体腐败。

近年来随着复苏(resuscitation)技术的普及与提高、器官移植的开展，人们对死亡有了新的认识，认为死亡是机体作为一个整体的功能永久停止，但是并不意味着各器官组织同时均死亡。因此，提出了脑死亡(brain death)的概念。目前一般均以枕骨大孔以上全脑死亡作为脑死亡的标准，一旦出现脑死亡，就意味着实质性死亡。因此，脑死亡成了近年来判断死亡的一个重要标志。

判断脑死亡的标准是：
(1) 呼吸心跳停止，特别是自主呼吸停止。
(2) 不可逆性深昏迷，无自主性肌肉活动，对外界刺激完全失去反应。
(3) 脑干神经反射消失，如瞳孔对光反射、角膜反射、咳嗽反射、吞咽反射等。
(4) 瞳孔散大、固定。
(5) 脑电波消失，呈平直线。
(6) 脑血液循环完全停止（脑血管造影）。

脑死亡的提出，对确定终止复苏抢救的界限和正确判断死亡的时间具有重要的意义。脑死亡一旦确立，就意味着在法律上已经具备死亡的合法依据，为器官移植创造了良好的时机和合法的根据，此种供体器官移植给受体效果较佳。而且及时终止无效的抢救，可减少经济和人力消耗。因此，用脑死亡作为死亡标准是社会发展的需要，也是对死者的尊重。

三、临终关怀与安乐死

临终关怀（hospitalpice）是近代医学领域中新兴的一门边缘性交叉学科，是社会的需求和人类文明发展的标志。临终关怀是指对生存时间有限（6个月或更少）的患者进行适当的医院或家庭的医疗及护理，以减轻其疾病的症状、延缓疾病发展的全方位的服务与照顾，使患者在较为安详、平静中接纳死亡。

安乐死（euthanasia）是指患有不治之症的患者在濒死状态时，为了免除患者精神和躯体上的极端痛苦，用医学方法结束其生命。虽然安乐死提出了多年，但因其涉及的众多医学、社会学和伦理学问题尚未解决，许多国家（包括我国）尚未通过立法施行。

（熊 凡）

知识链接——脑死亡与植物人

植物人在国际医学界通行的定义是持续性植物状态（persistent vegetative status, PVS）。通常是因颅脑外伤或其他原因（如溺水、脑卒中、窒息等大脑缺血缺氧、神经元退行性改变等）导致的长期意识障碍。主要表现：患者对环境毫无反应，完全丧失对自身和周围的认知能力；患者虽能吞咽食物、入睡和觉醒，但无黑夜白天之分，不能随意移动肢体，完全失去生活自理能力；能保留躯体生存的基本功能，如新陈代谢、生长发育。

脑死亡和植物人是两个完全不同的概念，其医学特征有着很大的差别，最主要的有以下四点。①损伤部位及其功能存在情况：脑死亡是全部脑组织的损伤（含大脑、小脑及脑干），其所有功能永远不能恢复；而植物人是大脑皮质、皮质下结构、脑干的部分损伤，脑组织的功能仍部分存在，这是两者最根本的区别。②脑电图表现：脑死亡发生后脑电图表现为零电位；而植物人的脑电图在损伤后数月可有高波幅慢波及α节律。③心肺功能：脑死亡后其心肺功能的存在需要复苏机械来维持，否则将随后丧失；而植物人一般有着正常的心肺功能。④其他：脑死亡后躯体永远处于深昏迷状态，所有脑神经反射都不复存在；而植物人仅表现为智能、情感、思想、意志等活动和随意运动丧失，部分脑神经功能仍然存在，而且某些患者在某些情况下还有可能一朝苏醒。

除了以上几点区别之处，植物人和脑死亡的共同特征为脑组织的严重损伤，只不过在损伤程度上有所差别而已。

第二章 细胞和组织的适应、损伤与修复

细胞和组织的适应性反应
　　萎缩
　　肥大
　　增生
　　化生
细胞损伤的原因和机制
　　细胞损伤的原因
　　细胞损伤的机制

细胞和组织的损伤
　　变性
　　细胞死亡
损伤的修复
　　再生
　　纤维修复
　　创伤愈合

细胞是人体的基本结构和功能单位，疾病的发生从细胞开始，细胞和组织的适应性和损伤性变化是疾病发生的基础病理变化。

在生活中，内、外环境中各种有害刺激因子常影响机体的细胞和组织，细胞可通过自身的反应和调节对刺激做出应答反应，从而适应环境的改变、抵御刺激因子的损害，这种非损伤性应答反应称为适应（adaptation）。但是细胞和组织并非能适应所有刺激，当刺激的种类、性质、强度及持续时间超越了一定界限，细胞可受损甚至死亡。至于一个刺激究竟会引起细胞的适应性反应、损伤还是坏死，只有待其经过一定时间（潜伏期），细胞出现明确的形态变化后才能加以判断。

机体对损伤有着巨大的修补恢复能力，不仅表现在结构的恢复，还能不同程度地恢复其功能，此种恢复过程，称为修复（repair）。修复过程可通过损伤周围的未受损组织细胞的分裂增生来完成。在组织损伤和修复的过程中常伴有炎症反应。

第一节　细胞和组织的适应性反应

细胞和组织能耐受内、外环境中有害因子的刺激而得以存活，并调整其代谢、功能、结构的过程称为适应性反应，表现为萎缩、肥大、增生和化生。

一、萎缩

萎缩（atrophy）是指发育正常的器官、组织或细胞的体积缩小。通常是由于组织、器官的实质细胞体积缩小造成的，有时也可伴发细胞数量的减少。最常见的萎缩是肌肉、骨骼、中枢神经和生殖器官。组织、器官的实质细胞萎缩时，常继发其间质（主要是脂肪组织）增生，若使组织、器官的体积比正常还大，称为假性肥大。萎缩细胞的蛋白质合成减少且分解增多，以适应其营养

水平低下的生存环境，因此功能活动常有不同程度降低，如肌肉萎缩时收缩力降低；脑组织萎缩时，智力和记忆力减退；腺体萎缩时激素分泌减少等。

萎缩与发育不全（hypoplasia）及不发育（agenesis）不同，后者是指器官或组织未充分发育至正常大小，或处于根本未发育的状态，如幼稚子宫。

（一）病理变化

萎缩的器官除体积缩小、重量减轻外，质地常变得较坚韧、边缘变锐、色泽变深呈褐色；器官的包膜可因结缔组织增生而稍增厚，如心脏萎缩时体积缩小，心壁变薄，其表面冠状动脉因心脏缩小而弯曲如蛇行状。光镜下，萎缩细胞体积变小或数量变少，两者常同时存在，间质增生。萎缩细胞仍保持原状，胞质浓染，核深染，胞质中常可见褐色颗粒，称脂褐素（lipofuscin），在心肌细胞及肝细胞内多见，常位于胞核的两端或周围（图2-1）。当这种脂褐素明显增多时，器官可呈棕褐色，故有褐色萎缩之称。电镜下萎缩细胞的细胞器减少甚至消失，自噬体增多（如脂褐素等）。

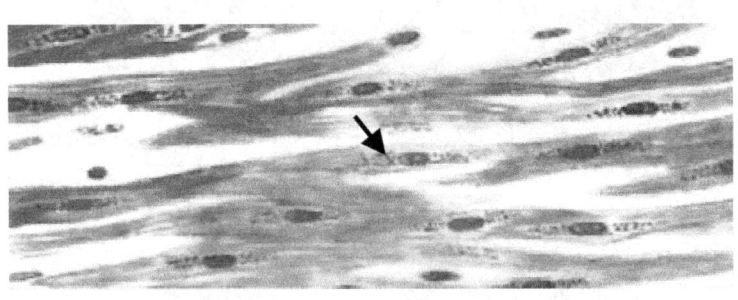

图 2-1　胞质内脂褐素
心肌细胞萎缩时，胞质中常可见褐色颗粒，称脂褐素（HE 染色）

（二）类型

1. 生理性萎缩　当机体生长发育到一定阶段时许多组织和器官逐渐萎缩，这种现象称为退化，如青春期后胸腺组织的逐渐萎缩，更年期后的性器官萎缩等。此外，老年人几乎一切器官和组织均可不同程度地出现萎缩，尤以脑、心、肝、皮肤、骨骼及肌腱等为明显。

2. 病理学萎缩　病理状态下出现的萎缩，依其发生范围可分全身性萎缩和局部性萎缩。

（1）全身性萎缩：由于机体摄入蛋白质等营养物质不足或营养物质消耗过多，如慢性消耗性疾病及恶性肿瘤，而引起的全身性萎缩。这种萎缩常具有顺序性，先累及脂肪及骨骼肌，其次为平滑肌、脾及肝，心、脑萎缩最后发生。

（2）局部性萎缩：某些局部因素影响下发生的局部组织和器官的萎缩。①营养不良性萎缩，常由于动脉血液供应减少引起供血区组织长期缓慢缺血而发生萎缩，如动脉粥样硬化慢性缺血所致心、脑（图2-2）、肾的萎缩；②压迫性萎缩，因组织与器官长期受压所致，如肾盂积水（图2-3）、脑积水长期压迫肾、脑实质引起的萎缩；③失用性萎缩，因组织与器官长期不活动，功能减退和代谢降低所致，如骨折后肢体长期被石膏绷带固定而不活动引起的失用性萎缩；④神经性萎缩，因神经、脑或脊髓损伤所致的肌肉萎缩，如脊髓灰质炎患者因脊髓前角运动神经元损伤导致所支配的肢体肌肉萎缩；⑤内分泌性萎缩，因腺垂体肿瘤或缺血性坏死，靶器官缺乏正常刺激而引起的甲状腺、肾上腺及性腺萎缩等，如西蒙综合征（Simmons's syndrome）。

（三）后果

萎缩一般是可复性的，只要萎缩程度不是十分严重，当原因消除后，萎缩的器官和组织可以逐渐恢复。但病因如持续存在，则萎缩的细胞可逐渐消失。

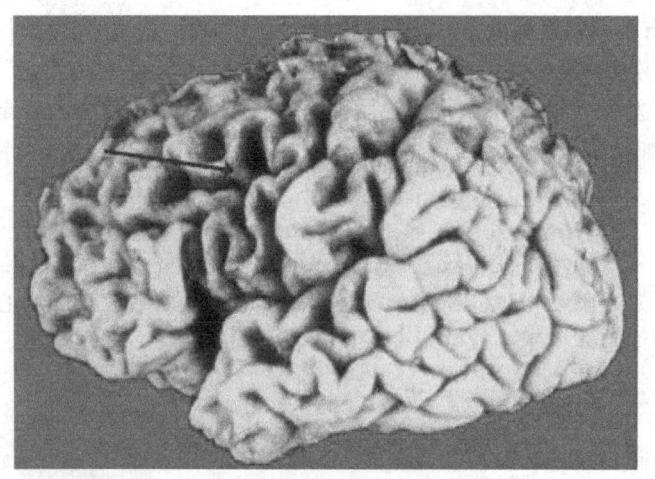
图 2-2 大脑皮质萎缩
脑动脉粥样硬化引起供血区的组织长期缓慢缺血而发生营养不良性萎缩

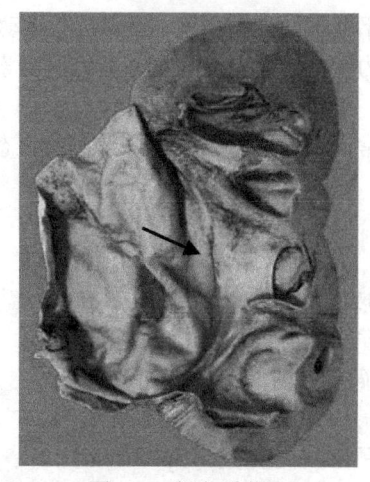
图 2-3 肾实质萎缩
肾组织体积增大,肾盂积水发生明显扩张,整个肾脏变成一水囊,肾实质萎缩薄如纸

二、肥大

由于功能增加、合成代谢旺盛,使细胞、组织或器官体积增大,称为肥大(hypertrophy)。肥大细胞的体积增大,胞核肥大深染,细胞器数量增多。组织和器官的肥大通常是由于实质细胞的体积增大所致,也可伴有实质细胞数量的增加。

在性质上,肥大可分为生理性肥大和病理性肥大两种。在原因上,肥大若因器官和组织功能负荷过重所致,称为代偿性肥大(compensatory hypertrophy)或功能性肥大;若因内分泌激素过多作用于效应器所致,称为内分泌性肥大(endocrine hypertrophy)或激素性肥大。代偿性肥大,如举重运动员的骨骼肌、高血压引起的心肌肥大及一侧肾摘除后另一侧肾的肥大等。但代偿性肥大的器官超过其代偿限度时便会发生失代偿(decompensation),如肥大心肌的失代偿引发的心力衰竭。内分泌性肥大,如哺乳期乳腺肥大为雌激素水平升高影响下的妊娠子宫。

三、增生

由于实质细胞的增多而造成的组织、器官体积增大称为增生(hyperplasia)。细胞增生是各种原因引起的有丝分裂活动增强的结果。根据性质,增生可分为生理性增生和病理性增生两种;根据其原因,可分为代偿性增生(compensatory hyperplasia)或称功能性增生和内分泌性增生(endocrine hyperplasia)或称激素性增生两种。

1. 代偿性增生 具有再生能力的组织和器官发生损伤时,可通过细胞再生而修复,结构上和功能上均恢复原状,如肝细胞损伤后的再生、肾小管上皮细胞坏死后再生及溶血性贫血的骨髓增生等。体内常有慢性反复组织损伤的部位,由于组织反复再生修复而出现过度增生,如慢性胃炎时上皮腺体样再生和慢性肝炎时肝细胞增生等。这些增生常伴有细胞的异型性,如进一步发展可转化为肿瘤细胞,如慢性乙型肝炎可发展为肝细胞癌。

2. 内分泌性增生 某些器官由于内分泌激素分泌过多可引起增生,如缺碘可引起甲状腺增生,雌激素过多时的子宫内膜增生、乳腺增生等。

四、化生

一种分化成熟的组织因受刺激因素的作用而转化为另一种分化成熟组织的过程,称为化生(metaplasia)。这种转化过程并非表现为已分化的细胞直接转变为另一种细胞,而是由未分化细胞分化而成,并且这种分化通常只发生于同源性的组织细胞,而不能转化为性质不同的组织细胞,如柱状上皮可转化为鳞状上皮,一种间叶组织只能转化为另一种间叶组织,而上皮细胞不能转化为间叶组织细胞。化生常发生于上皮组织和结缔组织。

常见的化生类型:①鳞状上皮的化生,如支气管黏膜的假复层纤毛柱状上皮,在长期吸烟或慢性炎症损害后,可转化为鳞状上皮(图2-4);慢性宫颈炎的宫颈黏膜上皮鳞状化生;慢性泌尿道炎症的移行上皮鳞状化生。②肠上皮的化生,如慢性萎缩性胃炎时胃黏膜腺上皮发生的肠上皮化生(图2-5)。③间叶组织的化生,间叶组织中幼稚的成纤维细胞损伤后,可转变为成骨细胞或成软骨细胞,称为骨或软骨化生,如骨化性肌炎就是由于外伤引起肢体近段皮下及肌肉内纤维组织增生,并发生骨化生。

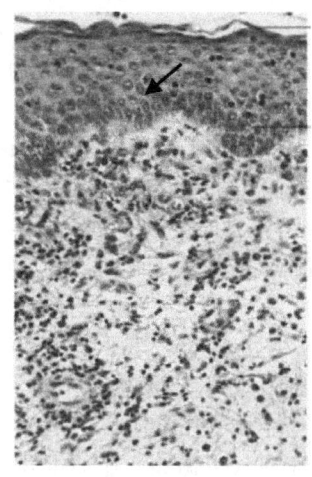

图2-4 慢性支气管炎支气管黏膜假复层柱状上皮发生鳞状上皮化生

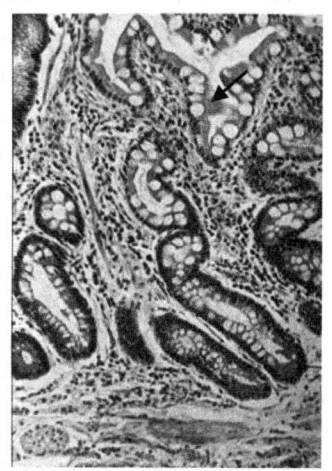

图2-5 慢性萎缩性胃炎胃黏膜发生肠上皮化生(腺上皮内有大量分泌黏液的杯状细胞)

化生的生物学意义利害兼有,如呼吸道黏膜纤毛柱状上皮鳞状化生后,由于细胞层次增多变厚,可强化局部抵御外界刺激的能力,但也减弱了柱状上皮纤毛对黏膜的自净作用。若损害因素持续存在,鳞状化生和肠上皮化生分别可能成为支气管鳞癌和肠型胃癌的组织学基础。

第二节 细胞损伤的原因和机制

一、细胞损伤的原因

引起细胞和组织损伤的原因多种多样,生物因子、理化因素、各种变态反应、营养失衡、内分泌因素、遗传变异及心理社会等诸多因素均可导致细胞损伤。

损伤因素对细胞作用的强弱和持续的时间决定着损伤的程度,有的引起较轻的可复性损伤,有的则引起严重的不可复性损伤,导致细胞死亡。如心肌缺血10~15分钟,其损伤可恢复;缺血1小时以上,则发生不可复性的坏死。脑的供血供氧完全中断,在1分钟内,脑细胞开始停止工作,4~5分钟脑细胞开始死亡,6~10分钟就会造成不可逆转的大脑损伤,即脑细胞死亡。

二、细胞损伤的机制

1. **细胞膜的破坏** 细胞膜主要由脂质和蛋白质组成,构成了细胞与外部环境之间的界膜或屏障,是保持细胞生命活动的基本结构。细胞通过细胞膜与外界物质进行交换的同时,也在细胞免疫应答、信号转导、分裂与分化等方面具有重要作用。细胞内外的多种有害因素,包括机械力的直接作用、脂酶性溶解、缺氧和活性氧、补体结合、感染、药物性损伤均可破坏细胞膜的结构和功能，从而导致细胞的损伤。

2. **缺氧的损伤作用** 缺氧是指细胞不能获得足够氧或是氧利用障碍，是引起细胞损伤的最重要和最常见的原因之一。缺氧可导致线粒体氧化磷酸化受抑制，无氧糖酵解过程的活化，ATP生成减少，细胞膜钠-钾泵、钙泵功能低下和胞质内蛋白质合成、脂肪代谢障碍等；由于缺氧，无氧糖酵解过程增加，使细胞酸中毒，溶酶体膜破裂，并损伤核染色质DNA链；缺氧使活性氧类物质增多，膜磷脂丢失，脂质崩解，细胞骨架破坏等。轻度、较短时间缺氧所致的细胞损伤通常是可逆的，表现为细胞水肿、脂肪变性；严重缺氧和（或）较长时间的轻度缺氧所致的细胞损伤是不可逆的，常导致细胞死亡。

3. **活性氧类物质的损伤作用** 活性氧类物质（activated oxygen species，AOS）对脂质、蛋白质和DNA都具有强氧化作用，是细胞损伤发生机制的基本环节。由于细胞内同时存在生成AOS体系和拮抗其生成的抗氧化剂体系，正常时生成的少量AOS会及时被抗氧化剂（如超氧歧化酶）清除。当细胞在多种致病因素作用下使AOS生成增多时，则导致细胞损伤。

4. **细胞内高游离钙的损伤作用** 细胞中的磷脂、蛋白质、ATP和DNA等，会被胞质内的磷脂酶、蛋白酶、ATP酶和核酸内切酶降解，此过程需要游离钙活化。正常时，胞质内游离钙与细胞内钙转运蛋白结合，储存于线粒体、内质网等处的钙库内；细胞膜依赖于ATP的钙泵和钙离子通道也参与胞质游离钙浓度的调节，使胞质处于低游离钙状态，上述酶类活性稳定，细胞的结构和功能得以保持。缺氧、中毒等致使细胞ATP减少，胞质继发游离钙增多形成钙超载，从而引发酶的活化导致细胞损伤。

5. **化学性损伤** 许多化学物质包括药物，都可造成细胞损伤。化学性损伤有全身性或局部性损伤，前者如氯化物中毒，后者如接触强酸强碱对皮肤黏膜的损伤。一些化学物质的作用还有器官特异性，如CCl_4引起的肝损伤。化学物质和药物的剂量、作用时间、吸收、蓄积、代谢或排出的部位及代谢速度的个体差异分别影响着化学性损伤的程度、速度与部位。

化学性损伤的途径：①直接的细胞毒性作用，如氰化物因迅速封闭线粒体的细胞色素氧化酶系统而致猝死；②化学物质的代谢产物对于靶细胞的细胞毒性作用，肝、肾、心肌、骨髓都是这种毒性代谢产物的主要靶器官，如肝细胞是有机磷农药或杀虫剂、CCl_4、乙醇、细胞毒性抗肿瘤药等的代谢部位，尤易遭受损伤，通常表现为中毒性肝炎；③诱发免疫性损伤，如青霉素可经由Ⅰ型变态反应引发过敏反应，氯霉素可经由Ⅱ型变态反应引发粒细胞减少症、再生障碍性贫血等；④诱发DNA损伤。

6. **遗传变异** 损伤既有先天遗传或胚胎发生期获得者，也有出生后获得者。化学物质和药物、病毒、射线等可损伤细胞核内的DNA，诱发基因突变和染色体畸变，使细胞发生遗传变异（genetic variation），导致结构蛋白合成低下，细胞缺乏生命必需蛋白质；核分裂受阻，引发粒细胞缺乏或再生障碍性贫血、小肠吸收功能障碍和男性不育症等；合成异常生长调节蛋白，进而形成肿瘤；酶合成障碍，引发先天性代谢病或后天性酶缺陷，细胞可因缺乏生命必需的代谢物质发生死亡。

第三节 细胞和组织的损伤

细胞和组织的损伤可分为两大类：一类是机械力引起的组织断裂，如刀切伤、骨折等；另一类是由各种致病因素引起的局部组织、细胞物质代谢障碍而发生的各种病理变化。细胞和组织损伤的表现形式和轻重程度不一，轻者当损伤因素消除后可恢复，重者则可引起细胞死亡。

一、变性

变性（degeneration）是指细胞或细胞间质受损后因代谢发生障碍所致的某些形态学变化，表现为细胞内或细胞间质内出现异常物质或正常物质的异常蓄积，并伴有功能下降。变性一般是可复性改变，当原因消除后，变性细胞的结构和功能仍可恢复。但变性持续加重时则难以恢复，可发展为坏死。常见的变性有以下几种：

（一）细胞水肿

人类机体约一半以上由水构成，其中 2/3 存在细胞内，1/3 在细胞外，在正常情况下细胞内外水分互相交流，协调一致。但当感染（如肝炎、肺炎、脑膜炎、败血症等）、中毒（如砷、磷中毒）和缺氧（如贫血、休克、窒息等）时，而致细胞线粒体受损，ATP 生成减少，细胞膜 Na^+、K^+-ATP 酶功能障碍，导致细胞内钠离子积聚，吸引大量水分子进入细胞。之后无机磷酸盐、乳酸和嘌呤核苷酸等代谢产物蓄积，增加渗透压负荷，进一步加重细胞水肿（cellular swelling）。

1. 病理变化　细胞水肿多见于代谢旺盛的肝细胞、肾小管上皮细胞及心肌细胞。肉眼观察，病变器官体积肿大、包膜紧张、切面隆起、边缘外翻、颜色较苍白、表面混浊无光泽，似沸水烫过。光镜下，变性细胞体积肿大，胞质内出现红染颗粒，故又称为颗粒变性（图 2-6）。电镜下这些颗粒主要是肿胀的线粒体和扩张的内质网。若水钠进一步积聚，则细胞体积肿大更明显，超过正常细胞的 2~3 倍，胞质高度疏松呈空泡状，胞核也可肿胀，胞质膜表面出现囊泡、微绒毛变形消失，形如气球，故有气球样变之称（图 2-7），如病毒性肝炎时的肝细胞气球样变。

2. 结局　细胞水肿常为细胞的轻度或中度损伤，可引起器官功能降低，如心肌细胞水肿可致心肌收缩力降低。但当原因去除后，细胞可恢复正常。如病变进一步发展，则可能引起脂肪变性甚或坏死。

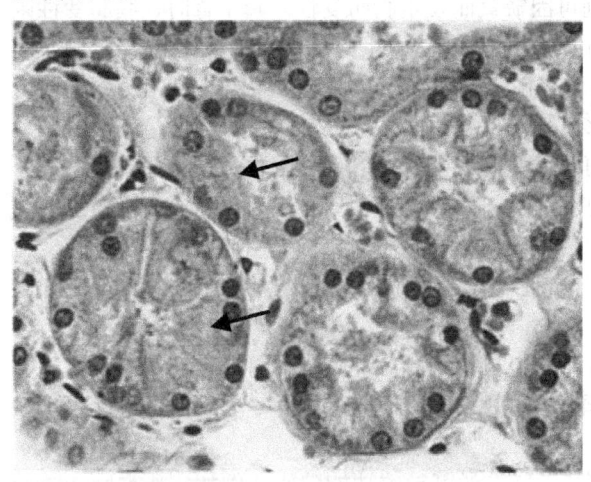

图 2-6　肾小管上皮细胞水肿

近曲小管上皮细胞体积胀大，胞质内出现许多红染的颗粒，管腔参差不齐甚至闭塞

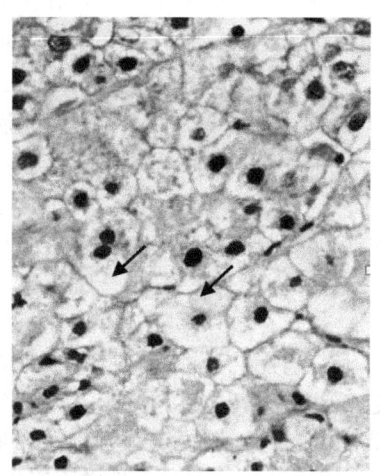

图 2-7　肝细胞气球样变

肝细胞肿胀，胞质淡染、清亮细胞胞质异常疏松透亮，细胞肿胀体积超过正常细胞的 2~3 倍，形如气球

（二）脂肪变性

正常情况下，除脂肪细胞外，其他细胞内一般不见或仅见少量脂滴。当这些细胞胞质内出现脂滴或脂滴明显增多时，则称为脂肪变性（fatty degeneration）。这些脂滴在常规石蜡切片的制片过程中，被乙醇、二甲苯溶解而残留境界清楚的空泡；如做冰冻切片，苏丹Ⅲ染色，脂滴则呈橘

红色；若用锇酸染色，则呈黑色。电镜可见脂滴形成于滑面内质网中，常为有界膜包绕的圆形小体，称为脂质小体（liposome），这些小体可融合变大，形成光镜下所见的脂滴。脂肪变性大多见于代谢旺盛耗氧多的器官，如肝、肾、心等。尤以肝最为常见，因为肝在脂肪代谢中处于中心地位。

1. 发生机制　脂肪变性的发病机制尚不十分清楚，具体作用途径与病因和发生部位有关。以肝细胞脂肪变性为例，正常时肝细胞内的脂质有三条去路：少部分脂肪酸在线粒体中进行β氧化，提供能量；大部分脂肪酸在滑面内质网中合成磷脂和三酰甘油，并与该处合成的胆固醇、载脂蛋白结合组成脂蛋白，输入血浆，在脂库中储存，或供其他组织利用；另一小部分磷脂及其他类脂则与蛋白质、糖等结合，形成细胞的结构成分，即为结构脂肪。当上述过程的任一环节受阻致脂肪代谢平衡失调时，均可发生脂肪变性：①脂质大量输送至肝，如饥饿或糖尿病时，或使用肾上腺皮质类固醇时，脂库动员大量脂质经血入肝，超过了肝细胞氧化、利用和合成脂蛋白的能力，导致脂肪在肝细胞中堆积；②脂蛋白合成障碍，使肝细胞内脂肪堆积，如磷脂及组成磷脂的胆碱等合成脂蛋白的原料不足或由于化学毒物（如CCl_4）破坏内质网结构或抑制某些酶的活性，使脂蛋白及组成脂蛋白的磷脂、蛋白质等合成发生障碍；③脂肪酸的氧化障碍，如缺氧、慢性酒精中毒及白喉外毒素等，均可影响脂肪酸的氧化。

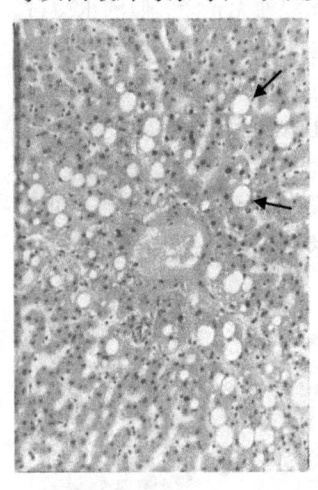

图 2-8　肝脂肪变性

肝细胞胞质内出现境界清楚、大小不等的脂肪空泡，并将核推向一侧

2. 病理变化

（1）肝脂肪变性：肉眼观可见肝体积肿大、色淡黄、包膜紧张、边缘钝、切面有油腻感。光镜下，肝细胞内有大小不等脂肪空泡，散在分布于胞质中，严重时可融合为一大空泡，并将核推向一侧，形似脂肪细胞（图2-8）。脂肪变性在肝小叶内的分布与病因有一定关系。肝淤血时，由于肝小叶中央区缺血较重，脂肪变性首先发生在该处；但长期淤血后，肝小叶中央区的肝细胞常萎缩、变性甚或坏死消失，小叶边缘肝细胞则可因缺氧而发生脂肪变性。磷中毒时，脂肪变性则主要出现在肝小叶周边区，可能是由于此区肝细胞对磷中毒更为敏感。

（2）心肌脂肪变性：心肌在正常情况下可含少量脂滴，脂肪变性时脂滴明显增多。肉眼观察，一般无明显改变，重者色略呈淡黄。在严重贫血时，可见心内膜下尤其是乳头肌处出现平行的黄色条纹，与正常心肌的暗红色相间排列，状似虎斑，故有虎斑心之称。这些黄色条纹相当于血管末梢分布区，由于血供较差引起脂肪变性所致。光镜下，脂滴常位于心肌纤维Z带附近和线粒体分布区，较细小，呈串珠状成排排列。

（3）肾脂肪变性：严重贫血、缺氧和中毒时，也可由于肾小球毛细血管通透性升高，肾小管上皮细胞吸收漏出的脂蛋白而引起。肉眼可见肾体积稍肿大、切面皮质增厚、呈浅黄色。光镜下，脂滴常位于肾近曲小管上皮细胞的基底部。

3. 结局　轻度脂肪变性常不影响脏器的功能，严重者可导致功能障碍。例如，严重肝脂肪变性，长期时可导致肝硬化；严重心肌脂肪变性可引起心功能不全。脂肪变性也是一种可复性病变，原因去除后可以恢复；若病因持续作用，则可导致细胞坏死。

（三）玻璃样变性

在细胞或间质内出现红染、均质、半透明的蛋白性物质，称为玻璃样变（hyaline degeneration），又称透明变性，为十分常见的变性，常见于结缔组织、血管壁及细胞内。

1. 结缔组织玻璃样变性　常发生于增生的结缔组织内，如陈旧纤维瘢痕组织，纤维化的肾小球及动脉粥样斑块等。肉眼观察，病变组织呈灰白色半透明，质地致密坚韧，弹性消失。光镜下，结缔组织中胶原纤维增粗、融合，细胞成分减少，形成均质的梁状或片状结构。其发生机制尚不清楚，有人认为可能是纤维瘢痕老化过程中，原胶原蛋白分子间交联增多，胶原原纤维互相融合，其间有糖蛋白沉淀所致。也有人认为可能由于局部缺氧、炎症，造成 pH 或温度升高，使原胶原蛋白分子变性成明胶并互相融合所致。

2. 细小动脉壁玻璃样变性　常见于高血压病时的肾、脑、脾及视网膜等处的细小动脉。由于高血压病时细动脉持续痉挛，内膜缺氧，通透性增高，血浆蛋白渗入内膜，在内皮细胞下凝固成无结构的均匀红染物质。同时，内皮细胞分泌的基底膜样物质也有所增多。这些改变使细动脉管壁增厚、变硬，管腔狭窄，甚至闭塞，称为细动脉硬化（图 2-9）。

3. 细胞内玻璃样变性　指细胞内出现玻璃样小滴，亦称细胞内玻璃样小滴变性。常见于肾小球肾炎（肾病综合征）或其他疾病伴有大量蛋白尿时，漏出的蛋白可被近曲小管上皮细胞吞饮，并在胞质内形成圆形红染的玻璃样小滴。此时，由于细胞的其他结构仍保持正常，一般无细胞的功能损伤。此外，酒精中毒性肝病时，肝细胞胞质内常可出现不规则形条索状或团块状、红染、均质的玻璃样物质，称 Mallory 小体（图 2-10）。

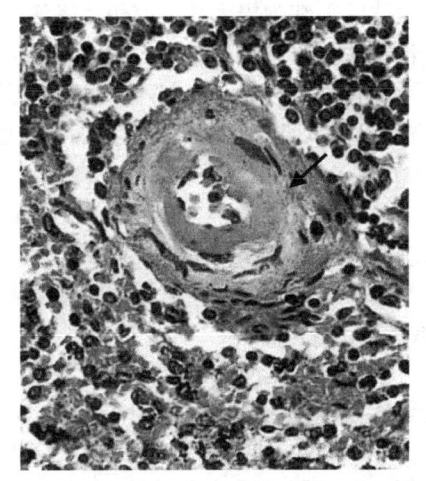

图 2-9　脾中央动脉硬化
脾中央动脉玻璃样变性，管壁呈均质性增厚（HE 染色呈红色），管腔变狭窄

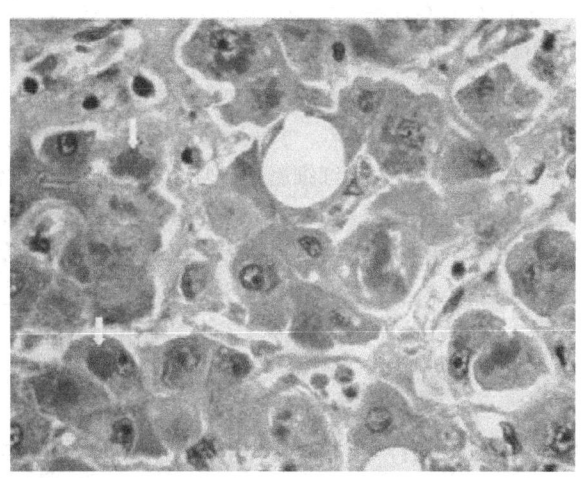

图 2-10　Mallory 小体
酒精中毒性肝病时，肝细胞胞质内常可出现不规则形条索状或团块状、红染、均质的玻璃样物质

（四）黏液样变性

组织间质内出现类黏液的积聚，称为黏液样变性（mucoid degeneration）。黏液物质有黏液和类黏液两种，黏液来自上皮细胞，类黏液来自间叶组织，系黏多糖与蛋白质的复合物。

黏液样变性常见于间叶组织来源的肿瘤，急性风湿病时的心血管壁，粥样硬化的主动脉壁和甲状腺功能低下时的真皮及皮下组织等。镜下病变处间质疏松，纤维间充满胶样液体，HE 染色呈淡蓝色，其中有一些散在星芒状、多角形细胞，其突起彼此相连。肉眼下呈灰白色半透明胶状。当黏液样变性病因去除后可吸收消散，但长期存在可引起纤维组织增生而硬化。

（五）淀粉样变性

淀粉样变性又称淀粉样物质沉积症（amyloidosis），是在细胞外的间质内，特别是小血管基底膜处，有蛋白质 – 黏多糖复合物蓄积，并显示淀粉样呈色反应，即遇碘液后呈棕褐色，再遇稀硫酸时由棕褐色变为深蓝色。这种淀粉样物质（amyloid）在 HE 染片中呈均质性粉色至淡红色，类似玻璃样变，但可被刚果红染成红色、甲基紫染成紫红色。电镜下，淀粉样物质呈细丝状。局部性淀粉样变发生于皮肤、眼结膜、舌、喉、气管和肺、膀胱、胰岛（糖尿病）等处，也可蓄积于恶性淋巴瘤和神经内分泌肿瘤（如甲状腺髓样癌）的间质内。全身性淀粉样变分为原发性和继发性。继发性者的淀粉样物质来源未明，常继发于严重的慢性炎症，如慢性空洞性肺结核病、慢性化脓性骨髓炎等和某些恶性肿瘤；原发性者的淀粉样物质来源于免疫球蛋白的轻链。全身性淀粉样变时可累及许多部位，引发相关的临床表现。肝、脾、肾、心常受累及，体积增大，色泽较淡，质地较脆，可因其实质细胞被压萎缩而发生功能障碍。

（六）病理性色素沉着

有色物质（色素）在细胞内、外的异常蓄积称为病理性色素沉着（pathologic pigmentation）。沉着的色素主要是体内生成的内源性色素，包括含铁血黄素（hemosiderin）、脂褐素（lipofuscin）、胆红素、黑色素（melanin）等；随空气吸入肺内的炭尘和文身时注入皮内的着色物质属于外源性色素沉着。

1. 含铁血黄素 组织内出血时，从血管中逸出的红细胞被巨噬细胞摄入并由溶酶体降解，使来自红细胞血红蛋白的 Fe^{3+} 与蛋白质结合成铁蛋白微粒，若干铁蛋白微粒聚集成光镜下可见的棕黄色、较粗大的折光颗粒，称为含铁血黄素。巨噬细胞破裂后，此色素也可见于细胞外。生理情况下，红细胞在肝、脾内破坏，可有少量含铁血黄素形成。病理性情况下，局部性沉着常提示陈旧性出血；溶血性疾病时，大量红细胞被破坏可出现全身性含铁血黄素沉积。

2. 脂褐素 是蓄积于胞质内的黄褐色微细颗粒，电镜下显示为自噬溶酶体内未被消化的细胞器碎片残体，其中 50% 为脂质。附睾管上皮细胞、睾丸间质细胞和神经节细胞的胞质内正常时便含有脂褐素，老年人及一些慢性消耗性疾病患者的心肌细胞、肝细胞、肾上腺皮质网状带细胞等萎缩时，胞质内有多量脂褐素沉着，故此色素又有消耗性色素之称。

3. 黑色素 是由黑色素细胞生成的黑褐色微细颗粒。黑色素细胞胞质中的酪氨酸在腺垂体分泌的促肾上腺皮质激素（adrenocorticotrophin, ACTH）和黑素细胞刺激素（melanocyte stimulating hormone, MSH）促进下，经酪氨酸酶作用，由多巴（dihydroxyphenylalanine, DOPA）反应生成黑色素。局部性黑色素增多见于色素黑痣、恶性黑色素瘤等；肾上腺皮质功能低下的 Addison 病患者可呈全身性皮肤、黏膜的黑色素沉着。

（七）病理性钙化

骨和牙齿以外的软组织内出现固体性钙盐沉着，称为病理性钙化（pathological calcification）。沉着的钙盐主要是磷酸钙，其次为碳酸钙。肉眼可见钙盐沉着处呈白色石灰样坚硬的颗粒或团块。镜下，HE 染色切片中钙盐呈蓝色颗粒状沉积。

病理性钙化主要有营养不良性钙化和转移性钙化两种。①营养不良性钙化常见，系指变性、坏死组织和异物内的钙盐沉积，如结核坏死灶、脂肪坏死灶、动脉粥样硬化斑块、坏死的寄生虫体、虫卵和某些异物，可能与局部碱性磷酸酶升高，水解有机磷酸酯使局部磷酸增多，形成磷酸钙沉淀。②转移性钙化系指全身性钙、磷代谢障碍时，血钙和（或）血磷增高所引起的某些组织的钙盐沉积，如甲状旁腺功能亢进及骨肿瘤造成骨质严重破坏时，大量骨钙进入血液，使血钙增高，可在肾小管、肺泡和胃黏膜等处形成转移性钙化。

病理性钙化一旦发生，一般长期存在，很难消散。钙化对机体的影响视具体情况而异。钙化的血管壁可丧失弹性、变脆，易破裂出血；结核病灶的钙化，可使结核菌逐渐丧失活力而减少复发；严重的转移性钙化可使局部组织、细胞功能丧失。

二、细胞死亡

正常生理情况下,机体内不断有一定数量的细胞衰老死亡,同时也有相应的细胞更新,如血细胞的破坏、表皮细胞的脱落,皆为生理性死亡。病理条件下,各种引起损伤的原因达到一定强度和持续一定时间,均能引起细胞死亡。细胞死亡是不可逆性损伤,主要有坏死(necrosis)和凋亡两种类型。

(一) 坏死

坏死是以酶溶性变化为特点的活体内局部组织中细胞的死亡。坏死可因致病因素较强直接导致,但大多由可逆性损伤发展而来,其基本表现是细胞肿胀、细胞器崩解和蛋白质变性,出现一系列特征性形态学改变。炎症时,坏死细胞及周围渗出的中性粒细胞释放溶酶体酶,可促进坏死的进一步发生和局部实质细胞溶解,因此,坏死常同时累及多个细胞。

1. **坏死的基本病变** 组织细胞坏死后合成代谢虽已停止,但参加分解代谢的酶类仍有活性,尤其是溶酶体破裂后,大量水解酶的释放,逐渐破坏细胞的各种微细结构,出现坏死组织的种种形态变化。其镜下变化特点如下(图2-11):

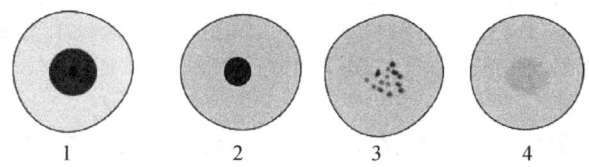

图 2-11 细胞坏死后核的变化
1. 正常细胞;2. 核固缩;3. 核碎裂;4. 核溶解

(1) 细胞核的变化:是细胞坏死的主要形态学标志,表现为:①核固缩(pyknosis),由于坏死细胞核水分脱失,核液减少,核染色质凝集,浓染,核体积缩小,边缘皱缩;②核碎裂(karyorrhexis),核膜破裂,核染色质崩解成小块,分散在胞质中;③核溶解(karyolysis),核染色质被DNA酶分解而淡染或溶解消失。坏死细胞核的变化过程,不一定都经过上述各个阶段,液化过程占明显优势的细胞坏死,主要表现为溶解性变化。

(2) 细胞质的变化:坏死细胞胞质中嗜碱性染色的核蛋白体丧失,致使其与伊红染料的亲和力增强,胞质更为红染(胞质嗜酸性变)。线粒体和内质网高度肿胀,胞质呈颗粒状。当大部分细胞器被分解后,可出现虫蚀状、空泡化。

(3) 间质的变化:间质对各种损害的耐受性大于细胞的耐受性。故在实质细胞出现坏死后的一段时间内,间质可无明显改变。经过一定时间后,由于各种溶解酶的作用,间质可逐渐解聚,胶原纤维肿胀、断裂及液化,纤维性结构消失,成为一片无结构的红染物质。

肉眼观察,组织坏死早期常不易辨认,临床上把这种已失去生活能力的早期坏死组织称为失活组织(devitalized tissue)。早期坏死组织的特点是:失去正常光泽,较混浊;缺乏正常组织的弹性,组织回缩不良;没有正常血液供应,摸不到血管搏动,局部温度降低,切割不流血;失去正常触觉、痛觉及运动功能(如肠蠕动消失)等。经过一段时间后,肉眼才能辨认出范围较大的坏死组织。

2. **坏死的类型** 根据形态变化及发生原因,坏死可分为以下四种类型:

(1) 凝固性坏死(coagulation necrosis):其特点是坏死组织呈凝固状态。肉眼观察,坏死组织较干燥、坚实、呈灰白或灰黄色,与健康组织间界线多较明显。光镜下,坏死组织细胞结构消失,但组织结构的轮廓在一段时间内仍隐约可见,坏死区周围形成充血、出血和炎症反应带。常见于心、肾、脾等实质脏器的缺血性坏死(梗死),也见于肿瘤组织坏死和石炭酸、升汞等蛋白凝固剂所致的坏死。其发生机制不甚清楚,有人认为是细胞蛋白变性凝固,延缓了分解过程。

干酪样坏死(caseous necrosis)是凝固性坏死的特殊类型,最常见于结核病。由于坏死组织分解比较彻底,镜下坏死组织结构消失,呈一片模糊的颗粒状红染物。肉眼上质地松软,色

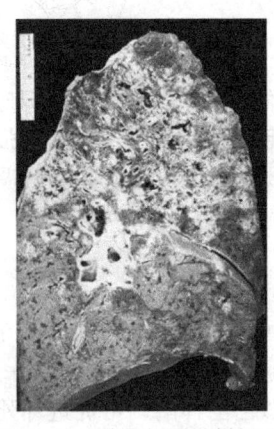
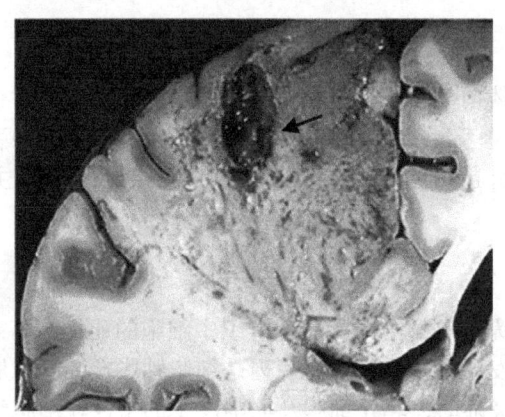

图 2-12 肺组织干酪样坏死
见于肺结核，肺尖处可见质地松软、色淡黄、状似干酪的坏死物

图 2-13 脑液化性坏死
脑组织坏死后不易凝固，而被蛋白溶解酶溶解液化形成糜状液体，称为脑软化

淡黄、状似干酪，故名干酪样坏死（图 2-12）。这种坏死不易吸收，可能和坏死组织内含有大量脂质有关。

（2）液化性坏死（liquefaction necrosis）：特点是坏死组织迅速发生分解、液化成混浊液体状。最常见于脑组织坏死，因脑组织含磷脂及水分较多，含蛋白质少，坏死后不易凝固，而被蛋白溶解酶溶解液化形成糜状液体，称为脑软化（图 2-13）。阿米巴痢疾时，阿米巴原虫侵入组织，分泌多量蛋白水解酶，使局部组织发生液化性坏死，形成阿米巴性肠溃疡、阿米巴性肝脓肿。又如，炎性渗出物中有大量中性粒细胞时，由于中性粒细胞崩解释放出大量蛋白水解酶，可将坏死组织溶解液化，形成充满黏稠脓汁的脓肿。

脂肪坏死（fat necrosis）是特殊类型的液化性坏死，分为酶解性和外伤性两种。前者常见于急性胰腺炎，由于胰液中的胰脂酶释放，分解脂肪组织后的脂肪酸与钙离子结合形成肉眼可见的灰白色钙皂。镜下坏死组织有时尚能见到模糊的轮廓，内有散在嗜碱性染色的颗粒状物（钙皂）。外伤性脂肪坏死则大多见于乳房，此时受损伤的脂肪细胞破裂，脂滴外逸，常在乳房内形成肿块，光镜下，可见其中含有大量吞噬脂滴的巨噬细胞（泡沫细胞）和多核异物巨细胞。

（3）坏疽（gangrene）：是指局部组织大块坏死并继发不同程度腐败菌感染。坏疽可分为以下三种类型：

1）干性坏疽：多发生于四肢，特别是下肢远端，常见于动脉粥样硬化、血栓闭塞性脉管炎。此时动脉阻塞，肢体远端可发生缺血性坏死，但由于静脉回流仍通畅，加之体表水分逐渐蒸发，坏死肢体局部可干燥而收缩，呈黑褐色（系红细胞血红蛋白中铁和腐败组织中硫化氢结合形成硫化铁的色泽）。由于病变局部干燥，不利于腐败菌生长，因此病变发展缓慢，与周围健康组织有明确分界线，腐败菌感染一般较轻（图 2-14）。

2）湿性坏疽：多发生于与体表相通的内脏，也见于既有动脉阻塞又有静脉淤血的四肢。由于局部坏死组织含水分多，适合腐败菌生长繁殖，故腐败菌感染严重，局部肿胀明显，呈污黑色或黑绿色。坏死组织经腐败菌分解，可产生吲哚、粪臭素等而发出恶臭。由于病变发展较快，炎症较弥漫，坏死组织与健康组织间的分界线常不明显。坏死组织腐败产生的分解产物和毒素被吸收后，可引起严重全身中毒症状。常见的湿性坏疽有坏疽性阑尾炎、肺坏疽、肠坏疽、坏疽性子宫内膜炎等。

3）气性坏疽：是一种特殊类型

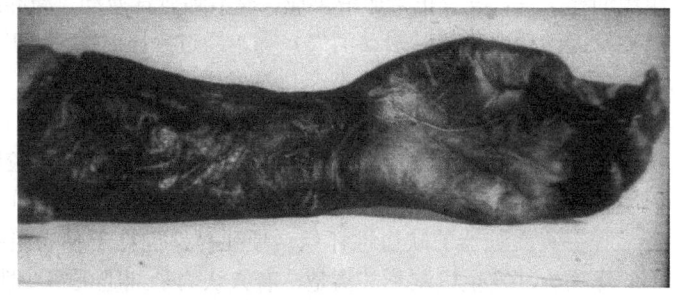

图 2-14 干性坏疽
肱动脉粥样硬化引起肢体远端颜色发黑，干固皱缩似木乃伊状

的湿性坏疽，见于深部肌肉开放性外伤合并产气荚膜杆菌感染。由于该菌分解坏死组织，产生大量气体，坏死区呈蜂窝状、棕黑色，有奇臭，按之有捻发音。气性坏疽发展迅猛，毒素吸收多，后果严重。

（4）纤维素样坏死（fibrinoid degeneration）：是间质胶原纤维（结缔组织）和小血管壁的一种坏死形式，旧称纤维素性变性。病变局部组织结构消失，形成境界不清晰、颗粒状、小条或小块状无结构物质，呈强嗜酸性红染，其形态和染色特点都很像纤维素，故名。常见于变态反应性疾病，如风湿病、红斑狼疮、结节性动脉炎等；也可见于非变态反应性疾病，如恶性高血压时的细动脉壁（图2-15）和胃溃疡底部的动脉壁。其形成机制与抗原-抗体复合物引发的胶原纤维肿胀、断裂，并崩解成小碎片，结缔组织免疫球蛋白沉积或血浆蛋白渗出变性有关。

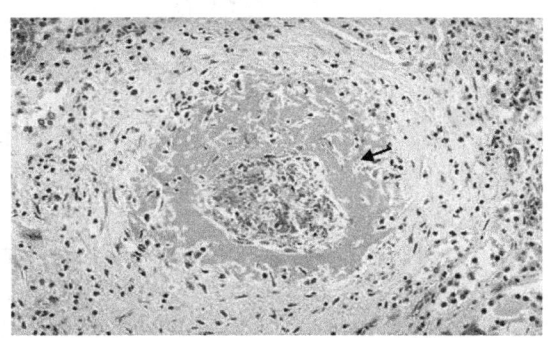

图2-15　恶性高血压时的细动脉壁
恶性高血压时的细动脉壁出现境界不清的颗粒状、小条或小块状无结构的红染物，称为纤维素样坏死

3. 坏死的结局　按坏死发生的部位、范围及有无感染，可有以下几种结局：

（1）溶解吸收：范围较小的坏死，由于坏死组织本身及坏死灶周围中性粒细胞释放的各种水解酶的作用，可使坏死组织溶解、液化，并经淋巴管吸收；不能吸收的组织、细胞碎片，可由吞噬细胞吞噬清除；坏死液化范围较大时，可形成囊腔；坏死细胞溶解后，可引发周围组织急性炎症反应，留下的组织缺损可通过修复而恢复其功能和形态。

（2）分离排出：较大坏死灶不易完全吸收，周围组织则发生炎性反应，其中的白细胞释放蛋白酶，加速坏死边缘组织的溶解吸收，使坏死灶与健康组织分离，形成组织缺损。皮肤黏膜浅表的组织损伤称为糜烂（erosion），较深的组织缺损称为溃疡（ulcer）；组织坏死后形成的只开口于皮肤黏膜表面的深在性盲管，称为窦道（sinus）；连接两个内脏器官或从内脏器官通向体表的通道样缺损，称为瘘管（fistula）；肺、肾等内脏坏死物液化后经支气管或输尿管等自然管道排出，所残留的空腔称为空洞（cavity）。

（3）机化（organization）：坏死组织不能溶解吸收，也未分离排出者，可由周围健康组织长入新生毛细血管和成纤维细胞所组成的肉芽组织（grannlation tissue），并逐渐取代坏死组织，最后形成瘢痕组织（scar）。这种由肉芽组织取代坏死组织的过程，称为机化。

（4）纤维包裹（encapsulation）、钙化和囊肿形成：较大的坏死灶不能完全机化时，则由周围新生的结缔组织将其包裹，称为纤维包裹。其中的坏死组织，部分可被吸收，部分可有钙盐沉着而发生钙化；也可液化而形成囊肿，囊内有淡黄色澄清液体。

4. 坏死的影响　坏死对机体的影响与下列因素有关：①坏死细胞的生理重要性，如发生在重要脏器心、脑组织的坏死可危及生命；②坏死细胞的数量，如坏死范围较大，可引起器官功能降低；③坏死细胞周围同类细胞的再生情况，如肝、表皮等易于再生的细胞，坏死组织的结构功能容易恢复，而神经细胞、心肌细胞等坏死后则无法再生；④坏死器官的储备代偿能力，如肾、肺等成对器官，储备代谢能力较强，即便发生较大的坏死也不会影响其功能；⑤较大范围的坏死组织可分解产生毒素，被机体吸收后可引起发热、无力、消瘦等中毒症状。

（二）凋亡

"凋亡"一词源于希腊文，原意为"花瓣或树叶的枯落"。现认为细胞凋亡（apoptosis）是

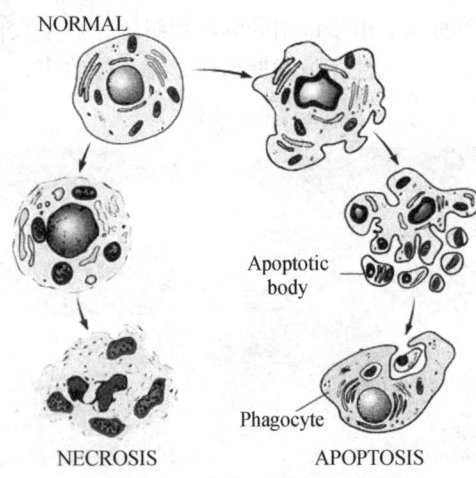

图 2-16 凋亡与坏死的形态区别

坏死细胞肿胀，细胞膜及细胞结构破裂；凋亡细胞固缩，核染色质凝聚成块状或边集成新月状，可形成凋亡小体，细胞膜及细胞器膜完整

在生理或病理状态下，活体内局部组织中单个细胞程序性细胞死亡（programmed cell death，PCD）的表现形式，是由体内、外因素触发细胞内预存的死亡程序而导致的细胞主动性死亡过程。细胞凋亡在形态和生化特征上都有别于坏死（表2-1）。

凋亡细胞电镜下最初的形态学改变为胞膜皱缩、胞质致密、细胞器密集、染色质边集而成新月状，进而胞核裂解，与胞质及细胞器等共同形成许多凋亡小体（apoptosis body）。光镜下凋亡一般累及单个细胞或少数几个细胞，凋亡细胞固缩，呈圆形，胞质红染，强嗜酸性，细胞核染色质聚集成团块状，与邻近细胞分离（图2-16）。因其具有强嗜酸性又称为嗜酸性小体，如病毒性肝炎中所见的嗜酸性小体，在整个凋亡的过程中，凋亡细胞的质膜不破裂、不引发死亡细胞的自溶，也不引起炎症反应。最终，凋亡小体可被局部巨噬细胞和邻近的其他细胞（上皮细胞）吞噬降解。

表 2-1 凋亡和坏死的区别

区别点	凋亡	坏死
诱导因素	生理性因素或病理性损伤	病理性损伤
基因调控	有，主动过程	无，被动过程
死亡范围	多为散在的单个细胞	一般为多数细胞
形态学特点	细胞固缩，核染色质凝聚成块状或边集成新月状，可形成凋亡小体，细胞膜及细胞器膜完整	细胞肿胀，核染色质稀疏网状，细胞膜及细胞结构破裂，无凋亡小体
生化特征	主动、耗能过程，有新蛋白质合成，琼脂凝胶电泳呈特征性梯带状，DNA降解为片段	不耗能，无新蛋白质合成，琼脂凝胶电泳无梯带状，DNA降解不规则
周围反应	不引起周围组织炎症反应和修复	引起周围组织炎症反应和修复

细胞凋亡具有重要的生理和病理意义。适度凋亡可以确保正常器官组织的生长发育，维持内环境稳定，发挥积极的防御作用。例如，蝌蚪变为成蛙时尾巴的自然消失，生殖器官中男性Mullerian管和女性Wolffian管在异性个体中的清除，淋巴成熟过程中的阳性选择和阴性选择，机体衰老、损伤或功能丧失细胞的清除等。当细胞凋亡异常时，可引起各种疾病，如：①细胞凋亡不足类疾病，包括肿瘤、病毒感染性疾病和自身免疫病等，共同特点是细胞凋亡相对不足，细胞群体稳态被破坏，导致病变细胞异常增多，病变组织器官体积增大和功能增强；②细胞凋亡过度类疾病，包括免疫缺陷病、心血管疾病和神经元退行性疾病等，共同的特点是细胞凋亡过度、细胞死大于生、细胞群体的稳态破坏，导致细胞异常减少，组织器官体积变小和功能异常；③细胞凋亡不足与过度并存类疾病，动脉粥样硬化同时存在内皮细胞凋亡过度和平滑肌细胞凋亡不足。

第四节 损伤的修复

机体对损伤有着巨大的修补恢复能力，不仅表现在结构的恢复，还能不同程度地恢复功能，此种恢复过程称为修复（repair）。参与修复过程的主要成分包括细胞外基质和各种细胞，是通过损伤周围未受损组织细胞的分裂增殖来完成的。在组织损伤和修复的过程中常伴有炎症反应。了解损伤的修复规律，对认识疾病的康复过程有着十分重要的意义。

一、再生

（一）再生的概念和类型

组织和细胞丧失后形成的组织缺损，由损伤邻近同种细胞来加以修复的过程称为再生（regeneration）。正常生命活动过程中，许多组织、细胞不断衰老死亡，同时又有同种组织和细胞通过分裂、增殖补充更新，这种再生称为生理性再生。例如，皮肤鳞状上皮表层细胞不断角化脱落，又由基底层细胞不断增生补充；子宫内膜周期性脱落，又从基底部增生恢复，以及血细胞衰老后不断新生补充等，皆属于生理性再生。病理状态下，细胞或组织缺损后发生的再生，即为病理性再生。

由于组织损伤的程度和范围不同，以及组织的再生能力不同，再生又可分为完全性再生和不完全性再生两种方式。完全性再生是指组织受损较轻，死亡细胞由同类细胞再生补充，完全恢复了原有结构和功能。若组织受损严重，缺损过大，或再生能力弱的细胞死亡，常由新生的肉芽组织填补修复，不能恢复原有结构和功能而形成瘢痕，这种再生称为不完全性再生。生理性再生的细胞和组织完全保持了原有的结构和功能，故属于完全性再生。某些病理性再生亦可为完全性再生，不论在形态或功能上都可恢复到损伤前的状态；多数情况下，由于人和其他高等动物再生能力有限，某些再生能力弱甚至缺乏再生能力的组织缺损时，常不能通过原有组织细胞再生，而是由纤维结缔组织增生来代替。例如，Ⅲ度烧伤后形成的瘢痕，心肌梗死后形成的瘢痕，以及亚急性重型肝炎肝细胞坏死后形成的坏死后肝硬化等，均属于不完全性再生。不完全性再生虽具有修复作用，但也造成新的危害，故对修复既有积极的意义，也有不利的影响。

（二）组织的再生能力与再生方式

机体各种组织、细胞的再生能力不一，一般分化程度低的组织比分化程度高的组织再生能力强，易遭受损伤的组织和经常进行更新的组织再生能力也较强；反之，再生能力则较弱或缺乏。按再生能力可将人体细胞分为三类：

1. 不稳定细胞 再生能力较强。在正常情况下不断进行增生，以补充衰老而死亡的细胞，如表皮细胞、呼吸道、泌尿道和消化道黏膜上皮细胞，淋巴细胞及造血细胞等。

2. 稳定细胞 在正常情况下不分裂增生，只有在遭受损伤或某种刺激情况下才发生再生。例如，一些腺体，肝、肾、胰腺、涎腺、皮肤的汗腺、皮脂腺实质细胞，肾小管上皮细胞及间叶组织细胞（如成纤维细胞、骨母细胞、软骨母细胞、平滑肌细胞、内皮细胞等）。

3. 永久性细胞（固定细胞） 缺乏再生能力，神经细胞属此类。中枢神经细胞或周围神经的神经节细胞损伤后，皆永久丧失而不能再生。若神经细胞未坏死，仅神经纤维损伤，则仍可再生。骨骼肌或心肌细胞损伤后虽然有微弱再生能力，但对修复亦无多大意义，基本上由瘢痕取代。

（三）各种组织的再生过程

1. 上皮组织的再生

（1）被覆上皮再生：鳞状上皮缺损时，由创缘或底部的基底层细胞分裂增生，向缺损中心迁移，先形成单层上皮，以后增生分化为鳞状上皮。黏膜（如胃肠黏膜）上皮缺损后，同样也由邻近的细胞分裂增生来修补。

(2) 腺上皮再生：能力较强，如果有腺上皮的缺损而腺体的基底膜未被破坏，可由残存细胞分裂补充而完全恢复原来的腺体结构。如果腺体构造（包括基底膜）被完全破坏，则难以再生恢复。

2. 纤维组织的再生 在损伤的刺激下，受损处的成纤维细胞可进行分裂、增生。成纤维细胞可由静止的纤维细胞转变而来，或由未分化的间叶细胞分化而来。成纤维细胞胞体大，两端常有突起呈星状，胞质略嗜碱性，胞核体积大，染色淡，有1～2个核仁。电镜下，胞质内有丰富的粗面内质网及核蛋白体，说明其合成蛋白的功能很活跃。当成纤维细胞停止分裂后，开始合成并分泌前胶原蛋白，在细胞周围形成胶原纤维，细胞则逐渐成熟，胞质越来越少，核越来越深染，并变成长梭形，成为纤维细胞。

3. 软骨组织和骨组织的再生 软骨组织再生起始于软骨膜的增生，这些增生的幼稚细胞形似成纤维细胞，以后逐渐变为软骨母细胞，并形成软骨基质，细胞被埋在软骨陷窝内而变为静止的软骨细胞。软骨再生力弱，软骨组织缺损较大时由纤维组织参与修补。骨组织再生力强，骨折后可完全修复。

4. 肌组织的再生 能力很弱。横纹肌的再生依肌膜是否存在及肌纤维是否完全断裂而有所不同。横纹肌细胞是一个多核的长细胞，可达4cm，核可多达数十乃至数百个，损伤不太重而肌膜未被破坏时，肌原纤维仅部分发生坏死，此时中性粒细胞及巨噬细胞进入该处吞噬清除坏死物质，残存部分肌细胞分裂，产生肌质，分化出肌原纤维，从而恢复正常横纹肌的结构；如果肌纤维完全断开，断端肌质增多，也可有肌原纤维的新生，使断端膨大如花蕾样。但这时肌纤维断端不能直接连接，而靠纤维瘢痕愈合。愈合后的肌纤维仍可以收缩，加强锻炼后可以恢复功能；如果整个肌纤维（包括肌膜）均破坏，则难以再生，而通过瘢痕修复。平滑肌也有一定的分裂再生能力，前面已提到小动脉的再生中就有平滑肌的再生，但是断开的肠管或是较大血管经手术吻合后，断处的平滑肌主要通过纤维瘢痕连接。心肌再生能力极弱，破坏后一般都是瘢痕修复。

5. 血管的再生

(1) 毛细血管的再生：又称为血管形成（angiogenesis），是以生芽（budding）方式来完成的。首先在蛋白分解酶作用下基底膜被分解，该处内皮细胞分裂增生形成突起的幼芽，随着内皮细胞向前移动增生而形成一条实心的内皮细胞索，数小时后在血流冲击下出现管腔，形成新生的毛细血管，进而彼此吻合构成毛细血管网（图2-17）。增生的内皮细胞分化成熟时分泌Ⅳ型胶原、层粘连蛋白和纤连蛋白形成基底膜的基板；周边的成纤维细胞分泌Ⅲ型胶原及基质，组成基底膜的网板，成纤维细胞则成为血管外膜细胞。新生的毛细血管基底膜不完整，内皮细胞间空隙较大，故通透性较高。为适应功能的需要，有些毛细血管不断改建为小动脉、小静脉，其管壁的平滑肌可能由血管外未分化间叶细胞分化而来。

(2) 大血管的修复：大血管离断后需手术吻合，吻合处两侧内皮细胞分裂增生，互相连接，恢复原来的内膜结构。但离断的肌层不能完全再生，而由结缔组织增生连接，形成瘢痕修复。

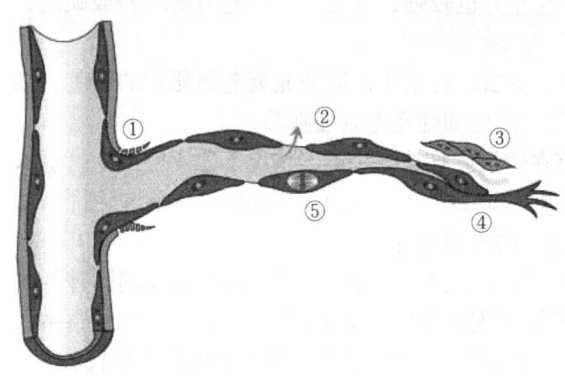

图2-17 毛细血管再生模式图
①基底膜溶解；②血管壁通透性增加；③管腔形成、成熟；④细胞迁移；⑤内皮细胞增殖

6. **神经组织的再生** 脑及脊髓内的神经细胞破坏后不能再生,由神经胶质细胞及其纤维修补形成胶质瘢痕。外周神经受损时,如果与其相连的神经细胞仍然存活,则可完全再生,此再生过程常需数月以上才能完成。若断离的两端相隔太远,或者两端之间有瘢痕或其他组织阻隔,或者因截肢失去远端,再生轴突均不能到达远端,而与增生的结缔组织混杂在一起,卷曲成团,成为创伤性神经瘤,可发生顽固性疼痛。

二、纤维修复

组织结构的破坏,包括实质细胞与间质细胞的损伤,常发生在伴有坏死的炎症中,并且是慢性炎症的特征。此时,即使损伤的实质细胞具有再生能力,其修复也不能单独由实质细胞的再生来完成,因此这种修复首先通过肉芽组织增生,溶解、吸收损伤局部的坏死组织及其他异物,并填补组织缺损,以后肉芽组织转化成以胶原纤维为主的瘢痕组织,修复便告完成。

(一)肉芽组织

1. **肉芽组织的结构** 肉芽组织即旺盛增生的幼稚结缔组织,主要由新生的毛细血管和成纤维细胞构成,并伴有炎细胞的浸润。在开放性创伤的表面,这种组织肉眼表现为鲜红色、颗粒状、质地柔软、富于血管,似鲜嫩肉芽故而得名。

光镜下,肉芽组织主要由3种成分构成:①新生毛细血管,常由损伤组织周围毛细血管以生芽方式增生形成。新生毛细血管常向创面垂直生长,并以小动脉为轴心,在其周围形成襻状弯曲的毛细血管网,与成纤维细胞构成小团块,突出于创面,构成红色颗粒状肉芽。②成纤维细胞,大量存在于新生的毛细血管之间,随着肉芽组织内毛细血管内皮细胞的生长,有的转变为血管外皮细胞,有的产生胶原纤维和酸性黏多糖后变为纤维细胞。③炎性细胞,包括中性粒细胞、单核细胞、淋巴细胞、浆细胞和嗜酸粒细胞,不同程度地浸润在肉芽组织内。炎细胞的多少和种类与组织损伤性质及感染状况有关。肉芽组织早期不含神经纤维,故无痛觉(图2-18)。

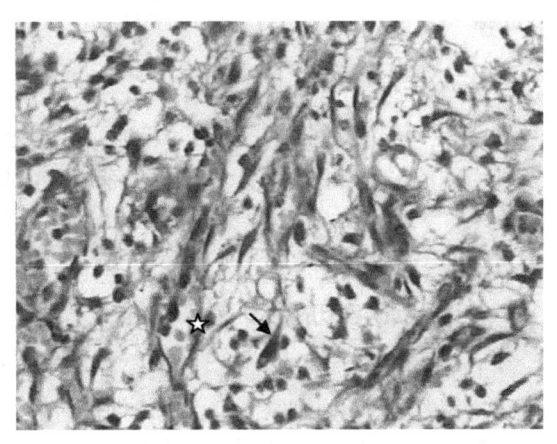

图2-18 肉芽组织
由新生的毛细血管(☆)、成纤维细胞(一)及各种炎细胞构成

2. **肉芽组织的功能** 肉芽组织在损伤修复中有重要作用:①抗感染及保护创面。②填补创口和组织缺损。③机化或包裹坏死组织、血栓、炎性渗出物和其他异物。

3. **肉芽组织的结局** 肉芽组织在组织损伤后2~3天内即可出现,自下向上(如体表创口)或从周围向中心(如组织内坏死)生长推进,填补创口或机化异物。肉芽组织形成初期,细胞间含有大量液体成分,继之成纤维细胞产生胶原和酸性黏多糖,肉芽组织逐渐纤维化,此时细胞间液体成分逐渐减少,网状纤维和胶原纤维逐渐增多,网状纤维胶原化,胶原纤维变粗;肉芽组织中中性粒细胞逐渐消失,淋巴细胞、浆细胞最后也完全消失;随着纤维成分逐渐增多的同时,成纤维细胞逐渐减少,并转变为纤维细胞;毛细血管逐渐闭合消失,残留的血管壁增厚成为小动脉和小静脉;肉芽组织最终老化成为瘢痕组织。

(二)瘢痕组织

瘢痕组织是指肉芽组织经改建成熟所形成的纤维结缔组织,肉眼表现为灰白色,半透明,质地坚韧，缺乏弹性。光镜下瘢痕组织由大量平行或交错分布的胶原纤维束组成，呈均质、红染的玻璃样变性，纤维细胞及血管稀少。

瘢痕对机体的影响有利有弊。有利的方面：①填补伤口或缺损，使组织器官保持完整性。②大量的胶原纤维使瘢痕组织比肉芽组织的抗拉力强度要大，从而使组织、器官保持其坚固性。不利的方面：①瘢痕收缩，可致关节挛缩，活动受限；有腔器官可造成器官变形或腔室狭窄，如胃溃疡瘢痕收缩可致幽门梗阻。②瘢痕性粘连可造成器官之间或器官与体腔壁之间发生粘连，影响其功能。③器官内广泛损伤导致广泛纤维化和玻璃样变，可发生器官硬化，如慢性肝炎后的肝硬化。④瘢痕组织过度增生并突出于皮肤表面，甚至形成肿瘤样肿块，称"瘢痕疙瘩"（keloid）（图 2-19），临床上常称为"蟹足肿"。⑤瘢痕缺乏弹性，抗拉力强度降低及内压增高时，可使愈合处向外膨出而形成瘢痕膨出，在心室壁可形成室壁瘤。

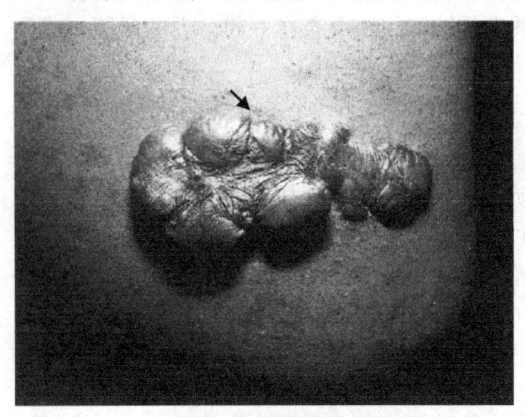

图 2-19　瘢痕疙瘩
由于肥大细胞分泌多种生长因子，肉芽组织过度生长，瘢痕胶原形成过多，成为隆起硬块

三、创伤愈合

创伤愈合（wound healing）系指外力所致组织损伤后，通过组织再生进行修复的过程。包括各种组织的再生和肉芽组织增生的复杂组合，是各种过程的协同作用的结果。各种创伤的轻重程度不一。轻者仅为皮肤及皮下组织断裂，严重创伤可有肌肉、肌腱、神经的断裂，甚至骨折。在此主要介绍皮肤和皮下软组织创伤的愈合过程。

（一）皮肤创伤愈合的基本过程

1. **创口的早期变化**　创口处组织有不同程度的坏死和血管断裂出血，一般小血管出血可自行停止，较大血管出血则需人工止血。创伤局部可发生炎症反应。

2. **创口收缩**　2～3 天后，炎症逐渐消退，创口边缘的皮肤及皮下组织向中心移动，创面逐渐缩小。目前认为创口收缩的机制是伤口边缘新生肌成纤维细胞的收缩牵拉，与胶原形成无关。

3. **肉芽组织增生和瘢痕形成**　大约从第 3 天开始，创口底部长出肉芽组织，并向创口中的血凝块内延伸，机化血凝块，填平创口，大约经过 3 周或更长时间，肉芽组织逐渐转化为瘢痕组织。

4. **表皮及其他组织再生**　创口周围的上皮基底层细胞，在损伤后 24 小时开始移动并呈出芽状生长；48 小时后增生和移动的细胞在创面形成一层菲薄的上皮层，通过增生分化，逐步恢复复层鳞状上皮结构。如皮肤附件（毛囊、汗腺、皮脂腺）遭到完全破坏，则不能再生，将由瘢痕取代；肌腱断裂后，初期一般也是瘢痕修复，随着功能锻炼，胶原纤维可以不断改建，达到完全再生。

（二）皮肤创伤愈合的类型

皮肤的创伤愈合根据创伤的程度和有无感染，可分为三种类型：

1. **一期愈合（healing by first intention）**　见于组织损伤范围小、缺损少、创缘整齐，对合紧密、无切口感染，如皮肤的无菌手术切口。在皮肤切口被缝合后的第 1 天，血凝块便填充于切口内及两创缘的表面，并出现轻微急性炎症反应；第 2 天创口处即有上皮再生，以及成纤维细胞和毛细血管的增生，后者向创口内生长填充创口，再生的上皮细胞可覆盖创面；第 3 天急性炎症反应开始消退，巨噬细胞增多；第5天，创口被大量新生疏松结缔组织填充，同时出现散在胶原原纤维；至手术1周末，创口表面被接近正常厚度的表皮覆盖，上皮下肉芽组织开始有胶原纤维形成；手术后2周肉芽组织仍继续增生，并不断产生胶原，至第2周末，形成瘢痕组织。一期愈合所需时间短，形成瘢痕小（图2-20）。

2. 二期愈合（healing by second intention） 见于组织损伤范围及缺损大，创缘不整齐，无法对合，并伴感染、坏死、出血、渗出物多，炎症反应明显的创口。由于创口大而敞开，故愈合常由创口底部向上，以及两侧边缘向内进行，并需较多肉芽组织才能填补。待肉芽组织充填缺损后，再由新生的上皮将表面覆盖。二期愈合所需时间长，形成的瘢痕也大（图2-21）。

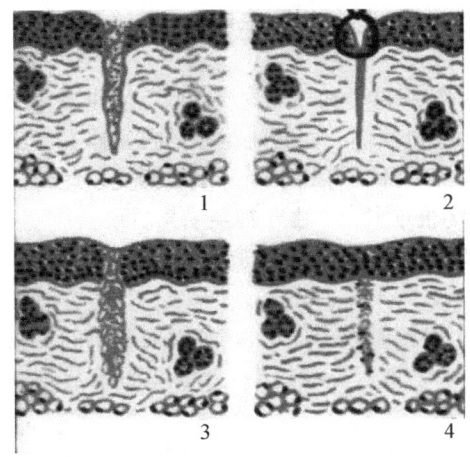

图2-20 创伤一期愈合模式图

创缘整齐，组织破坏少；经缝合，创缘对合，炎症反应轻；表皮再生，少量肉芽组织从伤口边缘长入；愈合后少量瘢痕形成

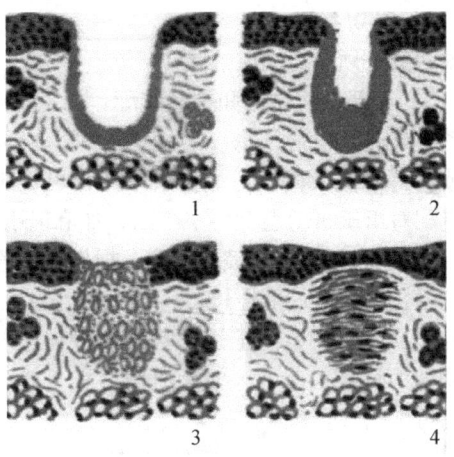

图2-21 创伤二期愈合模式图

创口大，创缘不整齐，组织破坏多；创口收缩，炎症反应重；肉芽组织从伤口底部及边缘将伤口填平，然后表皮再生；愈合后形成瘢痕大

3. 痂下愈合（healing under scab） 创口表面有时可见血液、渗出液及坏死组织构成的干燥黑褐色硬痂。愈合过程就在痂下进行，称为痂下愈合。痂下愈合时间较无痂者长，因为再生的表皮需在痂皮成分溶解后才向前生长。痂皮对伤口有一定的保护作用，但在细菌感染时，由于影响渗出物引流，不利于愈合。

（三）影响再生修复的因素

组织损伤的再生修复除与组织损伤的程度和组织再生能力有关外，还受全身和局部因素的影响。了解这些因素，可创造条件加速和改善组织的再生修复。

1. 全身因素

（1）年龄：青少年的组织再生能力强，愈合快。老年人则相反，这可能与老年人常有动脉粥样硬化使局部血液供应减少有关。

（2）营养：动物实验和临床观察均发现严重蛋白质缺乏可使组织再生缓慢和不完全。例如，蛋氨酸和胱氨酸缺乏，将影响肉芽组织的形成，使成纤维细胞不能成熟为纤维细胞，胶原纤维形成减少；维生素C缺乏时，成纤维细胞合成胶原障碍，可致创面愈合速度减慢，抗张力强度受损；微量元素锌对创伤愈合的作用近年来颇受重视，临床上手术创伤愈合迟缓的患者，皮肤中含锌量大多比愈合良好的患者低；钙缺乏可导致骨折愈合困难。

（3）激素及药物：机体的内分泌功能状态，对修复有着重要影响。例如，肾上腺皮质激素能抑制炎症渗出、毛细血管新生和巨噬细胞的吞噬功能，同时还可影响成纤维细胞增生和胶原合成。

因此，在创伤愈合过程中，要避免大量使用这类激素。一些药物亦可影响再生修复，如青霉胺可使伤口愈合延迟及抗张力强度减弱。但有些药物，如中药生肌散，有促进肉芽组织生长的作用。

(4) 疾病的影响：许多全身性疾病，如糖尿病、心力衰竭、肝硬化、尿毒症、免疫缺陷病等，均可影响再生与修复的过程，从而影响伤口的愈合。

2. 局部因素

(1) 感染：妨碍伤口的愈合。因感染而产生的大量炎性渗出物和坏死组织，可引起局部创口张力增加，无法愈合，甚至可使已愈合的或缝合的创口裂开。故对感染的伤口，首先应清除坏死组织，然后新生肉芽组织才能填补缺损。中医学强调的"去腐才能生肌"是很有道理的。

(2) 异物：如线头、纱布、死骨、弹片等异物，可妨碍肉芽组织生长并容易感染而使创口长期不愈，故必须及时加以清除。

(3) 局部血液循环和神经支配：局部血供状况对组织再生和坏死物质吸收起着重要作用。因此，动脉硬化、静脉淤血、组织水肿等，皆可影响局部血液供应而妨碍组织的再生修复。热敷、理疗或中药泡洗及内服活血化瘀中药都可促进局部血液循环、有利于局部组织修复。此外，局部神经支配对组织再生也有一定作用，如麻风引起的溃疡很难愈合，由于神经受累所致。

(4) 电离辐射：能破坏细胞，损伤小血管，抑制组织再生。因此电离辐射能影响创伤的愈合，但也能阻止瘢痕的过度生长。

在骨折愈合时，除上述影响因素外，还与骨折的治疗过程密切相关，如及时正确的复位、固定和功能锻炼等。此外，如果损伤过重（粉碎性骨折）、骨膜撕裂过多、骨断端间有异物嵌入等因素均可影响骨折愈合。

案例2-1

病史摘要：患者男，35岁，农民，10天前与本村村民打架，被对方用木棍击打左小腿后侧腓肠肌处，该处皮肤略有损伤，小腿很快出现肿胀，且疼痛难忍。事后第2天左小腿局部红肿热痛明显，第3天体温升高达39℃。第4天左下肢高度肿胀，最大周径为48cm，疼痛更甚，在皮肤裂口处流出血水。肿胀蔓延到左足背。当地医院用抗生素治疗后效果不良。第6天，左足踇趾呈污黑色。第10天黑色达足背，与正常组织分界不清。随后到上级医院就诊，行左下肢截肢术。

病理检查：左下肢高度肿胀，左足部污黑色，与正常组织分界不清。纵行剖开动、静脉后，见动、静脉血管内均有暗红色与灰白色相间的固体物阻塞，长约10cm，与管壁粘连，固体物镜检为混合血栓。

思考题：

1. 请做出病理诊断。
2. 该病变的发生经过及临床表现如何？

案例2-2

病史摘要：患者男，45岁，以"规律性上腹痛2年，加重1周"为主诉入院。查体：上腹部剑突下偏左有压痛。胃镜检查提示"胃窦部溃疡"。经给予西咪替丁（甲氰咪胍）等制酸剂和氢氧化铝凝胶等胃黏膜保护剂治疗，症状逐渐缓解，8周后复查胃镜见溃疡已愈合。

思考题：

1. 在胃溃疡愈合过程中都有哪些组织的再生？
2. 其中哪些组织的再生属完全再生？哪些是不完全再生？

（姜　霞）

知识链接——神经发生

科学家们在成年哺乳动物的大脑中发现了具有增殖和分化潜能的神经干细胞（neural stem cells, NSCs），推翻了神经元缺乏再生能力的传统观点。低等的脊椎动物如蜥蜴，在整个大脑内都有神经发生（neurogenesis）的现象，而哺乳动物的神经发生则仅局限于海马齿状回（dentate gyrus, DG）的亚颗粒层（subgranular zone, SGZ）和前脑的室管膜下区（subventricular zone, SVZ）两个脑区。SVZ 的新生神经元通过吻侧迁徙流（rostral migratory stream, RMS）迁移到嗅球成为颗粒神经元和球旁神经元，而 DG 的新生神经元则迁移较短的距离至颗粒细胞层，多数分化为齿状回颗粒细胞（dentate granule cells, DGCs）。在过去十年的研究中，人们采用化学、带有荧光标记病毒载体及基因工程的方法来标记新生神经元，取得大量研究进展，包括神经组细胞（neural progenitor cells, NPCs）的增殖、分化、突触发生及最终整合到海马神经环路等一系列过程。在以上的每一个过程中，神经发生可受到大量内、外源性因素调控。

第三章 局部血液循环障碍

局部充血	血栓的结局
动脉性充血	血栓对机体的影响
静脉性充血	栓塞
出血	栓子运行的途径
出血的类型和原因	栓塞的类型及对机体的影响
病理变化	梗死
后果	梗死形成的原因和条件
血栓形成	梗死的形态特征
血栓形成的条件和机制	梗死的类型
血栓形成的过程和血栓的形态	梗死对机体的影响和结局

血液循环障碍可分为全身性和局部性两种。全身血液循环障碍是整个心血管系统发生的功能紊乱，如各种原因引起的心功能不全、休克等。局部血液循环障碍多由局部因素引起，也可以是全身血液循环障碍的局部表现，常表现为：①局部器官或组织内循环血量的异常，包括充血和缺血；②局部血管内异常物质形成和阻塞，包括血栓形成、栓塞和梗死；③血管壁通透性或完整性的改变，造成血液成分逸出血管，包括水肿和出血。局部血液循环障碍及其所引起的病变是疾病的基本病理改变，常出现在许多疾病过程中。

全身性和局部性血液循环障碍密切相关，相互影响。全身血液循环障碍可使局部组织发生不同程度的变化，如右心衰竭可引起肝淤血、下肢水肿等局部血液循环障碍的表现；而严重的局部循环障碍也将影响全身血液循环的功能，如冠状动脉血流障碍引起心肌缺血或梗死，导致心功能不全。

第一节 局部充血

机体局部组织或器官内血管内血液含量增多，称为局部充血（hyperemia）。充血时，器官或组织内毛细血管和小静脉充分开放和扩张，以容纳增加的血量。局部充血分为动脉性充血和静脉性充血两类（图3-1）。

一、动脉性充血

局部组织或器官因动脉血输入量过多而发生的充血，称为动脉性充血（arterial hyperemia），简称充血。动脉性充血是器官或组织细小动脉扩张的结果。

（一）原因

凡能引起细、小动脉扩张的原因，都能引起局部组织和器官的充血。充血分为生理性充血和病理性充血两类。

动脉性充血　　　　　正常供血　　　　　静脉性充血

图 3-1　局部充血模式图

1. **生理性充血**　为适应器官和组织生理需要和代谢增强而发生的充血，称为生理性充血，如进食后胃肠道黏膜充血，体力活动时肢体骨骼肌充血及情绪激动时的"面红耳赤"等。

2. **病理性充血**　在各种病理状态下的充血，称为病理性充血。常见的有：①炎症性充血，炎症早期，由于致炎因子刺激引起轴突反射，血管舒张神经兴奋，以及局部血管活性胺等炎症介质释放并作用于血管壁，引起局部细、小动脉扩张而导致炎症性充血。②减压后充血，指局部组织或器官长期受压，使血管收缩神经兴奋性降低，一旦压力突然降低或解除，则受压组织内的细动脉可发生反射性扩张而致局部充血，称为减压后充血。可见于绷带包扎的肢体、大量胸腔积液和腹水或腹腔内巨大肿瘤压迫胸腹腔器官。③侧支性充血，动脉阻塞后引起局部组织缺血缺氧，代谢不全产物堆积，导致缺血组织周围的动脉吻合支扩张充血，在一定程度上具有代偿意义，可不同程度改善局部组织的血液供应。

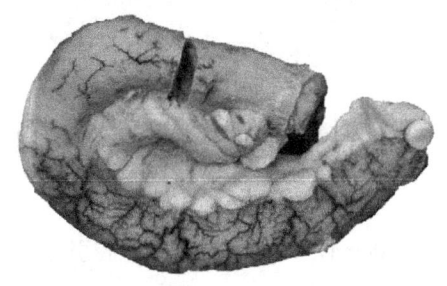

图 3-2　急性阑尾炎充血（肉眼观）
阑尾肿胀，小动脉和毛细血管扩张充血清晰可见

（二）病理变化

动脉性充血主要表现为细、小动脉和毛细血管扩张，局部动脉血液含量增多，局部组织或器官轻度增大；由于局部微循环内氧合血红蛋白含量增高，局部组织常呈鲜红色；血流加快、物质代谢活动增强，产热增多而使局部温度升高；功能活动增强，如黏膜腺体分泌增多等（图3-2）。光镜下可见局部细、小动脉和毛细血管扩张充血。

（三）后果

动脉性充血为暂时性血管反应，一般对机体无重要影响。由于动脉血富含氧气和营养物质，因此动脉性充血对改善局部代谢、增强功能状态具有积极的防御作用，如临床上透热疗法的作用机制即在于此。但对于高血压或动脉粥样硬化等已有病变的动脉，采用此疗法或情绪激动时，可由于血管的充血而造成血管破裂。

二、静脉性充血

由于静脉回流受阻，血液淤积于静脉和毛细血管内，局部组织或器官含血量增多，称为静脉性充血（venous hyperemia），简称淤血（congestion）。通常静脉性充血比动脉性充血多见，具有更重要的临床意义。静脉淤血均为病理性，可以发生于局部，也可发生于全身，其中以全身性慢性淤血最常见，也最重要。

（一）原因

静脉性充血的原因很多，可概括为三类：

1. **静脉受压**　静脉受压引起管腔狭窄或闭塞，血液回流受阻，导致器官或组织淤血。如肝硬化时，肝小叶结构被破坏和改建，导致静脉回流受阻和门静脉高压，使脾和胃肠道淤血；肠套叠、肠扭转、肠疝或肠粘连时，肠系膜静脉受压引起局部肠段淤血；妊娠后期子宫压迫髂静脉引起下肢淤血、水肿；肿瘤、炎性包块或绑带过紧等亦会压迫静脉引起相应器官或组织的淤血。

2. 静脉腔阻塞 静脉内血栓形成或肿瘤细胞侵入静脉而形成的瘤栓可阻塞静脉而引起淤血。由于静脉有较多的吻合支，互相连接形成侧支循环，静脉淤血不易发生；只有当较大的静脉干受压、阻塞或多条静脉同时受压，侧支循环不能有效建立的情况下，静脉腔的阻塞才会引起淤血。

3. 心力衰竭 心力衰竭时，心排血量减少，心腔内血液滞留，压力增高，阻碍静脉的回流，造成淤血。左心衰竭时，血液滞留在左心腔内，影响肺静脉的回流，肺静脉压增高而引起肺淤血；右心衰竭时，血液滞留在右心腔内，引起体循环淤血，常表现为肝淤血，严重时脾、肾、胃肠道、四肢等也可出现淤血。较长期的左心衰竭和肺淤血会进一步造成肺动脉高压，从而累及右心，最终出现全心衰竭，发生肺、肝、脾、肾、胃肠道和脑等器官和组织的全身性淤血。

另外，在烧伤、冻伤等情况下，静脉神经调节麻痹也可以引起淤血。

（二）病理变化

由于静脉回流受阻，血液淤积在扩张的小静脉和毛细血管内，故淤血的器官和组织体积增大、包膜紧张、重量增加、颜色暗红；全身淤血时血流缓慢，氧合血红蛋白含量减少，血液中还原血红蛋白含量增多，皮肤和黏膜呈紫蓝色，称发绀（cyanosis），多见于指（趾）端、口唇等处；因血流淤滞，血管扩张散热增加，淤血处局部温度较低。光镜下可见局部组织内小静脉和毛细血管显著扩张，充满血液，有时伴有水肿。

（三）后果

淤血的后果取决于器官或组织的性质、静脉阻塞发生的速度、阻塞的程度及淤血持续的时间等因素。长时间的淤血又称慢性淤血（chronic congestion），可引起以下后果。

1. 淤血性水肿 淤血时小静脉和毛细血管内流体静压升高，以及代谢产物的作用，使血管壁通透性增高，漏出液潴留在组织内引起淤血性水肿（congestive edema），也可淤积在体腔引起胸腔积液、腹水或心包积液。

2. 淤血性出血 严重淤血时，缺氧可使血管壁的通透性进一步增高，红细胞从血管内漏出，引起小灶性出血，称为漏出性出血或淤血性出血（congestive hemorrhage）。

3. 实质细胞萎缩、变性及坏死 由于长期淤血，组织长期缺氧和因组织中氧化不全产生的酸性代谢产物大量堆积，可导致实质细胞发生萎缩、变性甚至坏死。

4. 淤血性硬化 长期缺氧，可刺激局部纤维组织增生，组织内网状纤维胶原化，使器官逐渐变硬，造成淤血性硬化（congestive sclerosis），常见于肺、肝的慢性淤血。

此外，淤血部位因缺氧和营养障碍而引起局部抵抗力降低，组织再生能力减弱，为其他疾病的发生发展提供了条件，如肺淤血易并发肺部感染、下肢淤血易并发皮肤溃疡且伤口不易愈合。

（四）重要器官淤血

1. 慢性肺淤血 多见于左心衰竭。此时左心腔内压力升高，肺静脉回流减少，造成肺淤血。肉眼观，肺脏体积增大、重量增加、颜色暗红、质地坚实，切开时可见暗红色血性或淡红色泡沫状液体。光镜下可见小静脉及肺泡壁毛细血管高度扩张淤血，肺泡壁因淤血水肿而增厚，肺泡腔内有水肿液、少量红细胞和巨噬细胞。红细胞可被巨噬细胞吞噬，血红蛋白被溶酶体酶分解，在巨噬细胞胞质内析出含铁血黄素颗粒（hemosiderin），HE染色呈棕黄色，普鲁士蓝染色呈蓝色，此时这种细胞称为"心力衰竭细胞"（heart failure cell）（图3-3）。

长期慢性肺淤血，会引起肺间质网状纤维胶原化和纤维结缔组织增生，使肺质地变硬，加之大量含铁血黄素的沉积，肺呈棕褐色，故称为肺褐色硬化。临床上，严重肺淤血导致肺泡腔内充满水肿液影响气体弥散和交换，患者可出现呼吸困难和发绀，咳大量浆液性白色或粉红色泡沫状痰等症状，听诊可闻及湿性啰音。

2. 慢性肝淤血　多见于右心衰竭。此时右心腔内压力升高，肝静脉回流受阻而引起肝淤血。肉眼观，急性肝淤血时，肝脏体积增大，重量增加，表面呈暗红色，被膜紧张、质地较实；严重时，切面可见肝小叶中央因淤血而呈深红色，肝细胞因缺氧、受压而变性、萎缩或消失，小叶周边区肝细胞出现脂肪变性而呈灰黄色。相邻的肝小叶中央淤血区互相连接形成红黄相间的花纹状结构，状似槟榔的切面，故称"槟榔肝"（nutmeg liver）；晚期，由于纤维组织增生，纤维索带自小叶中央向周围伸展，肝脏质地变硬；表面可见细小颗粒，称为"淤血性肝硬化"。

光镜下可见肝小叶中央静脉及附近肝血窦高度扩张淤血，充满红细胞。淤血区的肝细胞因缺氧和受压发生萎缩，甚至坏死消失；肝小叶周边部的肝血窦淤血、缺氧较轻，肝细胞可有不同程度的脂肪变性（图 3-4）。长期慢性肝淤血时，由于小叶中央区肝细胞广泛萎缩、消失或坏死，致网状纤维增生并融合为胶原纤维，同时汇管区纤维组织增生，使肝脏质地变硬，导致淤血性肝硬化，亦称心源性肝硬化（cardia cirrhosis）。与门脉性肝硬化不同，淤血性肝硬化的病变较轻，肝小叶改建不明显，一般不形成门脉高压和肝衰竭。

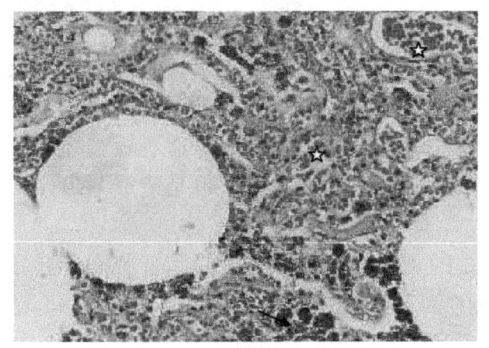

图 3-3　慢性肺淤血

肺泡壁增厚，毛细血管扩张充血（☆）；心力衰竭细胞（→）

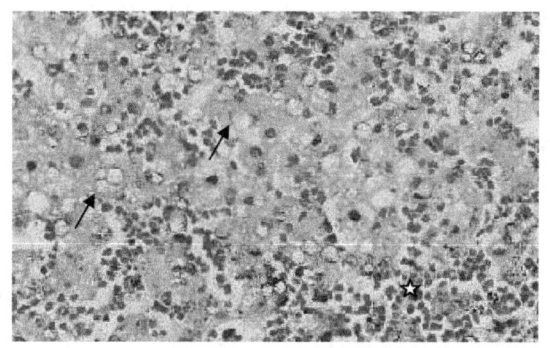

图 3-4　慢性肝淤血

肝血窦扩张淤血，充满红细胞（☆）；肝细胞可有不同程度的脂肪变性（→）

第二节　出血

血液自心腔或血管内逸出的现象，称为出血（hemorrhage）。逸出的血液进入器官、组织间隙或体腔称为内出血，流出体外称为外出血。内出血可发生于机体的任何部位，出血灶大小不一。发生在皮肤、黏膜和浆膜面的小而广泛的出血称为瘀点（petechia）；直径 1～2cm 以上的较大出血称为瘀斑（echymosis）；全身密集点状出血，呈弥漫性紫红色，称为紫癜（purpura）；发生在组织内的大量血液积聚，形成肿块，称为血肿（hematoma），如皮下血肿、颅内血肿；若血液积聚于体腔内称为体腔积血（hematocele），如心包积血、胸腔积血等；鼻出血称为鼻衄（epistaxis）；呼吸道出血经口咳出称为咯血（hemoptysis）；消化道出血经口呕出称为呕血（haematemesis）；血液自肛门排出称为便血（hematochezia）；泌尿道出血随尿排出称为尿血（hematuria）；子宫腔大出血称为血崩（metrorrhagia）。

一、出血的类型和原因

出血可分为生理性出血和病理性出血。前者如正常月经的子宫内膜出血，后者多由创伤、血管病变及出血性疾病等引起。根据血液逸出的机制又可将出血分为破裂性出血和漏出性出血两类。

（一）破裂性出血

由心脏或血管壁破裂所致的出血称为破裂性出血。破裂性出血通常发生于心脏和较大的血管，一般出血量较多。破裂可由心血管本身病变引起，如心肌梗死形成的室壁瘤，动脉瘤和静脉曲张的破裂等；或为局部组织病变，如溃疡、结核性空洞和肿瘤等侵蚀破坏血管壁的结果；此外，机械损伤（如刀伤、枪伤）引起的血管创伤、局部软组织损伤引起的毛细血管破裂等亦是破裂性出血的常见原因。

（二）漏出性出血

因微循环血管壁通透性增加，血液通过扩大的内皮细胞间隙和受损的基膜漏出血管外，称为漏出性出血，光镜下，血管壁仍维持其完整性，但电镜观察可发现其内皮细胞间隙增大。常见原因：

1. **血管壁受损**　见于严重淤血缺氧、毒素、败血症、药物、变态反应、维生素 C 缺乏及静脉压升高等因素对毛细血管的损害。

2. **血小板减少或血小板功能障碍**　当血小板减少到一定数量时会发生漏出性出血。这种出血在再生障碍性贫血、白血病等血小板生成减少，或原发性血小板减少性紫癜、脾功能亢进、药物、细菌毒素和弥散性血管内凝血（disseminated intravascular coagulation，DIC）等血小板破坏或消耗过多的情况下发生。血小板先天性功能障碍、血小板黏附和黏集能力缺陷，也是造成漏出性出血的原因。

3. **凝血功能障碍**　可为先天性的，如与血友病有关的Ⅷ、Ⅸ因子缺乏；或因肝脏病变导致合成的凝血酶原、纤维蛋白原、Ⅴ因子等减少，均造成凝血障碍和出血倾向。

二、病理变化

肉眼观，新鲜的出血呈红色，以后随红细胞降解形成含铁血黄素而带棕黄色。光镜下可在出血部位组织的血管外见红细胞和巨噬细胞，部分巨噬细胞胞质内可见被吞噬的红细胞或血红蛋白被溶酶体分解所析出的含铁血黄素颗粒，组织中亦可见游离的含铁血黄素。较大的血肿常因吸收不全而发生机化或包裹。

三、后果

出血的后果与出血的量、出血的速度和出血部位有关。漏出性出血过程比较缓慢，一般出血量较少，多可被巨噬细胞清除，可不引起严重后果；但若出血不止亦会危及生命；小量持续或慢性反复的出血，可导致缺铁性贫血。破裂性出血较迅速，急性大量出血达循环血量的 20%～25% 时，可发生失血性休克，如肝硬化因门静脉高压发生广泛性胃肠道黏膜出血，亦可导致出血性休克；视网膜出血可引起视力消退或失明；发生在重要器官的出血，即使出血量不多，亦常引起严重后果，如心脏破裂引起心包内出血（心脏压塞）可导致急性心力衰竭，脑出血可导致相应的功能障碍，如内囊区出血引起对侧肢体的偏瘫甚至死亡。

第三节 血栓形成

在活体的心脏、血管管腔内血液的有形成分析出、凝集形成固体质块的过程称为血栓形成（thrombosis），所形成的固体质块称为血栓（thrombus）。血栓与血凝块（clot）不同，血栓在生活机体心血管内流动的血液中形成，而血凝块则是由心血管外或死亡后静止的血液凝固而形成。

一、血栓形成的条件和机制

血液中存在着相互拮抗的凝血系统和抗凝血系统。生理状态下，血液中的凝血因子不断少量地被激活，形成微量纤维蛋白，沉着于血管内膜上，但这些微量纤维蛋白又不断地被激活了的纤维蛋白溶解系统所溶解，同时被激活的凝血因子也不断被单核巨噬细胞系统所吞噬。上述凝血系统和纤维蛋白溶解系统的动态平衡，既保证了血液有潜在的可凝固性，又始终保证了血液的流体状态。在某些促凝血因素的作用下，此种动态平衡被打破，凝血过程被激活，血液便可在血管内发生凝固，形成血栓。血栓形成涉及心血管内膜、血流状态和血液凝固性三方面的改变。

（一）心血管内膜的损伤

心血管内膜的损伤是血栓形成的最重要的因素。正常情况下，完整的心血管内皮细胞组成一层单细胞薄膜屏障，把血小板、凝血因子与具有高度促凝作用的内皮下细胞外基质（extracellular matrix，ECM）隔开，同时具有抑制血小板黏集、抗凝血和降解纤维蛋白的作用。但在内皮细胞受到损伤或被激活时，则具有促凝作用，可导致血栓形成。其发病机制如下。

1. 损伤内皮细胞的促凝作用　内皮细胞损伤，内皮下 ECM 成分裸露，血小板与 ECM（主要是胶原纤维）接触而被激活和黏附，同时裸露的胶原纤维激活凝血因子Ⅻ，启动了内源性凝血过程；损伤的内皮细胞又释放出组织因子，激活凝血因子Ⅶ，启动了外源性凝血过程。

2. 血小板的活化　在触发凝血过程中起核心作用的是血小板的活化，主要表现为黏附、释放和黏集三个连续的反应：内皮损伤后，首先激活血小板的是与血小板接触的胶原，继而凝血酶产生，并进一步活化血小板，释出 Ca^{2+}、二磷酸腺苷（adenosine diphosphate，ADP）和血栓素 A_2（thromboxane A_2，TXA_2），吸引随血流流过的血小板进一步聚集，彼此黏集成堆，同时与纤维蛋白和纤维蛋白连接蛋白黏附。在整个血小板团块中，凝血酶将纤维蛋白原转变为纤维蛋白，将血小板紧紧地交织在一起。

血栓形成是以在胶原暴露的局部形成持久性血小板黏集堆开始的，因此血栓多见于静脉内膜炎、结节性多动脉炎、动脉粥样硬化溃疡、风湿性和细菌性心内膜炎、心肌梗死等病变的心血管内膜（壁）上。化学物质如尼古丁，物理因素如高血压时的机械冲击力，以及高脂血症、免疫复合物等均可损伤心血管内膜导致血栓形成。缺氧、休克、败血症和细菌内毒素等可引起全身广泛的内皮损伤，激活凝血过程，造成 DIC，在全身微循环内形成血栓。

（二）血流状态的改变

在正常流速和正常流向的血液内，存在轴流和边流。由于比重的关系，红细胞和白细胞在血流的中轴（称为轴流），外层是血小板，流动速率较红、白细胞缓慢，最外围是一层血浆带（称为边流），这种分层的血流将血小板与血管内膜分开，防止血小板与内膜接触和激活。当血流缓慢或产生漩涡时，血小板进入边流，增加了和血管内膜接触的机会，血小板黏附于内膜的可能性大为增加，同时局部存在少量凝血活性物质不能被正常血流稀释、运走，在局部堆积达到凝血过程所必需的浓度并活化而启动凝血过程。此外，当血液经不规则扩张或狭窄的血管腔时，血流常发生漩涡，涡流的冲击力可使内皮细胞受损，暴露内皮下的胶原，并因离心力的作用使血小板靠边和聚集而形成血栓。

静脉血栓常发生于久病卧床或静脉曲张患者的静脉内等。静脉发生血栓的概率约比动脉多4倍，下肢静脉血栓比上肢静脉血栓产生概率多3倍。静脉血栓多见的原因是：①静脉血流缓慢，静脉不似动脉那样随心脏搏动而舒张，其血流有时甚至可出现短暂的停滞；②静脉内有静脉瓣，静脉瓣处血流不但缓慢而且呈现漩涡，因而静脉血栓往往以瓣膜囊为起始点；③静脉壁较薄，易受压；④血流通过毛细血管到静脉后，血液的黏性有所增加。这些因素都有利于血栓的形成。心脏和动脉内的血流速度快，不易形成血栓。二尖瓣狭窄时左心房高度扩张，血流缓慢并出现漩涡；动脉瘤内的血流呈漩涡状流动，这时均易并发血栓形成。

（三）血液凝固性增高

血液凝固性增高是指血液中血小板和凝血因子增多，或纤维蛋白溶解系统活性降低等导致的血液高凝状态，多见于DIC、妊娠、手术后、产后、高脂饮食、吸烟、冠状动脉粥样硬化时。这种高凝状态可分为遗传性和获得性两种。

1. **遗传性高凝状态**　很少见，主要见于Ⅴ因子基因突变，患有复发性深静脉血栓形成的患者中出现Ⅴ因子基因突变率高达60%。突变的Ⅴ因子基因编码蛋白能抵抗激活的蛋白C对它的降解，蛋白C失去抗凝血作用，使Ⅴ因子容易处在激活状态，因此造成血液高凝状态；其次见于抗凝血因子如抗凝血酶Ⅲ、蛋白C或蛋白S的先天性缺乏。

2. **获得性高凝状态**　见于多种情况：①手术、创伤、妊娠和分娩前后、高脂血症、吸烟、老年人等血液凝固性增高，此时形成血栓的倾向与血小板增多、黏性增加，以及肝脏合成凝血因子增加和抗凝血酶Ⅲ合成减少有关。②在羊水栓塞、溶血、严重创伤或烧伤时大量促凝物质进入血循环，引起急性DIC；晚期肿瘤（胰腺癌、早幼粒细胞性白血病等）及一些已浸润血管和转移的肿瘤，可不断释放组织因子样促凝因子入血，激活外源性凝血系统，引起慢性DIC。除微血栓外，患者可有以反复、多发性静脉血栓形成为特征的迁移性静脉炎（migratory phlebitis），或伴有非细菌性血栓性心内膜炎（non-bacterial thrombotic endocarditis），在左心瓣膜上形成血栓，或有动脉内血栓形成。③抗磷脂抗体综合征（antiphospholipid antibody syndrome）多与系统性红斑狼疮等自身免疫病有关，此时机体产生抗磷脂抗体，导致血液高凝状态。

血栓形成的三个条件，往往同时存在，并以其中某一因素占主导地位。其中心血管内膜的损伤是血栓形成的最重要和最常见的原因。

二、血栓形成的过程和血栓的形态

无论是心脏还是动、静脉内的血栓都是从内膜表面的血小板黏集堆开始的（图3-5），此后的形成过程及其组成、形态和大小取决于局部血流的速度和血栓发生的部位。

（一）血栓形成过程

1. **血小板堆形成**　血栓形成过程中，血小板先黏附于内膜损伤后裸露的胶原表面，并被胶原激活而肿胀变形，随后释出血小板颗粒，后者释放出ADP、TXA_2、5-羟色胺（5-hydroxytryptamine，5-HT）等物质，促使血液中的血小板不断地在局部黏附，形成血小板堆，此时血小板的黏附是可逆的，在血流的冲刷下可消失。

2. **血小板血栓形成**　随着内源及外源性凝血系统的激活，凝血酶原活化为凝血酶，后者使纤维蛋白原转变为纤维蛋白，纤维蛋白与受损内膜处基质中的纤维连接蛋白结合，使得血小板堆牢固地黏附于内膜表面，不再脱落，成为血小板血栓，也是血栓的起始点。

3. 血小板小梁形成　由于不断生成的凝血酶、ADP、TXA_2的协同作用，使血小板不断激活和黏附于血小板血栓上，致使血栓不断增大。由于血小板血栓的阻碍，血流在其下游形成漩涡，又形成新的血小板堆。如此反复，血小板黏附形成条索状或珊瑚状，称为血小板小梁，又称白色血栓（pale thrombus）。

4. 混合血栓（mixed thrombus）形成　上述过程沿血流方向一再重复出现，逐渐形成多数血小板小梁，其表面有许多中性粒细胞黏附，形成白细胞边层。在血小板小梁间血流变慢，几乎停滞，血液发生凝固，纤维蛋白形成网状结构，网内充满大量红细胞，最终形成层状血栓，即混合血栓，与血管壁黏着，构成静脉血栓的体部。由于静脉血栓在形成过程中不断沿血管延伸而增长，又称延续性血栓（propagating thrombus）。

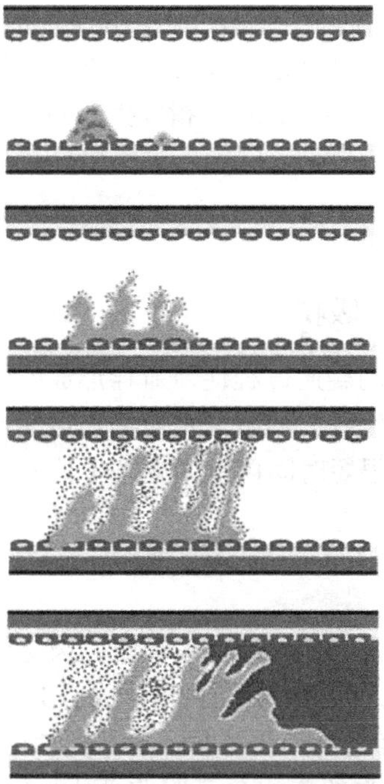

血管内膜粗糙，血小板沉积局部形成漩涡

血小板继续黏集形成多数小梁，小梁周围有白细胞黏附

小梁间形成纤维素网，网眼中充满红细胞

血管腔阻塞，局部血流停滞，停滞的血液凝固

图 3-5　血栓形成过程示意图

5. 红色血栓（red thrombus）形成　随混合血栓逐渐增大阻塞管腔，血流极度缓慢，甚或停滞，之后血液凝固，构成延续性血栓的尾部，称为红色血栓。其形成过程与血管外凝血过程相同，又称为凝固性血栓。

（二）血栓的类型

1. 白色血栓　位于血栓的起始部，即血栓的头部。肉眼观，血栓呈灰白色，表面粗糙有波纹，质硬，与瓣膜或血管壁紧密相连。光镜下可见白色血栓呈无结构的淡红色，主要由血小板及少量纤维蛋白构成。黏集的血小板形成珊瑚状小梁。常见于血流较快的心瓣膜、心腔和动脉内，如急性风湿性心内膜炎病变的瓣膜上形成的血栓。

2. 混合血栓　肉眼观，血栓呈粗糙、干燥的圆柱状，红褐色与灰白色条纹状相间排列。光镜下可见血栓主要由淡红色无结构的呈分支状或不规则珊瑚状的血小板小梁（肉眼观呈灰白色）构成，小梁边缘黏附着一些中性粒细胞，小梁间形成纤维蛋白网，网眼中含红细胞（肉眼观呈红褐色）。常见于静脉血栓的体部。单一的混合血栓见于二尖瓣狭窄和心房颤动时的心房内，因血流发生涡流可形成球形血栓；在主动脉瘤内或心肌梗死区相应的心内膜处常形成不堵塞管腔的血栓，称附壁血栓，这种血栓均可见到灰白色和红褐色交替的层状结构，因此也是混合血栓。

3. 红色血栓　见于静脉血栓的尾部。肉眼观，血栓呈暗红色，新鲜时较湿润，并有一定的弹性，与血管壁无粘连，与血凝块相似。陈旧的红色血栓由于水分被吸收，变得干燥、质脆易碎，失去弹性，并易于脱落造成栓塞。光镜下可见在纤维素网眼内充满如正常血液分布的血细胞，其细胞比例与正常血液相似，主要为红细胞和少量均匀分布的白细胞。

4. 透明血栓（hyaline thrombus）　主要由纤维蛋白构成，呈均匀红染半透明状，发生于全身微循环的小血管内，因此只能在显微镜下见到，故又称微血栓，常见于DIC。

根据血栓形成的部位及血管有无完全闭塞，又可将血栓分为：①附壁血栓（mural thrombus），是发生在心腔和动脉内或黏附在血管壁尚未将血管完全堵塞的血栓，如动脉瘤的附壁血栓，左心房附壁血栓等。②闭塞性血栓（occlusive thrombus），指引起血管管腔完全阻塞的血栓。③球形血栓，见于左心房二尖瓣口上方。多数以左心房内附壁血栓部分脱落为核心，形成以血小板为主的混合血栓。④赘生物（vegetation），指发生在心瓣膜上的附壁血栓，常由血小板和纤维蛋白组成，实质为白色血栓。

三、血栓的结局

（一）软化、溶解、吸收

激活的Ⅻ因子在启动凝血过程促使血栓形成的同时，也激活了纤溶酶系统，血栓内被激活的纤溶酶及中性粒细胞崩解释放的蛋白水解酶均可使血栓软化溶解。DIC时形成的微血栓很小，易被完全溶解吸收，常在很短时间内从微循环中消失；大的血栓多为部分软化，当其被血流冲击形成碎片脱落后，易造成栓塞。

（二）机化与再通

纤溶酶系统活性不足，血栓存在较久时，肉芽组织从血管壁向血栓内长入并逐渐取代血栓，这一过程称为血栓机化。机化一般在血栓形成后1～2天开始，通常较大的血栓完全机化需2～4周，此时血栓和血管壁有牢固的黏着而不易脱落。

机化的血栓，由于血栓内水分被吸收变干、纤维组织收缩和部分血栓溶解，致使血栓内部或血栓与血管壁间出现裂隙，随后这些裂隙的表面被新生的血管内皮细胞覆盖，形成迷路状的通道，使血栓上下游的血流得以部分沟通，这种已被阻塞的血管重新恢复血流的过程，称为再通（recanalization）。

（三）钙化

长久形成的血栓既不被溶解吸收又不被充分机化时，可发生钙盐沉积，发生在静脉的称为静脉石（phlebolith），发生在动脉的称为动脉石（arteriolith）。机化的血栓，在纤维组织玻璃样变的基础上也可以发生钙化。

四、血栓对机体的影响

（一）对机体有利的方面

血栓形成能对破裂的血管起堵塞破裂口和阻止出血的作用，有助于创口愈合，局限感染区域，防止感染扩散。例如，胃与十二指肠慢性溃疡的底部和肺结核性空洞壁，其血管往往在病变侵蚀时已形成血栓，避免了大出血的可能性。

（二）对机体不利的影响

1. 阻塞血管　动、静脉血栓形成主要引起血管阻塞，并进而影响相应组织器官的血液供应，其后果决定于器官和组织内有无充分的侧支循环。

动脉血栓形成后如未完全阻塞动脉可引起局部器官缺血而萎缩；如完全阻塞管腔或引起必需的供血量不足，并且在侧支循环不能有效建立的情况下可造成相应器官的缺血性坏死（梗死），如脑动脉血栓引起脑梗死、冠状动脉血栓引起心肌梗死等。

静脉血栓形成后，若未能建立有效的侧支循环，则引起局部淤血、水肿、出血，甚至坏死，如肠系膜静脉血栓可导致肠出血性梗死；门静脉血栓形成，可导致脾淤血性肿大和胃肠道淤血；

肢体浅表静脉血栓，由于静脉有丰富的侧支循环，通常不引起临床症状。DIC形成的微血栓会引起微小梗死。

2. 栓塞 在血栓与血管壁黏着不牢固时，或在血栓软化、碎裂的过程中，动、静脉血栓的整体或部分可以脱落形成栓子，随血流运行至相应的组织器官，引起栓塞。如栓子内含细菌，可引起栓塞组织的败血性梗死或脓肿。

3. 心瓣膜变形 心瓣膜上的血栓常因机化而引起瓣膜粘连、增厚、纤维化和变形，导致心脏瓣膜口狭窄或关闭不全，多见于风湿性心内膜炎和亚急性细菌性心内膜炎等。

4. 出血 主要发生在DIC，由于微循环内广泛的微血栓形成，消耗了大量的凝血因子和血小板，加上纤维蛋白形成后促使纤维蛋白溶酶原激活，从而造成血液的低凝状态，可产生全身广泛出血和休克。严重创伤、大面积烧伤、羊水栓塞和肿瘤等原因致使促凝物质释放入血，启动外源性凝血过程；或由于感染、缺氧、酸中毒等引起广泛性内皮细胞的损伤，启动内源性凝血过程，均可引起微血管广泛性微血栓形成。

第四节 栓塞

随循环血液流动的不溶性异常物质阻塞血管的过程称为栓塞（embolism）。阻塞血管的异常物质称为栓子（embolus）。

栓子以脱落的血栓栓子为最常见，其他进入血流的脂肪滴、羊水、气体、粥样斑块中的粥样物、肿瘤细胞团（瘤栓）、细菌团、寄生虫及其虫卵等也可成为栓子引起栓塞。

一、栓子运行的途径

栓子的运行途径，一般与正常血流方向一致，最终停留在口径与其相当的血管。来自不同的血管系统的栓子，其运行途径不同。少数情况下可发生动静脉系统交叉性运行或罕见的逆血流运行（图3-6）。

（1）右心或体静脉系统的栓子，栓塞在肺动脉的主干或其分支。

（2）左心和动脉系统的栓子，栓塞在体循环的动脉分支内，常见于脑、脾、肾及四肢。

（3）肠系膜静脉或脾静脉的栓子进入门静脉系统，栓塞在肝内门静脉的各级分支。

（4）有房、室间隔缺损的患者，心腔内的栓子偶尔可由压力高的一侧通过缺损处进入另一侧心腔，再随血流栓塞至相应的分支，称为交叉性栓塞。

（5）在特定的条件下栓子可逆血流运行发生逆行性栓塞。例如，下腔静脉内的栓子，由于胸、腹腔内压骤然升高（如剧烈的咳嗽、呕吐等）可逆血流运行，栓塞在下腔静脉的分支（如肝、肾静脉分支）。

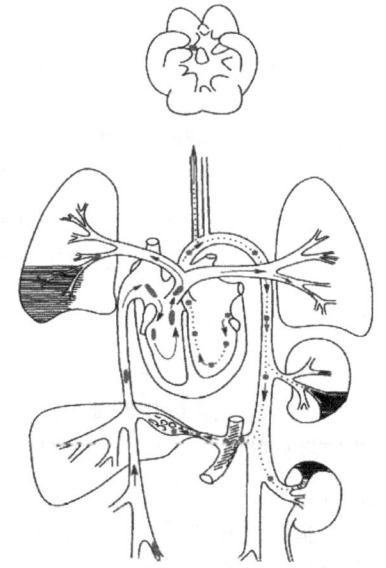

图3-6 栓子运行途径与栓塞部位模式图

栓子运行途径一般与血流方向一致

二、栓塞的类型及对机体的影响

（一）血栓栓塞

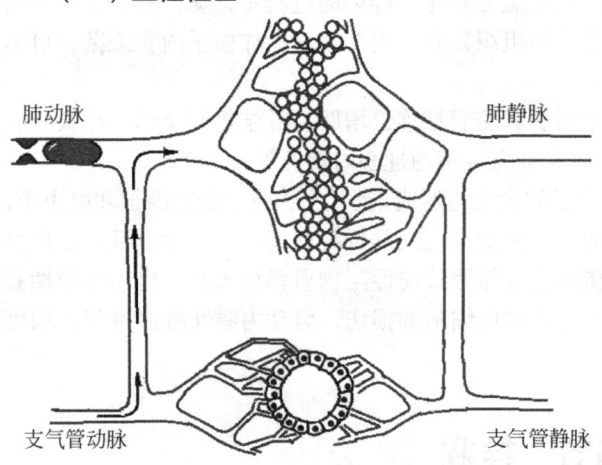

图 3-7　肺小动脉栓塞时侧支循环代偿模式图

由脱落的血栓引起的栓塞称为血栓栓塞（thromboembolism），是各种栓塞中最为常见的一种，占所有栓塞的99%以上。血栓栓塞可分为肺动脉栓塞、体循环动脉系统栓塞。

1. **肺动脉栓塞**　造成肺动脉栓塞的栓子90%以上来自下肢深部静脉，少数为盆腔静脉，偶尔来自右心。肺动脉栓塞的后果取决于栓子的大小、数量、栓塞的部位及心肺功能的状况。因为肺具有双重的血液供应，肺动脉和支气管动脉间有丰富的吻合支，少量较小的栓子不会引起严重的后果（图3-7）；若栓塞前已有左心衰竭和严重的肺淤血，此时肺静脉压明显升高，因支气管动脉相对较小故不能克服其阻力而代偿供血，因此造成局部肺组织缺氧而发生出血性梗死；若栓子巨大，栓塞在肺动脉主干或其大分支内，或肺动脉分支有广泛的多数性栓塞时，患者可突然出现呼吸困难、发绀、休克，甚至急性呼吸循环衰竭而猝死。

肺动脉栓塞引起猝死的机制尚不十分清楚，一般认为：①由于肺动脉机械性阻塞，血栓刺激迷走神经或血栓栓子内血小板释放的 5-HT 及 TXA_2，引起肺动脉、冠状动脉支气管动脉和支气管平滑肌的痉挛，造成急性肺动脉高压、右心衰竭和窒息；②肺动脉主干或大分支栓塞时，肺动脉内阻力急剧增加，造成急性右心衰竭；③肺内急性缺血缺氧，左心回心血量骤降，造成左心衰竭。

2. **体循环动脉栓塞**　造成体循环动脉栓塞的栓子绝大多数来自左心，常见有亚急性感染性心内膜炎时左心瓣膜上的赘生物、二尖瓣狭窄时的左心房血栓和心肌梗死时合并的附壁血栓。少数来自动脉，如动脉粥样硬化和动脉瘤内的附壁血栓。动脉栓塞可发生于全身各处，以脑、肾、脾、下肢等处为常见。栓塞的后果取决于栓塞的部位、侧支循环是否及时建立及组织对缺氧的耐受性。当栓子栓塞于较小的动脉且有足够的侧支循环建立时，常不造成严重后果。例如，栓子栓塞于较大动脉，又未能建立足够有效的侧支循环时，局部组织发生急性缺血，引起梗死。

（二）脂肪栓塞

循环血液中出现脂肪滴并阻塞血管，称为脂肪栓塞（fat embolism）。脂肪栓子常来源于长骨骨折、烧伤、脂肪肝患者腹部严重挤压伤、严重脂肪组织挫伤或脂肪细胞破裂释放出的脂滴，从破裂的血管进入血流。也可见于非创伤疾病如糖尿病、酗酒和慢性胰腺炎、血脂过高或精神受强烈的刺激，过度紧张使呈悬乳状态的血脂不能保持稳定而游离并互相融合成脂肪滴。

脂肪栓塞的后果，取决于脂滴的量和大小、栓塞的部位，以及全身受累的程度。脂肪栓子从静脉入右心，再到达肺，直径大于20μm 的脂滴可阻塞肺部毛细血管，引起肺动脉分支、小动脉或毛细血管的栓塞。直径小于20μm 的脂滴可通过肺泡壁毛细血管经肺静脉、左心至体循环，到达全身各器官，引起栓塞和小的梗死灶；如进入脑，则可引起脑组织点状出血和梗死甚至脑水肿，患者可出现烦躁不安、幻觉甚至昏迷等表现。肺内少量的脂肪栓塞，可由巨噬细胞吞噬或被酯酶分解，对机体没有影响；若短时间进入肺内的脂滴量多达 9～20g，可因肺微血管广泛受阻而引起猝死。

（三）气体栓塞

大量空气迅速进入血液或溶解于血液内的气体迅速游离形成气泡，阻塞血管或心腔，称为气体栓塞（gas embolism）。

1. 空气栓塞（air embolism） 多因静脉破裂后空气经缺损处进入血流所致。例如，头颈部手术、胸壁和肺创伤时，静脉破裂而血管壁不塌陷，同时血管内有负压的状态下空气在吸气时进入血液循环。少量空气入血可被吸收或溶解，一般不引起严重后果。若迅速进入静脉的空气量超过100ml，空气随血流到达右心，因心脏跳动，空气和血液经搅拌而形成具有压缩性和弹性的泡沫血，可随心脏的收缩、舒张而缩小、膨大，阻塞于右心和肺动脉出口，造成严重血液循环障碍而致猝死。若部分空气经肺循环进入体循环，则常栓塞于脑、心而引起严重后果。

2. 氮气栓塞 是在高气压环境急速转到低气压环境的减压过程中发生的气体栓塞，故又称为减压病（decompression sickness，DCS），见于深潜水或沉箱作业者迅速浮出水面或航空者由地面迅速升入高空时。当气压骤减时，溶解于血液中的氧气、二氧化碳和氮气迅速游离，形成气泡，氧气和二氧化碳易再溶于血液，但氮气溶解缓慢，在血液和组织间隙内持续存在，在血管内形成气体栓塞。DCS可引起相应器官的缺血和梗死，骨骼肌、关节及韧带受累较明显，局部组织间隙形成的无数气泡造成的张力改变引起肌肉和关节的疼痛；还可引起肺水肿、肺出血或肺不张等，并导致呼吸困难，重者出现严重血液循环障碍而死亡。

（四）羊水栓塞

羊水进入母体血液循环造成栓塞，称为羊水栓塞（amniotic fluid embolism），多发生在高年产妇，是分娩过程中一种罕见的严重并发症。在分娩或胎盘早期剥离时，羊膜破裂，尤其有胎头阻塞产道时，子宫强烈收缩，宫内压增高，羊水可被压入破裂的子宫壁静脉窦内，经血液循环进入肺内血管引起栓塞。少量羊水也可通过肺毛细血管到左心，引起全身各器官的栓塞。光镜下可见在肺的毛细血管和小血管内有胎儿脱落的角化上皮、胎毛、胎脂和胎粪等羊水成分。羊水栓塞时，产妇常在分娩过程中或产后短时间内突然出现呼吸困难、发绀和休克等症状，甚至死亡。除羊水成分造成肺循环机械性阻塞外，一般认为羊水内所含的凝血致活酶样物质或前列腺素样物质等血管活性物质进入血液引起血管反应造成的过敏性休克、DIC可能也是患者致死的原因。在尸检中，可在母体的肺毛细血管或小动脉内查见羊水成分，有助于死后确诊。

（五）其他类型栓塞

其他类型栓塞包括瘤细胞栓塞、细菌栓塞、寄生虫栓塞等。肿瘤细胞侵入血管可形成瘤细胞栓子，引起远处器官的栓塞并形成转移瘤。细菌栓塞多见于细菌性心内膜炎及脓毒血症，可引起炎症的播散。此外，血吸虫成虫及其虫卵亦可进入血液循环而引起栓塞。

第五节 梗死

局部器官或组织因血流迅速阻断而引起的缺血性坏死称为梗死或梗塞（infarct），其形成过程称为梗死形成（infarction）。

一、梗死形成的原因和条件

（一）原因

梗死一般是由于动脉阻塞引起的局部缺血坏死，但静脉回流中断或静、动脉先后受阻，使局部血流停滞，造成局部组织缺氧，亦可引起梗死。

1. **血栓形成** 是引起梗死最常见的原因。例如，冠状动脉和脑动脉的粥样硬化合并血栓形成，可引起心肌梗死和脑梗死（脑软化）；趾（指）的血栓闭塞性脉管炎可引起趾（指）梗死（或坏疽）等。

2. **动脉栓塞** 也是引起梗死的常见原因，如肺、肾和脾的梗死常由动脉栓塞引起。

3. **动脉持续性痉挛** 如在冠状动脉粥样硬化的基础上，冠状动脉可发生强烈和持续的痉挛而引起心肌梗死。

4. **血管受压闭塞** 动脉受肿瘤压迫或肠扭转、肠套叠及嵌顿性肠疝时肠系膜静脉和动脉先后受压闭塞引起梗死。

（二）条件

血管阻塞后是否发生梗死还与下列因素有关：

1. **供血血管的类型** 有双重血液循环的器官，如肺有肺动脉和支气管动脉，肝有肝动脉和门静脉，前臂和手有桡动脉和尺动脉的双重供血，其中一条血管阻塞时，另一条动脉可以维持供血，通常不易发生梗死。一些器官如肾、脾、心、脑，由于吻合支较少，动脉迅速发生阻塞时，容易发生梗死。

2. **血流阻断发生的速度** 血流阻断缓慢发生时，可有时间逐步建立侧支循环，不易发生梗死；反之则易发生梗死。

3. **组织对缺氧的耐受性** 大脑的神经细胞对缺血耐受性最低，缺血3～4分钟即可引起梗死；心肌细胞缺血20～30分钟可发生梗死；骨骼肌、纤维结缔组织对缺血的耐受性最强。

4. **血液的含氧量** 严重的贫血或心功能不全时，血氧含量降低，可促进梗死的发生。

二、梗死的形态特征

梗死是局部组织的坏死，梗死灶的形态可因组织器官的不同而有所不同。

1. **梗死灶的形状** 梗死是由局部组织器官中血管阻断所致，梗死的范围及肉眼形态与该器官血管的分布方式有关。例如，脾、肾、肺等器官的动脉呈锥形分支，因此梗死灶也呈锥形，其尖端位于血管阻塞处，指向器官的门部，底部为该器官的表面，在切面上呈扇面形或三角形；冠状动脉分支及脑内动脉分支不规则，梗死灶也呈不规则的地图状；肠系膜动脉呈扇形分布，供应某一段肠管，故肠梗死呈节段性。

2. **梗死灶的质地** 取决于坏死的类型。心、肾、脾的梗死为凝固性坏死，新鲜时，由于坏死组织崩解，局部胶体渗透压升高而吸收水分，局部肿胀，表面和切面向外隆起；日久后梗死灶因水分被吸收而变干燥、质地变硬，表面下陷。脑梗死为液化性坏死，新鲜时质地松软，日久后可液化呈囊状。

3. **梗死灶的颜色** 取决于梗死灶的含血量。含血量少时，颜色灰白，称为贫血性梗死（anemic infarct）或白色梗死（white infarct）；含血量多时，颜色暗红，称为出血性梗死（hemorrhagic infarct）或红色梗死（red infarct）。

三、梗死的类型

（一）贫血性梗死

贫血性梗死主要是动脉阻塞的结果，常发生于组织结构较致密、侧支循环不丰富的器官，如心、脾、肾等。肉眼观，梗死灶呈灰白色或灰黄色，早期周围有明显的充血和出血形成的暗红色炎症反应带；数日后该反应带内的红细胞被巨噬细胞吞噬后转变为含铁血黄素，反应带遂变为黄褐色（图3-8）。光镜下可见梗死灶呈凝固性坏死，早期尚可见核固缩、核碎裂、核溶解及细胞质红染等坏死的特征，组织结构轮廓仍可辨认，正常组织与梗死灶交界处可见扩张的毛细血管和红细胞及炎细胞浸润；后期边缘有肉芽组织长入和瘢痕组织形成。脑的梗死一般为贫血性梗死，梗死的脑组织坏死、液化后呈囊状或被增生的胶质细胞所取代，最后形成胶质瘢痕。

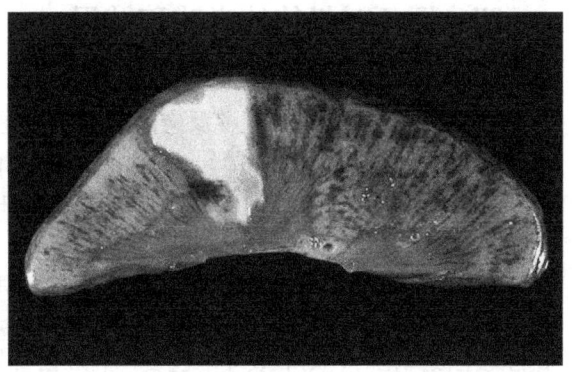

图3-8　肾贫血性梗死（肉眼观）
切面可见一灰黄色三角形梗死区

（二）出血性梗死

出血性梗死指在梗死区内有严重的出血，因此又称为红色梗死，主要见于肺和肠等有双重血液供应或血管吻合支丰富且组织结构疏松的器官，并往往在淤血的基础上发生。肉眼观，组织肿胀，呈暗红色，边缘的反应带较模糊，梗死灶形态变化与该器官的血管分布一致。光镜下可见病灶除了坏死的表现外，还有较多量的红细胞。

1. **肺出血性梗死**　肺有双重血液供应，一般情况下肺动脉分支的血栓栓塞不会引起梗死，严重的肺淤血是肺梗死的先决条件，如因风湿性二尖瓣病变等发生左心衰竭时，在肺静脉压力增高和肺淤血的情况下，若肺动脉分支阻塞，则易引起肺出血性梗死。肉眼观，梗死灶常位于肺下叶，突出于肺表面，呈紫红色，质实，锥形，尖端指向肺门，基底靠近胸膜面，胸膜表面常有一层纤维蛋白性渗出物。光镜下可见梗死灶内充满红细胞，肺泡壁结构模糊。患者在呼吸时可有胸痛，并有咯血。随后梗死灶可发生机化。

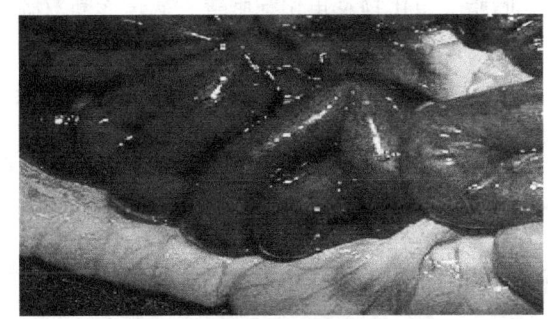

图3-9　肠出血性梗死（肉眼观）
梗死区肠壁肿胀，暗红色

2. **肠出血性梗死**　肠梗死多在肠扭转、肠套叠、嵌顿性疝、肿瘤压迫等病变的基础上发生。由于肠系膜的静脉首先受压而发生淤血，继之动脉受压发生阻塞，结果形成肠壁出血性梗死。肉眼观，肠梗死呈节段性，多见于小肠段。坏死的肠组织黏膜皱襞变粗，肠壁肿胀增厚、质脆弱、易破裂，暗红色，肠腔充满暗红色混浊的液体（图3-9）。光镜下可见肠壁各层结构不清，组织内充满红细胞。肠系膜动脉血栓栓塞时，栓子多来自心脏，此时常伴有心功能不全和内脏淤血，故易发生肠出血性梗死。

（三）败血性梗死

在梗死灶内，有时会有大量细菌生长繁殖，引起急性炎症反应，甚至化脓，此时则称为败血性梗死（septic infarct）。此类梗死是由于含细菌的栓子阻塞血管所致，常见于急性感染性心内膜炎。梗死区有大量炎细胞浸润及细菌团，可形成脓肿。

四、梗死对机体的影响和结局

梗死对机体的影响与梗死的器官、梗死灶的大小、梗死的部位及有无细菌感染等有关。脾、肾梗死累及包膜，可因局部炎症反应而感疼痛；肾梗死可出现血尿和腰痛，但通常不影响肾功能；心、脑器官的梗死轻者出现功能障碍，重者可危及生命；肺梗死可出现胸痛、咯血及并发肺炎；肠梗死常出现剧烈腹痛、血便和腹膜炎的症状；败血性梗死，如有化脓性细菌栓子的脱落引起的栓塞，梗死灶可出现脓肿。

梗死灶形成后，在早期周围有血管扩张、充血、白细胞渗出，梗死后 24～48 小时即有肉芽组织从病灶周围长入。小的梗死灶可被肉芽组织完全取代机化，日久变为瘢痕；而较大的梗死灶不能完全被机化时，则形成纤维包裹，病灶内部坏死组织可发生钙化。脑组织的梗死灶是由胶质细胞增生来取代软化灶，形成胶质瘢痕，或在软化灶液化成囊腔，周围包绕胶质细胞和神经胶质纤维。

（刘　杨）

案例 3-1

患者男，59 岁。因"大面积烧伤"住院，输液时曾行大隐静脉切开插管。患者后因"感染性休克"而死亡，死后尸检发现髂静脉内有血栓形成。

思考题：
1. 该患者血栓形成的原因是什么？
2. 血栓是何种类型？试描述其大体及镜下特点？

案例 3-2

患者女，32 岁。妊娠 41 周，自然破膜约 10 分钟后，突然出现寒战、烦躁不安、心率加快、呼吸困难、咳粉红色泡沫痰、呕吐、发绀，血压下降甚至消失，继之阴道流出大量不凝血，皮肤瘀斑。因病情恶化，抢救无效死亡。尸检发现双肺明显水肿、淤血及出血，部分区域实变，切面红褐色，多数血管内可见数量不等的有形羊水成分，如胎粪、胎脂、角化物及角化细胞等。病理诊断双肺羊水栓塞，肺水肿。

思考题：
1. 羊水栓塞的发生机制是什么？
2. 试分析产妇死亡的原因？

案例 3-3

患者男，40 岁。因慢性风湿性心脏病，近日出现二尖瓣狭窄合并心房颤动而住院治疗。在纠正心房颤动后，患者突然发生偏瘫。

思考题：
1. 试分析患者偏瘫的原因是什么？
2. 试述疾病的发展过程？

为什么不可快速抽取大量胸腔积液、腹水？

临床上，当患者胸腔积液、腹水严重影响呼吸运动时，可在治疗原发疾病的同时抽取其胸腔积液、腹水，以暂时缓解临床症状。一般情况下，第一次抽取胸腔积液、腹水不要超过3000ml，可分几次抽取，但不可一次性快速抽出。因为如果快速抽取大量胸腔积液、腹水或摘除胸、腹腔内的巨大肿瘤，可导致胸、腹腔内压力突然降低，受压组织内的细动脉发生反射性扩张充血，此时短时间内大量血液进入胸、腹腔内脏器血管，而使脑部供血量突然减少，可引起脑缺血，出现头晕甚至昏厥。

第四章 炎 症

炎症概述
  炎症的概念
  炎症的原因
  炎症的基本病理变化
  炎症的局部临床表现和全身反应
  炎症的临床类型
急性炎症
  急性炎症过程中的血管反应
  急性炎症过程中的白细胞反应
  炎症介质在炎症过程中的作用
  急性炎症的病理学类型
  急性炎症的结局
慢性炎症
  一般慢性炎症
  肉芽肿性炎

  炎症是具有血管系统的动物针对损伤因子所发生的复杂的防御反应，可以是病原微生物引起的感染性炎症，也可以是由其他任何能引起组织损伤的因子所引起的非感染性炎症。炎症是十分常见的基本病理过程，可以发生于机体的任何部位和任何组织，人类的大多数疾病无不与炎症过程有关；炎症是最重要的防御反应，没有炎症，感染将无从控制、器官和组织的损伤会持续发展、创伤不能愈合。例如，患获得性免疫缺陷综合征时，机体丧失抗感染能力，故疾病后期继发性感染常常是患者死亡的重要原因。从某种意义上讲，人类得以长期生存离不开炎症反应。

  虽然炎症是一个以防御反应为主的病理过程，但炎症过程中组织细胞的损伤性变化及器官的功能障碍往往会给患者带来极大的痛苦，甚至威胁患者的生命。因此，作为医护工作者，要充分运用病理学原理，积极减少、消除致炎因子的损伤作用，加强、提高机体的防御能力，以促进疾病向有利的方向转化。

第一节 炎症概述

一、炎症的概念

  炎症（inflammation）是具有血管系统的活体组织对各种损伤因子的刺激所发生的防御性反应。其基本病理变化为局部组织的变质、渗出和增生。临床上局部表现为红、肿、热、痛、功能障碍，并有发热、外周血白细胞数目改变等全身性反应。

  炎症是一种十分常见而又重要的基本病理过程，如皮肤的疖和痈、阑尾炎、肝炎、肺炎、肾炎、脑膜炎及某些过敏性疾病和传染病等均属炎症。单细胞和多细胞动物也能对局部损伤发生反应，包括吞噬损伤因子、通过细胞或细胞器肥大以应对有害刺激物，但所有这些均不能称为炎症。只有当生物进化到具有血管时，才能发生以血管反应、液体和白细胞渗出为主的特征，同时又保留了上述吞噬和清除功能的复杂而完善的炎症反应。所以炎症局部血管反应是炎症过程中的中心环节，它不仅能局限、消灭损伤因子，也能清除死亡细胞，最终使受损组织得以修复。

在炎症过程中，一方面损伤因子直接或间接造成组织和细胞的破坏，引起相应组织器官的功能障碍；另一方面通过炎症充血和渗出，局限、消灭和排除损伤因子，稀释、中和毒素，清除异常物质。同时通过实质和间质细胞的再生使受损的组织得以修复和愈合。因此可以说炎症就是损伤、抗损伤反应及修复的统一过程。

二、炎症的原因

凡是能引起组织和细胞损伤的因子都可成为炎症的原因，统称为致炎因子。根据致炎因子本身的性质，可归纳为以下几类：

1. 生物性因子　最常见，也是最重要的致炎因子，包括细菌、病毒、立克次体、螺旋体、支原体、衣原体、真菌和寄生虫等，尤以细菌和病毒最为常见。它们通过在体内繁殖、产生释放毒素直接导致细胞和组织损伤，还可以通过其抗原性诱发免疫反应导致炎症。由生物性因子引起的炎症，又称为感染（infection）。

2. 物理性因子　如高温（烧伤、烫伤）、低温（冻伤）、放射线、紫外线损伤和机械性切割伤、挤压伤、挫伤等。

3. 化学性因子　包括外源性和内源性化学物质。外源性化学物质包括强酸、强碱、强氧化剂及芥子气等，某些药物也可导致组织细胞损伤而引起炎症。内源性化学物质是指在某些病理条件下，由组织坏死产生的崩解产物和堆积于体内的代谢产物。例如，肾衰竭时，尿素在体内的堆积可引起肺炎等。

4. 异常免疫反应　免疫反应状态异常可导致组织、细胞损伤而引起各型变态反应性炎症，如过敏性鼻炎、荨麻疹及某些类型的肾小球肾炎等。

5. 坏死组织　任何原因引起的组织坏死都是潜在的致炎因子。例如，在新鲜梗死灶周边出现的炎细胞浸润带和充血、出血带都是炎症的表现。

6. 异物　二氧化硅晶体、手术缝线或者物质碎片残留体内可导致炎症。

三、炎症的基本病理变化

炎症的基本病理变化为变质（alteration）、渗出（exudation）和增生（proliferation），三者之间联系紧密，互相影响，贯穿始终。既可按一定的先后顺序发生、发展，又可相互重叠，或以某种病变为主，还可相互转化，构成复杂的炎症反应过程。通常炎症早期以变质或渗出为主，后期以增生为主。变质是损伤过程，而渗出和增生则是抗损伤和修复过程。

（一）变质

变质是指炎症局部组织、细胞发生的变性和坏死。变质可发生在实质细胞，常见的有细胞水肿、脂肪变性、凝固性坏死和液化性坏死等；也可发生在间质，如黏液样变性、玻璃样变性、纤维素样坏死等。

变质主要由致炎因子的直接作用所致，也可由炎症局部血液循环障碍和炎症介质的间接作用所引起。因此，变质的程度取决于致炎因子的性质、强度和机体的反应两个方面。

（二）渗出

渗出是指炎症局部血管内的液体、细胞成分通过血管壁进入组织间隙、体腔、黏膜表面及体表的过程。渗出是炎症最具特征性的变化，急性炎症及炎症早期，渗出最为明显。渗出过程以血管反应为主，在血流动力学改变、血管壁通透性增高的基础上发生。

（三）增生

在致炎因子、组织崩解产物和某些理化因子的刺激下，炎症局部组织细胞增殖、细胞数目增多，称为增生。增生的细胞成分中以巨噬细胞、血管内皮细胞和成纤维细胞等间质细胞最为常见。在某些情况下，炎症灶周围的实质细胞也增生。炎症性增生具有限制炎症扩散和修复损伤的功能。

四、炎症的局部临床表现和全身反应

（一）炎症的局部临床表现

炎症局部的临床表现为红、肿、热、痛和功能障碍，主要见于急性炎症。

1. 红　由于炎症早期动脉性充血，局部血液中的氧合血红蛋白较多，局部组织呈鲜红色。随着炎症的发展出现静脉性充血，氧合血红蛋白减少、还原血红蛋白增多而呈暗红色。

2. 肿　急性炎症时，局部组织肿胀主要是由炎性充血、渗出物积聚所致。慢性炎症局部肿胀主要由局部组织细胞增生引起。

3. 热　炎症局部组织的体表温度比周围组织的体表温度要高，这是由于炎症局部动脉性充血，血流量增多，血流速度加快，局部组织代谢增强、产热增多所致，主要表现在体表的炎症。

4. 痛　炎症局部组织的疼痛与多种因素有关。①某些炎症介质（如前列腺素、5-HT、缓激肽等）是主要的致痛物质，可直接作用于游离神经末梢而引起疼痛；②炎症局部分解代谢增强，使 K^+、H^+ 积聚，刺激神经末梢，使其敏感度增高，痛阈降低，致使一些轻微的刺激就能引起疼痛；③炎性渗出导致局部组织张力增高，压迫神经末梢也可引起疼痛，如牙髓炎、骨膜炎症，可引起剧痛；肝炎时的肝大，使肝被膜紧张，被膜下的神经末梢受到牵拉而引起疼痛。

5. 功能障碍　原因很多，如炎症灶内实质细胞的变性、坏死、代谢异常、渗出物增多所造成的机械性压迫、阻塞等，都可能引起炎症局部组织和器官的功能障碍。另外，局部组织的肿胀和疼痛，也会引起功能障碍，肢体的活动受限最为明显。

（二）炎症的全身反应

虽然致炎因子主要作用于局部，引起局部的炎症性病变。但局部和全身是一个统一的整体。局部的病变也可影响到全身，在较严重的炎症病变，尤其是生物性致炎因子引起的炎症，因病原微生物在体内蔓延扩散常有显著的全身反应，其表现为：

1. 发热　引起发热的物质称为致热原。根据其来源可分为两类：

（1）外源性致热原：革兰阴性杆菌的内毒素，革兰阳性杆菌、病毒、立克次体、疟原虫等。

（2）内源性致热原：中性粒细胞、单核巨噬细胞和嗜酸粒细胞均可产生内源性致热原[如前列腺素 E、白细胞介素 1（IL-1）等]。当这些白细胞进行吞噬活动时，就可形成和释放内源性致热原，导致发热。

一定程度的发热可使代谢增强、促进抗体形成和增强单核巨噬细胞系统的功能，并加强肝脏的解毒功能，具有一定的防御意义。但高热或长期发热，可引起各系统，特别是中枢神经系统损害和功能紊乱，给机体带来不良后果。如果炎症病变严重，体温反而不上升，这说明机体反应性差，抵抗力低，是预后不良的征兆。

2. **白细胞增多** 是机体的重要防御反应之一。炎症时，由于骨髓受病原微生物、毒素、炎症灶代谢产物及白细胞崩解产物的刺激，白细胞的生成、释放增多。但因引起炎症的病原体不同，增多的白细胞类型也不相同。一般急性炎症和化脓性炎症以中性粒细胞增多为主；慢性炎症或病毒感染时，血液中主要以淋巴细胞增多为主；寄生虫感染或某些变态反应性炎症时以嗜酸粒细胞增多为主。

如果患者抵抗力差，而感染严重，白细胞增多不明显，甚至减少，预后则较差。某些病毒性感染和伤寒等炎症性疾病，末梢血白细胞计数反而降低。

3. **单核巨噬细胞系统的增生** 炎症灶中的病原体、组织崩解产物，可经淋巴管到达局部淋巴结或经血流到达全身其他单核巨噬细胞系统，使该系统的细胞增生，功能加强，以利于吞噬、消化病原体和组织崩解产物。在临床上表现为肝、脾、淋巴结肿大。另外，淋巴组织中的T淋巴细胞或B淋巴细胞也增生，并释放淋巴因子和产生抗体。

五、炎症的临床类型

根据炎症发生、发展经过和持续时间，临床将炎症大致分为超急性、急性、亚急性和慢性四种类型（表4-1）。以急性炎症和慢性炎症最常见。

表4-1 炎症的临床类型及特点

类型	病程	病变与临床	病例
超急性炎症	数小时至几天	变态反应性炎症，变质、渗出明显	器官移植的超急性排斥反应
急性炎症	数天至一个月	以变质、渗出为主，以中性粒细胞渗出为主，起病急，症状明显	急性喉炎 急性肝炎等
慢性炎症	数月至数年	以增生为主，以淋巴细胞、浆细胞及单核细胞渗出为主，临床症状相对较轻	慢性鼻炎 慢性胃炎等
亚急性炎症	介于急性和慢性之间	变质、渗出与增生均较明显，炎细胞的渗出较复杂	亚急性重型肝炎 亚急性感染性心内膜炎

第二节 急性炎症

急性炎症过程中血管反应和白细胞反应非常明显，主要目的是把血浆蛋白和白细胞运送到炎症病灶，杀伤和清除致炎因子。

一、急性炎症过程中的血管反应

（一）血流动力学改变

当致炎因子作用于局部组织后，很快发生血流动力学变化，即血流量和血管口径的改变，血流动力学变化的速率取决于致炎因子种类、损伤的类型和严重程度，改变一般按下列顺序发生：

1. **细动脉短暂收缩** 通过神经调节和化学介质引起细动脉短暂的痉挛收缩，损伤发生后立即出现，持续仅几秒钟。

2. **血管扩张、血流加速** 细动脉短暂收缩后，通过轴突反射及化学介质（如组胺、5-HT、一氧化氮、激肽类及补体等）的作用，细动脉和毛细血管扩张，使局部血流加速、血流量增多，发生动脉性充血，即炎症充血。此为急性炎症早期血流动力学改变的标志，也是炎症局部红、热的

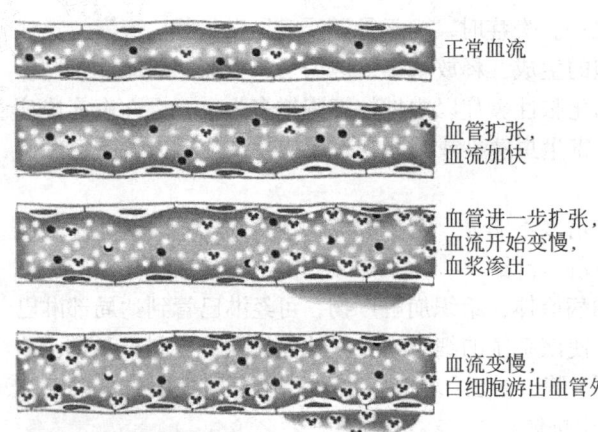

正常血流

血管扩张，
血流加快

血管进一步扩张，
血流开始变慢，
血浆渗出

血流变慢，
白细胞游出血管外

血流显著变慢，
除白细胞游出外，
红细胞也可漏出

图4-1 血流动力学变化模式图

原因。持续时间不等，长的可达几小时。

3. 血流速度减慢 随着炎症的继续发展，微循环血管大量开放和扩张，血管壁通透性显著增高，富含蛋白质的液体成分渗出到血管外，致使血管内血液浓缩、黏滞度增加，从而导致血流速度减慢。随着血流变慢，轴流加宽，最后在扩张的小血管内挤满了红细胞，称为血流停滞（stasis）。上述血管的变化为血液成分的渗出创造了条件（图4-1）。

（二）血管通透性增高

炎症过程中，由于炎症充血使血管内流体静压升高，继之血管通透性增高，富含蛋白质的液体渗出到血管外，使血浆胶体渗透压下降，而组织胶体渗透压升高，进一步使大量液体成分渗出。其中的关键因素是血管通透性增高。

1. 血管壁通透性增高的机制 微循环血管壁通透性的维持主要依赖于血管内皮细胞的完整性，炎症时可通过以下机制使血管壁通透性增高（图4-2）。

（1）内皮细胞收缩：组胺、缓激肽、白三烯和P物质等作用于内皮细胞受体，使内皮细胞迅速发生收缩，在内皮细胞间出现0.5～1.0μm的缝隙。这一过程主要影响20～60μm大小口径的静脉，一般不影响细动脉和毛细血管，可能与细静脉内皮细胞具有较多组胺和P物质受体有关。由于这些引起内皮细胞收缩的化学介质的半衰期较短，仅为15～30分钟，而且所引起的内皮细胞收缩是可逆的，因此称为速发短暂反应（immediate transient response）。抗组胺药物可抑制此反应。

（2）穿胞作用（transcytosis）增强：在接近内皮细胞之间的连接处存在着相互连接的囊泡，其所构成的囊泡体形成穿胞通道。富含蛋白质的液体通过穿胞通道穿越内皮细胞称为穿胞作用。血管内皮生长因子（VEGF）、组胺、缓激肽、白三烯和P物质等化学介质均可引起内皮细胞穿胞通道数量增加和囊泡口径增大，这是血管壁通透性增加的另一机制。

（3）内皮细胞的损伤：严重烧伤和化脓性细菌感染时可直接损伤内皮细胞，使之坏死脱落，迅速使血管壁通透性增高，并在高水平上持续几小时到几天，直至血栓形成或内皮细胞再生修复为止，此过程称为速发持续反应（immediate sustained response）。微循环的细动脉、毛细血管和细静脉均可受累。

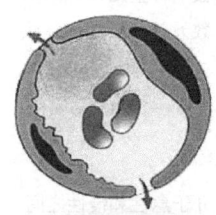

内皮细胞收缩
主要累及细静脉

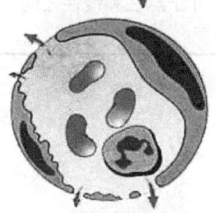

内皮细胞收缩、
穿胞作用
主要累及细静脉

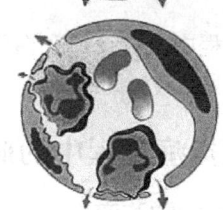

内皮细胞损伤
主要累及细动脉、
毛细血管、细静脉

新生毛细血管
高通透性

图4-2 血管通透性增高的几种主发机制模式图

(4) 白细胞介导的内皮细胞损伤：白细胞黏附于内皮细胞，使白细胞激活，释放具有活性的氧代谢产物和蛋白水解酶，引起内皮细胞损伤和脱落，使血管壁通透性增加。

(5) 新生毛细血管管壁的高通透性：在炎症修复过程中形成的新生毛细血管内皮细胞连接不健全；VEGF 促进内皮细胞增生的同时，还可使血管通透性增加；新生的血管内皮细胞有较多的血管活性介质的受体，因而新生毛细血管具有高通透性。

上述引起血管壁通透性增高的因素可同时或先后起作用。例如，烧伤可通过内皮细胞收缩直接损伤内皮细胞和白细胞介导的内皮细胞损伤等机制，引起液体外渗。

2. 液体渗出及其意义 由于血管壁通透性增高，血液中的液体成分通过细静脉和毛细血管壁到达血管外的过程，称为液体渗出。渗出的液体称为渗出液，渗出液积存于组织间隙，称为炎性水肿，若聚集于浆膜腔则称为浆膜腔积液。渗出液的意义如下。

(1) 稀释毒素及有害物质，以减轻对局部组织和细胞的损伤。

(2) 为炎症灶带来营养物质（如葡萄糖、氧等），带走炎症灶内的代谢产物。

(3) 渗出物内含有抗体、补体等，可消灭病原体。

(4) 所含的纤维蛋白原，在坏死组织释放出的组织凝血酶作用下，变成纤维素互相交织成网，可阻止细菌扩散，使炎症局限并有利于吞噬细胞发挥吞噬作用。

(5) 渗出物中的病原微生物及毒素随淋巴液被携带至局部淋巴结，可刺激机体产生体液免疫和细胞免疫。

渗出液也会对机体产生不利影响：渗出液过多可产生压迫和阻塞作用，如大量心包积液可影响心脏的舒缩功能；纤维素渗出过多不能完全溶解吸收时可发生机化，会引起组织粘连，如心包粘连、胸膜粘连等。

炎症时的渗出液与非炎性漏出液在发生机制上和成分上有所不同。漏出液是因毛细血管血压增高（如心力衰竭导致的静脉淤血）或某些疾病（如肝硬化、肾炎、营养不良等）引起的血浆胶体渗透压降低，使组织间液回流障碍所致，属于非炎性水肿。所以，临床上遇到体腔积液的患者，首先应当鉴别是炎症引起的渗出液还是其他疾病引起的漏出液，以便明确诊断，进行正确的治疗。鉴别方法如下（表 4-2）：

表 4-2 渗出液与漏出液的区别

	渗出液	漏出液
原因	炎症	非炎症
蛋白含量	> 30g/L	< 25g/L
相对密度	> 1.018	< 1.018
细胞数	> 500×10^6/L	< 100×10^6/L
Rivalta 反应	阳性	阴性
凝固性	能自凝	不能自凝
透明度	混浊	澄清

二、急性炎症过程中的白细胞反应

白细胞的渗出是炎症反应的重要形态学特征。各种白细胞通过血管壁游出到血管外的过程，称为白细胞渗出。渗出的白细胞称为炎细胞。炎细胞聚集在炎症区域的现象，称为炎细胞浸润

（inflammatory cellular infiltration）。

白细胞渗出是一种主动、复杂的连续性过程，包括白细胞边集和附壁、黏附、游出等阶段，并在趋化因子的作用下运动到炎症灶，在炎症局部发挥重要的防御作用。

（一）白细胞渗出过程

1. 白细胞边集和附壁　随着血管扩张、血流减慢和停滞的出现，微血管中的白细胞离开血管的中心部，到达血管的边缘部，称为白细胞边集（leukocytic margination）。边集的白细胞沿着内皮细胞滚动，之后贴附于内皮细胞称为附壁（pavement）。

2. 白细胞黏附　附壁的白细胞与内皮细胞牢固黏着称白细胞黏附（adhesion）。此过程是由黏附分子介导的，黏附分子包括选择素（selectin）、免疫球蛋白超家族分子和整合素类分子。这些黏附分子与受体结合引起白细胞紧紧黏附于内皮细胞表面，是白细胞从血管中游出的前提。

3. 白细胞游出　黏附的白细胞逐步游出血管壁进入周围组织的过程称游出（emigration）。白细胞在内皮细胞连接处伸出伪足，整个白细胞以阿米巴运动的方式从内皮细胞缝隙中逸出（图4-3）。穿过内皮细胞的白细胞可分泌胶原酶降解血管基膜。一个白细胞常需2～12分钟才能完全通过血管壁。白细胞游出有以下特点。

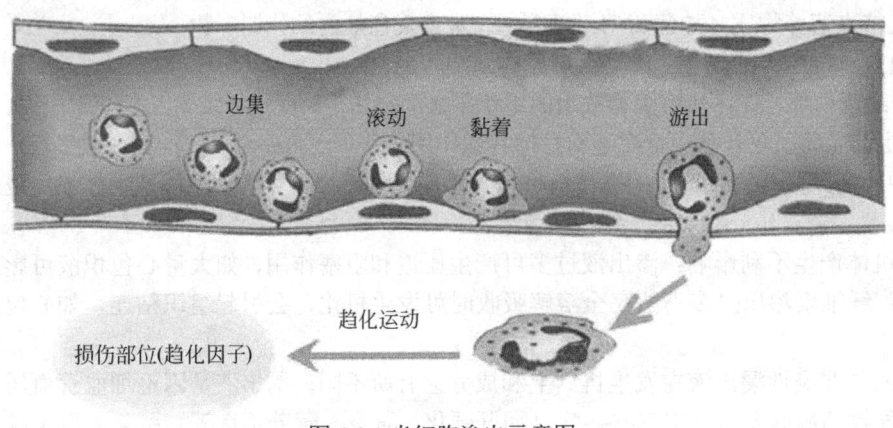

图4-3　炎细胞渗出示意图

（1）炎症的不同阶段游出的白细胞的种类有所不同：在急性炎症的早期中性粒细胞首先游出，48小时后则以单核细胞浸润为主。其原因在于：①中性粒细胞寿命短，经过24～48小时后中性粒细胞崩解消失，而单核细胞在组织中寿命长；②中性粒细胞停止游出后，单核细胞可继续游出；③炎症的不同阶段所激活的趋化因子不同，已证实中性粒细胞能释放单核细胞趋化因子，因此中性粒细胞游出后必然引起单核细胞游出。

（2）致炎因子的不同，渗出的白细胞种类也不同：葡萄球菌和链球菌感染以中性粒细胞浸润为主；病毒感染以淋巴细胞浸润为主；在一些过敏因子所致的炎症反应中则以嗜酸粒细胞浸润为主。

（3）白细胞种类不同，其游走能力不同：中性粒细胞和单核细胞游走能力最强，淋巴细胞最弱。由于中性粒细胞游走能力最强，其在血液中数量最多，在急性炎症时，出现于炎症区的时间最早。这也是急性炎症的重要形态学标志。

在炎症反应剧烈或血管受损严重时，红细胞也可漏出。原因是流体静压把红细胞沿白细胞游出途径或内皮细胞坏死崩解处推出血管外，属于被动过程。

4. 趋化作用　白细胞游出后，沿着组织间隙，以阿米巴样运动的方式，向炎症灶集中，这种定向游走受某些化学物质的影响或吸引，称为趋化性（chemotaxis）或称趋化作用。能引起白细胞定向游走的物质，称为趋化因子。中性粒细胞与单核细胞对趋化因子反应明显，而淋巴细胞反应较弱。趋化因子具有特异性，不同的趋化因子吸引不同的白细胞。趋化因子来源于血浆（内源性）或细菌及其代谢产物（外源性）。

（二）白细胞在炎症局部的作用

白细胞游走到炎症灶局部发挥吞噬作用和免疫作用，能有效地杀伤病原微生物，因而成为炎症防御反应中极其重要的一环。

1. 吞噬作用　白细胞到炎症灶内对病原体和组织崩解碎片进行吞噬与消化的过程，称为吞噬作用。

吞噬细胞有：①中性粒细胞（又称小吞噬细胞），数量最多。胞质内含嗜天青颗粒和特殊颗粒，前者主要含有酸性水解酶、中性蛋白酶、髓过氧化物酶、阳离子蛋白等；后者主要含有溶菌酶、碱性磷酸酶、胶原酶和乳铁蛋白等。这些物质是清除和杀灭病原微生物和坏死组织碎片的主要成分。②巨噬细胞（又称大吞噬细胞），来源于血液中的单核细胞，其溶酶体中含有丰富的酸性水解酶和过氧化物酶。能吞噬中性粒细胞不能吞噬的某些病原微生物（如结核杆菌、伤寒杆菌、寄生虫及其虫卵）和较大的组织碎片、异物、坏死的细胞等。③嗜酸粒细胞，吞噬能力较弱，能吞噬抗原-抗体复合物，杀伤寄生虫。

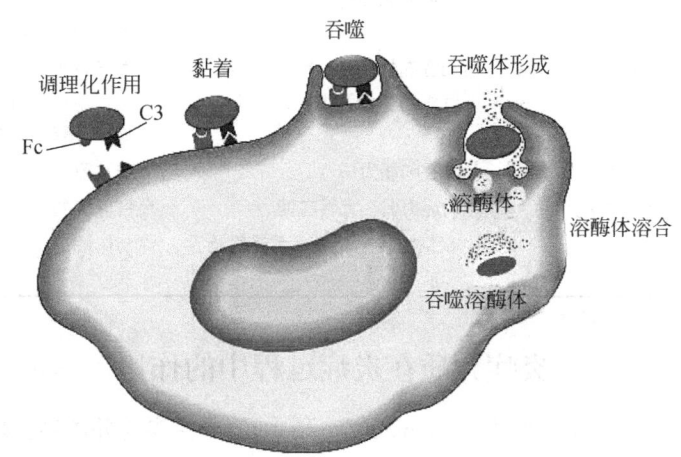

图 4-4　白细胞吞噬模式图

吞噬过程大致分为三个阶段（图 4-4）：

（1）识别和黏着：炎症灶内吞噬细胞首先与病原体或组织崩解碎片等异物接触、黏着，才能进行吞噬。血清中存在一类能增强吞噬细胞吞噬能力的蛋白质，即调理素，主要是 IgG 和 C3b。吞噬细胞借助表面的 Fc 和 C3b 受体，能识别被抗体或补体（调理素）包裹的病原体，经抗体或补体与相应受体结合，病原体即黏着于吞噬细胞表面。

（2）包围吞入：病原体或组织崩解产物等黏着于吞噬细胞表面之后，吞噬细胞伸出伪足或内陷将异物包围，然后伪足互相融合，形成由吞噬细胞的胞膜包围吞噬物的泡状小体，称为吞噬体。然后移入细胞内部与溶酶体融合，形成吞噬溶酶体，病原体及异物在吞噬溶酶体内被杀灭和消化。

（3）杀灭与降解：吞噬的异物被杀灭主要通过吞噬细胞的溶酶体酶及代谢产物来完成。溶酶体内的溶菌酶能水解细菌细胞壁的肽聚糖成分，使细菌崩解；溶酶体的乳铁蛋白能夺取细菌所必需的铁，抑制细菌生长；炎症局部的酸性代谢产物的增加使吞噬溶酶体内的 pH 明显下降。当 pH 在 4.0 以下时，细菌难以继续生长，因此，许多病原体实际上是被乳酸杀死的。

通过吞噬细胞一系列的作用，大多数病原生物被杀灭、降解，但有些细菌（如结核杆菌）在白细胞内处于静止状态，一旦机体抵抗力降低，这些细胞又能繁殖，并可随吞噬细胞的游走在机体内播散。

2. 免疫作用　参与免疫反应的细胞主要是淋巴细胞、浆细胞和巨噬细胞。抗原进入机体后，首先由巨噬细胞处理，再把抗原信息传递给 T、B 淋巴细胞。免疫活化的 T、B 淋巴细胞分别通过细胞免疫和体液免疫发挥其杀伤病原微生物的作用。此外，自然杀伤细胞（natural killer cell，NK 细胞）胞质内有丰富的嗜天青颗粒，无需先致敏，就可溶解感染病毒的细胞。

3. 组织损伤　白细胞激活后一方面可向吞噬溶酶体内释放其产物，发挥其杀菌功能；另一方面也可向吞噬溶酶体外间隙释放其产物，如溶酶体酶、氧源性代谢产物、花生四烯酸代谢产物等。

这些产物对内皮细胞和组织有很强的损伤作用，也可以加重原始致炎因子的损伤效能。

（三）炎细胞的种类和功能

常见炎细胞和种类、特性、功能及临床意义如下（表4-3）。

表4-3 常见炎细胞和种类、功能及临床意义

类型	特性	功能	临床意义
中性粒细胞	运动能力活跃、吞噬功能强，坏死后为脓细胞	①吞噬细菌、较小的坏死组织碎片、抗原-抗体复合物；②释放内源性致热原	见于急性炎症、化脓性炎症
巨噬细胞	运动吞噬能力强，可转化为多核巨细胞、泡沫细胞、类上皮细胞等	①吞噬较大的坏死组织碎片、异物、组织分解产物；②抗原呈递；③释放内源性致热原	见于急性炎症后期、慢性炎症、非化脓性炎症、寄生虫感染
嗜酸性粒细胞	运动吞噬能力弱	吞噬抗原-抗体复合物	见于变态反应和寄生虫感染
淋巴细胞	运动能力弱、无吞噬能力	免疫应答的主体细胞	见于慢性炎症和病毒性炎症
浆细胞	由B细胞转化而来，无趋化及吞噬能力	参与体液免疫	见于慢性炎症

三、炎症介质在炎症过程中的作用

炎症介质（inflammatory mediator）是指参与并诱导炎症发生的具有生物活性的化学物质，也称化学介质。炎症介质在炎症的发生发展过程中发挥着重要的介导作用，对炎症的发生发展过程，尤其是对局部的血管反应和细胞渗出具有重要意义。其主要作用是扩张小血管、使血管壁通透性增高、白细胞趋化作用、发热和致痛，以及造成组织损伤。

炎症介质的共同特点有：①可来自血浆或细胞。来自血浆的炎症介质主要在肝脏内合成，并以前体的形式存在，需经蛋白酶水解才能激活。来自细胞的炎症介质或以细胞内颗粒的形式储存于细胞内，或在某些损伤因子的刺激下而新合成，也可是细胞破坏过程的降解产物。②多数炎症介质通过与靶细胞的表面受体结合而发挥其生物学效应。③某种炎症介质可作用于一种或多种靶细胞，对不同的细胞产生不同的生物学效应。④当炎症介质被激活分泌或释放到细胞外后，其半衰期十分短暂，很快衰变，或被酶解灭活、或被拮抗分子抑制、或被清除，机体通过这种调控体系使体内炎症介质处于动态平衡。⑤炎症介质作用于靶细胞后，可引起靶细胞产生次级炎症介质，使初级炎症介质的作用放大或抵消初级炎症介质的作用。

（一）细胞释放的炎症介质

1. **血管活性胺** 包括组胺和5-HT。组胺主要存在于嗜碱粒细胞和肥大细胞的胞质异染颗粒中。当致炎因子激活上述细胞膜表面卵磷脂酶或蛋白酶时，使细胞膜受损，细胞脱颗粒，释放组胺。其作用：①使细动脉扩张，细静脉、内皮细胞收缩，导致血管壁的通透性增高；②对嗜酸粒细胞有趋化作用。5-HT又称血清素，主要来自于血小板，炎症时一般与组胺同时出现，能引起平滑肌收缩，使血管壁通透性增高。

2. **前列腺素和白三烯** 二者均为花生四烯酸（arachidonic acid，AA）的代谢产物。AA是二十碳不饱和脂肪酸，大量存在于细胞膜磷脂内，在炎症刺激下和炎症介质的作用及细胞损伤时，细胞的磷脂酶 A_2 被激活，AA从脂膜磷脂中释放出来，经环氧化酶和脂质环氧化酶的作用生成前列腺素、白三烯。前列腺素的主要作用：①使血管扩张；②血管壁通透性增高；③趋化白细胞；④发热；⑤疼痛等。白三烯主要作用：①增高血管壁通透性；②趋化中性粒细胞和嗜酸粒细胞。

某些抗炎药物如阿司匹林、吲哚美辛（消炎痛）和类固醇激素能抑制 AA 代谢，减轻炎症反应。

3. 白细胞产物　由中性粒细胞和单核细胞被致炎因子激活后释放，包括活性氧代谢产物和溶酶体成分。其作用：①损伤组织；②增高血管壁通透性；③白细胞趋化作用；④发热。

4. 淋巴因子　致敏的 T 淋巴细胞再次与相应的抗原接触，可产生多种淋巴因子，在变态反应性炎症和慢性炎症中起重要作用：①对中性粒细胞和巨噬细胞有趋化作用；②增强吞噬作用；③杀伤带特异性抗原的靶细胞，引起组织损伤。

5. 血小板激活因子　嗜碱粒细胞、中性粒细胞、单核细胞和内皮细胞等均能释放血小板激活因子，作用：①增加血管壁通透性；②促进白细胞聚焦、黏着及趋化作用；③刺激白细胞等合成前列腺素、白三烯。

（二）血浆中产生的炎症介质

1. 激肽系统　激活最终产生缓激肽，其作用为：能使血管扩张及血管壁通透性增高，并有较明显的致痛作用。

2. 补体系统　是具有酶活性的一组蛋白质，在脾、淋巴结和骨髓合成，其中 C3、C5 是最重要的炎症介质。其作用：① C3a、C5a（又称过敏毒素）可使血管扩张及血管壁通透性增高；② C5a 对中性粒细胞和单核细胞具有趋化作用；③ C3b 可增强中性粒细胞和单核细胞的吞噬功能；④使白细胞释放溶酶体成分引起组织损伤。

3. 凝血系统　炎症时由于各种刺激，凝血因子Ⅻ被激活，同时启动血液凝固和纤维蛋白溶解系统，使凝血酶原转为凝血酶，后者使纤维蛋白原变为纤维蛋白。在此过程中，释放纤维蛋白多肽，使血管壁通透性增高并对白细胞有趋化作用（表 4-4）。

表 4-4　主要炎症介质的作用

炎症介质	来源	作用					
		血管扩张	血管壁通透性增高	趋化作用	发热	致痛	组织损伤
组胺、5-HT	肥大细胞、血小板、嗜碱粒细胞	+	+	+			
前列腺素	细胞膜磷脂成分	+	+	+	+	+	
白三烯	白细胞、肥大细胞		+	+			
溶酶体成分	中性粒细胞、单核细胞		+	+			+
阳离子蛋白	中性粒细胞		+	+			
中性蛋白	中性粒细胞						+
淋巴因子	T 淋巴细胞		+	+			+
缓激肽	血浆蛋白	+	+			+	
补体（C3a、C5a）	血浆蛋白	+	+				
纤维蛋白多肽	凝血系统						
纤维蛋白降解产物	纤溶系统		+	+			

以上各种炎症介质之间有着密切联系，其作用互相交织和促进，共同在炎症过程中发挥重要作用。

四、急性炎症的病理学类型

急性炎症的病理类型包括变质性炎症、渗出性炎症和增生性炎症三大类型，其中绝大多数为渗出性炎症。根据渗出物的主要成分和病变特点，急性渗出性炎又分为以下类型：

（一）浆液性炎

浆液性炎（serous inflammation）以浆液渗出为主要特征。渗出物的主要成分为血清，以及较多清蛋白、少量纤维素、中性粒细胞和脱落的上皮细胞。常见于高温、生物毒素、某些传染病等。

浆液性炎好发于皮肤、疏松结缔组织、浆膜、黏膜等处。发生于皮肤时，可形成水疱（如皮肤Ⅱ度烧伤时渗出液蓄积于表皮内）（图4-5，图4-6）；疏松结缔组织的浆液性炎可见于毒蛇咬伤时，渗出的浆液积聚在组织间隙，形成炎性水肿；发生于浆膜的浆液性炎可引起体腔积液，如渗出性结核性胸膜炎可引起胸腔积液；发生于黏膜的浆液性炎又称浆液性卡他，如感冒初期的流鼻涕等。发生在浆膜和黏膜的浆液性炎，上皮细胞和间皮可发生变性、坏死和脱落。

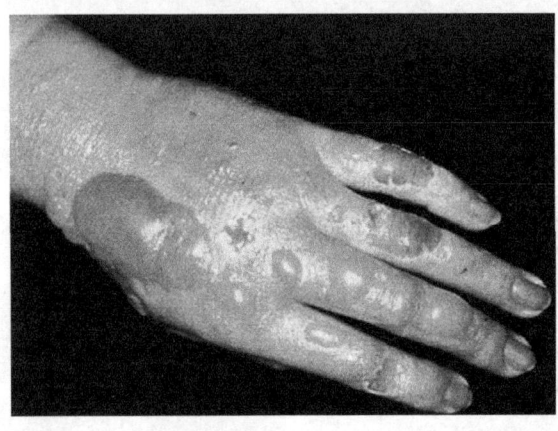

图4-5 浆液性炎（烧伤Ⅱ度）
皮肤表面有多个大小不等的水疱，表面较亮，不规则形，水疱内充满大量浆液

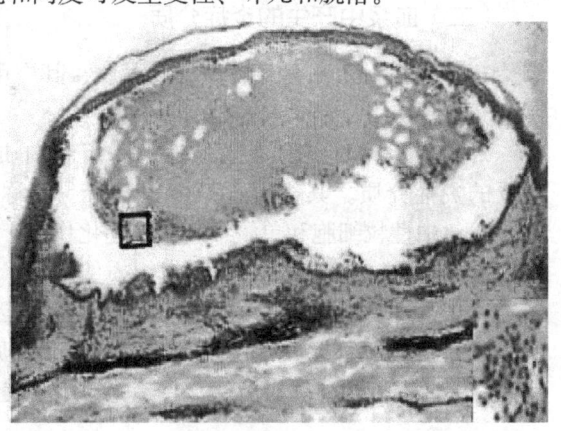

图4-6 浆液性炎
皮肤水疱，表皮下形成裂隙，内有浆液及少量纤维素和炎细胞

浆液性炎一般较轻，病因消除后，渗出的浆液易于消退。但如果浆液渗出过多也会对机体产生不利影响，甚至导致严重后果。例如，喉头浆液性炎造成的喉头水肿可引起窒息；胸腔和心包腔内如有大量积液，可影响心肺功能。

（二）纤维素性炎

纤维素性炎（fibrinous inflammation）以渗出物中含有大量纤维蛋白原，继而形成纤维蛋白（即纤维素）为特征。在HE切片中纤维素呈红染，相互交织的网状、条状或颗粒状，常混有中性粒细胞和坏死细胞碎片（图4-7）。常见致炎因子：白喉杆菌、痢疾杆菌、肺炎球菌的毒素、尿毒症时的尿素、汞等。纤维素性炎好发于黏膜（咽、喉、气管、结肠）、浆膜（胸膜、腹膜、心包膜）及肺，因致炎因子和发生部位不同，病变可各有一定的特征。

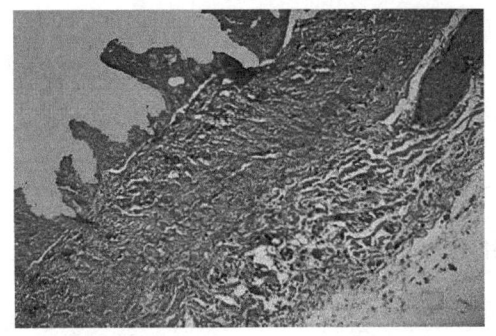

图4-7 纤维素性心包炎
左上方可见渗出的纤维素突出于心包膜表面，其下面可见散在的炎细胞

发生于黏膜的纤维素性炎（白喉、细菌性痢疾），渗出的纤维素、白细胞、脱落的上皮细胞和坏死组织等混合在一起，形成一层灰白色膜状物，覆盖在黏膜表面，称假（伪）膜。故这类发生于黏膜的纤维素性

炎又称假（伪）膜性炎。由于局部组织结构特点不同，有的假膜牢固附着于黏膜面不易脱落（如咽白喉），而有的假膜容易脱落（如气管白喉），脱落的假膜常堵塞支气管而引起窒息（图4-8）。

发生于心包膜的纤维素性炎，随着心脏的不断搏动，心包脏层（心外膜）与心包壁层相互摩擦，使渗出于心包腔内的纤维素在心包脏层形成无数绒毛状物，故称"绒毛心"（hairy heart）。

肺的纤维素性炎，多见于肺炎球菌引起的大叶性肺炎。镜下可见纤维素渗出充满肺泡腔，并交织成网，网中有数量不等的中性粒细胞、红细胞等。

纤维素性炎多呈急性经过，渗出的纤维素可被渗出物内的中性粒细胞释放的蛋白溶解酶溶解而吸收。但正常血清和组织中含有一定量的抗胰蛋白酶，在一定程度上对抗中性粒细胞蛋白溶解酶的作用。因此，如果纤维素渗出较多，而蛋白溶解酶的量相对较少或组织内抗胰蛋白酶较多时，纤维素就不能被完全溶解吸收，从而发生机化，形成浆膜的纤维性粘连或大叶性肺炎肉质变。

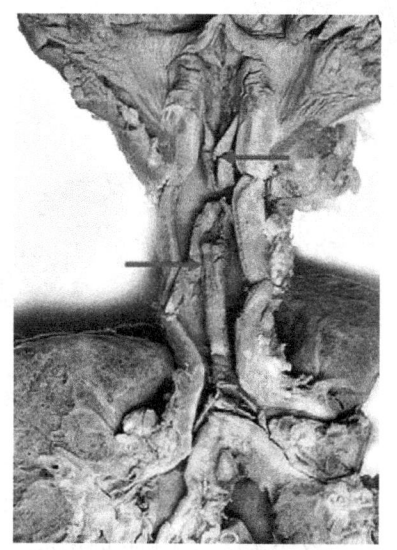

图4-8 纤维素性炎

白喉：喉、气管及支气管由背侧剪开，黏膜不光滑，喉、气管及支气管表面附有一层灰白色膜状物（即假膜）（箭头处）

（三）化脓性炎

化脓性炎（purulent inflammation）以中性粒细胞大量渗出，常伴有不同程度的组织坏死和脓液形成为特征。多由化脓性细菌（葡萄球菌、链球菌、脑膜炎双球菌、大肠杆菌、铜绿假单胞菌等）感染引起。

化脓性炎症灶内，坏死组织被中性粒细胞或组织崩解产物释放的蛋白溶解酶溶解液化的过程称为化脓（suppuration）。化脓过程中形成的脓性渗出物，称脓液（pus），为一种混浊的凝乳状液体，呈灰黄色或黄绿色，其主要成分为大量变性、坏死的中性粒细胞、溶解的坏死组织、细菌及少量浆液等。由葡萄球菌引起的脓液，质浓稠，而由链球菌引起的脓液，则较稀薄。脓液中变性、坏死的中性粒细胞称脓细胞（pus cell）。

根据化脓性炎症发生的原因和部位的不同，将其分为以下三种类型：

1.脓肿（abscess）为器官或组织内局限性化脓性炎症，其主要特征是局部组织发生坏死溶解，形成充满脓液的腔。可发生在皮下或内脏（肺、脑、肝、肾等），常由金黄色葡萄球菌引起，它能产生血浆凝固酶，使纤维蛋白原转变成纤维素，因而炎症局限。细菌产生毒素使局部组织坏死，继而大量中性粒细胞浸润，之后中性粒细胞崩解形成脓细胞，并释放蛋白水解酶将坏死组织液化，形成含有脓液的空腔。以后，脓肿周围有肉芽组织增生，包围脓肿，形成脓肿膜。脓肿膜能够吸收脓液，限制炎症扩散，也使病变组织与周围组织境界清楚（图4-9，图4-10）。小脓肿可以吸收消散，较大的脓肿则由于脓液过多吸收困难，常需切开排脓或穿刺抽脓，而后由肉芽

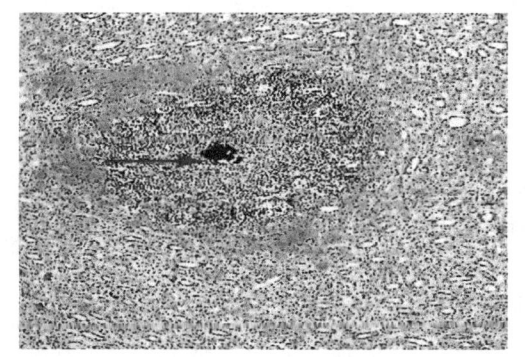

图4-9 肾脓肿

中央蓝色箭头处为细菌菌落，绿色箭头显示脓肿膜

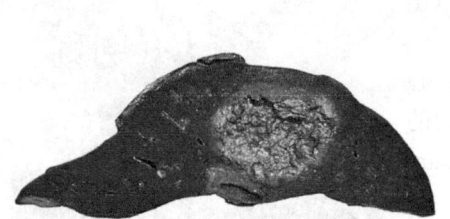

图 4-10 肝脓肿
脓肿腔内壁可见黄白色脓性坏死，脓肿周围界限清楚，可见灰白色脓肿膜

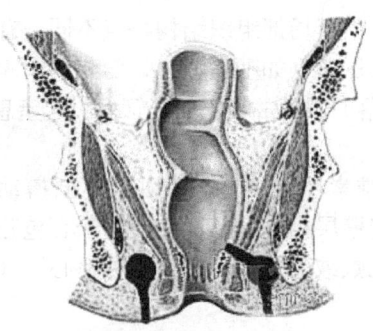

图 4-11 肛周脓肿
向皮肤穿破形成窦道（左），分别向皮肤和肛管穿破形成瘘管（右）

组织修复，形成瘢痕。

疖（furuncle）：是单个毛囊及其所属皮脂腺所发生的脓肿，好发于颈、头、面部及背部。

痈（carbuncle）：是多个疖的融合，在皮下脂肪、筋膜组织中形成许多互相沟通的脓腔，必须及时切开引流排脓后，局部才能修复愈合。好发于颈项部和肩背部等毛囊及皮脂腺丰富的部位。

发生于皮肤和黏膜的化脓性炎，脓肿形成并破溃后，由于皮肤和黏膜坏死、崩解脱落形成的局部缺损，称为溃疡（ulcer）。深部组织脓肿向体表或自然管道穿破，形成只有一个开口的病理性盲管，称为窦道（sinus）；如果一端向体表穿破，另一端向自然管道穿破（消化道或呼吸道），形成有两个以上开口的病理性管道，称为瘘管（fistula）。例如，肛门周围脓肿，一方面可向皮肤穿破，形成脓性窦道；另一方面既向皮肤穿破，又向肛管穿破，形成脓性瘘管（图 4-11）。窦道和瘘管不断排出脓性渗出物，长期不愈。

2. 蜂窝织炎（phlegmonous inflammation） 是指发生在疏松结缔组织的弥漫性化脓性炎。常见于皮肤、肌肉和阑尾。主要由溶血性链球菌引起，链球菌能分泌透明质酸酶和链激酶，能分解结缔组织基质中的透明质酸和溶解纤维素，因此细菌容易通过组织间隙和淋巴管扩散，表现为组织内大量中性粒细胞弥漫浸润，与周围正常组织分界不清（图 4-12）。原有的组织不发生显著的坏死和溶解。单纯的蜂窝织炎愈复后一般不留痕迹。

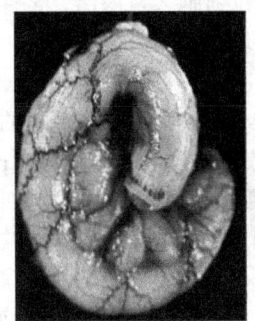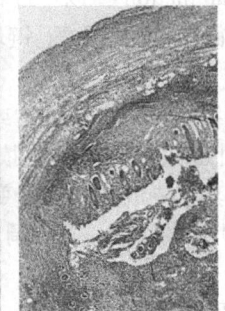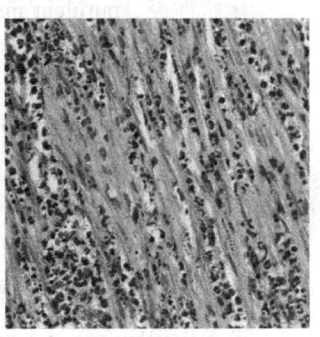

图 4-12 蜂窝织炎性阑尾炎
左：（大体）阑尾肿胀变粗，浆膜失去光泽，有脓性渗出物覆盖；中：（低倍）阑尾腔内见粉染絮状之坏死物质及脓性渗出物，部分黏膜上皮坏死脱落，炎细胞弥漫浸润于阑尾壁全层；右：（高倍）大量中性粒细胞弥漫浸润于阑尾肌层

全身中毒症状明显，常需多处切开引流。

3. 表面化脓和积脓 表面化脓是指发生在浆膜或黏膜的化脓性炎症。中性粒细胞主要向表面渗出，深部组织没有明显的炎细胞浸润，也不发生深部组织坏死。例如，化脓性尿道炎、化脓性支气管炎，脓液可通过尿道、气管而排出体外。

当渗出的脓液蓄积在浆膜腔、输卵管、胆囊等部位时，称积脓（empyema）。

（四）出血性炎

出血性炎（hemorrhagic inflammation）症灶的血管损伤严重，渗出物中含有大量红细胞，常见于流行性出血热、钩端螺旋体病和鼠疫等。

出血性炎也常与其他类型的炎症混合出现，如浆液出血性炎、纤维蛋白性出血性炎、化脓性出血性炎等。

附：卡他性炎是指发生在黏膜的渗出性炎，由于黏膜腺分泌亢进，渗出物较多，沿黏膜表面向外排出（"卡他"一词来自希腊语，向下滴流的意思）。依渗出物性质不同，又有浆液性卡他、黏液性卡他及脓性卡他之分。

上述急性炎症类型不是绝对的，在炎症的发展过程中，可由一种类型炎症转变为另一种类型的炎症，如浆液性炎可发展成纤维素性炎或化脓性炎。在渗出性炎症过程中，往往有两种不同类型的炎症并存，如化脓性出血性炎症、纤维素性化脓性炎症等。

五、急性炎症的结局

大多数急性炎症经过适当治疗能够痊愈，少数可迁延为慢性炎症，极少数可蔓延扩散到全身。

（一）痊愈

1. **完全痊愈**　在炎症过程中，如果机体的抵抗力较强、损伤范围小或通过适当治疗，病因被及时消灭、清除，炎性渗出物和坏死组织及时溶解吸收，通过周围正常细胞完全再生修复，使病变组织完全恢复正常结构和功能。

2. **不完全痊愈**　如果机体抵抗力较弱，炎症灶的坏死范围较广、渗出物较多，周围组织细胞的再生能力受限，则通过肉芽组织机化，形成瘢痕。原有的组织结构和功能不能完全恢复。

（二）迁延不愈，转为慢性

如果致炎因子不能在短期内清除，在机体内持续起作用，不断损伤组织造成炎症迁延不愈，可使急性炎症转变为慢性炎症，病情时轻时重。

（三）蔓延扩散

在机体抵抗力低下，或病原微生物毒力强、数量多的情况下，病原微生物在体内可大量繁殖，并沿组织间隙及淋巴管、血管向周围和全身扩散。

1. **局部蔓延**　病原微生物经组织间隙或器官的自然管道向周围组织、器官扩散。例如，肾结核可沿泌尿道向下扩散，引起输尿管结核和膀胱结核；肺结核沿支气管播散，引起肺的其他部位新的结核病灶。

2. **淋巴道扩散**　由于病原微生物侵入淋巴管内，随淋巴液到达局部淋巴结或远处，引起继发性淋巴管炎和淋巴结炎，如肺结核原发灶的结核杆菌经淋巴管引起肺门淋巴结。淋巴道的这些变化有时可限制感染的扩散，但感染严重时，病原体可通过淋巴道入血，引起血道扩散。

3. **血道扩散**　炎症病灶内的病原微生物或某些毒性产物从炎症灶侵入血液循环或被吸收入血，引起菌血症（bacteremia）、毒血症（toxemia）、败血症（septicemia）和脓毒败血症（pyemia），严重者可危及生命。

（1）菌血症：细菌由局部病灶入血，血液中可查到细菌，但临床上没有全身中毒症状，称为菌血症。一般在某些炎症性疾病的早期都存在有菌血症，肝、脾和骨髓等处的吞噬细胞可组成一道防线，以清除细菌。

（2）毒血症：细菌产生的毒素或毒性代谢产物被吸收入血称为毒血症。临床上出现全身中毒症状，如高热、寒战甚至中毒性休克。常伴有心、肝、肾等器官的实质细胞变性或坏死。血培养找不到细菌。

(3) 败血症：毒力强的细菌由局部入血后，不仅没有被清除，反而大量繁殖并产生毒素，临床上出现严重的全身中毒症状，称为败血症。败血症除有毒血症的临床表现外，还可出现皮肤和黏膜的多发性出血点，以及脾和全身淋巴结明显肿大等。此时血液中常可培养出病原菌。

(4) 脓毒败血症：化脓菌引起的败血症可进一步发展成为脓毒败血症。此时除有败血症的表现外，化脓菌可随血流到达全身各处，在全身一些脏器中形成多发性栓塞性脓肿（embolic abscess）。这些脓肿由于化脓菌团块栓塞许多组织器官内的毛细血管引起，镜下可见脓肿中央及小血管内常有细菌菌落，周围大量中性粒细胞局限性浸润并伴有局部组织的化脓性溶解坏死。

第三节 慢性炎症

慢性炎症持续几个月或更长时间，可发生在急性炎症之后，也可隐匿地逐渐发生，临床上开始并无急性炎症表现，或反应轻微。慢性炎症发生于以下情况：①病原微生物（如结核杆菌、梅毒螺旋体、某些真菌等）很难清除，持续存在。这些病原微生物毒力弱，常可激发免疫反应，特别是迟发型变态反应，有时可表现为特异性肉芽肿性炎。②长期暴露于内源性或外源性毒性因子之下，如硅肺是吸入二氧化硅在肺内长期作用的结果。③对自身组织产生免疫反应，如类风湿关节炎和系统性红斑狼疮等。

根据慢性炎症的形态学特点，将其分为两大类：一般慢性炎症（非特异性慢性炎症）和肉芽肿性炎（特异性慢性炎症）。

一、一般慢性炎症

一般慢性炎症的主要特点为：

(1) 炎症灶内浸润的细胞主要是淋巴细胞、浆细胞和单核巨噬细胞，反映了机体对损伤的持续反应。

(2) 主要由炎症细胞引起组织破坏。

(3) 有大量的成纤维细胞、血管内皮细胞和组织细胞增生。

(4) 局部组织的某些特殊成分（如炎症灶的被覆上皮、腺上皮及其他实质细胞）也常发生增生，以替代和修复损伤的组织。

如发生在黏膜局部，黏膜上皮、腺上皮和肉芽组织增生可形成向外表突出的带蒂肿物，称为炎性息肉（inflammatory polyp），如鼻息肉（图 4-13）、宫颈息肉。如果炎性增生形成一个境界

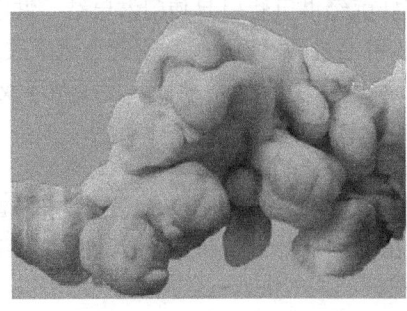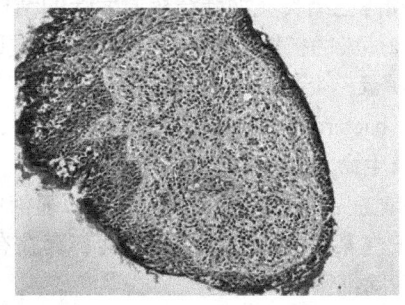

图 4-13 鼻息肉

左：（大体）鼻黏膜可见突出其表面的短小带蒂之突起物，即为息肉；右：（镜下）息肉表面被覆以上皮，腺体增生，间质疏松水肿，血管扩张充血，并有较多淋巴细胞、浆细胞浸润

清楚的肿瘤样团块,则称为炎性假瘤(inflammatory pseudotumor),好发于肺及眼眶。肺的炎性假瘤结构复杂,除有肺泡上皮、肉芽组织和巨噬细胞增生外,还有淋巴细胞、浆细胞浸润和肺泡内出血、含铁血黄素沉积等。炎性假瘤的本质是炎症,需与肿瘤区别。

二、肉芽肿性炎

炎症局部以巨噬细胞及其衍生细胞增生为主,形成境界明显的结节状病灶,称为肉芽肿性炎(chronic granulomatous inflammation),也称炎性肉芽肿。肉芽肿性炎是一种特殊类型的慢性炎症,不同的病因可引起形态不同的肉芽肿,因此,可根据典型的肉芽肿形态特点做出病理诊断,如找到结核性肉芽肿的形态结构就能诊断结核病。

肉芽肿的主要细胞成分是上皮样细胞和多核巨细胞,上皮样细胞的胞质丰富,胞核呈圆形或长圆形,染色浅。因与上皮细胞相似,故称上皮样细胞。多核巨细胞的细胞核可达几十个甚至几百个,结核结节中的多核巨细胞称为朗汉斯巨细胞(Langhans 巨细胞),由上皮样细胞融合而成,细胞核排列于细胞周边呈马蹄形或环形,胞质丰富。多核巨细胞还常见于不易消化的较大异物、组织中的角化上皮和尿酸盐等周围,细胞核杂乱无章地分布于细胞,又称异物巨细胞。

根据致炎因子和病变特点不同,把肉芽肿性炎症分为感染性肉芽肿和异物性肉芽肿两大类。

1. *感染性肉芽肿* 主要由病原微生物引起,如结核杆菌、伤寒杆菌、麻风杆菌、真菌和日本血吸虫等。这类肉芽肿多具有独特的形态特征,如结核性肉芽肿、伤寒性肉芽肿、麻风性肉芽肿及风湿性肉芽肿等。结核性肉芽肿(结核结节)由上皮样细胞、朗汉斯巨细胞、成纤维细胞和淋巴细胞构成,中央可见干酪样坏死。伤寒性肉芽肿(伤寒小结)主要由伤寒细胞组成。感染性肉芽肿的形成,对吞噬病原菌、限制病原微生物的扩散具有重要的意义。

2. *异物性肉芽肿* 由于异物不易被消化,刺激长期存在而引起。常见的异物有外科缝线、滑石粉、矽尘等。镜下可见异物性肉芽肿的病变中心为异物,周围有多少不等的上皮样细胞、巨噬细胞、异物巨细胞和成纤维细胞等包绕(图 4-14)。

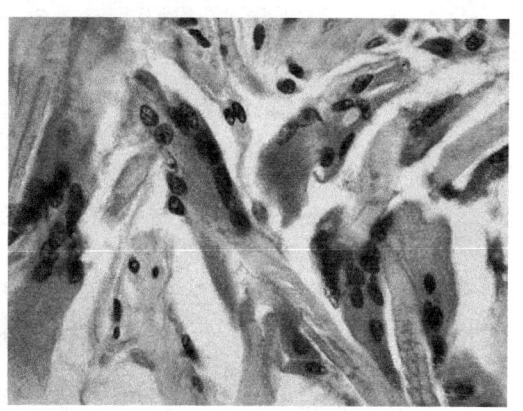

图 4-14 异物性肉芽肿
主要由异物巨细胞组成

案例 4-1

患者男,42 岁。1 周前项部生疖,未治疗。4 天前因挑担受压破溃,当晚开始畏寒、发热,周身不适。医生用抗生素治疗,病情仍继续加重,高热不退,并出现咳嗽,2 天前开始咳脓痰,痰量逐渐增多。体格检查:体温 39.5℃,心率 118 次/分,右上肺叩诊呈浊音,听诊闻及湿啰音;化验:WBC 15.2×10^9/L,N 0.82;X 线:右上肺 35 阴影,中间有透亮区并见液气面。

思考题:
1. 患者所患何病,依据是什么,病情是如何发生、发展的?
2. 解释其临床表现。

案例 4-2

患者男,23 岁。右跚趾跌伤化脓数天,畏寒发热 2 天,曾用小刀自行切开引流。入院当天有高热,神志不清。体格检查:体温 39.5℃,脉搏 130 次/分,呼吸 40 次/分,血压 80/50mmHg,急性病容，神志模糊；心率快、心律齐；双肺有较多湿性啰音；腹软，肝脾未扪及；全身皮肤多数淤斑，右小腿下部发红肿胀，有压痛。

实验室检查：RBC 2.5×10^{12}/L，WBC 25.0×10^9/L，其中 N 0.75，M 0.02，L 0.23。

入院后即使用大量激素、抗生素，局部切开引流。入院后12小时血压下降，休克，病情持续恶化，于入院后第3日死亡。

尸体解剖：躯干上半部有多数皮下淤斑散在，双膝关节有大片淤斑，从右足底向上24cm皮肤呈弥漫性红肿，踇趾外侧有一1.5cm伤创口，表面有脓性渗出物覆盖，皮下组织出血。双肺体积增大，重量增加，普遍充血，有多数大小不等的出血区及多数灰黄色米粒大小的脓肿，肺切面普遍充血，有多数出血性梗死灶及小脓肿形成；支气管黏膜明显充血，管腔内充满粉红色泡沫状液体。全身内脏器官明显充血，心、肝、肾、脑实质细胞变性。心包脏层、消化道壁、肾上腺、脾有散在出血点。在肺及大静脉血管内均查见革兰阳性链球菌及葡萄球菌。

思考题：
1. 死者生前患有哪些疾病（病变）？（根据病史及病理解剖资料做出诊断）
2. 这些疾病（病变）是如何发生、发展的？

（熊　凡）

知识链接——炎症与肿瘤

炎症与肿瘤的发生、发展具有相关性，它们通过内源性及外源性两条通路相互联系。炎症调节因子和效应细胞是肿瘤组织局部微环境的重要组成，它们在炎症与肿瘤相互关系中起着重要作用。肿瘤微环境中的炎症有多种促肿瘤作用，可以促进恶性细胞的增殖和存活，促血管新生和转移，削弱机体的获得性免疫反应，改变机体对激素和化疗药物的反应。肿瘤相关性炎症的通路的揭示，可以为进一步改进肿瘤诊断和治疗提供新的靶分子。理想的靶向于肿瘤相关性炎症的药物可以转化促肿瘤炎症浸润，阻止炎症细胞移行到肿瘤灶，将促肿瘤微环境调整为抑制肿瘤的微环境，增强特异的获得性免疫反应，抑制肿瘤生长、存活和转移播散。

第五章 肿　　瘤

肿瘤的概念	良性肿瘤对机体的影响
肿瘤的基本特征	恶性肿瘤对机体的影响
肿瘤的大体形态	良性肿瘤与恶性肿瘤的区别
肿瘤的组织结构	癌前病变、非典型增生、原位癌及上皮内瘤变
肿瘤的代谢特点	癌前病变
肿瘤的分化与异型性	非典型增生
肿瘤的生长与扩散	原位癌
肿瘤的生长	上皮内瘤变
肿瘤的扩散	常见肿瘤举例
肿瘤的命名和分类	上皮组织肿瘤
肿瘤的命名	间叶组织肿瘤
肿瘤的分类	其他组织肿瘤
恶性肿瘤的分级和分期	肿瘤的病因学和发病学
肿瘤的分级	肿瘤发生的分子生物学基础
肿瘤的分期	环境致瘤因素及其作用机制
肿瘤对机体的影响	肿瘤发生的内因及其作用机制

　　肿瘤（tumor,neoplasm）是一类常见病、多发病，其中恶性肿瘤是目前危害人类健康最严重的一类疾病。肿瘤以细胞异常增殖为特点，常在机体局部形成肿块；正常细胞转变为肿瘤细胞后具有异常的形态、代谢和功能，并在不同程度上失去了分化成熟的能力；它生长旺盛，并具有相对的自主性，即使致瘤因素已不存在，仍能持续生长，说明肿瘤细胞的遗传异常可以传给其子代细胞；肿瘤组织无论在细胞形态还是结构上，都与发源的正常组织有不同程度的差异；肿瘤的去分化特性导致肿瘤组织内的癌细胞从亚细胞水平到细胞水平上的形态结构具有明显的多形性，即瘤细胞彼此在大小和形态上有很大的变异；局部浸润和远处转移的能力是恶性肿瘤最重要的特点，并且是恶性肿瘤致人死亡的主要原因。所以一个典型的恶性肿瘤的自然生长史为：一个细胞的恶性转化→转化细胞的克隆性增生→局部浸润→远处转移。

第一节　肿瘤的概念

　　肿瘤是机体在各种致瘤因素的作用下，局部组织的细胞在基因水平上失去了对其生长的正常调控，导致克隆性（clonality）异常增生而形成的新生物（neoplasm），常表现为局部肿块。

肿瘤的形成是机体的局部组织细胞异常增殖的结果。这种导致肿瘤形成的细胞增殖称为肿瘤性增殖（neoplastic proliferation）。与肿瘤性增殖相对的概念是非肿瘤性增殖（non-neoplastic proliferation）。例如，在炎性肉芽组织中，可见血管内皮细胞、成纤维细胞等的增殖，然而它们并非肿瘤。非肿瘤性增殖可见于正常的细胞更新，损伤引起的防御反应、修复等情况，始终处于机体的精确调控之下，即细胞按正常规律分化成熟，具有原组织细胞的形态、功能和代谢特征。增生程度和机体协调一致，一旦刺激因素消失，增生即告终止，其本质是一种局部组织的适应性反应。非肿瘤性增殖一般是多克隆的，增殖过程产生的细胞群，即使是同一类型的细胞，也并不都来自同一个亲代细胞，而是从不同的亲代细胞衍生而来的子代细胞。

肿瘤性增殖与非肿瘤性增殖有着本质上的差别。肿瘤性增殖的根本特点是增殖的无限性和不成熟性：①与机体不协调，对机体有害；②一般是单克隆性的，即一个肿瘤中的肿瘤细胞群是由发生了肿瘤性转化的单个细胞反复分裂繁殖产生的子代细胞组成的；③肿瘤细胞不同程度地失去了分化成熟的能力，呈现异常的形态、功能和代谢；④肿瘤细胞获得了不断增生的能力，即使致瘤因素消除，增生仍持续存在，呈无止境性生长。这种自主性生长不受机体调控，与机体不协调。

肿瘤性增殖常常表现为机体局部的肿块。但某些肿瘤性疾病（如白血病）并不一定形成局部肿块。因此，临床上表现为"肿块"者也并不都是真正的肿瘤。导致肿瘤形成的各种因素称为致瘤因子（tumorigenic agent），可导致恶性肿瘤形成的物质统称为致癌物（carcinogen）。肿瘤的形成是一个十分复杂的过程，是细胞生长与增殖的调节与控制发生了严重紊乱的结果。因为，细胞的生长和增殖受机体许多调节分子的控制，肿瘤形成与这些调节分子的基因发生异常有关。这些基因或其产物的异常是肿瘤发生的分子基础。

中医对肿瘤也早有记载。早在殷墟出土的甲骨文上就有"瘤"的病名，宋元以后有癌（岩）瘤的论治记载。古代岳、癌、岩等字义和读音相通，泛指肿块硬实如山岩、溃破翻花难收口、能烂及五脏的恶疮毒瘤。《灵枢经》认为肿瘤起因于"营卫不通""寒气客于肠外与卫气相搏""邪气居其间"。《圣济总录》有"瘤之为义，留滞而不去也"。历代文献中也记载了大量治疗肿瘤的方剂和治疗原则，包括辨证治疗和辨病治疗。

第二节　肿瘤的基本特征

一、肿瘤的大体形态

大体形态观察时，应注意观察肿瘤的数目、大小、形态、包膜、颜色和质地等。这些信息有助于判断肿瘤的类型和良恶性质。

1. **数目**　大多数肿瘤通常在身体的某一部位单个发生，如胃癌、肠癌等消化道肿瘤，单发的比较多；有些肿瘤则表现为多发，如体表的脂肪瘤病和神经纤维瘤病可达上百个，家族性大肠腺瘤病肿瘤数目常达 500～2500 个。继发肿瘤通常为多个。

2. **大小**　肿瘤的体积差别很大，与其良恶性、生长时间、发生部位有关。肿瘤早期，体积较小，小者仅在显微镜下发现，如甲状腺的微小癌；生长在狭小腔道内（如颅腔、椎管）的肿瘤，因生长受限，早期出现症状而被发现，体积也常较小；发生于体表或体腔内的肿瘤，生长空间充裕，体积可以很大，直径可达数十厘米，重量达到数公斤或数十公斤，如卵巢的囊腺瘤、腹腔内的脂肪肉瘤等。一般而言，生长缓慢的巨大肿瘤，多为良性；短期内迅速增大的肿瘤，很可能为恶性。

3. **形状**　由于肿瘤的组织来源、发生部位、生长方式、良恶性等不同，可使其形状各种各样（图

5-1)。生长在皮肤和黏膜表面的肿瘤,良性肿瘤常向表面突出,呈息肉状、乳头状、蕈伞状;恶性肿瘤多为不规则结节状、菜花状生长,其表面常有坏死、出血及溃疡,并向深部浸润。生长在器官和组织内部的肿瘤,良性肿瘤多呈结节状、分叶状、囊状,常具有完整包膜;恶性肿瘤则形状不规则,呈树根状向周围浸润,与周围组织分界不清。

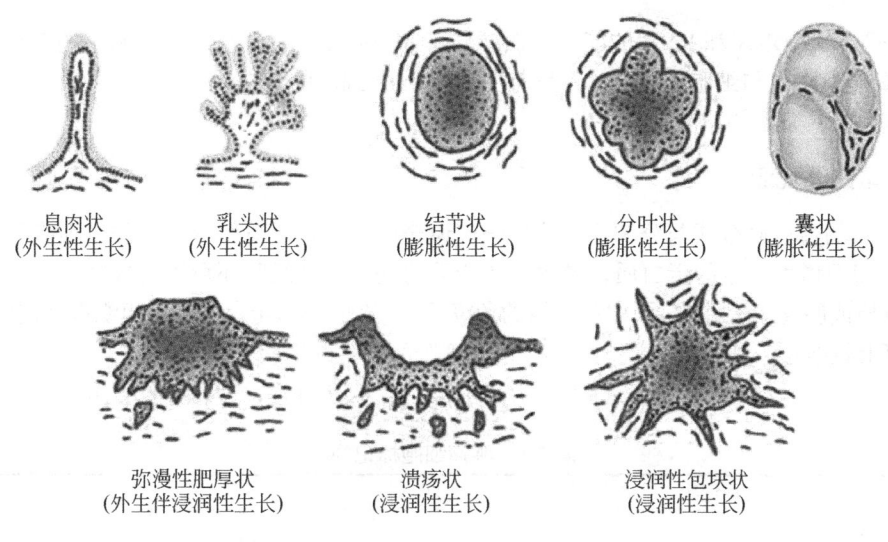

图 5-1 肿瘤的大体形态和生长方式示意图

4. **包膜** 良性肿瘤境界清楚,常形成包膜;恶性肿瘤境界不清,向周围组织浸润性生长,常无包膜;有些生长缓慢的恶性肿瘤境界可较清楚,具有部分包膜或假包膜。

5. **颜色** 由于肿瘤的组织来源、继发性改变等不同,其颜色可各异。例如,纤维组织来源的肿瘤、平滑肌瘤多呈灰白色,脂肪瘤呈淡黄色,血管瘤呈暗红色。肿瘤发生坏死时常呈灰白色,出血时呈暗红色,产生黑色素时呈黑褐色。

6. **质地** 肿瘤的质地与其类型、纤维间质的多少、有无变性坏死等因素有关。例如,脂肪瘤质软,纤维瘤及平滑肌瘤质韧,骨瘤则质硬。纤维间质丰富的肿瘤,质地相对较硬;癌组织较多而纤维间质较少的肿瘤,质地相对软些。肿瘤发生坏死时常变软,发生钙化或骨化时则变硬。

二、肿瘤的组织结构

肿瘤的种类繁多,组织结构多种多样千变万化。但任何肿瘤的组织结构均由实质和间质两部分组成。对肿瘤实质和间质的观察,是肿瘤组织病理诊断的基础。

1. **肿瘤的实质(parenchyma)** 由肿瘤细胞组成,是肿瘤的主要成分。实质决定肿瘤的生物学特点及每一种肿瘤的特殊性。根据肿瘤实质中的肿瘤细胞形态、组成的结构或其产物可以判断肿瘤的组织来源,区分肿瘤的良恶性及分化程度,进行肿瘤的命名和分类。

2. **肿瘤的间质(stroma)** 成分不具有特异性,一般由结缔组织和血管、淋巴管等组成,起着支持和营养肿瘤实质的作用。肿瘤血管是肿瘤间质的重要成分,肿瘤通过血管与整个机体发生联系。一般而言,良性肿瘤间质血管较少,生长缓慢;恶性肿瘤间质血管丰富,生长迅速。肿瘤间质内有时有数量不等的淋巴细胞浸润,可能是机体对肿瘤做出的免疫反应。

三、肿瘤的代谢特点

肿瘤细胞的代谢比正常细胞旺盛，尤以恶性肿瘤更为明显，在一定程度上反映了肿瘤细胞的分化不成熟和生长旺盛的特征。

（一）核酸代谢

肿瘤细胞合成 DNA 和 RNA 的能力增强，分解过程明显降低，故肿瘤细胞中的 DNA 和 RNA 含量明显增多。DNA 与细胞的分裂和增殖有关，RNA 与细胞的蛋白质合成和生长有关，核酸增多使肿瘤迅速生长具备了物质基础。

（二）蛋白质代谢

肿瘤组织的蛋白质合成与分解代谢均增强，但合成代谢超过分解代谢。肿瘤细胞利用氨基酸重新合成肿瘤性增生所需的蛋白质，导致机体严重消耗。肿瘤细胞还可以合成肿瘤蛋白，作为肿瘤特异性抗原或肿瘤相关性抗原，引起机体的免疫反应。有的肿瘤蛋白与胚胎组织有共同的抗原性，称为肿瘤胚胎性抗原，如肝细胞癌能合成胎儿肝细胞所产生的甲胎蛋白（AFP）、结肠癌产生的癌胚抗原（CEA）等，检测血清中这些肿瘤细胞的标记物（表 5-1），有助于肿瘤的普查及诊断。

表 5-1 肿瘤细胞标记物

肿瘤标记物	相关性肿瘤
肿瘤胚胎性抗原	
甲胎蛋白（AFP）	肝细胞癌、卵巢及睾丸生殖细胞源性肿瘤
癌胚抗原（CEA）	胃肠肿瘤、胰腺癌、肺癌、甲状腺髓样癌、乳腺癌
免疫球蛋白	
前列腺特异性抗原（PSA）	前列腺癌、结肠癌、胰腺癌、汗腺癌
黏蛋白及其他糖蛋白	
CA-125	卵巢癌
CA-199	结肠癌、胰腺癌
CA-153	乳腺癌
同工酶	
前列腺酸性磷酸酶	前列腺腺癌
特异性神经酯酶	小细胞肺癌、神经母细胞瘤
特异性蛋白	多形性骨髓瘤和其他丙种球蛋白病
激素	
绒毛膜促性腺激素（HCG）	绒癌及生殖细胞肿瘤
降钙素	甲状腺髓样癌
生物胺及多肽激素	类癌、神经内分泌癌、嗜铬细胞瘤、副神经节瘤
异位激素	小细胞肺癌、胃癌、胰腺癌、肝癌、结肠癌及肉瘤

（三）糖代谢

肿瘤的糖代谢也是增强的，即使在氧供应充足的条件下，肿瘤组织仍然主要以无氧糖酵解方式获取能量，这可能与肿瘤细胞线粒体的功能障碍或与肿瘤细胞酶谱的变化有关。糖酵解过程的许多中间代谢产物可被肿瘤细胞利用，合成蛋白质、核酸和脂类，以促进肿瘤的生长。

（四）酶系统

肿瘤组织酶活性的改变复杂。恶性肿瘤组织内氧化酶（如细胞色素氧化酶及琥珀酸脱氢酶）

减少和蛋白分解酶增加。不同组织来源的恶性肿瘤，酶谱常具有一致性，而各自具有特殊功能的酶常常消失。此外，某些肿瘤患者血清中某种酶常升高，可作为临床上肿瘤诊断和疗效判断的指标，如肝癌患者血清中转肽酶升高，前列腺癌患者血清中酸性磷酸酶明显增高，骨肉瘤患者血清中碱性磷酸酶增加等。

四、肿瘤的分化与异型性

（一）肿瘤的分化

肿瘤的分化是指肿瘤组织在形态和功能上与某些正常组织的相似之处，相似的程度称为肿瘤的分化程度（degree of differentiation）。例如，与脂肪组织相似的肿瘤，提示其向脂肪组织分化。肿瘤的组织形态和功能越是类似某种正常组织，说明其分化程度越高或分化好（well differentiated）；与正常组织相似性越小，则分化程度越低或分化差（poorly differentiated）；分化极差，以致无法判断其分化方向的肿瘤称为未分化（undifferentiated）肿瘤。

（二）肿瘤的异型性

肿瘤组织无论在组织结构和细胞形态上，都与其起源的正常组织有不同程度的差异，这种差异称为异型性（atypia）。肿瘤的异型性反映了肿瘤的分化程度，异型性小则分化程度高，异型性大则分化程度低。良性肿瘤与起源的正常组织相似，接近成熟，分化程度高，异型性不明显；恶性肿瘤与正常组织差异大，处于分化不成熟阶段，分化程度低，异型性大。恶性肿瘤依据其分化程度可分为高分化、中分化、低分化和未分化四类，这是恶性肿瘤病理分级的基础。

肿瘤的异型性包括两个方面，即结构的异型性和细胞的异型性。区分肿瘤的异型性是诊断肿瘤良恶性的主要组织形态学依据。

1. 结构的异型性 肿瘤结构的异型性（architectural atypia）是指肿瘤细胞形成的组织结构在空间排列方式上与相应正常组织的差异。表现在肿瘤细胞的排列、极性、层次及实质与间质的关系等方面。良性肿瘤的组织结构异型小，表现为瘤细胞的分布和排列不太规则，如子宫平滑肌瘤的瘤细胞排列呈编织状，肠腺瘤的腺体形态和大小不一、细胞层次可增多（图5-2）。恶性肿瘤的结构异型性明显，瘤细胞排列紊乱，极性消失，失去正常的层次和结构，如肠腺癌的腺体形态和大小十分不规则，腺体可融合成筛状，细胞排列紧密重叠，多呈复层（图5-3）；子宫内膜腺癌的腺体常融合，正常内膜的间质消失。

2. 肿瘤细胞的异型性 主要表现为以下特点（图5-4）：

（1）瘤细胞的多形性：瘤细胞形态、大小不一致，通常比正常细胞大，可出现瘤巨细胞。但也有少数分化很差的肿瘤，瘤细胞幼稚，其大小和形态比较一致。

（2）核的多形性：①核体积常增大，核质

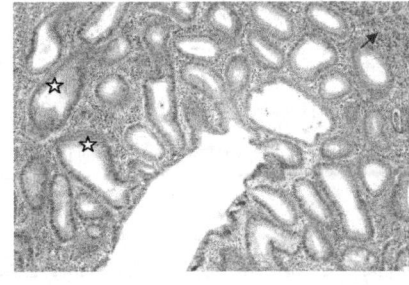

图5-2 肠腺瘤（示良性肿瘤结构的异型性）

增生的腺体大小、形态不规则，排列紧密；腺体由高柱状上皮组成，单层或形成假复层，核靠近基底部（☆）；腺体周围有少量纤维血管组织（➙）

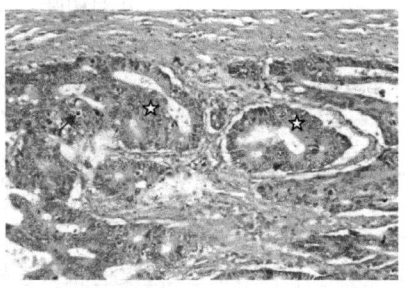

图5-3 肠腺癌（示恶性肿瘤结构的异型性）

癌细胞排列成大小不等、形态不整的腺管样结构，异型性明显，呈多层，且参差不齐，极向紊乱（☆）；出现病理性核分裂象（➙）

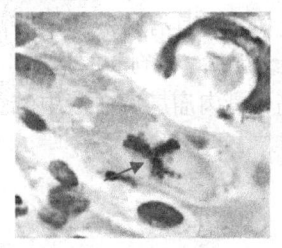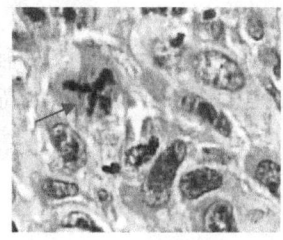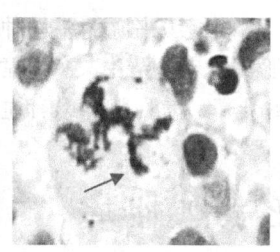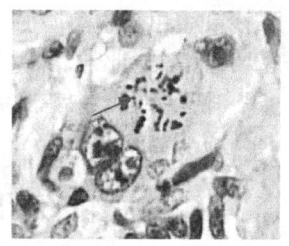

图 5-4 恶性肿瘤细胞的异型性

瘤细胞形态、大小不一致，出现瘤巨细胞；双核、多核、巨核或奇异形核；核分裂象增多，并出现病理性核分裂象（➤）

比失调，正常上皮细胞的核质比为 1：4～6，恶性肿瘤细胞则可达到 1：1；②常出现双核、多核、巨核或奇异形核；③核内 DNA 增多，核染色深，常呈粗颗粒状，分布不均匀，堆积于核膜下导致核膜增厚；④核仁明显，体积大，数目增多；⑤核分裂象（mitotic figure）增多，并出现病理性核分裂象，如多极性核分裂、不对称性核分裂、顿挫性核分裂等。

（3）细胞质的改变：由于细胞质内核糖体增多，多呈嗜碱性染色，并可出现特殊物质，如黏液、色素等。

第三节 肿瘤的生长与扩散

一、肿瘤的生长

（一）肿瘤的生长方式

1. 膨胀性生长（expansive growth） 是大多数良性肿瘤的生长方式。肿瘤生长缓慢，不侵犯周围正常组织，随着肿瘤体积的增大，将周围组织推开或挤压。可在其周围形成完整包膜，与周围组织分界清楚，肿瘤常呈结节状、分叶状，触诊时可以推动。手术易摘除，术后一般不复发（图 5-1）。

2. 浸润性生长（infiltrating growth） 是大多数恶性肿瘤的生长方式。肿瘤生长迅速，如蟹足状、树根状生长并浸润破坏周围组织。一般无包膜，与周围正常组织紧密连接、分界不清，肿瘤固定、活动度小。手术时需大范围切除，术后易复发（图 5-1）。

3. 外生性生长（exophytic growth） 发生在体表、体腔和自然管道（如消化道、泌尿道等）的肿瘤，常向表面生长，形成乳头状、息肉状、蕈状或菜花状等。良性肿瘤和恶性肿瘤均可有此生长方式，但恶性肿瘤在外生性生长的同时，其基底部常向组织深部呈浸润性生长，因其生长迅速，血液供应不足，表面容易发生坏死，形成凹凸不平、边缘隆起的癌性溃疡（图 5-1）。

（二）肿瘤的生长速度

不同肿瘤的生长速度有很大差别，良性肿瘤一般生长缓慢，有的生长时间可达数年或数十年；恶性肿瘤生长快，尤其是分化程度低的恶性肿瘤常在短期内形成明显肿块。如果良性肿瘤在近期内生长速度突然加快，需要考虑有恶变的可能。

肿瘤细胞的生长速度与肿瘤细胞的生长周期、生长分数及生长与丢失的比例等诸多因素有关。肿瘤细胞的生长周期与正常细胞的生长周期时间相似或稍长些，其生长迅速主要不是由生长周期的缩短引起的。生长分数是指肿瘤细胞群体中处于增殖阶段的细胞所占的比例，细胞不断的分裂增殖其生长分数越高,生长就越快。许多抗肿瘤的化疗药物就是通过干扰细胞增殖起作用的,生长分数高的细胞通常对化疗敏感。常见的实体瘤(如结肠癌)生长分数低,故对化疗不敏感。肿瘤细胞的生长与丢失比例也影响肿瘤的生长速度,肿瘤细胞坏死、凋亡多,生成细胞少,其生长速度会慢,反之,则生长快。促进肿瘤细胞死亡,抑制肿瘤细胞增殖,是治疗肿瘤的两个重要方面。

(三)肿瘤血管形成

诱导肿瘤血管的生成能力是恶性肿瘤的生长、浸润与转移的前提之一。肿瘤细胞本身和浸润到肿瘤组织内及其周围的炎细胞(主要是巨噬细胞)能产生一类血管生成因子,如血管内皮细胞生长因子(VEGF)和碱性成纤维细胞生长因子(bFGF)。这些血管生成因子促进血管内皮细胞分裂和毛细血管出芽生长。新生的毛细血管既为肿瘤生长提供营养,又为肿瘤转移提供了有利条件。

(四)肿瘤的演进和异质性

恶性肿瘤在生长过程中变得越来越有侵袭性的现象称为肿瘤的演进(progression),表现为生长速度加快、浸润周围组织和远处转移。肿瘤的演进与它获得越来越大的异质化(heterogeneity)有关。肿瘤的异质化是指一个克隆来源的肿瘤细胞,在生长过程中形成的在侵袭能力、生长速度、对激素的反应、对抗癌药的敏感性等方面有所不同的差异而形成亚克隆的过程。由于这些不同,肿瘤在生长过程中得以保留那些适应存活、生长、浸润与转移的,具有各自特性的"亚克隆"。在获得这种异质性的肿瘤演进过程中,具有生长优势和较强侵袭力的细胞压倒了没有生长优势和侵袭力弱的细胞。

二、肿瘤的扩散

良性肿瘤通常在原发部位生长增大,不扩散。恶性肿瘤不仅在原发部位浸润性生长,并且通过直接蔓延和转移等途径扩散到身体其他部位。这是恶性肿瘤重要的生物学特征。

(一)直接蔓延

随着恶性肿瘤的生长,肿瘤细胞沿着组织间隙、淋巴管、血管或神经束衣连续地浸润生长,侵入并破坏周围正常组织或器官,这种现象称为直接蔓延(direct spreading)。在这个过程中,局部浸润的步骤:①由细胞黏附分子介导的肿瘤细胞之间的黏附力减少;②瘤细胞与基底膜紧密附着,产生蛋白酶;③细胞外基质降解,基底膜破损;④癌细胞以阿米巴运动通过溶解的基底膜缺损处。癌细胞穿过基底膜后重复上述步骤溶解间质性的结缔组织,在间质中移动不断浸润生长,到达血管壁时,再以同样的方式穿过血管的基底膜进入血管。例如,晚期乳腺癌可蔓延到胸肌、胸腔甚至到达肺;晚期宫颈癌可向前蔓延到膀胱、向后蔓延至直肠。

(二)转移

恶性肿瘤细胞从原发部位侵入淋巴管、血管或体腔,被带到其他部位继续生长,形成与原发瘤同样类型的肿瘤,这个过程称为转移(metastasis)。所形成的肿瘤称为转移瘤(metastatic tumor)或继发瘤(secondary tumor),原发部位的肿瘤称为原发肿瘤(primary tumor)。发生转移是恶性肿瘤的特点,但并非所有恶性肿瘤都会发生转移。例如,皮肤的基底细胞癌,多在局部造成破坏,很少发生转移。常见的转移途径有以下三种:

1. 淋巴道转移(lymphatic metastasis) 肿瘤细胞侵入淋巴管,随淋巴液回流到达局部淋巴结,先聚集于边缘窦,以后增殖累及整个淋巴结,破坏淋巴结正常结构,导致淋巴结肿大、质地变硬。邻近转移的淋巴结可彼此粘连融合成团。局部淋巴结发生转移后,肿瘤细胞随着淋巴循环可继续转移至下一站淋巴结,最后到达胸导管进入血流,引起血道转移。淋巴道转移是癌转移的常见途径,例如,鼻咽癌常有颈部淋巴结转移,胃癌有左锁骨上窝淋巴结转移,肺癌有右锁骨上窝淋巴结转移等(图5-5,图5-6)。

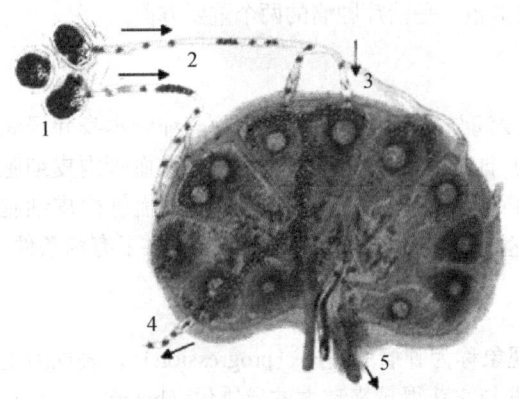

图 5-5 淋巴道转移模式图
1.原发瘤;2.沿输入淋巴管蔓延;3.癌细胞聚集在边缘窦;4.经输入淋巴管逆行性转移;5.癌细胞由输出淋巴管流出,可到达下一站淋巴结

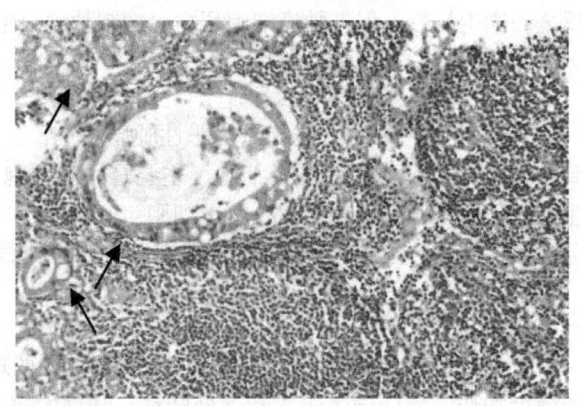

图 5-6 淋巴结转移性腺癌
箭头示淋巴结内转移的腺瘤细胞团

2. **血道转移**(hematogenous metastasis) 肿瘤细胞侵入血管,随着血流到达远处器官继续生长,形成转移瘤。由于静脉和毛细血管壁薄且血管内压力低,肿瘤细胞多经此入血,少数也可经淋巴管间接入血。肉瘤组织血管壁薄且丰富,容易被肿瘤细胞侵入,故血道转移是肉瘤最常见的转移途径。一些血供丰富的癌和晚期癌也常发生血道转移,如肝癌的肺转移、肺癌的骨转移、绒毛膜癌的肝转移等。

肿瘤血道转移的部位受循环途径和原发部位的影响。肿瘤细胞侵入体循环系统可经右心到达肺,在肺内形成转移瘤,如骨肉瘤的肺转移;侵入门静脉系统可在肝内形成转移瘤,如胃肠道癌的肝转移;侵入肺静脉经左心随主动脉血流到达全身各器官,常在脑、骨、肾及肾上腺等处形成转移瘤,如肺癌;侵入胸、腰、骨盆静脉的肿瘤细胞,可经吻合支进入脊椎静脉丛,引起椎骨及脑的转移,如前列腺癌转移至脊椎及脑。有些肿瘤的血道转移表现出对器官的"亲和性",如乳腺癌常转移至肺、骨、肝、肾上腺等处,甲状腺癌、前列腺癌易转移到骨,肺癌易转移到脑、骨、肾上腺等处(图5-7)。

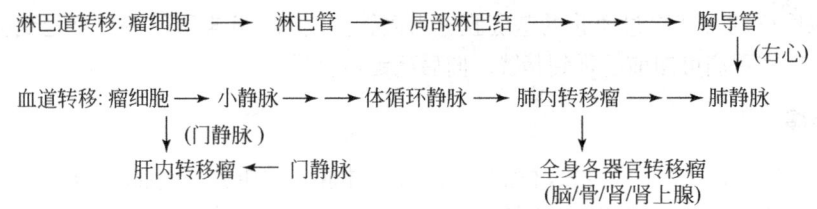

图 5-7 恶性肿瘤转移途径示意图

血道转移可累及许多器官,但最常见的是肺和肝。形态学观察,转移瘤常位于器官表面,常为多个,散在分布,呈球形,边界清楚,可因瘤结节中央坏死、出血而形成凹陷,称之为"癌脐"。临床上确定肿瘤的临床分期和治疗方案时,判断有无血道转移,应做肺和肝的影像学检查。

3. **种植性转移**（seeding, transcoelomic metastasis） 体腔内器官的恶性肿瘤侵及器官表面时，肿瘤细胞可以脱落，像播种一样种植在其他器官表面，形成多处转移瘤，这种现象称为种植性转移。例如，晚期胃肠道黏液癌侵犯浆膜，癌细胞可种植到大网膜、腹膜表面形成多发的灰白癌结节；亦可种植到盆腔卵巢，可使双侧卵巢增大，镜下见富于黏液的癌细胞弥漫浸润形成卵巢转移性肿瘤，也称为卵巢Krukenberg瘤，肺癌侵犯胸膜脏层，癌细胞可在胸腔内广泛种植。恶性肿瘤种植性转移至体腔内器官时，常伴有血性积液，抽取积液做细胞学检查，寻找恶性肿瘤细胞，有助于肿瘤的诊断。

第四节 肿瘤的命名和分类

一、肿瘤的命名

肿瘤的命名和分类是肿瘤病理诊断的重要内容，对于临床实践十分重要。人类肿瘤种类繁多，必须要有科学的命名原则，一般是根据其组织或细胞类型及生物学行为来命名。

（一）一般原则

1. **良性肿瘤命名** 一般良性肿瘤称为瘤，并在其起源组织名称之后加一"瘤"字。例如，起源于腺上皮的良性肿瘤称为腺瘤（adenoma），起源于平滑肌的良性肿瘤称为平滑肌瘤，起源于脂肪组织的良性肿瘤称为脂肪瘤等。

2. **恶性肿瘤命名**

（1）来源于上皮组织的恶性肿瘤统称为癌（carcinoma）。例如，鳞状上皮来源的恶性肿瘤称为鳞状细胞癌，腺上皮来源的恶性肿瘤称为腺癌。有些恶性肿瘤同时具有腺癌和鳞癌的成分，称为腺鳞癌。有些缺乏特定的上皮分化特征，但依其形态和免疫表型可以确定为癌的，称为未分化癌。

（2）来源于间叶组织的恶性肿瘤统称为肉瘤（sarcoma）。间叶组织包括纤维组织、脂肪组织、肌肉、血管、淋巴管、骨及软骨组织等。其命名方式是在起源组织后面加上"肉瘤"两字，如纤维肉瘤、脂肪肉瘤、骨肉瘤、软骨肉瘤等。若形态和免疫表型可以确定为肉瘤，但缺乏特定间叶组织分化特征的，称为未分化肉瘤。如果一个肿瘤中既有癌的结构，又有肉瘤的成分，则称为癌肉瘤（carcinosarcoma）。

病理学上，癌是指上皮组织的恶性肿瘤。平常所谓"癌症"泛指所有恶性肿瘤，包括癌和肉瘤。

（二）特殊命名

有时还结合肿瘤的形态特点命名，如形成乳头状及囊状结构的腺瘤，称为乳头状囊腺瘤；形成乳头状及囊状结构的腺癌，称为乳头状囊腺癌。由于历史原因，有少数肿瘤的命名已经约定俗成，不完全依照上述原则。①有些肿瘤的形态类似发育过程中的某种幼稚细胞或组织，称为"母细胞瘤（blastoma）"，良性者如骨母细胞瘤，恶性者如神经母细胞瘤、髓母细胞瘤和肾母细胞瘤等。②白血病、精原细胞瘤、无性细胞瘤等，虽称为"病"或"瘤"，实际上都是恶性肿瘤。③有些恶性肿瘤，既不叫癌也不叫肉瘤，而直接称为"恶性……瘤"，如恶性黑色素瘤、恶性畸胎瘤、恶性脑膜瘤、恶性神经鞘瘤等。④有的肿瘤以起初描述或研究该肿瘤的学者的名字命名，如尤文肉瘤（Ewing sarcoma）、霍奇金淋巴瘤（Hodgkin lymphoma）。⑤有些肿瘤以肿瘤细胞的形态命名，如印戒细胞癌、透明细胞肉瘤。⑥神经纤维瘤病、脂肪瘤病、血管瘤病等名称中的"……瘤病"，主要指肿瘤多发的状态。⑦畸胎瘤是性腺或胚胎剩件中的全能细胞发生的肿瘤，多发生于性腺，一般含有两个以上胚层的多种成分，结构混乱，分为良性畸胎瘤和恶性畸胎瘤两类。

二、肿瘤的分类

肿瘤通常依据其组织来源分为若干大类，每一大类又分为良性与恶性两组。目前全世界统一的肿瘤分类由世界卫生组织（WHO）制订。表5-2列举了常见肿瘤的简单分类。

表 5-2　常见肿瘤的分类

起源组织	良性肿瘤	恶性肿瘤
上皮组织		
鳞状细胞	鳞状细胞乳头状瘤	鳞状细胞癌
基底细胞		基底细胞癌
腺上皮细胞	腺瘤	腺癌
变移上皮	尿路上皮乳头状瘤	尿路上皮癌
间叶组织		
纤维组织	纤维瘤	纤维肉瘤
脂肪	脂肪瘤	脂肪肉瘤
平滑肌	平滑肌瘤	平滑肌肉瘤
横纹肌	横纹肌瘤	横纹肌肉瘤
血管	血管瘤	血管肉瘤
淋巴管	淋巴管瘤	淋巴管肉瘤
骨	骨瘤	骨肉瘤
软骨	软骨瘤	软骨肉瘤
滑膜		滑膜肉瘤
间皮		恶性间皮瘤
淋巴造血组织		
淋巴组织		恶性淋巴瘤
造血组织		白血病
神经组织和脑脊膜		
神经细胞	节细胞神经瘤	神经母细胞瘤、髓母细胞瘤
神经鞘细胞	神经鞘瘤	恶性神经鞘瘤
脑脊膜	脑膜瘤	恶性脑膜瘤
其他肿瘤		
胎盘滋养叶细胞	葡萄胎	侵袭性葡萄胎、绒毛膜癌
生殖细胞		精原细胞瘤、无性细胞瘤、胚胎性癌
性腺或胚胎剩件中全能细胞	成熟型畸胎瘤	未成熟型畸胎瘤
黑色素细胞		恶性黑色素瘤

 第五节　恶性肿瘤的分级和分期

一、肿瘤的分级

根据恶性肿瘤分化程度的高低、异型性的大小及病理性核分裂象数目的多少等进行分级，通常将恶性肿瘤分为三级，Ⅰ级为高分化，分化良好，恶性程度低；Ⅱ级为中分化，恶性程度中等；Ⅲ级为低分化，分化差，恶性程度高。有些肿瘤分级使用两级分级法，分为低级别和高级别两种。

二、肿瘤的分期

肿瘤分期方案很多，国际上常用的是TNM分期方案，主要是根据原发瘤大小、浸润范围和深度、局部和远处淋巴结转移情况及有无血道转移等来进行。T代表原发肿瘤，随着肿瘤体积增大和周围组织的破坏，依次用$T_1 \sim T_4$表示，Tis代表原位癌。N代表局部淋巴结受累程度，N_0表示无淋巴结受累，随着淋巴结受累程度的增加，依次用$N_1 \sim N_3$表示。M代表血道转移，M_0表示无血道转移，M_1有血道转移。以此为基础，用TNM的不同组合，划定出肿瘤的分期。

肿瘤的分级和分期是制订治疗方案和评估预后的重要指标，肿瘤分级和分期越高，预后越差，生存率越低。

第六节 肿瘤对机体的影响

一、良性肿瘤对机体的影响

良性肿瘤分化较成熟，生长缓慢，在局部生长，一般对周围组织无浸润，不发生转移，对机体的影响较小，但有时发生在重要部位的也可造成严重后果。良性肿瘤对机体的影响主要表现为以下几方面：

1. **局部压迫和阻塞** 为良性肿瘤对机体的主要影响，这些症状的有无或严重程度，与发生部位有很大关系。发生在体表的良性肿瘤，除少数有局部压迫症状外，一般对机体影响不大。若生长在自然管道，突入管腔，会造成阻塞，如食管的平滑肌瘤，可引起梗死，影响进食；肠的平滑肌瘤可引起肠梗阻或肠套叠；颅内的脑膜瘤可压迫脑组织，阻塞脑脊液循环，引起颅内压升高等相应的神经系统症状。

2. **继发性改变** 良性肿瘤继发性改变少见，有时也会发生，对机体造成不同程度的影响。例如，结肠腺瘤、子宫黏膜下平滑肌瘤，可伴有糜烂、坏死，造成出血或感染；卵巢囊腺瘤发生蒂扭转时，瘤体缺血坏死，引起急腹症。

3. **激素分泌过多** 内分泌腺的良性肿瘤可分泌过多的激素，而引起相应的症状。例如，肾上腺嗜铬细胞瘤分泌过多的儿茶酚胺，可引起阵发性高血压；垂体生长激素腺瘤分泌过多的生长激素，可引起巨人症或肢端肥大症；胰岛细胞瘤分泌过多的胰岛素，可引起阵发性低血糖等。

二、恶性肿瘤对机体的影响

恶性肿瘤分化不成熟，生长迅速，浸润并破坏器官结构和功能，也可发生转移，除引起局部压迫和阻塞症状外，还可引起更为严重的后果。

1. **破坏器官结构和功能** 恶性肿瘤能破坏原发部位及浸润和转移部位器官的结构和功能。例如，肝癌广泛破坏肝细胞引起肝衰竭，骨肉瘤引起骨质破坏造成病理性骨折等。

2. **并发症** 恶性肿瘤常发生出血、坏死、溃疡、穿孔、感染等继发性改变，肿瘤代谢产物、坏死组织和继发感染常引起发热，肿瘤压迫、浸润神经组织可引起顽固性疼痛。

3. **恶液质（cachexia）** 是恶性肿瘤晚期患者极度消瘦衰竭的一种表现。具体表现是极度消瘦，眼窝深陷，皮肤干燥松弛，肋骨外露，舟状腹，也就是人们形容的"皮包骨头"的状态。其发生原因可能是恶性肿瘤生长迅速，消耗大量营养物质；疼痛影响患者的进食和睡眠；肿瘤出血、感染、发热或肿瘤组织坏死所产生的毒性产物等引起机体的代谢障碍。

4. 异位内分泌综合征　　一些非内分泌腺的肿瘤可产生和分泌激素或激素类物质，如促肾上腺皮质激素、甲状旁腺素、胰岛素、生长激素等引起机体内分泌紊乱的临床症状。这类肿瘤称为异位内分泌性肿瘤（ectopic endocrine tumor），其所引起的临床症状称为异位内分泌综合征（ectopic endocrine syndrome）。此类肿瘤多为恶性肿瘤，以癌居多，如肺癌、胃癌、肝癌、结肠癌、肾癌等，也可见于肉瘤如纤维肉瘤、平滑肌肉瘤等。

5. 副肿瘤综合征　　由肿瘤的代谢产物或异常免疫反应及其他原因，引起内分泌、神经、消化、造血、骨关节、肾脏和皮肤等系统发生病变，从而出现相应的临床表现，这种现象称为副肿瘤综合征（paraneoplastic syndrome）。正确认识副肿瘤综合征，可以帮助发现一些隐匿性的早期肿瘤。例如，小细胞肺癌患者常出现向心性肥胖、腹和腿皮肤紫纹、周围性水肿、高血压、进行性肌无力等类库欣（Cushing）综合征；肺鳞癌可分泌副甲状腺素，出现多尿、烦渴、厌食、体重下降、心动过速、心律不齐、高血钙及低血磷等症状；肺腺癌患者可表现为杵状指和长骨骨膜炎等。这些表现不是由肿瘤的直接蔓延或转移引起的，而是通过上述途径间接引起。异位内分泌综合征也属于副肿瘤综合征。

第七节　良性肿瘤与恶性肿瘤的区别

良性肿瘤对机体的影响小，治疗效果好，恶性肿瘤危害大，治疗方案复杂，治疗效果尚不理想。如果将良性肿瘤误诊为恶性肿瘤，会导致过度治疗；如果将恶性肿瘤误诊为良性肿瘤，将延误治疗或治疗不彻底。因此，正确区别良、恶性肿瘤，对于肿瘤的治疗和预后具有重要意义。目前有关良、恶性肿瘤两者的区别并无绝对的界限，主要依据病理形态学（尤其是细胞异型性）改变，并结合生物学行为（尤其是侵袭与转移）等多项指标来综合性判断。良性肿瘤与恶性肿瘤的区别见表5-3。

表 5-3　良性肿瘤与恶性肿瘤的区别

	良性肿瘤	恶性肿瘤
分化程度	分化好，异型性小，与起源组织形态相似	分化差，异型性大，与起源组织形态差异大
核分裂象	无或少见	多见，可见病理性核分裂象
生长速度	缓慢	较快
生长方式	膨胀性或外生性生长，常有包膜，与周围组织分界清楚	浸润性或外生性生长，无包膜，与周围组织分界不清楚
继发性改变	较少见	常有出血、坏死、溃疡、感染形成等
转移	不转移	常有转移
复发	手术后一般不复发	手术后易复发
对机体的影响	较小，主要为局部压迫或阻塞	严重，除压迫阻塞外，常破坏原发和转移部位组织引起出血、坏死、感染、恶液质等，甚至导致患者死亡

良、恶性肿瘤的区别是相对而言的。血管瘤和淋巴管瘤为良性，但常呈浸润性生长，无包膜；一些重要部位（如颅内）的良性肿瘤也会危及生命。恶性肿瘤中，有的分化程度高，近于成熟，如甲状腺滤泡性癌；有的很少转移，如皮肤的基底细胞癌；有的转移早，如鼻咽癌；有的转移晚，如子宫内膜腺癌。良、恶性也并非一成不变，有些良性肿瘤由于未及时治疗或者其他原因，有时

可转变为恶性肿瘤，称为恶变，如结肠腺瘤可恶变为腺癌。

有些肿瘤的组织形态和生物学行为介于良性肿瘤与恶性肿瘤之间，称为交界性肿瘤（borderline tumor），如卵巢交界性浆液性乳头状囊腺瘤、涎腺的多形性腺瘤、膀胱乳头状瘤、甲状腺乳头状瘤等，这类肿瘤有发展为恶性的倾向，应积极治疗以免恶变或复发。

第八节 癌前病变、非典型增生、原位癌及上皮内瘤变

一、癌前病变

某些具有癌变潜能的良性病变称为癌前病变（precancerous lesions），如长期不治疗有可能转变为癌。但并不是所有的癌前病变都会发展为癌，也不是所有的癌都有癌前病变。常见癌前病变有以下几种：

1. 黏膜白斑　常发生于口腔、外阴等处，形成白色增厚的斑块，光镜下见鳞状上皮过度增生、角化过度，有一定的异型性。如长期不愈有可能发展为鳞状细胞癌。

2. 慢性宫颈炎伴宫颈糜烂　慢性宫颈炎时，宫颈阴道部黏膜表面的鳞状上皮损伤，被增生的子宫颈管黏膜柱状上皮取代，该处呈红色，称为宫颈糜烂，少数病例可发展为宫颈鳞状细胞癌。

3. 乳腺纤维囊性病　亦称乳腺囊肿病，成年女性多见，表现为乳腺囊性肿块。光镜下见乳腺单发或多发囊肿，腺上皮增生伴大汗腺化生，易发展为乳腺癌。

4. 大肠腺瘤　常见，可单发或多发，主要类型有管状腺瘤、管状绒毛状腺瘤、绒毛状腺瘤等类型，绒毛状腺瘤发生癌变的概率大些。家族性大肠腺瘤病（亦称家族性多发性腺瘤性息肉，家族性腺瘤性息肉病）几乎均发生癌变。

5. 慢性胃炎伴肠上皮化生　慢性萎缩性胃炎伴有肠上皮化生、腺体有非典型增生者与胃癌的发生有一定关系，慢性胃炎合并幽门螺杆菌感染与胃黏膜相关组织（mucosa-associated lymphoid tissue, MALT）型结外边缘区B细胞淋巴瘤（MALT淋巴瘤）发生有关。

6. 慢性溃疡性结肠炎　在反复发生溃疡和黏膜增生的基础上有可能发生结肠癌。

7. 慢性溃疡　如皮肤慢性溃疡、胃溃疡等久治不愈，均有可能发展为癌。

二、非典型增生

上皮细胞的增生伴有一定的异型性，但仍未达到癌的诊断标准，这种现象称为非典型增生（atypical hyperplasia, dysplasia）。光镜下，上皮细胞增生，层次增多，细胞排列紊乱，极性丧失；细胞大小不一，形态多样，核大深染，正常核分裂象增多。根据异型性的大小和累及范围，非典型增生可分为：轻、中、重三级。轻度非典型增生，异型性小，累及上皮层下1/3；中度非典型增生，异型性中等，累及上皮层下2/3；重度非典型增生，异型性较大，累及上皮下部的2/3以上，甚至占据上皮全层。轻、中度非典型增生在病因去除后可恢复正常，重度非典型增生则很难逆转，常转变为癌。

三、原位癌

原位癌一词通常用于上皮的病变，指异型增生的细胞在形态和生物学特性上与癌细胞相同，常累及上皮的全层，但尚未突破基底膜向下浸润的称为原位癌（carcinoma in situ），也称为上皮内癌。常见于鳞状上皮和变移上皮被覆的部位，如皮肤、食管、宫颈和膀胱等处。亦见于乳腺导管上皮，

称为导管原位癌或导管内癌。原位癌是一种早期癌，如能早期发现和治疗，可防止其发展为浸润癌，预后好。

四、上皮内瘤变

目前，WHO采用上皮内瘤变（intraepithelial neoplasia）这一术语描述上皮从非典型增生到原位癌这一连续的过程，它与非典型增生的含义非常相似，前者强调的是病变形成的过程，后者强调的是形态学变化，但上皮内瘤变涵盖的范围较非典型增生广泛。上皮内瘤变曾分为三级，轻度非典型增生称为上皮内瘤变Ⅰ级，中度非典型增生称为上皮内瘤变Ⅱ级，重度非典型增生和原位癌统称为上皮内瘤变Ⅲ级。目前趋向于分为低级别和高级别两级，上皮内瘤变Ⅰ、Ⅱ级两者合称为低级别上皮内瘤变，上皮内瘤变Ⅲ级又称为高级别上皮内瘤变。例如，子宫颈上皮内瘤变（cervical

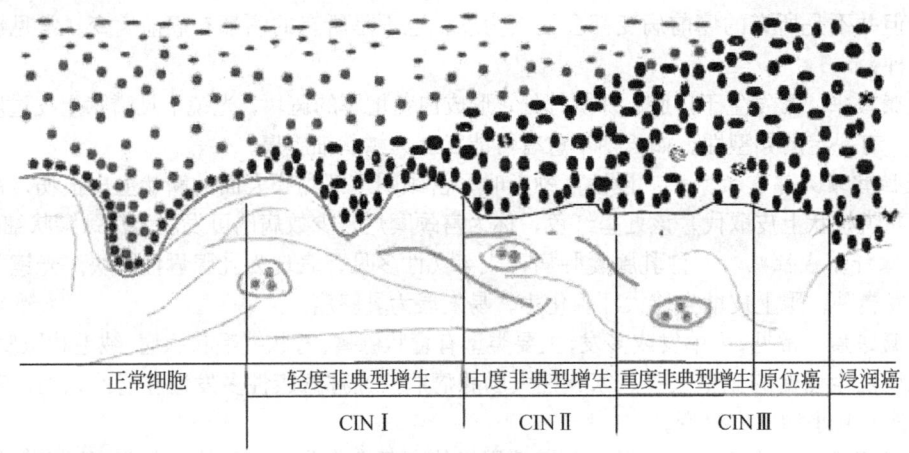

图 5-8 上皮内瘤变模式图

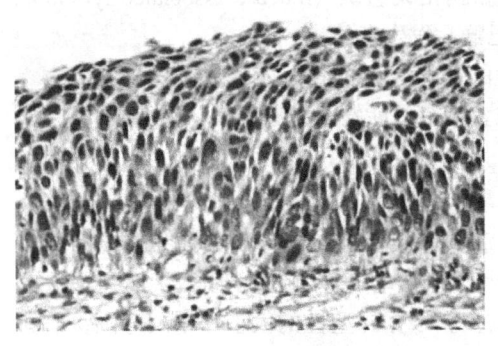

图 5-9 CIN Ⅲ级

intraepithelial neoplasia，CIN）Ⅰ级、Ⅱ级和Ⅲ级（CINⅠ、CINⅡ、CINⅢ）（图5-8，图5-9）。

在实际工作中，重度非典型增生和原位癌在形态上难以严格区别，长期随访结果显示，两者进展为浸润癌的危险性并无差别，临床治疗原则也相同。WHO使用上皮内瘤变Ⅲ（或高级别上皮内瘤变）这一术语，可减轻患者的心理负担并避免一定的医疗纠纷。

第九节　常见肿瘤举例

本节简介一些较为常见的肿瘤的一般临床病理特点。

一、上皮组织肿瘤

上皮组织包括被覆上皮和腺上皮。上皮组织肿瘤常见，人体的恶性肿瘤大部分起源于上皮组织，对人类危害甚大。

（一）上皮组织良性肿瘤

1. **乳头状瘤（papilloma）** 由被覆上皮发生的良性肿瘤，常见于皮肤、膀胱、乳腺导管、鼻腔、鼻窦、喉、外耳道等处。肿瘤呈外生性生长，向表面呈乳头状、指状突起，根部可有蒂与正常组织相连。光镜下，乳头轴心为小血管及纤维结缔组织，表面覆盖增生的上皮（图5-10）。发生于阴茎、外耳道、膀胱的乳头状瘤较易恶变。

2. **腺瘤（adenoma）** 由腺上皮发生的良性肿瘤，多见于肠、甲状腺、卵巢、乳腺和涎腺等处。发生于腺器官的腺瘤多呈结节状，常有完整包膜；发生于黏膜面的腺瘤多呈息肉状、蕈状。分化较好的腺瘤具有一定的分泌功能。常见的腺瘤有：

（1）管状腺瘤（tubular adenoma）与绒毛状腺瘤（villous adenoma）：曾称为息肉状腺瘤或腺瘤性息肉，多见于结肠和直肠，常呈息肉状生长，突向肠腔。根据其肿瘤细胞排列成的形状不同分为管状腺瘤、绒毛状腺瘤、管状绒毛状腺瘤。肿瘤腺体排列成腺管状结构占80%以上时称管状腺瘤（图5-11），绒毛状结构占80%以上时称绒毛状腺瘤，两种成分混合存在称为管状绒毛状腺瘤（tubulovillous adenoma）。

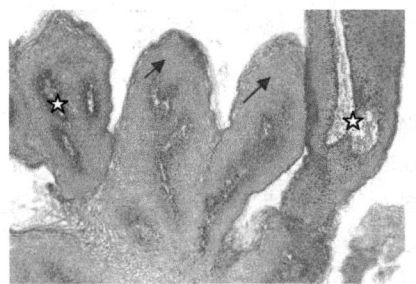

图5-10 皮肤乳头状瘤
增生鳞状上皮被覆在乳头表面（箭头）；间质纤维组织（☆）

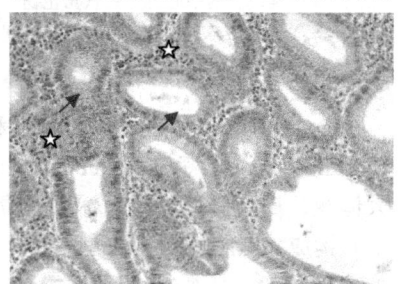

图5-11 直肠管状腺瘤
肿瘤细胞排列成形状不同的管状（箭头）；间质纤维组织（☆）

（2）囊腺瘤（cystadenoma）：好发于卵巢，肿瘤呈结节状，切面见单房或多房囊腔，腔内潴留有浆液性或黏液性的分泌物。光镜下，囊壁和腺腔内衬覆浆液性瘤细胞者称为浆液性囊腺瘤，衬覆黏液性瘤细胞者称为黏液性囊腺瘤（图5-12），囊内瘤细胞呈乳头状突起时称为乳头状囊腺瘤。

（3）纤维腺瘤（fibroadenoma）：年轻女性乳腺多见，单个或多个，呈结节状，境界清楚，有包膜。光镜下，肿瘤实质由增生腺体和纤维组织共同组成。

（4）多形性腺瘤（pleomorphic adenoma）：亦称混合瘤，发生于涎腺，以腮腺多见，呈结节或分叶状。光镜下，由腺体、黏液样组织和软骨样组织混合而成。本瘤生长缓慢，但切除后较易复发。

（二）上皮组织恶性肿瘤

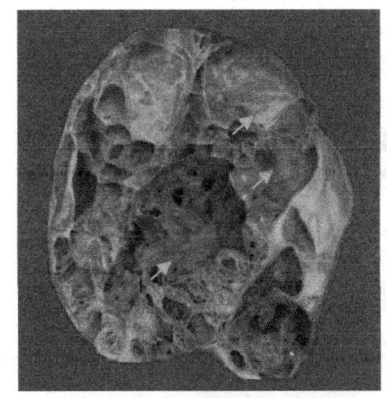

图5-12 卵巢黏液性囊腺瘤
肿瘤大，包膜完整，外壁光滑；切面见多房性囊腔，内壁光滑（箭头）

由上皮组织发生的恶性肿瘤统称为癌，多见于40岁以上的人群，是人类最常见的恶性肿瘤。发生在皮肤、黏膜表面的癌可呈菜花状、息肉状、蕈伞状，表面常有坏死及溃疡形成；发生在实质器官的癌常为不规则结节状，呈蟹足状或树根样向周围组织浸润，肿瘤切面常为灰白色，较干燥，质地较硬。光镜下，癌细胞可呈巢状、腺管状或条索状排列，与间质分界清楚，网状纤维染色可见网状纤维位于癌巢周围，而癌细胞间无网状纤维。大多数癌较易经淋巴道转移，到晚期可发生血道转移。

1. **鳞状细胞癌（squamous cell carcinoma）** 简称鳞癌，好发于被覆鳞状上皮的部位如皮肤、口腔、鼻咽部、喉、宫颈、阴茎等处；亦可发生于有鳞状上皮化生的部位，如支气管、胆囊、膀胱、肾盂等。大体观，常呈菜花状或溃疡状，在实质器官内

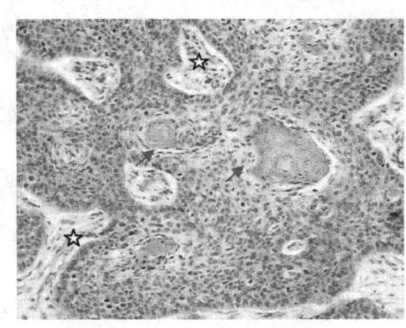
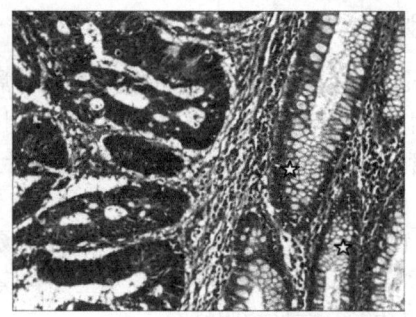

图 5-13　高分化鳞状细胞癌
大小不等，形态不一的癌细胞团浸润至深层组织形成癌巢，癌巢中心可见层状角化物，即角化珠或癌珠（箭头）；癌巢周围绕以间质结缔组织（☆）

图 5-14　高分化直肠腺癌
右边可见正常黏膜（☆）；腺癌组织在黏膜下浸润生长，癌细胞形成不规则的腺样结构（箭头）

则为浸润性肿块，切面灰白、干燥，界线不清。光镜下，癌细胞形成大小不等的团块或条索状癌巢。分化好的鳞癌，在癌巢中央有层状红染的角化物质，称为角化珠或癌珠（keratin pearl）（图 5-13），细胞间可见细胞间桥；分化差的鳞癌无角化珠形成，细胞间桥少或无，癌细胞异型性明显并可见病理性核分裂象。临床上根据其异型性和分化程度不同，将其分为高、中、低分化或Ⅰ、Ⅱ、Ⅲ级。

2. 基底细胞癌（basal cell carcinoma）　多发生于老年人颜面部，常在眼睑、颊部、鼻翼等处。大体观，皮肤常形成经久不愈的溃疡，或呈小结节状突起。光镜下，癌巢由深染的基底细胞样癌细胞构成。本癌仅局部浸润，很少发生转移，对放疗敏感。

3. 尿路上皮癌（urothelial carcinoma）　亦称移行细胞癌，发生于肾盂、输尿管、膀胱、尿道等处，患者常有无症状性血尿。大体观，肿瘤多呈乳头状、息肉状、结节状、溃疡状，单发或多发。光镜下，变移上皮不同程度异型增生和浸润性生长，分为低级别和高级别尿路上皮癌。

4. 腺癌（adenocarcinoma）　来源于各种腺上皮，常发生于胃肠、肺、乳腺、子宫、卵巢、甲状腺等处。大体观，可呈菜花状、息肉状、溃疡状或浸润状。根据其形态结构和分化程度可分为：①腺管状结构为主的腺癌称为管状腺癌（图 5-14）。②乳头状结构为主的腺癌，称为乳头状腺癌。③腺腔扩张呈囊

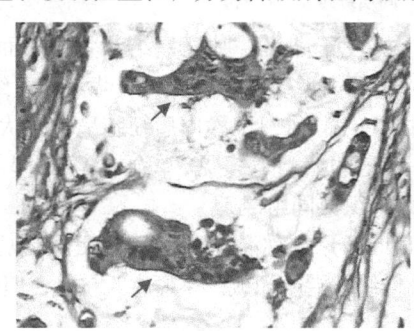
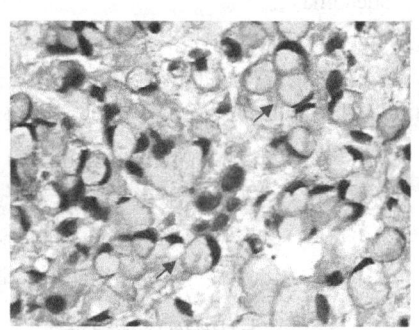

图 5-15　黏液腺癌
大量细胞外黏液中漂浮有实性团状、条索状、腺管状结构的癌组织灶（箭头）；癌细胞大小相似，异型性明显，分裂象易见

图 5-16　印戒细胞癌
癌细胞散在分布，以细胞内黏液为主，无腺腔样结构；胞质内黏液将胞核挤压于一侧形成戒指状（箭头）

状，囊内充满分泌液，称为囊腺癌。囊腺癌又分为浆液性囊腺癌和黏液性囊腺癌，囊腺癌伴乳头状生长，则称为乳头状囊腺癌。④分泌大量黏液的腺癌称为黏液癌（mucoid carcinoma）（图 5-15）。癌细胞分泌较多的黏液，黏液可在细胞外间质中或集聚在细胞内。癌组织呈灰白色、湿润、半透明如胶冻样，故又称为胶样癌（colloid carcinoma），胃肠道多见。光镜下，黏液若聚集于癌细胞内，则将胞核挤向一边，使细胞呈印戒状，称为印戒细胞（signet-ring cell）。以印戒细胞为主要成分呈广泛浸润时称为印戒细胞癌（signet ring cell carcinoma）（图 5-16）。细胞内黏液多者预后差。

二、间叶组织肿瘤

间叶组织肿瘤中，良性的比较常见，恶性肿瘤（肉瘤）不常见。此处，间叶组织有不少瘤样病变，

形成临床可见的"肿块"，但并非真性肿瘤。

（一）间叶组织良性肿瘤

1. **脂肪瘤（lipoma）** 好发于背、肩、颈和腹壁等处。大体观，肿物为单个或多个，直径从数厘米至数十厘米不等，呈结节状或分叶状，质地柔软，有薄包膜，淡黄色，似脂肪组织。光镜下，由肿瘤性的脂肪细胞构成不规则的小叶结构，小叶间有纤维组织分隔（图5-17）。一般无明显症状，易于手术切除，切除后不复发。

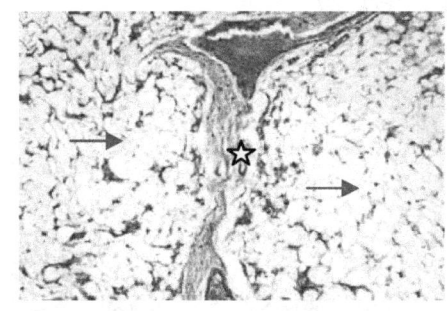

图 5-17 脂肪瘤

肿瘤性脂肪细胞（箭头），小叶间有纤维组织分隔（☆）

2. **平滑肌瘤（leiomyoma）** 常发生于子宫，其次为胃肠道。大体观，圆形、卵圆形或结节状，质地较韧，切面灰白，呈编织状或漩涡状。光镜下，瘤细胞呈束状、平行或编织状排列，胞质丰富、红染，核呈杆状，两端钝圆（图5-18）。手术后常不复发。

3. **血管瘤（hemangioma）** 多为先天性，常见于皮肤、肌肉、内脏等器官。发生在皮肤或黏膜处常呈鲜红色或暗红色、斑块状、不突出或略突出于皮肤表面，在内脏器官多呈结节状。浸润性生长，无包膜，界线不清。有毛细血管瘤、海绵状血管瘤、静脉性血管瘤等类型。

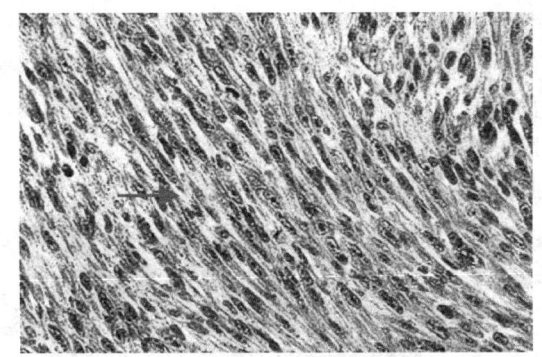

图 5-18 平滑肌瘤

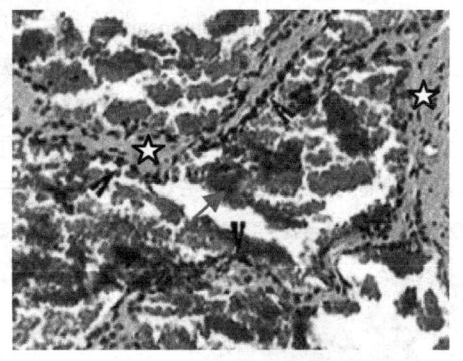

图 5-19 海绵状血管瘤

静脉血管畸形呈海绵窦状腔隙（V），缓慢流动的血液（箭头）；结缔组织间隔（☆）

（二）间叶组织恶性肿瘤

来源于间叶组织的恶性肿瘤统称为肉瘤，较癌少见，好发于青少年。肉瘤体积常较大，质软，切面常为灰红色、细腻，湿润似鱼肉状，易发生出血、坏死、囊性变。光镜下，肉瘤细胞弥漫性生长，实质与间质分界不清，间质结缔组织少，血管丰富，常先经血道转移。肉瘤细胞间存在网状纤维。癌与肉瘤区别见表5-4。

表 5-4 癌与肉瘤的区别

	癌	肉瘤
组织来源	上皮组织	间叶组织
发病率	较高，多见于40岁以后成人，约为肉瘤的9倍	较低，青少年多见
大体特点	灰白、质硬、干燥	湿润、细嫩、灰红、鱼肉状
光镜下特点	癌细胞成巢，间质与癌巢分界清	肉瘤细胞弥漫分布，间质少、血管丰富
网状纤维	癌巢周围有网状纤维，癌细胞间无网状纤维	肉瘤细胞间有网状纤维
转移	多经淋巴道转移	多经血道转移
免疫组化	表达上皮组织标记（CK+）	表达间叶组织标记（Vimentin+）

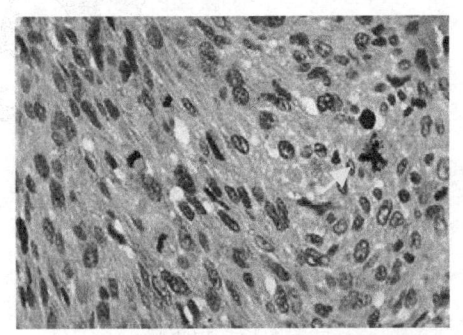

图 5-20 纤维肉瘤

1. 纤维肉瘤（fibrosarcoma） 好发于下肢，其次为上肢、躯干、头颈部和腹膜后。肿物呈圆形或分叶状，切面编织状或鱼肉样。光镜下，不同程度异型的梭形成纤维细胞样细胞与胶原纤维成束交错，呈鱼骨状或人字形排列，可见核分裂象（图 5-20）。术后复发率高，可转移至肺、骨等处。

2. 脂肪肉瘤（liposarcoma） 为肉瘤较常见类型，多发生于大腿深部的软组织或腹膜后。大体观，肿瘤多呈结节状，常有假包膜。分化较好者似脂肪瘤，分化较差者呈黏液样或鱼肉样。光镜下，肉瘤细胞形态多样，可见分化差的星形、梭形、小圆形或多形性的脂肪母细胞，胞质内可见大小不一的脂质空泡（图5-21）；也可见分化成熟的脂肪组织，间质常有丰富的丛状毛细血管网和黏液变性。

3. 平滑肌肉瘤（leiomyosarcoma） 好发于中老年人，多发生于子宫、胃肠。大体观，为圆形或不规则结节状、灰红、鱼肉样、无包膜的肿块。光镜下，高分化型瘤细胞呈梭形、异型性小；低分化型瘤细胞异型性明显，可呈圆形、卵圆形、多边形等，核染色深，核仁明显，核分裂象易见（图 5-22）。

4. 横纹肌肉瘤（rhabdomyosarcoma） 儿童期常见的软组织恶性肿瘤，常发生于头颈部、泌尿生殖道等，偶见于四肢。大体观，肿瘤常呈灰红色、湿润而软的结节状肿块，无包膜，与周围组织境界不清。发生于泌尿生殖道者，常向腔内突出，形成多个灰红色柔软的结节，状如葡萄样被称为葡萄状肉瘤。光镜下，肿瘤细胞酷似不同发育阶段的骨骼肌，分化较好者红染的胞质内可见横纹和纵纹。该肿瘤恶性程度高，生长迅速，易发生血道转移，预后差，约90%以上在5年内死亡。

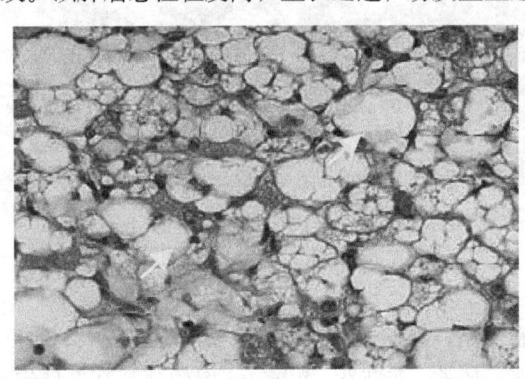

图 5-21 脂肪肉瘤

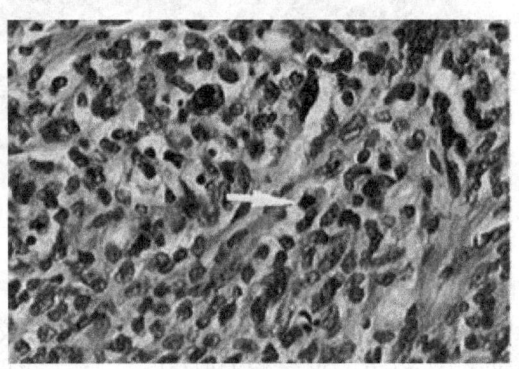

图 5-22 平滑肌肉瘤

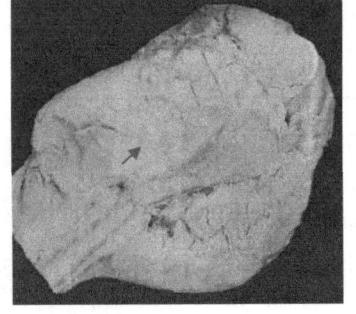

图 5-23 骨肉瘤
切面呈灰白鱼肉状

5. 骨肉瘤（osteosarcoma） 起源于骨母细胞，是最常见的骨恶性肿瘤。好发于青年人四肢长骨的干骺端，尤其是股骨下端和胫骨上端。大体观，长骨干骺端肿瘤呈梭形肿大，境界不清，切面呈灰白鱼肉状，常有出血、坏死及破坏骨皮质，引起病理性骨折（图 5-23）。X 线检查，肿瘤内有肿瘤性骨小梁所致的日光放射状阴影，肿瘤上、下两端的骨皮质与掀起的骨外膜之间形成一个三角形的隆起，称为 Codman 三角。光镜下，由椭圆形、梭形及多边形的瘤细胞组成，瘤细胞有不同程度的异型性，弥漫分布，其间可见肿瘤性骨样组织及骨组织。肿瘤常致局部疼痛，恶性程度高，生长较快，容易经血道转移到肺。

三、其他组织肿瘤

1. **皮肤黑色素痣（melanocytic naevus）** 由皮肤基底层的黑色素细胞增生而成。可发生于皮肤的任何部位，属良性病变。根据痣细胞所在部位不同，分为交界痣、皮内痣和混合痣三种类型。其中交界痣容易恶变。

2. **恶性黑色素瘤（malignant melanoma）** 简称黑色素瘤，好发于中年人，多发生于足底、外阴、肛门周围的皮肤或黏膜。部分由黑色素细胞增生衍变而来，也可由黑痣恶变而来，凡黑痣色素加深、体积增大、生长加快伴有溃烂、发炎、出血等征象，要高度警惕其恶变。

3. **成熟型畸胎瘤和未成熟型畸胎瘤** 畸胎瘤（teratoma）来源于性腺或胚胎剩件中的有多向分化潜能的细胞，增生并分化成 2~3 个胚层的各种组织成分，常发生于卵巢或睾丸。大体观，肿瘤呈囊性或实性，肿瘤内常有皮脂样物和毛发，还可见骨、软骨、脂肪、肌肉、皮肤、牙齿或消化道器官样结构等（图 5-24）。光镜下，上述各种组织成分互相混杂构成肿瘤组织。若各种组织成分都分化成熟，称为成熟型畸胎瘤（mature teratoma）；若其中的某些组织成分有异型性、分化不成熟，绝大部分是不成熟神经外胚层，则称为未成熟型畸胎瘤（immature teratoma）。

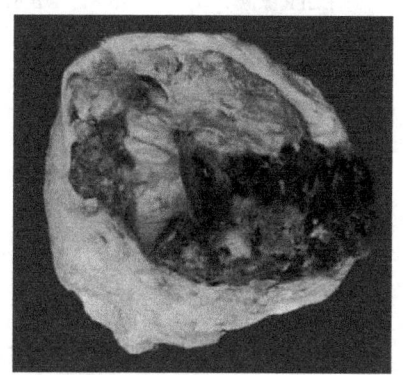

图 5-24　成熟型畸胎瘤
囊内可见皮脂腺、毛发

第十节　肿瘤的病因学和发病学

肿瘤的病因学是研究引起肿瘤的始动因素与发生条件，肿瘤的发病学则是研究肿瘤的发病机制。肿瘤的病因包括外因和内因两个方面，外因一般是指来自环境的致瘤因素，内因是指遗传因素和免疫因素等各种体内因素。肿瘤的发生非常复杂，近年来随着分子生物学研究迅速发展，特别是对癌基因和抑癌基因的研究，已初步揭示了某些肿瘤的病因和发病机制。

一、肿瘤发生的分子生物学基础

肿瘤的发生具有复杂的分子基础，涉及多种基因变化，包括原癌基因激活、抑癌基因失活或丢失、凋亡调节基因和 DNA 修复基因功能紊乱等。

（一）原癌基因、癌基因及原癌基因激活

最初在研究病毒与肿瘤的关系中发现一些反转录病毒（RNA 病毒），能导致动物发生恶性肿瘤，并可使体外细胞发生恶性转化。这些含有能转化细胞的 RNA 序列称为病毒癌基因（viral oncogene，v-onc）。之后发现，正常细胞基因组中，有着与病毒癌基因十分相似的 DNA 序列，称为原癌基因（proto-oncogene），其编码的蛋白质对促进细胞生长增殖十分重要，主要包括细胞生长因子、生长因子受体、信号转导蛋白和转录因子等。

原癌基因以非激活形式存在。原癌基因结构发生异常，能引起细胞发生恶性转化，此时称为细胞癌基因（cellular oncogene），如 *c-myc*、*c-ras*。此时癌基因编码的蛋白质失去正常产物的生长调节作用，并且能够诱导细胞异常增殖和肿瘤产生。癌基因之间的相互作用是大多数恶性肿瘤形成的关键。表 5-5 示人类肿瘤的主要癌基因及其分类。

表 5-5 主要癌基因、激活方式和相关人类肿瘤

分类		原癌基因	激活机制	相关人类肿瘤
生长因子				
	PDGF-β 链	sis	过度表达	星形细胞瘤，骨肉瘤，乳腺癌等
	FGF	hst-1、int-2	过度表达、扩增	胃癌，膀胱癌，乳腺癌，黑色素瘤等
生长因子受体				
	EGFR 家族	erb-B1、erb-B2、erb-B3	过度表达、扩增	乳腺癌，肺癌，卵巢癌，胃癌等
信号转导蛋白				
	GTP 结合蛋白	ras	点突变	肺癌，结肠癌，胰腺癌，白血病等
	非受体酪氨酸激酶	abl	易位	慢性粒细胞白血病，急性淋巴细胞白血病
转录因子		c-myc	转位	Burkitt 淋巴瘤
		N-myc	扩增	神经母细胞瘤，小细胞肺癌
		L-myc	扩增	小细胞肺癌
细胞周期调节蛋白				
	周期素	cycline	扩增	乳腺癌、食管癌
	周期素依赖激酶	ckd4	扩增、点突变	胶质母细胞瘤、黑色素瘤、肉瘤

原癌基因转变为细胞癌基因的过程称为原癌基因激活。激活的方式主要有以下几种：

1. **点突变** 可引起基因结构的改变，产生有异常功能的癌蛋白。点突变包括碱基替换、插入和缺失，最为常见的是碱基替换，如 ras 基因 12 号密码子 GGC 发生单个碱基置换，突变为 GTC，导致 Ras 蛋白分子中的甘氨酸被缬氨酸取代，使该基因产物持续处于活性状态，导致细胞增生过度。

2. **染色体转位** 使原癌基因处于强启动子控制之下，转录增强，过度表达。例如，人 Burkitt 淋巴瘤中位于 8 号染色体上的 c-myc 转位到 14 号染色体上编码免疫球蛋白重链的基因位点，使得 c-myc 与 IgH 拼接，造成 c-myc 过度表达；或原癌基因重组产生融合基因，导致细胞恶性转化，如慢性粒细胞白血病中 9 号染色体上的原癌基因 abl 转位到 22 号染色体的 bar 位点，导致 bcr 蛋白序列取代 abl 蛋白的氨基端，形成功能异常的 bcr/abl 融合基因。

3. **基因扩增** 是指基因过度复制、拷贝数增加。原癌基因扩增使肿瘤细胞生长更快且侵袭性更强，如小细胞肺癌中 N-myc 的扩增，乳腺癌中 HER2 的扩增。

（二）抑癌基因

抑癌基因（cancer suppressor genes）本身也是在细胞生长与增殖中起重要作用的基因，其编码的产物都是以转录调节因子的方式调节核转录和细胞周期的核蛋白。该类基因与原癌基因编码的蛋白功能相反，能抑制细胞的生长。其功能的丧失可能促进细胞的转化，导致肿瘤的发生。与原癌基因的激活不同的是，抑癌基因的失活多数是通过等位基因的两次突变或缺失的方式实现的。表 5-6 列出几种常见的抑癌基因和相关的人类肿瘤。

表 5-6 常见的抑癌基因和相关人类肿瘤

基因	功能	与体细胞相关的肿瘤	与遗传型突变相关的肿瘤
p53	控制细胞周期和凋亡	大多数人类肿瘤	Li-Fraumeni 综合征，多发性癌和肉瘤
Rb	调节细胞周期	视网膜母细胞瘤，骨肉瘤，肺癌，乳腺癌，结肠癌	视网膜母细胞瘤，骨肉瘤
p16	抑制周期素依赖激酶	胰腺癌，食管癌	黑色素瘤
APC	抑制信号传导	胃癌，结肠癌，胰腺癌等	家族性结肠腺瘤病

续表

基因	功能	与体细胞相关的肿瘤	与遗传型突变相关的肿瘤
NF-1	下调 Ras 蛋白	神经鞘瘤	神经纤维瘤病
WT-1	抑制基因转录	肾母细胞瘤（Wilms 瘤）	肾母细胞瘤
BRCA-1	DNA 修复		乳腺癌，卵巢癌

（三）凋亡调节基因

调节细胞凋亡的基因在某些肿瘤的发生上也起重要的作用。细胞凋亡受复杂的分子机制调控，通过促凋亡分子(如Bcl-2家族中的 *bax*、死亡受体家族成员、caspase家族蛋白酶等)和抗凋亡分子(如凋亡抑制蛋白IAP家族成员survivin、XIAP、c-IAP等)之间的相互作用来实现。例如，B细胞性淋巴瘤/白血病家族中的bcl-2蛋白可以抑制凋亡，bax蛋白则可以促进细胞凋亡。正常情况下两种蛋白在细胞内保持平衡，如造成bcl-2基因的过度表达，使B细胞免于凋亡而长期存活，加之其他基因突变而发展为淋巴瘤。

（四）DNA 修复基因

电离辐射、化学物质等致癌物引起的DNA损伤，如果超过了细胞耐受的范围，细胞就凋亡，如果只是引起轻微的损害，正常细胞内的DNA修复机制就可及时修复。这对维持机体遗传基因的稳定至关重要。在一些遗传性DNA修复调节基因突变或缺失的人群中，恶性肿瘤的发病率极高，如遗传性非息肉病性结直肠癌综合征患者易患结、直肠癌，着色性干皮病患者易患皮肤癌。

（五）端粒和端粒酶

细胞的复制次数是由一种位于染色体末端的叫端粒（telomere）的DNA重复序列控制的。细胞分裂一次，端粒就缩短一次。细胞分裂一定次数后，端粒缩短使染色体融合导致细胞死亡。生殖细胞有很强大的分裂能力，是因为有端粒酶（telomersea）的存在，端粒酶可使缩短的端粒长度恢复。大多数体细胞没有端粒酶，故细胞分裂一般约50次。绝大多数恶性肿瘤细胞都含有端粒酶的活性，可使端粒不会缩短，细胞因此能够几乎无限制地分裂增殖。

（六）肿瘤发生是一个多步骤的过程

恶性肿瘤的发生是一个长期的多因素形成的分阶段的过程。这已由流行病学、遗传学和化学致癌的动物模型，以及分子遗传学研究所证明。细胞的完全恶性转化，一般需要多个基因的改变，如数个癌基因的激活，或抑癌基因的失活，以及其他基因变化。一个细胞要积累这些基因改变，一般需要较长的时间。这是癌症在年龄较大的人群中发生率较高的一个原因。

二、环境致瘤因素及其作用机制

（一）物理致癌因素

1. **紫外线** 与皮肤癌的发生有关，长时间暴晒可诱发皮肤癌。原因是细胞DNA吸收光子后形成了嘧啶二聚体，造成DNA分子复制错误。正常人皮肤的上皮细胞含有DNA修复酶，能将损伤部分修复，而着色性干皮病患者缺乏这种酶，不能修复紫外线导致的DNA损伤，对日照十分敏感，皮肤癌的发病率很高。

2. **电离辐射** 是指X射线、γ射线和亚原子微粒等辐射可引起肿瘤，如日本广岛、长崎原子弹爆炸后，幸存者中癌瘤发病率增高，特别是白血病。放射工作者如长期接触射线又缺乏有效防护措施,皮肤癌和白血病的发生率较一般人高。辐射能使 DNA 断裂、易位和点突变,导致癌基因激活和抑癌基因失活。

(二)化学致癌因素

1. **间接化学致癌物(indirect carcinogen)** 大多数化学致癌物化学性质较稳定,本身不会致癌,进入体内经酶的代谢产生最终致癌物,以共价键结合到生物大分子上而引起细胞癌变。①多环芳烃,如苯并芘、甲基胆蒽等,存在于石油、煤焦油、煤烟、汽车排出的废气、烟草燃后的烟雾及熏烤肉等食品中。这类物质与肺癌、胃癌等高发病率有关。②芳香胺类,如橡胶工人和印染厂工人的膀胱癌发病率高与乙苯胺、联苯胺有关,食品工业中使用的氨基偶氮染料(奶油黄、猩红)可引起肝癌。③亚硝胺类,如亚硝酸盐可作为肉类食品的保鲜剂与着色剂,又可由细菌分解硝酸盐而产生。在胃内,亚硝酸盐与来自食物的二级胺合成亚硝胺。我国河南林县食管癌发病率高与食物中亚硝胺含量高有关。④黄曲霉毒素,存在于霉变的食物中,尤以花生、玉米及谷类含量最高。黄曲霉毒经代谢转化后有致肝癌作用。

2. **直接化学致癌物(direct carcinogen)** 化学性质活跃,进入机体后直接与细胞 DNA 起反应而致癌。例如,硫芥和氮芥、环氧化物,当有一定剂量进入体内后,即可引起肿瘤。因此,预防此类致癌物作用,要限制职业接触。

(三)生物致癌因素

1. **DNA 肿瘤病毒** 感染细胞后,若其基因组整合到宿主 DNA 中,可以引起细胞转化。与人类肿瘤密切相关的 DNA 病毒有:①人乳头瘤病毒(HPV):与宫颈癌、皮肤癌、肺癌等关系密切,近来实验研究发现 90% 的宫颈癌标本中可检出 HPV-DNA,以 HPV16 型最为常见。②EB 病毒(EBV):与 Burkitt 淋巴瘤和鼻咽癌发生有关,EBV 可激活 myc 基因、诱导表皮生长因子受体(EGFR)的表达,导致其肿瘤的发生。③乙型肝炎病毒(HBV):研究发现,HBV 感染者发展成肝癌的概率是未感染者的 200 倍,HBV 可能通过编码 HBx 蛋白促使细胞基因表达失调,导致损伤的肝细胞发生癌变。

2. **RNA 肿瘤病毒** 是反转录病毒(retrovirus),可分为急性转化病毒和慢性转化病毒。急性转化病毒含有病毒癌基因,如 v-src、v-abl、v-myb 等。病毒感染细胞后,在反转录酶的作用下,病毒 RNA 反转录成互补 DNA,然后整合到宿主 DNA 中并表达,导致细胞转化。慢性转化病毒本身不含癌基因,但含有促进基因转录的启动子或增强子,可激活原癌基因并使其高度表达。RNA 肿瘤病毒可诱发白血病、肉瘤、淋巴瘤和乳腺癌等。

3. **细菌与寄生虫** 幽门螺杆菌感染可引起胃黏膜相关组织型结外边缘区 B 细胞淋巴瘤(MALT 淋巴瘤)。其发病机制可能是该菌刺激胃黏膜的 T 淋巴细胞使其分泌淋巴因子,B 淋巴细胞受淋巴因子作用而增生。幽门螺杆菌感染也与一些胃腺癌发生有关系,血吸虫感染可引起膀胱癌和结肠癌,感染华支睾吸虫的患者胆管癌发病率较一般人高。

三、肿瘤发生的内因及其作用机制

(一)遗传因素

遗传因素在一些肿瘤的发生中起重要作用。由于患者的染色体和基因异常,导致他们患肿瘤的机会明显增加。①常染色体显性遗传的肿瘤,包括视网膜母细胞瘤、肾母细胞瘤、神经母细胞瘤等,有明显家族史,以常染色体显性遗传规律出现。这些肿瘤的特点是儿童期发病,肿瘤呈多发性,常累及双侧器官。②常染色体隐性遗传的遗传综合征,如毛细血管扩张性共济失调症患者易发生急性白血病和淋巴瘤，着色性干皮病患者易患皮肤癌、恶性黑色素瘤等。这些疾病的特点是 DNA 修复基因异常。③肿瘤的遗传易感性，如一些肿瘤具有明显的家族聚集现象，如乳腺癌、肝癌、鼻咽癌、胃肠癌、食管癌等。

（二）免疫因素

正常机体存在免疫监视功能，可以发现并清除恶性转化细胞，起到抗肿瘤的作用。机体的抗肿瘤免疫反应主要是细胞免疫。参加细胞免疫的效应细胞主要有细胞毒性 T 淋巴细胞（cytotoxic T lymphocyte, CTL）、自然杀伤细胞（NK）和巨噬细胞等。激活的 CTL 通过细胞表面 T 细胞受体识别与 MHC 分子组成复合物的肿瘤特异性抗原，释放酶以杀伤肿瘤细胞；NK 细胞激活后可溶解多种肿瘤细胞；巨噬细胞激活后可产生肿瘤坏死因子，参与杀伤肿瘤细胞。

在免疫缺陷病患者和接受免疫抑制治疗的患者中，恶性肿瘤的发病率明显增加。如 AIDS 患者常发生卡波西（Kaposi）肉瘤和非霍奇金淋巴瘤。因此在肿瘤的治疗中，提高机体的免疫功能，可抑制肿瘤的发生发展，免疫治疗已成为肿瘤综合治疗的重要组成部分。

（三）内分泌因素

内分泌功能的紊乱与一些肿瘤的发生有一定关系。例如，雌激素水平过高可诱发乳腺癌、子宫内膜癌，而切除卵巢或注射雄激素可使肿瘤变小。雄激素与前列腺癌的关系密切，若用雌激素治疗可使其生长受抑制。

（四）种族因素

一些肿瘤在不同种族发病率有明显差异。例如，日本胃癌发病率高，欧美国家乳腺癌发病率高，我国广东人鼻咽癌发病率高。这除了与遗传因素有关外，也与生活习惯和环境因素有关。

（五）性别和年龄

肺癌、肝癌、胃癌、食管癌、鼻咽癌多见于男性，生殖系统、乳腺、甲状腺肿瘤多见于女性。癌多见于 40 岁以上的人群，肉瘤多见于青少年，肾母细胞瘤、视网膜母细胞瘤、神经母细胞瘤多见于婴幼儿。

案例 5-1
患者女，46 岁。进行性上腹部疼痛伴消瘦 6 月余入院。患者诉上腹部疼痛 10 年之久，常在饭后 1～2 小时疼痛发作，但近半年余疼痛无规律并加剧，体重明显下降，半年减轻近 10kg。查体：全身明显消瘦，皮肤苍白，呈贫血貌，左锁骨上窝淋巴结肿大 2cm×2cm×1cm、质硬，心肺检查无异常。胃镜：胃窦部有一巨大溃疡，大小约 5cm×4cm，溃疡凹凸不平，底部伴有出血、坏死。B 超：肝脏多个占位性病灶，最大直径约 2cm；双侧卵巢肿大，表面多结节性肿物隆起。
思考题：
1. 该患者最可能为什么疾病，根据所提供资料做出推测，并提出确诊所需的进一步检查结果。
2. 分析胃、左锁骨上窝淋巴结、肝及卵巢各部分病变之间的联系。

案例 5-2
患者男，45 岁。体检发现左肺上叶肿物 2 天。胸透：左肺上叶实性阴影，大小 3cm×2cm，边界较清楚。既往身体健康，有吸烟史 20 年，无慢性病及传染病史。

思考题:
运用所学的病理知识列举 3 种可能出现的疾病。
叙述各疾病相应的主要病理特征。
针对所提出的可能性,你认为还需做哪些进一步的检查。

(李 萍)

知识链接——免疫组化在肿瘤病理诊断中的应用

免疫组织化学(免疫组化)是利用抗原抗体的特异性结合反应来检测和定位组织或细胞中的某种化学物质的一种技术。通过免疫组化检测肿瘤细胞表面或细胞内的特定分子,可以确定肿瘤的类型、评估肿瘤的生物学行为和预后、为肿瘤的综合治疗提供依据。例如,肌源性肿瘤表达结蛋白(desmin)、上皮源性肿瘤表达各种细胞角蛋白(cytokeratin, CK)、间叶组织肿瘤通常表达波形蛋白(Vimentin)、淋巴细胞表达相关的 CD 抗原等。Ki-67 等标记可以检测肿瘤细胞的增殖活性;检测 ER、PR、C-erbB-2 等标记可用于指导乳腺癌的治疗。因此,免疫组化的检测已成为了肿瘤病理诊断中必不可少的手段。

知识链接——恶性肿瘤早期的"十大症状"

中国医学科学院提出了恶性肿瘤早期的"十大症状":①身体任何部位,如乳腺、颈部或腹部的肿块,在短时间内逐渐增大,或者是以前比较稳定的,现在发生了变化;②身体任何部位,如舌头、颊黏膜、皮肤等处没有外伤而发生的溃疡,特别是经久不愈者;③中年以上妇女出现不规则阴道流血或分泌物;④进食时,胸骨后闷胀、灼痛、异物感或进行性加重的吞咽不畅;⑤久治不愈的干咳或痰中带血;⑥长期消化不良、进行性食欲减退、消瘦,又未找出明确原因;⑦大便习惯改变,出现便血;⑧鼻塞、单侧头痛或伴有复视;⑨黑痣突然增大或有破溃、出血,原有的毛发脱落;⑩无痛性血尿,小便发红,且没有其他异常。当发现身体有上述异常症状时,不妨去做个体检,健康检查已成为肿瘤早期发现的重要手段之一。

第六章 水、电解质代谢紊乱

水与电解质的正常代谢
    体液的容量和分布
    体液中电解质的成分
    体液的渗透压
    水的生理功能和水平衡
    电解质的生理功能和钠平衡
    水、钠代谢的调节

水、钠代谢紊乱
    脱水
    水过多
钾代谢紊乱
    正常钾代谢
    钾代谢障碍

水是人体生命活动的必需物质。水和电解质的动态平衡是维持机体内环境稳定的重要因素。正常情况下，在神经-内分泌系统及相关脏器的调节下，体内水和电解质在一定范围内保持相对稳定，这对维持正常的生命活动具有重要意义。任何导致机体调节功能障碍的因素，或体内水和电解质的变化超出机体的调节能力，都可导致水和电解质代谢紊乱。临床上，水和电解质代谢紊乱往往是疾病伴随的表现或参与疾病发生发展的重要病理过程，有时也可以由医疗不当所引起。严重的水、电解质代谢紊乱是导致疾病复杂化的重要原因，甚至对患者生命造成严重的威胁。

第一节 水与电解质的正常代谢

一、体液的容量和分布

    水和溶解在其中的电解质、低分子有机化合物及蛋白质等组成了人体的体液，广泛分布于组织细胞内外，构成人体内环境。细胞膜将体液分隔成细胞内液（intra cellular fluid，ICF）和细胞外液（extra cellular fluid，ECF）。正常成人体液总量约占体重的60%，其中细胞内液约占体重的40%，细胞外液约占体重的20%。毛细血管壁又将细胞外液分隔为血浆（约占体重的5%）和组织间液（interstitial fluid）（约占体重的15%）。细胞外液中还有极少部分液体分布于一些密闭腔隙（如关节囊、胸膜腔和腹膜腔等），占体重的1%~2%，称为透细胞液或跨细胞液（transcellular fluid），虽然这部分液体仅占极小部分，但其大量丢失时亦会引起细胞外液容量减少。
    体液总量的分布因年龄、胖瘦等而不同。从婴儿到成年人，体液量占体重的比例逐渐减少。新生儿体液量约占体重的80%，婴儿约占70%，学龄儿童约占65%，成年人约占60%。另外，由于脂肪组织含水量为10%~30%，体液总量随脂肪的增加而减少，而肌肉组织的含水量为75%~80%。因此，肥胖者和老年人对缺水的耐受性较差，肌肉发达的人对缺水有更大的耐受性。

二、体液中电解质的成分

细胞内液和细胞外液的电解质成分差异很大。细胞内液中主要的阳离子是 K^+，其次是 Na^+、Ca^{2+}、Mg^{2+}；主要的阴离子是 HPO_4^{2-} 和蛋白质，其次是 HCO_3^-、Cl^- 和 SO_4^{2-} 等。细胞外液中主要的阳离子是 Na^+，其次是 K^+、Ca^{2+}、Mg^{2+} 等；主要的阴离子是 Cl^-，其次是 HCO_3^-、HPO_4^{2-}、SO_4^{2-} 及有机酸和蛋白质等。组织间液和血浆的电解质构成与数量大致相等，不同部位体液中电解质的含量和分布虽然不同，但所含阴、阳离子数的总和是相等的，并保持电中性。

三、体液的渗透压

溶液的渗透压取决于溶液中溶质分子或离子的数目，而与颗粒大小、电荷或质量无关。血浆和组织间液的渗透压90%~95%来源于 Na^+、Cl^- 和 HCO_3^-，称为晶体渗透压（crystalloid osmotic pressure），剩余的5%~10%由葡萄糖、氨基酸、尿素及蛋白质等构成，称非晶体渗透压。由血浆蛋白质等大分子形成的胶体渗透压（colloid osmotic pressure）极小，仅占血浆总渗透压的1/200，与血浆晶体渗透压相比微不足道，但由于其不能自由通过毛细血管壁，因此对于维持血管内外液体的交换和血容量具有十分重要的作用。通常血浆渗透压维持在280~310mmol/L，在此范围内称为等渗，低于此范围称为低渗，高于此范围称为高渗。

四、水的生理功能和水平衡

1. 水的生理功能 水是机体中含量最多的组成成分，是维持人体正常生理活动的重要物质。水是良好的溶剂，能够溶解物质，加速化学反应，有利于营养物质及代谢产物的运输和代谢废物的排泄。水能维持体温的恒定，1g水在37℃完全蒸发时需要吸收2.4kJ热量，机体通过出汗、呼吸和皮肤蒸发水分来散发热量，调节体温。体腔内的少量液体还可减小脏器间的摩擦，具有润滑作用。

2. 水平衡 正常人每天水的摄入和排出处于动态平衡之中。水的来源有饮水、食物水、代谢水。成人每天饮水量波动于1000~1300ml；食物中水的含量为700~900ml；糖、脂肪、蛋白质等营养物质在体内氧化生成的水称为代谢水，每天约为300ml。严重创伤如挤压综合征时大量组织破坏可使体内迅速产生大量内生水，每破坏1kg肌肉约可释放水850ml。

机体主要通过四条途径排出水分，即消化道、皮肤、肺和肾。每天由皮肤蒸发的水（非显性出汗）约500ml，通过呼吸蒸发的水分约350ml。前者仅含少量电解质，而后者几乎不含电解质，故这两种方式排出的水分可以当作纯水来看待。皮肤显性出汗时的汗液是一种低渗性溶液，约含NaCl 0.2%，并含有少量的 K^+，因此，在炎夏或高温环境下活动导致大量出汗时，会伴有电解质的丢失。健康成人每日经粪便排出的水分约为150ml，由尿排出的水分为1000~1500ml。需要指出的是，正常成人每天至少必须排出500ml尿液才能清除体内的代谢废物，因为成人每日尿液中的固体物质（主要是蛋白质代谢终产物及电解质）一般不少于35g，尿液最大浓度为6g%~8g%，所以每天排出35g固体溶质的最低尿量为500ml，再加上皮肤非显性出汗和呼吸蒸发及粪便排水量，则每天最低排出的水量为1500ml。要维持水分出入量的平衡，每天需水1500~2000ml，称日需要量。在正常情况下机体每天的出入水量保持平衡，尿量则视水分的摄入情况和其他途径排水的多少而发生增减。

五、电解质的生理功能和钠平衡

机体的电解质分为有机电解质和无机电解质两部分，无机电解质的主要金属阳离子为 K^+、

Na^+、Ca^{2+} 和 Mg^{2+}，主要阴离子则为 Cl^-、HCO_3^-、HPO_4^{2-} 等。电解质的主要功能为：维持体液的渗透压和酸碱平衡；维持神经、肌肉和心肌细胞的静息电位，并参与其动作电位的形成；参与新陈代谢和生理活动等。

正常成人体内含钠总量的 40% 与骨骼结合，是不可交换的；总钠量的 50% 分布在细胞外液，10% 分布在细胞内液，是可以交换的。血清 Na^+ 浓度的正常范围为 130～150 mmol/L，细胞内液中的 Na^+ 浓度仅为 10mmol/L 左右。成人每天所需的钠为 4～6g，由于天然食物中含钠甚少，因而人们摄入的钠主要来自食盐。人体通过食物摄入的钠几乎全部在小肠吸收，多余的钠经肾随尿排出。肾排钠的原则是摄入多、排出亦多，摄入少、排出亦少。如果无钠饮食数天至数十天，则尿钠排出几乎为零。此外，汗液虽为低渗液，但随汗液亦可排出少量的钠，如大量出汗时，也可丢失较多的钠，而钠的排出通常也伴有氯的排出。

六、水、钠代谢的调节

水、钠代谢的调节依赖于体内的神经-内分泌系统。水平衡主要由渴感（thirst）及抗利尿激素（antidiuretic hormone，ADH）调节，而钠平衡则主要通过醛固酮（aldosterone，ALD）调节。

1. **渴感**　渴感中枢位于下丘脑视上核，与渗透压感受器相邻且有部分交叉重叠。近年来认为渴感还与第三脑室旁的穹窿下部和终板血管器有关。血浆晶体渗透压升高和血容量减少均可引起渴感中枢兴奋而导致渴感。血管紧张素Ⅱ产生增多亦可引起渴感，其机制可能与渴感阈值降低有关。

2. **ADH**　主要由下丘脑视上核的神经细胞分泌并储存于神经垂体。ADH 通过与远曲小管和集合管上皮细胞膜上的相应受体结合而显示出对水、钠代谢的强大调节作用，主要作用是加强远曲小管和集合管对水的重吸收，减少水的排出。血浆渗透压升高可刺激下丘脑神经核或其邻近的渗透压感受器产生兴奋，从而导致 ADH 分泌。血容量下降可刺激左心房和胸腔大静脉处的容量感受器产生兴奋而引起 ADH 的分泌。通常细胞外液渗透压只要有 1%～2% 的变动就可引起明显的 ADH 释放，而细胞外液容量要减少 10% 才能影响 ADH 的分泌。其他，如精神紧张、疼痛、创伤，以及某些药物如氯磺丙脲、长春新碱、环磷酰胺等也能促使 ADH 分泌或增强 ADH 的作用。

3. **ALD**　由肾上腺皮质球状带分泌，其作用主要是促进肾小管和集合管对 Na^+ 的重吸收，并通过 Na^+-K^+ 和 Na^+-H^+ 交换而促进 K^+ 和 H^+ 的排出，随着 Na^+ 的主动重吸收，Cl^- 和水的重吸收也增多。ALD 的分泌主要受肾素-血管紧张素系统和血浆 Na^+、K^+ 浓度的调节。血钾升高、血容量和血钠浓度降低均能刺激醛固酮的分泌释放。

4. **心房钠尿肽（atrial natriuretic peptide，ANP）**　又称心房肽或心房利钠肽，由心房肌细胞产生。当心房扩张、血容量增加、血 Na^+ 浓度增高或血管紧张素产生增多时，可刺激心房肌细胞合成释放 ANP。ANP 释放入血后，将主要从四个方面影响水钠代谢：①减少肾素的分泌；②抑制醛固酮的分泌；③对抗血管紧张素的缩血管效应；④拮抗 ALD 的滞 Na^+ 作用。反之，当限制钠和水的摄入、血容量减少、血管紧张素减少时心房钠尿肽分泌释放减少。

5. **水通道蛋白（aquaporins，AQP）**　是近些年发现的一组与水通透有关的细胞膜转运蛋白，广泛存在于动、植物及微生物界。目前已证实，每种 AQP 均有其特异性的组织分布，并在肾和其他器官的水吸收和分泌过程中发挥不同的作用和调节机制。

第二节　水、钠代谢紊乱

水、钠代谢紊乱常同时或相继发生，且相互影响，引起体液容量及渗透压的改变，临床上往往将两者的代谢紊乱同时考虑。水、钠代谢紊乱的分类方法很多，一般根据体液容量、渗透压或血钠浓度变化来分类。

一、脱水

脱水（dehydration）是指因细胞外液容量明显减少而出现的病理状态。根据细胞外液渗透压的不同可分为低渗性脱水、高渗性脱水及等渗性脱水三种。

（一）低渗性脱水

低渗性脱水（hypotonic dehydration）的特点是机体失钠多于失水，血清Na^+浓度< 130mmol/L，血浆渗透压< 280mmol/L，并伴有细胞外液减少。

1. 原因和机制

（1）经皮肤丢失：常见于大面积烧伤、大量出汗等引起水、钠的大量丢失。

（2）经消化道丢失：为临床最常见的失钠原因，多见于腹泻、呕吐时丢失大量含Na^+的消化液。

（3）液体在第三间隙积聚：如胸膜炎、腹膜炎等所致的胸水、腹水形成。

（4）经肾丢失：①肾实质性疾病使肾间质结构受损，肾脏浓缩功能障碍，水、钠排出增加；②长期使用排钠利尿剂，如呋塞米、噻嗪类利尿剂等均能使肾小管重吸收钠减少而排出增多；③肾上腺皮质功能不全时，由于醛固酮分泌不足，肾小管对钠的重吸收减少；④肾小管酸中毒时，集合管分泌H^+功能降低，H^+-Na^+交换减少，导致Na^+随尿排出增加。

2. 对机体的影响

（1）口渴不明显：由于血浆渗透压下降，患者无口渴感，饮水减少，因而机体虽缺水，但却不思饮水，很难通过自觉口服补充液体。重症或晚期患者由于血容量明显减少可引起口渴中枢兴奋产生轻度渴感。

（2）细胞水肿：因细胞外液渗透压下降，水由细胞外向细胞内移动，使细胞外液进一步减少，渗透压下降明显时可引起细胞水肿，导致细胞功能代谢障碍。脑细胞水肿时，颅压升高，患者可出现恶心、头痛、意识模糊、精神错乱、惊厥、昏迷等一系列中枢神经系统障碍的症状。严重的脑水肿，最终会导致幕疝形成、呼吸中枢抑制甚至死亡。

（3）尿的变化：细胞外液渗透压下降，抑制了ADH的分泌释放，肾小管对水重吸收减少，轻症或早期患者尿量一般不减少；而重症或晚期患者由于血容量明显减少，ADH分泌释放增多，尿量减少。由肾外原因所致低渗性脱水，因醛固酮分泌释放增多，尿钠减少；而肾性原因所致脱水患者尿钠增多。

（4）休克倾向：低渗性脱水时丢失的体液主要是细胞外液，由于低渗状态，使细胞外液向细胞内转移，导致低血容量状态进一步加重，故易发生低血容量性休克。

（5）失水体征：由于细胞外液减少，血液浓缩，血浆胶体渗透压升高使组织液明显减少，表现为皮肤弹性减退，黏膜干燥，眼窝和婴儿囟门凹陷等失水体征。

（二）高渗性脱水

高渗性脱水（hypertonic dehydration）的特点是失水多于失钠，血清Na^+浓度 >150mmol/L，血浆渗透压 >310mmol/L。细胞外液量和细胞内液量均减少，以细胞内液量的减少更为明显。

1. 原因和机制

（1）水摄入不足：见于各种因素所致的水源断绝，患者饮水困难、渴感障碍等。成人24小时不饮水，可丢失水约1200ml；婴儿24小时不饮水，失水可达体重的10%，且婴儿对缺水更为敏感，临床上应高度重视。

(2) 水丢失过多：①经呼吸道失水，多见于各种原因（如代谢性酸中毒等）导致的过度通气，呼吸道的不感蒸发增强，使不含任何电解质的水分大量丢失，引起高渗性脱水；②经皮肤失水，多见于高温环境，剧烈运动、高热、甲状腺功能亢进或大量出汗时，通过皮肤的蒸发丢失大量低渗液；③经肾失水，中枢性或肾性尿崩症时，由于ADH产生和释放不足或肾远曲小管和集合管对ADH缺乏反应，使肾远曲小管对水的重吸收减少，排出大量低渗性尿；使用甘露醇、山梨醇及葡萄糖或长期静脉外营养给予高蛋白流质饮食时，均可因渗透性利尿导致失水；④经消化道失水，严重的呕吐、腹泻，特别是婴幼儿慢性腹泻时，可经胃肠道丢失大量低渗性液体。

一般单纯由于水丢失过多很少导致高渗性脱水，因为失水早期，血浆渗透压稍有增加就会使口渴中枢兴奋，机体在饮水后血浆渗透压即可恢复正常。但如果未能及时补充水分，由于呼吸道及皮肤的不感蒸发进一步失失水分，往往容易造成高渗性脱水。

2. 对机体的影响

(1) 口渴：由于细胞外液渗透压增高，通过渗透压感受器兴奋渴感中枢，可使患者主动饮水以补充体液。但在极衰弱的患者和老年人，渴感可能不明显而主动饮水减少。同时，脱水所致唾液腺的分泌减少，口腔咽喉部干燥也产生口渴感。

(2) 细胞脱水：细胞外液渗透压增高，细胞内液可向细胞外移动，有助于循环血量的恢复，但易引起细胞脱水，导致细胞功能、代谢障碍，尤其以脑细胞脱水的临床表现最明显，可引起嗜睡、昏迷等一系列中枢神经系统功能障碍，严重者可导致死亡。重度脱水时，脑体积显著缩小可使颅骨与脑皮质之间的血管被牵拉，尸检可见脑出血（特别是蛛网膜下腔出血）及脑软化。

(3) 尿的变化：细胞外液渗透压升高，促进ADH分泌释放，肾小管重吸收水增多，尿量减少，尿比重升高。在轻症或早期，血钠升高可抑制醛固酮的分泌和释放，但仍有尿钠排出且其浓度因水的重吸收增多而升高；在重症或晚期，由于血容量明显减少，机体优先维持血容量，醛固酮分泌释放增多致尿钠减少。

(4) 脱水热：严重脱水时，血容量降低使皮肤血管收缩，汗腺细胞脱水导致汗腺分泌不足，通过皮肤蒸发的水分减少，机体散热受影响。在小儿由于体温调节中枢发育不完善，加之细胞脱水，容易引起体温升高，称为"脱水热"。

高渗性脱水时，丢失的细胞外液可由饮水、细胞内水的外移及肾小管重吸收水增多等三条途径得到补充，因此不易发生休克。

(三) 等渗性脱水

等渗性脱水（isotonic dehydration）的特点是钠水等比例丢失，血清Na^+浓度在130～150mmol/L正常范围内，血浆渗透压在280～310mmol/L的等渗状态。当机体等渗性体液大量丢失后，造成血容量减少，导致等渗性脱水。若不予处理可因水分经皮肤和呼吸道过度蒸发转变成高渗性脱水；若补液不当（只补水或补充过多低渗液）可转变成低渗性脱水。因此临床上少见单纯性等渗性脱水。

1. 原因和机制

(1) 经消化道丢失：可见于严重的呕吐、腹泻、小肠瘘等所致大量消化液丢失或胃肠吸引而未予补液等。

(2) 经皮肤丢失：见于大面积烧伤、创伤等所致血浆大量丢失。

(3) 体腔内液体丢失：大量胸腔积液、腹水的抽放。

2. 对机体的影响

(1) 口渴：轻症或早期渴感不明显，重症或晚期可产生渴感。

(2) 尿液改变：由于细胞外液量减少，血容量下降，可促进 ADH 和 ALD 分泌释放，尿量减少，尿钠减少。

二、水过多

水过多（water excess）是指体液容量增多。按细胞外液渗透压不同可分为低渗性、高渗性和等渗性水过多。

（一）低渗性水过多

低渗性水过多（hypotonic water excess）的特点是体液容量增多，伴血清 Na^+ 浓度< 130mmol/L，血浆渗透压< 280mmol/L，又称为水中毒（water intoxication）。

1. 原因和机制　主要是由于多种因素所致的大量低渗性液体在体内潴留引起细胞内外液量均增多，导致重要器官功能严重障碍。如果机体肾功能正常，一般不易发生水中毒，急性肾功能不全患者可因输液不当而致水中毒。

（1）水摄入过多：见于用无盐水灌肠、精神性饮水过量或持续性过量饮水等。静脉输入低盐或无盐液体过多过快，超过肾脏的排水能力时亦可出现水中毒。婴幼儿由于对水、电解质调节能力差，摄入水过多时，更易发生水中毒。

（2）水排出减少：见于急性肾衰竭，ADH 分泌过多，如恐惧、疼痛、失血、休克及外伤等，由于交感神经兴奋引起 ADH 分泌增多，肾远曲小管和集合管对水的重吸收增强。

2. 对机体的影响

（1）细胞水肿：水中毒时，由于细胞外液过多和 Na^+ 浓度降低，渗透压下降，细胞外液向细胞内转移，引起细胞水肿。脑细胞水肿时可致中枢神经系统功能障碍，患者出现头痛、恶心、呕吐、视盘水肿、定向力障碍及意识障碍，甚至可出现小脑幕裂孔疝、枕骨大孔疝，导致呼吸、心跳停止而死亡。

（2）低钠血症：血钠浓度下降可出现厌食、恶心、呕吐、腹泻、肌无力等症状。

（3）尿液变化：尿量减少，尿钠增多。尿量减少为原发病所致，细胞外液的渗透压降低虽可促进 ALD 的分泌释放，使尿钠减少，但血容量的增多可抑制 ALD 的分泌释放，使 ANP 的分泌释放增多并减少近曲小管对钠的重吸收，因而尿钠排出增多。

（4）体重增加：过多水分在体内潴留可引起患者体重增加。

（二）高渗性水过多

高渗性水过多（hypertonic water excess）的特点是血容量和血钠均增高，血清 Na^+ 浓度> 150mmol/L，血浆渗透压 >280mmol/L，又称盐中毒（salt poisoning）。

1. 原因和机制　主要原因是盐摄入过多。

（1）医源性盐摄入过多：临床在治疗低渗性脱水或酸中毒患者时，使用过量高渗盐溶液或高浓度碳酸氢钠溶液，可引起水钠潴留。

（2）原发性钠潴留：原发性醛固酮增多症或 Cushing 综合征患者，因 ALD 持续大量分泌，导致肾远曲小管重吸收钠水增加，引起血钠含量和细胞外液容量增多。

2. 对机体的影响　高渗性水过多时细胞外液渗透压增高，液体自细胞内向细胞外移动，导致细胞脱水，严重者可引起嗜睡、昏迷等中枢神经系统功能障碍。

（三）等渗性水过多（水肿）　见第七章水肿章节。

第三节 钾代谢紊乱

一、正常钾代谢

(一)钾的含量和分布

钾是人体内最重要的无机阳离子之一,正常成人体内含钾量为 50~55mmol/kg 体重。其中约 90% 存在于细胞内,骨钾约占 7.6%,跨细胞液钾约占 1%,仅约 1.4% 的钾存在于细胞外液中。

正常情况下,钾的摄入和排出处于动态平衡,且保持血浆钾浓度在正常范围内。正常膳食中含钾比较丰富,成人每天随饮食摄入的钾为 50~120mmol,主要由小肠吸收。摄入钾的 90% 经肾随尿排出,肾排钾与摄入相关,多吃多排、少吃少排,但不吃也排,摄入钾的 10% 随粪便和汗液排出。正常成人每天钾的摄入量常大于其细胞外液的总钾量,因机体有完善的排钾机制,可以避免钾在体内的潴留,引发威胁生命的高钾血症。反之,机体每天最低的排钾量(尿、粪)也在 10 mmol 以上,可达细胞外液总钾量的 1/4 左右,如果钾摄入停止或过少也会很快导致缺钾和低钾血症。

(二)钾平衡的调节

机体对钾平衡的调节主要依靠肾的调节和钾的跨细胞转移。在一些特殊情况下,结肠也可成为重要的排钾场所。

1. 钾的跨细胞转移 调节钾跨细胞转移的基本机制被称为泵-漏机制。泵指钠-钾泵,即 Na^+,K^+-ATP 酶,将钾逆浓度差摄入细胞内;漏指钾离子顺浓度差通过各种钾离子通道进入细胞外液。影响钾跨细胞转移的因素主要有细胞外液的钾离子浓度、酸碱平衡状态、胰岛素、儿茶酚胺、渗透压及体钾总量等。

2. 肾脏的排钾作用及其影响因素

(1)远曲小管和集合管对钾平衡的调节:正常情况下,远曲小管和集合管排泌的钾约占尿钾总量的 30%,钾的分泌是由远曲小管和集合管上皮的主细胞完成的,主细胞基膜面的 Na^+、K^+-ATP 酶将 Na^+ 排出到小管间液,并将小管间液的 K^+ 泵入细胞内;主细胞管腔面的胞膜对 K^+ 有高度的通透性,主细胞内的 K^+ 通过 Na^+-K^+ 交换和 H^+-K^+ 交换排出到肾小管腔内。钾的重吸收主要由集合管的闰细胞完成。闰细胞管腔面上的 H^+、K^+-ATP 酶,也称质子泵,通过向肾小管腔内泌 H^+ 而重吸收 K^+。机体缺钾时,闰细胞肥大,腔面胞膜增生,重吸收钾的能力增强。

(2)影响远曲小管和集合管调节钾平衡的因素:主要有醛固酮、肾远曲小管原尿流速、细胞外液的 K^+ 浓度及酸碱平衡状态。

3. 结肠的排钾功能 在肾衰竭,肾小球滤过率明显下降时,结肠的泌 K^+ 量平均可达钾摄入量的 1/3,成为重要的排钾途径。

4. 汗液中的含钾量平均约为 9mmol/L,在炎热环境或剧烈运动大量出汗时,也可经皮肤丢失相当数量的钾。

(三)钾的生理功能

1. 维持细胞新陈代谢 钾参与多种新陈代谢过程,与糖原和蛋白质合成有密切关系。细胞内一些与糖代谢有关的酶类,如磷酸化酶和含巯基酶等必须有高浓度钾存在时才具有活性。

2. 保持细胞静息膜电位 钾是维持细胞膜静息电位的物质基础。静息膜电位主要取决于细胞膜对钾的通透性和膜内外钾浓度差。由于安静时细胞膜只对钾有通透性,随着细胞内钾向膜外的被动扩散,造成内负外正的极化状态,形成了静息电位。静息电位对神经肌肉组织的兴奋性是不可缺少的。

3. 调节细胞内外的渗透压和酸碱平衡　由于大量钾离子储存于细胞内，不仅维持细胞内液的渗透压和酸碱平衡，也因而影响细胞外液的渗透压和酸碱平衡。

二、钾代谢障碍

正常情况下，血清 K^+ 浓度正常值为 3.5～5.5mmol/L。钾代谢紊乱主要是指细胞外液中血清 K^+ 浓度的异常变化。根据血清 K^+ 浓度的高低分为低钾血症（hypokalemia）和高钾血症，是临床上常见的水、电解质代谢紊乱类型。

（一）低钾血症

低钾血症是指血清 K^+ 浓度 <3.5mmol/L。除体内钾分布异常外，低钾血症常伴有体内总钾量的减少。

1. 原因和机制

（1）钾摄入不足：食物中含钾丰富，在正常饮食情况下，机体不会发生低钾血症。只有在不能进食，如消化道梗阻或昏迷；胃肠手术后长时间禁食；静脉补液时未同时补钾或补钾不够，才可能发生低钾血症。

（2）钾丢失过多：是低钾血症最常见的原因，常见于：①长期使用髓袢或噻嗪类排钾利尿剂，肾小管性酸中毒致排钾增多，醛固酮增多症致肾小管排钾增多；②腹泻、呕吐、胃肠减压等使胃肠道排钾过多；③大量出汗经皮肤排钾增多。

（3）钾向细胞内转移增多：①碱中毒时 H^+ 逸出细胞而 K^+ 进入细胞内，并导致肾小管上皮细胞 H^+-Na^+ 交换减弱，Na^+-K^+ 交换增强，尿钾排出增多；②治疗糖尿病时大量使用的胰岛素可增强细胞 Na^+，K^+-ATP 酶的活性，促使细胞外液中的 K^+ 进入细胞内；③药物，如肾上腺素、沙丁胺醇（舒喘灵）等 β-受体激动剂等可激活 Na^+，K^+-ATP 酶的活性，使细胞外液中的 K^+ 进入细胞内；④低钾性周期性麻痹常在剧烈运动、应激、给予胰岛素或肾上腺素时发作，此时，K^+ 进入细胞内，血浆钾浓度急剧下降。

2. 对机体的影响　低钾血症对机体的影响与血钾降低的速度、程度及机体的个体差异密切相关。一般情况下，失钾速度越快，血钾浓度越低，对机体的影响越大。在慢性失钾时，虽然血钾浓度也降低，但临床症状不明显。

（1）对心脏的影响

1）心肌兴奋性增高：低钾血症时，心肌细胞膜对 K^+ 的通透性降低，使心肌静息电位（E_m）的负值的绝对值 |E_m| 减小，与阈电位（E_t）间的距离缩短，较弱的刺激即可引起兴奋。

2）心肌传导性降低：低钾血症时，心肌 |E_m| 减小，0 期去极化时 Na^+ 内流的数量和速度均下降，使膜内电位上升速度和幅度均降低，以致兴奋扩散减弱而传导性降低。

3）心肌自律性增高：低钾血症时心肌细胞膜对 K^+ 的通透性降低，心肌快反应自律细胞在 4 期自动除极化时 K^+ 外流减缓，Na^+ 内流速度相对加快，使自律细胞自动除极化速度加快。

4）心肌收缩性增强：急性低钾血症时，心肌细胞膜对 Ca^{2+} 通透性增高，Ca^{2+} 内流加快，心肌兴奋-收缩偶联加强，收缩性增强。但严重或慢性低钾血症时，细胞内缺钾可致心肌细胞变性、坏死，使心肌收缩性减弱。

5）心电图的改变：低钾血症时，心电图的改变主要有：早期表现为 S-T 段压低、T 波压低、出现 U 波、Q-T 间期延长。随着低钾血症的加重，可出现 P 波增宽和 QRS 波群增宽。其中 T 波后出现明显的 U 波，以及 S-T 段压低为低钾血症或缺钾的特征性心电图表现。

6）心肌功能受损：主要表现为心律失常和对洋地黄类强心药物的敏感性增高。①心律失常：低钾血症时可出现窦性心动过速、房性或室性期前收缩、心室扑动或颤动等心律失常，可能与心肌自律性、兴奋性升高及心肌3期复极化延缓所致的超长期延长等因素有关。②对洋地黄类强心药物的敏感性增高：低钾血症时，洋地黄与Na^+，K^+-ATP酶的亲和力增高，会明显增强洋地黄致心律失常的毒性作用，并显著降低其治疗效果。

（2）对神经肌肉的影响：神经肌肉细胞的兴奋性主要是由E_m与E_t间的距离决定的，而细胞内外K^+浓度比值（$[K^+]_i/[K^+]_e$）是E_m的重要影响因素。急性低钾血症时，细胞外液K^+浓度急剧下降，$[K^+]_i/[K^+]_e$增大，细胞内K^+外流增多，导致E_m负值的绝对值$|E_m|$增大，使E_m与E_t间距离增大，神经肌肉处于超极化阻滞状态，细胞兴奋性降低，严重时甚至不能兴奋。而慢性低钾血症时，由于病程缓慢，细胞内钾逐渐转移至细胞外，使$[K^+]_i/[K^+]_e$变化不大，E_m无明显变化，神经肌肉兴奋性无明显改变，临床症状不明显。

1）对中枢神经系统的影响：轻度低钾血症患者常表现为精神萎靡、神情淡漠、倦怠等。重者有反应迟钝，定向力减弱，嗜睡甚至昏迷，其发生机制可能是：①低钾血症时脑细胞静息电位负值增大使兴奋性下降；②缺钾影响糖代谢，使ATP生成减少，影响脑细胞功能；③血清钾浓度降低，可使脑细胞膜Na^+，K^+-ATP酶活性下降。

2）对骨骼肌的影响：当血清钾浓度低于3mmol/L时，机体可出现四肢软弱无力；低于2.5mmol/L时出现软瘫，一般下肢重于上肢，轻者丧失劳动力，重者可累及躯干，引起呼吸肌麻痹，导致呼吸衰竭，是低钾血症患者死亡的重要原因，但较少见。体检可发现四肢肌张力降低，腱反射减弱甚至消失。上述变化除与肌细胞兴奋性降低有关外，同时还与细胞内缺钾，降低了丙酮酸磷酸激酶及ATP酶活性有关，以致能量的产生和利用发生障碍，从而引起骨骼肌收缩力减弱，严重时表现为弛缓性麻痹。此外，钾对骨骼肌的供血有调节作用，严重缺钾（血钾低于2.5mmol/L）患者肌肉运动时，不能从细胞内释出足够的钾，导致骨骼肌的供血不足，从而引起肌肉痉挛、缺血性坏死和横纹肌溶解。至于横纹肌溶解的发生机制，低钾所致的肌细胞内代谢障碍可能也参与其中。

3）对消化系统平滑肌的影响：低钾血症可引起胃肠道运动减弱，患者常发生厌食、恶心及呕吐等，严重时可致腹胀甚至麻痹性肠梗阻。

（3）对肾脏的影响：缺钾引起肾脏的损害主要表现为髓质集合管上皮细胞肿胀、增生、胞质内颗粒形成等。慢性低钾血症时，由于肾远曲小管和集合管上皮细胞受损，对ADH的反应性降低，以及髓袢升支受损时，对Na^+、Cl^-重吸收减少，患者尿浓缩功能障碍，出现多尿和低比重尿。

（4）对酸碱平衡的影响：低钾血症时，可引起代谢性碱中毒，并出现反常性酸性尿（paradoxical acidic urine）。这是由于：①细胞外液中的K^+浓度下降时，细胞内K^+外移，而细胞外液中的H^+内移，使细胞外液碱中毒；②低钾血症时，肾小管上皮细胞内K^+浓度降低，H^+浓度升高，肾小管K^+-Na^+交换减少，H^+-Na^+交换增强，肾排H^+增多，使尿液呈酸性。

（5）对代谢的影响：低钾血症时，胰岛素分泌受抑制，糖原合成障碍，糖耐量降低，易发生高血糖；低钾可使蛋白质合成不足，出现负氮平衡。

（二）高钾血症

高钾血症是指血清K^+浓度>5.5mmol/L。高钾血症时极少出现细胞内钾含量增高，且体钾含量亦未必升高。

1. 原因和机制

（1）钾摄入过多：多见于静脉补钾过多、过快，或静脉输注大量库存血或大剂量青霉素钾盐时，特别是在肾功能低下时易发生高钾血症。

(2) 钾排出减少：主要是肾排钾减少，这是引起高钾血症的最主要原因。常见于：①急性肾衰竭少尿期、慢性肾衰竭末期出现少尿或无尿时，肾小球滤过率下降或肾小管排钾功能障碍，常常发生高钾血症；② ALD 的主要作用是促进肾远曲小管和集合管对 Na^+ 的重吸收及排泌 K^+、H^+，ALD 分泌减少时，肾远曲小管和集合管排钾减少，常引起高钾血症，临床常见于肾上腺皮质功能不全（Addison 病）及双侧肾上腺切除；③长期使用潴钾利尿剂，如螺内酯、氨苯蝶啶等具有抵抗 ALD 保钠排钾作用的药物长期使用可致高钾血症。

(3) 细胞内钾移出至细胞外过多：①酸中毒时，细胞外液中的 H^+ 进入细胞内，而细胞内的 K^+ 转移至细胞外液，使血钾升高；②严重缺氧时，细胞内 ATP 生成减少，膜 Na^+-K^+ 泵功能障碍，细胞外液中的钾不易转入细胞内，致血钾升高；③糖尿病因胰岛素缺乏可抑制 K^+ 移入细胞内，而高血糖使血浆渗透压增高则可致 K^+ 移出细胞增多，使血 K^+ 浓度升高；④发生挤压综合征、大面积烧伤等大量溶血和组织坏死情况时，细胞内 K^+ 大量释出而引起高钾血症；⑤常染色体显性遗传病高钾血症型周期性瘫痪，在剧烈运动后或应激发作时细胞内 K^+ 外移，使血浆 K^+ 浓度急剧升高，表现为周期性反复发作的肌麻痹；⑥某些药物，如 β- 受体阻滞剂，洋地黄类药物中毒等可抑制 Na^+、K^+-ATP 酶的活性使细胞摄钾受阻；肌肉松弛剂氯琥珀胆碱则可增大骨骼肌膜对 K^+ 的通透性，使 K^+ 外移增多。

2. 对机体的影响

(1) 对心脏的影响：高钾血症对机体的影响主要表现在心脏，血清钾浓度升高越快其影响越大，严重者可致心律失常和心搏骤停而死亡。

1) 心肌兴奋性先增高后降低：高钾血症时，$[K^+]_i/[K^+]_e$ 减小，E_m 与 E_t 间距离缩短，心肌兴奋性增高；但当 E_m 达到 $-60 \sim -55mV$ 时，细胞膜上的快钠通道失活，心肌兴奋性反而降低，称为"去极化阻滞"。

2) 心肌传导性降低：高钾血症时，由于 $|E_m|$ 减小，0 期除极速度减慢，传导性降低。严重高钾血症时，可因严重心肌传导阻滞和兴奋性降低而致心搏骤停。

3) 心肌自律性降低：高钾血症时，心肌细胞膜对 K^+ 的通透性增加，快反应自律细胞在 4 期自动除极时 K^+ 外流加速，而 Na^+ 内流相对减慢，因此心肌自律性降低。

4) 心肌收缩性减弱：高钾血症时，细胞外液 K^+ 浓度升高抑制了复极化 2 期 Ca^{2+} 的内流，心肌细胞内 Ca^{2+} 浓度降低，心肌收缩性减弱。

5) 心电图的改变：高钾血症时，心电图的改变主要为反映动作电位 3 期复极化的 T 波高尖，基底狭窄，反映心室动作电位时间的 Q-T 间期缩短，反映心房去极化的 P 波低平甚至消失，反映心室去极化的 QRS 波振幅降低，间期增宽。

(2) 对神经和肌肉组织的影响

1) 急性高钾血症：轻度高钾血症（血清钾 5.5～7.0mmol/L）时，由于细胞外液 K^+ 浓度上升，$[K^+]_i/[K^+]_e$ 比值减小，静息期细胞内 K^+ 外流减少，$|E_m|$ 减小，与阈电位 E_t 间的距离缩短，较弱的刺激便能引起兴奋，细胞兴奋性增高，表现为四肢感觉异常、肌肉疼痛、肌震颤等症状；重度高钾血症（血清钾 7.0～9.0mmol/L）时，由于 $[K^+]_i/[K^+]_e$ 比值减小，静息期细胞内 K^+ 外流明显减少，使 E_m 与 E_t 水平几乎接近，当 $E_m \approx E_t$ 时，细胞膜快钠通道失活，细胞处于去极化阻滞状态，兴奋性消失，表现为肌肉软弱无力，呈现弛缓性麻痹。

2) 慢性高钾血症：由于病程缓慢，通过代偿 $[K^+]_i/[K^+]_e$ 变化不大，$|E_m|$ 无明显变化，很少出现神经肌肉的症状。

(3) 对酸碱平衡的影响：高钾血症时细胞外液 K^+ 浓度升高，K^+ 向细胞内转移，而细胞内 H^+ 外移；肾小管上皮细胞内 K^+ 浓度升高，H^+ 浓度降低，使肾小管 K^+-Na^+ 交换增强，H^+-Na^+ 交换减弱，尿排 K^+ 增加，排 H^+ 减少，因此高钾血症常伴有代谢性酸中毒，酸中毒时机体应排酸性尿，但此时为维持血钾的平衡，排出的尿液呈碱性，因而称为"反常性碱性尿"（paradoxical alkaline urine）。

案例
患者男，1 岁 6 个月。因腹泻、呕吐 3 天入院。发病以来，每天腹泻 6～7 次，水样便，呕吐 4 次，不能进食，每日补 5% 葡萄糖溶液 1000ml，尿量减少，腹胀。
体检：精神萎靡，体温 37.5 ℃（肛），脉搏速弱，150 次/分。呼吸浅快，55 次/分。血压 86/50 mmHg（11.5/6.67KPa）。皮肤弹性减退，两眼凹陷，前囟下陷。腹胀，肠鸣音减弱，腹壁反射消失，膝反射迟钝，四肢凉。检验：血清 Na^+ 134mmol/L，血清 K^+ 3.2mmol/L。
试分析该患儿发生了何种水、电解质代谢紊乱。

（骆亚莉）

知识链接——童萼塘：揭开"低血钾软病"之谜

童萼塘，教授，主任医师，博士生导师，国家级专家，华中科技大学同济医学院附属协和医院神经科创始人。

20 世纪 60 年代中期，一种罕见的怪病先后肆虐了江西、湖北、河南、安徽等 10 余个棉产区。该病多见于青壮年，女性较多，患者肢体无力或瘫痪，严重的出现呼吸麻痹甚至猝死。成年男子患此病，几乎都会身患不可逆的不育症。

1975 年，童萼塘作为课题负责人正式开始研究这种怪病。为掌握第一手资料，他和课题组成员一道顶严寒、冒酷暑，深入乡村寻访患者，并组织和指导农村基层卫生人员配合课题研究收集临床资料，分析病历。经过深入调查，他们发现这种怪病与农村经常食用的粗制棉油有关，而这种油中所含对人体有害的棉酚高出国家规定量的 10 倍以上。童萼塘教授随后对患者尿液进行分析，并证实该疾病是由棉酚类毒性物质引起肾小管损害，造成钾经肾丢失过多而致。此病的发病机制终于水落石出，并也由此定名为"低血钾软病"。1985 年，这项重大的科研成果先后获得卫生部甲等奖和国家科技进步二等奖。

第七章 水　　肿

> **水肿的发生机制**
> 　　血管内外液体交换平衡失调
> 　　体内外液体交换平衡失调
> **水肿的病理变化**
> 　　水肿液的特点
> **水肿器官和组织的特点**
> 　　常见水肿的分布特点
> **水肿对机体的影响**
> 　　水肿对机体的有利效应
> 　　水肿对机体的不利影响
>
> 　　体液在组织间隙积聚过多，称为水肿（edema）。体液积聚在体腔称为积水或积液（hydrops），如胸腔积液、腹水等。水肿不是一个独立的疾病，而是多种疾病的一种重要的病理过程。水肿分布于全身时称为全身性水肿（anasarca）；限于某个局部称局部性水肿（local edema）；发生于某个器官时则称器官水肿。根据水肿的发生部位分，可有皮下水肿、肺水肿、脑水肿、声门水肿等。根据发生的原因可分为心性水肿、肾性水肿、肝性水肿、营养不良性水肿、淋巴性水肿、炎性水肿等。
> 　　在生理状态下，组织间液和血浆之间不断进行液体交换，使组织液的生成和回流保持动态平衡，这种平衡的失调是产生水肿的基础。

第一节　水肿的发生机制

　　正常人体组织间液约占体重的15%，这种相对恒定的状态主要依赖于体内外液体交换和血管内外液体交换的平衡（图7-1）。如果这两种平衡失调，就有可能导致组织间隙或体腔中过多体液积聚，发生水肿。

一、血管内外液体交换平衡失调

　　机体血管内外液体交换的动态平衡的维持与下列因素有关：①平均有效液体静压，即驱使血管内液体向组织间隙滤过的力量，其值为毛细血管液体静压减去组织液静水压。②有效胶体渗透压是使组织液回到血管内的力量，其值为血浆胶体渗透压减去组织液胶体渗透压。这两组互相拮抗的压力处于动态平衡，决定了组织液的形成和吸收。毛细血管滤过压为有效液体静压减去有效胶体渗透压，当滤过压为正值时组织液生成，反之组织液回流至血管内。毛细血管动脉端有效液体静压大于有效胶体渗透压，血浆中的水和晶体物质及极少量的蛋白质经毛细血管壁滤出，形成组织液；静脉端有效胶体渗透压大于有效液体静压，促使组织间隙的液体回吸收到毛细血管内。③由于组织液的生成略大于回流，多余的组织液及经毛细血管漏出的蛋白质则由淋巴管回流入静脉，以维持血管内外液体交换处于动态平衡。上述因素的异常变化常常导致水肿的发生。

1. **毛细血管液体静压增高** 可使有效液体静压增高，组织液增多。当滤出量超过淋巴回流的代偿限度时，即可引起水肿。常见于各种原因引起的静脉阻塞或静脉回流障碍，如充血性心力衰竭、血栓栓塞和肿瘤压迫。此外，由于动脉扩张充血也可使有效液体静压增高，导致水肿，如炎性水肿。

2. **血浆胶体渗透压下降** 血浆胶体渗透压主要取决于血浆蛋白尤其是白蛋白的浓度，当血浆蛋白量减少时，血浆胶体渗透压下降，组织液的生成增加。血浆蛋白下降的主要原因：①蛋白质

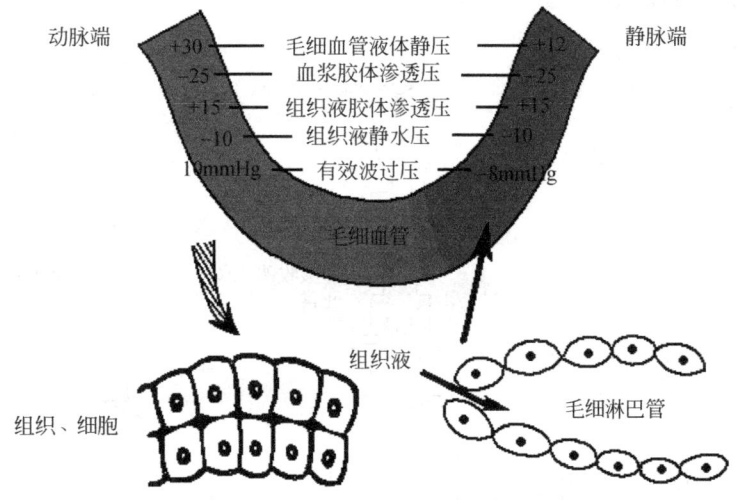

图 7-1 毛细血管内外液体交换示意图
+ 表示促进液体滤出毛细血管的力（mmHg）
− 表示阻止液体滤出毛细血管的力（mmHg）

摄入不足，如食物蛋白供给不足或胃肠道消化吸收障碍；②蛋白质合成障碍，如肝硬化、营养不良等；③蛋白质丢失过多，如肾病综合征、烧伤等；④蛋白质分解代谢增强，如慢性感染、恶性肿瘤；⑤稀释性低蛋白血症，如大量水钠潴留或输入大量非胶体溶液稀释了血浆蛋白。

3. **血管壁通透性增加** 微血管壁通透性增加，血浆蛋白可从毛细血管和微静脉壁滤出，使血浆胶体渗透压下降，组织液胶体渗透压上升，导致组织液和溶质潴留。此类水肿的水肿液蛋白含量较高。引起微血管壁通透性增加的因素很多，主要见于各种炎症（感染、烧伤、冻伤、昆虫咬伤等），炎症时的炎症介质如组胺、激肽可使微血管壁内皮细胞微丝收缩，内皮细胞变形，细胞间隙增大；缺氧、酸中毒可使微血管基底膜受损等。

4. **淋巴回流受阻** 含高蛋白的水肿液就可在组织间隙中积聚，从而形成淋巴性水肿（lymph edema）。例如，恶性肿瘤细胞侵入淋巴管造成癌细胞栓塞引起局部水肿；乳腺癌根治术清扫腋窝淋巴结伤及淋巴管引起患侧上肢水肿；丝虫病成虫阻塞淋巴管可引起下肢和阴囊的水肿等，淋巴性水肿因含有较多蛋白性液体故水肿呈非凹陷性，又称象皮病（elephantiasis）。

二、体内外液体交换平衡失调

正常情况下，钠、水的摄入量与排出量保持动态平衡，从而使体液量保持恒定。这种平衡的维持依赖于肾脏的正常结构与功能，以及体内容量及渗透压的调节。正常情况下肾小球的滤过功能与肾小管的重吸收功能保持动态平衡，经过肾小球滤出的钠、水总量，只有 0.5% ～ 1% 排出体外，99% ～ 99.5% 被肾小管重吸收，其中近曲小管主动吸收 60% ～ 70%，远曲小管和集合管对钠水重吸收受激素调节。这些调节因素保证了球 - 管的平衡，当某些因素导致球 - 管平衡失调时，便可出现钠、水潴留，引起水肿（图 7-2）。

1. **肾小球滤过率（glomerular filtration rate, GFR）下降** 肾小球滤过率主要取决于有效滤过压、滤过膜的通透性和滤过面积，其中任何一方面发生障碍都可使之下降。①肾小球广泛受损：大量肾单位严重破坏时，有滤过功能的肾单位显著减少，肾小球有效滤过面积减少，GFR 下降，原尿生成减少，见于急、慢性肾小球肾炎时。②肾血流量减少：当有效循环血量减少使肾血流量减少，以及继发的交感 - 肾上腺髓质系统和肾素 - 血管紧张素系统兴奋，使肾血管进一步收缩，GFR 降低，

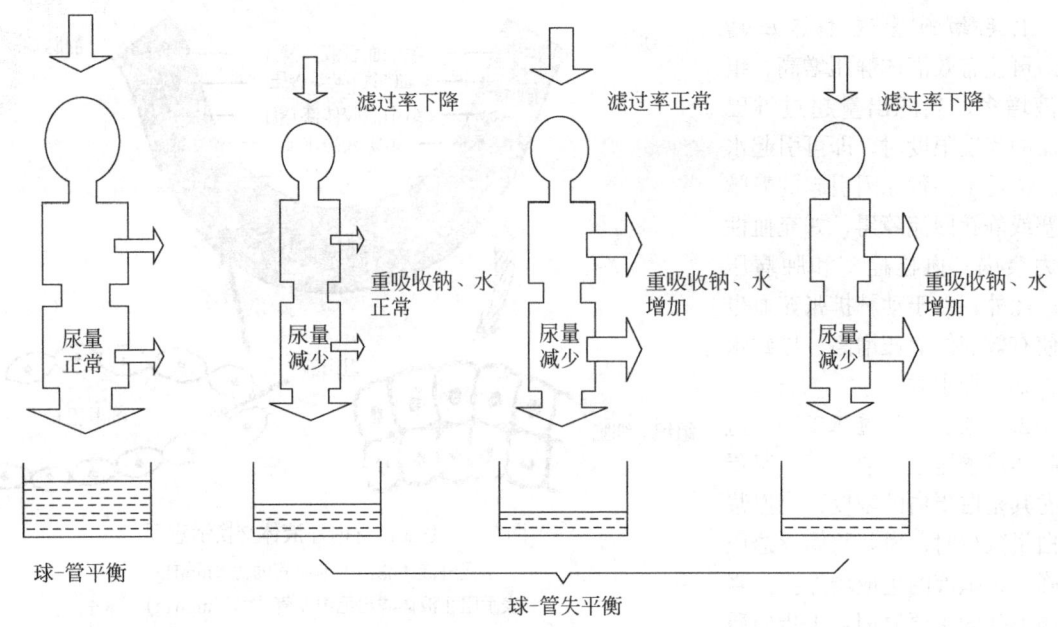

图7-2　球-管失衡基本形式示意图

导致钠、水潴留，见于充血性心力衰竭、肾病综合征、肝硬化腹水和营养不良症等。③肾小囊内压升高：尿路梗阻时，尿液积聚而使肾盂内压力增高，继而造成肾小囊内压升高，导致GFR明显下降，见于肾盂或输尿管结石、药物结晶、肿瘤压迫或其他原因引起的输尿管阻塞等疾患。

2. 肾小管重吸收增加　在钠、水潴留中起着更为重要的作用，常见因素有：

(1) 肾小球滤过分数（filtration fraction，FF）增高：肾小球滤过分数是指GFR与肾血浆流量的比值。充血性心力衰竭或肾病综合征时，肾血流量随有效循环血量的减少而下降，由于血管紧张素Ⅱ增多使出球小动脉收缩比入球小动脉收缩更为明显，GFR相对增高，FF增加，此时无蛋白滤液相对增多，进入肾小管周围毛细血管内可造成血浆胶体渗透压升高，同时由于血流量的减少，流体静压下降，促进近曲小管钠、水重吸收，导致钠、水潴留。

(2) 心房利钠肽（atrial natriuretic polypeptide，ANP）减少：心房利钠肽是由心房内心肌细胞分泌的一种多肽激素，具有利钠利尿、扩张血管和降低血压的作用。ANP是血容量的负调节因素，其分泌和释放受血容量、血压、血钠等因素的影响。有效循环血量减少时，心房牵张感受器的兴奋性降低，ANP的分泌与释放受到抑制，近曲小管对钠、水重吸收增加，从而导致或促进水肿的发生。

(3) 醛固酮分泌增加：醛固酮由肾上腺皮质球状带细胞分泌，具有促进远曲小管和集合管重吸收钠的作用，因而是引发钠、水潴留的一个重要因素。充血性心力衰竭、肝硬化、肾病综合征时有效循环血量下降，刺激醛固酮分泌增加，导致或加重水肿。

(4) 抗利尿激素（antidiuretic hormone，ADH）分泌增加：抗利尿激素由下丘脑的视上核和室旁核的神经元分泌，具有促远曲小管和集合管重吸收水的作用，也是引起钠水潴留的重要原因。当有效循环血量减少时，对左心房和胸腔大血管容量感受器的刺激减弱，则可使ADH分泌增多；肾素-血管紧张素-醛固酮系统激活后，血管紧张素Ⅱ水平增高，导致醛固酮分泌增加，远曲小管对Na^+的重吸收增多，血浆晶体渗透压升高，直接刺激下丘脑渗透压感受器而使ADH大量释放。

(5) 肾血流重分布：正常情况下，约有90%的肾血流通过肾皮质外层2/3的肾单位（即皮质肾单位），只有一小部分通过近髓肾单位。皮质肾单位约占肾单位总数的85%，其髓袢短，不进入髓质高渗区，对钠水重吸收功能相对较弱；而数量上约占15%的近髓肾单位的髓袢长，深入髓质高渗区，对钠水重吸收功能较强。当有效循环血量减少时，可发生肾血流的重新分布，使皮质肾单位血流量减少而近髓肾单位血流量增加，导致肾小管对钠、水的重吸收增加。

第二节 水肿的病理变化

一、水肿液的特点

水肿液来自血浆液体成分，含有蛋白质、无机盐、葡萄糖、肌酐、尿素、氨基酸及其他可溶性物质。因为水肿发生的原因及病变部位微血管的通透性不同，以致水肿液蛋白含量各异，由此可将水肿液分为漏出液和渗出液。二者区别参见第四章炎症。

二、水肿器官和组织的特点

严重水肿时，组织器官体积增大，重量增加，包膜被牵引而紧张发亮，颜色苍白，切面有时呈胶冻样。镜下可见水肿液积聚于细胞和纤维结缔组织之间或腔隙内，水肿部位的间质纤维可被分隔而稀疏，HE染色为透亮空白区，水肿液含血浆蛋白较多时，可呈红染同质状。

三、常见水肿的分布特点

水肿的特点与发生原因、开始出现的部位、发生部位和重力效应，组织结构的疏密度及局部血流动力学等因素有关。

1. 皮下水肿　是全身或躯体局部水肿的重要体征。当皮下组织有过多体液积聚时，皮肤肿胀、光亮、弹性差、皱纹变浅、平滑而松软。用手指按压如出现凹陷压痕，称凹陷性水肿（pitting edema）或显性水肿（frank edema）。全身水肿患者在出现凹陷之前已有组织间液增多，可达原体重的10%，这种情况称隐性水肿。隐性水肿是因为分布在组织间隙中的胶体网状物（含胶原、透明质酸及黏多糖等）对液体具有强大的吸附能力和膨胀性。只有当液体的积聚超过其吸附能力时，才游离出来形成游离液体，在组织间隙中有高度的移动性。当液体的积聚达到一定量时，用手指按压时游离的液体向按压点周围散开，形成凹陷，数秒钟后凹陷自然平复。

2. 肺水肿　水肿的肺体积肿胀、重量增加、质地变实，切面有淡红色泡沫状液体溢出。光镜下可见间质或肺泡腔内充满红染水肿液。肺水肿分为间质性肺水肿和肺泡水肿，多见于左心衰竭、肾衰竭、成人呼吸窘迫综合征、肺炎和过敏反应等。

3. 脑水肿（cerebral edema）　根据发生原因，脑水肿分为三类：①血管源性脑水肿，主要由微血管通透性增高引起；②细胞中毒性脑水肿，多由缺血、缺氧，细胞受损，能量代谢障碍所致；③间质性脑水肿，为脑内导水管受阻，脑脊液回流障碍所致。脑水肿时脑组织肿胀，脑回变扁平，脑沟变浅，重量增加。光镜下，脑灰质和白质疏松，血管周围间隙加宽。严重时脑组织在高倍镜下呈网化状态。严重脑水肿时可形成脑疝。

4. 心性水肿（cardiac edema）　在右心衰竭或全心衰竭时，因体循环的静脉压增高及毛细血管滤过压增加而引起水肿。故心性水肿先出现在身体下垂部位，以下肢尤以足踝部最早出现且较明显，然后向上扩展。水肿形成的速度较慢，严重时可出现腹水、胸腔积液，甚至肝淤血水肿。

5. 肝性水肿（hepatic edema）　是指一种因严重肝脏疾病如肝硬化、暴发性肝衰竭等所引起的全身性水肿。其形成是多种因素综合作用的结果，主要机制是肝静脉回流受阻，肝窦内压增高，大量液体滤出至肝组织间隙，超过淋巴回流的代偿能力，液体经肝脏表面或肝门部流入腹腔，故以腹水形成为特征，躯体其他部位不明显。

6. 肾性水肿（renal edema） 是指原发于肾功能障碍的一种全身性水肿，分为两类：①肾炎性水肿，一般只有眼睑和面部等组织疏松的部位水肿，重者可向下扩展，累及全身，见于急、慢性肾小球肾炎。②肾病性水肿，见于肾病综合征，在临床上具有大量蛋白尿、重度水肿、高脂与高胆固醇血症和低蛋白血症等四大特征。

第三节 水肿对机体的影响

水肿对机体的影响，与引起水肿的原因、部位、程度、发展速度、持续时间有关。

一、水肿对机体的有利效应

1. 循环系统的重要"安全阀" 当血容量迅速增长时，大量液体及时转移到组织间隙中，可防止循环系统压力急剧上升，从而减免引起血管破裂和急性心力衰竭的危险。故可把水肿看成人体调节血容量的一种重要"安全阀"。

2. 保护效应 炎性水肿可有下列保护效应：①水肿液能稀释毒素；②水肿液的大分子物质能吸附有害物质，阻碍其入血；③水肿液中纤维蛋白原形成纤维蛋白之后，在组织间隙中形成网状物或堵塞淋巴管腔，能阻碍细菌扩散，又有利于吞噬细胞游走；④通过渗出液可把抗体、补体或药物运输至炎症灶。

3. 特殊环境的营养作用 血管内血栓形成引起缺血的组织或冻伤组织内的水肿液短时间积聚，可在某种程度上起到营养液的作用，可延缓组织坏死并有利于细胞修复。

二、水肿对机体的不利影响

1. 影响组织细胞代谢 水肿部位组织间隙过量的液体积聚，增大了组织细胞与毛细血管间物质弥散的距离，导致氧与营养物质运输时间延长；水肿液的堆积还可压迫局部毛细血管，致使血流量减少，影响物质交换，造成细胞营养障碍。慢性水肿促进水肿区纤维化，对血管也有压迫作用，可引起水肿区细胞营养不良，局部抵抗力降低，易发生感染、溃疡、创面不易愈合。

2. 引起重要器官功能障碍 水肿对器官组织功能活动的影响取决于水肿发展的速度、程度，以及水肿发生的部位。急速发展的重度水肿，因来不及适应或代偿，故比缓慢发展的水肿引起更加严重的机能障碍。水肿发生于特定的、对生命活动有重要意义的器官或组织时可引起严重后果，如喉头水肿，可引起气道阻塞甚至窒息致死；肺水肿影响通气功能，引起严重缺氧甚至死亡；心包积液，妨碍心脏的舒缩活动，引起心排血量下降，导致心力衰竭发生；脑水肿引起颅内压升高、脑疝及脑功能紊乱，甚至引起呼吸、心搏骤停。

案例

患者男，6岁。全身水肿8天，发病前曾反复上呼吸道感染，发热最高达38.5℃，咳嗽，咽痛。水肿开始出现于眼睑、面部，以后波及下肢，伴尿少。患儿既往体健，无心血管、肝脏及慢性胃肠道疾病史。体检：BP 110/80mmHg（此年龄段正常值为90/60mmHg），面部及下肢凹陷性水肿，腹部叩诊移动性浊音（+），余未见异常。血浆总蛋白55g/L（此年龄段正常值为62～76g/L），血浆白蛋白23g/L（此年龄段正常值为38～54g/L），血胆固醇6.0mmol/L（此年龄段正常值为3.1～5.2mmol/L），红细胞压积35%（正常值为40%～50%）腹水的蛋白含量为4.5g/L（在正常值范围内）。尿液检查尿蛋白（+++），红细胞（++）。

思考题：
1. 该患儿出现何种类型的水肿？
2. 试分析该患儿水肿产生的机制。
3. 如果水肿进一步发展可能对机体产生哪些不利影响？为什么？

（苗宇船）

孕期水肿

孕妇在孕28周以后，可能会出现孕期水肿。孕期水肿通常最先出现在人体最低部位，足踝部多先水肿，休息后稍退，逐渐加重并向上蔓延。水肿部位可随体位而改变，半坐、卧位时腰骶部及阴唇明显，严重者会引起全身水肿。如皮肤肿胀透亮，按之凹陷，则为凹陷性水肿；如无明显水肿，但体重增加每周超过500g，则为隐性水肿。孕期水肿的机制主要为：①妊娠增大的子宫压迫下腔静脉，使静脉血液回流受阻；②胎盘分泌的激素及肾上腺分泌的醛固酮增多，造成体内钠水潴留；③如母体合并较重的贫血，血浆蛋白降低，胶体渗透压下降导致液体从血管内渗出到周围的组织间隙等。一般情况下，产后数日，通过大量排尿及出汗，可将体内过多水分排出，水肿逐渐消失。

第八章 酸碱平衡紊乱

酸碱平衡的调节
　　体液酸碱物质的来源
　　酸碱平衡的调节机制
反映血液酸碱平衡状况的常用指标及其意义
　　pH
　　动脉血 CO_2 分压
　　标准碳酸氢盐和实际碳酸氢盐
　　缓冲碱
　　碱剩余
　　阴离子间隙
单纯型酸碱平衡紊乱
　　代谢性酸中毒
　　呼吸性酸中毒
　　代谢性碱中毒
　　呼吸性碱中毒
混合型酸碱平衡紊乱
　　双重性酸碱平衡紊乱
　　三重性混合型酸碱平衡紊乱
酸碱平衡紊乱分析判断的病理生理学基础
　　根据 pH 变化判断酸中毒和碱中毒
　　根据病史和原发因素失衡判别代谢性
　　　或呼吸性酸碱平衡紊乱
　　根据"继发性代偿"变化是否符合代
　　　偿调节规律定单纯型或混合型酸碱
　　　平衡紊乱

　　人体的体液环境必须具有适宜的酸碱度才能维持各种组织、细胞的正常代谢和生理功能。正常人体血浆的酸碱度在范围很窄的弱碱性环境内变动,用动脉血 pH 表示是 7.35～7.45,平均值为 7.40。生命活动过程中,机体通过代谢不断产生酸性或碱性物质,同时,也经常摄入一些酸性或碱性食物。但是依靠体液的缓冲系统,以及肺和肾的调节功能,血液 pH 可以稳定在正常范围内。这种维持血液 pH 相对稳定的过程称为酸碱平衡(acid-base balance)。

　　在一些病理情况下,由于酸碱超负荷或调节机制障碍而导致体液内环境酸碱稳定性破坏,使血液 pH 超越正常范围称为酸碱平衡紊乱(acid-base disturbance)。酸碱平衡紊乱在临床上十分常见,是许多疾病继发性变化的病理过程。一旦发生常常会使患者病情更复杂、更严重,因此及时发现和正确处理是治疗疾病成败的关键。引起机体酸碱物质的增加或减少的原因有哪些?机体有哪些维持酸碱平衡的代偿调节机制?如何根据血气分析参数的变化来判断机体是否有酸碱平衡紊乱或何种类型的酸碱平衡紊乱等,是本章重点讨论的内容。

第一节 酸碱平衡的调节

一、体液酸碱物质的来源

　　在化学反应中,凡能释放出 H^+ 的化学物质称为酸,如 HCl、H_2SO_4、NH_4^+ 和 H_2CO_3;反之,

凡能接受 H^+ 的化学物质称为碱，如 OH^-、NH_3、HCO_3^- 等。人体内的酸性和碱性物质，主要是机体在代谢过程中产生的。由食物中摄取的酸和碱量很少，且组织细胞在物质分解代谢过程中产生的酸性物质远远超过碱性物质。

（一）酸性物质的来源

1. 挥发酸（volatile acid） 碳酸（H_2CO_3）是体内唯一的挥发酸，是机体在代谢过程中产生最多的酸性物质，因其分解产生的 CO_2 可由肺呼出而被称为挥发酸。通过肺进行的 CO_2 呼出量调节也称为酸碱的呼吸性调节。糖、脂肪和蛋白质等物质在代谢过程中产生大量的 CO_2，可以通过以下两种方式与水结合生成碳酸。

一种方式是 CO_2 与组织间液和血浆中的水直接结合生成 H_2CO_3，即 CO_2 溶解于水生成 H_2CO_3。该反应过程不需要碳酸酐酶（carbonic anhydrase, CA）的参与：

$$CO_2 + H_2O \rightleftharpoons H_2CO_3 \rightleftharpoons H^+ + HCO_3^-$$

另一种方式是 CO_2 在红细胞、肾小管上皮细胞、胃黏膜上皮细胞和肺泡上皮细胞内经碳酸酐酶（CA）的催化与水结合生成 H_2CO_3。其反应过程如下：

$$CO_2 + H_2O \xrightarrow{CA} H_2CO_3 \rightleftharpoons H^+ + HCO_3^-$$

2. 固定酸（fixed acid） 是体内除碳酸外所有酸性物质的总称，因不能由肺呼出，而只能通过肾脏由尿液排出故又称非挥发酸（unvolatile acid），也称为酸碱的肾性调节。机体产生的固定酸包括：含硫氨基酸分解代谢产生的硫酸，含磷有机物（磷蛋白、核苷酸、磷脂等）分解代谢产生的磷酸，糖酵解产生的乳酸，脂肪分解产生的乙酰乙酸、β-羟丁酸等。但是，人体每天生成的固定酸所离解产生的 H^+ 与挥发酸相比要少很多。机体有时还会摄入一些酸性食物，或服用酸性药物如氯化铵、水杨酸等，成为酸性物质的另一来源。

（二）碱性物质的来源

体内通过三大营养物质的分解代谢产生的碱性物质并不多。体内碱性物质主要来自食物，特别是蔬菜和瓜果中所含的有机酸盐，如柠檬酸盐、苹果酸盐等，均可与 H^+ 起反应，分别转化为柠檬酸、苹果酸，而 Na^+ 或 K^+ 则可与 HCO_3^- 结合生成碱性盐。

二、酸碱平衡的调节机制

正常机体虽然不断地摄取和生成酸性及碱性物质，但血液 pH 却不发生显著变化。这是由于机体对酸碱负荷有强大的缓冲能力和有效的调节功能，保持了酸碱的稳态。机体对体液酸碱度的调节主要是通过血液的缓冲系统，以及肺、肾对酸碱平衡的调节来维持的。

（一）血液的缓冲作用

血液缓冲系统是由弱酸和其相对应的弱酸盐所组成。其中弱酸为酸性物质，对进入血液的碱起缓冲作用；弱酸盐为碱性物质，对进入血液的酸起缓冲作用。血液中主要有碳酸氢盐缓冲系统（HCO_3^-/H_2CO_3）、磷酸盐缓冲系统（$HPO_4^{2-}/H_2PO_4^-$）、血浆蛋白缓冲系统（Pr^-/HPr）、血红蛋白（Hb^-/HHb）和氧合血红蛋白缓冲系统（$HbO_2^-/HHbO_2$）五种。

碳酸氢盐缓冲系统和血红蛋白及氧合血红蛋白缓冲系统最为重要，特别是碳酸氢盐缓冲系统的缓冲能力最强，因为：①含量最多，占全血缓冲总量的53%；②为开放性缓冲系统，碳酸能与体液中的 CO_2 取得平衡而受呼吸的调节；③可缓冲固定酸或碱，生成 CO_2 或 HCO_3^- 从肺或肾排出，使其缓冲能力大大增加。

碳酸氢盐缓冲对以外的各缓冲对又称为非碳酸氢盐缓冲系统。固定酸或碱能够被所有的缓冲系统所缓冲，但是碳酸氢盐缓冲系统不能缓冲挥发酸，挥发酸的缓冲则主要靠非碳酸氢盐缓冲系统，特别是血红蛋白及氧合血红蛋白缓冲系统进行缓冲（表 8-1，表 8-2）。

表 8-1　全血的五种缓冲系统

缓冲体系	占全血缓冲系统（%）
HCO_3^- 缓冲系	53
血浆	35
细胞内	18
非 HCO_3^- 缓冲系	47
Hb 及 HbO_2	35
磷酸盐	5
血浆蛋白	7

表 8-2　全血中各缓冲系统含量与分布

缓冲酸		缓冲碱
H_2CO_3	⇌	$HCO_3^- + H^+$
H_2PO_4	⇌	$HPO_4^{2-} + H^+$
HPr	⇌	$Pr^- + H^+$
HHb	⇌	$Hb^- + H^+$
$HHbO_2$	⇌	$HbO_2^- + H^+$

（二）肺的调节作用

肺通过改变呼吸运动的频率和幅度来调节 CO_2 的排出量，使血浆碳酸氢盐缓冲系统的 HCO_3^-/H_2CO_3 比值维持正常，以保持其相对恒定，血浆 pH 则在正常范围内波动。

呼吸运动受呼吸中枢和外周化学感受器的调节。中枢化学感受器对动脉血 $PaCO_2$ 变动非常敏感。当 $PaCO_2$ 升高，增加的 CO_2 容易透过血-脑屏障，使脑脊液 H^+ 浓度增加，刺激了延髓呼吸中枢化学感受器，从而引起呼吸中枢兴奋，明显增加肺的通气量。当 $PaCO_2$ 由正常值 40mmHg 上升到 60mmHg 时，肺通气量可增加 10 倍，但 $PaCO_2$ 增高至 80mmHg 以上时，呼吸中枢反而受到抑制，称为 CO_2 麻醉。

外周化学感受器主要位于颈动脉体和主动脉体。缺氧、$PaCO_2$ 和 H^+ 升高均可刺激外周化学感受器，反射性地引起呼吸中枢兴奋，使呼吸运动增强。正常情况下，中枢化学感受器的作用远较外周化学感受器为强。

总之，缺氧、$PaCO_2$ 升高和 pH 降低时，可使呼吸加深加快，血液 CO_2 由肺排出量显著增加，从而降低血液 H_2CO_3 浓度。如果血液中 $PaCO_2$ 降低或 pH 升高，则因呼吸中枢的兴奋减弱而引起呼吸变浅变慢，从而减少 CO_2 排出量，增加血液中 H_2CO_3 含量，使 HCO_3^-/H_2CO_3 的比值维持正常，以维持血液正常的 pH。

（三）肾的调节作用

肾主要是通过改变排酸或保碱的量来调节血浆 HCO_3^- 浓度，从而维持血液正常的 pH。由于在普通膳食条件下，正常人体内酸性物质的产生远远超过碱性物质的产生量。因此，肾每天排出代谢性 H^+，重吸收经肾小球滤出的 HCO_3^-，以这种"排酸保碱"形式实现对体内固定酸的调节。肾的"排酸保碱"途径主要有以下几种方式：

1. 近端肾小管泌 H^+ 和对 $NaHCO_3$ 的重吸收　近端肾小管上皮细胞富含碳酸酐酶，能催化胞质内的 H_2O 和 CO_2 结合生成 H_2CO_3，H_2CO_3 可部分解离成 H^+ 和 HCO_3^-。与此同时，肾小球滤过的 $NaHCO_3$ 在小管液中解离为 Na^+ 和 HCO_3^-。其中的 Na^+ 与近端小管上皮细胞内 H^+ 进行 H^+-Na^+ 转运交换，Na^+ 进入细胞后即与近端小管上皮细胞产生的 HCO_3^- 一同转运至血液。而上述的 H^+-Na^+ 交换是一个继发性耗能过程，所需能量由基侧膜上 Na^+、K^+-ATP 酶通过消耗 ATP 将细胞内 Na^+ 泵出，并多于 K^+ 泵入，使细胞内 Na^+ 处于一个较低的浓度，有利于小管液中 Na^+ 与细胞内 H^+ 转运交换。

由于小管液中的 HCO_3^- 不易透过管腔膜，因而很难进入细胞。于是小管液中的 HCO_3^- 先与近端小管上皮细胞分泌的 H^+ 结合，生成 H_2CO_3，然后 H_2CO_3 分解，生成 H_2O 和 CO_2。H_2O 随着尿液排出，高度脂溶性的 CO_2 迅速通过管腔膜进入近端小管上皮细胞，并在细胞内 CA 的催化下与 H_2O 结合生成 H_2CO_3。H_2CO_3 又解离为 HCO_3^- 和 H^+，H^+ 由近曲小管上皮细胞再次分泌进入小管液中，与小管液中的 Na^+ 进行交换。然后，近端小管上皮细胞内的 HCO_3^- 与通过 H^+-Na^+ 交换进入细胞内的 Na^+ 一起被转运到血液内，从而完成 $NaHCO_3$ 的重吸收（图 8-1A）。

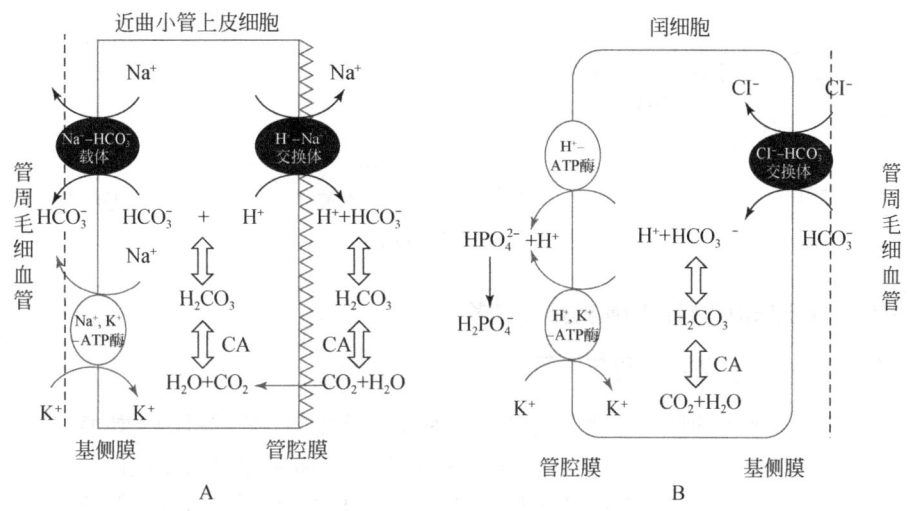

图 8-1 近端小管和集合管泌 H^+、重吸收 $NaHCO_3$ 过程示意图
○：表示主动转运； ●：表示继发性被动转运；CA：碳酸酐酶

2. 远端小管和集合管泌 H^+ 和对 $NaHCO_3$ 的重吸收　远端小管和集合管的闰细胞借助于管腔膜 H^+-ATP 泵向管腔中分泌 H^+，同时在基膜侧以 Cl^--HCO_3^- 交换的方式重吸收 HCO_3^-。远端小管上皮细胞泌 H^+ 到集合管管腔后，可与管腔液中碱性的 HPO_4^{2-} 结合形成可滴定酸 $H_2PO_4^-$，使尿液酸化。这是肾排 H^+ 的一个重要方式，称为肾小管的远端酸化作用。随着 H^+ 的不断分泌，导致尿液 pH 降低。当尿液 pH 降至 4.8 左右时，小管液中几乎所有的 Na_2HPO_4 都已变成了 NaH_2PO_4，此时，就不能进一步发挥缓冲作用了（图 8-1B）。

3. NH_4^+ 的排出　NH_4^+ 的生成和排出是 pH 依赖性的，酸中毒越重，尿 NH_4^+ 排出量越多。近端小管上皮细胞是产 NH_4^+ 的主要场所，细胞内含有谷氨酰胺酶，可催化谷氨酰胺水解成 α-酮戊二酸 +NH_3；α-酮戊二酸进一步分解生成的 HCO_3^- 进入血液，而 NH_3 与 H_2CO_3 解离的 H^+ 结合生成 NH_4^+，通过 NH_4^+-Na^+ 交换进入小管腔随尿排出；由于 NH_3 具有脂溶性，也可以通过非离子扩散方式进入小管腔或通过基侧膜进入细胞间隙；进入近端小管细胞内的 Na^+ 与细胞内的 HCO_3^- 同向转运进入血液。远端小管和集合管上皮细胞也可泌 NH_3，中和小管液中的 H^+，结合生成 NH_4^+ 从尿中排出（图 8-2）。

综上所述，肾对机体酸碱平衡的调节是通过肾小管上皮细胞的"排酸保碱"活动实现的。当体内酸性物质过多时，小管细胞通过加强对 H^+、NH_3 的排泌，使体内过多的固定酸从尿中排出；同时也增加对 Na^+、HCO_3^- 的重吸收入血，防止细胞外液 $NaHCO_3$ 丢失，维持血液 pH 稳定。如果体内碱性物质过多，小管细胞伴随着对 H^+、NH_3 酸性物质的排泌减少，从而对 Na^+、HCO_3^- 的重

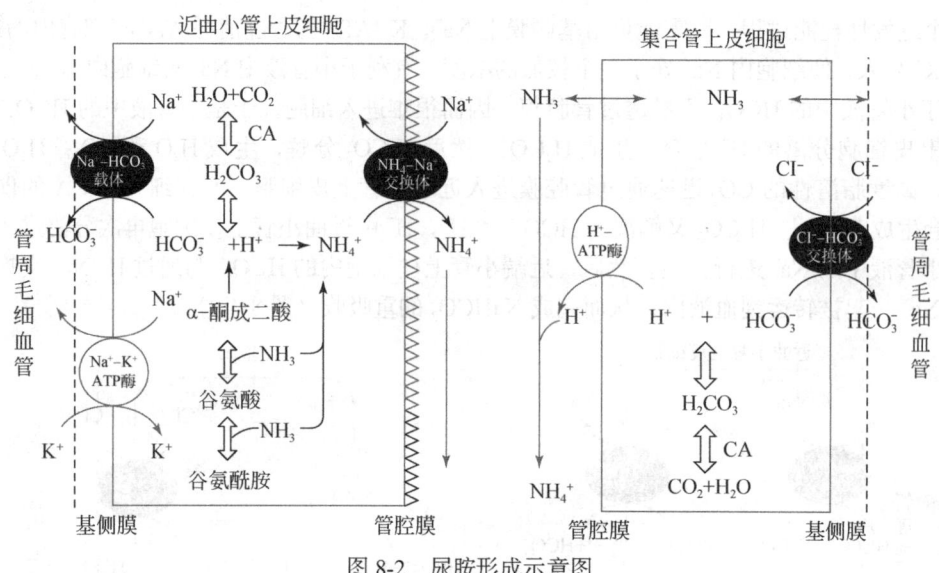

图 8-2 尿胺形成示意图

吸收也会减少，实现尿液中碱性物质的排出增多。

（四）细胞内外离子交换的调节作用

组织细胞对酸碱平衡的调节主要是通过细胞内外离子交换方式进行的，如 H^+-K^+、K^+-Na^+ 和 H^+-Na^+ 交换等。例如，酸中毒时，由于细胞外液 H^+ 浓度增加而弥散入细胞内，细胞内的 K^+ 和 Na^+ 则移出细胞外，从而维持电中性。碱中毒恰好相反，H^+ 移出细胞外，K^+ 和 Na^+ 移入细胞内。这种离子交换的结果能缓冲细胞外液 H^+ 浓度的变动，同时也影响着 K^+ 的浓度。酸中毒时，血 K^+ 往往升高导致高钾血症，而碱中毒则血 K^+ 降低引起低钾血症。Cl^- 和 HCO_3^- 的交换也很重要，特别是在急性呼吸性酸碱平衡紊乱时，红细胞内外 Cl^--HCO_3^- 的交换对酸碱平衡紊乱也起着调节的作用。Cl^- 是可以自由交换的阴离子，当 HCO_3^- 升高时，肾的排泄只能由 Cl^--HCO_3^- 交换来完成。此外，肝脏可以通过合成尿素清除 NH_3 来调节酸碱平衡，骨骼钙盐分解有利于 H^+ 的缓冲。

上述四方面的调节因素共同维持体内的酸碱平衡，但在作用时间和强度上是有差别的。血液缓冲系统反应迅速，但缓冲作用不持久，需要靠肺、肾的协助；组织细胞的缓冲在 3～4 小时后发挥作用，能力虽强，但易造成电解质的紊乱；肺的缓冲效能最强，30 分钟达到高峰，但仅对 CO_2 有调节作用；肾对保留 $NaHCO_3$ 和排出固定酸作用大，但起效慢，常在 12～24 小时后才能发挥作用，3～5 天达到高峰。

第二节 反映血液酸碱平衡状况的常用指标及其意义

血气检测是诊断酸碱平衡紊乱的决定性依据。血气指标可分成三类，反映了三个变量：①反映呼吸因素的指标 $PaCO_2$，即反映血浆 H_2CO_3 浓度的变化；②反映代谢因素的指标 AB、SB、BB、BE，即反映血浆 HCO_3^- 浓度的变化；③反映前两类指标比值的 pH，即反映 HCO_3^-/H_2CO_3 比值变化。

一、pH

pH 是表示血液酸碱度的指标。由于 pH 是 H^+ 浓度的负对数，所以 pH 的高低反映的是血液中

H⁺浓度的状况。正常人动脉血pH为7.35～7.45，平均值是7.40。

pH的高低取决于血浆中HCO_3^-/H_2CO_3的比值。当HCO_3^-/H_2CO_3比值为20：1时，pH为7.40；当HCO_3^-/H_2CO_3比值大于20：1时，pH升高，pH大于7.45为碱中毒；当HCO_3^-/H_2CO_3比值小于20：1时，pH下降，pH低于7.35为酸中毒。

某些因素引起体内酸或碱性物质增多或减少时，通过机体调节机制进行调节后，血浆HCO_3^-、H_2CO_3的浓度可能偏离正常值，但只要是按比例改变，比值维持在20：1，pH即处在正常范围。因此pH正常并不能表明机体没有酸碱平衡紊乱。pH正常的情况有三种可能：①机体没有酸碱平衡紊乱；②机体有酸碱平衡紊乱，但通过机体的调节，HCO_3^-/H_2CO_3比值维持在20：1，pH仍处在正常范围，此为代偿性酸或碱中毒；③机体可能同时存在程度相当的酸中毒和碱中毒，正好相抵消，pH也正常。因此pH只是反映血浆酸碱度的指标，不能完全判断是否有酸碱平衡紊乱的存在，更不能判断酸或碱中毒是呼吸性的还是代谢性的，若要区别还需要测定反映血浆HCO_3^-和H_2CO_3浓度等各项指标是否有改变。

二、动脉血CO_2分压

动脉血CO_2分压（$PaCO_2$）是指以物理状态溶解于血浆中的CO_2分子所产生的张力，它反映了血浆H_2CO_3的浓度。由于CO_2通过肺泡膜的能力很强，动脉血$PaCO_2$与肺泡气的CO_2分压基本相等，正常值为40mmHg，波动范围为33～46mmHg。$PaCO_2$是反映酸碱平衡呼吸性因素的可靠指标，$PaCO_2$升高（>46mmHg）表示肺泡通气不足，CO_2体内有潴留，血浆H_2CO_3浓度升高，此见于呼吸性酸中毒或代偿后的代谢性碱中毒；$PaCO_2$降低（<33mmHg），表示肺泡通气过度，CO_2排出过多，血浆H_2CO_3浓度下降，此见于呼吸性碱中毒或代偿后的代谢性酸中毒。

三、标准碳酸氢盐和实际碳酸氢盐

标准碳酸氢盐（standard bicarbonate，SB）是指全血在标准条件下，即$PaCO_2$ 40mmHg，温度38℃和血红蛋白氧饱和度为100%测得的血浆中HCO_3^-的含量。因标准化后HCO_3^-不受呼吸性因素的影响，是反映代谢性因素的指标，正常值为22～27mmol/L，平均值为24mmol/L。SB在代谢性酸中毒时降低，代谢性碱中毒时升高。但在呼吸性酸中毒或呼吸性碱中毒，由于肾的代偿作用，也可以继发性增高或降低。

实际碳酸氢盐（actual bicarbonate，AB）是指隔绝空气的全血标本，在实际$PaCO_2$和实际血氧饱和度条件下测得的血浆HCO_3^-的含量，是人体血浆中HCO_3^-的真实浓度，受呼吸和代谢两方面因素影响。正常人AB由于$PaCO_2$和血氧饱和度与测定SB时的条件基本相同，因此AB=SB。而AB与SB的差值反映了呼吸性因素对酸碱平衡的影响，即AB增加>SB，表明机体有CO_2蓄积，见于呼吸性酸中毒或代偿后的代谢性碱中毒；反之，AB减少<SB，表明机体有CO_2排出过多，见于呼吸性碱中毒或代偿后的代谢性酸中毒；若两者数值均高于正常表示有代谢性碱中毒。

四、缓冲碱

缓冲碱（buffer base，BB）是指血液中一切具有缓冲作用的负离子碱的总和，包括HCO_3^-、Hb^-、HbO_2^-、Pr^-和HPO_4^{2-}等，通常以氧饱和的全血在标准状态下测定，正常值为45～52mmol/L，平均值为48mmol/L。BB是反映代谢性因素的指标，代谢性酸中毒或代偿后的呼吸性碱中毒BB减少；代谢性碱中毒或代偿后的呼吸性酸中毒BB增高。

五、碱剩余

碱剩余（base excess，B）是指在标准条件下，用酸或碱将 1 升全血标本滴定至 pH=7.40 时所用的酸或碱的 mmol/L 数。若需用酸滴定就表示血液中碱剩余，BE 用正值（BE^+）表示；若需用碱滴定则表示血液中碱缺失，BE 用负值（BE^-）表示。BE 是反映代谢性因素的指标，BE 正常范围为 $0±3mmol/L$。BE 正值增大见于代谢性碱中毒，亦见于经肾代偿调节后的呼吸性酸中毒；BE 负值增大见于代谢性酸中毒，亦见于经肾代偿调节后的呼吸性碱中毒。

六、阴离子间隙

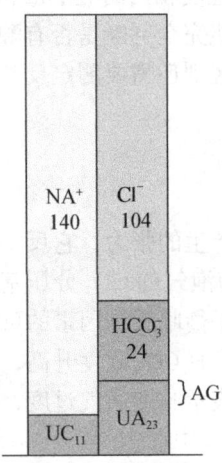

图 8-3 血浆阴离子间隙示意图

阴离子间隙（anion gap，AG）是指血浆中未测定的阴离子（undetermined anion，UA）量减去未测定的阳离子（undetermined cation，UC）量的差值。正常机体血浆中阴、阳离子总量相等，以维持电荷平衡。Na^+ 占血浆阳离子总量的 90%，称可测定阳离子；HCO_3^- 和 Cl^- 占血浆阴离子总量的 85%，称可测定阴离子。血浆中的阳离子总量 $=Na^++UC$，阴离子总量 $=Cl^-+HCO_3^-+UA$，其中 UA 包括 Pr^-、HPO_4^{2-}、SO_4^{2-} 和有机酸根阴离子，UC 包括 K^+、Ca^{2+} 和 Mg^{2+}，且阳离子和阴离子的总当量数相等，即 $AG=UA-UC=Na^+-(Cl^-+HCO_3^-)$。AG 正常值 $12±2mmol/L$（图 8-3）。

AG 是反映血浆中乳酸、酮体、硫酸等固定酸含量的指标，AG 值升高表明体内有固定酸增高，引起的代谢性酸中毒。AG 升高对于区分不同类型的代谢性酸中毒具有重要意义。目前多以 $AG>16mmol/L$ 作为判断是否有增高型代谢性酸中毒的界限。AG 降低意义不大，常见于低蛋白血症或细胞外液稀释。AG 值有助于区别单纯性代谢性酸中毒的类型，以及诊断混合性酸碱平衡紊乱。

第三节 单纯型酸碱平衡紊乱

病理情况下，由于器官功能障碍或细胞代谢障碍，使酸碱的平衡状态发生变化，并超过了机体调节能力的范围，导致体液酸碱度稳定性破坏，此时往往伴随有血气检测指标的变化。同一患者不但可以发生一种酸碱平衡紊乱，还可以同时存在两种或两种以上的酸碱平衡紊乱。如是单一的失衡，称为单纯性酸碱平衡紊乱（simple acid-base disturbance），如是两种或两种以上的酸碱平衡紊乱同时存在，则称为混合性酸碱平衡紊乱（mixed acid-base disturbance）。

一、代谢性酸中毒

代谢性酸中毒（metabolic acidosis）是指细胞外液中 H^+ 增加和（或）HCO_3^- 丢失而引起的以血浆 HCO_3^- 原发性减少，pH 呈降低趋势为特征的酸碱平衡紊乱。代谢性酸中毒是临床酸碱平衡紊乱中最常见的一种类型。

（一）原因和机制

1. HCO_3^- 直接丢失过多　常见于严重腹泻、小肠和胆道瘘管、肠道长期引流等，可引起 HCO_3^- 大量丢失。肾小管性酸中毒和大量使用碳酸酐酶抑制剂可抑制肾小管上皮细胞泌 H^+ 和重吸

收 HCO_3^- 的功能。

2. 固定酸生成过多

(1) 乳酸酸中毒：各种原因引起机体缺氧时，糖酵解增强，乳酸不能进一步氧化而堆积，消耗 HCO_3^- 增加。临床常见于休克、心搏骤停、低氧血症、严重贫血、肺水肿、心力衰竭、CO 中毒等。此外，严重的肝脏疾患者乳酸利用障碍，也可引起血浆乳酸过高。

(2) 酮症酸中毒：糖尿病、饥饿、妊娠反应较长时间有呕吐症状者、酒精中毒呕吐并数日少进食物者，脂肪酸在肝内氧化加强，酮体生成增加并超过了肝外利用量，因而出现酮血症。酮体包括丙酮、β-羟丁酸、乙酰乙酸，后两者是有机酸，导致代谢性酸中毒。

3. 肾排酸减少 多见于急性和慢性肾衰竭，由于肾小球滤过率降低，体内的固定酸代谢产物，如磷酸、硫酸等不能经肾排出而在体内蓄积。同时受损的肾小管上皮细胞泌 H^+ 和 NH_4^+、NH_3 能力减退。

4. 摄入过多的酸性药物 使用过多酸性药物如盐酸、阿司匹林（乙酰水杨酸）等，可消耗体液中大量的 HCO_3^- 造成酸中毒。

5. 高钾血症 各种原因引起的细胞外液高 K^+，可引起细胞内外 K^+-H^+ 交换，导致代谢性酸中毒。这种酸中毒时，体内 H^+ 总量并未增加，只是 H^+ 从细胞内逸出，造成细胞外酸中毒。同时，由于远端小管上皮细胞排 K^+ 增多，泌 H^+ 减少，引起 HCO_3^- 重吸收减少，尿液呈碱性，引起反常性碱性尿。

（二）分类

根据 AG 值的变化，将代谢性酸中毒分为两类，即 AG 增高型代谢性酸中毒与 AG 正常型代谢性酸中毒。

1. AG 正常型 当血浆 HCO_3^- 浓度原发性降低并同时伴有血氯代偿性升高时，则呈 AG 正常型或高血氯性代谢性酸中毒（图 8-4）。常见于消化道直接丢失 HCO_3^-、轻度或中度肾功能障碍泌 H^+ 减少、肾小管性酸中毒 HCO_3^- 重吸收减少或泌 H^+ 障碍、使用碳酸酐酶抑制剂，以及摄入过多含氯的酸性药物等。

2. AG 增高型 指除了含氯以外的任何固定酸的血浆浓度增大时的代谢性酸中毒。常见于体内固定酸生成过多，如乳酸酸中毒、酮症酸中毒、磷酸和硫酸排泄障碍在体内蓄积和水杨酸中毒等。固定酸的 H^+ 被 HCO_3^- 缓冲，其酸根（乳酸根、$H_2PO_4^-$、SO_4^{2-}、水杨酸根）增高。这部分酸根均属未测定的阴离子，因而 AG 增高，血 Cl^- 正常，故又称正常血氯代谢性酸中毒（图 8-4）。

（三）机体的代偿调节

1. 血液的缓冲作用 代谢性酸中毒时，细胞外液 H^+ 浓度增加，立即被血浆各缓冲对进行缓冲，HCO_3^- 及其他缓冲碱不断被消耗，即 $H^+ + HCO_3^- \rightarrow H_2CO_3 \rightarrow CO_2 + H_2O$，$CO_2$ 可由肺呼出体外。

2. 肺的代偿调节作用 由于血液中 H^+ 浓度升高，刺激延髓呼吸中枢、颈动脉体和主动脉体化学感受器，使呼吸频率和幅度增加。呼吸的代偿反应极其迅速，一般数分钟即可出现深大呼吸。呼吸加深加快是代

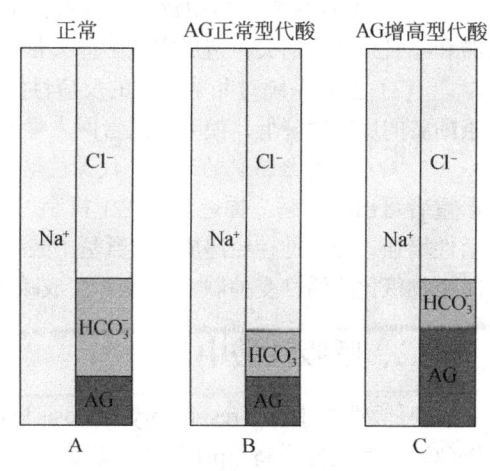

图 8-4 正常和代谢性酸中毒时的阴离子间隙示意图

A. 正常情况下 AG；B. AG 正常型（高血氯型）代谢性酸中毒；C. AG 增高型（正常血氯型）代谢性酸中毒

性酸中毒的主要临床表现，其代偿意义是使 CO_2 排出增多，血液 $PaCO_2$（或 H_2CO_3）继发性降低，维持 HCO_3^-/H_2CO_3 比值接近 20：1，使 pH 趋向正常。呼吸的代偿反应虽然非常迅速，但代偿调节能力有限，因为由 H^+ 浓度增加引起的呼吸加深加快，CO_2 排出增加的同时也降低了 $PaCO_2$，$PaCO_2$ 下降则反射性引起呼吸减慢变浅，抵消因血液 H^+ 浓度增加对呼吸中枢的兴奋作用。

3. 肾的代偿调节作用　除因肾功能异常引起的代谢酸中毒外，其他原因引起的代谢性酸中毒是通过加强肾的排酸保碱能力来发挥代偿调节作用的。酸中毒时，肾小管上皮细胞内碳酸酐酶和谷氨酰胺酶活性增强，加强泌 H^+ 和 NH_4^+，同时重吸收 HCO_3^- 增多。尿中 NH_4Cl 和 NaH_2PO_4 浓度升高，尿液 pH 降低。

4. 细胞内外离子交换　细胞外液增高的 H^+ 可与细胞内 K^+ 交换，H^+ 进入细胞，K^+ 出至细胞外。H^+ 离子在细胞内与缓冲物质 Pr^-、HPO_4^{2-}、Hb^- 等结合而被缓冲，细胞外液 K^+ 浓度增高而出现高钾血症。细胞内外离子交换开始于酸中毒后 2～4 小时。

（四）酸碱指标的变化形式

代谢性酸中毒由于大量消耗或丢失 HCO_3^-，反映酸碱平衡代谢性因素的指标 AB、SB、BB 均降低，BE 负值增大；由于呼吸的代偿活动，$PaCO_2$ 继发性下降，使 AB<SB。如果机体的代偿调节能使 HCO_3^-/H_2CO_3 比值维持在 20：1，则血液 pH 正常，称为代偿性代谢性酸中毒；如果 HCO_3^- 丢失过多或固定酸大量增加，超过了机体的代偿能力，不能维持 HCO_3^-/H_2CO_3 的正常比值(<20：1)，则 pH 明显降低，小于 7.35 时，称为失代偿性代谢性酸中毒。

（五）对机体的影响

1. 对心血管系统的影响

（1）心肌收缩力减弱：轻度酸中毒时可刺激肾上腺髓质释放肾上腺素，表现出对心脏的正性肌力作用。严重酸中毒时，又可阻断肾上腺素对心血管的效应，使心肌收缩力减弱。酸中毒对心肌收缩力的抑制作用可能是：① H^+ 抑制心肌细胞肌质网对 Ca^{2+} 的摄取、储存和释放功能；② H^+ 可竞争性地抑制 Ca^{2+} 和肌钙蛋白的结合，抑制心肌兴奋-收缩耦联；③ H^+ 影响 Ca^{2+} 内流。

（2）心律失常：酸中毒时常伴有血清 K^+ 浓度升高。重度高钾血症可导致严重的房室传导阻滞和心肌兴奋性消失，造成室性心律失常或心跳停止。

（3）血管系统对儿茶酚胺的反应性降低　酸中毒时，周围血管尤其是毛细血管前括约肌对儿茶酚胺的反应性降低，使毛细血管网大量开放，回心血量减少，血压下降甚至休克。

2. 对中枢神经系统的影响　代谢性酸中毒时，中枢神经系统功能障碍主要表现为乏力、倦怠，严重者可出现嗜睡、昏迷。其发生机制可能与下列因素有关：①酸中毒时脑组织内谷氨酸脱羧酶活性增强，抑制性神经递质 γ-氨基丁酸生成增加，从而对中枢神经系统产生抑制作用；②酸中毒时生物氧化酶活性受抑制，使 ATP 生成减少，导致脑组织能量缺乏而出现抑制状态。

二、呼吸性酸中毒

呼吸性酸中毒（respiratory acidosis）是指 CO_2 排出障碍或吸入过多引起的以血浆 H_2CO_3（或 $PaCO_2$）原发性增高，pH 呈降低趋势为特征的酸碱平衡紊乱。根据其发生速度的快慢可分为急性呼吸性酸中毒和慢性呼吸性酸中毒两大类。

（一）原因和机制

引起 $PaCO_2$ 原发性升高导致呼吸性酸中毒的原因不外乎是 CO_2 排出受阻或 CO_2 吸入过多。但多数情况下是由于肺通气功能不足而致的 CO_2 排出受阻。

1. 呼吸中枢抑制 颅脑损伤、脑炎、脑血管意外、呼吸中枢抑制剂（吗啡、巴比妥类、某些麻醉剂过量）、酒精中毒等，均可抑制呼吸中枢，使呼吸减弱或停止。

2. 呼吸肌麻痹 急性脊髓灰质炎、多发性神经根炎、重症肌无力、有机磷中毒、重度低血钾等，均可使呼吸动力不足，导致肺泡通气受限，CO_2 排出减少。

3. 呼吸道和肺部疾病 如呼吸道机械梗阻、哮喘、慢性阻塞性肺疾患、肺气肿、肺纤维化、肺不张等。

4. 胸廓病变 如胸部创伤或手术、胸廓畸形、严重气胸、胸腔积液等。

5. 其他 闭式吸入麻醉时通气量过少、呼吸机使用不当等导致吸入气中 CO_2 浓度持续升高。

（二）机体的代偿调节

呼吸性酸中毒主要是由于呼吸功能障碍引起的，因此肺的代偿调节能力减弱甚至消失。又由于血浆碳酸氢盐缓冲对不能缓冲挥发酸 H_2CO_3，故当血浆 H_2CO_3 浓度增加时，只能通过非碳酸氢盐缓冲系统进行缓冲调节，而非碳酸氢盐缓冲对的缓冲调节能力十分有限，所起的代偿作用不大。此时机体的主要代偿调节机制为：

1. 细胞内外离子交换和细胞内缓冲 这是急性呼吸性酸中毒主要代偿方式。急性呼吸性酸中毒时，CO_2 在体内潴留使血浆 H_2CO_3 浓度不断升高，H_2CO_3 解离为 H^+ 和 HCO_3^-，H^+ 迅速与细胞内 K^+ 进行交换，进入细胞内的 H^+ 可被蛋白质缓冲对缓冲，同时引起血 K^+ 升高，而 HCO_3^- 留在血浆中有一定的代偿作用。此外，血浆 CO_2 潴留使 CO_2 迅速弥散进入红细胞，在碳酸酐酶催化下生成 H_2CO_3，H_2CO_3 进而解离为 H^+ 和 HCO_3^-，H^+ 不断被红细胞内的血红蛋白缓冲对缓冲，HCO_3^- 则进入血浆与 Cl^- 交换，结果使血浆 HCO_3^- 浓度有所增加，血 Cl^- 有所降低。经以上代偿调节实现血浆 HCO_3^- 继发性增加，但增加的量非常有限，不足以维持 HCO_3^-/H_2CO_3 正常比值，因此急性呼吸性酸中毒通常是失代偿的。

2. 肾的代偿调节作用 这是慢性呼吸性酸中毒的主要代偿方式。肾的代偿调节需在数小时后显示作用，3～5日方可发挥最大效能。慢性呼吸性酸中毒时，肾的代偿调节与代谢性酸中毒时相似，随着血液 $PaCO_2$ 增高及 H_2CO_3 含量的增加，可增强肾小管上皮细胞内碳酸酐酶和谷氨酰胺酶活性，肾小管上皮细胞泌 H^+、NH_4^+ 和重吸收 HCO_3^- 的能力明显增强，维持 HCO_3^-/H_2CO_3 的比值接近并恢复正常。因此在轻、中度慢性呼吸性酸中毒时 pH 可维持在正常范围。

（三）酸碱指标的变化形式

通过以上代偿调节作用，特别是肾的调节，多数慢性呼吸性酸中毒患者血浆 HCO_3^-/H_2CO_3 比值可维持在 20∶1 附近，pH 保持正常范围，为代偿性呼吸性酸中毒。严重呼吸衰竭患者，则不能维持血浆 HCO_3^-/H_2CO_3 正常比值（<20∶1），pH 低于 7.35，为失代偿性呼吸性酸中毒。由于 CO_2 体内潴留，血气检测指标中呼吸性因素的指标 $PaCO_2$ 显著增高；由于肾长期排酸保碱的代偿活动，代谢性因素指标 AB、SB、BB 均升高，BE 正值升高，AB>SB。

（四）对机体的影响

1. 对中枢神经系统的影响 呼吸性酸中毒对中枢神经系统的功能影响往往比代谢性酸中毒严重。CO_2 容易透过血-脑屏障，直接引起脑血管扩张和脑血流量增加，出现多种精神、神经系统功能异常，早期可表现为头痛、视物模糊、焦虑不安，进一步发展可出现震颤、精神错乱、嗜睡，甚至昏迷，通常称为"CO_2 麻醉"或肺性脑病（pulmonary encephalopthy）。

2. 对心血管系统的影响 与代谢性酸中毒相似，呼吸性酸中毒也可由于血浆中过多的 H^+ 和高钾血症而引起心肌收缩力减弱、心律失常和血压下降。

三、代谢性碱中毒

代谢性碱中毒（metabolic alkalosis）是指细胞外液中 HCO_3^- 增多或 H^+ 丢失而引起的以血浆 HCO_3^- 原发性增多，pH 呈上升趋势为特征的酸碱平衡紊乱。

（一）原因和机制

1. H^+ 丢失过多

（1）胃酸丢失过多：常见于幽门梗阻、高位肠梗阻等引起的剧烈呕吐和胃肠引流等导致的大量含 HCl 的胃液丢失等。此时肠液中的 HCO_3^- 不能像正常那样和 HCl 中和，而由小肠黏膜大量吸收入血，使血浆 HCO_3^- 浓度升高引起代谢性碱中毒。胃液丧失往往伴有 Cl^- 和 K^+ 的丢失，故可引起低氯血症和低钾血症，后两者又可加重或促进代谢性碱中毒的发生。

（2）经肾丢失过多：①排 H^+ 利尿药的使用，如呋塞米（速尿）、依他尼酸（利尿酸）等利尿剂能抑制近曲小管对 Na^+ 和 Cl^- 的重吸收，使 Na^+ 和 Cl^- 的排泄增加而起利尿作用。②肾上腺皮质激素分泌过多的疾病，如肾上腺皮质肿瘤或增生引起的原发性醛固酮增多症，或有效循环血量不足导致的继发性醛固酮增多，可加速远端小管和集合管对 H^+、K^+ 的排泌，促进 $NaHCO_3$ 的重吸收，引起代谢性碱中毒，同时可引起低钾血症。

2. HCO_3^- 过量负荷　主要见于过量口服或静脉补充 $NaHCO_3$ 的患者，也见于大量输入用柠檬酸盐抗凝的库存血。柠檬酸经代谢产生 HCO_3^-，使血浆 HCO_3^- 浓度升高。但是正常肾有较强的排泄 $NaHCO_3$ 能力，只有肾功能受损时服用大量碱性药物才会发生代谢性碱中毒。

3. 低钾血症　细胞外液 K^+ 浓度降低，细胞内 K^+ 向胞外转移，而细胞外液中的 H^+ 向胞内移动；同时，肾小管上皮细胞 K^+ 缺乏可导致 H^+ 排泌增多，因而 H^+-Na^+ 交换增加，HCO_3^- 重吸收增加，于是就发生代谢性碱中毒。此时，患者尿液仍呈酸性，称为反常性酸性尿。治疗时需补充钾盐，单独应用氯化钠溶液不能纠正这类代谢性碱中毒。

（二）分类

按照代谢性碱中毒的发病机制和对生理盐水治疗是否有效，代谢性碱中毒分为两种类型：

1. 盐水反应性碱中毒　也称对氯反应性碱中毒，发生机制中均有低氯血症，能促进肾小管对 $NaHCO_3$ 的重吸收。给予等张或半张盐水来扩充细胞外液，以补充 Cl^-，促进过多的 HCO_3^- 经肾排出使碱中毒得以纠正，主要见于频繁呕吐、胃液引流时。

2. 盐水抵抗性碱中毒　也称对氯无反应性碱中毒，主要见于原发性醛固酮增多症及严重低钾血症等。由于没有低氯血症参与所以用生理盐水治疗无效。

（三）机体的代偿调节

1. 血液的缓冲作用　血液对碱中毒的缓冲作用较小，因为大多数缓冲系统组成成分中，碱性成分远多于酸性成分（如 HCO_3^-/H_2CO_3 的比值为 20∶1）。因此，血液对碱性物质增多的缓冲能力有限。细胞外液 H^+ 浓度降低时，HCO_3^- 浓度升高，HCO_3^- 可被缓冲系统中的弱酸（H_2CO_3、$HHbO_2$、$H_2PO_4^-$）缓冲，强碱变成弱碱，并使包括 HCO_3^- 在内的缓冲碱增加。

2. 肺的代偿调节作用　呼吸反应是较快的，往往数分钟即可出现。这是由于细胞外液 H^+ 浓度下降，对延髓中枢化学感受器及颈动脉体和主动脉体外周化学感受器的刺激减弱，使呼吸变浅变慢，肺泡通气量减少，CO_2 排出减少，血浆 $PaCO_2$ 或 H_2CO_3 继发性升高，HCO_3^-/H_2CO_3 比值接近或恢复正常。

3. 肾的代偿调节作用　体液 H^+ 浓度降低，使肾小管上皮内碳酸酐酶和谷氨酰胺酶的活性降低，

H^+ 和 NH_3 生成减少，重吸收 HCO_3^- 减少，HCO_3^- 可直接由尿中排出，一般呈碱性尿。低钾性碱中毒时，肾小管上皮细胞出现 K^+-Na^+ 交换减少，H^+-Na^+ 交换增强，尿中 H^+ 排出增多可出现反常性酸性尿。由于肾的代偿调节发挥作用较慢，常需 3～5 天方可达高峰，急性代谢性碱中毒时肾代偿不起主要作用，主要依靠肺的代偿调节。

4. 细胞内外离子交换　碱中毒时细胞外液 H^+ 浓度降低，细胞内 H^+ 逸出补充，细胞外 K^+ 向细胞内移动以维持离子平衡，使碱中毒改善而伴有低钾血症，但这种缓冲能力较弱。

（四）酸碱指标的变化形式

代谢性碱中毒时由于 HCO_3^- 原发性升高，反映酸碱平衡的代谢性因素指标 AB、SB、BB 均增加，BE 正值加大；由于呼吸抑制，$PaCO_2$ 继发性升高，使 AB>SB。经过以上代偿调节，若能使 HCO_3^-/H_2CO_3 比值维持在 20 : 1，则血浆 pH 可在正常范围，称为代偿性代谢性碱中毒；若病因未能及时解除，病情继续加重，超过了机体的代偿能力，HCO_3^-/H_2CO_3 比值仍明显高于 20 : 1，则血浆 pH 升高大于 7.45，为失代偿性代谢性碱中毒。

（五）对机体的影响

1. 中枢神经系统功能改变　严重代谢性碱中毒可引起患者烦躁不安、精神错乱、谵妄等中枢神经系统兴奋症状。这与中枢神经系统抑制性神经递质 γ-氨基丁酸减少有关。碱中毒时，脑组织内 γ-氨基丁酸转氨酶活性增高，而谷氨酸脱羧酶活性降低，故 γ-氨基丁酸分解加强而生成减少。γ-氨基丁酸减少对中枢神经系统的抑制作用减弱，因而出现中枢神经系统兴奋症状。另外血浆 pH 增高使血红蛋白氧离曲线左移，氧合血红蛋白氧释放能力降低，造成脑组织缺氧，也易引起精神症状，甚至昏迷。

2. 对神经肌肉的影响　急性代谢性碱中毒时，血浆 pH 迅速升高而使血浆游离钙 Ca^{2+} 迅速降低，常导致患者发生手足抽搐、惊厥等神经肌肉兴奋性增高的症状。如果患者伴有低钾血症时，则往往表现为肌肉无力或麻痹，而掩盖了碱中毒的影响。

3. 低钾血症　代谢性碱中毒与低钾血症往往互为因果。碱中毒时，细胞外液 H^+ 浓度下降，细胞内 H^+ 向细胞外转移，而细胞外 K^+ 向细胞内转移。另外，肾小管上皮细胞内碳酸酐酶活性下降使泌 H^+ 减少，H^+-Na^+ 交换减少、K^+-Na^+ 交换增强，使 K^+ 大量从尿中丢失，导致低钾血症。低钾血症可致神经肌肉应激性减退，出现肌无力、肠麻痹等表现，严重时可引起心律失常。

四、呼吸性碱中毒

呼吸性碱中毒（respiratory alkalosis）是指肺通气过度使 CO_2 呼出过多，导致血浆 H_2CO_3（或 $PaCO_2$）原发性降低，pH 呈上升趋势为特征的酸碱平衡紊乱。呼吸性碱中毒可分为急性呼吸性碱中毒和慢性呼吸性碱中毒两类。

（一）原因和机制

1. 低氧血症和肺疾病　见于初入高原地区、胸廓和肺疾患等。机体缺氧可反射性引起呼吸加深加快，导致 CO_2 排出过多、血 H_2CO_3 浓度降低。肺疾患还与肺牵张感受器和肺毛细血管旁感受器受刺激导致过度通气有关。

2. 中枢神经系统疾病　如脑膜炎、颅脑损伤、脑肿瘤及脑血管意外等，均可刺激呼吸中枢引起过度通气。某些药物如水杨酸可直接兴奋中枢化学感受器，使呼吸中枢兴奋性增强而出现过度通气。精神性通气过度如癔症也使通气增加。

3. 机体代谢旺盛　见于高热、甲状腺功能亢进时，由于血温较高和机体分解代谢亢进可刺激呼吸中枢兴奋,通气过度使 $PaCO_2$ 降低。

4.人工呼吸机使用不当　如通气量过大造成的过度通气。

(二)机体的代偿调节

1.细胞内外离子交换和细胞内缓冲　是急性呼吸性碱中毒的主要代偿调节方式。由于血浆 H_2CO_3 浓度迅速降低,故 HCO_3^- 浓度相对升高,细胞内的 H^+ 与细胞外液中的 Na^+、K^+ 交换,移出至细胞外液中的 H^+ 与 HCO_3^- 结合形 H_2CO_3,使血浆 H_2CO_3 浓度回升,HCO_3^- 浓度下降。此时,部分 HCO_3^- 进入红细胞与 Cl^- 交换,并与 H^+ 结合生成 CO_2,CO_2 又自红细胞入血浆形成 H_2CO_3,可使血浆 H_2CO_3 浓度又有所回升。由于以上缓冲作用十分有限,所以急性呼吸性碱中毒往往是失代偿的。

2.肾的代偿调节作用　肾的代偿调节是个缓慢过程,仅对慢性呼吸性碱中毒有意义。$PaCO_2$ 的降低使肾小管上皮细胞代偿性泌 H^+、NH_4^+ 减少,重吸收 HCO_3^- 减少,因此血浆 HCO_3^- 继发性减少。

慢性呼吸性碱中毒由于肾的代偿调节和细胞的缓冲作用,可保持 pH 不发生大幅度的变动。

(三)酸碱指标的变化形式

急性呼吸性碱中毒因极易发生失代偿性变化,患者血液 pH 大于 7.45,$PaCO_2$ 下降,AB 减小且 < SB,反映代谢性因素的指标 SB、BB 和 BE 无明显变化。慢性呼吸性碱中毒由于机体的代偿调节,多数轻症患者血浆 HCO_3^-/H_2CO_3 比值维持在 20 ∶ 1 附近,pH 可在正常范围内,为代偿性呼吸性碱中毒;严重者虽经各项有效调节,仍不能维持 HCO_3^-/H_2CO_3 正常比值(> 20 ∶ 1),pH 高于 7.45,为失代偿性呼吸性碱中毒。此时,由于血浆 H_2CO_3 减少,血气检测指标中呼吸性因素指标 $PaCO_2$ 下降,而肾的长期代偿活动不断排出 HCO_3^-,代谢性因素指标 AB、SB、BB 均降低,BE 负值增大,AB < SB。

(四)对机体的影响

急性呼吸性碱中毒患者临床表现较为明显,常有如窒息感,气促,眩晕,易激动,四肢及口周围感觉异常等。严重者有意识障碍,其机制可能系 $PaCO_2$ 下降导致脑血管收缩而缺血,手足搐搦是血浆游离钙减少。

慢性呼吸性碱中毒症状轻,因代偿发挥较好。呼吸性碱中毒与代谢性碱中毒一样,也能导致低钾血症和组织缺氧。

第四节　混合型酸碱平衡紊乱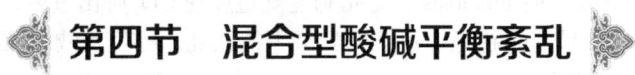

混合型酸碱平衡紊乱指两种或两种以上原发性酸碱平衡紊乱同时并存。由于呼吸性酸中毒和呼吸性碱中毒不可能同时出现,因而混合型酸碱平衡紊乱仅见于双重性和三重性(表 8-3)。两种原发性酸碱平衡紊乱同时并存为双重性酸碱失衡,三种原发性酸碱平衡紊乱同时并存为三重性酸碱失衡。

混合性酸碱平衡失调形成的原因一般是:①随着病情的进展,病情复杂化,如呼吸衰竭患者 CO_2 升高发生呼吸性酸中毒,又可因缺氧导致糖代谢障碍,血乳酸升高,发生代谢性酸中毒;②治疗过程中用药引起,如肺心病、心力衰竭水肿用利尿剂,引起低钾低氯血症,在原来呼吸性酸中毒的基础上又发生低钾低氯性碱中毒。

表 8-3　临床混合性酸碱失衡的主要类型

双重性酸碱失衡
呼吸性酸中毒合并代谢性酸中毒，呼吸性酸中毒合并代谢性碱中毒
呼吸性碱中毒合并代谢性酸中毒，呼吸性碱中毒合并代谢性碱中毒
高 AG 代谢性酸中毒合并代谢性碱中毒
三重性酸碱失衡
呼吸性酸中毒合并高 AG 代谢性酸中毒 + 代谢性碱中毒
呼吸性碱中毒合并高 AG 代谢性酸中毒 + 代谢性碱中毒

一、双重性酸碱平衡紊乱

双重性酸碱平衡紊乱（double acid-base disorders）可分为两类：一类为呼吸性和代谢性混合型，一类为代谢性混合型。

（一）呼吸性酸中毒合并代谢性酸中毒

1. 原因　常见于：①心搏及呼吸骤停，因缺氧产生乳酸酸中毒，又因 CO_2 呼出受阻发生呼吸性酸中毒；②慢性阻塞性肺疾患、严重缺氧，或并发心衰、休克等，因 CO_2 排出障碍产生呼吸性酸中毒，又因缺血、缺氧使有机酸产生增多而发生代谢性酸中毒。③急性肺水肿；④一氧化碳中毒。

2. 特点　由于呼吸性及代谢性因素均朝向酸性方面变化，因此，HCO_3^- 减少时呼吸不能代偿，$PaCO_2$ 增多时，肾也不能代偿，呈严重的失代偿状态，表现为：$PaCO_2$ 升高，血浆 HCO_3^- 浓度减少。两者反向偏移，pH 显著降低。患者 SB、AB 及 BB 均降低，AB>SB，血浆 K^+ 浓度增高，AG 增大。

（二）呼吸性碱中毒合并代谢性碱中毒

1. 原因　常见于：①肝硬化、败血症患者可分别因血氨增高，细菌毒素等刺激呼吸中枢而致通气过度发生呼吸性碱中毒；若发生呕吐，或接受利尿剂治疗引起低钾血症，可发生代谢性碱中毒。②严重创伤因剧痛可致通气过度发生呼吸性碱中毒，此时若大量输入库存血，因抗凝剂枸橼酸盐输入过多，经代谢后生成 HCO_3^- 而发生代谢性碱中毒。

2. 特点　由于呼吸性和代谢性因素均朝向碱性方面变化，因此 $PaCO_2$ 降低，HCO_3^- 浓度升高，$PaCO_2$ 与 HCO_3^- 反向偏移，两者之间看不到相互代偿的关系，pH 明显升高，呈严重失代偿，预后较差。血气指标 SB、AB、BB 均升高，AB<SB，K^+ 浓度降低。

（三）呼吸性酸中毒合并代谢性碱中毒

1. 原因　慢性肺源性心脏病患者引起呼吸性酸中毒，因长时间限制 NaCl 的摄入和使用髓袢或噻嗪类利尿剂，不断丢失 Cl^- 和 K^+ 而又发生代谢性碱中毒。若伴有呕吐或应用碱性药物，则更容易发生。

2. 特点　由于两种紊乱都使 $PaCO_2$ 和血浆 HCO_3^- 浓度增加，且同向改变，pH 变化不大，可以正常，也可以略降低或略升高。血气指标 AB、SB、BB 均增大，BE 正值增大。

（四）呼吸性碱中毒合并代谢性酸中毒

1. 原因　常见于：①糖尿病、肾衰竭和感染性休克等患者伴有发热时，在原有代谢性酸中毒的基础上因通气过度而发生呼吸性碱中毒。②慢性肝衰竭并发肾衰竭时，在呼吸性碱中毒的基础上又发生代谢性酸中毒。

2. 特点　血浆 HCO_3^- 和 $PaCO_2$ 都降低,同向改变,两者不能相互代偿,因此 pH 变化不大,多数在正常范围内,但也可增高或降低。血气指标 AB、SB、BB 均减小。

（五）代谢性酸中毒合并代谢性碱中毒

1. 原因　常见于:①尿毒症或糖尿病患者因频繁呕吐而大量丢失 H^+、Cl^-。②严重胃肠炎时呕吐加严重腹泻并伴有低钾和脱水的患者。

2. 特点　由于导致血浆 HCO_3^- 浓度升高和降低的原因同时存在或相继发生,因此相互抵消,血浆 pH、HCO_3^-、$PaCO_2$ 可以正常,也可以升高或降低。测定 AG 值对诊断有一定帮助。

二、三重性混合型酸碱平衡紊乱

三重性混合型酸碱平衡紊乱（triple acid-base disorders）共有两种类型:

（1）呼吸性酸中毒合并高 AG 型代谢性酸中毒和代谢性碱中毒:特点是 $PaCO_2$ 明显升高,AG>16 mmol/L,HCO_3^- 一般也升高,Cl^- 明显降低。血气特点一般均正常。

（2）呼吸性碱中毒合并高 AG 型代谢性酸中毒和代谢性碱中毒:特点是 $PaCO_2$ 降低,AG>16 mmol/L,HCO_3^- 可高可低,Cl^- 一般降低。血气特点一般均正常。

三重性混合型酸碱平衡紊乱比较复杂,必须在充分了解原发病及病情变化的基础上,结合实验室检查,进行综合分析才能得出正确结论。

第五节　酸碱平衡紊乱分析判断的病理生理学基础

患者的病史和临床表现为判断酸碱平衡紊乱提供了重要线索,血气检测结果是判断酸碱平衡紊乱类型的决定性依据,血清电解质检查也是有价值的参考资料,计算 AG 值有助于区别单纯性代谢性酸中毒的类型,以及诊断混合性酸碱平衡紊乱。

一、根据 pH 变化判断酸中毒或碱中毒

（1）pH<7.35,一定是酸中毒。
（2）pH>7.45,一定是碱中毒。
（3）pH 正常:①无酸碱紊乱;②代偿型酸中毒或碱中毒;③酸中毒合并碱中毒或某些三重性的酸碱平衡紊乱。

二、根据病史和原发因素失衡判别代谢性或呼吸性酸碱平衡紊乱

（1）原发性 HCO_3^- 增多或减少是代谢性碱中毒或酸中毒的特征。
（2）原发性 H_2CO_3 增多或减少是呼吸性酸中毒或碱中毒的特征。
（3）从病史中判断出原发因素是判断代谢性或呼吸性酸、碱中毒的重要依据。若患者有长期慢性呼吸系统疾病,则发生呼吸性酸、碱失衡的可能性很大;若患者为休克、糖尿病和肾衰竭等疾患,应首先考虑代谢性酸、碱失衡;若患者病情复杂又有合并症及多项措施治疗过程,则应考虑混合性酸碱失衡。

三、根据"继发性代偿"变化是否符合代偿调节规律定单纯型或混合型酸碱平衡紊乱

（一）代偿调节的规律性

HCO_3^- 和 H_2CO_3 任何一个变量的原发性变化，必然引起另一个变量的同向"继发性代偿"变化，且原发性变化必然大于"继发性代偿"变化。代谢性酸碱失衡主要靠肺代偿，即谢性因素（HCO_3^-）的原发性变化，由呼吸性因素（H_2CO_3）进行继发性代偿；呼吸性酸碱失衡主要靠肾代偿，即呼吸性因素（H_2CO_3）为原发性变化，由代谢性因素（HCO_3^-）进行继发性代偿。

酸碱平衡紊乱时，机体代偿调节所引起的"继发性代偿"变化是有一定规律的。其规律表现为：一是"继发性代偿"变化的代偿调节有一定的方向性，二是"继发性代偿"变化的数值是否符合代偿预测值和代偿限值（表8-4）。符合规律者为单纯性酸碱平衡紊乱，不符合规律者为混合性酸碱平衡紊乱。

例如，单纯型酸碱平衡紊乱时，若确定一个变量的变化为原发性变化后，另一个变量的变化则为继发性代偿反应。而混合型酸碱平衡紊乱一个变量为原发性变化，另一个变量则是另一个原发性变化，是两种原发性变化的混合。

（二）代偿调节的方向性

1. HCO_3^- 与 H_2CO_3 变化方向相反 当两种酸中毒并存或两种碱中毒并存的混合性酸碱失衡时，除pH发生显著变化外，HCO_3^- 与 H_2CO_3 的变化方向一定是相反的。例如，心搏、呼吸骤停时，呼吸停止使 $PaCO_2$ 急剧升高，引起呼吸性酸中毒；心搏骤停引起代谢紊乱导致乳酸堆积，使 HCO_3^- 明显减少，引起代谢性酸中毒。

2. HCO_3^- 与 H_2CO_3 变化方向一致

（1）可能为单纯型酸碱平衡紊乱。此时单一性酸碱失衡的继发性代偿变化与原发性失衡同向，但继发性代偿变化小于原发性变化。

（2）可能为一种酸中毒与一种碱中毒并存的混合性酸碱失衡。此时，单靠pH、病史、HCO_3^- 与 H_2CO_3 的变化方向难以区别患者是单纯性或是混合性酸碱失衡，可用预计代偿公式（表8-4）进一步进行确诊。

（三）代偿预计值和代偿限值

代偿预计值是指机体对各种单纯型酸碱失衡的正常代偿程度或能力，即"继发性代偿"的变化有一个范围值。如果代偿变化的数值在这个范围内则为单纯型酸碱失衡，超过这个范围即为混合型酸碱失衡。

预计代偿公式是简便有效地区别单纯型与混合型酸碱失衡的手段。例如，一肾衰竭患者因无尿放置了导尿管，两天后出现低血压和发热，尿中含有大量的白细胞和细菌。血气检查为：pH 7.32，$PaCO_2$ 20mmHg，HCO_3^- 10mmol/L，分析其酸碱平衡紊乱的类型。

（1）从血气变化看，pH 7.32 为酸中毒。

（2）病史显示患者为肾衰竭伴低血压，故 HCO_3^- 浓度降低为原发性变化，且 $PaCO_2$、HCO_3^- 均为降低，变化方向相同，似乎是失代偿性代谢性酸中毒。但若按预计代偿公式计算，其诊断应为混合性酸碱失衡。

1）选用代酸公式：$\triangle PaCO_2 \downarrow = 1.2 \triangle [HCO_3^-] \pm 2$

2）代偿预计值 $= 40 - \triangle PaCO_2 = 40 - \triangle [1.2 \times (24-10) \pm 2]$ mmHg $= 21.2 \sim 25.2$ mmHg

单纯性酸碱平衡紊乱时,机体的代偿反应不会超过代偿限值。而此患者 $PaCO_2$ 实测值为 20mmHg,低于代偿预计值 21.2～25.2 mmHg 的代偿范围,表明患者除代谢性酸中毒外还有呼吸性碱中毒。故本例为代谢性酸中毒合并呼吸性碱中毒,为混合性酸碱平衡紊乱。

表 8-4 常用单纯性酸碱失衡的预计代偿公式

原发失衡	原发性变化	继发性代偿	预计代偿公式	代偿时限
代谢性酸中毒	$[HCO_3^-]\downarrow\downarrow$	$PaCO_2\downarrow\downarrow$	$\triangle PaCO_2\downarrow=1.2\triangle[HCO_3^-]\pm2$	12～24 小时
代谢性碱中毒	$[HCO_3^-]\uparrow\uparrow\uparrow$	$PaCO_2\uparrow$	$\triangle PaCO_2\uparrow=0.7\triangle[HCO_3^-]\pm5$	12～24 小时
呼吸性酸中毒				
急性	$PaCO_2\uparrow\uparrow\uparrow$	$[HCO_3^-]\uparrow$	$\triangle[HCO_3^-]\uparrow=0.1\triangle PaCO_2\pm1.5$	几分钟
慢性	$PaCO_2\uparrow\uparrow\uparrow$	$[HCO_3^-]\uparrow\uparrow$	$\triangle[HCO_3^-]\uparrow=0.35\triangle PaCO_2\pm3$	3～5 天
呼吸性碱中毒				
急性	$PaCO_2\downarrow\downarrow\downarrow$	$[HCO_3^-]\downarrow$	$\triangle[HCO_3^-]\downarrow=0.2\triangle PaCO_2\pm2.5$	几分钟
慢性	$PaCO_2\downarrow\downarrow\downarrow$	$[HCO_3^-]\downarrow$	$\triangle[HCO_3^-]\downarrow=0.5\triangle PaCO_2\pm2.5$	3～5 天

注:有"△"者为变化值,无"△"表示绝对值;
代偿时限:指体内达到最大代偿反应所需的时间;
$PaCO_2$ 单位:mmHg,$[HCO_3^-]$ 单位:mmol/L。

案例 8-1

某一肺源性心脏病、呼吸衰竭合并肺性脑病患者,入院时呈昏睡状,用利尿剂、激素等治疗,血气分析及电解质测定结果如下:pH 7.43,$PaCO_2$ 61mmHg、HCO_3^- 38mmol/L,Cl^- 74mmol/L,Na^+ 140mmol/L。

思考题:
1. 该患者有何种类型的酸碱平衡及电解质紊乱?根据是什么?
2. 分析患者昏睡的机制。

案例 8-2

剧烈呕吐易引起何种类型的酸碱平衡紊乱?试分析其发生机制。

(李 萍)

知识链接——碱性体质 VS 酸性体质

酸碱平衡是人体重要的平衡因素之一,对身体健康和各个器官的正常运行起着重要作用。健康人 pH 为 7.35～7.45,呈弱碱性。当人体处于正常的弱碱性体质时,机体免疫力强、精力充沛;酸性体质的人易疲劳、嗜睡、便秘、身体畏寒、关节易疼痛、免疫力下降等问题,也是常说的亚健康体质。人体的酸碱度是会不断变化的,或许前一个小时是酸性,一个小时后就变成了碱性,这就需要注意从饮食和生活方式等方面进行调节,尽可能多的保持机体在弱碱性状态。日常饮食上,在食用酸性食品尤其是肉类时,一定要同时食用充足的蔬菜,通过蔬菜中的钙和钾来中和肉类中的硫酸和磷酸。心情和情绪对体液酸化影响重大,保持愉快的心情十分关键,户外运动和锻炼都是解压的好方法;熬夜会使人体毒素增加,体质呈酸化,尽量不要熬夜;晚上八点以后进食,由于新陈代谢的减缓,食物易停留在肠中变酸、发酵,使体质变酸;杜绝抽烟、酗酒等不良嗜好。

第九章 缺 氧

常用的血氧指标
缺氧的类型、原因和发病机制
　低张性缺氧
　血液性缺氧
　循环性缺氧
　组织性缺氧

缺氧对机体的影响
　呼吸系统的变化
　循环系统的变化
　血液系统的变化
　中枢神经系统的变化
　组织细胞的变化

氧是维持正常生命活动不可缺少的物质之一。成人静息状态下，每分钟耗氧量约250ml，活动时耗氧量增加。正常机体内氧的储备量大约只有1500ml，一旦呼吸、心跳停止，数分钟内就可能死于缺氧。由组织供氧不足或利用氧障碍所引起的细胞代谢、功能和形态结构异常的病理过程称为缺氧(hypoxia)。缺氧是临床上许多疾病中的一个极为常见的病理过程，也是低压环境、低氧环境和高空中所必然出现的现象。临床上常用血氧指标反映组织供氧和耗氧量的变化。

第一节　常用的血氧指标

1. 血氧分压 (partial pressure of oxygen，PO_2)　以物理状态溶解于血液的氧分子所产生的张力称为血氧分压，又称氧张力。正常人动脉血氧分压（PaO_2）约100mmHg，主要取决于吸入气体的氧分压和肺的外呼吸功能；静脉血氧分压（PvO_2）约40mmHg，主要取决于组织摄氧和用氧的能力。

2. 血氧容量 (oxygen binding capacity，CO_2max)　在38℃，PO_2为150mmHg，PCO_2为40mmHg条件下，血红蛋白（hemoglobin，Hb）可被氧充分饱和。血氧容量指100ml血液中Hb被氧充分饱和时的最大携氧量，正常值约为20ml/dl。血氧容量取决于血液中Hb的质（Hb与O_2结合的能力）和量（每100ml血液所含Hb的数量），其高低反映血液携氧能力的强弱。

3. 血氧含量 (oxygen content，CO_2)　指100ml血液中实际含有的氧量，包括Hb实际结合的氧和极小量物理状态溶解于血浆中的氧，主要取决于血氧分压和和血氧容量。正常动脉血氧含量（CaO_2）约为19ml/dl，静脉血氧含量（CvO_2）约为14ml/dl。动静脉血氧含量的差值即动-静脉氧含量差（CaO_2-CvO_2）正常值约为5ml/dl，其大小取决于组织从单位容积血液内摄取氧的多少，反映组织对氧的消耗量（图9-1）。组织细胞用氧越多，动-

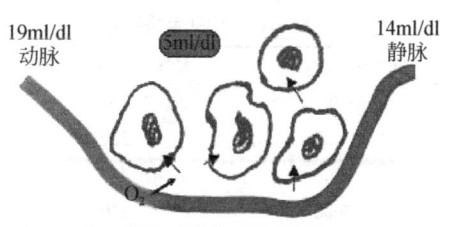

图9-1　动-静脉氧含量差示意图

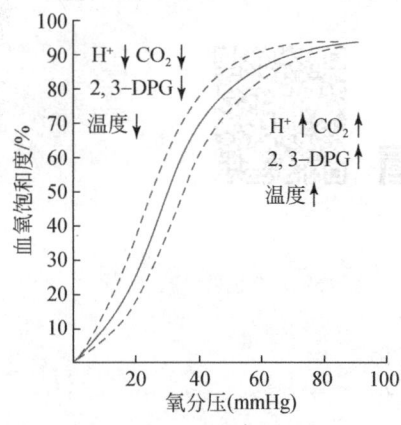

图 9-2 氧离曲线及其影响因素

静脉氧含量差越大。

4. 血氧饱和度　血红蛋白氧饱和度 (oxygen saturation of Hb, SO_2) 是指 Hb 与氧结合的百分数，简称氧饱和度。正常动脉血氧饱和度 (SaO_2) 为 95%～97%，静脉血氧饱和度 (SvO_2) 约为 75%，主要取决于 PaO_2。PaO_2 与 SO_2 的关系可用氧合血红蛋白解离曲线表示。由于 Hb 结合氧的生理特点，氧解离曲线呈"S"形（图 9-2）。

SO_2 =（血氧含量 − 溶解氧量）/ 氧容量 × 100%

可以用 P_{50} 作为反映 Hb 与氧的亲和力的指标。P_{50} 指的是血氧饱和度达到 50% 时的血氧分压，正常为 26～27mmHg。红细胞内 2,3-二磷酸甘油酸 (2,3-diphosphoglyceric acid, 2,3-DPG) 是哺乳动物红细胞中主要的含磷化合物，是在红细胞内糖酵解旁路中产生的。当 2,3-DPG 升高、酸中毒、二氧化碳增多及血温增高时，Hb 与 O_2 的亲和力降低，以致在相同氧分压下血氧饱和度降低，氧离曲线右移，P_{50} 增加；反之氧离曲线左移。氧离曲线右移时，P_{50} 增大，即 Hb 与 O_2 亲和力减小，一定程度的氧解离曲线右移有利于 Hb 向组织释放供氧；氧离曲线左移时，P_{50} 变小，Hb 与 O_2 的亲和力增大，与 Hb 结合的 O_2 不易释出；若 Hb 的结构与功能异常，不易与 O_2 结合或不易解离 O_2，对 P_{50} 也有影响。

第二节　缺氧的类型、原因和发病机制

氧的获得和利用是个复杂过程，包括摄取、携带、输送和利用，其中任何一个环节发生障碍都会导致缺氧，据此可将缺氧分为以下四种类型。

一、低张性缺氧

由于动脉血氧分压降低，引起的组织供氧不足称为低张性缺氧 (hypotonic hypoxia)，又称乏氧性缺氧 (anoxic hypoxia)。

（一）原因和发病机制

1. 吸入气中氧分压过低　多发生于海拔 3000 米以上的高原、高空。在高原，海拔越高大气压越低，氧分压也越低（表 9-1）。亦可见于通风不良的矿井、坑道中，或吸入低氧混合气体及被惰性气体或麻醉剂过度稀释的空气。因吸入空气含氧不足，氧分压过低导致氧气弥散入血减少。这种情况又称为大气性缺氧（atmospheric hypoxia）。

表 9-1　不同海拔高度下，大气压、吸入气与肺泡气氧分压、动脉血氧饱和度的变化

海拔高度（m）	大气压（mmHg）	吸入气氧分压（mmHg）	肺泡气氧分压（mmHg）	动脉血氧饱和度（%）
0	760	159	105	95
3000	530	110	62	90
5000	405	85	45	75
7000	310	65	35	60

2. 外呼吸功能障碍　常见于肺的通气或换气功能障碍如呼吸衰竭、呼吸道肿瘤、异物堵塞呼

吸道、肺炎等，使肺静脉血不能充分氧合，可致动脉血氧分压和血氧含量降低而发生缺氧，又称呼吸性缺氧（respiratory hypoxia）。

3. 静脉血分流入动脉　多见于某些先天性心脏病，如室间隔缺损伴有肺动脉狭窄或肺动脉高压，由于右心压力高于左心，出现右向左的分流，导致静脉血掺入左心的动脉血中，PaO_2降低。

（二）血氧变化特点

不论是吸入气氧分压过低还是外呼吸功能障碍，均可使吸入的氧量减少。因此血氧变化的特点主要是：①血液中溶解氧减少，PaO_2降低。②因单纯性低张性缺氧中，Hb的质和量无改变，血氧容量不变。③由于PaO_2降低，血氧含量和氧饱和度随之降低。PaO_2降至60mmHg以下可使SaO_2及CaO_2显著减少，导致组织、细胞缺氧。④如果PaO_2过低，动脉血与组织氧分压差明显变小，同量血液弥散给组织的氧量减少，则动-静脉血氧含量差减少。如慢性缺氧使组织利用氧的能力代偿性增强，则动-静脉血氧含量差也可接近于正常。

正常情况下，毛细血管血液中脱氧Hb的平均浓度约为2.6g/dl。低张性缺氧时，由于血流缓慢，组织摄取和利用的氧增多，动、静脉血中的氧合Hb含量降低，而脱氧Hb增高。当毛细血管血液中脱氧Hb浓度超过5g/dl时，可使皮肤和黏膜呈青紫色，称为发绀（cyanosis）。

二、血液性缺氧

由于Hb数量减少或性质改变，使血液携氧能力降低，或Hb结合的氧不易释出所引起的组织缺氧称为血液性缺氧（hemic hypoxia）。此时动脉血氧分压正常，故又称等张性低氧血症（isotonic hypoxemia）。

（一）原因

1. 贫血　各种原因引起的严重贫血，使Hb数量减少，血液携带氧的能力下降，从而导致组织缺氧，又称为贫血性缺氧（anemic hypoxia）。

2. 一氧化碳中毒　CO与Hb的亲和力为O_2与Hb亲和力的210倍，CO与Hb结合形成碳氧Hb(carboxyhemoglobin，HbCO)，从而失去运氧功能。当大量CO与Hb结合形成HbCO时则会导致组织缺氧。此外，CO还能抑制红细胞内糖酵解，使2,3-DPG生成减少，氧离曲线左移，氧合Hb中的氧不易释出，从而加重组织缺氧。

3. 高铁血红蛋白血症　Hb的二价铁，在氧化剂的作用下，可氧化成三价铁，形成高铁Hb（$HbFe^{3+}OH$），也称变性Hb或羟化Hb。三价铁因与羟基牢固结合而丧失携带氧的能力，加上Hb分子的四个二价铁中有一部分氧化为三价铁后还能使剩余的Fe^{2+}与氧的亲和力增高，导致氧离曲线左移，使组织缺氧。正常血液中高铁Hb含量占Hb的1%~2%，某些化学物质(如亚硝酸盐、过氯酸盐、磺胺等氧化剂)中毒时，如新腌制的咸菜、变质的蔬菜中有较多的硝酸盐，大量食用后，肠道细菌将硝酸盐还原为亚硝酸盐，吸收后可形成过多的高铁Hb，导致高铁血红蛋白血症。

4. Hb与氧的亲和力异常增强　某些因素可增强Hb与氧的亲和力，氧离曲线左移，氧不易释放。例如，输入大量库存血，由于库存血中红细胞的2,3-DPG含量低，可使氧离曲线左移；输入大量碱性液体，使血液pH升高，在短时间内也可使Hb与O_2的亲和力增强；Hb病时，遗传因素所致Hb分子结构异常，Hb与O_2的亲和力增强，使氧合Hb不易释放氧。

（二）血氧变化的特点

血氧变化的主要特点是：①由于吸入气中氧分压和外呼吸功能正常，所以PaO_2正常。②严重贫血，因 Hb 数量减少，SaO_2 及 CaO_2 均降低；一氧化碳中毒时，由于部分 Hb 和 CO 结合形成 HbCO，失去携氧能力，CaO_2 降低，SaO_2 可正常；Hb 与 O_2 亲和力增强引起的血液性缺氧，SaO_2 及 CaO_2 可不低，甚至有的还可高于正常。③血氧饱和度主要取决于 PaO_2，此型缺氧时 PaO_2 正常，故血氧饱和度正常。④贫血患者虽然 PaO_2 正常，但由于 CaO_2 较低，氧向组织弥散的速度减慢，导致组织缺氧，动 - 静脉氧含量差减小；一氧化碳中毒、高铁血红蛋白血症和 Hb 与 O_2 亲和力增强时，氧离曲线左移，氧不易解离，动 - 静脉氧含量差小于正常。

血液性缺氧时，患者的皮肤、黏膜颜色可随病因不同而异。单纯贫血时，由于 Hb 降低而面色苍白。CO 中毒的患者皮肤、黏膜呈樱桃红色，与鲜红色的 HbCO 有关；若 CO 中毒严重致外周血管收缩，患者皮肤、黏膜则呈现苍白色。高铁血红蛋白血症患者，皮肤、黏膜呈咖啡色或类似发绀的颜色；若因进食导致大量血红蛋白氧化而引起的高铁血红蛋白血症又称为肠源性发绀 (enterogenous cyanosis)。

三、循环性缺氧

由于循环功能障碍，组织血流量减少而导致组织供氧量不足所引起的组织缺氧称为循环性缺氧 (circulatory hypoxia)，又称低动力性缺氧 (hypokinetic hypoxia)。

（一）原因

1. **全身性循环障碍** 见于心力衰竭及休克，是由于心排血量减少，引起的全身组织缺血缺氧。
2. **局部性循环障碍** 由于血管壁、血管腔内或管壁外病变导致局部组织缺血性或淤血性缺氧，如脉管炎、动脉粥样硬化、血栓形成、血管痉挛或受压及各种栓塞等。其后果主要取决于血液循环障碍发生的部位，心肌梗死及脑血管意外是常见的致死原因。

（二）血氧变化特点

循环性缺氧时，PaO_2、SaO_2、CaO_2 及 SaO_2 正常；由于血流缓慢和氧离曲线右移，单位时间内流过毛细血管的血量减少，组织细胞从血液中摄取的氧量增加，PvO_2、SvO_2、CvO_2 及 SvO_2 降低，动 - 静脉血氧含量差增加；如果因动脉狭窄或阻塞使毛细血管床血液灌注量减少引起缺氧，组织器官苍白；因静脉血回流障碍导致毛细血管床淤血时，组织从血液中摄取的氧量增多，毛细血管中脱氧 Hb 含量增加，如超过 5g/dl，患者可出现发绀。

四、组织性缺氧

由于组织细胞利用氧异常所引起的缺氧称为组织性缺氧 (histogenous hypoxia)，又称氧利用障碍性缺氧（dysoxidative hypoxia）。常见于中毒引起的生物氧化障碍。

（一）原因

1. **组织中毒** 不少毒物如氰化物、硫化氢、磷等可引起组织中毒性缺氧，最典型的是氰化物中毒，如 0.06g 的 HCN 即可使人死亡。HCN、KCN、NaCN、NH_3CN 等各种氰化物可通过消化道、呼吸道或皮肤进入体内，迅速与氧化型细胞色素氧化酶的三价铁结合为氰化高铁细胞色素氧化酶，使之不能还原成还原型细胞色素氧化酶，以致呼吸链中断，组织不能利用氧。此外，细菌毒素、放射线等也可能损伤线粒体的呼吸功能而引起氧的利用障碍。
2. **维生素缺乏** 某些维生素如核黄素 (VitB1)、烟酰胺和烟酸等是呼吸链中许多脱氢酶辅酶的成分，当这些维生素严重缺乏时，生物氧化过程不能正常进行，导致氧的利用障碍。

3. 线粒体损伤　高温、大量放射线辐射和细菌毒素等可损伤线粒体，引起细胞生物氧化障碍。

（二）血氧变化特点

组织性缺氧时，PaO_2、SaO_2、CaO_2 及 SaO_2 正常；由于组织不能利用氧，故 PvO_2、CvO_2 及 SvO_2 高于正常，动-静脉氧含量差减小；由于内呼吸障碍使组织不能充分利用氧，毛细血管内氧合 Hb 量高于正常，患者皮肤黏膜多呈玫瑰红色。

临床所见的缺氧往往是两种或两种以上的缺氧同时存在或者相继发生，即混合性缺氧。例如，心力衰竭时，由于循环障碍可引起循环性缺氧，如伴有肺淤血与肺水肿，又可引起低张性缺氧。感染性休克时可引起循环性缺氧，而严重失血可引起血液性缺氧，细菌毒素可造成细胞损伤发生组织性缺氧，如合并急性呼吸窘迫综合征又伴有低张性缺氧。各型缺氧的血气变化特点见表 9-2，图 9-3。

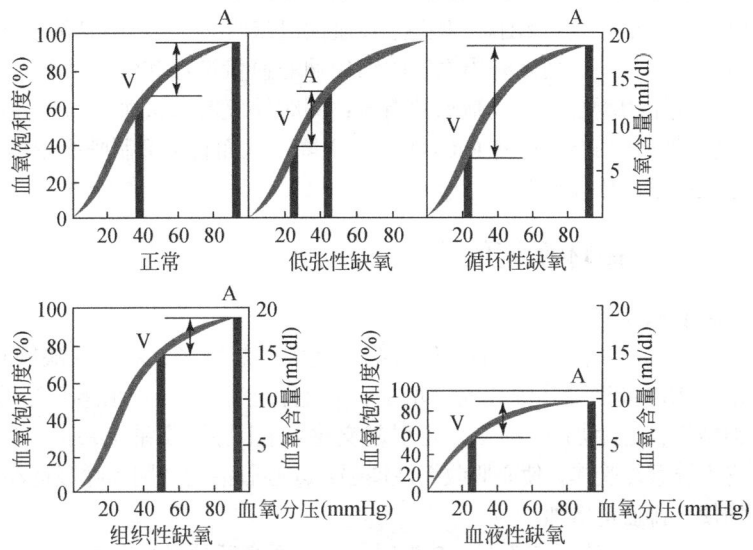

图 9-3　各型缺氧的血氧变化特点

图示 A 为动脉，V 为静脉

表 9-2　各型缺氧血气变化特点

缺氧类型	PaO_2	CaO_2	CO_2max	SaO_2	CaO_2-CvO_2
低张性	↓	↓	N	↓	↓
血液性	N	↓	↓	N	↓
循环性	N	N	N	N	↑
组织性	N	N	N	N	↓

注：↓：降低；↑升高；N：正常。

第三节　缺氧对机体的影响

缺氧对机体的影响，取决于缺氧发生的程度、速度、持续时间和机体的功能状态。缺氧时机体的功能和代谢变化是机体对缺氧的代偿适应和损伤性改变的综合反应。轻度缺氧主要引起机体代偿性反应；严重缺氧而机体代偿不全时，出现的变化以功能和代谢障碍为主，甚至可发生组织细胞坏死或机体死亡。以下主要以低张性缺氧为例说明缺氧对机体的影响。一般来说，低张性缺氧时，PaO_2 降至 60mmHg 以下时组织缺氧，引起机体的代偿反应；PaO_2 低于 30mmHg 可导致严重的代谢功能障碍。

一、呼吸系统的变化

1. 代偿性反应　肺通气量增加是对急性低张性缺氧最重要的代偿性反应。PaO_2 低于 60mmHg 可刺激颈动脉体和主动脉体化学感受器，反射性地引起呼吸中枢兴奋，呼吸加深加快，一方面增大呼吸面积,提高 O_2 的弥散量,使动脉血氧饱和度增加;另一方面增加每分钟肺通气量,肺泡气氧分压升高,PaO_2 也随之升高;同时胸廓呼吸运动的增强使胸内负压增大,静脉回心血量增多,增加心排血量和肺血流量,有利于氧的摄取和运输。但是过度通气可排出较多 CO_2,减低了 CO_2 对延髓的中枢化学感受器的刺激,在一定程度上可以抑制呼吸,起到抵消缺氧兴奋呼吸的作用。

2. 损伤性变化 急性低张性缺氧,如快速登上 4000 米以上高原时,可在 1～4 天内发生急性肺水肿,表现为呼吸困难、咳嗽、咳血性泡沫痰、肺部有湿啰音、皮肤黏膜发绀等。其机制尚不清楚,可能是由于缺氧所致外周血管收缩使回心血量增加和肺血量增多,加上缺氧性肺血管收缩反应使肺血流阻力增加,导致肺动脉高压;同时缺氧时肺微血管通透性增加,故发生肺水肿。肺水肿影响肺的换气功能,可使 PaO_2 进一步下降,从而直接抑制呼吸中枢,使呼吸抑制,肺通气量减少,导致中枢性呼吸衰竭。

二、循环系统的变化

1. 代偿性反应

(1) 心排血量增加:使组织细胞供血量增多,对急性缺氧有一定的代偿意义。其主要机制是:①呼吸运动增强,通气增加,肺泡膨胀,对肺牵张感受器的刺激增强,反射性地通过交感神经而使心率加快;②缺氧可引起交感-肾上腺髓质系统兴奋,儿茶酚胺释放增多,作用于心脏β-肾上腺素能受体,使心肌收缩性增强;③心脏活动及胸廓呼吸运动增强,可导致静脉回流量增多,均使心排血量增加。

(2) 血流分布改变:缺氧时,一方面交感神经兴奋引起血管收缩;另一方面组织因缺氧产生乳酸、腺苷、PGI_2 等代谢产物,使缺氧组织的血管扩张。因皮肤和腹腔脏器有较密集的交感缩血管神经,急性缺氧时缩血管作用占优势,使血管收缩;而心、脑血管则以腺苷等局部组织代谢产物的扩血管作用为主,故血管扩张,血流增加。这种血流重新分布可以保证生命重要器官氧的供应,因而具有重要的代偿意义。

(3) 肺血管收缩:肺泡缺氧及混合静脉血的氧分压降低都可引起肺小动脉收缩,从而使缺氧的肺泡血流量减少,有利于维持肺泡通气/血流的适当比例,使流经这部分肺泡的血液仍能获得较充分的氧,从而维持较高的 PaO_2。缺氧引起肺血管收缩的机制可能为:①交感神经兴奋作用于肺血管的α-受体,使肺血管收缩;②缺氧使肺组织内肥大细胞、肺泡巨噬细胞释放组胺、白三烯、血栓素等,引起血管收缩;③缺氧使平滑肌细胞钾通道关闭,外向型 K^+ 电流减少,电压依赖性钙通道开放,Ca^+ 内流增加,兴奋-收缩耦联增强引起肺血管收缩。

(4) 毛细血管增生:长期慢性缺氧可促使血管内皮生长因子(VEGF)等基因表达增强,使毛细血管增生,尤其是心脏、脑和骨骼肌的毛细血管增生更明显。毛细血管的密度增加可缩短血氧弥散至细胞的距离,增加对细胞的供氧量。

2. 损伤性变化

(1) 肺动脉高压:肺泡缺氧所致肺血管收缩反应可增加肺循环阻力,导致严重的肺动脉高压,进而引起右心肥大,甚至右心衰竭。

(2) 心律失常:严重的 PaO_2 降低对颈动脉化学感受器的刺激反射性地兴奋迷走神经,可引起窦性心动过缓、期前收缩,甚至发生心室纤颤而死亡。期前收缩与心室纤颤的发生与心肌细胞内 K^+ 减少、Na^+ 增加使静息膜电位降低、心肌兴奋性增高和传导性降低有关。严重的心肌受损可致完全性传导阻滞。

(3) 心肌舒缩功能降低:严重缺氧时心肌能量产生不足,Na^+、K^+-ATP 酶不能正常运转,使心肌的舒缩功能减低。

（4）静脉回流量减少：脑严重缺氧时，呼吸中枢抑制使胸廓运动减弱，可导致静脉回流减少。全身性严重缺氧使体内产生大量乳酸、腺苷等代谢产物，对外周血管有直接扩张作用，使大量血液淤积在外周静脉内，造成回心血量减少，心排血量下降，从而引起循环衰竭。

三、血液系统的变化

1. 红细胞增多　急性缺氧时，交感神经兴奋，肝、脾等储血器官收缩，将平时不参与循环的储存血液释放入体循环，以增加循环血量及红细胞数量。慢性缺氧时红细胞增多主要由骨髓造血功能增强所致。低氧血流经肾脏时，能刺激肾小管旁间质细胞，使之生成并释放促红细胞生成素（erythropoietin，EPO），后者刺激骨髓干细胞，加速 Hb 的合成及红细胞的生成并释放入血循环。

红细胞及 Hb 的增多，可增加血液的血氧容量和血氧含量，从而增加组织供氧量，使缺氧在一定程度内得到改善。但如果红细胞过度增多，可使血液黏滞度和血流阻力明显增加，导致血流速度减慢，影响氧气的运输，并加重心脏负担，而对机体不利。

2. 氧离曲线右移　缺氧时，红细胞内 2，3-DPG 增加，导致氧离曲线右移，即 Hb 与 O_2 的亲和力降低，血液流经组织时，HbO_2 释放氧增多，从而提高组织的摄氧量。但是，如果 PaO_2 低于 60mmHg，红细胞内 2，3-DPG 过多，血液通过肺泡时结合的氧量减少，使之失去代偿意义。

四、中枢神经系统的变化

脑重仅为体重的 2% 左右，而脑血流量约占心排血量的 15%，脑耗氧量约为总耗氧量的 23%，所以中枢神经系统对氧的需求量非常大。脑组织的能量主要来源于葡萄糖的有氧氧化，而脑内葡萄糖和氧的储备量很少，因此脑组织对缺氧极为敏感。急性缺氧可引起头痛，情绪激动，思维能力、记忆力、判断能力和自主能力减弱及运动不协调等。慢性缺氧时则有易疲劳、嗜睡、注意力不集中、轻度精神抑制等症状。严重缺氧可导致烦躁不安、惊厥、昏迷甚至死亡。

缺氧引起中枢神经系统障碍的机制较复杂，主要是由于 ATP 的生成不足、膜电位降低、神经递质合成减少、酸中毒、细胞内游离 Ca^{2+} 增多，溶酶体酶释放及细胞水肿等。缺氧引起脑组织学变化主要表现为脑细胞肿胀和坏死、脑间质水肿。脑水肿使颅内压升高，并压迫脑血管影响血液循环，使脑缺氧进一步加重，形成恶性循环。

五、组织细胞的变化

1. 代偿性变化　在供氧不足的情况下，组织细胞可通过以下方式获取维持生命活动所必需的能量。

（1）组织细胞利用氧的能力增强：慢性缺氧时，细胞内线粒体数目和膜的表面积均增加，从而有利于氧的弥散。呼吸链中的酶如细胞色素氧化酶含量增多，琥珀酸脱氢酶的活性增强，使细胞的内呼吸功能增强，细胞利用氧能力增强，可起到一定的代偿作用。例如，胎儿在母体内处于相对缺氧的环境，其细胞线粒体的呼吸功能为成年者的 3 倍，至出生后 10～14 天，线粒体呼吸功能才降至成年人的水平。

（2）无氧酵解增强：严重缺氧时，ATP 生成减少，ATP/ADP 比值下降，以致磷酸果糖激酶活性增强。该酶是控制糖酵解过程中最主要的限速酶，其活性增强可促使糖酵解过程增强，在一定程度上可补偿能量的不足。

（3）肌红蛋白增加：慢性缺氧可使骨骼肌中的肌红细胞蛋白（myoglobin，Mb）含量增加。Mb 和氧的亲和力大于 Hb，当氧分压为 10mmHg 时，Hb 的氧饱和度约为 10%，而 Mb 的氧饱和度可达 70%。当氧分压进一步降低时，Mb 可释出大量的氧供细胞利用。Mb 的增加可自血液中摄

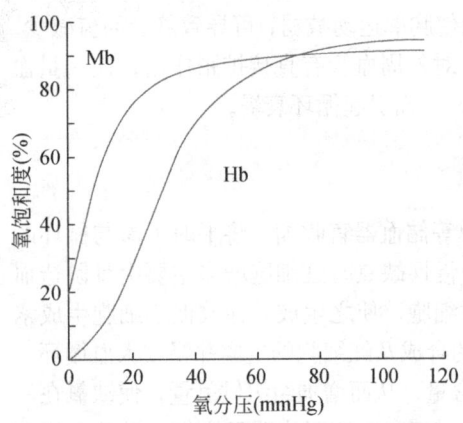

图9-4 血红蛋白和肌红蛋白（Mb）在38℃和pH7.4时的氧离曲线

取更多的氧，具有储存氧的作用。另外，Mb增多还可加快氧在组织中的弥散（图9-4）。

(4) 毛细血管增生：慢性缺氧可促使毛细血管增生，尤其是脑、心脏和骨骼肌增生更显著，毛细血管密度增加可增大氧的弥散面积而缩短弥散距离，有利于组织供氧。

(5) 低代谢状态：缺氧时，各种合成代谢和离子泵功能均降低，细胞处于低代谢状态，耗能过程减弱，有利于在缺氧状态下生存。

2. 损伤性变化　严重缺氧时，组织细胞不能进行正常的氧化代谢，使细胞膜、线粒体、溶酶体发生改变，导致细胞发生严重损伤甚至死亡。细胞损伤是许多疾病脏器功能出现障碍的直接原因。

(1) 细胞膜的变化：①钠离子内流增多。严重缺氧时，线粒体呼吸功能降低使ATP生成减少，Na^+、K^+ATP酶不能充分运转致胞内Na^+不能充分运出；细胞内乳酸增多，pH降低，细胞膜通透性升高，细胞内Na^+增多促使水进入细胞，导致细胞水肿。②钾离子外流增加。K^+是蛋白质包括酶等合成代谢所必需，细胞内K^+外流，导致酶的生成减少，进一步影响ATP的生成和离子泵功能。③钙离子内流增加。严重缺氧可使细胞膜通透性增加，Ca^{2+}顺浓度差进入细胞内；同时缺氧时ATP减少，Ca^{2+}转运出细胞减少，被肌质网摄取减少，均造成细胞内Ca^{2+}浓度增高。Ca^{2+}增多可激活磷脂酶，使膜磷脂分解，引起细胞膜和细胞器膜损伤；并促使黄嘌呤脱氢酶转变为黄嘌呤氧化酶，从而增加自由基形成，加重细胞损伤。

(2) 线粒体的变化：细胞内的氧有80%～90%在线粒体内用于氧化磷酸化生成ATP，仅10%～20%在线粒体外用于生物合成、降解及生物转化（解毒）作用等。严重缺氧可降低线粒体的呼吸功能，使ATP生成减少，线粒体变形、肿胀、嵴崩解断裂，甚至外膜破裂，基质外溢，加之线粒体内Ca^{2+}聚集，使ATP产生进一步减少。

(3) 溶酶体的变化：缺氧时因糖酵解增强、乳酸生成增多、脂肪氧化不全使其中间代谢产物酮体增多，导致酸中毒。pH降低可引起磷脂酶活性增高，使溶酶体膜磷脂被分解、膜通透性增高，结果使溶酶体肿胀、破裂，大量溶酶体酶释出，进而导致细胞本身及其周围组织的溶解、坏死。

除上述各系统机能障碍外，肝、肾、消化道、内分泌等各系统的功能均可因严重缺氧而受损害。

案例9-1

患者女，50岁。昏迷两小时入院。患者在某化肥厂浴室洗澡，因煤气管道泄漏，自觉头晕、头痛、全身乏力、呼吸困难、频繁呕吐呈喷射状，昏倒不省人事，2小时后被送往医院抢救。体检：神志清，精神差，呼吸浅快，眼结膜水肿，口唇呈樱桃红色，颈静脉充盈，呼吸音粗，两肺广泛湿啰音，心率120次/分，节律整齐，心音低，WBC $11.2×10^9$/L，CO_2-CP16mmol/L（正常值为21～31mmol/L），X线胸片（后前位）见两肺小片状密度增强影，心电图表现为T波Ⅱ、Ⅲ、aVF倒置，ST段下降。患者入院后给予绝对卧床休息，保暖，立即吸氧，运用脱水剂和糖皮质激素，反复静脉用药，同时使用神经细胞活化剂胞二磷酸胆碱（CDPC）脑活素。患者于第24日痊愈出院。

思考题：
1. 该患者诊断为什么病？
2. 其诊断依据是什么？

（苗宇船）

高原反应与高原红

高原反应，又叫高原病（high altitude disease, AHAD），是指没有经过适应性训练的人迅速进入3000米以上高原地区，出现的一系列高原不适应症。主要是由于大气压中氧分压降低，机体对低氧环境耐受性降低，难以适应而造成缺氧。此外，恶劣天气、空气干燥、强烈的紫外线照射等也可以加剧高原反应。

久居高原者，由于长期缺氧，引起血液中红细胞和Hb明显增多，使血液的黏稠度增加，血流速度减慢；同时毛细血管扩张、增生、局部充血，导致面部出现片状或团块状的红色斑块，面颊双侧对称，压之褪色，称高原红。

第十章 发　热

发热的概念
发热的病因
　　发热激活物
　　内生致热原
发热的体温调节机制
　　体温调节中枢
　　致热信号传入中枢的途径
　　发热中枢调节介质
　　发热体温上升的基本环节

发热的时相
发热时机体的功能与代谢变化
　　物质代谢变化
　　各系统功能的变化
发热的意义
　　发热的一般处理
　　必须及时解热的情况
　　解热的具体措施

人和哺乳类动物都具有相对恒定的体温，以适应正常生命活动的需要。正常成人体温维持在37℃左右，体温的相对稳定依赖于体温调节中枢的调控。发热是指在致热原作用下，体温调节中枢的调定点上移而引起的调节性体温升高。发热不是独立的疾病，而是多种疾病的重要病理过程和临床表现，也是疾病发生的重要信号。

发热可引起一系列代谢和功能变化，增强机体的抗病能力，但持续高热也会引起代谢障碍和各系统功能紊乱。治疗原发病是治疗发热的关键，必要时针对发热发病学的基本环节，采取适当的解热措施。

第一节　发热的概念

临床所见的体温升高，包括调节性体温升高和非调节性体温升高两种，前者即指发热（fever），后者为过热（hyperthermia）。发热是指在致热原作用下，体温调节中枢的调定点上移而引起的调节性体温升高，并且体温超过正常值0.5℃。发热时体温调节功能正常，是由于调定点上移而引起体温在较高水平上波动，是一种主动的体温调节过程。而非调节性体温升高时，体温调定点并未发生移动，而是由于体温调节中枢功能障碍（如下丘脑的损伤、出血等）、或散热障碍（皮肤鱼鳞病和环境高温所致的中暑等）及过度产热（如甲状腺功能亢进）等导致体温不能被控制在与调定点相适应的水平上，是一种被动性的体温升高，这类体温升高又称

体温升高 ｛ 生理性体温升高 ｛ 月经前期 / 剧烈运动 / 应激
　　　　　　病理性体温升高 ｛ 发热（调节性体温升高，与SP相适应） / 过热（被动性体温升高，超过SP水平）

图10-1　体温升高的分类（SP：体温调定点）

为过热。

除上述体温升高情况以外，某些生理情况也会出现体温升高，如剧烈运动、月经前期、心理性应激、妊娠期等，由于它们属于生理性反应，故称为生理性体温升高（图10-1），它们不会对机体产生危害。

发热不是独立的疾病，而是多种疾病的重要病理过程和临床表现，也是疾病发生和发展的重要信号。临床上通常把伴有发热表现的疾病称为发热性疾病，大多为传染病和炎症性疾病。整个病程中，体温曲线变化往往反映病情的变化和病变特点，对判断病情、评价疗效或估计预后有重要参考价值。

第二节 发热的病因

一、发热激活物

能直接或间接激活机体产内生致热原细胞产生和释放内生致热原（endogenous pyrogen，EP），进而引起体温升高的物质，称为发热激活物（pyrogen activator）。它们可以是来自体外的致热物质即外致热原（exogenous pyrogen），也可以是某些体内产物。

发热激活物的种类与特性

1. 感染性因素（外致热原） 感染性因素是人类面临的主要发热激活物，临床上多数发热性疾病都是由病原微生物及其产物引起的，占所有发热的 50%～60%。

（1）细菌及其毒素：①革兰阳性菌与外毒素，主要有葡萄球菌、链球菌、肺炎球菌、白喉杆菌等。除其全菌体可致热外，其代谢产物也是重要的致热物质，如葡萄球菌释放的可溶性外毒素、A族链球菌产生的致热外毒素等。②革兰阴性菌与内毒素，典型菌群有大肠杆菌、伤寒杆菌、脑膜炎球菌等，这类菌群的致热性物质除全菌体和细胞壁中所含的肽聚糖外，最突出的是其细胞壁中所含的内毒素（endotoxin，ET）。内毒素是最常见的外致热原，无论是体内注射或体外与产EP细胞一起培养，都可刺激EP的产生和释放。内毒素的主要成分为脂多糖（lipopolysaccharide，LPS），其耐热性高，普通方法难以清除，是血液制品和输液过程中的主要污染物。

（2）病毒：病毒感染是人体常见的传染病。常见的有流感病毒、麻疹病毒、柯萨奇病毒等病毒。流感等疾病最主要的症状之一就是发热。给动物静脉内注射病毒在引起发热的同时循环血中出现EP；将白细胞与病毒在体外一起培养也可产生EP。病毒以其全病毒体和其所含的血细胞凝集素致热。

此外，分枝杆菌、真菌、螺旋体、疟原虫等感染亦可引起发热。

2. 非感染性因素（体内产物）

（1）抗原-抗体复合物：对产EP细胞有激活作用。许多自身免疫病都伴有顽固性发热，如系统性红斑狼疮、类风湿、皮肌炎等。循环中持续存在的抗原-抗体复合物可能是其主要的发热激活物。

（2）致热性类固醇：体内某些类固醇（steroid）产物有致热作用，如睾酮的中间代谢产物本胆烷醇酮（etiocholanolone）与某些不明原因的周期性发热有关，而其他类固醇如糖皮质激素和雌激素，则能够抑制EP的产生和释放。例如，肝癌、肝硬化、肾上腺癌等的周期性发热与此类固醇代谢失调密切相关。

（3）致炎刺激物：有些非传染性致炎物如尿酸盐结晶和硅酸盐结晶等在体内不仅可以引起炎

症反应，其本身即可激活单核巨噬细胞产生和释放 EP。

(4) 组织损伤和坏死：组织坏死过程的组织蛋白分解产物作为发热激活物，或者组织坏死引起的无菌性炎症释放某些发热激活物引起发热，其性质尚不清楚。如大面积烧伤、严重创伤、大手术、心肌梗死、脾梗死、肺梗死等所致的组织细胞坏死后引起发热。

二、内生致热原

产内生致热原细胞在发热激活物的作用下，产生和释放的能引起体温升高的物质，称为内生致热原（EP）。

（一）产内生致热原细胞

在发热激活物作用下，所有能够产生和释放 EP 的细胞，均称为产内生致热原细胞，主要有三类：①单核巨噬细胞，包括血单核细胞和各种组织巨噬细胞（如肺巨噬细胞、肝星状细胞、脾巨噬细胞、腹腔巨噬细胞、骨髓巨噬细胞等）是产 EP 的主要细胞；②肿瘤细胞，包括骨髓单核细胞性肿瘤细胞、白血病细胞、霍奇金病瘤细胞、肾癌细胞等；③其他细胞，包括内皮细胞、淋巴细胞、朗汉斯细胞、神经胶质细胞、肾小球系膜细胞等。

（二）内生致热原的种类

自 1948 年 Beeson 发现白细胞致热原（leukocyte pyrogen，LP）以来，目前已有多种具有致热作用的细胞因子被不断发现，许多细胞因子注入实验动物体内都可引起发热，如白介素 -1（interleukin-1，IL-1）、IL-2、IL-6、IL-8、肿瘤坏死因子（tumor necrosis factor，TNF）、干扰素（interferon，IFN）、巨噬细胞炎症蛋白 -1（macrophage inflammatory protein-1，MIP-1）及内皮素（endothelin）等。

1. IL-1　早期发现的 LP 实际上主要是 IL-1。IL-1 是由单核细胞、巨噬细胞、内皮细胞、星状细胞及肿瘤细胞等多种细胞在发热激活物作用下所产生的多肽类物质。目前发现 IL-1 有两种亚型，即 IL-1α 和 IL-1β，其分子质量均约为 17kDa，具有相同的生物学活性。IL-1 受体广泛分布于脑内，以视前区下丘脑前部（preoptic anterior hypothalamus, POAH）分布密度最大。实验发现给鼠、家兔等动物静脉注射大剂量 IL-1 后可引起典型发热反应。IL-1 除引起体温中枢调定点上移外，还有众多生物学效应，包括诱导急性期反应物，活化淋巴细胞并促其增殖，增强吞噬细胞的杀菌功能等。

2. TNF　是重要的 EP 之一，多种发热激活物如葡萄球菌、链球菌、内毒素等都可诱导巨噬细胞、淋巴细胞等产生和释放 TNF。TNF 包括 TNF-α 和 TNF-β 两种亚型，二者可结合相同的受体，产生某些相似的生物学活性。TNF 具有许多与 IL-1 相类似的生物学活性，其在体内、外都能刺激 IL-1β 的产生。给大鼠、家兔等动物静脉注射 TNF 时亦可引起发热反应，大剂量时还可引起双相热。内毒素导致的发热和肿瘤患者的发热中，TNF 可能是一种主要的内生性致热原。

3. IFN　是一种有抗病毒、抗肿瘤作用的蛋白质，由白细胞、T 淋巴细胞、成纤维细胞、NK 细胞等产生。与发热有关的主要是 IFN-α 和 IFN-γ。特别是受病毒感染后可明显促进上述细胞对 IFN 的表达和分泌，IFN 可能是病毒性发热的重要 EP。它所引起的发热反应也有剂量依赖性，可被前列腺素合成抑制剂阻断。与 IL-1 和 TNF 不同，IFN 反复注射可发生耐受。此外，IFN 还具有增强 TNF、NK 细胞活性的作用。

4. IL-6　是一种由 184 个氨基酸组成的蛋白质，分子质量为 21kDa，是由单核细胞、成纤维细胞和内皮细胞等分泌的细胞因子，ET、病毒、IL-1、TNF、血小板生长因子等都可诱导其产生和释放。IL-6 能引起各种动物的发热反应，但作用弱于 IL-1 和 TNF。IL-6 除作为 EP 外，也具有众多的生物学效应，如诱导急性期反应物，促进 B 淋巴细胞的增殖、分化和 IgG 的合成，诱导细胞毒 T 淋巴细胞的生成等。

（三）内生致热原的产生和释放

内生致热原（EP）的产生和释放是一个复杂的细胞信息传递和基因表达调控的过程。这一过程包括产内生致热原细胞的激活、EP 的产生和释放。当产内生致热原细胞与发热激活物 LPS 结合后即被激活，从而启动 EP 的合成。目前研究资料表明，LPS 激活产内生致热原细胞通过以下两种方式。在上皮细胞或血管内皮细胞，先是 LPS 与血清中 LPS 结合蛋白（lipopolysaccharide binding protein，LBP）结合形成复合物，然后此复合物中的 LPS 又与可溶性 CD14（sCD14）结合形成 LPS-sCD14 复合物，作用于细胞膜受体，使细胞活化。而在单核巨噬细胞，则 LPS 与 LBP 形成复合物后，再与细胞表面 CD14（mCD14）作用，形成 LPS-LBP-CD14 三重复合物，从而启动细胞激活。较大剂量的 LPS 可不通过 CD14 途径直接激活单核巨噬细胞产生 EP。

LPS 信号转入细胞内可能尚需另外一种跨膜蛋白（Toll-like receptors，TLR）参与。TLR 激活核转录因子 INF-β，启动 IL-1、TNF、IL-6 等细胞因子的基因表达、合成 EP，然后释放入血，随血流作用于体温调节中枢。

第三节　发热的体温调节机制

发热的核心问题是内生致热原导致体温调节中枢调定点上移，随后引起调节性的体温升高。目前认为，发热发病学的基本机制包括三个基本环节。

一、体温调节中枢

体温调节中枢位于视前区下丘脑前部（POAH），该区含有温度敏感神经元，对来自外周和深部温度信息起整合作用。损伤该区可导致体温调节障碍。将致热原或发热介质微量注射于 POAH 可引起明显的发热反应，而且在发热时，该部位的发热介质也显著升高，但这种体温调节主要表现为正调节。而另外一些下丘脑外的中枢部位，如腹中隔（ventral septal area，VSA）、中杏仁核（medial amygdaloid nucleus，MAN）和弓状核则对发热时的体温产生负向调节。因此，目前认为发热时的体温调节涉及中枢神经系统的多个部位，可能有两部分组成，一个是正调节中枢，主要包括 POAH 等；另一个是负调节中枢，主要包括 VSA、MAN 等。当外周致热信号通过某些途径传入中枢后，启动正负调节机制，一方面通过正调节介质使体温上升，另一方面通过负调节介质限制体温升高，正、负调节的相互作用决定调定点上移的水平及发热的幅度和病程。

二、致热信号传入中枢的途径

EP 如何从血液中进入脑内到达体温调节中枢引起发热，目前认为可能存在几种途径：

1. 血-脑屏障　研究发现血-脑屏障的毛细血管部位分别有 IL-1、IL-6、TNF 的可饱和转运机制，推测其可将相应的 EP 特异性转运入脑。另外，作为细胞因子的 EP 也可能从脉络丛部位渗入或者扩散入脑，通过脑脊液循环分布到 POAH。

2. 终板血管器（organum vasculosum laminae terminalis，OVLT）　位于第三脑室视上隐窝上方，紧靠 POAH，该处存在有孔毛细血管，对大分子物质有较高的通透性，EP 可能由此入脑。也有研究认为，EP 并不直接进入脑，而是被分布在此处的巨噬细胞、神经胶质细胞等细胞膜受体识别并结合，产生新的信息（发热介质等），将致热原信息传入 POAH。

3. 迷走神经传递发热信号　研究发现细胞因子可刺激肝巨噬细胞周围的迷走神经，将信息传入中枢。大鼠腹腔注入 LPS 可在脑内检测到 IL-1 生成的增多，而膈下切断迷走神经的传入纤维则可阻断腹腔注入 LPS 所引起的脑内 IL-1 m RNA 的转录和发热反应。

三、发热中枢调节介质

大量的研究证明，EP 无论以何种方式入脑，它们只是作为"信使"传递发热信息，而不是引起调定点上升的最终物质。EP 首先作用于体温调节中枢，引起发热中枢介质的释放，继而引起体温调定点改变。发热时释放的中枢介质可分为正调节介质和负调节介质两类。

1. 正调节介质

(1) 前列腺素 E（prostaglandin E，PGE）：许多实验资料提示 PGE 是引起发热的中枢介质，其致热敏感点在 POAH。在发热动物的脑脊液及第四脑室中 PGE 浓度较高，在下丘脑前部微量注射 PGE，可引起实验动物明显发热；给予 PGE 合成抑制剂如阿司匹林、布洛芬等后，在降低体温的同时，PGE 在脑脊液及脑室中的含量也下降，提示脑部 PGE 浓度升高与发热密切相关。

(2) 外源性 cAMP：注入动物脑室内迅速引起发热，潜伏期短。腺苷酸环化酶抑制剂能减弱致热原和 PGE 引起的发热。有研究表明，Na^+/Ca^{2+} 比值改变不直接引起调定点上移，而是通过 cAMP 起作用。因此，许多学者提出：EP→下丘脑 Na^+/Ca^{2+} 比值增大→cAMP 增多→调定点上移，可能是多种致热原引起发热的重要途径，cAMP 可能是更接近终末环节的发热介质。

(3) Na^+/Ca^{2+} 比值：实验显示给多种动物脑室内灌注 Na^+ 后体温很快升高，灌注 Ca^{2+} 后体温很快下降。在用标记的 $^{22}Na^+$ 和 $^{45}Ca^{2+}$ 灌注猫脑室的研究中还发现，在致热原性发热期间，$^{45}Ca^{2+}$ 流向 CSF，而 $^{22}Na^+$ 则被保持在脑组织中，这些研究资料表明，Na^+/Ca^{2+} 比值改变在发热机制中可能担负着主要的中介作用，EP 能先引起体温中枢内 Na^+/Ca^{2+} 比值的升高，再通过其他环节促使调定点上升。

(4) 促肾上腺皮质激素释放素（corticotrophin releasing hormone，CRH）：是一种 41 肽的神经激素，主要分布于室旁核和杏仁核。有研究表明 CRH 是一种发热时体温中枢的正调节介质。IL-1、IL-6 等均能刺激离体和在体下丘脑释放 CRH，中枢注入 CRH 可引起动物脑温度和结肠温度明显升高。用 CRH 单克隆抗体中和 CRH 或用 CRH 受体拮抗剂阻断 CRH 的作用，可完全抑制 IL-1β 和 IL-6 等 EP 的致热性。

(5) 一氧化氮（nitricoxide，NO）：作为一种新型的神经递质，广泛分布于中枢神经系统。目前认为 NO 与发热有关的机制可能涉及三个方面：①通过作用于 POAH、OVLT 等部位，介导发热时的体温上升；②通过刺激棕色脂肪组织的代谢活动导致产热增加；③抑制发热时负调节介质的合成与释放。

2. 负调节介质　临床和实验研究均表明，发热时的体温升高极少超过 41℃，即使大大增加致热原的剂量也难越此界线。这种发热时体温上升的高度被限制在一特定范围以下的现象称为热限。这也意味着体内必然存在自我限制发热的因素。体内对抗体温升高或降低体温的物质主要包括精氨酸升压素（arginevasopressin，AVP）、黑素细胞刺激素（α-melanocyte-stimulating hormone，α-MSH）等发热抑制物。

(1) AVP：是由下丘脑神经元合成的神经垂体肽类激素，也是一种与多种中枢神经系统功能（如心血管中枢和学习记忆功能）有关的神经递质。对其解热作用的研究表明：①脑内或经其他途径注射 AVP 具有解热作用；②不同的环境温度中，AVP 的解热作用机制不同（有人认为是影响调定点）；③ AVP 拮抗剂或受体阻断剂能阻断 AVP 的解热作用或加强致热原的发热效应。新生儿或新出生的动物在感染时可不出现发热反应，可能与他们此时血浆中高水平的 AVP 有关。

(2) α-MSH：是腺垂体分泌的，由 13 个氨基酸组成多肽激素。α-MSH 是迄今发现的效应最强的解热物,其作用比醋氨基酚大2.5万倍。有研究资料表明:①α-MSH经不同途径进入脑室、静脉、VSA、POAH后均能削弱EP性发热;②EP性发热时,脑室中隔区α-MSH含量增加,而且将α-MSH注射于此区可使发热减弱,说明其解热效应的作用位点在VSA;③α-MSH的解热作用与增强散热有关;④内源性α-MSH能够限制发热的程度和持续时间,使用α-MSH抗体(阻断内源性α-MSH的作用)则能明显增强IL-1的致热效应。

(3) 脂皮质蛋白-1 (lipocortin-1):是20世纪80年代发现的一种钙依赖性磷脂结合蛋白。它在体内分布十分广泛,但主要存在于脑、肺等器官之中。目前的研究发现糖皮质激素发挥解热作用依赖于脑内脂皮质蛋白-1的释放。给大鼠中枢内注射重组的脂皮质蛋白-1,可明显抑制IL-1β、IL-6、IL-8、CRH诱导的发热反应,表明脂皮质蛋白-1可能是一种发热时体温调节中枢的负调节介质。

四、发热体温上升的基本环节

发热的发生机制比较复杂,其基本环节可概括如下:下丘脑体温调节中枢的体温调定点的正常值设定为37℃左右。发热时,第一环节是发热激活物的作用;第二环节是EP的产生和释放;第三环节是中枢调定点上移;第四环节是调定点上移后引起调温效应器的反应。在体温上升的同时负调节中枢也被激活,产生和释放负调节介质,限制调定点上移和体温上升。正负调节相互作用的结果决定体温上升的水平(图10-2)。发热时体温很少超过41℃,避免高热引起脑细胞损伤。这是机体的自我保护功能和自稳调节机制结果,具有极其重要的生物学意义。发热持续一定时间后,随着激活物被控制或消失,EP及增多的发热介质被清除或降解,调定点迅速或逐渐恢复到正常水平,体温也相应被调控下降至正常。

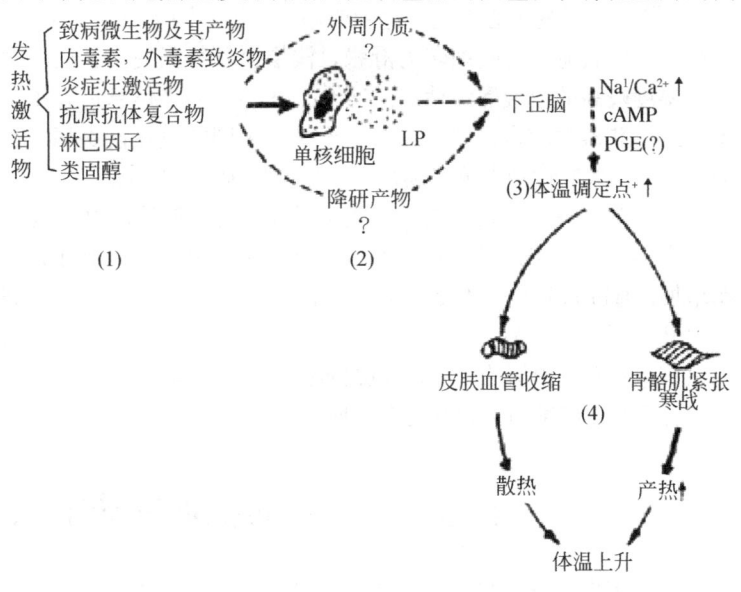

图10-2 发热体温上升的基本环节示意图

五、发热的时相

发热过程大致分为三个时相,并且各有其临床和热代谢特点(表10-1,图10-2)。

表10-1 发热的时相及其热代谢特点

分期	特点	临床表现
体温上升期	体温调定点上移,中心体温低于体温调定点水平,产热>散热	皮肤苍白,畏寒,寒战"鸡皮"样皮肤
高温持续期	中心体温与新体温调定点水平相适应,产热与散热在高水平保持平衡	皮肤干红,口干舌燥,自觉酷热
体温下降期	体温调定点回降至正常,中心体温高于体温调定点水平,散热>产热	大量出汗,皮肤潮湿

1. 体温上升期　在发热的开始阶段，由于正调节占优势使调定点上移，原来的正常体温变成了"冷刺激"，中枢对"冷"信息经交感神经到达散热中枢，引起皮肤血管收缩和血流减少，导致皮肤温度降低，散热随之减少。同时指令到达产热器官，引起寒战和物质代谢加强，产热随之增加。临床上，患者自感发冷或畏寒，并可出现"鸡皮"和寒战、皮肤苍白等现象。此期相当于健康人暴露于冷环境中出现的生理性反应。皮肤血管收缩、血流减少使皮肤苍白；皮温下降刺激冷感受器，信息传入中枢使患者自感发冷或畏寒；交感神经传出冲动引起皮肤立毛肌收缩，关闭汗腺，出现"鸡皮"样；位于下丘脑后部、靠近第三脑室壁的寒战中枢发出冲动，通过运动神经传递到运动终板，引起骨骼肌不随意的周期性收缩。由于是屈肌和伸肌同时收缩，所以不表现外功，但产热率较高，代谢可比正常增加4～5倍，故此期又称寒战期。此期热代谢特点是散热减少、产热增多，体温不断上升，故当患者感到发冷或畏寒时，中心体温其实已上升。

2. 高温持续期（高峰期）　当体温升高到调定点的新水平时，便不再继续上升，而是在新调定点相适应的高水平上波动，所以称高温持续期，也称高峰期或稽留期（fastigium）。由于此期体温已与调定点相适应，所以寒战停止并开始出现散热反应。此时体温调节中枢以与正常相同的方式来调节产热和散热，所不同的是在一个较高的水平上进行调节。此期患者自觉酷热、皮肤发红、口干舌燥，患者的中心体温已达到或略高于体温调定点新水平，故下丘脑不再发出引起"冷反应"的冲动。皮肤血管由收缩转为舒张，浅层血管舒张使皮肤血流增多，因而皮肤发红，散热增加；由于温度较高的血液灌注使皮温增高，热感受器将信息传入中枢而使患者有酷热感产生；高热时水分经皮肤蒸发较多，皮肤和口唇干燥。不同的发热性疾病，高峰期持续时间长短不一，疟疾仅为几小时，大叶性肺炎可持续几天，伤寒持续1周以上。

3. 体温下降期（退热期）　经历了高温持续期后，由于激活物、EP及发热介质的消除，体温调节中枢的调定点返回到正常水平。这时由于血液温度高于调定点，POAH的温敏神经元发放频率增加，通过调节作用使交感神经的紧张性活动降低，皮肤血管进一步扩张，散热增强，产热减少，体温开始下降，逐渐恢复到与正常调定点相适应的水平。此期由于高血温及皮肤温度感受器传来的热信息对发汗中枢的刺激，汗腺分泌增加，引起大量出汗，严重者可致脱水。故应当注意监护，及时补充水、电解质，尤其是在心肌劳损患者，更应密切注意。

第四节　发热时机体的功能与代谢变化

除了原发病所引起的机体各种生理功能的改变以外，发热时的体温升高、EP及体温调节效应也可引起一系列代谢和功能变化。

一、物质代谢变化

发热时机体物质代谢变化特点是，通过寒战和代谢率的提高使三大营养素分解加强，这是体温升高的物质基础。一般认为，体温每升高1℃，基础代谢率提高13%，所以发热患者的物质消耗明显增多。如果持久发热，营养物质没有得到相应的补充，患者就会消耗过多而导致消瘦和体重下降。

1. 糖代谢　发热时由于产热的需要，能量消耗大大增加，因而对糖的需求增多。糖的分解代谢加强，血糖升高，糖原储备减少。尤其在寒战期肌肉活动量加大，对氧的需要大幅度增加，造成相对氧供不足，无氧酵解增强致乳酸大量增加，可引起代谢性酸中毒，发热时的肌肉酸痛也可能与此有关。

2. 脂肪代谢　发热时脂肪分解也明显加强。由于糖原储备不足，加上发热患者食欲较差，营养摄入不足,机体乃动员储备脂肪提供热量。另外,交感-肾上腺髓质系统兴奋性增高,脂解素分泌增加,也促进脂肪分解。

3. 蛋白质代谢　与急性期反应发热时由于高体温和 EP 的作用,尤其是在 IL-1、PGE 介导下患者骨骼肌蛋白分解加强,尿氮比正常人增加约 2～3 倍。此时如果未能及时补充足够的蛋白质,将产生负氮平衡。蛋白质分解加强可为肝提供大量游离氨基酸,加快急性期反应蛋白的合成和组织修复。

4. 水、盐及维生素代谢　在发热的体温上升期,由于血液重新分布,肾血流减少,尿量减少,Na^+ 和 Cl^- 的排泄也减少。高温持续期的皮肤和呼吸道水分蒸发的增加及退热期的大量出汗可导致水分和 Na^+ 和 K^+ 的大量丢失,严重者可引起脱水。退热期因尿量的恢复和大量出汗,Na^+ 和 Cl^- 排出增加。

发热时代谢增强,维生素消耗显著增加,加上患者食欲不振、消化液分泌减少,引起维生素摄入和吸收不足。长期发热或高热患者易出现维生素 C 和维生素 B 的缺乏,应及时补充水分和适量的电解质及维生素。

二、各系统功能的变化

1. 中枢神经系统　发热时的主要症状大部分集中在中枢神经系统,患者常感不适、头痛、头晕、嗜睡,呈病态表现。有的高热(40～41℃)患者会出现烦躁、谵妄、幻觉。在小儿,高热较易引起抽搐(热惊厥),这可能与小儿中枢神经系统尚未发育成熟有关。若高热持续过久,中枢神经系统从兴奋状态转向抑制状态,出现淡漠、嗜睡甚至昏迷。

2. 循环系统　发热时,体温每上升 1℃,心率约增加 18 次/分,儿童可增加得更快。心率加快主要是血温升高刺激窦房结及交感-肾上腺髓质系统兴奋增强所致。心率加快可增加心排血量,具有增加组织血液供应的代偿性效应,但对心肌劳损或有潜在性病灶的患者,则会加重心肌负担而诱发心力衰竭,特别是有些发热激活物(如内毒素)、EP(如 TNF)可直接造成心肌和血管功能损害,导致循环功能不全。在寒战期间,心率加快和外周血管收缩,可使血压轻度升高;高温持续期和退热期因外周血管舒张,血压可轻度下降。少数患者可因大汗而致虚脱,甚至循环衰竭,严重者可发生失液性休克,应及时预防。

3. 呼吸系统　发热时,由于血温增高和酸性代谢产物的刺激作用,呼吸中枢兴奋使呼吸加深加快。深而快的呼吸在增加热量散发的同时,由于通气过度,CO_2 排出过多,$PaCO_2$ 下降,也可引起呼吸性碱中毒。但持续的体温升高可因大脑皮质和呼吸中枢受抑制,使呼吸变浅、慢或不规则。

4. 消化系统　发热时,由于消化液分泌减少及胃肠蠕动减慢,食物的消化、吸收与排泄功能异常。唾液分泌减少,可致口干舌燥、口腔异味。胃液分泌减少,胃肠蠕动减慢,可使患者食欲低下、恶心和呕吐等。胰液和胆汁分泌不足,可致蛋白质、脂肪的消化不良,加上胃肠蠕动减弱,使食物在肠道发酵和腐败,产气增多,临床表现为便秘和腹胀。这些症状都可能与交感神经兴奋、副交感神经抑制及水分蒸发较多有关。

5. 泌尿系统　发热早期交感神经兴奋,引起肾小血管收缩,肾血流量减少,加之肾小管对水钠重吸收增加,故尿量减少,尿比重增加。高热患者肾小管可发生细胞水肿而产生轻度蛋白尿。

6. 免疫系统　发热对机体的防御系统功能的影响是利弊并存,可能与发热的程度相关。中等程度的发热可增强吞噬细胞的趋化和吞噬能力,有利于淋巴细胞增殖和抗体的形成,从而提高机体的防御功能;同时,促进干扰素的产生和释放,有抗菌、抗病毒和抗肿瘤效应;并可促进急性期反应蛋白的合成增加。但过高热或持久发热均可造成免疫系统功能的紊乱,给机体造成危害。因此,发热对免疫系统功能的影响应全面分析,具体对待。

第五节　发热的意义

发热对机体防御功能的影响，既有利的一面，也有不利的一面。一方面，一定程度的发热，有利于机体增强抗病能力。一定高温可将病原微生物灭活，如淋球菌和梅毒螺旋体；EP 可使机体的循环内铁水平降低从而抑制病原微生物的生长繁殖；发热可激活或加强巨噬细胞的吞噬功能，有利于淋巴细胞增殖和抗体形成增多；发热时产 EP 细胞所产生的大量 EP（IL-1、TNF、IFN 等）在一定程度上可抑制或杀灭肿瘤细胞，同时当体温升高到 41℃ 左右时，其生长受到抑制并可被部分灭活，目前发热疗法已被用于肿瘤的综合治疗；EP 在诱导发热的同时，也可引起机体急性期蛋白的合成增多；发热时心率、呼吸加快，可保证人体组织在单位时间内得到更充分的氧气和营养物质；肝脏解毒功能增强有助于消除病因，上述变化皆有利于增强机体的抗病能力。另一方面，持续高热也可造成代谢紊乱和各系统的功能紊乱，如发热会引起脱水、谵妄、电解质紊乱、负营养平衡、心肺负荷增加等，造成能量大量消耗、机体功能失调，甚至衰竭。

因此，发热的生物学意义，存在着相互矛盾的两个方面，只能具体情况具体分析和判断。中等程度的发热可能有利于提高宿主的防御功能，但高热就有可能产生不利的影响。下述情况，发热能够加重病情或促进疾病的发生发展，甚至威胁生命，应不失时机地迅速解热。

1. 高热（>40℃）　高热病例尤其是达到 41℃ 以上者，中枢神经细胞和心脏可能受到较大的影响。正常动物在极度高热的情况下可导致心力衰竭，高热引起昏迷、谵妄等中枢神经系统症状也是常见的。因而对于高热病例，无论有无明显的原发病，都应尽早解热。尤其是小儿高热，容易诱发惊厥，更应及早预防。

2. 心脏病患者　发热时心率增快，循环加速，增加心脏负担，易诱发心力衰竭。因而对心脏病患者及有潜在的心肌损害者也需及早解热。

3. 妊娠期妇女　发热可使胎儿发育障碍而导致畸胎，是一个重要的致畸因子，因此孕妇应尽量避免发热或人工过热（如洗桑拿浴）。此外妊娠中晚期，循环血量增多，心脏负担加重，发热会进一步增加心脏负担，有诱发心力衰竭的可能性。

案例 10-1

患者女，12 岁。1 天前于游泳后出现发热，伴头痛、全身肌肉酸痛、食欲减退、轻咳无痰、呕吐胃内容物 2 次，无抽搐、腹痛等不适。门诊以"发热待查"收治入院。

查体：体温 39.7℃，脉搏 112 次 / 分，呼吸 27 次 / 分，血压 110/70mmHg，神志清楚，精神差，急性热病容，全身未见皮疹及出血点，咽充血，双侧扁桃体肿大，可见少许脓栓，双侧颈部淋巴结肿大。心、肺检查未及异常。腹软，肋下未及肝脾，无病理反射。尿少色黄。化验示白细胞总数 14.4×10^9/L，中性粒细胞 80.2%，淋巴细胞 11.5%。入院后给予抗生素及输液治疗。在输液过程中出现畏寒、寒战、烦躁不安。一度体温升至 41℃，心率 125 次 / 分，呼吸浅促，立即停止输液，肌注异丙嗪 1 支，并给予酒精擦浴，头部置冰袋。次日，体温渐降，患者精神委靡，出汗较多，继续输液及抗生素治疗。3 天后，体温降至 37℃，除感乏力外，无自觉不适。住院 6 天痊愈出院。

思考题：

1 入院时的发热是怎样引起的？本病可能的诊断是什么？

2 输液过程中出现的畏寒、寒战、体温升高等属何种反应？为什么？

3 给患者用酒精擦浴，头部置冰袋处理的意义何在？

（施　旻）

知识链接——肿瘤性发热

肿瘤性发热（NF），简称肿瘤热，又名癌性发热。癌性发热是恶性肿瘤患者常见的并发症之一，是指癌症患者在排除感染、抗生素治疗无效的情况下出现的，而直接与癌症有关的非感染性发热。

癌性发热与以下因素有关：①恶性肿瘤生长迅速，组织相对缺血缺氧而坏死；②治疗引起肿瘤细胞大量破坏，释放TNF，导致机体发热；③恶性肿瘤细胞本身可能产生内源性致热原，如肿瘤内出现炎症反应，炎细胞浸润，恶性肿瘤细胞释放抗原物质引起免疫反应而发热；④肿瘤细胞能分泌一些活性物质，如类癌产生5-羟色胺、嗜铬细胞瘤产生儿茶酚胺、肝癌细胞产生甲胎蛋白，以及许多肿瘤细胞能产生异位激素等，都对机体产生各种不同的反应，其中有些物质可引起发热；⑤在肿瘤治疗中放疗、化疗，应用IFN、IL-2、TNF、集落刺激因子、肿瘤疫苗等制剂也可引起发热。

第十一章 应 激

概述
　　应激的概念
　　应激原
　　全身适应综合征
应激反应的主要表现
　　应激时的神经内分泌反应
应激时的细胞体液反应
应激时机体的代谢和功能变化
应激与疾病
　　应激与躯体疾病
　　应激相关心理、精神障碍

　　应激是指机体在对生存环境中多种不利因素适应过程中，实际或认知上的要求与适应应付能力之间不平衡导致的身心紧张状态及其反应。良性应激可增强机体对外界有害因素的免疫力和抗御能力，在应激刺激消失后，机体迅速恢复原态。不良应激可导致机体生理功能紊乱，更严重者会发生应激性损伤和应激性疾病。
　　应激可导致应激性溃疡、高血压与心律失常、免疫与内分泌功能紊乱及心理、精神障碍等。应重视应激的机制研究，排除应激原，提高全身抵抗力，加强心理护理。

第一节　概述

一、应激的概念

　　应激（stress）是指机体在受到内外环境因素及社会、心理因素刺激时所出现的全身性非特异性适应反应，又称为应激反应（stress response），这些刺激因素称为应激原（stressor）。
　　根据对机体影响的程度，应激可分为生理性应激和病理性应激。生理性应激指应激原不十分强烈，且作用时间较短的应激（如体育竞赛、饥饿、考试等），是机体对轻度的内外环境变化及社会心理刺激的一种重要防御适应反应，它有利于调动机体潜能又不致对机体产生严重影响，又称为良性应激（eustress）。病理性应激是指应激原强烈且作用时间持久的应激（如休克、大面积烧伤等），除仍具有某些防御代偿作用之外，也可引起机体自稳态的严重失调，甚至导致应激性疾病（stress disease），又称为劣性应激（distress）。根据应激原的性质不同，应激可分为躯体应激（physical stress）和心理应激（psychological stress）。前者为理化、生物因素所致，而后者为心理、社会因素所致。

二、应激原

　　强度足够引起应激反应的任何刺激都可成为应激原。根据来源不同，可将其分为三类：

1. 外环境因素 包括机械性损伤（如骨折、挤压等）、物理性因素（如高热、寒冷、射线、噪声、强光、低氧等）、化学性因素（如强酸、强碱、化学毒物等）、生物性因素（如细菌、病毒等病原微生物等）。

2. 内环境因素 如酸碱平衡紊乱、贫血、休克和器官功能衰竭等。

3. 心理、社会因素 如紧张的工作，不良的人际关系，离婚、丧偶等打击，愤怒、焦虑及恐惧等情绪反应等。

由于在遗传素质、个性特点、生活方式和经验方面存在千差万别，不同个体对同样的应激原存在不同的敏感性和耐受性，因而强度相同的应激原在不同个体可引起程度不同的应激反应。

三、全身适应综合征

20 世纪 30～40 年代，加拿大生理学家 Selye 等发现，剧烈运动、毒物、寒冷、高温及严重创伤等多种有害因素可引起实验动物出现一系列相似的非特异性反应，这些反应具有一定适应性代偿意义，并导致机体多方面的紊乱与损害，称为全身适应综合征（general adaptation syndrome，GAS）。因此 GAS 是非特异的应激所导致的各种各样机体损害和疾病的总称，可分为三个时期：

1. 警觉期（alarm stage） 在应激原作用后立即出现，为机体防御机制的快速动员期。其神经-内分泌改变以交感-肾上腺髓质系统兴奋为主，并伴有肾上腺皮质激素（glucocorticoid，GC）的分泌增多。这些变化的病理生理意义在于使机体处于"应战状态"，有利于机体进行格斗或逃避。本期持续时间较短。如应激原持续存在，且机体依靠自身的防御代偿能力度过此期，则进入抵抗期。

2. 抵抗期（resistance stage） 以交感-肾上腺髓质兴奋为主的反应将逐步消退，而肾上腺皮质开始肥大，GC 分泌进一步增多。在本期中 GC 在增强机体的抗损伤方面发挥重要作用。但免疫系统开始受到抑制，胸腺萎缩，淋巴细胞数目减少及功能减退。

3. 衰竭期（exhaustion stage） 机体在经历持续强烈的应激原作用后，其能量储备及防御机制被耗竭，警觉期的反应可再次出现，虽然 GC 水平仍然升高，但糖皮质激素受体的数目及亲和力均下降，机体内环境严重失调，相继出现一个或多个器官衰竭，最后归于死亡。

上述三个阶段并不一定依次出现，多数应激只引起第一、二期的变化，只有少数严重的应激反应才出现第三期（表 11-1）。

表 11-1 适应综合征的分期及特点

分期	主要特点	机能意义
警觉期	以交感肾上腺髓质系统兴奋为主，并伴有肾上腺皮质激素分泌增多	使机体处于最佳动员状态；有利于机体的战斗或逃避
抵抗期	以肾上腺糖皮质激素分泌增多为主的适应性反应	对特定的应激原抵抗程度增强；但对其他应激原的抵抗力下降
衰竭期	出现应激反应的负反应	可产生应激性疾病，器官的功能衰退，甚至发生休克、死亡

第二节 应激反应的主要表现

全身适应综合征是对应激反应的经典描述，其主要理论基础是应激时的神经内分泌反应，特别是交感-肾上腺髓质系统和下丘脑-垂体-肾上腺轴的作用。限于当时的研究条件，GAS 只重点描述了应激时的全身性反应,未涉及器官、细胞、基因水平变化的特征等方面。最近20年来在急性期反应、热休克蛋白等领域的研究进展及医学模式的转变使我们更加全面地认识应激的本质。

一、应激时的神经内分泌反应

应激反应是一种十分原始的反应,神经-内分泌反应是应激的基本反应,机体通过神经-内分泌系统的协调作用对刺激做出整体反应。目前已知,当机体受到强烈刺激时,神经-内分泌系统的主要变化为蓝斑-交感-肾上腺髓质系统(locus ceruleus-sympatho-adrenomedullary system)及下丘脑-垂体-肾上腺皮质轴(hypothalamic-pituitary-adrenal axis,HPA)的强烈兴奋,并伴有其他多种内分泌激素的改变(图11-1)。

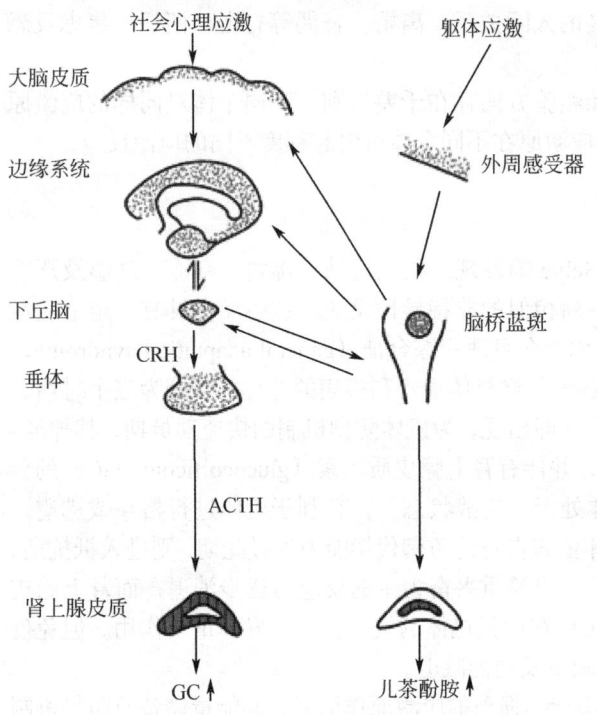

图11-1 应激时神经-内分泌反应示意图

(一) 蓝斑-交感-肾上腺髓质系统

1. 结构基础 蓝斑-交感-肾上腺髓质系统是应激时发生快速反应的系统,其中枢整合部位主要位于脑桥蓝斑。蓝斑是中枢神经系统对应激最敏感的部位,其上行纤维主要投射至杏仁核、海马、边缘皮质及新皮质,是应激时情绪变化、学习记忆及行为改变的结构基础。其下行纤维主要分布于脊髓侧角,调节交感神经张力及肾上腺髓质儿茶酚胺的分泌。

2. 主要中枢效应 应激时蓝斑-交感-肾上腺髓质系统的中枢效应主要是引起兴奋、警觉及紧张、焦虑等情绪反应,这与上述脑区中去甲肾上腺素的释放有关。

3. 主要外周效应 应激时蓝斑-交感-肾上腺髓质系统的外周效应主要表现为血浆中肾上腺素、去甲肾上腺素及多巴胺等儿茶酚胺浓度的迅速升高。已发现多种应激原可激活该系统,使各种组织、血液及尿液中儿茶酚胺水平升高。

4. 代偿意义 中枢效应是提高机体警觉性,外周通过交感神经兴奋释放儿茶酚胺,①心率加快,心肌收缩力增强,心排血量增加。由于外周血管中α受体分布密度的差异,儿茶酚胺除使血压上升外,还导致血流重新分布,使心、脑等重要器官的血液灌流得到保证。②支气管扩张,有利于增加肺泡通气量,以满足应激时机体对氧的需求。③兴奋α受使减少胰岛素分泌兴奋β受使增加胰高血糖素分泌,糖原分解增加,血糖升高,并促进脂肪动员,使血浆中游离脂肪酸增加,从而满足应激时机体增加的能量需求。④促进ACTH、生长激素、肾素、促红细胞生成素及甲状腺素等激素的分泌,更广泛地动员机体各方面的机制来应付应激时的各种变化。

5. 不利影响 强烈及持续的交感-肾上腺髓质系统兴奋也可对机体造成明显损害,如腹腔内脏血管的持续收缩可导脏器官缺血,胃肠黏膜的糜烂、溃疡、出血;外周小血管的长期收缩可使血压升高;儿茶酚胺可使血小板数目增多及黏附聚集性增强,增加血液黏滞度,促进血栓形成;心率增快和心肌耗氧量增加可导致心肌缺血。

(二) 下丘脑－垂体－肾上腺皮质轴

1. **结构基础** 下丘脑-垂体-肾上腺皮质轴主要由下丘脑的室旁核、腺垂体及肾上腺皮质组成。室旁核是该神经内分泌轴的中枢部位，其上行神经纤维与边缘系统的杏仁复合体、海马结构及边缘皮质有着广泛的往返联系，下行神经纤维则通过促肾上腺皮质激素释放激素（corticotropin-releasing hormone，CRH）控制腺垂体 ACTH 的释放，从而调控 GC 的合成和分泌。同时室旁核 CRH 的释放也受到脑干蓝斑中去甲肾上腺素能神经元的影响。

2. **主要中枢效应** 应激时 HPA 轴兴奋可产生明显的中枢效应，如出现抑郁、焦虑及厌食等情绪行为改变，学习与记忆能力下降。这些效应主要由 CRH 分泌增多引起。此外 CRH 还可促进蓝斑中去甲肾上腺素能神经元的活性，使 HPA 轴与蓝斑-交感-肾上腺髓质轴发挥交互作用。

3. **主要外周效应** 应激时 HPA 轴兴奋的外周效应主要由 GC 引起。正常人 GC 分泌量为 25～37mg/d，应激时 GC 分泌量迅速增加。例如，外科手术后，GC 分泌量可增加 3～5 倍，达到或超过 100mg/d。若应激原已排除（如手术完成且无并发症），血浆 GC 可于 24 小时内恢复至正常水平。如应激原持续存在，则 GC 浓度可持续升高。如大面积烧伤患者，血浆 GC 浓度增高可维持 2～3 个月。临床上可通过测定血浆皮质醇浓度及尿中 17-羟类固醇排出量来判断应激的强度或术后并发症的存在。

4. **代偿意义** 促进蛋白质分解及糖原异生，增加肝糖原储备；稳定细胞膜及溶酶体膜，减少炎性介子和溶酶体酶对细胞的损伤；抑制炎症介质的合成与释放，使炎症反应减弱、组织损伤减轻；维持循环系统对儿茶酚胺的反应用。

5. **不利影响** 持续升高的 GC 水平可抑制免疫反应，使患者免疫力下降，易发生感染；GC 可抑制促性腺素释放激素（GnRH）及黄体生成素（LH）的分泌，导致性功能减退，月经不调或停经，哺乳期妇女泌乳减少；G 可减少 TRH 及 TSH 的分泌，抑制甲状腺功能；CRH 的持续作用使生长激素分泌减少，导致生长发育迟缓，伤口愈合不良；CRH 的持续升高可引起抑郁症、异食癖及自杀倾向等行为改变。

(三) 其他激素

应激时会导致多方面的神经内分泌变化。水平升高的激素有 β-内啡肽、抗利尿激素、醛固酮、胰高血糖素、催乳素等；降低的激素：胰岛素、TRH、TSH、T_4、T_3、GnRH、LH 及 FSH 等；而生长激素则在急性应激时分泌增多，在慢性应激时分泌减少。

二、应激时的细胞体液反应

(一) 急性期反应

感染、烧伤、大手术、创伤等应激原可诱发机体产生快速反应，如体温升高，血糖升高，分解代谢增强，负氮平衡及血浆中的某些蛋白质浓度迅速变化等。这种反应称为急性期反应（acute phase response，APR），这些蛋白质被称为急性期蛋白（acute phase protein，APP）。

正常血浆中 APP 浓度较低。在多种应激原作用下，有些 APP 浓度升高 1000 倍以上，如 C-反应蛋白（CRP）及血清淀粉样蛋白 A 等；有些 APP 只升高数倍，如 α-抗糜蛋白酶、纤维蛋白原等；有些 APP 只升高 50% 左右，如铜蓝蛋白、补体 C 等；少数蛋白质在 APP 时反而减少，如白蛋白、前白蛋白、运铁蛋白等称为负 APP。APP 主要由肝脏产生，单核巨噬细胞、血管内皮细胞、成纤维细胞及多形核白细胞亦可少量产生。APP 种类繁多，其生物学功能十分广泛，可大致包括下述几个方面：

1. **抑制蛋白酶活化** 在炎症、创伤、感染等应激状态下，体内蛋白水解酶增多，可导致组织细胞损伤。APP 中的多种蛋白酶抑制剂（α_1-抗糜蛋白酶、α_1-抗胰蛋白酶、α_2-巨球蛋白等）可抑制这些蛋白酶的活性，从而减轻组织损伤。

2. **清除异物和坏死组织** 在炎症、感染、创伤等应激状态下，血浆中 CRP 常迅速增高。它可与细菌的细胞壁结合，激活补体经典途径，促进吞噬细胞功能，抑制血小板磷脂酶，减少其炎症介质的释放等。因 CRP 的血浆水平与炎症的活动性有关，临床上常测定 CRP 以判断炎症及疾病的活动性。

3. **抑制自由基产生** APP 的铜蓝蛋白能促进亚铁离子的氧化（使 Fe^{2+} 转变成 Fe^{3+}），故能减少自由基的产生。

4. **其他作用** 血清淀粉样蛋白 A 能促进损伤细胞的修复。纤维连接蛋白能促进单核巨噬细胞及成纤维细胞的趋化性，促进单核细胞膜上 F_C 受体及 C3b 受体的表达，并激活补体旁路，从而促进单核细胞的吞噬功能。

然而，急性期反应及急性期蛋白对机体亦具有某些不利影响，如引起代谢紊乱，贫血，生长迟缓及恶液质等。在某些慢性应激患者，血清淀粉样蛋白 A 浓度升高可能导致某些组织发生继发性淀粉样变。

（二）热休克蛋白

1. **热休克蛋白（heat shock protein，HSP）的概念** 受应激原刺激后，细胞内新合成或合成增多的一组蛋白质称为 HSP，又称为应激蛋白（stress protein，SP）。目前已知，HSP 是一个具有多个成员的大家族。根据其分子质量的大小可将其分为 HSP110、HSP90、HSP70、HSP60、小分子 HSP、HSP10、泛素等多个亚家族，每个亚家族可含有 1 个或多个成员。

2. **HSP 的功能** HSP 的主要生物学功能是帮助其他蛋白的折叠、移位、复性及降解。由于其本身不是蛋白质代谢的底物或产物，但始终伴随着蛋白质代谢的许多重要步骤，因此被形象地称为"分子伴娘"（molecular chaperon）在正常状态下，从核糖体上新合成的蛋白质多肽链尚未经过正确的折叠而形成具有一定空间构形的功能蛋白质，其疏水基团常暴露在外。如果没有 HSP 的存在，这些蛋白质可通过其疏水基团互相结合、聚集而失去活性。HSP 通过其 C 末端的疏水区与这些新合成的多肽链结合，从而防止其聚集，并帮助其在折叠酶的作用下逐步完成正确折叠。在蛋白质折叠完成后，HSP 即脱离蛋白质底物，折叠成具有一定空间构型的蛋白质可通过囊泡转运至高尔基体，或经 HSP 的帮助转运至线粒体或其他细胞器发挥作用。另外，在应激状态下，各种应激原导致蛋白质变性，使之成为未折叠或错误折叠多肽链，其疏水区域重新暴露在外，因而可互相结合而形成蛋白质聚集物，对细胞造成严重损伤。基础表达及诱导表达的 HSP 充分发挥"分子伴娘"功能，防止这些蛋白质的变性、聚集，并促进已经聚集的蛋白的解聚及变性蛋白质复性。如蛋白质损伤过于严重，无法解聚及复性时，HSP 家族成员泛素将会与其共价结合，再经过蛋白酶体将其降解，以恢复细胞的正常功能。

三、应激时机体的代谢和功能变化

（一）代谢变化

应激时代谢的特点是分解增加，合成减少，代谢率明显升高，如大面积烧伤患者每日能量需求高达 5000kcal（而正常人安静状态下每日能量需求约 2000kcal）。应激时此种高代谢率由儿茶酚胺、糖皮质激素、胰高血糖素及某些炎症介质（如 TNF、IL-1）大量释放及胰岛素的分泌减少等所引起。在糖代谢方面，应激时糖原的分解及糖异生明显增强，使血糖明显升高，甚至可超过肾糖阈而出现糖尿,称为应激性高血糖和应激性糖尿。应激时,机体脂肪分解增加,使血液中游离脂肪酸及酮体有不同程度的增加,同时机体对脂肪酸的利用亦增加。应激时蛋白质分解代谢增强,血浆中氨基酸水平升高,尿氮排出增多,出现负氮平衡(图11-2)。

（二）功能变化

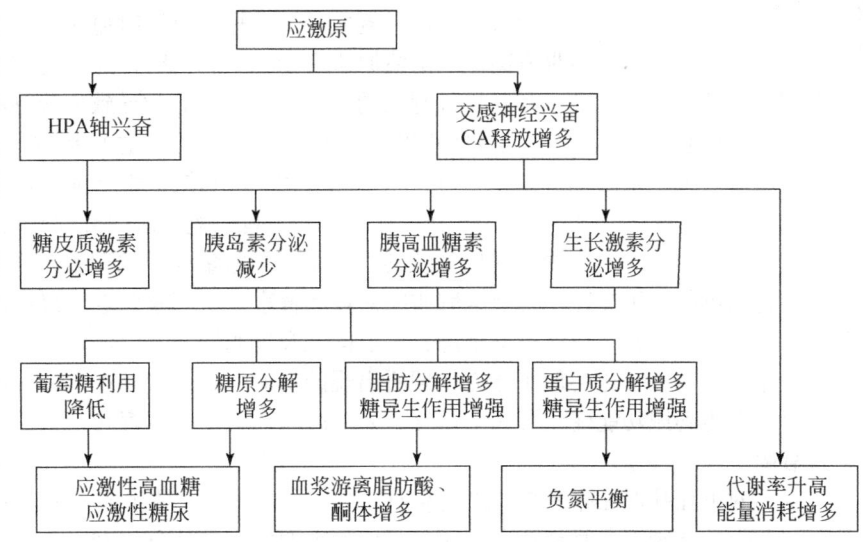

图 11-2 应激时糖、脂肪和蛋白质代谢的变化及主要机制示意图

1. 中枢神经系统（CNS） 应激所涉及的 CNS 部位主要为大脑皮质、边缘系统、下丘脑及脑桥的蓝斑等。动物实验及临床观察表明,丧失意识的动物在遭受躯体创伤时,神经-内分泌反应较轻;动物经全身麻醉后对某些应激原的敏感性降低;昏迷患者对某些应激原的反应性亦减轻,这表明大脑皮质的认知功能在应激反应中具有一定意义。应激时脑桥蓝斑的去甲肾上腺素神经元激活,使其上行纤维投射区（下丘脑、海马、杏仁复合体、扣带皮质及新皮质等）的 NE 水平升高,机体出现兴奋、紧张、焦虑、恐惧及愤怒等情绪反应。同时,其下行纤维则分布于脊髓侧角,使交感-肾上腺髓质系统兴奋。下丘脑的室旁核与边缘系统亦有广泛联系,应激时从下丘脑室旁核分泌的 CRH 可通过边缘系统而导致情绪、行为改变,也通过垂体门脉系统进入腺垂体而激活 HPA 轴,同时 CRH 又通过与脑桥蓝斑的联系而促进蓝斑-交感-肾上腺髓质系统的功能。

2. 心血管系统 应激时由于交感-肾上腺髓质系统兴奋,儿茶酚胺分泌增多,心血管系统的主要变化为心率增快,心肌收缩力增强,总外周阻力增高及血液重新分布等。这些改变有利于增加心排血量,升高血压,保证心脑的血液供应。但在格斗或剧烈运动等应激状态下,由于骨骼肌血管明显扩张,总外周阻力可表现为下降。交感-肾上腺髓质系统的强烈兴奋亦可对心血管系统产生不利影响,可导致冠脉痉挛,血小板聚集,血液黏滞度升高而导致心肌缺血甚至心肌梗死,强烈的精神应激亦可引起心律失常和猝死。

3. 消化系统 应激时消化系统的典型变化为食欲减退,如大鼠脑室内注射 CRH 拮抗剂可部分逆转应激所致的进食减少,表明应激时食欲减退与 CRH 分泌增多有关。但有部分病例会出现进食增加,甚至诱发肥胖症,其机制可能与下丘脑中内啡肽及单胺类介质（如 NE、多巴胺及 5-羟色胺）水平升高有关。由于交感-肾上腺髓质系统的强烈兴奋,胃肠血管收缩,血流量减少,可导致胃肠黏膜受损,出现"应激性溃疡"。

4. 免疫系统 急性应激时,机体非特异性免疫反应增加,如外周血中性粒细胞数目增多,吞噬活性增强,补体系统激活,CRP 增多,细胞因子、趋化因子及淋巴因子等释放增多。但持续强烈的应激会导致机体免疫功能的抑,这是由化应激时,机为 GC 与儿茶酚胺大量释放,二者对免疫系统具有强烈抑制作用。另一方面,免疫系统对神经内分泌系统亦具有调节作用,免疫细胞可释放多种神经-内分泌激素,这些激素可在局部或全身发挥作用,参与应激反应的调控。

5. 血液系统 急性应激时,血液凝固性升高,表现为血小板数目增多,黏附与聚集性加强,纤维蛋白原、凝血因子Ⅴ、Ⅷ浓度升高,凝血时间缩短。应激时血液纤溶活性亦可增强,表现为血浆纤溶酶原、抗凝血酶Ⅲ升高、纤溶酶原激活物增多。同时,还可见多形核白细胞数目增多、核左移,骨髓检查可见髓系和巨核细胞系的增生。此外,应激导致血液黏滞性增加,红细胞沉降率加快等。上述改变具有抗感染及防止出血的作用,但也有促进血栓形成,诱发DIC等不利影响。慢性应激时,患者常出现贫血。其特点为低色素性,但与缺铁性贫血不同的是其骨髓中铁含量正常甚至增加,用补铁治疗无效。其机制可能与单核吞噬细胞系统对红细胞的破坏加速有关。

6. 泌尿生殖系统　应激时泌尿系统的主要变化是尿量少,尿比重升高及尿钠浓度降低。引起这些变化的机制:①交感-肾上腺髓质的兴奋和肾素-血管紧张素-醛固酮系统的激活导致肾入球小动脉收缩,使肾小球滤过率下降;②醛固酮及抗利尿激素分泌增加,导致肾小管对钠、水的重吸收增多。这些变化类似于休克早期所出现的功能性急性肾衰竭,如应激得到缓解,肾血液灌流恢复,上述泌尿功能变化可完全恢复。如应激原强烈且持续存在,则可导致肾小管坏死引起急性肾衰竭。

应激对下丘脑促性腺激素释放激素(GnRH)及垂体的黄体生成素(LH)的分泌具有抑制作用,从而引起性功能减退,月经紊乱或闭经,使哺乳期妇女乳汁分泌减少。在精神心理应激(如工作压力过大、恐惧或丧失亲人等)时,上述变化亦可能发生。

第三节　应激与疾病

应激可由躯体因素引起,亦可由心理社会因素引起。心理社会因素可引起广泛的躯体疾,而应激反应既可对躯体造成损害,亦可导致精神、心理的障碍。习惯上常将由应激所直接引起的疾病称为应激性疾病(stress disease)(表11-2),如应激性溃疡(stress ulcer),而将那些以应激作为条件或诱因,在应激状态下加重或加速发生发展的疾病称为应激相关病,如原发性高血压、动脉粥样硬化、冠心病、溃疡性结肠炎、支气管哮喘等。

表11-2　常见心身疾病

疾病	系统
心血管系统	冠心病,动脉粥样硬化,高血压,阵发性心动过速等
呼吸系统	过敏性鼻炎,支气管哮喘,过度换气综合征等
消化系统	消化性溃疡,溃疡性结肠炎,过敏性结肠炎,神经性厌食症,神经性呕吐,食管、贲门或幽门痉挛等
泌尿生殖系统	月经失调,经前期紧张症,性欲低下,阳萎,神经性多尿等
内分泌代谢系统	糖尿病,甲状腺功能亢进,肥胖症等
皮肤系统	过敏性皮炎,神经性皮炎,斑秃,慢性荨麻疹等
运动系统	类风湿性关节炎,痉挛性斜颈,紧张性头痛等
神经系统	痛觉过敏,自主神经功能失调等
其他	恶性肿瘤,妊娠毒血症等

一、应激与躯体疾病

(一)应激性溃疡

应激性溃疡是指在大面积烧伤、严重创伤、休克、败血症、脑血管意外等应激状态下所出现的胃、十二指肠黏膜的急性损伤,其主要表现为胃及十二指肠黏膜的糜烂、溃疡、出血。其病变常较表浅，少数溃疡可较深甚至穿孔。当溃疡侵犯大血管时，可导致消化道大出血。应激性溃疡可在严重应激原作用数小时内出现，其发病率可达80%以上。如应激原逐步解除，溃疡可在数日内愈合，而且不留瘢痕。如严重创伤、休克及败血症等患者并发应激性溃疡大出血，则其死亡率可明显升高。应激性溃疡的发生机制主要涉及下列几个方面：

1. **黏膜缺血** 应激时由于交感－肾上腺髓质系统兴奋，血液发生重分布而使胃和十二指肠黏膜小血管强烈收缩，血液灌流显著减少。黏膜缺血使黏膜上皮能量代谢障碍，碳酸氢盐及黏液产生减少，使黏膜细胞之间的紧密连接及覆盖于黏膜表面的碳酸氢盐－黏液层所组成的黏膜屏障受到破坏。与此同时，胃腔中的H^+将顺浓度差弥散进入黏膜组织中。在胃黏膜缺血的情况下，这些弥散黏膜内的H^+不能被血液中的HCO_3^-中和或随血流运走，从而使黏膜组织的pH明显降低，导致黏膜损伤。

2. **糖皮质激素的作用** 应激时明显增多的糖皮质激素一方面抑制胃黏液的合成和分泌，另一方面可使胃肠黏膜细胞的蛋白质合成减少，分解增加，从而使黏膜细胞更新减慢，再生能力降低而削弱黏膜屏障功能。

3. **其他因素** 应激时发生的酸中毒可使胃肠黏膜细胞中的HCO_3^-减少，从而降低黏膜对H^+的缓冲能力。同时，十二指肠液中的胆汁酸、胰酶等反流入胃，在应激时胃黏膜保护因素被削弱的情况下，亦可导致胃黏膜损伤。此外，胃肠黏膜富含黄嘌呤氧化酶，在缺血－再灌注时生成大量氧自由基，可引起黏膜损伤。

（二）应激与心血管疾病

1. **高血压** 长时间的精神紧张、焦虑、恐惧、愤怒和抑郁等状态都可导致血压的升高。应激时引起血压升高的可能机制是：①交感－肾上腺髓质兴奋，血管紧张素及血管加压素分泌增多，使外周小动脉收缩，外周阻力增加；②醛固酮、抗利尿激素分泌增多，导致钠、水潴留，增加循环血量；③GC分泌增多使血管平滑肌对儿茶酚胺更加敏感。

2. **应激性心律失常和应激性心脏病** 心理应激如突然的噩耗、惊吓和激怒等可以引起心律失常，称之为应激性心律失常。另外，应激还能引起心肌梗死及猝死，导致应激性心脏病。其机制是：①交感神经兴奋，通过α、β肾上腺素能受体的介导，使心肌细胞的钙内流增加，细胞内钙浓度升高，快钠通道失活，膜电位降低。这使心肌的去极化依赖于慢钙通道，结果快反应心肌细胞转变成慢反应细胞，慢反应细胞传导速度慢，不应期长，因此较易发生冲动的折返而出现心律失常；②儿茶酚胺可通过β肾上腺素能受体引起心肌耗氧量增加，造成心肌缺氧；③血压升高，冠脉内斑块破裂，引起急性心肌梗死及不稳定型心绞痛；④心肌内儿茶酚胺自氧化增强，氧自由基生成增多。氧自由基损害生物膜，使心肌细胞功能受损，严重时导致细胞坏死。

（三）免疫系统功能障碍

免疫系统功能障碍是应激反应的重要组成部分。免疫细胞具有大多数神经－内分泌激素的受体，其功能受到应激时神经内分泌因子变化的影响。应激所导致的免疫功能障碍主要表现为两方面，①自身免疫病与明显的心理应激因素有关，如妊娠、工作紧张等常诱导类风湿关节炎、系统性红斑狼疮的发生，严重的心理应激可导致哮喘的发作；②慢性应激时免疫功能低下，患者对感染的抵抗力下降，容易患呼吸道感染，如感冒、结核等。临床研究也发现遭受严重精神创伤后一段时间和持续应激时，患者的胸腺、淋巴结有萎缩现象。

（四）应激与内分泌功能障碍

1. **生长** 慢性应激时生长激素（growth hormone，GH）分泌减少，同时甲状腺轴受HPA轴的抑制减少促甲状腺素的分泌，且GC能抑制甲状腺素在外周转化为活性更高的游离型甲状腺素，造成甲状腺功能低下，儿童期可引起生长发育的延迟。例如，失去父母或生活在父母粗暴、亲子关系紧张家庭中的儿童，可出现生长缓慢、青春期延长并常伴有行为异常，如抑郁、异食癖等，被称为心理社会呆小状态，或心因性侏儒。

2. 应激与性腺轴　GC的持续升高可在各个环节抑制性腺轴。GC能抑制下丘脑，腺垂体的GnRH及LH的分泌，并使靶组织（性腺）对性激素产生抵抗。如赛前过度训练的运动员、芭蕾舞演员可出现性欲减退，月经紊乱或停经。一些突发的生活事件、精神打击（如丧失亲人）等，可使年轻女性突然绝经或哺乳期妇女突然断乳。

二、应激相关心理、精神障碍

研究表明，社会心理应激对认知功能产生明显影响。良性应激可使机体保持一定的唤起状态，对环境变化保持积极反应，从而增强认知功能。但持续的劣性应激可损害认知功能，导致记忆的改变及焦虑、抑郁、愤怒等情绪反应。例如，噪声环境的持续刺激可使儿童学习能力下降，愤怒的情绪易导致攻击性行为，焦虑使人变得冷漠，抑郁可导致自杀等消极行为反应。这些精神障碍与边缘系统（如扣带皮质、海马、杏仁复合体）和下丘脑等部位关系密切。根据其临床表现及病程长短，应激相关精神障碍可分为以下几类：

1. 急性心因性反应（acute psychogenic reaction）　是指由于急剧而强烈的心理社会应激原作用后，在数分钟至数小时内所引起的功能性精神障碍。患者可表现为伴有情感迟钝的精神运动性抑制，如不言不语，对周围事物漠不关心，呆若木鸡。也可表现为伴有恐惧的精神运动性兴奋，如兴奋、恐惧、紧张或叫喊，无目的地外跑，甚至痉挛发作。上述状态持续时间较短，一般在数天或一周内缓解。

2. 延迟性心因性反应（delayed psychogenic reaction）　是指受到严重而剧烈的精神打击（如经历恐怖场面、恶性交通事件、凶杀场面或被强暴等）而引起的延迟出现或长期持续存在的精神障碍，一般在遭受打击后数周至数月后发病。其主要表现为：①反复重现创伤性体验，做噩梦，易触景生情而增加痛苦；②易出现惊恐反应，如心慌、出汗、易惊醒、不敢看电视电影、不与周围人接触等。大多数患者可恢复，少数呈慢性病程，可长达数年之久。

3. 适应障碍（adjustment disorder）　是由于长期存在的心理应激或困难处境，加上患者本人脆弱的心理特点及人格缺陷而产生的以抑郁、焦虑、烦躁等情感障碍为主，伴有社会适应不良、学习及工作能力下降，与周围接触减少等表现的一类精神障碍。该类障碍通常发生在应激事件或环境变化发生的一个月内，病情持续时间一般不超过6个月。

案例 11-1

患者女，39岁。平素身体健康，无溃疡病史，烧伤后1小时入院，神志清楚，体温38℃，脉搏100次/分，呼吸20次/分，血压105/70mmHg。查体：上肢及胸腹部多处烧伤，经诊断为20% Ⅱ度烧伤。入院治疗，第7天上腹部出现剧痛，晚上排出柏油样大便200ml之后，剧烈呕吐鲜血约100ml。经胃镜检查：胃黏膜呈广泛性糜烂，且有多发的浅表小溃疡，边缘清楚，基底平滑，略呈圆形，不断有鲜血涌出。给予止血及输液治疗后，痊愈出院。

思考题：

1. 请分析患者处于何种病理状态？应激原是什么？
2. 应激性溃疡的发生与哪些因素有关，其发生机制是什么？

（王晓敏）

本章难点提示：

应激时蓝斑、交感-肾上腺髓质系统和下丘脑-垂体-肾上腺皮质系统区别

类型	应激源	基本效应		生理意义
		中枢效应	外周效应	
蓝斑-交感-肾上腺髓质系统	交感神经兴奋	警觉、紧张、焦虑	儿茶酚胺增高	增强心功能，血液重分布保证主要器官血供；扩张支气管；促进多种激素分泌，促进糖原和脂肪分解
下丘脑-垂体-肾上腺皮质	视旁核和其他分泌细胞	CRH 和 ACTH 释放	糖皮质激素增多	提高儿茶酚胺代谢反应，促进糖异生；抑制炎性介质及细胞因子生成与释放；稳定细胞膜和溶酶体膜

第十二章 休　　克

休克的原因和分类　　休克时各器官系统功能的变化
　休克的原因　　　　　　肾功能的变化
　休克的分类　　　　　　肺功能的变化
休克的发展过程　　　　　心功能的变化
　休克早期　　　　　　　脑功能的变化
　休克期　　　　　　　　胃肠和肝功能的变化
　休克晚期　　　　　　　凝血-纤溶系统功能的变化
休克的发病机制　　　　　免疫功能的变化
　神经-体液机制　　　　多器官功能障碍
　组织-细胞机制

休克（shock）是各种强烈损伤因素作用于机体后引起的一种临床综合征，是临床各科严重疾病中常见的并发症。临床主要表现有血压下降，收缩压降低至90mmHg（12kPa）以下，脉压差小于20mmHg（2.67kPa），面色苍白，四肢湿冷和肢端发绀，浅表静脉萎陷，脉搏细弱，全身无力，尿量减少，烦躁不安，反应迟钝，神志模糊，甚至昏迷等。休克病因各异，类型不一，临床表现也不尽相同，但其本质相同，即全身有效循环血量减少，组织器官微循环灌流严重不足，导致组织缺氧、微循环淤滞、脏器功能障碍和细胞的代谢功能异常，以至重要生命器官功能、代谢严重障碍的全身危重病理过程。

中医认为早期轻度休克多属于"厥证"，严重休克多归于"脱证"。厥证的基本病机是阳气或阴气先衰于下，阴阳之气不相顺接。病情进一步发展或失治误治，致使元气耗散，阴阳虚损，不能相互维系，终至阴阳离决，则为脱证的基本病机。

第一节　休克的原因和分类

一、休克的原因

（一）失血与失液

机体大量失血可引起失血性休克（hemorrhagic shock），多见于外伤、消化道溃疡、食道静脉曲张破裂、宫外孕及产后大出血等疾病引起的急性大量失血。休克的发生与否取决于机体血容量丢失的速度和程度，如果15～20分钟失血量不足全身血量的10%，机体能够通过代偿保持血压和组织血液灌流量处于稳定状态；但若快速失血超过总血量的30%，而未及时给予补充，则可引起休克；失血量超过总血量的50%则常常迅速导致死亡。若剧烈呕吐、腹泻、大量出汗、高渗脱水及液体大量进入第三间隙如肠梗阻、炎症渗出等导致有效循环血量快速下降，又未能及时补充，则可引起失液性休克。

（二）烧伤

机体大面积烧伤可伴有血浆大量渗出，使有效循环血量减少，引起烧伤性休克（burn shock）。烧伤性休克早期大多主要是低血容量及疼痛所致，晚期如果合并有感染，则可发展为感染性休克。

（三）感染

细菌、病毒、真菌及立克次体等病原微生物严重感染时，可引起感染性休克（infectious shock）。最常见的致病原因为革兰阴性菌（如痢疾杆菌、大肠杆菌、脑膜炎球菌等）感染，约占感染性休克病因的70%左右。其中革兰阴性菌内毒素（endotoxin，ET）的有效成分脂多糖（lipopolysaccharide，LPS）发挥重要作用。实验结果显示，给动物注入内毒素可复制内毒素休克（endotoxic shock）的动物模型。革兰阳性菌（如肺炎链球菌、葡萄球菌等）的外毒素在休克的致病中亦发挥重要的作用。重度感染性休克常伴有败血症，故也称为败血症性休克（spetic shock）。近年来，休克研究的热点已从低血容量性休克转向感染性休克。

（四）过敏

过敏体质者注射某些药物、血清制剂或疫苗，甚至进食某些食物、接触某些物品可引起过敏性休克（anaphylactic shock）。这种休克属Ⅰ型变态反应，发病机制与IgE及其抗原在肥大细胞表面结合，使组胺（histamine，HA）和缓激肽（bradykinin，BK）等血管活性物质大量释放入血，引起血管扩张或毛细血管通透性增加，导致血管床容积增大和血容量减少，可引起过敏性休克。

（五）神经刺激

强烈的神经刺激可导致神经源性休克（neurogenic shock）。常见于剧烈疼痛、高位脊髓麻醉、中枢镇静药过量，常引起血管运动中枢抑制或交感缩血管纤维功能障碍，导致外周血管扩张、血管床容积增加，血液大量淤积在微循环中，回心血量锐减，血压下降，从而引发休克。

（六）创伤

严重创伤所导致的创伤性休克（traumatic shock），其发生常与剧烈疼痛和失血有关，特别是战争、大手术及意外事故等多见。

（七）心脏和大血管病变

大面积急性心肌梗死、急性心肌炎、室壁动脉瘤破裂、心脏压塞、严重心律失常（心房颤动与心室纤颤）等各种严重心脏疾病晚期均可使心脏泵血功能障碍，心排血量急剧下降。当有效循环血量和组织灌流量严重不足时，可引起心源性休克（cardiogenic shock）。

二、休克的分类

（一）按休克的病因分类

根据病因进行分类是最常用的分类方法，有利于针对性地进行抢救治疗，主要分为失血性休克、烧伤性休克、创伤性休克、感染性休克、过敏性休克、神经源性休克及心源性休克等。

（二）按休克发生的起始环节分类

尽管导致休克的原因很多，但休克发生的共同基础是通过循环血量减少、血管床容积增大和心排血量急剧降低这三个始动环节使有效循环血量锐减，组织灌流量减少。据此，可将休克进行如下的分类：

1. **低血容量性休克（hypovolemic shock）** 始动发病环节是血容量减少。快速大量失血、大面积烧伤所致的大量血浆丧失、大量出汗、严重腹泻或呕吐等情况所引起的大量体液丧失都可使血容量急剧减少而导致低血容量性休克。该型休克在临床上常出现"三低一高"的典型表现，即中心静脉压、心排血量和动脉血压降低，而总外周阻力增高。

2. **血管源性休克（vasogenic shock）** 始动发病环节是外周血管（主要是微小血管）扩张所致的血管床容积扩大。属此者有过敏性休克、神经源性休克及部分感染性休克等。此时血容量和心泵血功能可能正常，但由于广泛的小血管扩张和血管床扩大，大量血液淤积在外周微血管中而使回心血量减少，血压下降。

3. **心源性休克（cardiogenic shock）** 始动发病环节是心排血量的急剧减少。常见于大范围心肌梗死（梗死范围超过左心室体积的40%），也可由严重的心肌弥漫性病变如急性心肌炎、严重心律失常如过度的心动过速、心脏压塞等引起。该型休克发病急骤，死亡率高，预后差。

（三）按休克时血流动力学特点分类

休克还可按其血流动力学的特点，即心排血量与外周阻力的关系分为三类。

1. **低排-高阻型休克** 是临床上最常见的类型。血流动力学特点是心排血量降低，外周血管阻力增高，平均动脉压降低可不明显，但脉压明显缩小。由于皮肤血管收缩，皮肤温度降低，又称"冷休克"。常见于低血容量性休克和心源性休克。

2. **高排-低阻型休克** 较为少见。其血流动力学特点是外周血管阻力低，心排血量增高，血压稍降低，脉压可增大。由于皮肤血管扩张或动-静脉吻合支开放，血流增多使皮肤温度升高，又称为"暖休克"。部分感染性休克早期属此型。

3. **低排-低阻型休克** 多见于各类休克的晚期，为机体失代偿的表现。其血流动力学特点是心排血量降低，总外周阻力也降低，故收缩压、舒张压和平均动脉压明显下降（图12-1）。

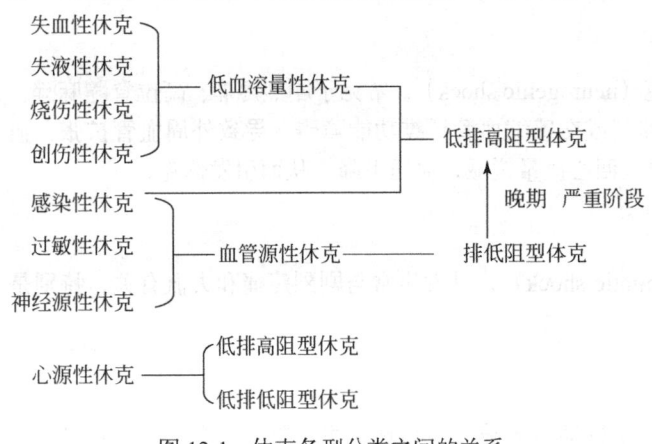

图12-1 休克各型分类之间的关系

第二节 休克的发展过程

休克的发生发展与微循环血流灌注量的变化关系密切。微循环是指微动脉和微静脉之间的血液循环，是血液与组织间物质交换的部位，由微动脉、后微动脉、毛细血管前括约肌、真毛细血管、直捷通路和动-静脉吻合支及微静脉所构成（图12-2 A）。正常微循环的功能状态是动静脉吻合支是关闭的，只有20%毛细血管轮流开放有血液灌流，而毛细血管开放与关闭主要受神经体液因素对毛细血管前括约肌的舒张与收缩的调节。

虽然不同类型休克的初始病因各有不同，但有效循环血量减少使重要脏器微循环障碍却是各种休克发生的共同基础。以临床经过相对较为简单的失血性休克为例，将其分为三个时期来阐述休克的发展过程及其微循环变化特点。

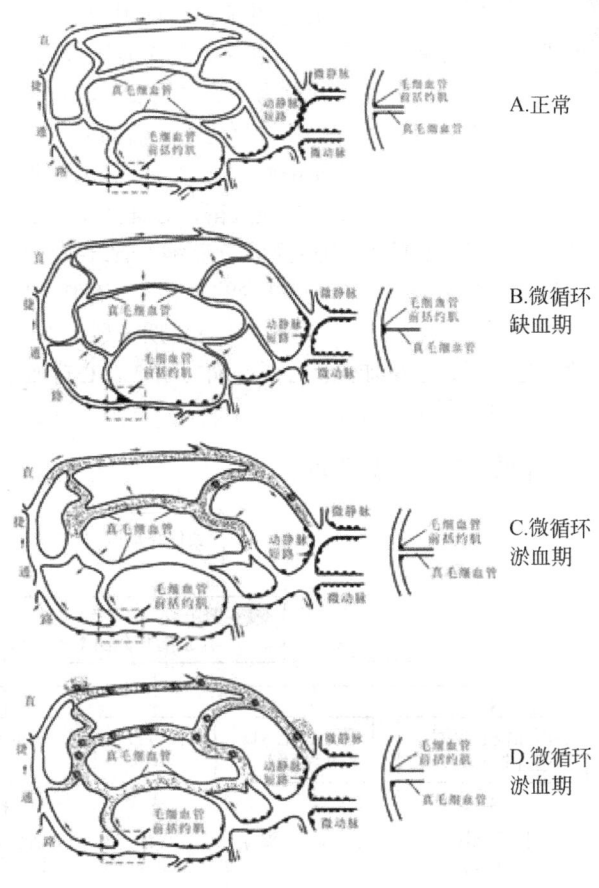

图12-2 休克各期微循环变化模式图

一、休克早期（缺血缺氧期、代偿期）

（一）微循环变化的特点

休克早期微循环变化特点是毛细血管前阻力血管（微动脉、后微动脉、毛细血管前括约肌）和毛细血管后阻力血管（微静脉）痉挛、口径变小，尤以前者明显，血液进入真毛细血管网减少，仅限于通过直接通路或开放的动-静脉吻合支回流。此时微循环中开放的毛细血管减少，血流减少，组织灌流量急剧下降，处于少灌少流、灌少于流的状态，组织缺血缺氧，故称为缺血性缺氧期（ischemic anoxia phase）（图12-2 B）。

（二）微循环变化的机制

微循环血管持续痉挛主要是由各种休克的原因（如失血、失液、创伤、烧伤、疼痛、内毒素等）通过使有效循环血量减少或直接引起交感-肾上腺髓质系统兴奋和儿茶酚胺大量释放所致。由于皮肤和腹腔脏器血管分布有丰富的交感缩血管纤维，且α受体占优势。当儿茶酚胺大量释放时，皮肤、肾脏等腹腔脏器的微动脉、后微动脉及毛细血管前括约肌强烈收缩，毛细血管前阻力增高，使微循环灌流量显著下降。儿茶酚胺还可通过刺激β受体，引起动-静脉短路开放，使微循环血液灌流量锐减。同时，在休克时体内产生的其他体液因子，如血管紧张素、加压素、血栓素、心肌抑制因子及白三烯等也参与了血管收缩的过程。

（三）微循环变化对机体的代偿意义

本期微循环变化除了引起皮肤、腹腔内脏器官局部缺血缺氧的损害作用外，也起到一定的代偿意义，使早期休克患者血压一般不降低或正常，有时甚至略高于正常血压，主要表现为：

1. "自身输血" 静脉血管为容量血管。当儿茶酚胺等缩血管物质大量释放时，微静脉和小静脉的收缩可迅速而短暂地增加回心血量，起到"自身输血"的作用，以维持动脉血压。有人称此为休克时增加回心血量的"第一道防线"。

2. "自身输液" 由于毛细血管前阻力血管比后阻力血管对儿茶酚胺更为敏感，故毛细血管前阻力明显增高，导致毛细血管中流体静压降低，因而可促进组织液进入毛细血管的量增加，起到"自身输液"作用，此称为休克时增加回心血量的"第二道防线"。

3. 血液的重新分布 不同器官的血管对儿茶酚胺的反应性不同。皮肤、腹腔内脏和骨骼肌的血管α受体密度高，对儿茶酚胺的敏感性高，因而收缩明显；冠状动脉虽然分布有交感神经，但主要以β受体为主，且在交感神经兴奋，心脏活动增强时，代谢产物中腺苷等扩血管物质增多，故冠状动脉不收缩反而扩张；脑血管因交感缩血管纤维分布少，α受体密度低，收缩不明显。机体的这种血液重新分布在全身循环血量减少的情况下，有利于保证心、脑等重要器官的血液供应。

另外，除心源性休克外，休克早期一般无明显心肌损伤，因此在交感神经兴奋和儿茶酚胺释放量增加时，心率加快，心肌收缩力增强，心排血量增多。早期休克由于大量缩血管物质的释放，也可使总外周阻力升高。

（四）主要临床表现

休克早期患者的主要临床表现是：皮肤苍白，四肢厥冷，出冷汗，尿量减少，心率加快，烦躁不安；因外周阻力增加，收缩压可以没有明显降低，而舒张压有所升高，脉压减小，脉搏细速；此期由于血液的重新分布，使心脑血液灌注量基本正常，因

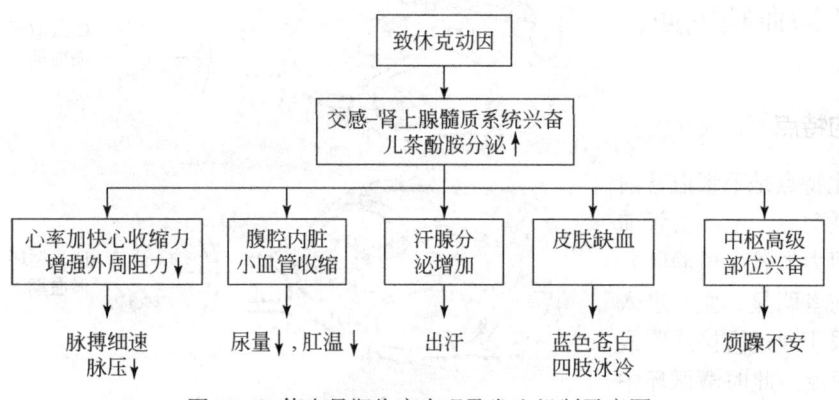

图 12-3 休克早期临床表现及发生机制示意图

而患者神志一般清楚（图 12-3）。

该期的微循环变化特征表明，休克尚属代偿期，如能及时诊断，尽早消除休克的动因，控制病情发展的条件，补充血容量以阻断有效循环血量不足的主导环节，可以阻止休克继续向失代偿发展。

二、休克期（淤血性缺氧期、可逆性失代偿期）

（一）微循环的变化特点

微循环缺血、缺氧持续一定时间后，微循环血管的自律运动首先消失，终末血管对儿茶酚胺的反应性降低，毛细血管前阻力血管（微动脉、后微动脉、毛细血管前括约肌）首先扩张，而毛细血管后阻力血管（微静脉）仍持续收缩，使毛细血管前阻力小于后阻力，毛细血管网广泛开放，血液大量涌入真毛细血管，微循环多灌少流，灌大于流，组织淤血缺氧。同时，由于微血管内血液淤滞，毛细血管内压显著升高，微血管壁通透性增加，血浆外渗，血液浓缩，黏滞性升高，血流速度缓慢，处于低灌流状态，组织细胞严重淤血缺氧。故此期又称为淤血性缺氧期（stagnant anoxia phase）（图 12-2C）。

（二）微循环变化的机制

1. 酸中毒 由于组织缺血缺氧，无氧酵解增强，乳酸大量堆积，引起局部组织代谢性酸中毒。

在酸性环境中，微动脉、后微动脉和毛细血管前括约肌的耐受性较差，对儿茶酚胺的反应性降低，使微血管舒张。而微静脉在酸性环境中的耐受性较强，因而继续收缩，于是毛细血管网大量开放，血液淤滞在微循环内。

2. 局部扩血管物质增多　长期缺血、缺氧、酸中毒可刺激肥大细胞发生脱颗粒反应释放组胺增多，还可刺激血管内皮细胞、血小板及肥大细胞等释放 5-羟色胺，ATP 的分解产物腺苷堆积，激肽类物质生成增多，导致血管平滑肌舒张及毛细血管扩张。此外，细胞解体时释放出 K^+ 增多，ATP 敏感的 K^+ 通道开放，K^+ 外流增加致使电压门控性 Ca^{2+} 通道抑制，Ca^{2+} 内流减少，血管反应性与收缩性降低。

3. 内毒素　除存在于感染性休克患者的血液中外，其他类型休克患者肠道细菌产生的内毒素亦可通过缺血的肠黏膜被吸收入血。内毒素通过激活激肽系统，间接引起小血管扩张、血管壁通透性增高。内毒素还能通过激活补体系统，产生 C_{3a} 和 C_{5a} 促使肥大细胞、血小板、白细胞等释放组胺，引起血管扩张，加重微循环淤血。

4. 血液流变学的改变　休克期由于灌流压下降，血流缓慢，白细胞易黏附于内皮细胞表面，使毛细血管后阻力增加。同时，微静脉中的红细胞发生聚集，血小板黏附，加之组胺作用引起毛细血管通透性增加，血浆外渗，血液黏滞性增高，造成微循环内血液流速减慢、泥化、淤滞，加剧微循环淤血状态。黏附并被激活的白细胞通过释放氧自由基和溶酶体酶导致血管内皮细胞和其他组织细胞损伤，进一步引起微循环障碍及组织损伤。

（三）微循环淤滞的后果

休克期微血管反应性低下，丧失参与重要生命器官血流调节的能力，促使整个心血管系统功能恶化，机体由代偿逐渐演变为失代偿：

1. "自身输液"及"自身输血"停止　此期由于内脏器官毛细血管内血液大量淤滞，毛细血管内流体静压升高，以及组胺、前列腺素、激肽等引起毛细血管通透性增高，组织液进入毛细血管内的速度缓慢，"自身输液"停止，反而血浆外渗到组织间隙，致使血液被浓缩。同时，静脉容量血管扩张，毛细血管床容积增大，回心血量减少，"自身输血"效果丧失。

2. 恶性循环形成　由于微循环血管床大量开放，血液滞留在肠、肝、肺等脏器，使有效循环血量锐减，回心血量急剧减少，心排血量及血压进行性下降，交感-肾上腺髓质系统更加兴奋，组织血液灌流量持续下降，缺氧更趋严重，形成恶性循环。由于血液被浓缩，血液黏滞度增高，促进红细胞聚集，血流阻力增加，使有效循环血量进一步减少，加剧恶性循环。

（四）主要临床表现

临床上可出现典型的休克症状，主要表现为：①血压进行性下降，心、脑血管失去自身调节或血液重新分布中的优先保证，冠状动脉和脑血管灌流不足，出现心、脑功能障碍，心搏无力、心音低钝，患者神志淡漠甚至转入昏迷。②肾血流长时间严重不足，出现少尿甚至无尿。③皮肤发凉加重、发绀，可出现花斑（图12-4）。

休克进入失代偿期后，微循环由缺血转变为瘀血，但此时如果得到及时、正确的救治，休克仍是可逆的。否则，病情将进一步恶化进

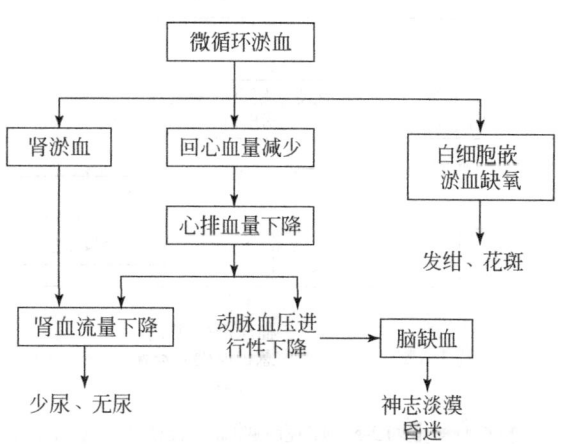

图 12-4　休克期临床表现及发生机制示意图

入休克晚期。

三、休克晚期（微循环凝血期、不可逆期）

（一）微循环的变化特点

休克的发展在微循环淤血期时间较长，则可进入微循环衰竭期。此期由于微循环淤血和灌流量的减少更加严重，组织器官长时间严重缺氧而发生损伤和功能障碍，即使采取多种抗休克治疗措施也难治愈，死亡率极高，故又称为难治期或不可逆期。

本期的微循环变化特点：①微血管反应性显著下降，毛细血管前、后阻力血管均发生松弛，甚至麻痹扩张，毛细血管大量开放，微循环内纤维蛋白性微血栓形成，使微循环处于血流停滞，不灌不流的状态，严重的酸中毒导致微循环衰竭。②由于血液进一步浓缩，血细胞聚集，黏滞度增高，血液处于高凝状态，加上血流速度缓慢，缺氧、酸中毒更加严重，极易诱发 DIC。此时微循环内形成大量微血栓，凝血因子被耗竭，使纤溶系统功能继发性亢进，患者出血明显。③由于白细胞黏着和嵌塞微血管，血管内皮细胞因缺氧发生肿胀而引起微血管阻塞，出现毛细血管无复流现象（no-reflow phenomenon），即在输血补液后，血压可得到一定程度地回升，但微循环灌流量无明显改变，毛细血管内的血液仍淤滞停止不能恢复。故此期又称为微循环凝血期（图 12-2D）。

（二）临床表现

休克晚期的临床表现多为 DIC，常与多器官功能障碍综合征并存。前者引起顽固性低血压，可有皮肤黏膜和内脏出血，消化道出血和血尿。急性呼吸衰竭表现吸氧难以纠正的进行性呼吸困难，进行性低氧血症，呼吸促，发绀，肺水肿和肺顺应性降低等表现。急性心功能衰竭表现呼吸急促，发绀，心率加快，心音低钝，可有奔马律、心律不齐。如出现心律缓慢，面色灰暗，肢端发凉，也属心功能衰竭征象，中心静脉压及肺动脉楔压升高，严重者可有肺水肿表现。急性肾衰竭表现少尿或无尿、氮质血症、高血钾等水电解质和酸碱平衡紊乱。另外，意识障碍程度反映脑供血情况。肝衰竭可出现黄疸，血胆红素增加，由于肝具有强大的代偿功能，肝性脑病发病率并不高。胃肠道功能紊乱常表现为腹痛、消化不良、呕血和黑便等（图 12-5）。

由于导致休克的病因和始动环节不同，不同类型休克的发展并不完全遵循这一发展规律。例如，严重的过敏性休克，由于微血管大量开放和毛细血管通透性增高，可能一开始就出现休克期的改变。严重感染性休克则可能很快发生 DIC 和 MODS 而很快进入休克晚期。

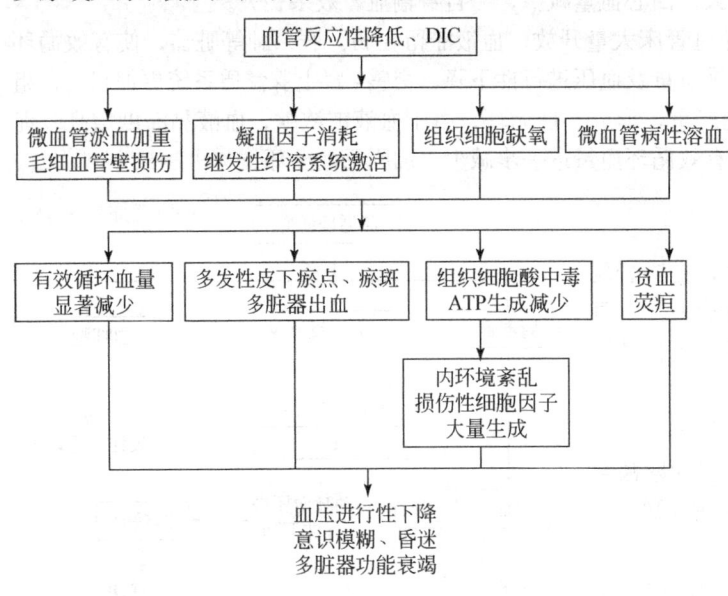

图 12-5 休克晚期临床表现及发生机制示意图

第三节 休克的发病机制

关于休克的发生机制尚未完全阐明，目前普遍认为，休克是神经体液、组织细胞和分子机制等多环节参与的复杂病理过程，其共同特征是在神经体液因子作用下，微循环处于低灌流状态，导致组织、器官功能障碍。

一、神经-体液机制

神经系统在人体生命活动的调控中起主导作用，体液是维持机体内环境稳定的重要因素。各种休克的动因，包括感染与非感染性因子侵袭机体时，不仅引起交感-肾上腺髓质系统高度兴奋，下丘脑-垂体-肾上腺皮质、肾素-血管紧张素-醛固酮等系统活性也增高，体内多种体液因子的水平发生明显变化。参与休克发病的体液因子数目众多，较重要的有以下几类：

（一）血管活性胺

与休克发病有关的体液因子中，人们最先注意的是具有血管活性作用的单胺类物质，即血管活性胺（vasoactlve amines），包括儿茶酚胺、组胺和5-羟色胺等。

1. 儿茶酚胺（catecholamines，CAs） 对心血管功能具有重要的调节作用。人体内天然存在的儿茶酚胺有三种：多巴胺、去甲肾上腺素和肾上腺素。休克时交感-肾上腺髓质系统兴奋，去甲肾上腺素和肾上腺素大量释放入血。两者都能兴奋α受体，引起血管平滑肌收缩，使微循环缺血。而肾上腺素还能兴奋β受体，一方面使微循环中动-静脉吻合支大量开放，导致毛细血管床血液灌注量急剧减少，组织缺血、缺氧加重，同时肺内微循环的动-静脉吻合支大量开放，使低氧静脉血直接进入左心房引起PaO_2降低。另一方面，β受体兴奋也使血管平滑肌舒张、外周阻力降低，进一步加剧血压的降低。

2. 组胺（histamine，HA） 主要存在于肥大细胞、嗜碱粒细胞及血小板中，在消化道、脾和皮肤分布最多。休克时肥大细胞脱颗粒、释放大量组胺，引起小动脉、静脉扩张，毛细血管壁通透性增加，血浆渗出增加，导致血压降低、回心血量减少、血液黏滞度增加。

3. 5-羟色胺（5-hydroxytryptamine，5-HT） 主要存在于肠嗜铬细胞和血小板内，循环血液中的5-HT主要来源于血管内皮细胞和肥大细胞在缺氧和儿茶酚胺刺激下的释放。5-HT可引起微静脉强烈收缩，毛细血管通透性增加，血浆渗出，血液浓缩和血小板聚集，对休克时弥散性血管内凝血的形成起促进作用。

（二）调节肽

调节肽（regulatory peptides）是一类存在于神经系统作为神经递质和存在于内分泌细胞起循环或局部激素作用的活性肽。它们分布广、效应强，生理条件下起调节器官功能的作用，是维持机体内环境稳定的主要机制之一，在休克等病理情况下，也参与或加剧机体发病。

1. 内皮素（endothelin，ET） 主要存在于中枢神经系统和心血管系统，调节机体的心血管功能。生理条件下，血浆ET浓度极低。缺血、缺氧、血小板聚集、凝血酶、肾上腺素等均可促进ET的合成和释放。研究发现，心源性、感染性及失血性休克时，循环ET水平显著升高，且与组织损伤程度呈正相关。应用ET抗血清中和休内ET，可明显改善感染性、创伤性休克大鼠血流动力学改变，降低死亡率。

2. 血管紧张素Ⅱ（angiotensin Ⅱ，Ang Ⅱ） 肾素-血管紧张素系统是机体调节水盐代谢和维持内环境稳定的重要系统。当休克引起交感-肾上腺髓质系统兴奋，可激活肾素-血管紧张素系统产生 Ang Ⅱ，引起血管收缩。实验研究发现，休克时血浆 Ang Ⅱ 水平显著升高，应用血管紧张素转换酶抑制剂或血管紧张素受体拮抗剂，可提高休克动物的存活率。

3. **血管加压素（vasopressin）** 亦称抗利尿激素。当有效循环血量降低和血浆晶体渗透压升高，可刺激下丘脑视上核或其周围区的渗透压感受器释放血管加压素，使血管收缩，在休克早期可能起代偿作用。大出血和全身低血压、疼痛、Ang Ⅱ 释放增多也可刺激血管加压素的释放。

4. **心房利钠肽（atrial natriuretic peptide，ANP）** 合成并储存于心房肌细胞中，除具有强烈而短暂的利尿、排纳及松弛血管平滑肌的作用外，还可舒张血管、支气管平滑肌，抑制肾素释放。ANP 与肾素-血管紧张素系统、血管加压素等相互制约，调节机体水盐平衡及肺血管反应性，缓解肺动脉高压，可有利于防止急性肺损伤的发生。

5. **血管活性肠肽（vasoactive intestinal peptide，VIP）** 主要由肠产生，在肝分解，由肾排泄，具有舒张血管平滑肌，促进腺体分泌等作用。休克时机体血液重新分布，导致小肠缺血，分泌大量 VIP 以舒张血管平滑肌，改善小肠血液供应。VIP 在休克不同时期似有双刃剑的作用：早期可能增强心肌收缩力、增加心排血量、改善内脏缺血等有利作用；晚期可能参与低血压、缺血-再灌注损伤的发生。

6. **降钙素基因相关肽（calcitonin gene-related peptide，CGRP）** 具有较强的舒张血管作用。缺血、缺氧或休克时，机体血液重新分布导致小肠缺血，肠源性内毒素和众多炎症介质均可刺激 CGRP 释放，以改善小肠及全身重要脏器的血液供应，有细胞保护作用。

7. **激肽（kinin）** 休克时血管内皮受损，胶原暴露，凝血因子Ⅻ被激活，使激肽释放酶原转变为激肽释放酶，水解激肽原，生成缓激肽。缓激肽可引起小血管扩张，以微静脉最明显，但激肽对小静脉却有收缩作用，缓激肽还可增加毛细血管通透性，促进水肿形成。

8. **内源性阿片肽（endogenous opioid peptide）** 具有降低血压、减少心排血量和减慢心率的作用。休克时，血中 β-内啡肽水平增加与休克的严重程度平行，且随休克的好转而降低。用吗啡受体阻断剂纳络酮治疗休克大鼠，可明显恢复血压和提高生存率，说明内啡肽在休克发病中可能起重要作用。

（三）炎症介质

各种感染与非感染性因子在引发休克的同时，往往直接或间接导致机体组织细胞损伤。此时炎症细胞激活并产生大量炎症介质，如 TNFα、IL-1、IL-2、IL-6 及 IFN、白三烯、血小板活化因子、溶酶体酶等。生理情况下，炎症介质仅在局部发挥防御作用，量少血浆中测不出。病理情况下的炎症介质增多，可引发全身炎症反应，且持续时间越长，预后越差。

为防止过度炎症反应出现，炎症细胞还能产生 IL-4、IL-10、前列腺素 E_2、脂氧素及 NO 等抗炎介质。此外，起抗炎作用的还有可溶性 TNF-α 受体、内源性 IL-1 受体拮抗剂等炎症介质的可溶性受体。因此，体内的炎症介质和抗炎介质能在不同环节上相互作用、相互拮抗，形成极其复杂的炎症调控网络，将炎症控制在一定限度，防止过度炎症反应对组织的损伤。

此外，炎症细胞激活产生的多种炎症介质又可活化炎症细胞，两者互为因果，形成炎症瀑布反应（inflammatory cascade），通过自我持续放大的级联反应，产生大量炎症介质进入血液，并在远隔部位引起全身性炎症改变，称之为全身炎症反应综合征（system inflammatory respose syndrome，SIRS）。进入血液循环的炎症介质还可造成血管内皮细胞损伤，使血管通透性升高和血栓形成；激活中性粒细胞黏附于血管壁，释放 TNF-α、IFN、白三烯、血小板活化因子、活性氧、溶酶体酶、组织因子、TXA_2 等体液性物质，进一步损害血管壁，形成恶性循环，造成组织器官严重损伤，使休克恶化。

二、组织-细胞机制

20世纪60年代提出的休克微循环障碍学说认为细胞损伤功能障碍继发于微循环紊乱，是由缺氧和酸中毒引起的。但随后的一些研究发现，休克时细胞膜电位的变化发生在血压降低和微循环紊乱之前，细胞功能的恢复可促进微循环的恢复，部分器官微循环灌流恢复后其功能并不一定能恢复，促进细胞代谢的药物可取得抗休克疗效。这些现象说明休克时的细胞损伤除了可继发于微循环紊乱外，也可由休克的原始动因直接损伤细胞所致，提出了休克发生的细胞机制和休克细胞（shock cell）的概念，认为细胞损伤是器官功能障碍的基础，使人们对休克的认识逐步深入到细胞水平（图12-6）。

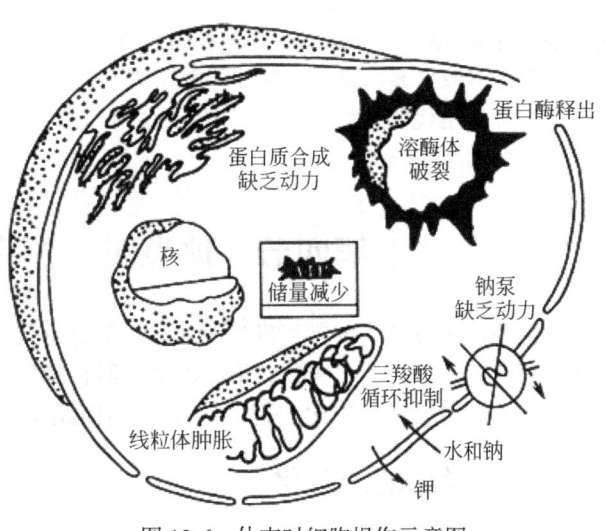

图 12-6 休克时细胞损伤示意图

（一）细胞损伤

1. **细胞膜的变化** 细胞膜是休克时最早发生损伤的部位之一，也是细胞发生损伤的开始。缺氧、ATP生成不足、高血钾、酸中毒、自由基引起的膜脂质过氧化，炎症介质及溶酶体酶释放和细胞因子等均可破坏细胞膜的功能和结构，使细胞膜上离子泵功能障碍，Na^+、H_2O 和 Ca^{2+} 内流，细胞内水肿，跨膜电位明显下降。

2. **线粒体的变化** 线粒体是细胞进行有氧氧化和氧化磷酸化的场所，是细胞内能量产生的主要部位。因此，缺氧时首先发生变化的细胞器是线粒体。休克早期线粒体功能受损，ATP合成减少，细胞内能量生成严重不足以至功能障碍；休克后期线粒体肿胀、致密结构和嵴消失，钙盐沉积，最后崩解破坏。线粒体损伤可引起呼吸链和氧化-磷酸化障碍，能量物质进一步减少，导致细胞死亡。

3. **溶酶体的变化** 休克时，由于内毒素和细胞内各种代谢产物的作用，可导致溶酶体数目增多。随着病情发展，溶酶体肿胀、体积增大，并在溶酶体内空泡形成。若溶酶体膜破裂后，溶酶体酶释放，可引起组织细胞变性、坏死。溶酶体的非酶性成分还可引起肥大细胞脱颗粒、释放组胺，增加毛细血管通透性，促使休克加剧。

休克时细胞损伤最终可导致细胞死亡，且细胞死亡的主要形式是坏死。近年研究发现，休克过程中白细胞、单核巨噬细胞、血小板和血管内皮细胞活化后可产生细胞因子、炎症介质、氧自由基，除可使血管内皮细胞、中性粒细胞、单核巨噬细胞、淋巴细胞和各脏器实质细胞除发生变性、坏死外，也可能发生凋亡。

（二）细胞代谢障碍

1. **物质代谢的变化** 休克时由于组织低灌流和细胞供氧减少，细胞内最早发生的代谢变化是从优先利用脂肪酸供能转向优先利用葡萄糖供能。代谢变化总的趋势为氧耗减少，糖酵解加强、脂肪和蛋白分解增加、合成减少，表现为一过性的高血糖和糖尿，血中游离脂肪酸和酮体增多；蛋白质分解增加，血清尿素氮水平增高，尿氮排泄增多，出现负氮平衡。部分患者可能出现高代谢状态，与休克状态下代谢活动的重新调整，如应激激素儿茶酚胺、生长素、糖皮质激素和高血糖素分泌增多，而胰岛素分泌减少有关。

2. 能量不足、钠泵失灵　休克时由于ATP产生不足，细胞膜上的钠泵失灵，因而细胞内Na^+增多，而细胞外K^+增多，导致细胞水肿和高钾血症。

3. 局部酸中毒　细胞无氧酵解增强使乳酸生成增多，肝脏又不能充分将其摄取转化为葡萄糖，导致局部发生代谢性酸中毒。酸中毒还可引起高钾血症，促进 DIC 的发生，加重休克时微循环紊乱和器官功能障碍。

第四节　休克时各器官系统的功能变化

休克时各器官功能都可发生改变，一部分是代偿性变化，有利于机体自身稳定。另一部分是组织器官受到较严重损害的结果，即造成器官障碍，多器官功能障碍常增加休克患者的死亡率。现将机体的主要器官系统常发生的功能障碍简述如下：

一、肾功能的变化

休克早期，有效循环血量不足可引起交感神经兴奋，儿茶酚胺增多，同时激活肾素 - 血管紧张素系统，引起肾血管收缩造成肾灌注不足，肾小球滤过减少，导致少尿和氮质血症，此时并没有肾脏的实质性损害，故称为功能性肾衰竭。此期如果患者得到及时有效的治疗，恢复肾血流量，肾脏的泌尿功能即可恢复正常。如果休克继续发展，持续性肾缺血可引起肾小管坏死，此时的肾衰竭称为器质性肾衰竭。患者除表现为严重少尿外，还有明显的高钾血症、氮质血症和酸中毒。由于肾小管上皮细胞坏死，重吸收功能障碍，尿液不能被浓缩，使尿液渗透压及比重均降低。临床上区分功能性和器质性肾衰竭很重要，因为两者的处理原则截然不同。前者经早期输液输血，补充足够血容量休克得以纠正，肾功能即可恢复。而后者即使在血容量和休克得以纠正后，肾功能仍不能在短时间内恢复，而且应严格限制输入液体量，防止水中毒、肺水肿和心力衰竭。

二、肺功能的变化

在休克的不同阶段，肺功能的变化往往不相同。休克早期，由于代谢性酸中毒，呼吸中枢兴奋，呼吸常加深加快，肺通气量增加，这是肺的代偿反应。但过度换气又可引起呼吸性碱中毒，若患者合并呼吸道阻塞，胸部病变等，则换气不足可发生呼吸性酸中毒。休克晚期尤其是严重休克的患者，常发生急性呼吸衰竭，主要临床表现为进行性呼吸困难和顽固性低氧血症等，即所谓的休克肺（shock lung），属于急性呼吸窘迫综合征（acute respiratory distress syndrome，ARDS）。休克肺的主要形态学改变是间质性肺水肿，局部肺不张，充血、出血、肺内微血栓形成及肺泡内透明膜病变。病理生理学变化是气体弥散障碍和通气 - 血流比例失调，动脉血氧分压下降。休克肺是导致休克患者死亡的重要因素之一，约占休克死亡人数的 30%。

肺部主要病理变化为急性炎症导致的呼吸膜损伤。突出表现为：①小血管内中性粒细胞聚集、黏附，内皮细胞受损，肺毛细血管内可有微血栓形成；②中性粒细胞和巨噬细胞在肺内聚集、激活，释放大量自由基、蛋白酶及脂类代谢产物，如白三烯、TXA_2、TNF、IL-1 等，继发和放大了损伤作用，引起肺泡 - 毛细血管膜的损伤和通透性增高，导致肺水肿；③Ⅱ型肺泡上皮细胞分泌的表面活性物质减少，使肺泡表面张力增高，肺顺应性下降，导致肺不张；④血浆蛋白透过毛细血管沉着在肺泡腔，形成透明膜。

三、心功能的变化

在休克发展过程中，心脏是最容易受影响的器官之一。有效循环血量降低时，一般均出现心率加速和心肌收缩增强，又由于静脉血回流减少和（或）外周血管阻力增高，引起心排血量（或心指数）降低。由于冠状动脉平滑肌以β受体占优势，在休克代偿期，尽管体内大量儿茶酚胺分泌，但冠状动脉收缩不明显，心脏血供并无减少。

进入休克中、晚期，常通过以下机制使心功能进一步降低以致发生心力衰竭：①动脉血压进行性下降，特别是舒张期血压下降，或心率加快使心室舒张期缩短，引起冠状动脉血液灌注量减少，心肌供血不足；②缺氧、酸中毒等使心肌代谢障碍，ATP生成减少，导致心肌收缩力减弱和心排血量减少；③心肌抑制因子（MDF）的产生，强烈抑制心肌收缩；④冠脉血管内DIC形成，加重心肌缺血缺氧，引起局灶性心肌坏死，使心肌收缩力减弱；⑤细菌毒素对心肌细胞的直接损伤作用。心力衰竭的发生可促进休克进一步恶化，是休克发生不可逆性变化的重要因素，同时也给抗休克治疗时的扩容治疗造成一定困难，因此尽早预防和治疗心力衰竭在临床上具有重要意义。

四、脑功能的变化

脑组织耗氧量高，对缺氧极为敏感，休克时因缺氧可发生脑功能抑制。休克早期，由于血液的重分布和脑循环的自身调节，可保证脑组织的血供，仅因交感神经兴奋而出现轻度烦躁不安外，一般没有明显的脑功能障碍。当休克发展到失代偿期时，低血压、缺氧、碱中毒或酸中毒均可引起脑微循环障碍，致使大脑皮质发生功能障碍，患者出现神情淡漠、抑郁，甚至昏迷。严重脑功能障碍者，由于脑水肿和颅内压增高形成脑疝，压迫延髓中枢，可迅速导致患者死亡。

五、胃肠和肝功能的变化

休克时胃肠道微血管痉挛，缺血、淤血和DIC形成，可导致肠黏膜变性、坏死和糜烂。由于消化液分泌减少，常可发生应激性溃疡。同时肠黏膜屏障功能减弱或破坏，致使肠道细菌毒素被吸收入血，引起血中的细菌毒素尤其内毒素增高，更加加重休克。

休克时的肝功能障碍主要表现为黄疸和肝功能不全。由于有效循环血量减少，低血压、门脉血流减少，肝内微循环障碍和DIC，均可引起肝脏血流量减少，从而引起肝细胞缺血缺氧，其代谢及解毒功能均降低。例如，肝脏在蛋白质、糖及胆红素的代谢、凝血因子等方面失常。肝功能障碍可导致肝屏障功能降低，使从肠道入血的细菌内毒素不能被充分解毒，导致内毒素血症，可使休克恶化。

六、凝血-纤溶系统功能的变化

严重创伤、烧伤等所致的休克时，使大量组织因子释放入血，严重感染时中性粒细胞的增多及破坏，以及由于内毒素的间接作用释放出的组织因子，均可激活外源性凝血系统；严重缺氧、酸中毒及内毒素可损伤血管内皮细胞，激活凝血因子Ⅻ，启动内源性凝血系统；微循环淤血、血细胞聚集等血液流变学变化使血液呈高凝状态，这些均可促进DIC的发生。由于开始时血液高凝，形成微血栓，通常不易察觉而漏诊。随后由于凝血因子的大量消耗，凝血功能障碍，以及继发性纤溶亢进的发生，患者可出现难以纠正的出血或出血倾向。

七、免疫功能的变化

休克时，机体非特异性的炎症反应亢进，特异性的细胞免疫功能却明显降低。部分患者由于过度表达 IL-4、IL-10 和 IL-13 等抗炎介质，使免疫系统处于全面的抑制状态。此时体内中性粒细胞的吞噬和杀菌功能低下，单核巨噬细胞功能受到抑制，外周血淋巴细胞数减少，B 细胞分泌抗体的能力减弱，特异性免疫功能降低，导致患者炎症反应失控，感染无法局限并容易扩散，引起菌血症和脓毒血症，对患者后期的死亡，尤其并发感染会产生明显的影响。

八、多器官功能障碍

多器官功能障碍综合征（multiple organ dysfunction syndrome，MODS）指患者在严重创伤、感染、大面积烧伤、休克和外科手术后，同时或相继出现两个或两个以上系统或器官功能障碍的临床综合征。当 MODS 发展到机体多系统器官功能严重受损出现衰竭时称为多系统器官衰竭（multiple system organ failure，MSOF）。MSOF 实际上是 MODS 的终末期阶段，主要出现在急性危重病中，机体的病理生理变化复杂，治疗比较困难，病死率高达 80% 以上，是一种危重的临床综合征。

临床上一般将 MODS 分为两种类型，一种是在休克与严重创伤后直接引起的速发型 MODS，病变发展迅速，部分患者在休克复苏后 12～36 小时即发生呼吸衰竭，并很快出现肝、肾及其他器官功能障碍甚至衰竭。此种类型的发生是一个连续发展的过程，仅表现为一个时相，故也称为单相速发型；另一种是在创伤、失血、休克 24～48 小时内经救治病情得到一定缓解，但在 3～5 天后又迅速出现败血症，患者遭受二次打击，随后出现 MODS。此型患者的病程有两个高峰，第二个高峰是由继发因素所引起，又称为继发型。

MODS 的发病机制尚未完全阐明，可能与 SIRS 关系最密切。SIRS 时，大量炎症介质如 TNF-α、IL、补体等释放入血，引起血管内皮细胞受损，血管壁通透性增高和血栓形成，导致远隔器官的损伤。同时炎症介质又可激活炎症反应相关细胞，如内皮细胞、中性粒细胞、肥大细胞、单核细胞等进一步产生炎症反应。MODS 与 SIRS 相互作用，引起级联放大反应，形成恶性循环，导致炎症反应失控性放大，并对机体的循环、呼吸、凝血、代谢、免疫及体温调节等各系统功能造成严重影响，最终导致组织器官的损伤。

此外，机体在发生 SIRS 的同时，感染或创伤等还可使机体产生抗炎介质。当过量抗炎介质入血时，可引起代偿性抗炎反应综合征（compensatory anti-inflammatory response syndrome，CARS），使机体免疫功能抑制，增加机体对感染的易感性。当炎症反应加重引起的炎症介质与抗炎介质泛滥并大量入血，SIRS 与 CARS 同时并存又相互加强，则会导致炎症反应和免疫功能更为严重的紊乱，对机体产生更强的损伤，称为混合性拮抗反应综合征（mixed antagonist response syndrome，MARS）。除此之外，组织器官的微循环灌注障碍、高代谢状态及缺血 - 再灌注损伤等均可参与 MODS 的发生和发展。

案例 12-1

患者男，46 岁。慢性支气管炎多年。5 天前因受凉出现咳嗽、流涕、发热（体温 39℃ 左右），自行服用日夜百服宁等药物，3 天后热退，但自觉呼吸困难加重，咳黄色脓痰，遂来院就诊，门诊以"肺炎"收住。

体检：重病容，口唇发绀，神志淡漠，呼吸急促。体温 36.8℃，脉搏 130 次/分，脉细而弱，皮肤冰冷。血压 80/50mmHg，呼吸 28 次/分。心律齐，未闻及病理性杂音。双肺呼吸音粗，可闻及湿性啰音，胸部正侧位片示双肺下叶片絮状阴影。腹软，肝脾未触及肿大。双侧肾区无叩击痛，尿量减少。

实验室检查：血常规 WBC $15×10^9$/L，痰培养、血培养提示革兰阴性菌感染。

思考题：
1. 患者发生了哪种类型的休克，根据是什么？
2. 患者血压降低的机制有哪些？

（李　萍）

知识链接——休克&晕厥&昏迷

晕厥，也称昏厥，是因各种原因导致的短暂性、广泛性脑缺血、缺氧引起的，表现为一种突发性、一过性的意识丧失而跌倒，并多在数秒至数分钟内自行清醒。晕厥在日常生活十分常见，如直立性低血压、严重心律不齐、疲劳、闷热、恐惧、紧张、晕针等可诱发，解开较紧的衣领保持呼吸道通畅，平卧休息或采取头低位后即可恢复。如果患者不能被叫醒，或在短时间内不能清醒则为昏迷。

昏迷是由于各种原因导致脑功能受到严重、广泛的抑制，意识丧失，对外界刺激不发生反应。不能被唤醒，是最严重的、持续性的意识障碍，也是严重疾病的表现，甚至危及生命。对于昏迷的判断，相对来说比较容易。例如，遇到突然晕倒的患者，意识丧失、呼之不应、推之不醒，但呼吸、心跳依然存在，这就是人们常说的昏迷。但是，对于一般人来说，昏迷的原因往往一时不好判断。

无论引起昏迷的原因是否清楚，均应可采取"稳定侧卧位，确保气道通畅"的紧急处理。"稳定侧卧位"可以使舌头避免阻塞气道，发生呕吐或有分泌物，便于排出，从而可以保持气道通畅；不要喂水、喂药；如有活动性义齿，应立即取出，以防发生窒息。

第十三章 弥散性血管内凝血

弥散性血管内凝血的病因与发病机制
    弥散性血管内凝血的病因
    弥散性血管内凝血的发病机制
影响弥散性血管内凝血发生和发展的因素
    单核吞噬细胞系统功能受损
    肝功能严重障碍
    血液的高凝状态
    微循环障碍
    其他

弥散性血管内凝血的分期和分型
    分期
    分型
弥散性血管内凝血时的功能代谢变化
    出血
    休克
    器官功能障碍
    微血管病性溶血性贫血

    弥散性血管内凝血（disseminated intravascular coagulation，DIC）是指在某些致病因子作用下凝血因子或血小板被激活，大量可溶性促凝物质入血，从而引起一个以凝血功能失常为主要特征的病理过程。此时微循环中有纤维蛋白性微血栓或血小板团块形成，同时一系列血浆凝血因子被消耗，血小板减少，并有继发性纤维蛋白溶解过程加强。在临床上，DIC 患者主要表现为出血、休克、器官功能障碍及微血管病性溶血。
    DIC 是临床常见的一个病理过程，不是一个独立的疾病，患者发病的严重程度不一。有的临床症状十分轻微，甚至"隐蔽"，患者体征不明显，只有用比较敏感的实验室检查方法才能发现。但也可以比较严重，如急性重症 DIC，患者发病急、预后差，死亡率高达 50%~60%。中医学中无 DIC 的名词，因 DIC 患者常有出血、紫斑、皮肤青紫、呕血、尿血等症状，舌诊观察常有舌质发暗或瘀斑，故认为 DIC 属于中医瘀血证范畴。

第一节 弥散性血管内凝血的病因与发病机制

一、弥散性血管内凝血的病因

    引起弥散性血管内凝血（DIC）的病因是指容易引起 DIC 的一些基础性疾病（表13-1）。其中，感染性疾病最为常见，包括细菌、病毒、寄生虫感染等；其次为恶性肿瘤；产科意外、严重创伤和外科大手术也是引起 DIC 的常见原因。此外，其他多种因素亦可引起 DIC 的发生，如输异型血、自身免疫病及药物等。疾病过程中并发的缺氧、酸中毒及相继激活的纤溶系统、激肽系统、补体系统等也可促进 DIC 的发生发展。因此，临床上遇到存在易发 DIC 基础性疾病的患者，并无法以现有临床证据解释其出血症状时,应想到发生 DIC 的可能。

表 13-1 DIC 的常见病因

分类	主要临床疾病或病理过程
感染性疾病	革兰阴性或阳性菌感染、败血症等,病毒性肝炎、病毒性心肌炎、流行性出血热等
肿瘤性疾病	胰腺癌、结肠癌、肝癌、胆囊癌、胃癌、食管癌、前列腺癌、肾癌、膀胱癌、宫颈癌、绒毛膜上皮癌、恶性葡萄胎、白血病等
妇产科疾病	流产、妊娠中毒症、子痫及先兆子痫、胎盘早期剥离、羊水栓塞、宫内死胎、子宫破裂、腹腔妊娠、剖宫产手术等
创伤性疾病	严重软组织创伤,大面积挫伤或烧伤、挤压伤综合征、前列腺、肝、脑、肺、胰腺等脏器大手术、器官移植等

二、弥散性血管内凝血的发病机制

正常机体的血液呈流体状态,在心血管内循环流动,同时也不发生凝血。这是由于机体存在凝血、抗凝血和纤维蛋白溶解系统,它们处于动态平衡状态。引起 DIC 的病因众多,发病机制和临床表现较为复杂,如组织严重受损、血管内皮细胞损伤、血细胞的破坏、血小板的激活,以及某些促凝物质入血等,都可以诱发 DIC 的发生。

(一)组织严重损伤

临床上,严重创伤和烧伤、外科手术、产科意外等导致的组织损伤,肿瘤组织的坏死、白血病放化疗后所致的白血病细胞的大量破坏等情况下,可释放大量组织因子(TF 或 III)入血。因子 VII 通过 Ca^{2+} 与 TF 结合形成复合物(VIIa-TF),VIIa-TF 使因子 X 大量激活(传统通路),从而形成 Xa- Va-Ca^{2+}-PL 复合物;也可通过激活因子 IX(选择通路)形成 IXa- VIIIa-Ca^{2+}-PL 复合物。两者继而产生凝血酶原激活物,导致凝血酶生成。凝血酶又可以加速因子 V、VIII 和 IX 激活,从而也加速了凝血酶的生成,并加速凝血反应及血小板活化、聚集过程,在微血管内形成大量微血栓,促进 DIC 的发生。

(二)血管内皮细胞损伤

细菌、病毒、内毒素、抗原-抗体复合物、持续性缺氧、酸中毒、颗粒或胶体物质进入机体时,都可以损伤血管内皮细胞,尤其是微血管的内皮细胞。血管内皮细胞受损一般可产生如下作用:①损伤的血管内皮细胞可表达、释放大量 TF,启动外源性凝血系统,导致 DIC 的发生;②损伤暴露的内皮下胶原组织可以直接激活因子 XII 或 XI 启动内源性凝血系统;③触发血小板活化,产生黏附、聚集和释放反应,加剧微血栓形成。

另外,各种炎性细胞释放 TNF、IL-1、IFN、血小板活化因子(platelet-activating factor, PAF)、补体成分 C_{3a}、C_{5a} 和氧自由基等也可以加剧血管内皮细胞的损伤,并刺激 TF 表达,进一步促进和加速凝血反应过程。

(三)血细胞大量破坏

1. 红细胞的破坏 异型输血、恶性疟疾、输入过量库存血等因素造成红细胞大量破坏时,可以释放出大量 ADP 和红细胞素。ADP 可促进血小板的黏附、聚集,导致凝血。红细胞素具有 TF 样作用,可激活凝血系统。另外,红细胞数量增多和聚集性增加,使血黏度增高,阻力增大,流速缓慢,也易引起血管内皮细胞和组织损伤,导致 DIC 的发生。

2. 血小板的激活 当外伤等因素导致血管内皮细胞损伤，暴露出胶原后，血小板膜糖蛋白 GP Ⅰ b 通过血管假血友病因子（Von Will-ebrand factor，vWF）与胶原结合，产生黏附作用。同时胶原、凝血酶、ADP、TXA_2、PAF 和 5-羟色胺等作为激活剂分别与血小板表面相应受体结合，通过细胞信号传导系统由内向外传导，使血小板膜糖蛋白 GP Ⅱ b/Ⅲ a 复合物激活。活化的 GP Ⅱ b/Ⅲ a 是血小板膜上的纤维蛋白受体，纤维蛋白原作为二聚体可与两个相邻的血小板膜上 GP Ⅱ b/Ⅲ a 结合，产生"搭桥"作用，使血小板聚集。活化血小板表面还可使各种凝血因子在血小板磷脂表面浓缩、局限，从而产生大量凝血酶原激活物激活凝血酶原，进而形成纤维蛋白网，网罗其他血细胞形成血凝块。

3. 白细胞的破坏 白细胞大量破坏时，可释出大量活性较高的促凝物质（TF 和释放溶酶体酶）。例如，激活中性粒细胞释放的各种细胞因子导致血管内皮细胞和血管壁损伤，释放的胰蛋白酶能降解和灭活因子 Ⅴ、Ⅷ、AT-Ⅲ、TFPI 和 PAI 等，引起凝血-抗凝血平衡紊乱，造成 DIC 发生。

（四）其他促凝物质的作用

细菌、病毒、羊水、恶性肿瘤细胞、抗原-抗体复合物及蛇毒等物质入血，也可激活凝血系统，引起 DIC 发生。急性出血性胰腺炎时，胰蛋白酶大量入血，可直接激活凝血酶原形成凝血酶，导致大量微血栓形成蜂毒、蛇毒是一种外源性促凝物质，它们能直接激活因子 Ⅹ、凝血酶原或直接使纤维蛋白原转变为纤维蛋白单体。某些肿瘤细胞能分泌特有的促凝蛋白，可直接激活因子 Ⅹ，起促凝作用。

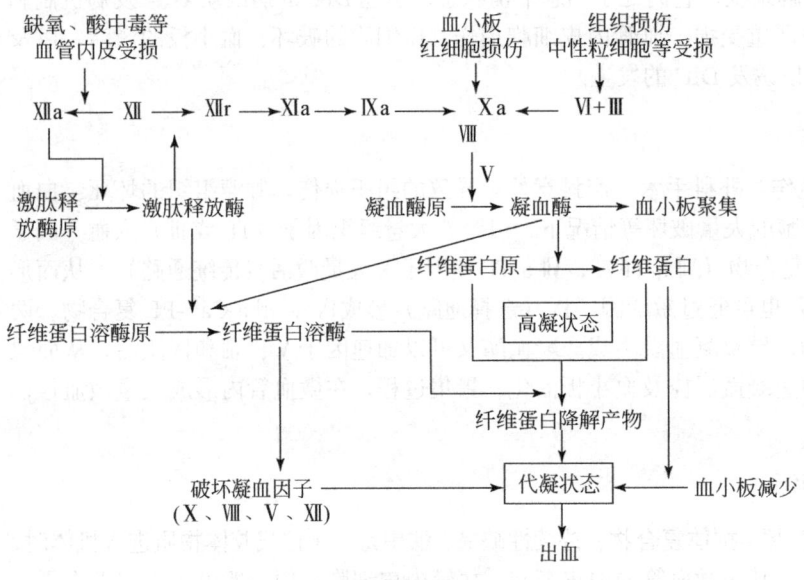

图 13-1 DIC 发生机制示意图

综上所述，引起 DIC 的病因有很多种，不同的病因可通过多种途径引起 DIC 的发生、发展（图 13-1）。

第二节 影响弥散性血管内凝血发生和发展的因素

临床上影响弥散性血管内凝血（DIC）发生、发展的因素很多，如在同等促凝因子入血时，有的患者发生 DIC，有的患者未发生 DIC，这表明机体的状态对 DIC 的发生起着很大的作用。

一、单核吞噬细胞系统功能受损

正常情况下，单核吞噬细胞系统具有吞噬及清除循环血液中的凝血酶、纤维蛋白、纤溶酶、纤维蛋白（原）降解产物，以及内毒素、组织细胞碎片、免疫复合物和 ADP 等促凝物质，使凝血与抗凝血之间保持动态平衡。因此，单核吞噬细胞系统的严重功能障碍会促使 DIC 的形成。例如，严重的革兰阴性菌引起的内毒素性休克，单核吞噬细胞系统因吞噬大量坏死组织、细菌或内毒素而使其功能处于"封闭"状态，导致对血液中促凝物质清除减少；或长期大量应用糖皮质激素、严重肝脏疾病、严重的酮症酸中毒时，大量脂质有时也可"封闭"单核吞噬细胞系统，这时机体再与内毒素接触就易于发生 DIC。

二、肝功能严重障碍

正常情况下，肝既能合成某些凝血因子，又能合成抗凝血酶、纤溶酶原等抗凝或促进纤溶作用的物质。肝脏还对活化的凝血因子Ⅸa、Ⅹa、Ⅺa 具有灭活作用。当肝功能严重障碍时，肝脏合成抗凝物质及灭活活化凝血因子减少，可使凝血、抗凝及纤溶过程失调。病毒及某些药物既可损害肝细胞，也可激活凝血因子，促进 DIC 的发生。例如，急性重型肝炎时，肝细胞被大量破坏，可释放出大量 TF 等，启动凝血系统促进 DIC 的发生。同时，当肝细胞大量坏死时，肝处理乳酸的能力降低，可损伤血管内皮细胞和促进血小板聚集等，启动凝血过程。

三、血液的高凝状态

妊娠期可有生理性高凝状态。妊娠后 3 周开始孕妇血液中血小板及多种凝血因子（Ⅰ、Ⅱ、Ⅴ、Ⅷ、Ⅸ、Ⅹ及Ⅻ等）增多，而具有抗凝作用及纤溶活性的物质（如 ATⅢ、纤溶酶原活化素及尿激酶等）降低，来自胎盘的纤溶抑制物增多。妊娠 4 个月以后，孕妇血液开始逐渐趋向高凝状态，到妊娠末期最为明显。因此，产科意外（如宫内死胎、胎盘早期剥离、羊水栓塞等）时 DIC 的发生率较高。

酸中毒是引起血液高凝状态的一个重要因素。酸中毒可直接损伤微血管内皮细胞，使内皮下的胶原纤维与胶原暴露，然后激活因子Ⅻ，引起内源性凝血系统的激活。同时，由于血液 pH 降低，肝素的抗凝活性减弱而凝血因子的活性升高，此时血小板的聚集性加强，由它释放的促凝因子增加，使血液处于高凝状态。

四、微循环障碍

休克导致的严重微循环障碍，常有血流淤滞，血细胞聚集，血液甚至可呈淤泥状。巨大血管瘤内毛细血管中血流极度缓慢，出现涡流，再加上局部内皮细胞损伤与酸中毒，这些因素均有利于 DIC 的发生。低血容量时，由于肝、肾等脏器处于低灌流状态，无法及时清除某些凝血或纤溶产物，这也是促成 DIC 发生的因素。

五、其他

不恰当地应用纤溶抑制剂，如 6-氨基己酸、对羧基苄胺等药物造成纤溶系统的过度抑制，使血黏度增高时也会促进 DIC 形成。DIC 的发生可能还与患者当时的微血管功能状态有关，有实验证明大剂量长时间地使用 α 受体兴奋剂会促使 DIC 形成，但是对其发生机制还未完全阐明。

此外，DIC 的发生发展还与促凝物质进入血液的数量、速度和途径有关。促凝物质进入血液少而慢时，如机体代偿功能（如吞噬功能等）健全，可不发生或仅表现为症状不明显的慢性型 DIC；促凝物质入血过多过快，超过机体代偿能力时，则可引起急性 DIC。

第三节 弥散性血管内凝血的分期和分型

一、分期

弥散性血管内凝血（DIC）是一个病理过程，根据它的病理生理特点及发展过程，典型者一般可经过三期：

1. **高凝期**　由于凝血系统被激活，血液中的凝血因子和血小板活化，凝血酶产生增多。此时血液处于高凝状态，导致各脏器毛细血管和小静脉内广泛形成微血栓。此期临床症状常被原发病症状所掩盖，容易漏诊。

2. **消耗性低凝期**　在高凝期，由于微循环内广泛性微血栓形成，使血液中凝血因子和血小板大量消耗而减少，伴随着继发性纤溶系统激活，血液处于低凝状态。临床上患者常有出血表现，如皮肤、黏膜和器官的出血。由于血液中仍有一定量的血小板和凝血因子，还能不断地有微血栓形成。此期的重要特征是微血栓与出血同时存在。

3. **继发性纤溶亢进期**　由于纤溶系统活性的不断增强，产生了大量纤溶酶。进而又有具有很强抗凝作用的纤维蛋白降解产物形成，使纤溶和抗凝作用增强，故此期临床上出现严重、广泛的出血现象。

二、分型

由于 DIC 的病因、机体的反应性及病情发生发展的速度不同，其临床表现亦不同，一般可分为以下几种类型：

（一）根据 DIC 发病的快慢分型

该分型主要与致病因素的作用方式、强度与持续时间长短有关。当病因作用迅速而强烈时，DIC 表现为急性型；相反，病因作用缓慢而持续时，表现为慢性型或亚急性型。各型的主要特点如下：

1. **急性型**　DIC 可在几小时或 1~2 天内发生，常见于各种严重的感染，特别是革兰阴性菌感染引起的败血症性休克、血型不合的输血、严重创伤、移植后急性排异反应等。此时，临床表现明显，常以休克和出血为主，患者的病情迅速恶化，分期不明显，实验室检查结果明显异常。

2. **慢性型**　常见于恶性肿瘤、胶原病、慢性溶血性贫血等疾病。此时，由于机体有一定的代偿能力，单核吞噬细胞系统的功能也较健全，所以各种异常表现均轻微而不明显，病程较长，临床诊断较困难，常常以某脏器功能不全的表现为主，有时仅有实验室检查异常。此类 DIC 往往在尸解后做组织病理学检查时才被发现，在一定条件下，可转化为急性型。

3. **亚急性型**　在数天至数周内发病，病情发展较为缓慢。患者表现常介于急性和慢性之间，如急性白血病、宫内死胎滞留等。

（二）根据 DIC 的代偿情况分型

在 DIC 发生发展过程中，血浆凝血因子与血小板不断消耗，但是骨髓和肝可通过增加血小板和凝血因子的生成而起代偿作用。此时肝生成纤维蛋白原的能力可增加 5 倍，骨髓生成血小板的功能可增加 10 倍。因此根据凝血物质的消耗与代偿性生成增多之间的对比关系，可将 DIC 分为以下三型：

1. **失代偿型**　凝血因子和血小板的消耗超过生成，主要见于急性 DIC。此型患者出血、休克等表现明显，实验室检查发现血小板和纤维蛋白原等凝血因子均明显减少。

2. **代偿型**　凝血因子与血小板的消耗与生成间基本上保持平衡状态，主要见于轻度 DIC。此型患者可无明显临床表现或仅有轻度出血和血栓形成的症状。实验室检查无明显异常（如纤维蛋白原无明显减少），易被忽视。但如病情持续加重，则可转化为失代偿型。

3. 过度代偿型　机体代偿功能较好，凝血因子和血小板的生成迅速，甚至超过消耗，可出现纤维蛋白原等凝血因子暂时升高的现象，主要见于慢性 DIC 或 DIC 恢复期。此型患者出血或栓塞症状与代偿型相似，可不太明显。但在致病因子的性质和强度发生改变时，可转化为典型的失代偿型。

至于局部型的 DIC，主要是指局限于某一脏器的多发性微血栓症，多见于静脉瘤、主动脉瘤、心脏室壁瘤、人造血管、体外循环、器官移植后的排异反应等，此时常在病变局部有凝血过程的激活，全身有轻度的血管内凝血存在。因此严格地说，局部性 DIC 是全身性 DIC 的一种局部表现。

第四节　弥散性血管内凝血时的功能代谢变化

弥散性血管内凝血（DIC）的临床表现复杂多样，但主要表现是出血、休克、器官功能障碍和贫血（图 13-2）。

一、出血

出血是 DIC 最初及最常见的临床表现，患者可有多部位出血倾向，如皮肤瘀斑、紫癜、咯血、消化道出血等。轻者仅表现为局部（如注射针头处）渗血，重者可发生多部位出血。出血的机制如下：

1. 凝血物质被消耗而减少　在 DIC 发生发展过程中，各种凝血因子和血小板大量消耗，特别是纤维蛋白原、凝血酶原、

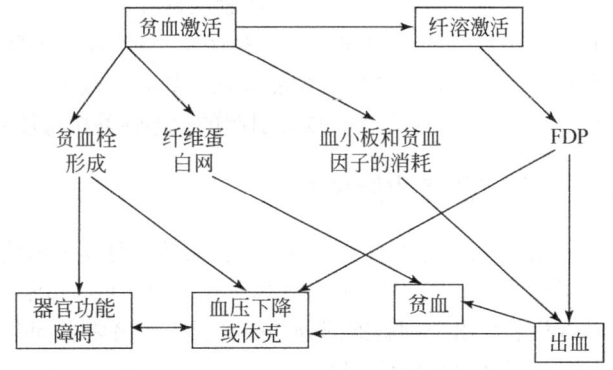

图 13-2　DIC 的主要临床表现及其机制

因子Ⅴ、Ⅷ、Ⅹ及血小板的普遍减少，当超过肝和骨髓的代偿能力时，可导致凝血障碍而引发出血。

2. 继发性纤溶亢进　DIC 时的凝血系统激活后，常有继发性纤溶系统的激活。这主要是由于凝血过程中，通过酶性激活Ⅻa 形成Ⅻf，Ⅻf 使激肽释放酶原转变成激肽释放酶，后者使纤溶酶原活化为纤溶酶。一些富含纤溶酶原激活物的器官（如子宫、前列腺、肺等）因血管内凝血而发生变性坏死时，纤溶酶原激活物便大量释放入血而激活纤溶系统。血管内皮细胞受损、缺氧、应激等也可激活纤溶系统，导致纤溶酶增多。纤溶酶除能使纤维蛋白（原）降解外，还能水解因子Ⅴ、Ⅷ和凝血酶原等，凝血因子进一步减少。

3. 纤维蛋白降解产物形成　凝血过程的激活及继发性纤溶过程的启动使血液中纤溶酶增多，纤维蛋白（原）被降解形成多种多肽片段，统称为纤维蛋白降解产物（fibrin degradation products，FDP）。其中纤维蛋白原在纤溶酶作用下不断裂解先后产生 X、Y、D 及 E 片段；纤维蛋白在纤溶酶作用下形成 X'、Y'、D'、E' 片段，各种二聚体、多聚体及复合物。这两类 FDP 的功能特性基本相似，其中 X、Y 碎片可与纤维蛋白单体聚合抑制纤维蛋白多聚体生成，Y、E 碎片有抗凝血酶作用，D 碎片抑制纤维蛋白单体聚合，大部分 FDP 均抑制血小板的黏附和聚集。因此，FDP 可通过强烈的抗凝作用引起出血。

各种 FDP 片段的检查在 DIC 的诊断中具有重要意义。其中主要有鱼精蛋白副凝试验和 D-二聚体的检查。

（1）鱼精蛋白副凝试验：又称 3P 试验，其原理是：将鱼精蛋白加入患者血浆后，可与 FDP 结合，

使血浆中原与 FDP 结合的纤维蛋白单体分离并彼此聚合而凝固。这种不需酶的作用而形成纤维蛋白的现象称为副凝试验。DIC 患者呈阳性反应。

（2）D-二聚体检查：D-二聚体是纤溶酶分解纤溶蛋白的产物，只有在继发性纤溶亢进时，才会产生 D-二聚体。而原发性纤溶亢进时，血中 FDP 升高，但 D-二聚体并不增高。因此，目前认为 D-二聚体是反映继发性纤溶亢进的重要指标。

4. 血管损伤　DIC 发生发展过程中，各种原始病因和继发性引起的缺氧、酸中毒和自由基等多种因素的作用可导致微小血管管壁损伤，也是 DIC 出血的机制之一。

二、休克

急性 DIC 常伴有休克，重度及晚期休克又可能促进 DIC 的形成，二者互为因果，形成恶性循环。DIC 引起的休克常有以下几个特点：①突然出现或与病情不符；②伴有严重广泛的出血及四肢末梢的发绀；③有多器官功能不全综合征出现；④对休克的综合治疗缺乏反应，病死率高。

DIC 引起休克的机制：①微血栓形成使回心血量减少；②出血可减少机体血容量；③ DIC 可通过激活激肽和补体系统产生血管活性介质如激肽和组胺，扩张血管，降低外周阻力，引起血压下降；④ FDP 小片段成分 A、B、C 能增强激肽和组胺的作用，使微血管扩张，通透性增高，血浆外渗；⑤ DIC 导致的心功能降低，如心内微血栓形成直接影响心泵功能，肺内微血栓致肺动脉高压而增加右心后负荷，DIC 引起的代谢性酸中毒使心肌舒缩功能发生障碍。

三、器官功能障碍

由于 DIC 发生的原因和受累脏器及各脏器中形成微血栓的严重程度不同，不同器官系统发生代谢与功能障碍或缺血性坏死的程度也可不同，临床患者脏器功能障碍的范围与程度也是多样的。轻者仅表现出个别脏器部分功能异常，重者常会同时或相继出现两种或两种以上脏器功能障碍，形成多器官功能衰竭。这是 DIC 引起患者死亡的重要原因。

例如，①肺内广泛微血栓形成，可引起肺泡-毛细血管膜损伤，出现成人呼吸窘迫综合征一类急性呼吸衰竭的临床症状；②肾内广泛微血栓形成，可引起两侧肾皮质坏死和急性肾衰竭，临床表现为少尿、血尿和蛋白尿等；③消化系统微血栓出现可引起恶心、呕吐、腹泻、消化道出血；④肝内微血栓形成可引起门静脉高压和肝功能障碍，出现消化道淤血、水肿、黄疸和其他相关症状；⑤累及心脏导致心肌收缩力减弱，心排血量降低，心脏指数减低，肌酸磷酸激酶和乳酸脱氢酶明显增高；⑥累及肾上腺时可引起皮质出血性坏死和急性肾上腺皮质功能衰竭，具有明显休克症状和皮肤大片淤斑等体征，称为沃-弗综合征（Waterhouse-Fiderichsen syndrome）；⑦垂体发生坏死，可引起希恩综合征（sheehan syndrome）；⑧神经系统病变则出现神志不清、嗜睡、昏迷、惊厥等非特异性症状。

四、微血管病性溶血性贫血

DIC 患者有时可伴有一种特殊类型的贫血，即微血管病性溶血性贫血（microangiopathic hemolytic anemia）。这种贫血除具备溶血性贫血的一般特征外，外周血涂片中可出现各种形态特殊的变形红细胞或呈盔形、星形、多角形、小球形等不同形态的红细胞碎片，称为裂体细胞（schistocyte）（图 13-3）。这些红细胞及细胞碎片的脆性明显增高，很易破裂发生溶血。

DIC 时产生裂体细胞的机制是在凝血反应的早期，纤维蛋白丝在微血管内形成细网，当循环的红细胞流过细网孔时，可以黏着、滞留或挂在纤维蛋白丝上，在血流不断冲击下，使红细胞破裂而形成（图 13-4）。缺氧、酸中毒使红细胞变形能力降低，红细胞强行通过纤维蛋白网更易受到损伤。DIC 早期溶血较轻，不易察觉，后期在外周血中易发现这类裂体细胞。外周血破碎红细胞数大于 2% 对 DIC 有辅助诊断意义。慢性 DIC 和有些亚急性 DIC 往往可以出现溶血性贫血症状。这种红细胞碎片也可见于恶性高血压、血栓性血小板减少性紫癜等疾病。

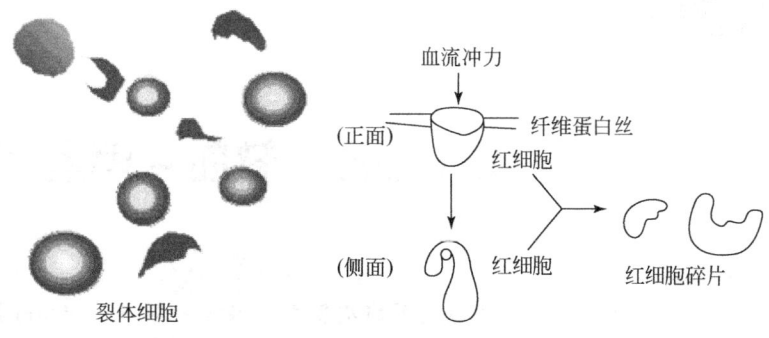

图 13-3 微血管病性溶血性贫血血涂片中的裂体细胞

图 13-4 红细胞碎片的形成机制示意图

案例 13-1

患者女，27 岁。因妊娠 8 个多月胎盘早剥急诊入院。查体：神志淡漠；眼结膜有出血斑，身体多处有瘀点、瘀斑；血压 80/50mmHg（10.64/6.65kPa），脉搏 95 次 / 分、细而弱；皮肤冰冷。入院后患者解黑便一次，尿少且血尿。

实验室检查（括号内为正常值）：血红蛋白 70g/L（110～150g/L），红细胞 2.7×10^{12}/L（$3.5\sim5.5\times10^{12}$/L），外周血见裂体细胞；凝血酶原时间 20.9s（12～14s），血小板 85×10^{9}/L（$100\sim300\times10^{9}$/L），纤维蛋白原 1.78g/L（2～4g/L）；鱼精蛋白副凝试验阳性（阴性）；尿蛋白定量 125mg/d（20～80mg/d），尿沉渣检查红细胞满视野（0～偶见）。入院后 4 小时复查血小板 75×10^{9}/L，纤维蛋白原 1.6g/L。

思考题：

该患者是否发生了 DIC，依据是什么？

（李 萍）

知识链接——机体的凝血与抗凝血功能

正常的机体具有完整的凝血和抗凝血系统，两者保持动态平衡，从而保证机体的止血和血流通畅。①机体的凝血系统主要由凝血因子组成，以酶原的形式存在于血浆中。目前认为以组织因子为始动的外源性凝血系统的激活在启动凝血过程中起主要作用；内、外源性凝血系统的互相密切联系，对启动并维持凝血过程具有重要作用；血小板直接参与凝血过程。②抗凝系统包括细胞抗凝系统和体液抗凝系统。细胞抗凝系统指单核吞噬细胞系统对凝血因子、组织因子、凝血酶原复合物及可溶性纤维蛋白单体的吞噬。体液抗凝系统包括丝氨酸蛋白酶抑制物、以蛋白质 C 为主体的蛋白酶类抑制物质及组织因子途径抑制物（TFPI）。③纤溶系统主要包括纤溶酶原、纤溶酶、纤溶酶原激活物与纤溶抑制物。纤溶系统使纤维蛋白凝块溶解，保证血流通畅，并参与组织修复和血管再生。④血管内皮细胞也参与了凝血、抗凝及纤溶过程，如产生各种生物活性物质，调节凝血与抗凝功能、纤溶功能、血管紧张度、炎症反应及维持微循环的功能等。

一旦机体凝血与抗凝血功能平衡发生紊乱，就会导致出血和血栓形成倾向。

第十四章 缺血－再灌注损伤

缺血－再灌注损伤的原因及条件	缺血－再灌注损伤时机体的功能及代谢变化
原因	心脏缺血-再灌注损伤的变化
条件	脑缺血-再灌注损伤的变化
缺血－再灌注损伤的发生机制	其他器官缺血-再灌注损伤的变化
自由基的作用	
钙超载	
白细胞的作用	

　　各种原因造成的组织血液灌流量减少可引起缺血性损伤，临床上处理原则是尽早恢复缺血组织的血液再灌注，使缺血组织器官重新获得氧供和必需的营养物质，并及时清除代谢废物，以减轻缺血引起的损伤，一般都能取得良好的治疗效果。但某些情况如断肢再植、器官移植、动脉搭桥术、溶栓疗法、心脏外科体外循环术和心肺脑复苏和休克治疗之后的缺血后再灌注，不仅不能使组织器官功能恢复，反而加重功能障碍和结构损伤，引起更加严重的后果。这种在缺血基础上恢复血流后组织损伤反而加重，甚至发生不可逆性损伤的现象称为缺血-再灌注损伤（ischemia-reperfusion injury，IRI）。现已证实，心、脑、肝、肾、胃肠道、肢体及皮肤等组织器官都存在缺血-再灌注损伤的现象。因此探索缺血-再灌注损伤的特点、规律和发生机制，已成为一个重要医学问题，是当今医学的研究热点之一。

第一节　缺血－再灌注损伤的原因及条件

一、原因

　　凡是在组织器官缺血基础上的血液再灌注都可能成为缺血-再灌注损伤的发病原因。常见的有：①组织器官缺血后恢复血液供应，如休克时微循环的疏通、冠状动脉痉挛缓解后、器官移植及断肢再植术后；②一些新的医疗技术的应用，如动脉搭桥术、经皮腔内冠脉血管成形术、溶栓疗法等；③体外循环下心脏手术，心搏骤停后心、脑、肺复苏等。

二、条件

　　并不是所有缺血的组织器官在血流恢复后都会发生缺血-再灌注损伤，许多因素可以影响其发生及其严重程度，常见的有：

　　1. **缺血时间**　再灌注损伤与缺血时间具有明显的依赖关系。组织器官具有耐受一定时间缺血的能力，缺血时间短，恢复血供后可无明显再灌注损伤；缺血时间长，恢复血供则易导致再灌注损伤；若缺血时间过长，缺血器官会发生不可逆性损伤，甚至死亡，反而不会出现再灌注损伤。例如，阻断大鼠左冠状动脉 5～10 分钟，恢复血流后心律失常的发生率很高，但短于 2 分钟或超过 20 分钟的缺血，心律失常较少发生。且不同的动物、不同的器官发生再灌注损伤所需的缺血时间也不同，小动物相对较短，大动物则相对较长。

2. 侧支循环　侧支循环的形成可缩短缺血时间和减轻缺血程度。缺血后侧支循环容易形成者，不易发生再灌注损伤。例如，肺组织有肺动脉和支气管动脉双重血液供给，肺动脉结扎后肺组织对缺血耐受可长达 48 小时；肝脏、前臂和手对缺血的耐受时间也较长。

3. 需氧程度　不同组织器官对氧的需要量不同。需氧量较高的器官（如心、脑），对缺血的耐受时间较短，易发生缺血-再灌注损伤。因此，脑神经元血流中断 3～4 分钟即可引起不可逆性损伤，心肌细胞缺血 20～30 分钟可发生死亡。需氧量较低的组织如纤维组织对缺血的耐受性较强。

4. 再灌注条件　已有研究表明，再灌注时灌注液的温度、压力大小、pH 及电解质的浓度都与再灌注损伤密切相关。采用适当低温、低压、低 pH 和类似细胞内液的离子浓度灌流液等，则能预防或减轻缺血-再灌注损伤。

第二节　缺血-再灌注损伤的发生机制

缺血-再灌注损伤的机制尚未完全阐明。目前认为其机制除与自由基的作用、细胞内钙超载、白细胞的作用等有关外，还与缺血-再灌注直接引起组织细胞的损伤、加重微循环障碍及微循环出现无复流现象有关。

一、自由基的作用

（一）自由基的概念

1. 自由基的概念　自由基（free radical）是在外层电子轨道上含有单个不配对电子的原子、原子团和分子的总称。自由基的种类很多，如脂质自由基（lipid radical，L·）、氯自由基（CL·）和甲基自由基（CH3·）等。其中由氧诱发的自由基称为氧自由基（oxygen free radical，OFR），如超氧阴离子（O_2^-）、羟自由基（OH·）；单线态氧（$^1O_2$）及过氧化氢（H_2O_2）不是自由基，但氧化能力很强，与氧自由基共同组成活性氧（reactive oxygen species，ROS）；氧自由基与多价不饱和脂肪酸作用后生成的中间代谢产物烷自由基（L·）、烷氧自由基（LO·）、烷过氧自由基（LOO·）等。

2. 自由基的代谢　自由基的化学性质极为活泼，易于失去电子（氧化）或获得电子（还原），参与体内的电子转移和物质代谢，特别是其氧化作用强，具有强烈地引发脂质过氧化作用。生理情况下，98% 的氧通常是通过线粒体细胞色素氧化酶系统接受 4 个电子还原成水，同时释放能量，但也有 1%～2% 的氧接受一个电子还原生成 O_2^-，获得 2 个电子时还原生成 H_2O_2，获得 3 个电子时还原生成 OH·，这是其他自由基和活性氧产生的基础（图 14-2）。同时，细胞内存在的超氧化物歧化酶（superoxide dismutase，SOD）、谷胱甘肽过氧化物酶（glutathione peroxidase，GSH-PX）及过氧化氢酶等抗氧化酶类可及时清除它们，使自由基的生成或降解处于动态平衡，所以对机体并无有害影响。病理情况下，由于活性氧生成过多或机体抗氧化酶类活性下降，引发链式脂质过氧化反应损伤细胞，进而造成细胞死亡。

（二）缺血-再灌注时氧自由基生成增多的机制

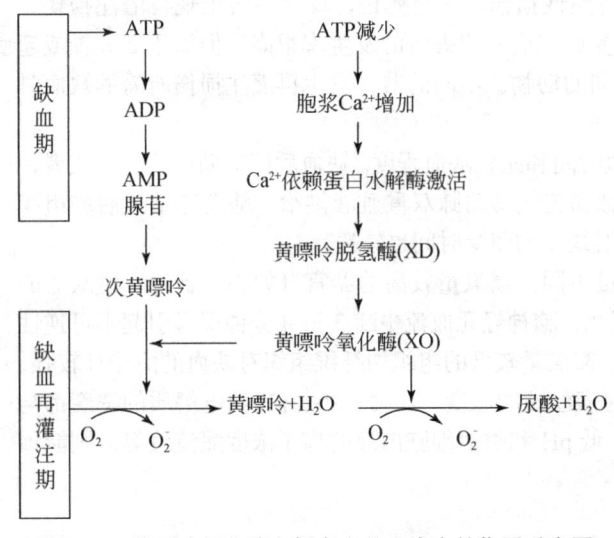

图 14-1 黄嘌呤氧化酶在氧自由基生成中的作用示意图

1. **黄嘌呤氧化酶形成增多** 黄嘌呤氧化酶（xanthine oxidase，XO）及其前身黄嘌呤脱氢酶（xanthine dehydrogenase，XD）主要存在于毛细血管内皮细胞内。正常时只有10%以XO的形式存在，90%为XD。缺血时，一方面ATP减少，膜泵功能障碍，Ca^{2+}进入细胞激活Ca^{2+}依赖性蛋白水解酶，促使XD大量转变为XO；另一方面ATP不能释放能量，并依次降解为ADP、AMP和次黄嘌呤，故在缺血组织内次黄嘌呤大量堆积。再灌注时，为电子接受体大量分子氧随血液进入缺血组织，使局部组织氧自由基爆发性增多，产生大量的O_2^-和H_2O_2，H_2O_2再在金属离子参与下形成更为活跃的$OH·$（图14-1）。

2. **中性粒细胞聚集和激活** 中性粒细胞在吞噬活动时耗氧量显著增加，所摄取的氧绝大部分经细胞内NADPH氧化酶和NADH氧化酶的催化下，接受电子形成氧自由基，用于杀灭病原微生物。缺血再灌注时，由黄嘌呤氧化酶作用所产生的自由基作用于细胞膜后产生的物质如白三烯及补体系统激活产生的C_3片段等，具有很强的趋化活性，可吸引大量中性粒细胞局部聚集并激活。尤其是再灌注期间组织重新获得O_2，激活的中性粒细胞耗氧量显著增加，产生大量氧自由基，即为呼吸爆发（respiratory burst）或氧爆发（oxygen burst），由此进一步造成组织细胞损伤。

3. **线粒体功能受损** 线粒体是细胞氧化磷酸化反应的主要场所。缺血缺氧时细胞内ATP含量减少，由胞质进入线粒体的Ca^{2+}增多，线粒体氧化磷酸化功能障碍，引起细胞色素氧化酶系统功能失调，电子传递链受损，以致进入细胞内的氧经4价还原形成的水减少，而经单电子还原形成的氧自由基增多。同时，Ca^{2+}可使线粒体内锰超氧化物歧化酶（Mn-SOD）减少，对自由基的清除能力降低，进而使自由基水平增高（图14-2）。

4. **儿茶酚胺增加和氧化** 交感-肾上腺髓质系统是机体在应激时的重要调节系统。缺血及再灌注期间，该系统分泌大量的儿茶酚胺。儿茶酚胺一方面具有重要的代偿调节作用，但过多的儿茶酚胺特别是它的氧化产物，往往又成为损伤机体的有害刺激因素。实验证明，大量的异丙肾上腺素、去甲肾上腺素、肾上腺素均能引起细胞损伤。儿茶酚胺氧化能产生具有细胞毒性的氧自由基，如肾上腺素代谢产生肾上腺素红的过程中有O_2^-产生。

（三）自由基的损伤作用

自由基性质极为活泼，一旦生成，

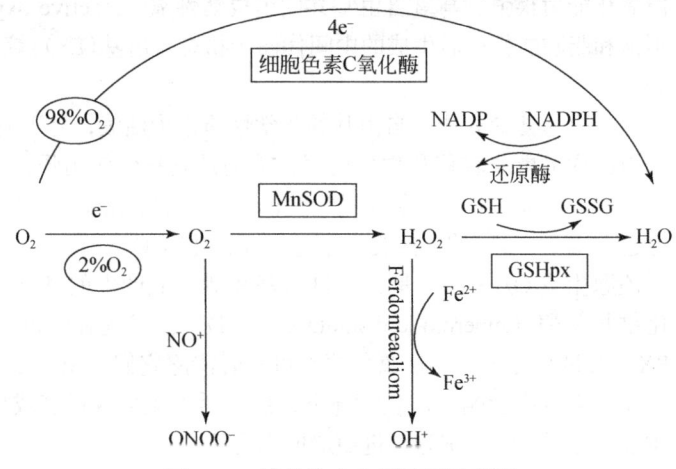

图 14-2 线粒体内电子还原示意图

即可经中间代谢产物不断扩展产生新的自由基，形成链级反应。自由基与各种细胞成分，如膜磷脂、蛋白质、核酸等发生反应，造成细胞结构损伤和功能代谢障碍。

1. **膜脂质过氧化增强**　膜脂质微环境稳定是保证膜结构完整和膜蛋白功能正常的基本条件，膜损伤是自由基损伤细胞的早期表现。自由基同膜脂质不饱和脂肪酸作用引发膜脂质过氧化（lipid peroxidation），使膜结构受损、功能障碍。表现为破坏膜的正常结构，细胞外 Ca^{2+} 内流增加；使膜脂质发生交联形成二聚体或更大的聚合物，从而间接抑制膜蛋白如钙泵、信号转导分子等功能；促进自由基及其他生物活性物质如前列腺素、血栓素 A_2、白三烯等的生成，促进再灌注损伤；线粒体膜脂质过氧化，导致线粒体功能抑制 ATP 生成减少，细胞能量代谢障碍加重（图 14-3）。

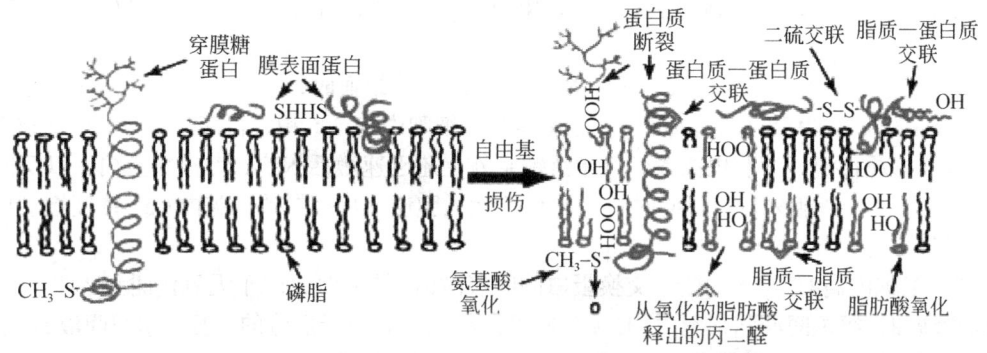

图 14-3　自由基对生物膜的损伤作用示意图

2. **蛋白质功能抑制**　自由基可引起蛋白质分子肽链断裂，修饰酶活性中心的氨基酸，氧化酶的巯基，使之形成二硫键；脂质过氧化物的产物丙二醛是重要的交联因子，可引起胞质和膜蛋白及某些酶交联成二聚体或更大聚合物，直接抑制蛋白质的功能。例如，肌纤维蛋白巯基氧化，使其对 Ca^{2+} 反应性降低，结果抑制心肌收缩力；肌质网钙转运蛋白受到自由基的损伤，钙调节功能异常。

3. **破坏核酸及染色体**　自由基对细胞的毒性作用主要表现为染色体畸变，核酸碱基改变或 DNA 断裂。其中 80% 是 OH· 的作用，OH· 易与脱氧核糖及碱基反应并使其改变。

氧自由基除直接造成多种物质氧化外，还可以通过改变细胞功能引起组织损伤。例如，O_2^- 可以灭活 NO，影响血管舒缩反应；OH· 可以促进白细胞黏附到血管壁，生成趋化因子和白细胞激活因子，引起炎症反应；自由基还可促进组织因子生成和释放，加重 DIC。再灌注能使自由基生成增多，自由基生成增多又可加重细胞损伤，两者相互影响，促进再灌注损伤的发生、发展，故自由基是再灌注损伤重要的发病学因素和环节。

二、钙超载

再灌注损伤发生时，再灌注区细胞内有过量 Ca^{2+} 积聚，而且胞质 Ca^{2+} 浓度升高的程度往往与细胞受损的程度呈正相关。各种原因引起的细胞内钙含量异常增多并导致细胞结构损伤和功能代谢障碍的现象称为钙超载（calcium overload），严重者可造成细胞死亡。

（一）正常细胞钙的稳态调节

正常时，细胞外的 Ca^{2+} 浓度高出细胞内约万倍，这种细胞内外 Ca^{2+} 浓度差的维持是由于：①细胞膜对钙的低通透性；②钙与特殊配基形成可逆性复合物；③细胞膜钙泵逆电位梯度将胞质 Ca^{2+} 主动转运到细胞外；④通过细胞膜 Na^+-Ca^{2+} 交换蛋白，将胞质 Ca^{2+} 转运到细胞外；⑤通过肌质网和线粒体膜上的钙泵将胞质 Ca^{2+} 储存到细胞器内等。实验研究表明，细胞内钙超载主要发生在再灌注期，其主要原因是钙内流增加，而不是钙外流减少。

（二）细胞内钙超载的机制

1. **Na^+-Ca^{2+} 交换蛋白异常** Na^+-Ca^{2+} 交换体（Na^+-Ca^{2+} exchanger）是一种双向转运蛋白。生理条件下，它以正向转运的方式将胞质 Ca^{2+} 运出细胞，与肌质网和细胞膜钙泵共同维持细胞静息状态时的低钙浓度。当细胞内 Na^+ 明显升高或膜内正电位的情况下，Na^+-Ca^{2+} 交换蛋白以反向转运的方式将细胞内 Na^+ 排出，Ca^{2+} 转入细胞，交换比例为 3:1。再灌注损伤时，Na^+-Ca^{2+} 交换蛋白反向转运增强，成为 Ca^{2+} 进入细胞的主要途径。Na^+-Ca^{2+} 交换蛋白介导再灌注损伤的 Ca^{2+} 超载机制可能为：

（1）细胞内高 Na^+ 对 Na^+-Ca^{2+} 交换蛋白的直接激活 缺血时，由于 ATP 生成减少导致细胞能量缺乏，Na^+，K^+-ATP 酶活性降低，Na^+ 泵出减少，细胞内 Na^+ 堆积。再灌注期间缺血细胞重新获得氧及营养物质供应，细胞内高 Na^+ 除激活钠泵外，还迅速激活 Na^+-Ca^{2+} 交换蛋白，以反向转运的方式加速 Na^+ 向细胞外转运，同时将大量 Ca^{2+} 运入胞质，从而导致细胞内 Ca^{2+} 浓度增加形成钙超载，引起细胞损伤。

（2）细胞内高 H^+ 对 Na^+-Ca^{2+} 交换蛋白的间接激活 缺血时，由于无氧代谢和 ATP 分解，酸性代谢物增加，组织间液和细胞内 pH 明显降低。再灌注时由于血流的恢复，组织间液 H^+ 浓度迅速下降，而细胞内 H^+ 仍然很高，形成跨膜 H^+ 浓度梯度。细胞膜两侧 H^+ 浓度差可激活 Na^+-H^+ 交换系统，促进细胞内 H^+ 排出，而使细胞外 Na^+ 内流。如果内流的 Na^+ 不能被钠泵充分排出，细胞内高 Na^+ 就可继发性激活 Na^+-Ca^{2+} 交换蛋白，引起细胞外 Ca^{2+} 内流，加重细胞钙超载。

（3）蛋白激酶 C（PKC）活化对 Na^+-Ca^{2+} 交换蛋白间接激活 组织缺血及再灌注时，内源性儿茶酚胺释放增加，通过细胞膜 α 肾上腺素能受体激活 G 蛋白-磷脂酶 C（PLC）介导的细胞信号转导通路，加速磷脂酰肌醇分解，生成三磷酸肌醇（IP3）和甘油二酯（DG）。其中 IP3 促进肌质网 Ca^{2+} 释放；DG 经激活蛋白激酶 C 促进 Na^+-H^+ 交换，进而增加 Na^+-Ca^{2+} 交换，使胞浆 Ca^{2+} 浓度升高（图 14-4）。儿茶酚胺还可以作用于 β 受体，通过激活腺苷酸环化酶增加细胞膜上 L 型钙通道的开放，从而促进 Ca^{2+} 内流，进一步加重细胞内钙超载。

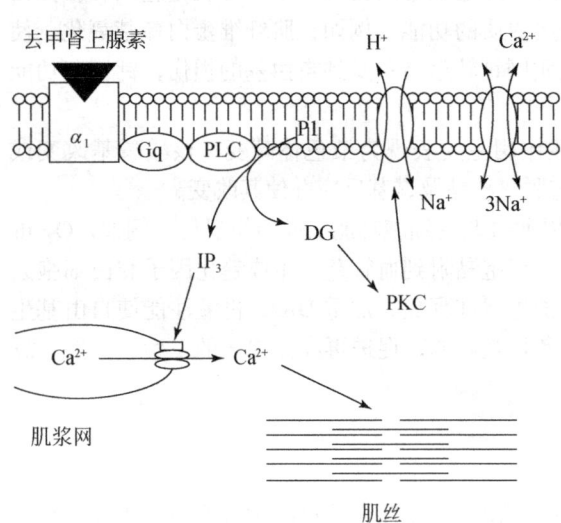

图 14-4 蛋白激酶 C 对 Na^+-Ca^{2+} 交换蛋白的间接激活示意图

2. **生物膜损伤** 细胞膜和细胞内膜性结构是维持细胞内、外及细胞内各间区离子平衡的重要结构。生物膜损伤如细胞膜、肌质网及线粒体膜损伤，其通透性增加，细胞外 Ca^{2+} 顺浓度差进入细胞，或使细胞内 Ca^{2+} 分布异常，加重细胞功能紊乱与结构破坏。

（三）钙超载引起再灌注损伤的机制

1. **线粒体功能障碍** 再灌注早期，胞质内 Ca^{2+} 浓度明显增加，刺激线粒体钙泵摄 Ca^{2+}，使胞质 Ca^{2+} 向线粒体转移。这在再灌注早期有一定代偿意义，可减少胞质钙超载的程度。但线粒体过多摄入 Ca^{2+}，除增加 ATP 消耗外，Ca^{2+} 与线粒体内含磷酸根的化合物结合，以不溶性磷酸钙的形式沉积于线粒体，干扰线粒体的氧化磷酸化，使 ATP 生成减少。

2. 激活多种酶　Ca^{2+} 浓度升高可激活磷脂酶类，促进膜磷脂分解，使细胞膜及细胞器膜结构均受到损伤；膜磷脂降解产物花生四烯酸、溶血磷脂的增多，亦可加重细胞功能紊乱；Ca^{2+} 激活蛋白酶，促使细胞结构蛋白的分解；Ca^{2+} 激活某些 ATP 酶，加速 ATP 消耗；Ca^{2+} 还可激活核酶，引起染色体损伤（图 14-5）

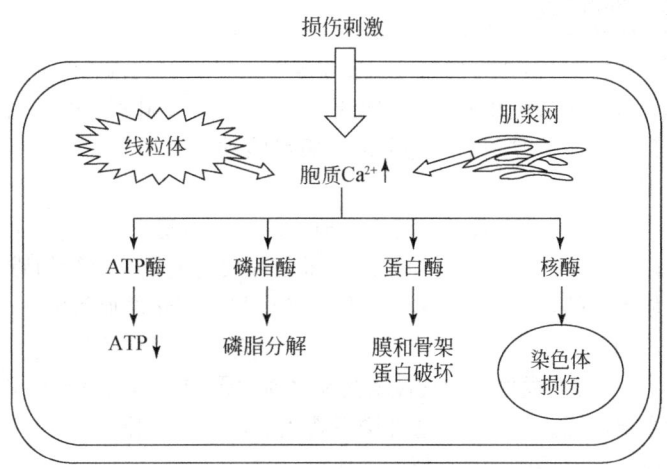

图 14-5　细胞钙超载的来源和对多种酶的作用示意图

3. 再灌注性心律失常　再灌注时，通过 Na^+-Ca^{2+} 交换形成一过性内向离子流，可导致动作电位的"第二平台期"而引发早期后除极或延迟后除极等机制产生，这些是引起心律失常的原因之一。

4. 促进氧自由基生成　细胞内 Ca^{2+} 增加可通过增强 Ca^{2+} 依赖性蛋白酶活性，加速黄嘌呤脱氢酶转化为黄嘌呤氧化酶，从而促进氧自由基生成。

5. 加重酸中毒　细胞内 Ca^{2+} 增加可激活某些 ATP 酶，导致细胞高能磷酸盐水解，释放大量 H^+，加重细胞内酸中毒。

三、白细胞的作用

（一）缺血-再灌注时白细胞增多的机制

越来越多的研究表明，再灌注损伤的局部区域白细胞显著增加，尤其是中性粒细胞，且损伤范围和程度也与白细胞聚集浸润程度呈正相关，表明白细胞参与了再灌注损伤的机制。

1. 细胞黏附分子生成增多　黏附分子（adhesion molecule）是由细胞合成的，可促进细胞与细胞之间、细胞与细胞外基质之间黏附的一大类分子的总称，如整合素、选择素、细胞间黏附分子及血管细胞黏附分子等。正常情况下，血管内皮细胞和血液中流动的中性粒细胞互相排斥以保证微循环灌流。缺血和再灌注时，中性粒细胞和内皮细胞大量合成多种黏附分子，引起中性粒细胞与受损血管内皮细胞之间的广泛黏附、聚集。

2. 趋化因子生成增多　再灌注损伤时细胞膜磷脂降解，花生四烯酸代谢产物增多，如白三烯、血小板活化因子、补体和激肽等，它们具有很强的趋化作用，能吸引大量中性粒细胞黏附于内皮细胞进入组织。

3. 炎性介质的释放　再灌注期，激活的中性粒细胞释放具有趋化作用的炎性介质，如白介素等，促进更多的白细胞聚集和浸润；TNF-α、IL-1、IL-6 等引起血管内皮细胞和白细胞表面黏附分子暴露，两者的亲和力增强，甚至促使中性粒细胞穿过血管壁趋化游走。随着再灌注时间的延长，其他致炎因子和白细胞激活因子的释放不断增加，加强中性粒细胞的黏附和激活。

（二）中性粒细胞介导的再灌注损伤

1. 无复流现象（no-reflow phenomenon）　是指缺血的原因解除后，并没使缺血区在再灌注期间得到充分血流灌注的反常现象。这种再灌注损伤实际上是缺血的延续和叠加，缺血细胞并未得到血液重新灌注，而是继续缺血，因而损伤加重。激活的中性粒细胞及其致炎因子与血管内皮细胞相互作用，引起微血管床及血液流变学改变是产生无复流现象的病理生理学基础。

（1）微血管内血液流变学紊乱　缺血和再灌注早期，中性粒细胞黏附在血管内皮细胞上，随后有血小板沉积和红细胞聚集，造成微血管阻塞。由于白细胞体积大而僵硬、变形能力弱，与血管内皮细胞黏附后不易分离，极易滚动、嵌顿和堵塞微循环血管，促进形成无复流现象，加重组织缺血缺氧。

（2）微血管口径变小　损伤的血管内皮细胞肿胀，可导致微血管口径狭窄，阻碍血液灌流；血管内皮细胞和中性粒细胞的激活释放出大量缩血管物质，如内皮素、血栓素 A_2，而扩血管物质如 NO 的合成与释放减少，使再灌注局部组织的血管舒张/收缩物质浓度分布不平衡，造成微血管舒缩功能改变；且周围肿胀的组织细胞加重微血管受压。

（3）微血管通透性增高和微血栓形成　自由基损伤和中性粒细胞黏附是微血管通透性增高的主要原因。微血管通透性增高既能引发组织水肿，又可导致血液浓缩。在加重无复流现象的同时，还可激活凝血过程，形成微血栓。

2. 细胞损伤　激活的多形核白细胞与血管内皮细胞可释放大量的致炎物质，如细胞因子 TNF-α、IL-1、IL-8；脂质炎症介质白三烯、血栓素 A_2、血小板活化因子；氧自由基；溶酶体酶，如蛋白酶、胶原酶、弹性蛋白酶等，这些细胞不但改变了自身的结构和功能，而且造成周围组织细胞损伤。

第三节　缺血-再灌注损伤时机体的功能及代谢变化

一、心脏缺血-再灌注损伤的变化

1. 心功能变化　①心肌舒缩功能降低。再灌注损伤造成心肌舒缩功能降低，表现为心排血量减小、心室舒张末期压力（VEDP）增大，心室收缩峰压和心室内压最大变化速度降低。②再灌注性心律失常（reperfusion arrhythmia）是心肌再灌注过程中出现的心律失常，其中以室性心律失常为主，特别是室性心动过速和心室纤颤最为常见。再灌注性心律失常与心肌缺血的时间长短、缺血心肌细胞的数量、缺血程度和再灌注恢复速度有关。其发生可能机制与氧自由基和钙超载引起心肌电生理特性改变有关，如传导性与不应期的不均一性，自律性提高和心室纤颤阈降低等。③心肌顿抑（myocardial stunning）是指缺血心肌在恢复血液灌注后一段时间内出现可逆性舒缩功能降低的现象，临床诱因常为冠状动脉成形术、不稳定性心绞痛及运动诱发的心绞痛、急性心肌梗死再灌注治疗、心脏手术后、神经源性及心脏复律后等。自由基爆发性生成和钙超载是心肌顿抑的主要发病机制，此时心肌并未发生坏死，其损伤仍处于可逆阶段（形态改变以细胞肿胀为主），经过数天或数周的抗损伤或修复后可以恢复正常舒缩功能。

2. 心肌代谢变化　缺血时，心肌 ATP、磷酸肌酸等高能磷酸化合物含量降低，AMP、腺苷等降解产物含量升高。如缺血损伤较轻，心肌获得 O_2 和代谢产物底物供应后，心肌高能磷酸化合物含量可恢复正常。若缺血损伤重，再灌注后心肌高能磷酸化合物含量会进一步降低，氧自由基和 Ca^{2+} 超载等对线粒体膜损伤、再灌注时 ATP 的前身物质（腺苷、肌苷、次黄嘌呤等）被冲洗出去，使细胞失去合成高能磷酸化合物的底物，均使 ATP 合成减少，同时细胞膜 Na^+-H^+ 交换、Na^+-Ca^{2+} 交换增强，使 ATP 消耗增加。

3. 心肌超微结构的变化　再灌注既破坏膜磷脂，也破坏蛋白质大分子及肌原纤维，表现为细胞膜破坏；线粒体肿胀、嵴断裂、空泡形成，由于 Ca^{2+} 蓄积，基质内致密颗粒增多；肌原纤维断裂、节段性溶解和出现收缩带。严重时会导致心肌细胞死亡。

二、脑缺血 – 再灌注损伤的变化

脑是一个对缺氧最敏感的器官，它的活动主要依靠葡萄糖有氧氧化提供能量，因此一旦缺血时间较长即可引起严重的不可逆性损伤。

1. 脑再灌注损伤时细胞代谢的变化　脑缺血后，ATP、葡萄糖、糖原等均在短时间内减少，乳酸在短时间内明显增加。脑是一个富含磷脂的器官，再灌注后 cAMP 含量上升可激活磷脂酶，使膜结构中磷脂降解，游离脂肪酸生成增多。再灌注生成的大量自由基一方面可直接同膜中不饱和脂肪酸发生反应，另一方面还可与游离脂肪酸反应，生成大量的脂质过氧化物，发生较强的脂质过氧化反应。

2. 脑再灌注损伤时组织学变化　脑最明显的组织学变化是脑水肿及脑细胞坏死，而膜脂质过氧化破坏脑细胞膜的结构和钠泵功能障碍是再灌注后水肿持续加重的原因之一。脑细胞超微结构变化为线粒体高度肿胀，钙盐沉积，嵴断裂；内质网高度肿胀、结构破坏；Nissl 小体完整性破坏，核染色质凝集。胶质细胞、血管内皮细胞肿胀，周围间隙增大且组织液增多；白质纤维间隙疏松，有的微血管内有血栓，髓鞘分层变形。

三、其他器官缺血 – 再灌注损伤的变化

1. 肠缺血 - 再灌注损伤时的改变　缺血时液体通过毛细血管滤出而形成间质水肿，再灌注早期肠管毛细血管通透性更为升高，而严重再灌注损伤的特征表现为肠黏膜损伤，即广泛的肠上皮与绒毛分离，上皮坏死，固有层破坏，以及肠黏膜糜烂、出血和溃疡形成。这种损伤可导致肠黏膜屏障、分泌和吸收等功能严重破坏，大分子物质得以通过，使肠道成为多种有害生物活性物质的来源，如内毒素、氨、硫醇等，经肠壁吸收增多。

2. 肾缺血 - 再灌注损伤时的改变　肾缺血 - 再灌注损伤时，血清肌酐明显增高，表示肾功能严重受损。再灌注时组织损伤较单纯缺血时明显加重，表现为细胞线粒体高度肿胀、变形、嵴减少和排列紊乱，甚至发生崩解和空泡变性。以急性肾小管坏死最为严重，可造成急性肾衰竭。

广泛的缺血 - 再灌注损伤还可引起全身炎症反应综合征甚至多器官功能障碍。

案例 14-1

患者男，54 岁。因胸闷、胸痛、大汗 1 小时入急诊病房，经心电图诊断为急性心肌梗死。体查：血压 90/60mmHg，意识淡漠，心率 45 次 / 分，律齐。既往有高血压病史 10 年，否认冠心病史。心电图示窦性心动过缓。给予阿司匹林、氯吡格雷等进行扩冠治疗。入院上午 10 时用尿激酶静脉溶栓，用药完毕患者胸痛消失。10 时 30 分出现阵发性心室纤颤，立即给予除颤，至 11 时 20 分反复发生室性心动过速、心室纤颤，血压 95/60mmHg，共除颤 7 次，同时给予胺碘酮后，血压平稳，意识清楚。冠状动脉造影：右冠状动脉上段 85% 狭窄，中段 78% 狭窄。

思考题：
1. 对本病例应如何诊断？
2. 为什么患者在溶栓治疗胸痛症状消失后出现严重的心律失常？血压下降？

（王晓敏）

冠心病的再灌注治疗

冠心病是致死、致残率很高的心血管病之一，冠心病的再灌注治疗即采取办法使闭塞的冠状动脉再通，让缺血的心肌重新供应血液，目前主要有三种治疗方法：

（1）介入疗法：基本原理是将球囊导管通过血管穿刺置入狭窄的血管内，在体外将球囊加压膨胀，撑开狭窄的血管壁，然后再置入支架使病变血管恢复畅通。这一技术可保证冠脉的通畅，增加心肌的血供，降低心肌梗死等引起的病死率。

（2）溶栓治疗：通过静脉滴注溶栓药物，如尿激酶、链激酶等，使血栓溶解，达到相关血管再通的目的。

（3）冠状动脉搭桥手术：主要原理是使用自身血管（乳内动脉、桡动脉、胃网膜右动脉、大隐静脉）在主动脉和病变的冠状动脉建立旁路（"桥"）使主动脉内的血液跨过血管狭窄的部位直接灌注到狭窄远端，从而恢复心肌的血液供应。

第十五章 心血管系统疾病

动脉粥样硬化
　　病因和发病机制
　　病理变化
　　主要动脉的粥样硬化
冠状动脉粥样硬化及冠状动脉粥样
硬化性心脏病
　　冠状动脉粥样硬化
　　冠状动脉粥样硬化性心脏病
高血压病
　　病因和发病机制
　　类型和病理变化
风湿病
　　病因和发病机制
　　基本病理变化
　　风湿病的各器官病变

感染性心内膜炎
　　急性感染性心内膜炎
　　亚急性感染性心内膜炎
心瓣膜病
　　二尖瓣狭窄
　　二尖瓣关闭不全
　　主动脉瓣狭窄
　　主动脉瓣关闭不全
心肌炎和心肌病
　　心肌炎
　　心肌病
周围血管病
心力衰竭
　　心力衰竭的原因、诱因和分类
　　心力衰竭的发生机制
　　心力衰竭时机体的代偿反应及其意义
　　心力衰竭时机体的功能和代谢变化

　　心血管系统由心脏、动脉、毛细血管和静脉组成，其功能是运输血液，通过血液循环将氧和营养物质供给全身组织并将组织代谢废物运走，以保证人体新陈代谢的正常进行。心血管系统疾病是当今严重威胁人类健康和生命的重要疾病。在我国，心脑血管疾病的发病率仍在逐渐上升，现已成为首要的死亡原因。本章主要介绍一些常见的心脏和血管疾病。

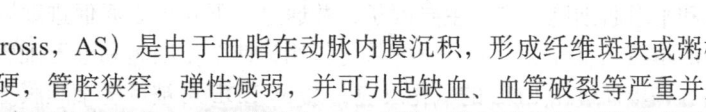

第一节 动脉粥样硬化

　　动脉粥样硬化（atherosclerosis，AS）是由于血脂在动脉内膜沉积，形成纤维斑块或粥样斑块，导致病变动脉壁增厚、变硬，管腔狭窄，弹性减弱，并可引起缺血、血管破裂等严重并发症的一种动脉硬化性疾病。AS 始发于儿童时代，主要累及大、中动脉，随年龄增长而持续进展，以 40～49 岁发展最快，通常在中年或老年出现临床症状。我国 AS 的发病率呈明显上升趋势。
　　AS 与动脉硬化涵盖的内容不同，后者泛指动脉血管壁增厚变硬、失去弹性的一类疾病。它包括细动脉硬化、动脉中层钙化和 AS 三种。

一、病因和发病机制

（一）危险因素

AS 的确切病因仍不清楚，下列因素被视为危险因素。

1. **高脂血症** 是指血浆总胆固醇（total cholesterol，TC）和（或）三酰甘油（triglycerides，TG）异常增高。血脂在血液循环中以脂蛋白的形式转运，因此高脂血症实际上是高脂蛋白血症。脂蛋白中的低密度脂蛋白（low-density lipoprotein，LDL）是引起 AS 的主要因素，它与极低密度脂蛋白（very low density lipoprotein，VLDL）共同被称为致 AS 性脂蛋白，而高密度脂蛋白（high density lipoprotein，HDL）因为具有逆向转运胆固醇和抗氧化作用，是一种拮抗 AS 的保护性因素。因此，血浆 LDL、VLDL 水平的持续升高和 HDL 水平的降低与 AS 的发生率呈正相关关系。

2. **高血压** 是脑卒中、冠状动脉性心脏病（coronary heart disease，CHD）和其他心血管疾病的独立危险因子。高血压患者与同年龄、同性别的非高血压者相比，AS 发生的年龄早、病变重。流行病学研究表明，血压每升高 10mmHg，心肌梗死的发生率增加 12%，脑卒中增加 19%。降压治疗可以降低 CHD、脑卒中和心力衰竭的死亡率。

3. **吸烟** 是 CHD 和其他心血管疾病的一个独立的危险因子，也是首个可以预防的死亡原因。据统计，至少有 1/3 的心血管疾病是由吸烟引起的。无论男女，吸烟都呈剂量依赖性地增加罹患心血管疾病的危险性。戒烟后心血管疾病的发生率也随之下降。

4. **糖尿病** 患者的 AS 性疾病发生率比非糖尿病者高 2～4 倍，而且发病年龄提前，病情较重。糖尿病能增加心血管疾病发生的原因很多，包括异常脂血症（高 TG、低 HDL、有时还有高 LDL）、高血压、肾病、胰岛素抵抗及高血糖本身等。

5. **肥胖** 与 AS 发生具有明显的相关性，CHD 发生率随着体重指数（body mass index，BMI）增加而递增。BMI= 体重（kg）/（身高 × 身高）（m^2），BMI ≥ 28 为肥胖。肥胖者易发生血脂异常、高血压、糖耐量减低和高胰岛素血症，间接促进 AS 的发生，以腹部脂肪增多（向心性肥胖）者为甚。

6. **遗传因素** 动脉粥样硬化的许多危险因素，如高脂血症、高血压、糖尿病、肥胖等，均在不同程度上受遗传控制。冠心病的家族聚集现象提示遗传因素是 AS 发病的危险因素。

7. **其他因素** ①饮食，饱和脂肪酸和胆固醇可通过升高血清胆固醇水平而发挥致 AS 作用。富含饱和脂肪酸的饮食已被称为致 AS 性饮食。②年龄和性别，AS 的发生随年龄的增长而增加；女性在绝经期前 AS 发病率低于同年龄组男性，且 HDL 水平高于男性、LDL 水平低于男性。绝经期后，这种差别消失，是由于雌激素具有改善血管内皮功能、降低血清胆固醇的作用。

（二）发病机制

AS 的发生过程十分复杂，有很多学说从不同角度进行了阐述，现将主要机制归纳如下：

1. **脂质渗入学说** 血脂异常是 AS 发生过程中的关键因素。当血脂增高时，LDL 沉积在内膜下增多，被动脉壁内皮细胞氧化修饰为氧化 LDL（oxidized LDL，ox-LDL）。ox-LDL 是导致内皮细胞和平滑肌细胞损伤的主要因子，并通过以下几个方面促进动脉粥样硬化病变的形成：①对血液中的单核细胞和淋巴细胞发挥趋化作用，使单核细胞和淋巴细胞在病灶内聚集，局部炎细胞的增多进一步促进了 LDL 的氧化反应；② ox-LDL 可被巨噬细胞膜上的清道夫受体识别并摄取，这种摄取是不受负反馈调节的，因此巨噬细胞能够不断地摄入 ox-LDL，导致脂质在胞内过度集聚，而变成泡沫细胞；③刺激各种生长因子和细胞因子产生；④ ox-LDL 的细胞毒性作用可使泡沫细胞坏死、崩解，形成斑块内的粥样坏死物质，最终 AS 斑块形成（图 15-1）。

2. 内皮细胞损伤学说 长期或反复的内皮细胞损伤是 AS 的始动环节。各种刺激因素（如 LDL、机械作用、高胆固醇血症、吸烟、毒素、病毒等）都可使内皮细胞的结构和功能发生不同程度的损伤。轻者使其通透性增加，重者使其变性、坏死、脱落。内皮细胞通透性增加使血浆成分包括脂蛋白过量地渗入内膜沉积，同时引起血小板黏附、聚集和释放出多种活性物质，并产生多种生长因子促进平滑肌细胞的增生及分泌基质，形成纤维斑块。

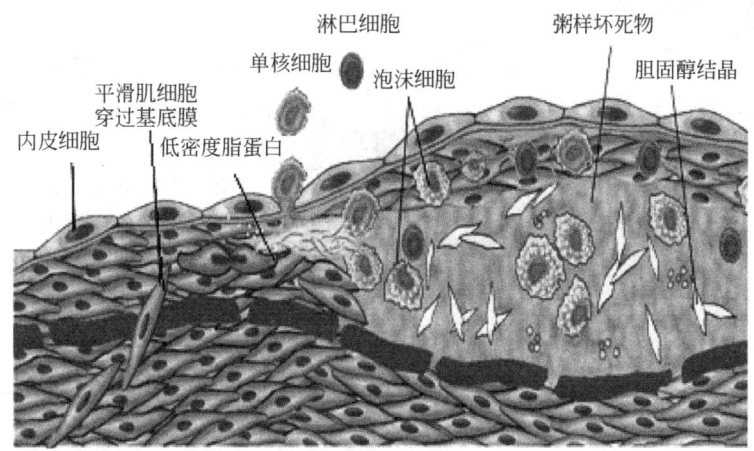

图 15-1 单核细胞和平滑肌细胞迁入内膜和泡沫细胞形成模式图

3. 炎症反应学说 炎症反应特别是慢性炎症贯穿 AS 病变的全过程。在 AS 发生早期，内皮细胞就开始在其表面选择性地表达能黏附不同类型白细胞的黏附分子，单核细胞在黏附分子及趋化因子作用下迁移入内皮下间隙，转化为巨噬细胞，其表面的特异性受体（LDL 受体和清道夫受体）可与 ox-LDL 结合并将其摄入，成为泡沫细胞并形成脂质条纹。巨噬细胞还通过分泌多种生长调节因子，与这些生长因子协同作用，强烈刺激中膜平滑肌细胞迁移至内膜并增殖，并刺激这些细胞形成新的纤维结缔组织。

4. 动脉平滑肌细胞增殖或突变学说 中膜平滑肌细胞迁移入内膜并增殖是 AS 形成过程中的一个重要环节。多种因素如毗邻的内皮细胞、斑块中激活的巨噬细胞及附近的平滑肌细胞均可释放趋化因子和促细胞分裂剂，刺激中膜平滑肌细胞发生表型转变，由收缩型转变为合成型，迁移入内膜，并发生增殖、转化、分泌细胞因子及合成细胞外基质。平滑肌细胞表面还能表达 LDL 受体，可以结合、摄取 LDL 和 VLDL 成为肌源性泡沫细胞。

二、病理变化

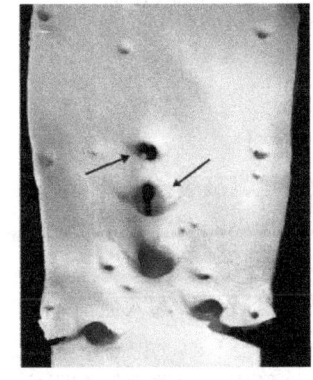

图 15-2 主动脉粥样硬化
（肉眼观）

主动脉内膜表面可见多个动脉粥样硬化斑块，斑块多分布于动脉分支开口周围（箭头示）

（一）好发部位

AS 主要发生于大、中动脉。病变多分布在动脉分叉处、分支开口处或血管弯曲的凸面（图 15-2）。

（二）基本病理变化

AS 的特征性病变是在动脉内膜下形成粥样斑块。斑块内主要有 3 种成分：脂质、细胞（泡沫细胞、巨噬细胞、平滑肌细胞、T 淋巴细胞）、细胞外基质。这 3 种成分的含量和分布的变化形成了 AS 的脂纹、纤维斑块和粥样斑块等基本病理变化，并可在纤维斑块和粥样斑块的基础上发生继发性病变。

1. 脂纹（fatty streak） 是 AS 肉眼可观察的最早病变。可出现于儿童时期，属可逆性病变。肉眼观，动脉内膜面可见黄色帽针头大小的斑点或长短不一的黄色条纹，平坦或微隆起于内膜表面（图 15-

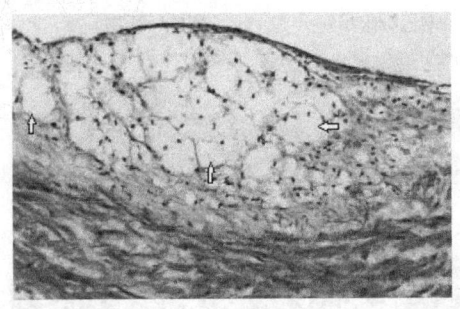

图15-3 动脉粥样硬化 指纹（镜下观）
动脉内膜局部增厚，大量泡沫细胞（→）聚集于病灶内膜下

2）。光镜下，动脉内膜局部增厚，大量泡沫细胞聚集于病灶内膜下。泡沫细胞体积大，圆形或椭圆形，胞质内含有大量小空泡（图15-3），苏丹Ⅲ染色为橘红色，证明是脂质成分。

2. 纤维斑块（fibrous plaques） 由脂纹发展而来。肉眼观，内膜表面出现多处散在不规则隆起的斑块，浅黄或灰黄色，随病变进展变为瓷白色，状如凝固的蜡烛油。光镜下，病灶表层为纤维帽，厚薄不一。纤维帽由大量玻璃样变的胶原纤维、少量的弹力纤维、散在的平滑肌细胞及蛋白多糖等构成。纤维帽下可见数量不等的泡沫细胞、平滑肌细胞、细胞外基质及炎症细胞。

3. 粥样斑块（atheromatous plaque） 亦称粥瘤（atheroma），由纤维斑块深层的泡沫细胞坏死发展而来，是AS的典型病变。肉眼观，动脉内膜面可见明显隆起的灰黄色斑块（图15-4），切面见纤维帽的下方有黄色或黄白色质软的粥糜样物。光镜下，在玻璃样变的纤维帽深部为大量无定形坏死物质，其内可见胆固醇结晶（HE切片中为针形或梭形空隙）及钙盐沉积，坏死物底部及周边可见肉芽组织、少量泡沫细胞和淋巴细胞；病灶处中膜平滑肌受压萎缩变薄，外膜可见毛细血管滋生、结缔组织增生及淋巴细胞、浆细胞浸润（图15-5）。

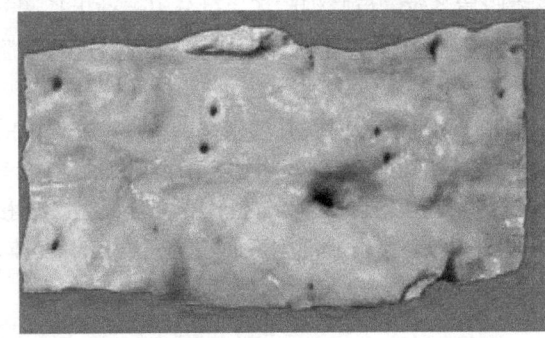

图15-4 动脉粥样硬化粥样斑块（肉眼观）
动脉内膜表面可见明显隆起的黄色斑块

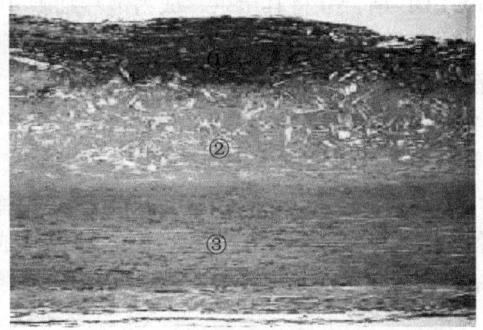

图15-5 动脉粥样硬化粥样斑块（镜下观）
①纤维帽；②无定型坏死物和胆固醇结晶（针形空隙）；③动脉壁平滑肌

（三）继发性病变

继发性病变是在纤维斑块和粥样斑块的基础上发生的，包括：

1. 斑块内出血 可因斑块底部或边缘新生毛细血管破裂，或因斑块纤维帽破裂导致血液流入斑块，在斑块内形成血肿。血肿使斑块迅速增大并突入管腔，甚至使管径较小的动脉完全闭塞，导致急性供血中断，相应器官、组织发生梗死。

2. 斑块破裂 粥样斑块表面的纤维帽发生破裂，纤维帽下的粥样物质自破裂口逸入血流，成为胆固醇栓子而导致栓塞。斑块破裂处则形成粥瘤性溃疡。

3. 血栓形成 发生破裂的斑块致内皮细胞下的胶原暴露，可继发血栓形成，加重血管腔阻塞和器官缺血。如动脉管腔阻塞则引起器官梗死，血栓脱落则导致栓塞。

4. 钙化 在纤维帽和粥瘤灶内可见钙盐沉积，导致动脉壁变硬、变脆，易于破裂。

5. 动脉瘤形成 严重的AS病变处，由于中膜受压萎缩变薄，弹性减弱，在血管内压力作用下，局部向外膨出而形成动脉瘤。动脉瘤破裂可导致大出血。有时血流可从粥瘤性溃疡处侵入动脉中膜，或中膜滋养血管破裂，均可造成中膜撕裂，形成夹层动脉瘤。

6. 血管腔狭窄　弹力肌层动脉（中动脉）可因粥样斑块而导致管腔狭窄，引起所供应区域的血量减少，致相应器官发生缺血性病变。

三、主要动脉的粥样硬化

1. 主动脉粥样硬化　主动脉是 AS 最好发的部位。以腹主动脉最重、胸主动脉次之、升主动脉最轻。病变多见于主动脉后壁及其分支开口处。前述的各种 AS 基本病变均可见到。但由于主动脉管腔较大，血流急速，虽有严重粥样硬化，但很少引起血液循环障碍及附壁血栓形成。动脉瘤主要见于腹主动脉，如破裂可引起致命性大出血。

2. 冠状动脉粥样硬化（详见本章第二节）。

3. 颈动脉及脑动脉粥样硬化　病变最常见于颈内动脉起始部、基底动脉、大脑中动脉和 Willis 环。病变动脉呈不同程度的管腔狭窄。由于脑动脉壁较薄，肉眼可见呈灰白色病灶，手触有硬结节感，切面上管壁增厚。脑组织可因长期供血不足发生萎缩，严重者出现智力减退（老年性痴呆）；急性供血中断，可致脑梗死（脑软化）；动脉瘤多见于 Willis 环部（图 15-6），当血压突然升高时，可致小动脉瘤破裂引起脑出血。

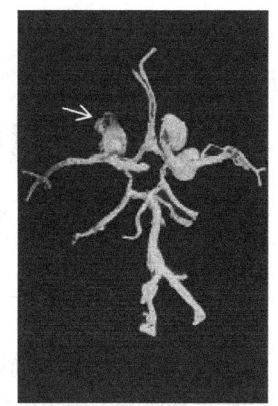

图 15-6　Willis 环部形成动脉瘤（肉眼观）
箭头示动脉瘤破裂

4. 肾动脉粥样硬化　好发于肾动脉开口处，亦可累及叶间动脉和弓形动脉。由于斑块所致动脉管腔狭窄，肾组织缺血发生营养不良性萎缩（图 15-7），常引起顽固性肾血管性高血压；亦可因斑块内出血或血栓形成致肾组织梗死，机化后出现多数较大的瘢痕，使肾脏缩小变形，形成 AS 性固缩肾。

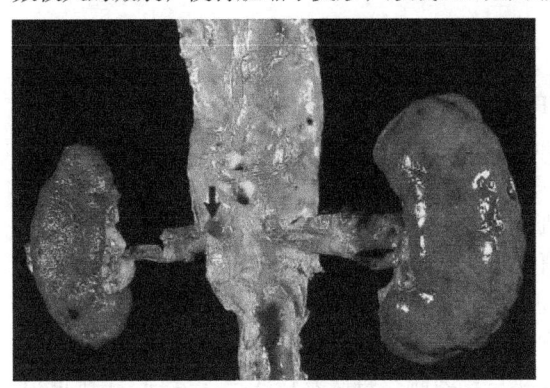

图 15-7　肾动脉粥样硬化（肉眼观）
箭头示肾动脉狭窄处，受累肾脏体积明显缩小

5. 四肢动脉粥样硬化　病变以下肢动脉为重，常发生在髂动脉、股动脉及前后胫动脉。当较大动脉管腔明显狭窄时，肢体活动时可因缺血疼痛而不能行走，但休息后好转，即所谓间歇性跛行。长期慢性缺血可引起肢体萎缩。当动脉管腔完全闭塞，侧支循环又不能建立时，引起足趾部干性坏疽。

6. 肠系膜动脉粥样硬化　肠系膜动脉的管腔狭窄甚至阻塞时，患者有剧烈腹痛、腹胀和发热等症状，如引起肠梗死，可有便血、麻痹性肠梗阻及休克等严重后果。

> **知识链接——脑卒中**
> 脑卒中（stroke）又称中风或脑血管意外，是一组突然起病的脑血液循环障碍性疾病。指在脑血管疾病的患者，因各种诱发因素引起脑内动脉狭窄、闭塞或破裂，造成急性脑血液循环障碍，临床表现为一过性或永久性脑功能障碍的症状和体征。脑卒中分为缺血性脑卒中和出血性脑卒中两大类。缺血性脑卒中是指由于脑的供血动脉（颈动脉和椎动脉）狭窄或闭塞，脑供血不足导致的脑组织坏死的总称。约占全部脑卒中的 70%，包括脑血栓形成、腔隙性梗死和脑栓塞等，以脑栓塞最为常见。出血性脑卒中包括脑出血和

蛛网膜下腔出血。脑卒中具有发病率高、死亡率高、致残率高和复发率高的特点。主要危险因素有高血压、冠心病、糖尿病、高脂血症、吸烟、饮酒、肥胖等。其中高血压是导致脑卒中的重要危险因素，因此，防治高血压对预防脑卒中发病和复发尤为重要。另外，加强对全民普及脑卒中危险因素及先兆症状的教育，才能真正防治脑卒中。

第二节　冠状动脉粥样硬化及冠状动脉粥样硬化性心脏病

一、冠状动脉粥样硬化

冠状动脉粥样硬化（coronary atherosclerosis）是AS中对人类构成威胁最大的疾病，多发生于40岁以上人群，其发生一般较主动脉粥样硬化晚10年左右。根据病变检出率和统计数据，动脉粥样硬化以左冠状动脉前降支最为多见，其次为右主干、左主干或左旋支、后降支。重症患者可以有多支动脉发生呈节段性分布的病变，但各支的病变程度不完全相同。

由于其解剖学和相应的力学特点，斑块性病变多发生于血管的心壁侧，在横切面上，斑块多呈新月形，偏心位，使管腔呈不同程度狭窄。根据管腔狭窄的程度分为四级：Ⅰ级≤25%；Ⅱ级26%～50%；Ⅲ级51%～75%；Ⅳ级≥76%。

冠状动脉粥样硬化常伴发冠状动脉痉挛，可造成急性心肌供血中断，引起心肌缺血和相应的心脏病变，如心绞痛、心肌梗死等，并可成为心源性猝死的原因。

二、冠状动脉粥样硬化性心脏病

冠状动脉性心脏病（coronary heart disease，CHD）简称冠心病，是由冠状动脉狭窄所致心肌缺血的心脏病，也称缺血性心脏病（ischemic heart disease，IHD）。冠状动脉粥样硬化是CHD的最常见原因：①冠状动脉粥样硬化斑块引起的管腔狭窄（>50%）、继发的复合性病变和冠状动脉痉挛等，是导致冠状动脉供血不足主要原因；②心肌耗氧量剧增，当冠状动脉不同程度的狭窄时，由于各种原因导致心肌负荷增加（如血压骤升、情绪激动、饱食、寒冷、心动过速等），使冠状动脉供血相对不足，引发CHD。根据CHD临床病理特征，本病可分为以下四种类型：

1. 心绞痛（angina pectoris）　是由于心肌急剧的暂时性缺血、缺氧所致的临床综合征。表现为阵发性心前区疼痛或压迫感，疼痛常放射到左肩和左臂内侧，每次发作3～5分钟，用硝酸酯剂或休息后症状可缓解。心绞痛是心肌缺血所引起的反射性症状，因心肌缺血、缺氧而造成的酸性代谢产物或多肽类物质的堆积，刺激心脏局部的神经末梢，信号经1～5胸交感神经节和相应脊髓段传至大脑，产生了痛觉。

临床上，根据心绞痛在单位时间内发作的次数、强度及有无诱因等，又分为：①稳定型心绞痛，又称轻型心绞痛，一般不发作，可稳定数月，在心肌耗氧量增加，冠状动脉血流量不能满足心肌需要时发生，常因劳累引起。冠状动脉横切面常可见斑块阻塞管腔>75%。②不稳定型心绞痛，是一种进行性加重的心绞痛。常由于动脉粥样硬化斑块破裂或并发血栓形成而引发。在负荷、休息时均可发作。患者多有一支或多支冠状动脉病变。光镜下，常见到由于弥漫性心肌细胞坏死而引起的心肌纤维化。该型心绞痛往往是心肌梗死的前兆。③变异型心绞痛，是由于冠状动脉明显狭窄，或因冠状动脉发作性痉挛所致。多无明显诱因，常在静息时或梦醒时发作。该型心绞痛常并发急性心肌梗死和严重的心律失常。

2. 心肌梗死（myocardial infarct，MI） 是由于冠状动脉血供急剧减少或中断导致的心肌细胞缺血性坏死。临床上有剧烈而较持久的胸骨后疼痛，休息或用硝酸酯剂后症状不能完全缓解，伴发热、血清心肌酶活性增高及进行性心电图变化，可并发心律失常、休克或心力衰竭等。心肌梗死多发生于中老年人，部分患者发病前有诱因和前驱症状。

（1）类型：根据心肌梗死的范围和深度可分为心内膜下心肌梗死和透壁性心肌梗死两个主要类型。

1) 心内膜下心肌梗死（subendocardial myocardial infarction）：病变主要累及心室壁内层 1/3 的心肌，并波及肉柱和乳头肌，常表现为多发性、小灶性坏死，直径 0.5～1.5cm。病变分布常不限于某支冠状动脉的供血范围，而是不规则地分布于左心室四周，严重时病灶扩大融合累及整个心内膜下心肌，引起环状梗死。患者通常有冠状动脉三大支严重动脉粥样硬化性狭窄，当附加休克、心动过速、不适当的体力活动等诱因时可加重冠状动脉供血不足，造成各支冠状动脉最末梢的心内膜下心肌缺血、缺氧，导致心内膜下心肌梗死。

2) 透壁性心肌梗死（transmural myocardial infarction）：是典型心肌梗死的类型，又称区域性心肌梗死。梗死部位与闭塞的冠状动脉支供血区一致，病灶较大，直径多在 2.5cm 以上，并累及心室壁全层或深达室壁全层 2/3 以上。此型心肌梗死多发生在左冠状动脉前降支的供血区，即左心室前壁、心尖部及室间隔前 2/3，约占全部心肌梗死的 50%（图 15-8）。约 25% 的心肌梗死发生于右冠状动脉供血区即左心室后壁、室间隔后 1/3 及右心室，并可累及窦房结。此外，心肌梗死还可发生于左心室侧壁、膈面、左心房及房室结，

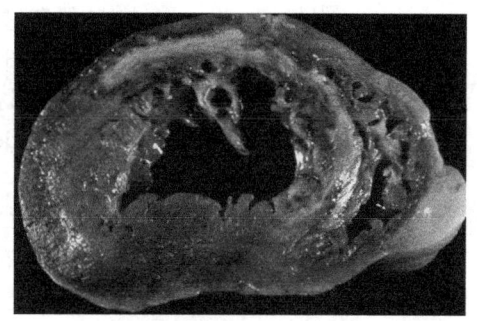

图 15-8 透壁性心肌梗死
灰白色区域为左心室前壁和室间隔心肌梗死

相当于左旋支供血区。透壁性心肌梗死常有相应的一支冠状动脉病变突出，并常附加动脉痉挛或血栓形成。

（2）病理变化：心肌梗死多属贫血性梗死，其形态学变化是一个动态演变过程。一般于梗死后 6 小时肉眼才能辨认，病灶形态不规则，呈苍白色，8～9 小时后呈淡黄色。光镜下呈凝固性坏死的形态学改变，核碎裂、消失，胞质均质红染或不规则粗颗粒状，间质水肿，少量中性粒细胞浸润。4 天后，梗死灶边缘出现明显的充血、出血带；7 天后，梗死灶周边带开始肉芽组织增生；第 2～8 周梗死灶机化及瘢痕形成。

（3）生化改变：一般发生在梗死后 30 分钟内，心肌细胞内的糖原减少或消失。此后，肌红蛋白逸出入血。心肌细胞坏死后细胞内的谷氨酸-草酰乙酸转氨酶（SGOT）、谷氨酸-丙酮酸转氨酶（SGPT）、肌酸磷酸激酶（CPK）和乳酸脱氢酶（LDH）透过损伤的细胞膜释放入血。一般在心肌梗死 24 小时后血清浓度达最高值。其中 CPK 及其同工酶（CPK-MB）对心肌梗死具有一定的临床诊断意义。

（4）并发症：心肌梗死，尤其是透壁性心肌梗死，可并发下列病变：①心力衰竭，发生二尖瓣乳头肌缺血、坏死时，其收缩功能发生障碍，致二尖瓣脱垂或二尖瓣关闭不全而诱发急性左心衰竭。由于梗死区心肌收缩力丧失，可导致左心、右心或全心衰竭，往往是患者死亡常见的原因。②心脏破裂是急性透壁性心肌梗死的严重并发症，约占心肌梗死致死病例的 3%～13%，发生于梗死后 2 周内。由于中性粒细胞浸润，使梗死灶心肌软化而发生破裂，多发生于左心室前壁的下 1/3 处（图 15-9）。心脏破裂后，血液流入心包，引起急性心脏压塞而迅速死亡；若室间隔破裂穿

孔，则左心室血液流入右心室，导致急性右心室功能不全。③室壁瘤，常见于心肌梗死的愈合期。梗死心肌或瘢痕组织在心腔内压的作用下，逐渐向外膨出形成室壁瘤，多发生于左心室前壁近心尖处，常继发附壁血栓形成。④附壁血栓形成，心肌梗死累及心内膜或因室壁瘤形成等原因，可促进局部附壁血栓形成，血栓脱落后可引起栓塞、梗死。⑤心源性休克，当心肌梗死面积达左心室40%时，心室收缩力极度减弱，心排血量显著减少而引起心源性休克，可引起患者死亡。⑥急性心包炎，透壁性心肌梗死累及心外膜时可引起急性浆液纤维素性心包炎，常出现在心肌梗死后2～4天。⑦心律失常，如传导系统受累或因心肌梗死所致的电生理紊乱，可引起心律失常。

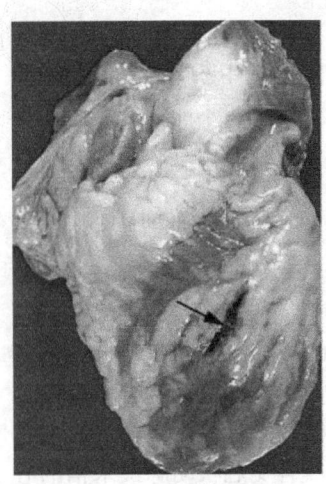

图 15-9　心脏破裂　箭头示破裂口

3. 心肌纤维化（cardiac myosclerosis）　是由于中至重度的冠状动脉狭窄引起的心肌纤维持续性和（或）反复加重的缺血、缺氧所产生的结果，是逐渐发展为心力衰竭的慢性缺血性心脏病。肉眼观，心脏体积增大，重量增加，所有心腔扩张，以左心室最为明显，心室壁厚度一般可正常，伴有多灶性白色纤维条索或条块，甚至透壁性瘢痕。光镜下心内膜下心肌细胞弥漫性空泡变，多灶性的陈旧性心肌梗死灶或瘢痕灶。

4. 冠状动脉性猝死（sudden coronary death）　是由于冠状动脉病变引起的出乎意料的突然死亡，是心源性猝死中最常见的一种，多见于40～50岁成年人，男性多于女性。常发生于某种诱因后，如饮酒、劳累、吸烟及运动后。可立即死亡或在一至数小时后死亡，有的则在夜间睡眠中死亡。

冠状动脉性猝死多发生在冠状动脉粥样硬化的基础上，常由冠状动脉中至重度粥样硬化性狭窄、斑块内出血或血栓形成，导致心肌急性缺血，引起心室纤颤而发生。但有的病例冠状动脉粥样硬化较轻，可能与合并冠状动脉痉挛有关。

第三节　高血压病

高血压（hypertension）是以体循环动脉血压持续升高为主要表现的全身性疾病，是临床最常见的心血管疾病之一。高血压的诊断标准为：18岁以上成年人在未服用抗高血压药物的安静休息状态下，收缩压≥140mmHg（18.4kPa）和（或）舒张压≥90mmHg（12.0kPa）。高血压根据血压水平分类见表15-1。

表 15-1　血压水平的分类（中国 2010 年指南）

分类	收缩压（mmHg）		舒张压（mmHg）
正常血压	<120	和	<80
正常高值	120～139	和（或）	80～90
高血压	≥140	和（或）	≥90
Ⅰ级高血压（轻度）	140～159	和（或）	90～99
Ⅱ级高血压（中度）	160～179	和（或）	100～109
Ⅲ级高血压（重度）	≥180	和（或）	≥110
单纯收缩期高血压	≥140	和	<90

注：当收缩压和舒张压分属于不同级别时，以较高的分级作为标准。

高血压分原发性高血压（primary hypertension）和继发性高血压（secondary hypertension）。

原发性高血压或称特发性高血压（essential hypertension），通称为高血压病，是一种原因未明的独立性疾病，约占高血压患者总数的90%～95%，病变特点为全身细动脉硬化，常引起心、脑、肾及眼底病变，多见于中老年人。继发性高血压，又称症状性高血压，占高血压的5%～10%，是作为某些疾病的一个体征出现的，如慢性肾小球肾炎、肾动脉狭窄、肾盂肾炎所引起的肾性高血压，嗜铬细胞瘤引起的内分泌性高血压等。

一、病因和发病机制

（一）危险因素

高血压病的确切病因目前尚不完全清楚，下列因素被视为危险因素：①遗传因素，高血压病有明显的遗传倾向，发病具有家族集聚性。研究发现，某些基因的变异、突变或遗传缺陷与高血压发生有密切关系，如肾素-血管紧张素系统（renin-angiotensin system, RAS）编码基因的缺陷。②饮食因素，高盐饮食可引起高血压，但并非所有人都对钠敏感；钾、钙摄入不足也易导致高血压；中度以上酗酒是高血压发病的危险因素之一，可能与酒后血中的儿茶酚胺类和促皮质激素水平升高有关。③社会心理因素，精神长期或反复处于紧张状态的人群，其高血压患病率显著升高；应激事件，如暴怒、过度惊恐和忧伤等使神经受到剧烈的刺激，可导致高血压的发生发展。④肥胖、缺乏体力活动、吸烟、胰岛素抵抗等也是使血压升高的重要危险因素。

（二）发病机制

动脉血压的高低主要取决于心排血量和外周血管阻力（小动脉、细动脉）。心排血量受心率、心肌收缩力和血容量的影响，外周血管阻力受神经、体液及局部自动调节因素的影响。因此，凡能引起血容量、外周血管阻力、心率、心肌收缩力增加的因素，都可能使血压升高。高血压的发病机制尚不完全清楚，目前多认为是在一定的遗传背景下，由相互影响的多种因素共同作用的结果，包括环境、神经内分泌和体液因素等。

1. 交感神经系统活动增强　长期紧张、焦虑及烦躁等可导致交感神经系统活动增强，交感神经节后纤维去甲肾上腺素（NE）分泌增加，作用于心脏$β_1$受体，导致心率加快、心肌收缩力增强，心排血量增加；作用于细小动脉平滑肌α受体，引起细小动脉收缩，外周阻力增大，血压升高；作用于肾上腺髓质，增加儿茶酚胺的释放。此外，交感神经兴奋引起肾细小动脉收缩，导致肾缺血，刺激球旁细胞分泌肾素，激活肾素-血管紧张素-醛固酮系统（RAAS），使血压升高。

2. 肾素-血管紧张素-醛固酮系统激活（RAAS）　是血压长时程调控的重要机制。RAAS激活引起血管紧张素Ⅱ（angiotensinⅡ，AngⅡ）增多，AngⅡ可通过以下机制引起血压升高：①强烈收缩小动脉，使外周阻力增大；收缩微静脉，增加回心血量。②作用于交感神经，使交感缩血管活性增强，儿茶酚胺释放增多，促进内皮细胞释放缩血管因子。③促进醛固酮的释放，增加钠、水重吸收。④直接收缩肾血管，使尿量减少。⑤促进神经垂体释放抗利尿激素，增加血容量。

3. 血管内皮功能紊乱　血管内皮细胞不仅仅是血液与血管平滑肌之间的生理屏障，也是人体最大的内分泌、旁分泌器官，能分泌几十种血管活性物质，而且还是许多血管活性物质的靶器官。内皮素（ET）及一氧化氮（NO）是由内皮细胞产生的一对强效收缩、舒张因子，两者之间的动态平衡维持着血管的正常张力。高血压时，内皮细胞可出现原发的或继发的功能紊乱，表现为内皮NO合成释放及弥散障碍，ET产生相对或绝对过多。另外，ET可以促血管平滑肌细胞增殖，导致血管由功能性收缩发展为结构的重塑。

4. 胰岛素抵抗（insulin resistance, IR）　是指组织对胰岛素作用的反应性下降，机体因为代偿产生高胰岛素血症，以维持血糖的稳定。50%的高血压患者，特别是伴有肥胖者，均有胰岛素抵抗和高胰岛素血症。胰岛素抵抗导致高血压的机制：①增加肾脏对钠的重吸收，使钠潴留；②增加交感神经活性，促使儿茶酚胺释放增多，血管紧张性增加；③刺激血管平滑肌细胞增生，使血管壁增厚；④增加 ET 的合成与释放，使血管收缩。

二、类型和病理变化

原发性高血压可分为良性高血压与恶性高血压两种类型。两种类型的高血压病理变化不同。

（一）良性高血压

良性高血压（benign hypertension）又称缓进型高血压，约占高血压病的 95%。一般起病隐匿，进展缓慢，病程长，可达十余年或数十年。按病变的发展进程分为三期。

1. **功能紊乱期**　为高血压的早期阶段，是全身细小动脉间歇性痉挛引起的血压波动性升高，无血管的器质性病变。血压升高常在患者情绪激动、精神紧张、焦虑或失眠等情况下发生，可伴有头晕、头痛。经过适当休息和治疗，血压可恢复正常。

2. **动脉病变期**　①细小动脉硬化是良性高血压的特征性病变，表现为细小动脉壁玻璃样变。

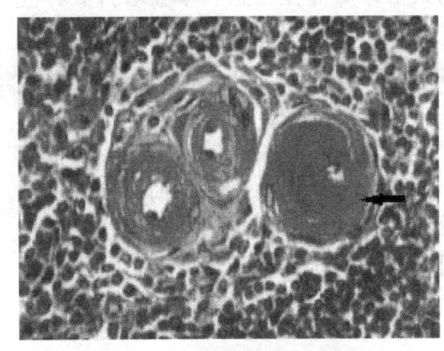

图 15-10　脾中央动脉硬化（镜下观）
箭头示脾中央动脉管壁增厚玻璃样变性，管腔狭窄

最易累及肾的入球小动脉、视网膜动脉和脾的中央动脉。由于细小动脉管壁平滑肌反复痉挛，管壁缺氧，内皮细胞和基底膜受损，内皮细胞间隙扩大，内膜通透性升高，血浆蛋白渗入内皮下间隙。同时中膜平滑肌细胞分泌细胞外基质增多，继而平滑肌细胞凋亡，血管壁逐渐由上述的血浆蛋白、细胞外基质等所代替，正常结构消失，发生玻璃样变。光镜下，细动脉管壁呈均质红染，管壁增厚，管腔狭窄甚至闭塞（图 15-10）。②肌性小动脉硬化主要累及肾弓形动脉、小叶间动脉及脑的小动脉等。光镜下，内膜胶原纤维及弹力纤维增生，内弹力膜分裂。中膜平滑肌细胞增生、肥大，胶原纤维和弹性纤维增生。最终导致血管壁增厚，管腔狭窄。③大动脉无明显变化或伴发动脉粥样硬化性病变。此期，患者血压升高且稳定在较高水平，需长期服用降压药物。

3. **内脏病变期**

（1）心脏病变：主要为左心室肥大，是对持续性血压升高，心肌工作负荷增加的一种适应性反应。肉眼观，心脏重量增加，可达 400g 以上或更重（正常成年男性约 260g，女性约 250g）。左心室壁增厚，可达 1.5～2.0cm（正常在 1.0 cm 以内），乳头肌和肉柱增粗变圆，但心腔不扩张，甚至略缩小，称为向心性肥大（concentric hypertrophy）（图 15-11）。光镜下可见心肌细胞增粗、变长并有较多分支，核大深染。病变继续发展，肥大的心肌细胞与间质毛细血管供血不相适应，心肌细胞逐渐出现供血不足，收缩力减弱，左心射血减少，心腔内余血量增加，心腔逐渐扩张，称为离心性肥大（eccentric hypertrophy）。这种由于高血压病而引起的心脏病变称高血压性心脏病（hypertensive cardiopathy）。临床上患者心悸，左心界扩大，心电图显示有左

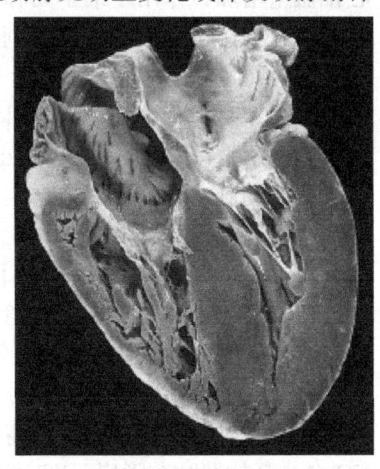

图 15-11　原发性高血压左心室向心性肥大

左心室壁明显增厚，乳头肌增粗，心腔相对缩小

心室肥大和心肌劳损，晚期可出现心力衰竭。

（2）肾脏病变：良性高血压患者晚期，由于肾入球小动脉玻璃样变及肌性小动脉（弓形动脉、叶间动脉）硬化，病变严重区域的肾小球因缺血发生萎缩、纤维化和玻璃样变，所属肾小管因缺血及功能失用而萎缩、消失，间质纤维组织增生及少量淋巴细胞浸润。周围相对健存的肾小球发生代偿性肥大，所属肾小管扩张，使局部肾组织向表面隆起，形成肉眼所见的无数细小颗粒状。肉眼观察，双侧肾对称性体积缩小，质地变硬，重量减轻，常在100g以下（正常150g左右），表面呈均匀弥漫的细小颗粒状，被膜不易剥离，切面肾皮质变薄（≤2mm，正常厚3～6mm），皮髓质界限模糊，肾盂周围脂肪组织填充。上述病变称为原发性颗粒性固缩肾（primary granular atrophy of the kidney）。临床上，早期无明显症状，当病变的肾单位越来越多，超过肾的代偿能力时，肾功能逐渐下降，出现蛋白尿、水肿，严重时可发生肾衰竭，导致尿毒症。

（3）脑病变：高血压病时，大脑可出现一系列改变：①脑水肿，由于脑内细小动脉硬化和痉挛，局部组织缺血，酸性代谢产物聚积使毛细血管壁通透性增加，发生脑水肿，甚至斑点状出血。临床可有头痛、头晕、呕吐、视力障碍等颅内压升高的表现。有时血压急剧升高，引起急性脑水肿，导致以中枢神经功能障碍为主要表现的综合征，称高血压脑病（hypertensive encephalopathy）；如病情进一步加重，患者可出现剧烈头痛、意识障碍、抽搐等症状，称为高血压危象（hypertensive crisis），此种危象可见于高血压的各个时期，如不及时救治，可引起患者死亡。②脑软化（softening of brain），是由脑的细小动脉硬化和痉挛造成的供血区组织缺血而发生的小梗死灶。多为质地疏松的筛网状病灶，小而多发，称为微梗死灶或脑腔隙状梗死。后期坏死组织被吸收，由胶质细胞增生来修复形成胶质瘢痕，一般不引起严重后果。③脑出血是高血压病最严重的、致命性的并发症。脑出血缘于脑血管的细、小动脉硬化，使血管壁变脆，或血管壁弹性下降，当失去壁外组织支撑（如微小软化灶）形成微小动脉瘤，此时血压突然升高，可致动脉破裂出血。脑出血常发生于基底节、内囊，其次为大脑、小脑和脑桥，多为大出血灶。出血区域脑组织完全被破坏，形成囊腔，其内充满坏死脑组织和凝血块。临床上，常因出血部位的不同、出血量多少而异。患者常表现为呼吸加深、脉搏加快、腱反射消失、肢体瘫痪、大小便失禁，甚至突然昏迷等。内囊出血可引起对侧肢体偏瘫；出血破入侧脑室时，患者发生昏迷，甚至死亡；左侧脑出血常引起失语；桥脑出血可引起同侧面神经及对侧上下肢瘫痪；脑出血可因血肿占位及脑水肿，引起颅内高压，并可引起脑疝而出现相应临床症状。

（4）视网膜病变：视网膜中央动脉常发生细动脉硬化。眼底镜检查可见动脉血管迂曲，反光增强，动静脉交叉处出现压痕。严重者视网膜渗出、出血、视盘水肿，视力减退。

（二）恶性高血压

恶性高血压（malignant hypertension）又称急进型高血压病，约占高血压病的5%，多见于青少年，可为原发性，也可继发于良性高血压病。患者血压显著升高，舒张压可高达130mmHg以上。患者出现持续性蛋白尿、血尿及管型尿，多在一年内迅速进展为尿毒症，可发生高血压脑病，或较早出现肾衰竭，或常出现视网膜出血及视盘水肿。

恶性高血压特征性病变是坏死性细动脉炎和增生性小动脉硬化。坏死性细动脉炎病变主要累及肾脏的细小动脉内膜和中膜，管壁发生纤维素样坏死，周围有单核细胞及中性粒细胞浸润；增生性小动脉硬化主要表现为动脉内膜显著增厚，内弹力膜分裂，平滑肌细胞增生肥大，胶原等基质增多，使血管壁呈层状洋葱皮样增厚，管腔狭窄。上述动脉病变亦可发生在脑及视网膜小动脉。

第四节 风湿病

风湿病（rheumatism）是一种与 A 族 β 溶血性链球菌感染有关的变态反应性疾病。病变主要累及全身结缔组织，其特征性病变是形成风湿性肉芽肿。病变最常累及心脏和关节，其次为皮肤、浆膜、血管和脑等，以心脏病变最为严重。常反复发作，急性期常有发热、心脏和关节损害、环形红斑、皮下结节等表现，多伴有抗链球菌溶血素"O"抗体滴度增高、血沉加快等。急性发作后常遗留轻重不等的心脏病变，尤以瓣膜病变最为显著，成为慢性心瓣膜病的基础。

风湿病亦称为风湿热（rheumatic fever），可见于任何年龄，多发于 5～15 岁，以 6～9 岁为发病高峰。多发生在寒冷地区，发作季节以寒冬、早春居多，寒冷和潮湿是重要的诱因。

一、病因和发病机制

1. **风湿病的发生与 A 组 β 溶血性链球菌的感染有关**　依据是：①发病前 2～3 周有咽峡炎、扁桃体炎等链球菌感染史；②多发于链球菌感染盛行的冬春季；③风湿热复发仅出现于链球菌再次感染后，抗生素防治咽峡炎等的同时，减少了风湿病发生与复发；④属非化脓性炎，且病灶中无细菌，说明非直接感染。本病的发病机制多数学者倾向于抗原抗体交叉反应学说，该学说认为链球菌菌体的 C 抗原（糖蛋白）所产生的相应抗体可与人体结缔组织的糖蛋白发生交叉反应；而菌体的多糖成分（含有 N-乙酰氨基酸葡萄糖）和 M 蛋白，可与人体心脏瓣膜、心肌和血管平滑肌的某些蛋白有交叉抗原性，可引起交叉免疫反应。

2. **风湿病是一种变态反应性疾病**　依据是：风湿病的典型病变为变态反应性炎常有的纤维素样坏死；风湿小体是由迟发性变态反应引起的肉芽肿性病变；患者血中可检测到抗心肌抗体（AHA）和（或）抗 N-乙酰氨基酸葡萄糖（心瓣膜中常有的成分）的抗体增高等。

3. **遗传易感性**　链球菌性咽喉炎患者中仅有 1%～3% 发生风湿病。风湿病患者亲属患病的风险比无风湿病的家庭高。近年来研究发现，B 细胞表面标记物 CD^{3+} 在风湿病患者中的表达明显高于正常人群。

二、基本病理变化

风湿病的基本病变主要是全身结缔组织的变态反应性炎，发展过程可分三期：

1. **变质渗出期**　是风湿病的早期改变，在心脏、浆膜、关节、皮肤等病变部位，表现为结缔组织基质黏液样变性及胶原纤维发生纤维素样坏死。病灶内尚有少量浆液、纤维素渗出和淋巴细胞、浆细胞、单核细胞浸润。此期病变持续约 1 个月。

2. **增生期或肉芽肿期**　特点是在变质渗出的基础上形成本病特征性的肉芽肿性病变，称为风湿小体或 Aschoff 小体。Aschoff 小体是由成群风湿细胞聚集于纤维素样坏死灶内，并与少量渗出的淋巴细胞和浆细胞等共同构成。风湿细胞由纤维素样坏死灶周围的组织细胞增生、聚集、吞噬坏死物转变而来，或称 Aschoff 细胞。细胞体积大，圆形或多边形，胞质丰富，略嗜双色，单核或多核，圆形或卵圆形，核膜清晰，染色质集中于核中央并呈细丝状向核膜放散，横切面似枭眼状，称枭眼细胞，纵切面染色质细长波浪状似毛虫，称毛虫细胞（图 15-12）。Aschoff 小体多发生于心肌间质、心内膜下和皮下结缔组织，呈圆形或梭形，多数较小，肉眼难以察觉，偶可见关节、皮肤病变的肉芽肿直径达 1cm，具有诊断意义。此期病变持续 2～3 个月。

3. **纤维化期或愈合期**　肉芽肿内的纤维素样坏死物逐渐被溶解吸收，风湿细胞演变为成纤维细胞，产生胶原纤维，使风湿小体逐渐纤维化，最终形成梭形小瘢痕。此期持续 2～3 个月。

上述整个病程经 4～6 个月，常反复发作，故病变器官、组织中新旧病变常同时并存，最终导致病变部位较严重的纤维化和瘢痕形成。

三、风湿病的各器官病变

（一）风湿性心脏病

几乎每位风湿病患者都有不同程度的心脏损害，只是轻者不易察觉或未能发展为慢性风湿性心脏病。风湿性心脏病可以表现为风湿性心内膜炎、风湿性心肌炎和风湿性心外膜炎。如病变累及心脏全层则称为风湿性全心炎或称风湿性心脏炎。儿童风湿病患者中，65%～80%有心脏炎的临床表现。

1. 风湿性心内膜炎（rheumatic endocarditis） 病变主要累及心瓣膜，也可累及瓣膜邻近的心内膜和腱索。其中二尖瓣受累最常见，其次是二尖瓣和主动脉瓣同时受累，三尖瓣和肺动脉瓣极少受累。

病变早期，受累的瓣膜肿胀，发生黏液样变性和纤维素样坏死，浆液渗出和炎细胞浸润。随着病变瓣膜不停的开关摩擦及血流冲击，使内膜损伤，胶原暴露，血小板黏附、凝集，形成灰白色半透明疣状白色血栓，称疣状赘生物。这些赘生物粟粒大小（1～2mm），沿着瓣膜闭锁缘呈单行排列，且附着牢固，不易脱落。光镜下可见疣状赘生物由血小板和纤维素构成，其基底部有少量风湿细胞和炎细胞。病变后期，赘生物发生机化，形成瘢痕，瓣膜本身和腱索也逐渐发生纤维化，导致瓣膜增厚、变硬、卷曲、缩短，瓣叶之间发生纤维性粘连，最终导致瓣膜病。当炎症病变累及房、室内膜时，引起内膜灶状增厚及附壁血栓形成。其中，左房后壁因瓣膜口关闭不全，受血液反流冲击较重，常形成纤维增厚的斑块，称为McCallum斑。临床可表现有发热、贫血、心脏杂音，严重者可出现心力衰竭。

2. 风湿性心肌炎（rheumatic myocarditis） 发生于成年人者，常表现为灶性间质性心肌炎，可见间质水肿、在间质小血管附近有Aschoff小体形成和少量淋巴细胞浸润（图15-12）。反复发作后心肌间质内有小瘢痕形成。病变多见于室间隔、左心室后壁及左心室乳头肌等处。发生于儿童者，常表现为弥漫性间质性心肌炎。患儿心脏扩大，呈球形。急性期临床可出现与体温不相称的心动过速、心律失常等，儿童患者可发生急性充血性心力衰竭。

3. 风湿性心外膜炎（rheumatic pericarditis） 也称风湿性心包炎，病变主要累及心包脏层，呈浆液性或纤维素性炎症。心包腔内以浆液渗出为主时，形成心包积液；当渗出以纤维素为主时，覆盖于心包脏层的纤维素可因心脏的不停搏动和牵拉而形成绒毛状，称为绒毛心（图15-13）。渗出的大量纤维素如不能被溶解吸收，则发生机化，使心包脏壁层互相粘连，形成缩窄性心包炎（constrictive pericarditis），严重影响心脏的舒缩功能。急性期心包积液患者可有胸闷不适，听诊心音弱而遥远；绒毛心患者有心前区疼痛，听诊可闻及心包摩擦音。

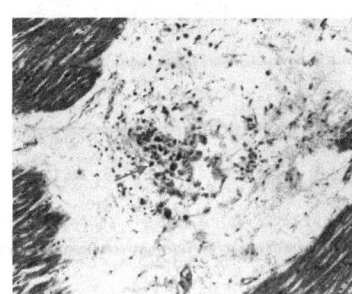
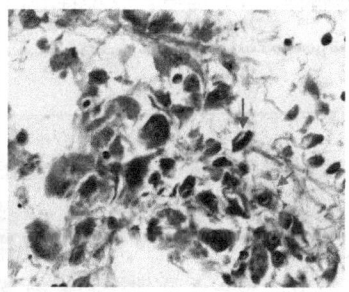

图 15-12 风湿性心肌炎
箭头示风湿细胞

图 15-13 风湿性心外膜炎（肉眼观）
心外膜表面有大量纤维素渗出，呈绒毛状

（二）风湿性关节炎

多数急性风湿病患者可出现风湿性关节炎（rheumatic arthritis）。病变主要累及膝、踝、肩、肘、腕等大关节。各关节先后受累，反复发作，呈游走性。关节腔内有浆液及纤维素渗出，病变滑膜充血肿胀，邻近软组织内可见不典型的 Aschoff 小体。病变关节出现红、肿、热、痛及功能障碍。由于病变不累及关节软骨，预后良好。

（三）皮肤病变

风湿热时，皮肤出现环形红斑和皮下结节，是风湿病活动期的表现。具有诊断意义。

1. 环形红斑　为渗出性病变。多见于躯干和四肢，为淡红色环状红晕，大小不等、边缘微隆起、中央色泽正常。镜下为非特异性渗出性炎，真皮浅层血管扩张充血、周围组织水肿，淋巴细胞、单核细胞及少量中性粒细胞浸润。常在 1～2 日内消退。

2. 皮下结节　为增生性病变。多见于四肢大关节附近伸侧，圆形或椭圆形，直径 0.5～2cm，质较硬，无痛。光镜下为肉芽肿性病变，结节中央为纤维素样坏死，周围有风湿细胞和成纤维细胞呈栅状排列，伴有淋巴细胞浸润。风湿活动停止后，可自行消退，留有小瘢痕。

（四）风湿性动脉炎

风湿性动脉炎（rheumatic arteritis）时大小动脉均可受累，如冠状动脉、肾动脉、肠系膜动脉、脑动脉和肺动脉等，以小动脉受累较为常见。急性期血管壁发生黏液样变性、纤维素样坏死和淋巴细胞浸润，并伴有 Aschoff 小体形成。病变后期因血管纤维化导致管壁增厚和硬化，管腔狭窄甚至闭塞。相应供血器官可出现缺血性改变。

（五）风湿性脑病

风湿性脑病多见于 5～12 岁儿童，女孩多见。主要病变为脑的风湿性动脉炎和皮质下脑炎，后者主要累及大脑皮质、基底节、丘脑及小脑皮层。光镜下神经细胞变性，胶质细胞增生及胶质结节形成。当锥体外系受累时，患儿出现面肌和肢体的不自主运动，称为小舞蹈症（chorea minor）。

第五节　感染性心内膜炎

感染性心内膜炎（infective endocarditis）是由病原微生物经血行途径直接侵袭心内膜，特别是心瓣膜而引起的炎症性疾病，常伴有赘生物的形成。常见病原体为链球菌和葡萄球菌。本病可发生于任何年龄，以成年男性多见。根据病程，可分为急性感染性心内膜炎和亚急性感染性心内膜炎。

一、急性感染性心内膜炎

急性感染性心内膜炎多发生于正常的心内膜，常由致病力强的化脓菌引起，如金黄色葡萄球菌或溶血性链球菌等，主要累及二尖瓣和主动脉瓣。通常细菌先在身体某部位引起化脓性感染，当机体抵抗力降低时，细菌入血引起败血症、脓毒败血症侵犯心内膜，引起化脓性炎，造成瓣膜溃烂、穿孔或破裂。在破溃的瓣膜表面形成赘生物。这种赘生物由脓性渗出物、血栓、大量细菌菌落和坏死组织构成，体积庞大、灰黄或浅绿色、质地松脆、易破碎脱落形成含菌的栓子，造成远处器官血管的栓塞，引起败血性梗死和继发脓肿形成。

本病起病急，发展快，病程短，约有半数以上患者数日或数周因急性充血性心力衰竭而死亡。

近年来由于抗生素的广泛使用，死亡率明显下降。

二、亚急性感染性心内膜炎

亚急性感染性心内膜炎大多由毒力较弱的草绿色链球菌引起（约占75%以上），少数由肠球菌、革兰阴性杆菌、立克次体、真菌等引起。常发生于已有病变的瓣膜，如风湿性心瓣膜病、先天性心脏病等，病菌多从某一感染病灶（如扁桃体炎、咽峡炎、龋齿、骨髓炎等）入血形成菌血症；也可因拔牙、心导管及心脏手术等医源性操作致细菌入血侵入瓣膜。病程较长，可迁延数月，甚至1年以上。

1. 心脏　病变多侵犯二尖瓣和主动脉瓣。常在原有病变的瓣膜上形成赘生物。赘生物大小不一，单个或多个，形态不规则呈息肉状或菜花状，颜色灰黄污秽，质脆，易脱落。受累瓣膜增厚、变形，并发生溃疡，甚至穿孔和腱索断裂（图15-14）。光镜下，赘生物由血小板、纤维素、坏死组织、炎细胞、细菌菌落（赘生物深部）构成。溃疡底部可见少许肉芽组织及淋巴细胞、单核细胞浸润。有时可见原有风湿性心内膜炎的病变。瓣膜损害可致瓣膜口狭窄和（或）关闭不全，临床上可听到相应的杂音，瓣膜变形严重可出现心力衰竭。

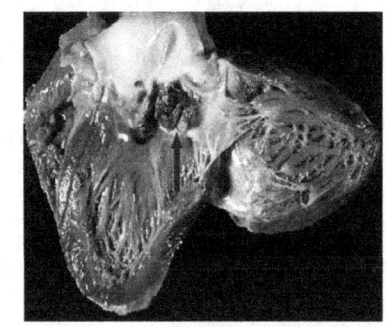

图15-14　亚急性感染性心内膜炎（肉眼观）

主动脉瓣处有一大而不规则的红褐色赘生物（箭头示）

2. 血管　由于赘生物脱落形成的栓子，可致动脉性栓塞。栓塞最常见于脑，其次为肾和脾。由于赘生物内细菌毒力弱或栓子多来自赘生物外层，不含病原菌，故常为无菌性梗死。细菌毒素可致微小血管壁受损，引起小血管炎，发生漏出性出血，表现为皮肤、黏膜及眼底的出血点。

3. 肾　由于病原菌长期释放抗原入血，可导致免疫复合物形成，大多数可引起局灶性肾小球肾炎，少数病例可发生弥漫性肾小球肾炎。

4. 败血症　由于细菌和毒素的持续作用，患者有长期发热、脾大、白细胞增多、贫血、血培养阳性等迁延性败血症的表现。

第六节　心瓣膜病

心瓣膜病（chronic valvular vitium of the heart）是指心瓣膜受各种致病因素的损害或先天性发育异常造成的器质性病变，表现为瓣膜口狭窄和（或）关闭不全，导致心脏血流动力学变化，并出现一系列临床综合征，为常见的慢性心脏病之一。

瓣膜口狭窄是由于瓣膜增厚、粘连或瓣膜环缩窄使瓣膜口在开放时不能充分张开，造成血流通过障碍。瓣膜关闭不全是由于瓣膜增厚、卷曲、缩短、腱索缩短、瓣膜破裂、穿孔使心瓣膜关闭时不能完全闭合，使部分血液发生反流。瓣膜口的狭窄和关闭不全可以单独存在，也可同时两者并存。病变可累及一个或多个瓣膜，若两个以上的瓣膜同时或先后发生病变，则称为联合瓣膜病。

一、二尖瓣狭窄

1. 病理变化　二尖瓣狭窄（mitral stenosis）多由风湿性心内膜炎反复发作所致，少数由感染性心内膜炎引起，偶为先天性。正常人二尖瓣口开大时，其面积约$5cm^2$，可通过两个手指，当瓣

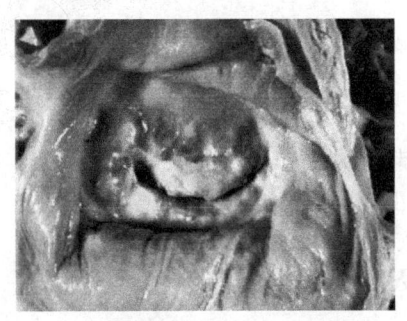

图 15-15 心瓣膜病
二尖瓣呈鱼口状狭窄

膜口狭窄严重时可小于 $1cm^2$。根据瓣膜病变分为隔膜型和漏斗型，前者瓣叶间轻度粘连，主瓣仍可轻度活动；后者主瓣极度增厚失去活动性，瓣叶间严重粘连，瓣膜口缩小呈鱼口状（图15-15），腱索及乳头肌明显粘连短缩，常合并关闭不全。

2.血流动力学及心脏变化 早期由于二尖瓣口狭窄，心脏舒张期，血液从左心房流入左心室受阻，左心房代偿性扩张肥大。后期左心房功能代偿失调，左心房内血液淤积，肺静脉回流受阻，引起肺淤血、肺水肿或漏出性出血。当肺静脉压升高（>25mmHg）时，通过神经反射引起肺内小动脉收缩或痉挛，使肺动脉压升高。长期肺动脉高压，可导致右心室代偿性肥大，继而失代偿，右心室扩张，三尖瓣因而相对关闭不全，最终引起右心房淤血及体循环淤血。

3.临床表现 颈静脉怒张，肝淤血性肿大，下肢水肿及浆膜腔积液等心力衰竭症状；听诊心尖区可闻及舒张期隆隆样杂音；X线显示左心房增大，晚期左心室略缩小，X线显示为"梨形心"。

二、二尖瓣关闭不全

二尖瓣关闭不全（mitral insufficiency）的病因与二尖瓣狭窄相同。常与二尖瓣狭窄合并发生。其血流动力学及心脏变化表现：心收缩期，左心室部分血液逆流到左心房内，加上肺静脉回流的血液，左心房的血量较正常增多，负荷加重。久之左心房发生代偿性扩张与肥大。在心舒张期，左心房内大量血液流入左心室，使左心室容积性负荷增加而发生肥大和扩张，当左心室和左心房代偿失调时则发生左心衰竭，从而依次出现肺淤血、肺动脉高压、右心室和右心房代偿性肥大、右心衰竭，最终引起右心房淤血及体循环淤血。临床听诊心尖区可闻及收缩期吹风样杂音，X线显示左心室肥大呈"球形心"。

三、主动脉瓣狭窄

主动脉瓣狭窄（aortic stenosis）主要由风湿性主动脉炎引起，少数是由先天性发育异常或AS引起的主动脉瓣膜钙化所致。其血流动力学及心脏变化为：主动脉瓣狭窄后左心室收缩期排血受阻，左心室发生代偿性肥大，室壁增厚，呈向心性肥大。后期左心功能代偿失调，出现左心衰竭，进而引起肺淤血、肺动脉高压、右心衰竭和体循环淤血。临床听诊主动脉瓣区可闻及粗糙、喷射性收缩期杂音；X线显示心脏呈"靴形"；患者可出现心绞痛、脉压减小等症状。

四、主动脉瓣关闭不全

主动脉瓣关闭不全（aortic insufficiency）主要由风湿性主动脉炎引起，亦可由感染性心内膜炎、主动脉粥样硬化、梅毒性主动脉炎引起。另外，类风湿性主动脉炎及Marfan综合征也可使主动脉环扩大而造成相对性主动脉瓣关闭不全。血流动力学及心脏变化为：主动脉瓣关闭不全，左心室舒张期，主动脉内血液反流入左心室，使左心室内血量增加，容积性负荷加重而代偿性肥大。以后，发生肌源性扩张，导致二尖瓣相对关闭不全，加重左心房负荷，依次出现左心衰竭、肺淤血、肺动脉高压、右心肥大、右心衰竭和体循环淤血。临床听诊主动脉瓣区可闻及舒张期叹气样杂音。患者可出现脉压差增大及周围血管征，如水冲脉、血管枪击音及毛细血管搏动现象。

第七节 心肌炎和心肌病

一、心肌炎

心肌炎（myocarditis）是由各种原因引起的心肌局限性或弥漫性炎症。引起心肌炎的原因很多，如病毒、细菌、寄生虫、免疫性损伤、理化因素等，通常为病毒感染。另一种原因不明，称孤立性心肌炎。

（一）病毒性心肌炎

病毒性心肌炎（viral myocarditis）是由病毒感染引起的心肌非特异性间质性炎症。最多见的病毒为柯萨奇病毒B组2～5型和A组9型，埃可（ECHO）病毒、风疹、麻疹、流感等病毒也可引起。这些病毒可在心肌细胞内复制而直接损伤心肌，也可通过T细胞介导的免疫反应而引起心肌的炎症。

肉眼观察心脏略增大或无明显变化。光镜下可见病灶呈局限性或弥漫性，心肌间质水肿，淋巴细胞和单核细胞浸润，将心肌分割成条索状，部分心肌断裂（图15-16）。随病变进展，心肌间质纤维化，如炎症累及传导系统，临床表现为心律失常。较大儿童及成人患此病者多能完全恢复。

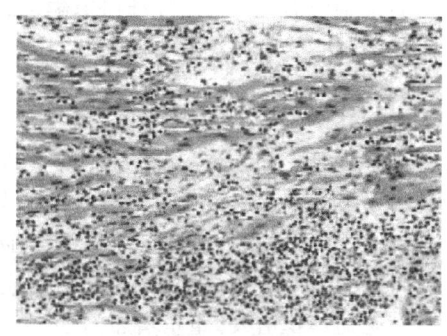

图 15-16 病毒性心肌炎
心肌间质水肿，大量炎细胞浸润，将心肌分割成条索状，部分心肌断裂

（二）细菌性心肌炎

细菌性心肌炎（bacterial myocarditis）是由细菌感染引起的心肌炎症。常由葡萄球菌、链球菌、肺炎双球菌及脑膜炎双球菌等感染所致的脓毒败血症引起。病理变化表现为心肌及间质内多发性小脓肿，脓肿周围心肌发生不同程度的变性、坏死及中性粒细胞浸润。

（三）孤立性心肌炎

孤立性心肌炎（isolated myocarditis），又称特发性心肌炎（idiopathic myocarditis），其原因至今未明。多发生于20～50岁青、中年人。急性型常导致心脏扩张，可突然发生心力衰竭引起死亡。依组织学变化分两型：①弥漫性间质性心肌炎，主要表现为心肌间质或小血管周围有较多淋巴细胞、单核细胞浸润。早期心肌细胞较少发生变性、坏死，病程较长者，心肌细胞肥大，心肌间质纤维化。②特发性巨细胞性心肌炎，病灶心肌内可见灶性坏死和肉芽肿形成。病灶中心可见红染、无结构的坏死物，周围有淋巴细胞、单核细胞、浆细胞或嗜酸粒细胞浸润，并混有多量的多核巨细胞。

二、心肌病

心肌病（cardiomyopathy）是指除CHD、高血压性心脏病、心脏瓣膜病、先天性心脏病和肺源性心脏病等以外的以心肌结构和功能异常为主要表现的一组疾病，表现为心脏肥厚、扩张和纤维化。根据病因和临床病理变化分为原发性心肌病和继发性心肌病。原发性心肌病系原因不明，1980年WHO将其分为扩张性心肌病、肥厚性心肌病、限制性心肌病三型。我国地方性心肌病——克山病列入特异性心肌病之中，分述如下：

(一)扩张性心肌病

扩张性心肌病（dilated cardiomyopathy）也称充血性心肌病（congestive cardio-myopathy），特征是进行性心腔扩张和心肌收缩力下降。此型最多见，发病年龄为 20～50 岁，男性多于女性。临床上主要表现为充血性心力衰竭的症状和体征，部分患者可发生猝死。病因可能与持续的病毒感染和自身免疫有关。

患者心脏体积增大，重量增加，可达 500～800g 以上。各心腔均明显扩张，心室壁可略增厚或正常。心尖部肌壁变薄呈钝圆形，二尖瓣和三尖瓣无器质性病变，但因心腔扩张可致相对性关闭不全。心内膜增厚并伴附壁血栓形成。光镜下可见部分心肌细胞肥大、伸长，核大深染；部分心肌细胞空泡变性及小灶性肌溶解；心内膜下及心肌间质纤维化，并见小瘢痕，肉柱间隐窝可见小附壁血栓。

(二)肥厚性心肌病

肥厚性心肌病（hypertrophic cardiomyopathy）以心肌肥大、室间隔非对称性肥厚、舒张期充盈异常及左室流出道受阻为特征，是青年猝死的常见原因之一，患者常有家族史。根据左心室流出道有无梗阻分为梗阻性和非梗阻性两型。临床上可有心排血量下降而引发的心绞痛，肺动脉高压导致的呼吸困难，附壁血栓脱落造成的栓塞等症状。

心脏体积增大、重量增加，成年人者心脏多重达 500g 以上，两侧心室壁肥厚，尤以室间隔显著，其厚度大于左心室壁的游离侧，两者之比 >1.3（正常 0.95），主要突向左心室，致使心室腔明显狭窄。光镜下，心肌细胞弥漫性肥大，核大深染，心肌纤维排列紊乱。心肌间质见多少不等的纤维化或大小不等的瘢痕。

(三)限制性心肌病

限制性心肌病（restrictive cardiomyopathy）是以一侧或双侧心室充盈受限制和舒张期容量降低为特征的心肌病。主要病变为心内膜和心内膜下心肌进行性纤维化，导致心室壁顺应性降低，心腔狭窄。本型较上述两型少见，病因不明。临床上主要表现为心力衰竭和栓塞，少数可发生猝死。

患者心室腔狭窄，心室内膜增厚，可达 2～3mm，呈灰白色，尤以心尖部明显，向上蔓延累及肉柱和腱索致使二尖瓣或三尖瓣关闭不全。光镜下，心内膜纤维化、玻璃样变，可见钙化及附壁血栓，心内膜下心肌萎缩、变性。

(四)克山病

克山病（keshan disease）是一种以心肌严重变性、坏死和瘢痕形成为主要特征的心肌病。发病有明显的地域性，因此又称地方性心肌病（endemic cardiomyopathy）。1935 年首次在我国黑龙江省克山县发现，故而得名。克山病的病因尚不清楚，可能是由于缺乏硒等某些微量元素和营养物质，干扰和破坏了心肌代谢而引起心肌细胞的损伤。

患者心脏增大，重量增加，两侧心腔扩大，心室壁变薄，尤以心尖部为重。切面心室壁可见散在分布的变性、坏死及瘢痕灶。光镜下，主要表现为心肌细胞变性（水肿和空泡变）和坏死（凝固性坏死和液化性肌溶解）。坏死灶最终被修复而形成瘢痕。

第八节 周围血管病

周围血管病是指心脑血管病以外的血管疾病。

(一)多发性大动脉炎

多发性大动脉炎是发生在主动脉及其大分支的慢性、进行性、且常为闭塞性的炎症,亦称缩窄性大动脉炎。国外文献称为 Takayasu(高安)动脉炎。基本病变为受累动脉全层纤维组织增生伴有慢性炎细胞浸润。由于头、臂部动脉受累称为无脉病。本病多见于青年女性,病因不明。

(二)巨细胞性动脉炎

巨细胞性动脉炎是发生于全身中等大动脉和小动脉的一种肉芽肿性炎。主要累及 50 岁以上患者颈动脉的颅外分支,是成年人最常见的系统性血管炎。炎症反应主要集中于动脉内弹力膜,可能与其中某些自身抗原有关。本病最严重的并发症是眼动脉受累导致的永久性失明。

(三)结节性多动脉炎

结节性多动脉炎是一种累及中、小动脉全层的坏死性血管炎。本病是一种自身免疫病,以肾、心、神经及皮肤受累最常见。受累动脉壁全层炎细胞浸润,动脉中膜纤维素样坏死,继而肉芽组织形成,致动脉壁增厚,管腔狭窄。

(四)Wegener 肉芽肿

Wegener 肉芽肿是一种发生于小动脉、小静脉及毛细血管的坏死性肉芽肿性血管炎,属自身免疫病。主要侵犯上、下呼吸道和肾脏,表现为上、下呼吸道坏死性肉芽肿性血管炎和局灶性坏死性肾小球肾炎,导致肺部病变和进行性肾衰竭。其他部位如眼、皮肤等的小血管亦可受累。本病可见于各年龄段。

(五)动脉瘤

动脉瘤(aneurysm)是指动脉壁因局部病变(可因薄弱或结构破坏)而向外膨出,形成永久性局限性扩张,瘤壁是动脉壁本身(图 15-17)。动脉瘤有先天性和后天性之分,后天性动脉瘤多继发于 AS、细菌感染和梅毒等。夹层动脉瘤是指血液从动脉内膜的破裂口进入中膜,使中膜形成假血管腔。假性动脉瘤多由外伤引起,也称外伤性动脉瘤。动脉瘤壁由动脉外膜和局部血管破裂形成的血肿及周围结缔组织构成,并与动脉腔相通。动脉瘤最严重的并发症为破裂出血。

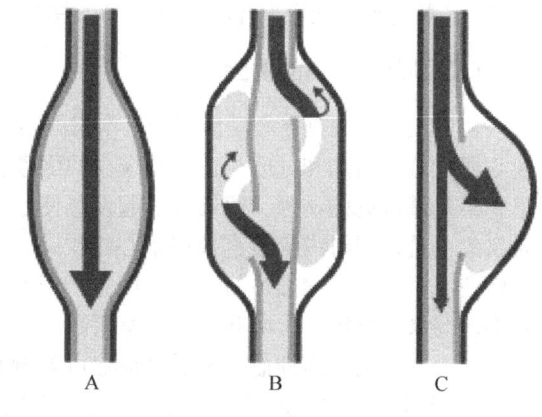

图 15-17 动脉瘤
A. 真性动脉瘤;B. 夹层动脉瘤;C. 假性动脉瘤(血肿)

第九节 心力衰竭

心力衰竭(heart failure)是指由于心脏收缩和(或)舒张功能障碍,使心排血量绝对或相对减少,不能满足机体代谢需要的一种病理过程。心力衰竭属于心功能不全晚期失代偿阶段的表现,而心功能不全(cardiac insufficiency)则包括心泵血功能受损从完全代偿直至失代偿的全过程。心脏舒缩功能降低,是心力衰竭发病机制的主要环节,而血液在静脉系统淤积及心排血量降低是心力衰竭时各种临床表现的基础。

一、心力衰竭的原因、诱因和分类

（一）心力衰竭的原因

心力衰竭的关键环节是心排血量的绝对减少或相对不足，而心排血量的多少与心肌收缩性的强弱、前负荷和后负荷的高低及心率的快慢密切相关。因此，凡是到能够减弱心肌收缩性、使心脏负荷过度和引起心率显著加快的因素都可能导致心力衰竭的发生。

1. 原发性心肌舒缩功能障碍　是引起心力衰竭最常见的原因。常见于：①心肌病变，如心肌炎、心肌梗死、心肌病等，心肌细胞出现变性、坏死及组织纤维化等形态结构改变，当其达到一定程度和范围时都可使心肌舒缩功能受损而导致心力衰竭。②心肌代谢障碍，如心肌缺血、缺氧、严重贫血和维生素 B_1 缺乏等首先引起心肌能量生成障碍、代谢产物蓄积和酸中毒，久之亦合并有结构异常，导致心肌的舒缩功能障碍。

2. 心脏负荷过重　分为压力负荷过重和容量负荷过重。

（1）压力负荷过重：又称后负荷过重，由于心脏射血时遇到的阻力增加，使收缩期心腔内压力过高而加重心脏负荷，导致心力衰竭。如高血压病及主动脉瓣狭窄所致的左心室压力负荷过重；肺动脉高压、肺栓塞和阻塞性肺疾患等所致的右心室压力负荷过重；血黏度明显增加也会增加左、右心室压力负荷。

（2）容量负荷过重：又称前负荷过重，由于心脏舒张末期心室容量过多，加重了心脏负荷，可引起心力衰竭。例如，主动脉瓣或二尖瓣关闭不全所致的血液逆流，可致左心室容量负荷过重；右心室容量负荷过重见于室间隔缺损、三尖瓣或主动脉瓣关闭不全；严重贫血、甲状腺功能亢进及动 - 静脉瘘等高动力循环状态时，左、右心室容量负荷都增加。

（二）心力衰竭的诱因

心力衰竭往往是在心功能不全基本病因的基础上，由某些因素诱发的，即凡是能增加心脏负担，使心肌耗氧量增加和（或）血供氧减少的因素皆可成为心力衰竭的诱因：①各种感染尤其是呼吸道感染是最常见的诱因。感染可引起发热使心率加快，耗氧量加大，舒张期缩短，心室充盈和心肌供氧不足，同时内毒素直接抑制心肌收缩。②心律失常，尤其是快速型心律失常，心率加快一方面使心肌耗氧量增加，另一方面使舒张期缩短致冠脉血流减少及心室充盈不足，故易诱发心力衰竭。③水、电解质代谢和酸碱平衡紊乱，如过量、过快输液可使血容量增加，加重心脏前负荷而诱发心力衰竭；高钾血症和低钾血症可影响心肌的兴奋性、传导性、自律性和收缩性，造成心律失常，诱发心力衰竭；酸中毒时，H^+ 通过干扰心肌 Ca^{2+} 转运而使心肌收缩性减弱。④妊娠、分娩、过度劳累、情绪波动、气温变化、创伤及手术等均可诱发心力衰竭。

（三）心力衰竭的分类

1. 按心力衰竭发生的部位分类

（1）左心衰竭：为心力衰竭中最常见最重要的类型，多见于冠心病、高血压病、主动脉瓣或二尖瓣关闭不全等，主要引起肺循环淤血，患者出现肺水肿、呼吸困难等症状。

（2）右心衰竭：常见于慢性阻塞性肺气肿、肺动脉高压等，也可继发于左心衰竭。主要引起体循环淤血，患者出现颈静脉怒张、肝大、下肢水肿等症状。

（3）全心衰竭：左心和右心功能都衰竭，既有肺循环淤血，又有体循环淤血。多数为左心衰竭发展到右心衰竭，少数一开始即表现为全心衰竭，如心肌炎、心肌病等引起的心力衰竭。

2. 按心力衰竭发生的速度分类

（1）急性心力衰竭：发病急骤，心排血量急剧减少，机体来不及发挥代偿功能，临床以急性左心衰竭常见，表现为肺水肿、心源性休克等。见于急性大面积心肌梗死、严重的心肌炎等。

（2）慢性心力衰竭：发病缓慢，病程较长，往往伴有心肌肥大、心腔扩张等代偿表现。临床常表现为充血性心力衰竭。见于高血压病、心瓣膜病和肺动脉高压等的后期。

3. 按心力衰竭时的心排血量高低分类

（1）低输出量性心力衰竭：心排血量绝对减少，在基础状态下明显低于正常水平。常见于冠心病、高血压病、心瓣膜病等引起的心力衰竭。

（2）高输出量性心力衰竭：是指心力衰竭时心排血量可稍高于正常水平，但比发病前有所降低，不能满足患者的代谢需要。此型多继发于代谢增高或心脏后负荷降低的疾病，如甲状腺功能亢进、严重贫血、维生素 B_1 缺乏和动 - 静脉瘘等。

二、心力衰竭的发生机制

（一）正常心肌舒缩的分子基础

心肌收缩的基本单位是肌节，肌节由粗细两种肌丝组成。粗肌丝主要成分是肌球蛋白，其长杆状的头部具有 ATP 酶活性，可分解 ATP 释放能量，供肌丝滑动利用。细肌丝由肌动蛋白、原肌球蛋白和肌钙蛋白构成。肌动蛋白可通过其"作用位点"与粗肌丝的肌球蛋白头部形成横桥发生可逆性结合，肌钙蛋白可通过 Ca^{2+} 与原肌球蛋白可逆性结合，"封闭或开启"肌动蛋白上的作用位点，实现对心肌舒或缩的调节。

当心肌兴奋时，肌膜除极化产生动作电位，胞外 Ca^{2+} 进入胞质，肌质网向胞质释放 Ca^{2+}，胞质 Ca^{2+} 浓度迅速上升；当 Ca^{2+} 浓度从 $10^{-7}mol/L$ 升至 $10^{-5}mol/L$ 时，Ca^{2+} 便与肌钙蛋白结合，形成钙 - 肌钙蛋白 - 原肌球蛋白复合体，从而解除了肌钙蛋白、原肌球蛋白对肌球蛋白与肌动蛋白之间搭桥的抑制作用，使肌球蛋白与肌动蛋白结合形成横桥；Ca^{2+} 又激活肌球蛋白头部的 ATP 酶，水解 ATP 释放能量，启动肌球蛋白头部定向偏转，使得肌动蛋白构成的细肌丝沿着肌球蛋白构成的粗肌丝向肌节中央滑行，结果肌节缩短，心肌收缩。由于这一过程把心肌的兴奋与收缩紧连在一起，故称为兴奋 - 收缩耦联。当心肌收缩后复极化时，肌质网通过钙泵（肌质网的 ATP 酶）摄取 Ca^{2+}，部分 Ca^{2+} 又转移至细胞外，肌质内 Ca^{2+} 浓度迅速降低，当降至 $10^{-7}mol/L$ 时，Ca^{2+} 即与肌钙蛋白解离，细肌丝滑向原位，形成了心肌舒张（图 15-18）过程。

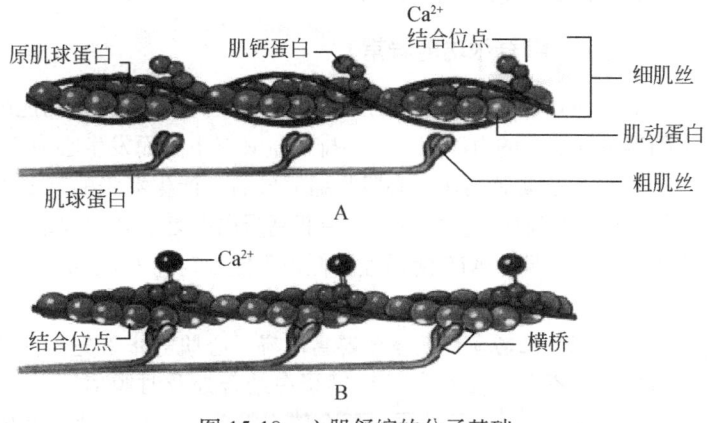

图 15-18 心肌舒缩的分子基础

（二）心肌收缩功能降低

1. 心肌收缩蛋白破坏　心肌缺血、缺氧、感染、中毒等造成大量心肌纤维变性、坏死、纤维化时，使心肌细胞数目减少的同时心肌收缩蛋白大量破坏，以致心肌收缩性减弱而发生心力衰竭。

2. 心肌能量代谢障碍　心肌收缩是一个主动耗能的过程，Ca^{2+} 的转运和肌丝滑行等都需要能量。心肌能量代谢中任何一个环节发生障碍均可导致心肌收缩性减弱。

（1）能量生成障碍：严重的贫血、冠状动脉粥样硬化等引起的心肌缺氧；维生素 B_1 缺乏使丙酮酸不能通过氧化脱羧转变为乙酰辅酶 A 进入三羧酸循环。这些都可使 ATP 生成不足而导致心肌收缩性减弱。

(2) 能量转化储存障碍：心肌能量主要以磷酸肌酸的形式储存。在磷酸肌酸激酶（CK）的作用下，肌酸与 ATP 之间发生高能磷酸键转移而生成磷酸肌酸并储存。随着心肌肥大的发展，CK 活性降低，储存形式的磷酸肌酸含量减少。

(3) 能量利用障碍：心肌对能量的利用是把 ATP 储存的化学能转化为心肌收缩的机械能的过程。此过程通过肌球蛋白头部的 ATP 酶水解 ATP 供能来实现。能量利用障碍，如长期心负荷过重而引起的心肌过度肥大，其肌球蛋白头部 ATP 酶活性下降，即使心肌 ATP 含量正常，但因 ATP 酶不能水解 ATP，化学能无法转化为肌丝滑动所需的机械能，导致心肌收缩力下降。

3. 心肌兴奋-收缩耦联障碍　心肌兴奋-收缩耦联的过程即是心肌细胞的电活动转变为机械活动的过程，引起心肌兴奋-收缩耦联障碍的主要环节是 Ca^{2+} 的运转失常。

(1) Ca^{2+} 内流受阻：正常情况下，交感神经兴奋释放的去甲肾上腺素与心肌细胞 β 受体结合，通过腺苷酸环化酶，使心肌细胞内 ATP 转变为 cAMP，后者再激活膜上的钙通道开，使 Ca^{2+} 内流；或通过蛋白激酶的活化，使肌质网摄取和释放 Ca^{2+} 加速，故有加强心肌兴奋-收缩耦联的作用。长期心肌负荷过重、心肌缺血缺氧时，由于儿茶酚胺合成减少或消耗过多，心肌内去甲肾上腺素含量减少，使钙通道开放减少，Ca^{2+} 内流受阻，导致心肌兴奋-收缩耦联障碍。

(2) 肌质网对 Ca^{2+} 的摄取、释放障碍：心力衰竭时，由于 Ca^{2+}-ATP 酶活性降低，使肌质网对 Ca^{2+} 的摄取储存发生障碍，一方面胞质内 Ca^{2+} 不能迅速降低，使心肌舒张延缓；另一方面造成肌质网 Ca^{2+} 储存量减少，供给心肌收缩的 Ca^{2+} 不足，抑制心肌收缩性。此外，如伴有细胞内酸中毒时，因肌质网和钙结合牢固，可使 Ca^{2+} 释放困难，结果在心肌兴奋时，肌质中 Ca^{2+} 浓度不能迅速达到激发心肌收缩的浓度，从而导致兴奋-收缩耦联障碍。

(3) 肌钙蛋白与 Ca^{2+} 结合障碍：酸中毒时，心肌细胞中 H^+ 浓度增加，H^+ 与 Ca^{2+} 竞争性地与肌钙蛋白结合，而且 H^+ 与肌钙蛋白的亲和力远较 Ca^{2+} 大，因而影响了 Ca^{2+} 与肌钙蛋白结合，从而妨碍兴奋-收缩耦联过程。

（三）心脏舒张功能异常

心排血量不仅取决于心肌的收缩性，还受心室舒张功能的影响，如果心室舒张功能障碍，心室则得不到足够的血液充盈，心排血量必然下降而发生心力衰竭。

1. 钙离子复位延缓　心肌收缩完成后，产生舒张的首要因素是肌质内 Ca^{2+} 要迅速降至"舒张阈值"，才能与肌钙蛋白脱离，使肌钙蛋白恢复原来的构型。当心肌缺血缺氧时，ATP 供应不足、肌质网或细胞膜上 ATP 酶活性降低，不能及时将 Ca^{2+} 摄入肌质网或转运到细胞外，心肌不能充分舒张。

2. 肌球-肌动蛋白复合体解离障碍　心肌舒张首先需使肌球蛋白头部与肌动蛋白分开，即拆除横桥。这不但需要 Ca^{2+} 从肌钙蛋白结合处及时脱离，而且还需要 ATP 参与。当缺血缺氧等致 ATP 缺乏时，肌球-肌动蛋白复合体不能分离，同时钙泵运转障碍，不能将 Ca^{2+} 从肌质中移去，因而心肌处于收缩状态，严重影响心脏的舒张充盈。

3. 心室舒张势能降低　心室舒张势能来自心室的收缩，心室收缩越好这种势能越大，越有利于心室舒张。因此，凡能使心肌收缩性减弱的病因也可通过减小心室舒张势能而影响心室的舒张。另外，冠状动脉灌流充盈不足，也会影响心室的舒张势能。

4. 心室顺应性降低　心室顺应性（ventricularcomPIiance）是指心室在单位压力变化下所引起的容积改变。心肌肥大、心肌炎、心肌纤维化时，因室壁僵硬度增加，致心室顺应性降低，妨碍了心室的充盈。

(四)心室各部舒缩活动不协调

正常心脏各部如左-右心之间、房-室之间、心室本身各区域的舒缩活动处于高度协调的工作状态。当心肌梗死、心肌炎时,心室壁各部舒缩在空间和时间上不协调。表现为:①部分心肌收缩减弱;②部分心肌无收缩;③部分心肌收缩性膨出,即当心肌收缩时,病变区反而向外膨出;④各部心肌收缩不同步(如心脏内传导障碍)(图15-19)。由此,心室各部舒缩活动的不协调性可引起心血泵功能紊乱,心排血量下降而发生心力衰竭。

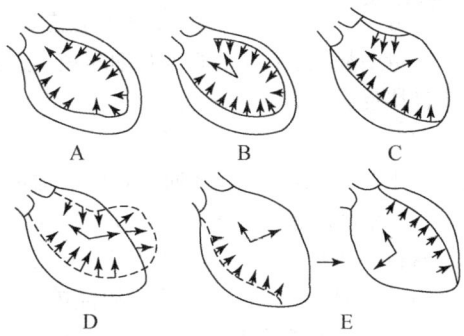

图15-19 心室各部舒缩活动不协调
A.正常;B.收缩减弱;C.局部收缩不能;D.收缩性膨出;E.收缩不同时

三、心力衰竭时机体的代偿反应及其意义

心脏负荷过重或心肌受损时,机体会激活一系列代偿机制以满足正常活动的需要。首先是神经-体液调节机制的激活,进而导致心脏本身及心外组织器官的代偿适应性变化。

(一)神经-体液调节机制的激活

1. 交感-肾上腺髓质系统激活 心力衰竭时心排血量减少,动脉血压降低,对颈动脉窦和主动脉弓的压力感受器刺激减弱,使交感神经兴奋,或心排血量减少,心室舒张末期压力增高,刺激右心房和腔静脉的压力感受器,也使交感神经兴奋,导致儿茶酚胺释放增多。儿茶酚胺一方面通过刺激β受体促进Ca^{2+}内流,增强心肌收缩、加快心率、增加心排血量;另一方面通过刺激α受体引起外周血管选择性收缩,使血流重新分配,保证心、脑等重要器官的灌流,短期内产生明显代偿作用。

但交感-肾上腺髓质系统长期过度激活,却是心力衰竭恶化的重要因素:①心率过快使心舒张期缩短,冠状动脉供血不足;②外周血管阻力持续增加,使心脏后负荷加重;③过量儿茶酚胺使心肌细胞膜离子转运异常,诱发心律失常;④内脏器官长期缺血致其代谢、功能和结构改变。

2. 肾素-血管紧张素-醛固酮系统的激活 心排血量减少导致的肾血流灌注减少,可激活RAAS。血管紧张素,尤其是AngⅡ增加可直接通过缩血管作用,以及与去甲肾上腺素的协同作用,对血流动力学稳态产生明显影响。醛固酮增加可促进远曲小管和集合管上皮细胞对水、钠的重吸收,通过维持循环血量保持心排血量正常。

但RAAS的过度激活会对机体产生不利影响:①过度的血管收缩加重左心室后负荷;②AngⅡ可促进心肌和非心肌细胞(包括成纤维细胞、血管平滑肌细胞、内皮细胞等)肥大或增殖;③水、钠潴留引起的血容量增加可使已经升高的心室充盈压进一步升高;④醛固酮还可促进心的成纤维细胞合成胶原使心室纤维化。

此外,由心房分泌的心房钠尿肽(ANP),不但具有利钠排尿、舒张血管平滑肌和降血压作用,还可抑制肾素和醛固酮的产生。ANP与RAAS的平衡可决定心力衰竭发展的严重程度。

(二)心脏代偿反应

心脏本身的代偿包括功能代偿(心率增快、心脏紧张源性扩张)和结构代偿(心室重构),功能代偿可以在短时间内被迅速动员,而结构代偿则是心脏长期负荷过重时的主要代偿方式。

1. 功能代偿

(1)心率增快:心率增快是一种能迅速发挥作用的代偿形式。一定范围内的心率加快,可以增加每分心排血量。但心率过快,超过 180 次/分时,由于心舒张期缩短,心室充盈不足,致使每搏输出量明显减少;加上心舒张期缩短,使冠脉的灌流量减少,心率加快,使心肌耗氧量增加。此时,心率过快反而失去代偿意义。

(2) 心脏紧张源性扩张:容量负荷增加时,心肌纤维初长度增大。在一定范围内(肌节的初长度为 1.7~2.2μm),随肌节长度的增加,心肌收缩力逐渐增大。这种伴有心肌收缩力增强的心脏扩张,称紧张源性扩张。当肌节初长度为 2.2μm 时,横桥有效数目最多,心肌产生的收缩力最大;当心室进一步扩大,肌节初长度超过 2.2μm 时,心肌收缩力和心排血量反而会降低,这种伴有心肌收缩性减弱的心脏扩张称为肌源性扩张,是一种代偿失调后的扩张;当肌节长度超过 3.65μm 时,因粗、细肌丝不能重叠,肌节丧失收缩能力。

(3) 心肌收缩性增强:心力衰竭时,由于神经内分泌系统的激活,儿茶酚胺、AngⅡ及其他正性肌力作用的物质分泌增加,加强心肌的收缩能力,心排出量增加。但心肌收缩力的加强,必然会导致心肌耗氧量的增加,在缺血性心脏病所致的心力衰竭中,有可能会恶化心功能,致使这种代偿机制受到限制。

2. 心室重构　心室重构(ventricular remodeling)是心室在长期容量和压力负荷增加时,通过改变心室结构、功能和表型而发生的慢性代偿适应性反应。包括心肌重量、心室容量和心室形状的改变。心室重构时,心肌细胞、非心肌细胞和细胞外基质均会发生明显变化。

(1) 心肌肥大:常伴有其他细胞的增生,可导致心室壁增厚,心脏重量增加。心肌肥大包括向心性肥大和离心性肥大两种。心肌肥大不伴心腔扩大时称向心性肥大,多在后负荷过重的基础上发生。心肌肥大伴心腔扩大者称离心性肥大,多在前负荷过重的基础上发生。心肌肥大是心肌长期超负荷工作时发生的一种慢性代偿机制。

但是,过度肥大的心肌将丧失其代偿功能,并转化为促进心力衰竭发生发展的重要因素。这是因为肥大心肌具有不平衡性生长特性,即心肌体积的增长超过神经、血管和细胞器的生长,导致心肌交感神经末梢、毛细血管、线粒体分布密度相对下降,使心肌细胞处于相对缺血、缺氧和能量不足的状态,并且肥大心肌肌质网 Ca^{2+} 转运障碍,加上心肌间质胶原增生导致的心肌顺应性降低,从而促进心力衰竭的发生。

(2) 非心肌细胞及细胞外基质的变化:非心肌细胞包括成纤维细胞、血管平滑肌细胞、内皮细胞等,参与细胞外基质变化的主要是成纤维细胞,它是细胞外基质的关键来源。细胞外基质中最主要的是Ⅰ型和Ⅲ型胶原纤维。胶原纤维的量和成分是影响心肌顺应性的重要因素。心室重构时,AngⅡ、去甲肾上腺素和醛固酮等可促进非心肌细胞活化或增殖,分泌大量不同类型的胶原,导致心肌间质的增生与重构。但是过度的非心肌细胞增殖及基质重构可导致室壁顺应性降低,冠状动脉管壁增厚,心肌细胞氧供减少并促进心肌的凋亡和纤维化,甚至影响心肌细胞之间的信息传递。

(三)心外代偿反应

1. 血容量增加　主要是由于钠、水潴留使血容量增加,导致回心血量增加和心室充盈压升高。血容量增加在一定范围内可提高心搏出量和组织的血液灌流量,故具有代偿意义。但钠、水潴留过多,不仅会出现水肿,反而加重心脏前负荷。

2. 外周血液重新分配　心力衰竭时,交感-肾上腺髓质系统兴奋可导致血流重新分布。其中肾血管收缩明显,血流量显著减少,其次是皮肤、骨骼肌和腹腔器官的血管收缩,而心、脑血管不收缩,这样既能防止血压下降,又能保证心、脑等重要脏器的血液供应,故具有代偿意义。但次要器官长期缺血缺氧,会出现功能障碍,以及因缺氧和氧化不全产物的蓄积可使局部出现缺血后充血,最终导致重要器官缺血,失去代偿作用。

3. 红细胞增多　心力衰竭造成循环性缺氧,刺激肾脏促红细胞生成素(EPO)生成、释放增加,

EPO促进骨髓造血功能增强，使红细胞和血红蛋白增多，增加了携氧能力，具有一定的代偿意义。但红细胞过多，会造成血液黏度增加，加重心脏负荷。

4. 组织利用氧的能力增强　心力衰竭时，细胞内线粒体数目增加和线粒体氧化磷酸化酶系活性增强，促进组织利用氧的能力（图15-20）。

四、心力衰竭时机体的功能和代谢变化

心力衰竭时，患者明显的临床症状和体征均由心排血量不足、肺循环和体循环淤血引起（图15-21）。

（一）心排血量减少

心泵血功能的降低可通过以下指标来反应：①心排血量是反映心泵功能的综合指标。

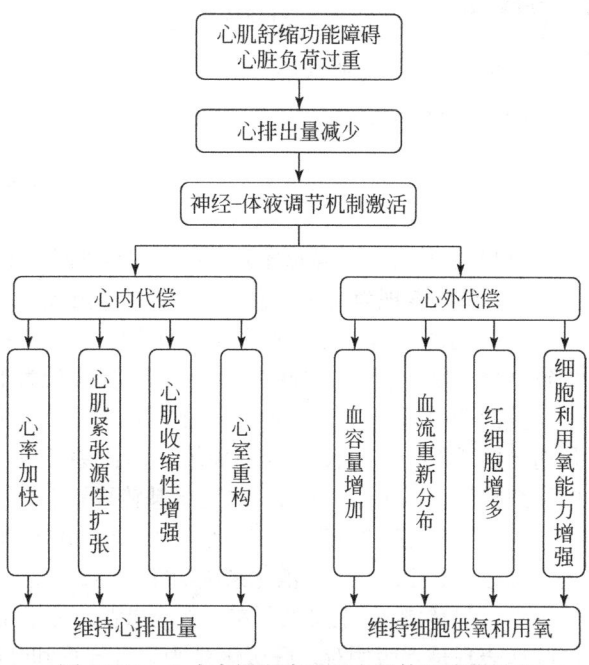

图15-20　心力衰竭发病过程中机体的代偿反应

正常人的心排血量为3.5～5.5L/min，心力衰竭时可降低到2.5L/min以下。②心脏指数（cardiac index，CI）是指单位体表面积的每分钟心排血量。正常人心脏指数为2.5～3.5L/（min·m²），心力衰竭时常减少到2.5L/（min·m²）以下。③射血分数（ejection fraction，EF）是每搏输出量与心室舒张末期容积的比值，正常为0.56～0.65。心力衰竭时，心肌收缩性减弱，每搏输出量减少，心室收缩末期余血增多，舒张末期容积增大，射血分数可降低到0.5以下。④心房压和心室舒张末期压升高是心力衰竭时出现的较早变化，由于射血分数降低，心室射血后残余血量增多，使心室舒张末期容积增大，前负荷增加，导致心室充盈受限。常用肺动脉楔压和中心静脉压分别反映左心和右心功能。左心衰竭时肺动脉楔压（即肺小动脉末端毛细血管的压力，它接近于左房压和左室舒张末期压）升高，右心衰竭时中心静脉压（接近于右心房压和右室舒张末期压）升高。

（二）器官血流量重新分配

在心力衰竭的早期阶段，皮肤、骨骼肌、肾及腹腔内脏血流量显著减少，可出现皮肤苍白、皮温降低、乏力、尿量减少；心、脑血流量可维持在正常水平。当心力衰竭发展到严重阶段，心、脑血流量亦可减少。脑血流减少可致头晕、头痛、记忆力减退、烦躁不安

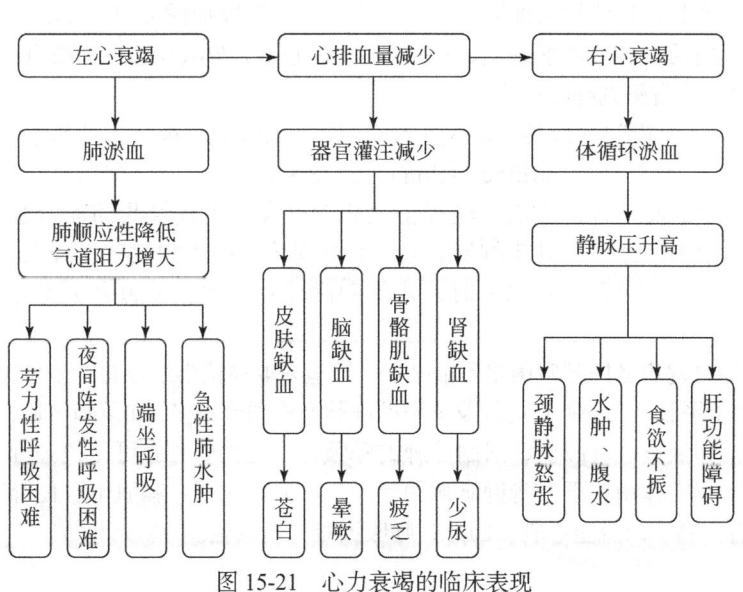

图15-21　心力衰竭的临床表现

甚至晕厥等,严重者可出现阿斯综合征。急性严重心力衰竭时,心排血量急剧减少,机体来不及发挥代偿,可出现心源性休克。

(三)静脉淤血

1. 体循环淤血 见于右心衰竭及全心衰竭,主要表现为体循环静脉系统过度充盈、静脉压升高、内脏充血和水肿等。

(1)静脉淤血和静脉压升高:右心衰竭时,上、下腔静脉回流受阻,可出现静脉淤血、静脉压升高,临床表现为颈静脉怒张、肝颈静脉反流征阳性等。

(2)水肿:是右心衰竭及全心衰竭的主要临床表现之一。水、钠潴留及毛细血管内压升高可导致全身水肿,也称心源性水肿。临床主要表现为下肢水肿、腹水及胸腔积液等。

(3)肝大及肝功能异常:因下腔静脉回流障碍使肝静脉压升高,引起肝淤血、水肿,局部压痛。长期慢性肝淤血,可引起肝细胞萎缩、变性,甚至死亡,最终可出现淤血性肝硬化(心源性肝硬化)。因肝细胞变性、坏死,患者可出现氨基转移酶水平增高及黄疸。

(4)胃肠道功能改变:慢性心力衰竭时由于胃肠道淤血明显,患者可出现消化不良、食欲减退、恶心、呕吐、腹泻等消化系统功能障碍的表现。

2. 肺循环淤血 主要见于左心衰竭患者。肺淤血严重时,可出现肺水肿。肺淤血、肺水肿的共同临床表现是呼吸困难。呼吸困难为患者气短和呼吸费力的主观感觉,具有一定的限制体力活动的保护意义,也是判断左心衰竭程度的指标。

(1)呼吸困难的发生机制:①肺淤血、水肿,使肺顺应性降低,肺僵硬度增加,肺泡通气量减少;②肺毛细血管压增高,肺间质水肿,可刺激肺泡毛细血管感受器和肺泡牵张感受器,反射性引起呼吸变快变浅;③肺淤血、水肿时,常伴有支气管黏膜充血、水肿,呼吸道阻力增加,肺泡通气量减少;④肺淤血、水肿时,导致肺通气换气功能障碍,可出现动脉血氧分压降低,或伴二氧化碳分压增高,反射性地兴奋呼吸中枢,使呼吸加深加快。

(2)呼吸困难的表现形式

1)劳力性呼吸困难:轻度左心衰竭患者仅在体力活动时出现呼吸困难,休息后减轻或消失,称为劳力性呼吸困难,是左心衰竭的最早表现。这是由于体力活动时,①机体需氧增加,但衰竭的左心不能提供与之相适应的心排血量,机体缺氧加剧,刺激呼吸中枢使呼吸加深加快;②心率加快,舒张期缩短,一方面冠脉灌注不足,加剧心肌缺氧,另一方面,左心室充盈减少加重肺淤血;③右心回心血量增多,加重肺淤血,患者感到呼吸困难。

2)夜间阵发性呼吸困难:是指患者夜间入睡后,突然感到胸闷憋气而惊醒,被迫立即坐起,咳嗽和喘气后有所缓解,故又称心源性哮喘(cardiac asthma)。发生机制:①卧位时,体循环静脉血回流增加,肺淤血加重;②入睡后,迷走神经兴奋性相对升高,支气管收缩而口径变小,通气阻力加大;③熟睡后,中枢神经系统处于抑制状态,对外周传入刺激的敏感性降低,故只有在肺淤血比较严重,动脉血 PO_2 降到一定水平时,才能刺激呼吸中枢,使患者突感呼吸困难而惊醒。

3)端坐呼吸:是指严重的心力衰竭患者因呼吸困难不能平卧,被迫采取高枕半卧位甚至坐位,才能减轻呼吸困难的状态。这是由于平卧时,①腹腔内脏及下肢的静脉血液回流增多,加重肺淤血、肺水肿;②膈肌上升,胸腔缩小,肺活量显著减少,限制了肺的呼吸;③肥大的心脏可压迫肺静脉而加重肺淤血。而坐位时,由于重力作用,下半身静脉血回流少,肺淤血减轻;膈肌下移使肺活量增加,流经肺部的高氧分压血液易于回流至心脏。因此,呼吸困难有所减轻。

案例 15-1

患者男，36 岁。16 岁时出现过双膝关节疼痛，未予重视。4 年前出现发冷发热，干活易累，走路快时出现心悸、气短。10 天前出现发热、咽痛、心悸、气短加重。对症治疗效果不佳，收住入院。查体：体温 38.5℃，脉搏 122 次 / 分，血压 110/70mmHg。急性病容，全身皮肤有多处瘀斑及出血点。双侧扁桃体肿大，两肺湿性啰音，心尖区可闻及双期杂音，肝下缘位于右锁骨中线肋下 2.5cm 处，脾未触及，双下肢凹陷性水肿。血 WBC 9.8×10^9/L，中性粒细胞 0.84，淋巴细胞 0.16。入院后给予抗感染等治疗，体温下降不明显。与入院后 2 周，突然出现右侧肢体瘫痪，失语。

思考题：
1. 分析该病的发展过程并给出病理诊断。
2. 试解释临床主要症状和体征。

案例 15-2

患者男，62 岁，干部。高血压病史十余年。2 年前出现头痛、头晕，健忘等症状。于入院前 2 小时前因情绪激动突然出现剧烈头痛、视物模糊、呕吐及右侧脸麻木及右侧肢体瘫痪，急诊入院。体检：血压 200/110mmHg，神志不清，口角向左侧歪斜，双肺（－），心率 90 次 / 分，心音弱，肝脾未触及，双下肢无水肿，左侧上、下肢肌力为零。尿蛋白（＋）。

思考题：
1. 做出病理诊断及根据。
2. 试解释临床主要症状和体征。

案例 15-3

患者男，47 岁。1 年前因劳累出现胸痛，并放射到左肩、左臂，休息或服用硝酸酯剂后症状缓解消失。1 天前因情绪激动，出现心前区持续性压榨样疼痛，服用硝酸酯剂后无缓解，急诊入院。入院时血压 90/60mmHg，颜面发绀，双肺底可闻及湿性啰音，心率 120 次 / 分，心音低钝。血清肌酸磷酸激酶升高。心电图显示左心室前壁、心尖部及室间隔前 2/3 心肌梗死。

思考题：
1. 做出病理诊断及根据。
2. 试解释临床主要症状和体征。

（李能莲）

知识链接——瘦素与肥胖

瘦素（leptin）是脂肪细胞肥胖基因（ob 基因）的产物。由美国科学家道格拉斯·高尔曼和杰弗理·弗理德曼在研究糖尿病和体重相关性时发现。当机体摄食过多、脂肪储存增加时，脂肪细胞就会分泌瘦素。这种激素能抑制食欲，增加能耗，促进脂肪分解，维持机体脂肪的恒定。瘦素的分泌具有节律性，晚上出现波峰，白天出现波谷。女性瘦素水平较男性高。如果瘦素基因自发突变，则导致病态肥胖、食欲亢进、胰岛素抵抗等。所以，瘦素的发现让人们对肥胖病的理解和认识有了飞跃，向着摆脱肥胖又迈进一步。由于瘦素对于治疗肥胖症有着非常好的疗效，堪称"减肥素"。预计在不久的将来以瘦素为主要成分的减肥药，很有可能会出现在我们的生活当中，从而在很大程度上改变普通人的生活。

第十六章 呼吸系统疾病

肺炎
  大叶性肺炎
  小叶性肺炎
  间质性肺炎
慢性阻塞性肺疾病
  慢性支气管炎
  肺气肿

支气管哮喘
支气管扩张症
慢性肺源性心脏病
呼吸系统常见肿瘤
  鼻咽癌
  肺癌
呼吸衰竭
  病因和发病机制
  呼吸衰竭时机体功能和代谢的变化

  呼吸系统包括鼻、咽、喉、气管、支气管和肺。以喉环状软骨为界将呼吸道分为上、下两部分。气管在肺门处分为左、右两个主支气管,伴随支气管的分支走行,肺内有双重血液循环供应即肺动脉和支气管动脉,后者属体循环系统。支气管由肺门进入肺内逐级分支为小支气管、细支气管至终末细支气管,共同构成气体出入的传导部分;终末细支气管之后为管壁有肺泡开口的呼吸性细支气管、肺泡管、肺泡囊直至肺泡,构成肺的呼吸部分。肺泡衬以Ⅰ型肺泡上皮和Ⅱ型肺泡上皮,后者产生肺泡表面活性物质,并且是肺泡损伤后主要的增生细胞。肺泡壁内含有毛细血管,其基底膜与肺泡上皮细胞基底膜融合在一起构成的气血屏障是肺组织气血交换的场所。
  由于呼吸道与外界直接相通,外界的各种病原微生物、有害气体、粉尘等均可随空气进入呼吸系统引起病变。常见的呼吸系统疾病很多,本章仅就肺炎、慢性阻塞性肺疾病、慢性肺源性心脏病、常见的恶性肿瘤及各种原因引起的呼吸衰竭做重点介绍。

第一节 肺炎

  肺炎(pneumonia)通常是指肺的急性渗出性炎症,是呼吸系统的常见病、多发病。根据病因不同,肺炎可分为感染性(如细菌性、病毒性、支原体性、真菌性和寄生虫性)肺炎、理化性(如放射性、类脂性和吸入性)肺炎及变态反应性(如过敏性)肺炎;根据炎症发生部位,分为肺泡性肺炎、间质性肺炎;根据病变累及的范围,分为大叶性肺炎、小叶性肺炎和节段性肺炎;根据炎症性质可分为浆液性、纤维素性、化脓性、出血性、干酪性及肉芽肿性肺炎等。这里重点介绍几种临床常见的肺炎。

一、大叶性肺炎

大叶性肺炎（lobar pneumonia）主要由肺炎链球菌引起，病变累及肺大叶的大部或全部肺组织，是以肺泡内弥漫纤维素性渗出为主的急性炎症。本病多见于青壮年，冬春季节多见。临床表现为起病急骤，常以寒战、高热开始，继而出现胸痛、咳嗽、咳铁锈色痰、呼吸困难等症状，并常伴有肺实变体征及外周血白细胞增多。一般病程为 5～10 天，体温下降，症状消退。

（一）病因和发病机制

本病 90% 以上由肺炎链球菌感染引起，以 1、3、7 和 2 型多见，以 3 型毒力最强。少数由肺炎克雷伯菌、金黄色葡萄球菌、流感嗜血杆菌及溶血性链球菌等引起。肺炎链球菌寄生于健康人的鼻咽部，使肌体对该菌处于致敏状态，当感冒、受寒、醉酒、疲劳和麻醉时，呼吸道防御功能受损，细菌侵入肺泡而发病。进入肺泡的细菌迅速繁殖并引发肺组织的急性变态反应，使肺泡间隔毛细血管扩张，通透性升高，浆液和纤维蛋白原大量渗出。细菌和炎性渗出物沿肺泡间孔或呼吸性细支气管迅速向邻近肺组织蔓延，波及部分或整个肺大叶，而肺大叶之间的蔓延则是经叶支气管播散的。

（二）病理变化及临床病理联系

大叶性肺炎的主要病理变化是肺泡腔内的纤维素性炎。常见于单侧肺，以左肺下叶多见，其次为右肺下叶，也可同时或先后发生于两个或多个肺叶。病变发展具有明显的阶段性，典型的自然发展过程可分为四期。

1. **充血水肿期** 为发病第 1～2 天，病变肺叶肿胀，重量增加，呈暗红色，切面湿润并可挤出多量血性浆液。镜下见肺泡间隔内毛细血管弥漫性扩张充血，肺泡腔内有大量浆液性渗出物及少量红细胞、中性粒细胞和巨噬细胞（图 16-1）。渗出物中可检出肺炎链球菌。

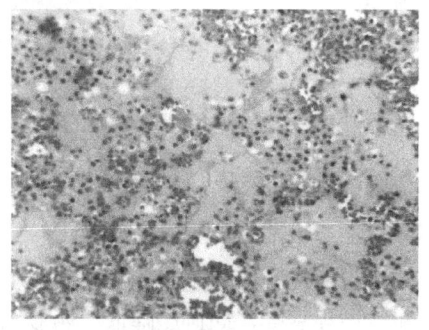

图 16-1 大叶性肺炎 充血水肿期
肺泡壁毛细血管扩张充血，肺泡腔内可见大量浆液

此期临床常有因毒血症而引起的寒战、高热、外周血中白细胞计数增高等。X 线检查显示肺纹理增粗及均匀的片块状阴影。

图 16-2 大叶性肺炎 灰色肝样变
病变肺叶肿胀，呈灰黄色，质实如肝

2. **红色肝样变期** 为发病第 3～4 天，病变肺叶肿胀，重量增加，切面呈暗红色，质地变实如肝脏，故称为红色肝样变期。相应部位的胸膜面有纤维素性渗出物覆盖。镜下见肺泡壁毛细血管仍扩张充血，肺泡腔内充满纤维素和大量红细胞，并可见少量中性粒细胞和巨噬细胞。纤维素连接成网并常穿过肺泡间孔与相邻肺泡中的纤维素网相连接，这样既防止了细菌的扩散和减少毒素的吸收，又为巨噬细胞提供了更多的吞噬表面，促进了吞噬作用。

此时，由于毛细血管仍扩张充血，肺泡腔充满炎性渗出物，可致换气功能不足，未经氧合的血液增多，出现发绀等缺氧症状。肺泡腔内的红细胞被巨噬细胞吞噬，崩解后形成含铁血黄素混入痰中，使咳出的痰呈铁锈色；

病变波及胸膜时,引发胸痛,并随呼吸和咳嗽而加重;此期渗出物中仍可检出肺炎链球菌。X线检查可见大片致密阴影,常波及一个肺段或肺大叶。

3. 灰色肝样变期　一般在发病第5~6天,病变肺叶仍肿胀,但充血消退,切面干燥粗糙呈颗粒状,病变区由暗红转为灰白色,质实如肝,故称灰色肝样变期(图16-2)。镜下见肺泡腔内纤维素渗出继续增多,相邻肺泡间纤维素穿过肺泡间孔连接的现象更为多见,纤维素网中有大量中性粒细胞。肺泡壁毛细血管受压,充血减退,红细胞被巨噬细胞吞噬而消失,肺泡腔内几乎很少见到红细胞。

此期肺泡虽仍不能充气,但病变肺组织内因肺泡间隔毛细血管受压,血流量显著减少,未经氧合的血液含量明显减少,故缺氧状况反而得以改善。患者的其他临床症状开始减轻,咳出的铁锈色痰逐渐转为黏液脓痰。渗出物中的致病菌除被中性粒细胞吞噬杀灭外,此时机体的特异性抗体也已形成,故不易检出肺炎链球菌。

4. 溶解消散期　约在发病1周左右,此时机体防御功能显著增强。病变肺组织质地变软,切面颗粒状外观逐渐消失,按压时有脓样混浊液体溢出。镜下见肺泡腔内中性粒细胞大多变性坏死,释放出大量蛋白水解酶将渗出物中的纤维素溶解,溶解物经气道咳出或经淋巴管吸收,肺内实变病灶消失,肺泡腔重新恢复通气,肺组织逐渐恢复正常的结构和功能。胸膜渗出物亦被吸收或机化。此期,患者体温下降,临床症状和体征减轻、消失,X线检查病变区阴影密度逐渐降低,此期历时1~3周。

上述各期病变的发展是连续的,彼此之间并无绝对界限,同一肺叶的不同部位也可出现不同阶段病变,尤其是病变早期使用抗生素后,常干预疾病的自然过程,故临床已很少见到典型四期病变过程,常表现为节段性肺炎,病程也明显缩短。

(三)结局及并发症

绝大多数患者经及时治疗均可痊愈,如延误诊断或治疗不及时则可发生以下并发症:

1. 感染性休克　见于重症病例,是大叶性肺炎最严重的并发症。可引起严重的全身中毒症状和微循环衰竭,如血压降低、四肢厥冷、多汗、发绀等,称中毒性或休克性肺炎,常见于重症大叶性肺炎的早期。临床较常见、死亡率高。

2. 肺脓肿及脓胸　见于病原菌毒力强或机体抵抗力低下时。金黄色葡萄球菌和肺炎球菌混合感染者,易并发肺脓肿,并常伴有脓胸。

3. 肺肉质变(pneumonary carnification)　亦称机化性肺炎。由于肺内炎性病灶中中性粒细胞渗出过少,释放的蛋白酶量不足以溶解渗出物中的纤维素,大量未被溶解吸收的纤维素发生机化,病变肺组织呈褐色肉样外观,故称肺肉质变。

4. 胸膜增厚或粘连　大多数大叶性肺炎伴有纤维素性胸膜炎,但一般均随肺炎病变的消散而消散,若胸膜及胸腔内渗出的纤维素不能被完全溶解吸收,则可发生机化,并导致胸膜增厚或粘连。

5. 败血症或脓毒败血症　少见,发生在严重感染或患者抵抗力极为低下时,由于细菌侵入血液大量繁殖并产生毒素所致。

二、小叶性肺炎

小叶性肺炎(lobular pneumonia)是以肺小叶为病变单位的急性渗出性炎症,其中绝大多数为化脓性炎症。由于病变以细支气管为中心向周围肺组织扩展,故又称支气管肺炎。临床上有发热、咳嗽、咳痰等症状,肺部听诊可闻及散在湿性啰音。多见于小儿、年老体弱或久病卧床的患者。

(一)病因和发病机制

小叶性肺炎大多由细菌感染引起。常见的致病菌为致病力较弱的4、6、10型肺炎球菌、葡萄球菌、流感嗜血杆菌、肺炎克雷伯菌、链球菌及大肠埃希菌等,往往是多种细菌的混合感染。这些病原菌多为正常人上呼吸道的常驻寄生菌,当患者在传染病或营养不良、心力衰竭、恶液质、昏迷和手术后等状况下,由于机体抵抗力降低,呼吸系统防御功能受损,上述细菌就可侵入细支气管与末梢肺组织,引起小叶性肺炎。因此,小叶性肺炎常是某些疾病的并发症。故临床上根据继发原因把某些小叶性肺炎又称为麻疹后肺炎、吸入性肺炎、坠积性肺炎等。

(二)病理变化

肉眼观察,双肺表面和切面可见散在分布的灰黄色或暗红色实性病灶,以下叶背侧多见,病灶大小不一,直径多为0.5~1cm(相当于1个小叶范围),形态不规则,病灶中央常可见细支气管的横断面,挤压时有脓性液体溢出。严重病例,病灶可互相融合,甚或累及整个大叶,称融合性小叶性肺炎,一般不累及胸膜。

光镜下,细支气管壁血管扩张充血,中性粒细胞浸润,黏膜上皮细胞坏死脱落,管腔内有大量中性粒细胞、浆液、脓细胞、崩解脱落的黏膜上皮细胞。细支气管周围受累的肺泡壁毛细血管扩张、充血,肺泡腔内见大量中性粒细胞、脓细胞、坏死脱落的肺泡上皮细胞及少量红细胞和纤维素,病灶周围肺组织呈不同程度的代偿性肺气肿(图16-3)。

由于病变发展阶段不同,各病灶的病变程度不一,病变早期主要为炎性充血水肿,浆液渗出,严重的病例,可表现为化脓性炎,支气管和肺组织结构破坏,程度较轻者仅表现为细支气管及其周围炎。

(三)临床病理联系

支气管黏膜由于炎性渗出物刺激及黏液分泌增多可引起咳嗽、咳痰,痰液往往为黏液脓性或脓性。由于病变细支气管及肺泡腔内有炎性渗出物,呼吸时气流通过,听诊可闻湿性啰音。由于病灶呈散在小灶分布,一般无实变体征,但融合性病变范围达到3~5cm以上时,也可出现实变。X线检查可见散在不规则小片状或斑点状阴影。病变重者由于肺换气功能障碍,病变区肺泡壁毛细血管内血液得不到充分氧合而造成缺氧,引起患者呼吸困难和发绀。

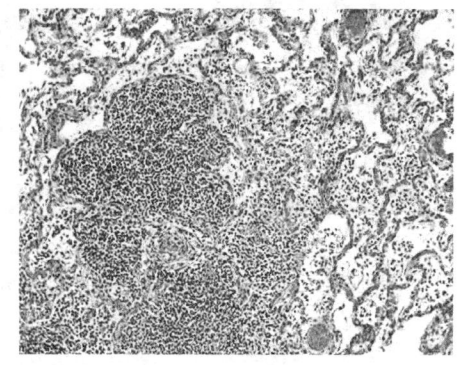

图16-3 小叶性肺炎
细支气管腔及周围肺泡腔内充满
以中性粒细胞为主的炎性渗出物

(四)结局及并发症

本病大多数经及时有效治疗可以痊愈。但继发其他严重疾病者,预后较差,尤其是幼儿及老年人。小叶性肺炎的并发症较严重,甚至可危及生命,常见的有呼吸衰竭、心力衰竭、脓毒败血症、肺脓肿和脓胸等。

三、间质性肺炎

间质性肺炎(interstitial pneumonia)是指发生在肺间质的炎症,主要由病毒或支原体引起。

（一）病毒性肺炎

病毒性肺炎（viral pneumonia）常常是因为上呼吸道病毒感染向下蔓延所致。引起该类肺炎常见的病毒有流感病毒、呼吸道合胞病毒、腺病毒、副流感病毒、麻疹病毒、单纯疱疹病毒及巨细胞病毒等。除流感病毒、副流感病毒外，其余病毒所致肺炎多见于儿童。单一病毒可引起发病，多种病毒混合感染或由继发细菌感染引起的也不少见。临床症状、病变特点及其严重程度可因病毒类型和患者免疫状态不同而差别较大，一般除有发热和全身中毒症状外，主要表现为剧烈咳嗽、气急和发绀等缺氧症状。

1. **病理变化** 肺组织因充血水肿而轻度肿大，无明显实变。镜下常表现为肺泡间隔明显增宽，其内血管扩张充血，间质水肿，淋巴细胞和单核细胞浸润，肺泡腔内一般无渗出物或仅有少量浆液（图16-4）。严重病例，肺泡腔内有巨噬细胞和多少不等的浆液与红细胞渗出，甚至出现肺组织坏死。

由流感病毒、麻疹病毒和腺病毒引起的肺炎，其肺泡腔内的浆液性渗出物常可浓缩成一薄层膜样物贴附在肺泡内表面，即透明膜形成。此外，细支气管和肺泡上皮可明显增生，并形成多核巨细胞，如麻疹性肺炎时出现较多的巨细胞，故又称巨细胞肺炎。在增生的上皮细胞和巨噬细胞内可见病毒包涵体，呈圆形或卵圆形，约红细胞大小，嗜酸或嗜碱性，周围有薄而不均匀的透明晕（图16-5）。包涵体在细胞内的位置可因病毒不同而异，腺病毒、单纯疱疹病毒和巨细胞病毒感染时，病毒包涵体出现在上皮细胞核内并呈嗜碱性，呼吸道合胞病毒感染时，出现在胞质呈嗜酸性，麻疹病毒感染时，胞质和胞核内均可见到。检出病毒包涵体是诊断病毒性肺炎的重要依据。

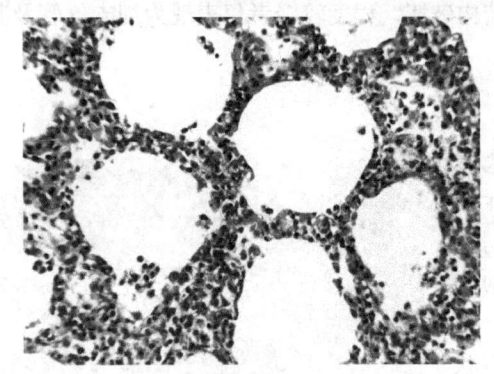

图16-4　病毒性肺炎
肺间质内可见大量单核细胞、淋巴细胞浸润，
肺泡间隔增宽，肺泡腔内渗出物很少

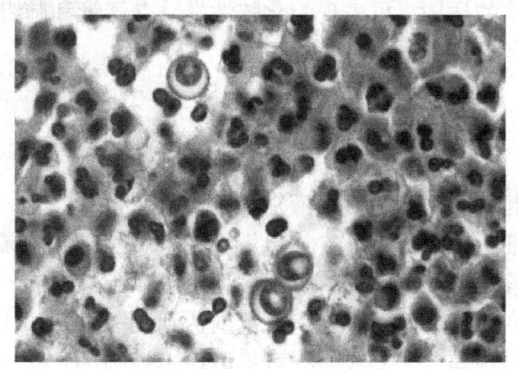

图16-5　病毒性肺炎
上皮细胞内核内可见嗜碱性，圆形或椭圆形，
周围有明显空晕的病毒包涵体

病毒性肺炎若为两种病毒合并感染或继发细菌感染，则病变将更严重和复杂。例如，麻疹肺炎合并腺病毒感染时病灶可呈小叶性、节段性和大叶性分布，且支气管和肺组织可出现坏死、出血（坏死性支气管炎和坏死性支气管肺炎）。继发细菌感染时，常混杂有化脓性病变，可掩盖病毒性肺炎的病变特征。

2. **结局及并发症** 病毒性肺炎无并发症者预后较好，严重者预后较差，可并发心功能不全及中毒性脑病。

附：严重急性呼吸综合征

严重急性呼吸综合征（severe acute respiratory syndrome，SARS）是由SARS冠状病毒引起的急性传染病，曾称"传染性非典型肺炎"。具有起病急、传染性强、播散性广等特征，对人群健康构成极大威胁。2002年11月在我国广东发现首例非典型肺炎，数月内波及全球26个国家和地区，报告病例8098例，死亡774例，曾在我国部分省市呈暴发流行趋势。2003年7月WHO将这种新的以呼吸道传播为主的急性传染病正式命名为严重急性呼吸综合征。目前已确定引起本病的病原体为一种新型SARS冠状病毒（coronavirus，SARSCoV），患者为本病的重要传染源，特别是急性期患者的呼吸道分泌物、血液中病毒含量很高。传播途径主要以近距离空气飞沫传播为主，直接接触患者血液、尿液及粪便也可被感染，人群不具有免疫力，普遍易感，发病有家庭和医院聚集现象。发病机制尚未阐明，可能与病毒直接损伤呼吸系统和免疫器官有关。

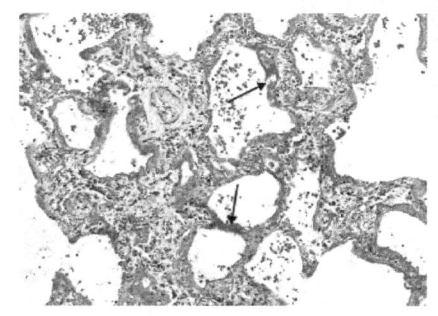

图 16-6 病毒性肺炎
肺泡腔内充满大量脱落的上皮细胞及渗出的单核细胞、淋巴细胞，肺泡腔内可见透明膜形成（箭头所示）

临床上SARS起病急，常以发热为首发症状，体温一般高于38℃，可伴有头痛、关节和肌肉酸痛。干咳少痰，严重者出现呼吸窘迫。外周血白细胞不高或降低，常有淋巴细胞计数减少。X线检查：双肺呈大片云絮状、片状阴影。部分SARS死亡病例尸检报告显示，病变主要集中在肺和免疫系统，心、肝、肾、肾上腺等实质器官有不同程度累及。

1. 肺部病变　肉眼观双肺呈斑块状实变或完全实变，表面暗红色，切面可见肺出血灶及出血性梗死灶。镜下病变以弥漫性肺损伤为主，肺组织重度充血、水肿及出血。肺泡腔内充满大量脱落和增生的肺泡上皮细胞及渗出的单核细胞、淋巴细胞和浆细胞。部分肺泡上皮细胞胞质内可见典型病毒包涵体。肺泡腔及肺泡管内广泛透明膜形成（图16-6）。部分病例肺泡腔内渗出物出现机化，呈肾小球样。肺小血管壁可见纤维素样坏死伴血栓形成，微血管内可见透明血栓。

2. 脾和淋巴结病变　脾体积略有缩小，质软。镜下脾小体明显萎缩，脾中央动脉周围淋巴鞘内淋巴细胞减少，红髓内淋巴细胞稀疏，白髓和被膜下淋巴组织大片或灶性出血坏死。肺门及腹腔淋巴结皮髓质分界不清，皮质区淋巴细胞数明显减少，并常出现淋巴组织灶性坏死。

3. 心、肝、肾及肾上腺等器官　除小血管炎症病变外，均有不同程度变性、坏死和出血。

本病经过凶险，但如能及时发现并积极有效治疗，大多数可以治愈，约5%严重病例可死于呼吸衰竭。

（二）支原体肺炎

支原体肺炎（mycoplasmal pneumonia）是由肺炎支原体引起的一种间质性肺炎。本病多见于儿童和青少年，成人由于隐性感染获得一定的免疫力而很少患病。该病通常为散发，偶见流行。临床上起病较急，多有发热、顽固而剧烈的咳嗽与气促等症状，咳痰常不显著。X线显示节段性肺纹理增粗及网状或片状阴影。本病在临床上不易与病毒性肺炎相鉴别，可通过对患者痰、鼻分泌物和咽拭子培养检出肺炎支原体而确诊。

1. 病理变化　病变可以波及整个呼吸道，引起气管炎、支气管炎和肺炎。常累及一叶肺组织，呈节段性分布，下叶多见。肉眼观病变肺组织呈暗红色，切面可有少量红色泡沫状液体溢出，支气管和细支气管腔内有黏液性渗出物，胸膜一般不受累。镜下见病变区肺泡间隔明显增宽，血管扩张充血，并有大量淋巴细胞、浆细胞和单核细胞浸润。肺泡腔内无渗出物或仅有少量混有单核细胞的浆液性渗出物。小支气管和细支气管壁及其周围组织间质充血水肿，并有淋巴细胞和单核细胞浸润，伴细菌感染时可有中性粒细胞浸润。严重病例支气管黏膜上皮和肺组织可发生明显坏死、出血。

2. 结局及并发症　支原体肺炎一般预后良好，死亡率在 1% 以下。

第二节　慢性阻塞性肺疾病

慢性阻塞性肺疾病（chronic obstructive pulmonary disease，COPD）是一组慢性气道阻塞性疾病的总称，以肺实质和小气道受损导致慢性气道阻塞、呼气阻力增加和肺功能不全为共同特点。主要包括慢性支气管炎、支气管哮喘、支气管扩张症和肺气肿等疾病。

一、慢性支气管炎

慢性支气管炎（chronic bronchitis）简称慢支，是发生在支气管黏膜及其周围组织的慢性非特异性炎症，多见于中老年男性，发病率高达 15%～20%。临床主要特征为反复发作的咳嗽、咳痰或伴有喘息症状，且每年持续发病 3 个月，至少连续两年以上。常在冬春季节加重，夏季缓解。由于病程长、反复发作，部分患者晚期可发展为肺气肿和慢性肺源性心脏病。

（一）病因和发病机制

慢性支气管炎常是体内、外多种因素长期综合作用的结果。

1. 外源性因素　反复病毒感染和继发细菌感染与本病的发生、发展密切相关，凡能引起上呼吸道感染的病毒和细菌均在慢性支气管炎病变发展过程中起重要作用。吸烟、大气污染和气候变化与慢性支气管炎的发生关系密切，烟雾中的焦油、尼古丁和镉等有害物质能损伤呼吸道黏膜，降低局部抵抗力，烟雾还可刺激小气道产生痉挛，从而增加气道的阻力。长期接触刺激性烟尘和粉尘，以及寒冷潮湿的空气可加重本病的进展。

2. 内源性因素　过敏性因素与慢性支气管炎也有一定关系，喘息型慢性支气管炎患者往往有过敏史。

3. 其他　副交感神经功能亢进时导致的气道平滑肌痉挛，以及维生素 A、维生素 C 等缺乏时不利于呼吸道黏膜损伤的修复等因素均与慢性支气管炎的发生有关。

（二）病理变化

病变主要累及大、中型支气管，镜下主要病变为：

1. 黏膜上皮的损伤与修复　由于炎性渗出和分泌物增多，使纤毛粘连、倒伏、脱失。上皮变性、坏死、修复，甚至化生为鳞状上皮（图 16-7），杯状细胞增生，分泌亢进。

2. 腺体增生、肥大及黏液腺化生　黏膜下腺体肥大增生，部分浆液腺、黏液腺化生。由于黏膜上皮及腺体分泌功能亢进，患者常出现咳嗽、咯黏痰。因黏痰阻塞，造成支气管完全或不完全阻塞。

3. 支气管壁其他组织慢性炎症及损伤　支气管壁充血水肿，淋巴细胞、浆细胞浸润。长期慢性炎症可致管壁的软骨钙化、骨化，平滑肌增生肥大（喘息型者）或断裂，管壁内胶原沉积。

慢性支气管炎反复发作必然导致病变程度逐渐加重，病变可沿支气管向纵深发展，引起小支气管与细支气管炎。受累的细支气管越多，气道阻力越高，肺

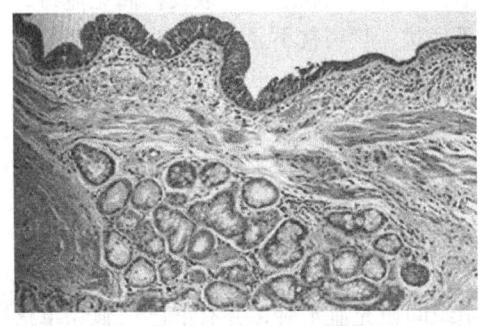

图 16-7　慢性支气管炎
支气管上皮纤毛倒伏、脱失，黏膜固有层及黏膜下层炎性细胞浸润，腺体增生及黏液腺化生

组织受损的程度也越严重。而且，炎症易向管壁周围组织及肺泡扩展，形成细支气管周围炎。细支气管炎和细支气管周围炎是引起慢性阻塞性肺气肿的病变基础。

（三）临床病理联系

患者因支气管黏膜受炎症刺激及分泌的黏液增多而出现咳嗽、咳痰等症状。痰液一般为白色黏液泡沫状。急性发作期，咳嗽加剧，并出现黏液脓性痰。支气管痉挛或狭窄及黏液和渗出物阻塞管腔常致喘息。某些患者可因支气管黏膜和腺体萎缩，分泌物减少而痰量减少或无痰。小气道的狭窄和阻塞可致阻塞性通气障碍，此时呼气阻力增加，最终使肺过度充气，残气量明显增多而并发肺气肿。

（四）结局及并发症

患者如能做好病因学预防，同时又能及时有效治疗细菌感染，增强机体抵抗力，慢性支气管炎可以逐渐痊愈。若病变加重，如由于慢性支气管炎导致小气道狭窄和阻塞，引起呼气阻力大于吸气，末梢小气道和肺泡因内压增高而过度充气与扩张，形成慢性阻塞性肺气肿；或慢性支气管炎并发阻塞性肺气肿，致肺循环阻力增大，肺动脉高压而发生慢性肺源性心脏病（肺心病）。

二、肺气肿

肺气肿（pulmonary emphysema）是末梢肺组织（呼吸性细支气管、肺泡管、肺泡囊和肺泡）因含气量增加而过度膨胀，并伴有肺泡间隔破坏，致肺泡相互融合、肺容积增大、功能降低的一种病理状态，是支气管和肺部疾病最常见的并发症。

（一）病因和发病机制

肺气肿常继发于慢性支气管炎，吸烟、空气污染及尘肺也是常见发病原因。另外，α_1-抗胰蛋白酶（α_1-antitrypsin，α_1-AT）水平降低或缺乏也与肺气肿发生关系密切。肺气肿发生与下列因素有关。

1. 细支气管阻塞性通气障碍　慢性支气管炎时，炎症病变使小、细支气管壁破坏、塌陷及纤维化，导致管壁增厚、管腔狭窄，同时黏液性渗出物增多和黏液栓形成，更加重小气道通气障碍，使肺排气不畅，残气量过多。

2. 呼吸性细支气管和肺泡壁弹性降低　正常时细支气管壁和肺泡壁上有弹力纤维，呈放射状分布起支撑作用，并通过弹力纤维回缩力排出末梢肺组织的残余气体。各种原因尤其是长期慢性炎症造成弹力纤维大量破坏，使细支气管及肺泡回缩力减弱，而阻塞性通气障碍又使细支气管和肺泡长期处于高张力状态，使弹性降低、回缩力减弱，残气量可进一步增多。

以上因素综合作用，使细支气管和肺泡腔残气量不断增多，压力升高，导致细支气管扩张，膨胀的肺泡破裂并相互融合成含气的囊泡，形成肺气肿。

（二）类型及病理变化

1. 类型　肺气肿一般分为肺泡性和间质性两大类。肺泡性肺气肿常合并有小气道阻塞性通气障碍，故也称阻塞性肺气肿。

（1）肺泡性肺气肿：病变发生在肺腺泡内，根据其发生的部位和范围不同，又分为：①腺泡中央型肺气肿，病变累及腺泡中央的呼吸性细支气管，肺泡管和肺泡囊扩张不明显（图16-8），故又称小叶中央型肺气肿。②腺泡周围型肺气肿，病变主要累及胸膜下肺组织的小叶周边部肺泡管和肺泡囊，呼吸性细支气管基本正常（图16-8）。③全腺泡型肺气肿，整个肺腺泡从呼吸性细支气管至肺泡弥漫性扩张，病变遍布于肺小叶。此型肺气肿的发生可能与先天性 α_1-抗

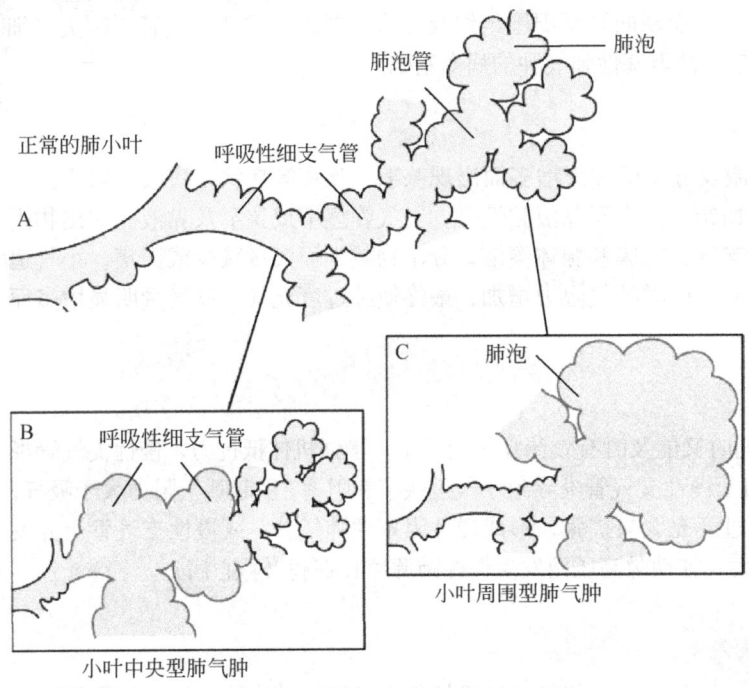

图 16-8 肺泡性肺气肿模式图

胰蛋白酶缺乏有关。

(2) 间质性肺气肿：在外伤或肺泡内压急剧升高时，肺泡间隔或细支气管壁破裂，空气进入肺间质形成间质性肺气肿。

(3) 其他类型肺气肿：①瘢痕旁肺气肿，是出现在肺组织瘢痕病灶周围的局限性肺气肿，若气肿囊腔直径超过2cm，称肺大疱，如发生在胸膜下可引起破裂，发生自发性气胸。②代偿性肺气肿，是肺炎性实变病灶周围及肺叶切除后残余肺组织的肺泡代偿性过度充气。③老年性肺气肿，是老年人由于肺组织弹性回缩力减弱使肺残气量增多而引起的肺膨胀。

2. 病理变化　肉眼可见肺体积显著膨大，颜色苍白，边缘钝圆，质软缺乏弹性，表面常有肋骨压痕，指压留痕（图16-9）。切面不同类型表现不一。镜下肺泡扩张，肺泡间隔变窄并断裂，相邻肺泡融合形成较大囊腔。肺泡间隔内毛细血管床数量减少，间质小动脉内膜纤维性增厚。细、小支气管呈慢性炎症改变。

3. 临床病理联系　患者除有慢性支气管炎的咳嗽、咳痰症状外，常出现因阻塞性通气障碍而发生的呼气性呼吸困难，气促、胸闷、发绀等缺氧症状。

严重肺气肿患者，由于肺泡长期膨胀，胸廓长期呈过度吸气状态，使肋骨上抬，肋间隙增宽，胸廓前后径加大，形成"桶状胸"。由于肺容积增大，X线检查肺野扩大，横膈下降，透亮度增高。语音震颤降低，叩诊呈过清音，心浊音界缩小或消失，呼吸音减弱，呼气延长。由于肺泡扩张或融合，肺毛细血管网被压迫而显著减少，导致肺循环阻力增高，肺动脉压升高，右心负担加重，引起慢性肺源性心脏病。肺边缘的肺大疱如发生破裂可引起自发性气胸。

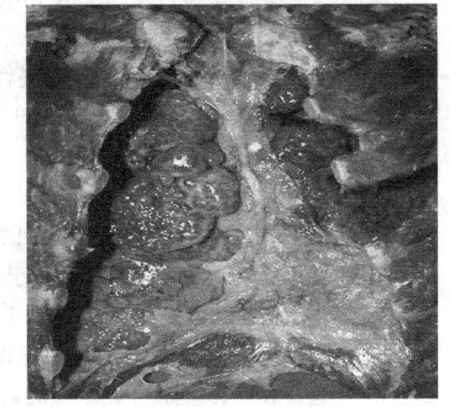

图 16-9　肺气肿
肺组织边缘钝圆，呈苍白色，质软呈囊泡状外观

三、支气管哮喘

支气管哮喘（bronchial asthma）简称哮喘，是由于各种内、外因素作用引发呼吸道过敏反应而导致的以支气管可逆性痉挛为特征的支气管慢性炎性疾病。各年龄段均可发病，约20%有家族史，好发于儿童和成年女性。临床表现为反复发作的伴有哮鸣音的呼气性呼吸困难、咳嗽或胸闷等症状，多在夜间或凌晨发病，多数患者可自行缓解或经治疗缓解，发作间歇期可全无症状。

(一)病因及发病机制

本病的病因复杂,多认为与多基因遗传有关,且与环境因素相互作用。诱发哮喘的变应原种类繁多,如尘螨、花粉、真菌、动物毛屑、二氧化硫、某些食品与药物等。呼吸道感染和精神因素亦可诱发哮喘。

哮喘的发病机制尚不清楚,多数研究者认为哮喘主要与变态反应、气道炎症、气道高反应性及神经因素等相互作用有关。变应原经呼吸道或其他途径进入机体后,激活 T 淋巴细胞并使其分化为 Th1、Th2,同时释放多种 IL。IL-4 可促进 B 淋巴细胞增殖、分化,形成浆细胞,产生 IgE 抗体,IgE 与肥大细胞、嗜碱粒细胞表面的高亲和性受体结合。当变应原再次进入体内,可与致敏的肥大细胞、嗜碱粒细胞表面的 IgE 抗体结合,合成并释放多种炎症介质,导致支气管平滑肌收缩、黏液分泌增加、血管通透性增强及炎症细胞浸润等。根据变应原激发后哮喘发作时间不同,可分为速发性反应和迟发性反应。一般在接触变应原后 15～20 分钟激发的支气管哮喘发作称为速发性反应,在 4～24 小时发作,则称为迟发性反应。

(二)病理变化

肉眼观,肺组织膨胀,柔软、疏松而有弹性。支气管腔内有黏稠的痰液及黏液栓,支气管壁增厚,黏膜肿胀充血,黏液栓阻塞局部见灶状肺不张。镜下,主要改变为气道炎症和气道重塑。支气管壁黏膜水肿,上皮损伤脱落,炎症细胞浸润,杯状细胞增多,黏液腺及平滑肌增生、肥大,基底膜增厚并发生玻璃样变。支气管腔内见黏液栓及坏死、脱落的上皮细胞碎片和大量嗜酸粒细胞、淋巴细胞、中性粒细胞等。黏液栓中可见夏科 - 雷登结晶(Charcot-Leyden crystals),为嗜酸粒细胞的崩解产物。

(三)临床病理联系

哮喘发作时,由于细支气管痉挛和黏液栓阻塞,患者出现呼气性呼吸困难,喘息,胸闷,伴有喘鸣音。上述症状可经治疗缓解或自行缓解,持续反复发作或严重哮喘可引起胸廓变形及肺气肿,偶可发生自发性气胸。

四、支气管扩张症

支气管扩张症(bronchiectasis)是由于支气管壁中的肌肉和弹性成分被破坏而使肺内支气管呈持久性扩张状态的慢性疾病。扩张支气管常因分泌物潴留而继发化脓性炎症。临床上表现为慢性咳嗽、咳大量脓痰、反复咯血及胸痛等。

(一)病因及发病机制

正常的肺内支气管管径的维系依赖于管壁弹力纤维和平滑肌的回缩力与周围肺组织牵张力的平衡。支气管及肺组织感染,如慢性支气管炎、婴幼儿百日咳及麻疹后支气管肺炎,或异物吸入、肿瘤或管周淋巴结的肿大压迫等引起支气管壁支撑组织的破坏及支气管腔阻塞,导致支气管扩张症。支气管壁先天性发育障碍,弹力纤维、平滑肌及软骨等支撑组织薄弱,也极易发生支气管扩张。此外,部分支气管扩张症患者发病可能与机体的免疫功能失调有关。

(二)病理变化

本病的基本病变为支气管壁的慢性化脓性炎症。肉眼观,可见病变支气管呈囊状或筒状扩张,病灶可局限于单侧肺叶或肺段,也可累及双肺,多见于左肺下叶。扩张的支气管、细支气管呈节段性扩张，延伸至胸膜下，肺切面呈蜂窝状。扩张的支气管腔内可见黏液脓性或血性渗出物，继发腐败菌感染时可有恶臭。镜下，支气管壁呈慢性炎症改变，黏膜上皮可见损伤脱落、修复及鳞状上皮化生，管壁增厚，可见糜烂或溃疡形成。支气管壁平滑肌、弹力纤维及软骨萎缩变性，管壁被炎性肉芽组织所取代，扩张支气管周围纤维组织增生，发生纤维化。黏膜下血管扩张，可见淋巴细胞、浆细胞及中性粒细胞浸润。

（三）临床病理联系

临床上患者常因反复慢性炎症而出现咳嗽，伴大量脓痰和反复咯血。咳嗽、咳脓痰主要是慢性炎性渗出和黏液分泌增多并继发感染所致。若支气管壁血管被破坏则可出现咯血，大量咯血可使患者呼吸道阻塞而发生窒息。反复继发感染可引起发热、盗汗、乏力、食欲不振、消瘦、贫血等全身中毒症状，严重者可发生胸闷、呼吸困难、发绀，部分患者可有杵状指或趾。

第三节 慢性肺源性心脏病

慢性肺源性心脏病（chronic cor pulmonale）是因慢性肺疾病、肺血管及胸廓病变引起肺循环阻力增加，肺动脉压升高导致右心室壁肥厚、心腔扩大，并可发生右心衰竭的心脏病，简称肺心病。本病在我国北方地区多发，且年龄越大发病率越高。

（一）病因和发病机制

1. **慢性阻塞性肺疾病**　慢性支气管炎并发阻塞性肺气肿是引起慢性肺心病最常见的原因，占80%～90%，其后依次为支气管哮喘、支气管扩张症、肺尘埃沉着症、慢性纤维空洞型肺结核和肺间质纤维化等。此类疾病时肺毛细血管床数量减少，小血管纤维化、闭塞，使肺循环阻力增加。由于阻塞性通气障碍及肺气血屏障破坏使气体交换面积减少等均可导致肺泡气 PO_2 降低，PCO_2 升高，使之处于缺氧状态，缺氧不仅能引起肺小动脉痉挛，还能使肺血管构型改建，即发生无肌型细动脉肌化、肺小动脉中膜增生肥厚等变化，更增大了肺循环阻力而使肺动脉压升高，最终导致右心肥大、扩张。

2. **胸廓运动障碍性疾病**　较少见。脊柱的后侧突畸形、类风湿性脊柱炎、胸膜广泛粘连均可使胸廓活动受限而引起限制性通气障碍，同时由于肺血管扭曲、肺萎陷等使肺循环阻力增加，引起肺心病。

3. **肺血管疾病**　甚少见。原发性肺动脉高压症及反复发生的肺小动脉栓塞（如虫卵、肿瘤细胞栓子）等可直接引起肺动脉高压，导致肺心病。

（二）病理变化

1. **肺部病变**　除原有肺疾病（如慢性支气管炎、肺气肿、尘肺及肺间质纤维化等）病变外，肺心病时肺内的主要病变是肺小动脉的变化，表现为肌型小动脉中膜肥厚，内膜出现纵行肌束，无肌型细动脉肌化。同时，还发生肺小动脉炎、小动脉血栓形成和机化。肺泡壁毛细血管数量明显减少，存留的肺血管可因肺气肿、炎症、纤维化等原因发生管腔狭窄或闭塞。

2. **心脏病变**　以右心室病变为主。肉眼观，心脏体积明显增大，重量增加可达850g，心尖钝圆，右心室壁肥厚，肉柱乳头肌增粗，心腔扩张（图16-10）。右心室前壁肺动脉圆锥显著膨隆。通常以肺动脉瓣下2cm处右心室壁肌肉厚度≥5mm（正常为3～4mm）作为诊断右心室肥大的标准。镜下，可见代偿区右心室壁心肌细胞肥大，核大深染。缺氧区心肌纤维萎缩、肌质溶解、横纹消失，间质胶原纤维增生。

（三）临床病理联系

肺心病是在原有肺疾病基础上发生的，其临床表现除原有肺疾病的症状和体征外，将逐渐出现右心衰竭的临床表现，如心悸、气急、发绀、肝脾大、腹水及下肢水肿等。病情严重者，由于缺氧和二氧化碳潴留、呼吸酸中毒等，可导致脑水肿而并发肺性脑病，出现头痛、烦躁不安、抽搐、嗜睡甚至昏迷等症状。

预防肺心病发生的主要应对措施为对肺部疾病早期治疗和有效控制。右心衰竭多数由急性呼吸道感染致肺动脉高压所诱发，故积极治疗肺部感染是控制右心衰竭的关键。

图 16-10　肺心病

心脏体积增大，心尖钝圆右心室壁肥厚，乳头肌肉柱增粗

> **知识链接——"关爱您的肺，请远离尘肺"**
>
> 众所周知，呼吸是人类得以生存的首要条件。但因空气污染及职业因素等，人们长期吸入大量细微粉尘而引起肺组织纤维化，造成"尘肺病"。尘肺是因长期吸入有害粉尘并沉积于肺，引起以肺广泛纤维化为主要病变的肺疾病。国内常见的尘肺有硅肺和石棉肺，硅肺曾称矽肺，是长期吸入含大量游离二氧化硅粉尘微粒而引起的最常见、进展最快、危害最严重的一种尘肺。石棉肺是长期吸入石棉粉尘而引起的职业性尘肺。尘肺患者由于机体免疫力降低，易并发肺结核病、肺源性心脏病、肺部感染、肺气肿、气胸和肺癌等。
>
> 2013 年，中华社会救助基金会大爱清尘基金联合新浪新闻、新浪微博、新浪公益发起了"屏气 30 秒"活动，共同呼吁促进人类关注呼吸健康，倡导环境保护，并确定每年 6 月 15 日为"世界呼吸日"。

第四节　呼吸系统常见肿瘤

一、鼻咽癌

鼻咽癌（nasopharyngeal carcinoma，NPC）是鼻咽部黏膜上皮发生的恶性肿瘤。本病可见于世界各地，据 WHO 统计资料显示，80% 的鼻咽癌发生在我国，鼻咽癌发病具有明显的地域性，以我国南方地区多见，其中我国广东省约占 1/3。本病发病年龄多在 40～50 岁，男性患者为女性患者的 2～3 倍。临床症状为鼻出血、鼻塞、耳鸣、听力减退、复视、偏头痛和颈部淋巴结肿大等。

（一）病因

鼻咽癌的病因尚未完全阐明，可能与 EBV 感染、环境化学致癌物质和遗传因素等有关。目前已知 EBV 感染与鼻咽癌发生密切相关，鼻咽癌患者的肿瘤细胞均表达 EBV 的 DNA 或 RNA，鼻咽癌先兆区域中 EBV 呈阳性，正常的鼻咽部上皮内呈阴性。90% 以上的鼻咽癌患者血清中抗 EBV 抗体水平增高，尤其是 EBV 壳抗原的 IgA 抗体（VcA-IgA）增高，具有诊断意义。

（二）病理变化

鼻咽癌最常见于鼻咽顶部，其次为侧壁和咽隐窝，前壁最少见，有时可多发。肉眼观，鼻咽癌可呈结节型、菜花型、浸润型和溃疡型四种形态。早期局部黏膜仅表现粗糙、增厚或略隆起的小结节，临床检查时易被忽略。有时原发部位未发现肿瘤时已发生颈部淋巴结转移。

鼻咽癌绝大多数起源于鼻咽黏膜柱状上皮的储备细胞，少数来源于鳞状上皮的基底细胞。柱状上皮中的储备细胞是一种原始的具有多向分化潜能的细胞，既可向柱状上皮方向分化，又可向鳞状上皮方向分化。鼻咽癌常见的组织学类型如下：

1. **鳞状细胞癌**（squamous cell carcinoma） 可分为角化型和非角化型，前者也称高分化鳞癌。非角化型鳞癌可进一步分为分化型和未化型两类。分化型即低分化鳞癌，此型为鼻咽癌中最常见类型，且与EBV感染关系密切。

未分化型鳞状细胞癌有两种形态学表现，其一为泡状核细胞癌，癌细胞呈片状或不规则巢状分布，癌细胞胞质丰富，境界不清。核大，圆形或卵圆形，空泡状，有1～2个大而明显的核仁，核分裂象少见（图16-11），癌细胞或癌巢间有较多淋巴细胞浸润。该型占鼻咽癌总数10%左右，对放射治疗敏感。另一类未分化鳞癌的癌细胞小，胞质少，呈小圆形或短梭形，弥漫分布，无明显的巢状结构。此型易与恶性淋巴瘤及其他小细胞性肿瘤如未分化横纹肌肉瘤、神经母细胞瘤等混淆，必要时可做免疫组化染色或电镜检查进行鉴别。

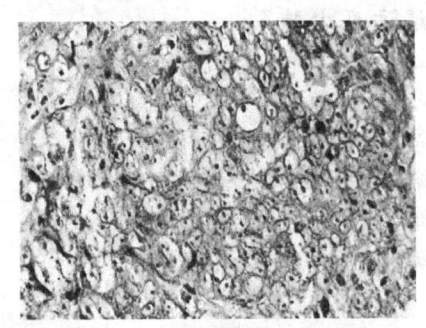

图 16-11　鼻咽癌 泡状核细胞癌
癌细胞呈不规则巢状，细胞境界不清，核空泡状，可见明显核仁，核分裂象少见

2. **腺癌**（adenocarcinoma） 少见，主要来自鼻咽黏膜的柱状上皮，也可来自鼻咽部小腺体。高分化者，癌细胞排列成腺泡状或管状。低分化腺癌癌细胞呈不规则条索状或片状排列，也有极少病例为黏液腺癌。

（三）扩散途径

1. **直接蔓延** 癌组织呈侵袭性生长，向上蔓延可破坏颅底骨质侵入颅内，损伤Ⅱ～Ⅵ对脑神经，向下扩延可到达口咽、舌根及腭扁桃体，向外侧扩展可侵犯耳咽管至中耳，向前可蔓延至鼻腔甚至侵入眼眶，向后扩展可穿过鼻咽后壁侵犯上段颈椎、脊髓。

2. **淋巴道转移** 鼻咽黏膜固有层内淋巴组织丰富，故早期常发生淋巴道转移。约一半以上的鼻咽癌患者以淋巴结肿大就诊。癌细胞先转移至咽后壁淋巴结，然后至颈上深淋巴结，患者常出现胸锁乳突肌后缘上1/3和中2/3交界处的无痛性肿块，极少转移至颈上浅淋巴结。颈部淋巴结转移常为同侧，其次为双侧，极少为对侧。

3. **血道转移** 常转移至肝、肺及骨，其次是肾、肾上腺和胰腺等处。

（四）临床病理联系

鼻咽癌患者出现明显症状时多已进入进展期或晚期，治愈率低，故早期诊断极为重要。对有鼻涕带血、耳鸣、鼻塞等症状的患者要做详细的鼻咽部检查。60%以上的患者以颈部出现肿块为首发症状而就医，应尽早做病理活体组织检查。本病的治疗以放疗为主，其疗效和预后与病理组织学类型有关。恶性程度高的低分化鳞状细胞癌和泡状核细胞癌对放疗敏感，经治疗后病情可明显缓解，但较易复发。

二、肺癌

肺癌（carcinoma of the lung）是最常见的肺原发性恶性肿瘤，95%的肺癌起源于支气管黏膜上皮，故亦称支气管肺癌。据统计，2015年我国新增癌症病例达429.2万例，癌症死亡人数281.4万人，其中肺癌的发病率和死亡率均最高。肺癌目前居全球癌症死因的首位，绝大多数患者发病年龄为55～65岁。近年来由于女性吸烟者不断增多，肺癌发病的男女之比已上升到2∶1。

（一）病因

肺癌的病因至今尚不完全明确，大量医学资料表明肺癌的危险因素包含吸烟（包括被动吸烟）、石棉、氡、砷、电离辐射、多环芳烃、镍等。①吸烟是公认的肺癌发病的最危险因素之一。大量研究已证明吸烟者肺癌的发病率比普通人高20～25倍，且与吸烟的量和吸烟时间的长短呈正相关。香烟燃烧的烟雾中已确定的致癌物质有3，4-苯并芘、尼古丁、焦油等。②空气污染的主要是交通工具或工业排放的废气或粉尘，污染的空气中3，4-苯并芘、二乙基亚硝酸胺及砷等致癌物的含量均较高。吸入家居装饰材料散发的氡及氡子体等物质也是肺癌发病的危险因素。③从事某些职业的人群，如石棉暴露、多环芳烃、砷、镍、聚乙烯和放射线铀等，肺癌发生率明显增高。④肺癌中约有20种癌基因发生突变或抑癌基因失活，如在小细胞肺癌和肺腺癌中发生突变的主要癌基因分别是 *c-myc* 和 *k-ras*，都存在抑癌基因 *p53* 的失活。⑤此外，EBV、人类乳头瘤病毒（HPV）与肺癌发生的关系，也日益受到重视。

（二）病理变化

1. **大体类型** 根据肿瘤在肺内分布的部位，可将肺癌分为中央型、周围型和弥漫型三个主要类型。

（1）中央型：肺癌发生于主支气管壁或叶支气管壁，位于肺门部，此型最常见，占肺癌的60%～70%。癌组织破坏支气管壁向周围浸润扩展，并与转移至肺门淋巴结的癌相互融合，形成不规则的巨大癌块，形状不规则或呈分叶状，与肺组织界限不清（图16-12）。

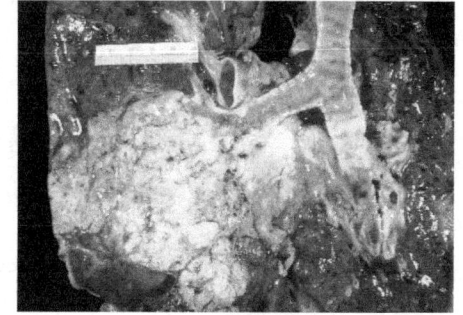

图16-12 中央型肺癌
近肺门处可见一灰白色巨大癌组织，界线不清

（2）周围型：此型起源于肺段或其远端支气管，在靠近胸膜的肺周边部形成孤立的癌结节，肉眼形态多为结节状或巨块状，直径为2～8cm，无包膜，与周围肺组织界线较清楚。该型占肺癌的30%～40%，发生淋巴结转移常较中央型晚，但可侵犯胸膜。

（3）弥漫型：较少见，仅占肺癌的2%～5%。癌组织起源于末梢肺组织，沿肺泡管及肺泡弥漫性浸润生长，形成粟粒大小结节密布于肺叶，似肺炎或播散性肺结核。

早期肺癌和隐性肺癌：近年来国内外对早期肺癌和隐性肺癌进行了不少研究。日本肺癌学会将癌块直径<2cm并局限于支气管内或浸润管壁及其周围的肺癌列为早期肺癌。早期肺癌可分为管内型、管壁浸润型和管壁周围型三型，均无局部淋巴结转移。隐性肺癌一般指临床及影像学检查阴性，而痰细胞学检查癌细胞阳性，手术切除标本经病理学证实为原位癌或早期浸润癌而无淋巴结转移。

2. **组织学类型** 肺癌绝大多数来自支气管黏膜上皮，少数来自支气管黏膜腺体及肺泡上皮。依据2015年最新版 WHO 肺部肿瘤组织学分类，常见的肺癌组织学类型有鳞状细胞癌、腺癌、神经内分泌肿瘤、大细胞癌、腺鳞癌、肉瘤样癌及其他未分类肿瘤共七类（图16-13）。

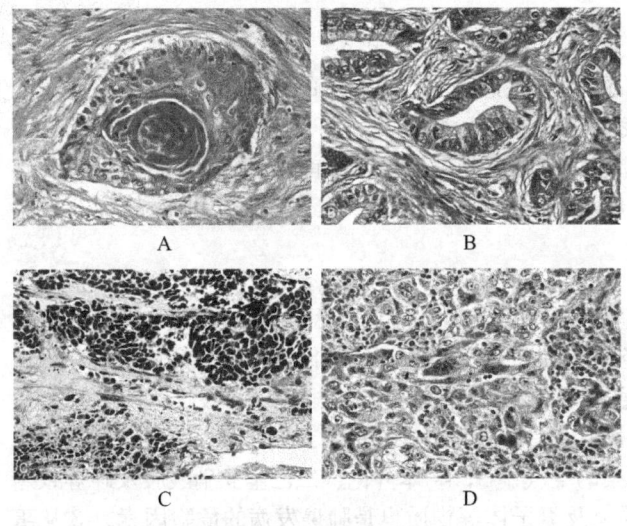

图 16-13 肺癌的组织学
A. 鳞癌；B. 腺癌；C. 小细胞癌；D. 大细胞癌

(1) 鳞状细胞癌：为肺癌中最常见的类型，占肺癌手术切除标本的 60% 以上，患者多为老年男性且大多有吸烟史。由近肺门部较大支气管黏膜上皮经鳞状上皮化生癌变而来，多为中央型。纤支镜检查易被发现，痰脱落细胞学检查阳性率高达 88% 以上。生长较慢，转移较晚。

(2) 腺癌：肺腺癌的发生率仅次于鳞癌，源自支气管黏膜上皮和腺体，多为周边型，近年来发病率逐渐升高，占肺癌的 30%～35%，女性多于男性，常见于被动吸烟者。腺癌多为周边型，常累及胸膜。肺腺癌临床治疗效果及预后不如鳞癌，手术切除后 5 年存活率不到 10%。肺腺癌按分化程度可分为高、中、低分化三类。

(3) 神经内分泌肿瘤：新版 WHO 分类中，神经内分泌肿瘤包括类癌、小细胞肺癌和大细胞神经内分泌癌。典型类癌的癌细胞呈器官样结构，通常排列为实性片状、条索状、小梁状、带状、栅栏装，可见菊形团样或腺样结构，癌细胞形状大小一致，核呈卵圆形，染色质细而均匀。小细胞肺癌癌细胞小，呈圆形或卵圆形，核浓染，胞质稀少形似裸核，核分裂象多见。大细胞神经内分泌癌少见，癌细胞呈实性团块或片状、弥漫状分布，细胞体积大，胞质丰富，异型性明显，电镜观察显示为低分化腺癌。

(4) 腺鳞癌：较少见，肺癌组织内腺癌和鳞癌两种成分各占 10% 以上。现认为此型肺癌发生于支气管上皮的具有多向分化潜能的干细胞，故可分化形成两种不同类型的癌组织。患者多为吸烟者，转移早，预后差。

(5) 肉瘤样癌、类癌及其他未分类肿瘤：较为少见。

（三）扩散途径

1. **直接蔓延** 中央型肺癌常直接侵犯纵隔、心包及周围血管，或沿支气管向同侧甚至对侧肺组织蔓延。周围型肺癌可直接侵犯胸膜并侵入胸壁。

2. **转移** 肺癌常较早、较快的发生淋巴道转移，一般首先转移到支气管旁、肺门淋巴结，再扩散到纵隔、锁骨上、腋窝及颈部淋巴结。周围型肺癌时癌细胞可进入胸膜下淋巴丛，形成胸膜下转移灶并引起胸腔血性积液。血道转移常见于脑、肾上腺、骨等器官和组织，也可转移至肝、肾、甲状腺和皮肤等处。

（四）临床病理联系

肺癌常因早期症状不明显而被忽视。患者可有咳嗽、胸痛、痰中带血等症状。癌组织压迫或阻塞支气管可发生局限性肺气肿（不全阻塞时）或局限性肺萎陷（完全阻塞时），并发感染可引起肺炎或肺脓肿，侵蚀血管可引起咯血，侵蚀食管可产生支气管食管瘘，累及胸膜时可引起血性胸腔积液，侵入纵隔可压迫上腔静脉，导致面、颈部水肿及颈胸部静脉曲张。位于肺尖部肿瘤常侵犯交感神经，可引起霍纳综合征（Horner syndrome）。

第五节 呼吸衰竭

呼吸衰竭（respiratory failure）是由于外呼吸功能严重障碍，以致在海平面、静息状态下出现动脉血氧分压（PaO_2）降低，伴或不伴有动脉血二氧化碳分压（$PaCO_2$）升高的病理过程。一般以 PaO_2 低于 60mmHg（8kPa），伴有或不伴有 $PaCO_2$ 高于 50mmHg（6.67kPa），且排除外呼吸功能以外的影响因素，作为诊断呼吸衰竭的标准。PaO_2 降低是诊断呼吸衰竭的必备条件，若不伴有 $PaCO_2$ 增高，称为Ⅰ型或低氧血症型呼吸衰竭，若伴有 $PaCO_2$ 增高，则称为Ⅱ型或高碳酸血症型呼吸衰竭。根据发病机制的不同，可分为通气性和换气性呼吸衰竭。根据原发病变部位不同可分为中枢性和外周性呼吸衰竭。根据发病的缓急，分为慢性和急性呼吸衰竭。

一、原因和发病机制

外呼吸包括肺通气和肺换气两个基本过程。肺通气是肺泡气与外界气体交换的过程，肺换气是肺泡气与血液之间的气体交换过程。各种病因通过影响肺通气及肺换气环节，使通气和（或）换气过程发生严重障碍，均可导致呼吸衰竭。

（一）肺通气功能障碍

正常成人静息时肺泡有效通气量约为 4L/min。当肺通气功能障碍使肺泡通气不足时可发生呼吸衰竭。肺通气障碍包括限制性和阻塞性通气不足。

1. **限制性通气不足** 指吸气时肺泡的扩张受限制所引起的肺泡通气不足。其发生原因有：

（1）呼吸肌活动障碍：中枢或周围神经的器质性病变（如脑血管意外、脑外伤、脑炎、脊髓灰质炎、多发性神经炎等），过量安眠药、镇静药和麻醉药抑制呼吸中枢，以及呼吸肌收缩功能障碍（如由长时间呼吸困难和呼吸运动增强引起的呼吸肌疲劳，由营养不良所致的呼吸肌萎缩，由酸中毒、低钾血症、缺氧等所致的呼吸肌无力等），均可使呼吸肌收缩功能障碍而发生限制性通气不足。

（2）胸廓和肺顺应性降低：顺应性是弹性阻力的倒数，胸廓的弹性阻力主要由胸壁的肌肉组织形成，吸气时胸廓扩大，当吸气至肺活量的 75% 以上时，胸廓对吸气也构成弹性阻力。肺的弹性阻力来自肺的弹力纤维和肺泡内层的表面张力。胸廓顺应性可因胸膜纤维性增厚、严重的胸廓畸形、胸壁外伤、胸腔积液和气胸等而降低；肺的顺应性则因肺纤维化、肺泡表面活性物质减少、肺不张等原因而降低。

2. **阻塞性通气不足** 由于气道狭窄或阻塞，使气道阻力增加引起通气不足，称为阻塞性通气不足。气道阻力是通气过程中主要的非弹性阻力，正常呼气略高于吸气时。影响气道阻力的因素有气道内径、长度和形态、气流速度和形式等，其中最主要的是气道内径。管壁痉挛、肿胀或纤维化，管腔被黏液、渗出物、异物等阻塞，肺组织弹性降低以致对气道管壁的牵引力减弱等，均可使气道内径变窄或不规则而增加气流阻力，从而引起阻塞性通气不足。气道阻塞可分为中央性和外周性。

（1）中央性气道阻塞：是指气管分叉处以上的气道阻塞。若阻塞位于胸外（如声带麻痹、炎症、水肿等），吸气时气体流经病灶引起的压力降低，可使气道内压明显低于大气压，导致气道狭窄加重，患者可出现明显的吸气性呼吸困难。呼气时则相反，气道内压高于大气压，气道阻塞减轻。若中央气道阻塞位于胸内部位，则吸气时由于胸膜腔内压降低，气道内压可大于胸膜腔内压，使阻塞减轻。用力呼气时胸膜腔内压升高而压迫气道，使气道狭窄加重，患者表现为呼气性呼吸困难（图16-14）。

（2）外周性气道阻塞：是指细支气管及内径小于 2mm 的小支气管阻塞。由于内径小于 2mm 的小支气管软骨为不规则的软骨片，细支气管无软骨支撑，且管壁薄，又与管周围的肺泡结构紧密相连，可随着吸气与呼气时跨壁压的改变而扩大或缩小。吸气时胸膜腔内压降低，肺泡扩张，

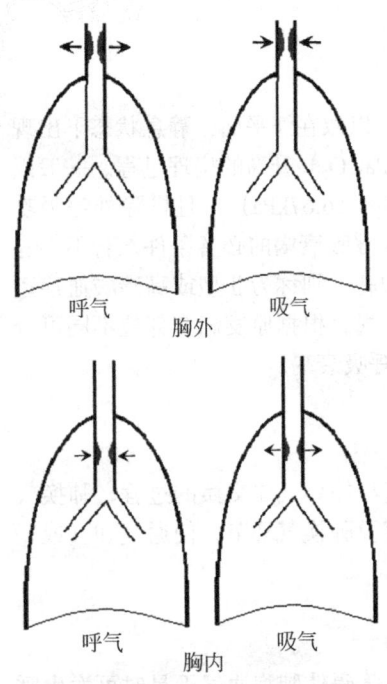

图 16-14 不同部位气道阻塞所致呼气与吸气时气道阻力的变化模式图

细支气管受周围弹性组织牵拉而口径变大和管道伸长，呼气时则相反，小气道变窄缩短。慢性阻塞性肺疾病时，小气道管壁增厚或平滑肌紧张性升高，管壁顺应性降低，管腔也可被分泌物堵塞，肺泡壁的损坏还可降低对细支气管的牵引力，因此小气道阻力增加，患者主要表现为呼气性呼吸困难。

外周性气道阻塞患者出现呼气性呼吸困难的机制为：用力呼气时胸膜腔内压和气道内压均高于大气压，在呼出气道上，压力由小气道至中央气道逐渐下降，通常将气道内压与胸膜腔内压相等的气道部位称为等压点。等压点下游端（通向鼻腔的一端）的气道内压低于胸膜腔内压，气道可能被压缩。正常人气道的等压点位于有软骨环支撑的大气道，即使气道外压力大于气道内压力，也不会使大气道闭合。慢性支气管炎、肺气肿时，由于小气道管壁水肿，周围组织压迫气道壁，以及气道内黏液分泌增加，阻塞气道，可导致等压点由大气道上移至无软骨支撑的小气道，用力呼气时小气道外的压力高于气道内的压力，使气道阻塞加重而出现呼气性呼吸困难。

（二）肺换气功能障碍

肺换气功能障碍包括弥散障碍、肺泡通气与血流比例失调及解剖分流增加。

1. **弥散障碍** 是由于肺泡毛细血管膜（肺泡膜）面积减少或异常增厚和弥散时间缩短所引起的气体交换障碍。引起弥散障碍的常见因此如下。

（1）肺泡膜面积减少：正常成人肺泡膜的总面积约为 $80m^2$，静息时参与换气的面积为 $35\sim40m^2$。因其储备量大，只当它减少一半以上时才会引起换气功能障碍。肺泡膜面积减少可见于肺实变、肺不张、肺气肿和肺叶切除等。

（2）肺泡膜增厚：肺泡膜由肺泡上皮、毛细血管内皮细胞及两者共有的基底膜构成，膜的厚度为 $0.35\sim1.0\mu m$，故气体易于弥散。当肺水肿、肺泡内透明膜形成及肺纤维化时，可引起肺泡膜厚度增加，使肺泡膜通透性降低或弥散距离增宽而致弥散速度减慢，气体弥散障碍。

（3）弥散时间缩短：正常静息状态下，血液流经肺泡毛细血管的时间约为 0.7 秒，由于弥散距离很短，只需 0.25 秒血液氧分压就可升至肺泡氧分压水平。肺泡膜增厚和面积减少的患者，虽然弥散速度减慢，但一般在静息时气体交换仍可在正常的接触时间（0.75 秒）内完成气体交换，而不致发生血气的异常。只有在体力负荷增加使心排血量增加和肺血流加快，血液和肺泡接触时间过于缩短的情况下，才会由于气体交换不充分而发生低氧血症。

2. **肺泡通气与血流比例失调** 流经肺脏的血液得以充分换气的另一个重要因素是肺泡通气量与血流量的比例。正常成人在静息状态下，肺泡通气量（V_A）约为 4L/min，肺血流量（Q）约为 5L/min，V_A/Q 约为 0.8。肺部疾病时，由于肺内病变分布不均和各处病变程度不等，对各部分肺的通气与血流影响也不一致，可造成严重的肺泡通气和血流比例失调，导致肺换气功能障碍。

（1）肺通气与血流比例失调的类型和原因

1）部分肺泡通气不足（V_A/Q 降低）：见于慢性阻塞性肺疾病、肺炎时的肺实变、肺纤维化和肺不张等引起的肺通气障碍。其通气障碍的分布常严重不均匀，病变严重的部位肺泡通气明显减少，但血流并无相应减少，甚至还可因炎性充血而有所增加，使 V_A/Q 显著降低，以致流经该处的静脉血未经充分氧合便掺杂入动脉血内（称为静脉血掺杂）。这种情况类似肺动 - 静脉短路，故又称功能性分流。在严重阻塞性肺疾病时，功能分流可明显增加至相当于肺血流量的30%～50%，故可严重影响肺换气功能而导致呼吸衰竭。

2）部分肺泡血流量减少（V_A/Q增高）：见于肺动脉分支栓塞、DIC、肺毛细血管床减少（如肺气肿）、肺动脉压降低（出血、脱水）等。这些因素均可使肺泡血流量减少，而肺泡通气量无变化，导致V_A/Q增高。由于病变部位肺泡血流少而通气多，肺泡通气不能充分利用，称为无效腔样通气（dead space like ventilation）。正常人的生理无效腔约占潮气量的30%，疾病时功能性无效腔可占潮气量的60%～70%，从而导致呼吸衰竭（图16-15）。

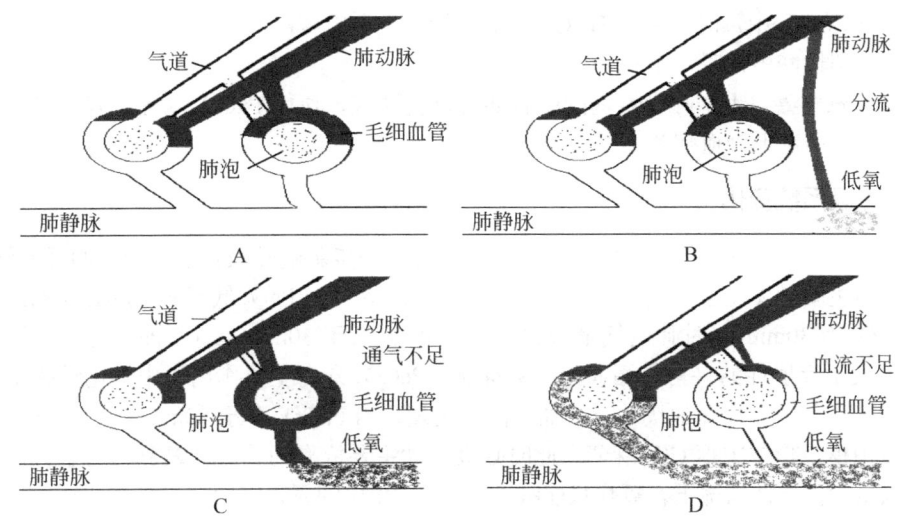

图16-15 肺通气与血流比例失调模式图

A.肺通气与血流比例正常；B.解剖分流增加（真性静脉血掺杂）；C.功能分流增加；D.无效腔样通气增加

（2）肺泡通气与血流比例失调时的血气变化：无论是部分肺泡通气不足引起的功能性分流增加，还是部分肺泡血流不足引起的功能性无效腔增加，均可导致PaO_2降低，而$PaCO_2$可正常或降低，极严重时也可升高。

3. 解剖分流增加　生理情况下，肺内也存在解剖分流（anatomic shunt），即一部分静脉血经支气管静脉和极少的肺内动-静脉交通支直接流入肺静脉。解剖分流的血液完全未经气体交换过程，故称为真性分流（true shunt）。肺的严重病变，如肺实变和肺不张等，使该部分肺泡完全失去通气功能，但仍有血流，流经的血液完全未进行气体交换而掺入动脉血，类似解剖分流。

在呼吸衰竭的发病机制中，单纯的通气不足、弥散障碍、肺内分流增加或无效腔增加的情况较少，往往是多个因素同时存在或相继发生作用。例如，急性呼吸窘迫综合征（休克肺），既有由肺不张引起的肺内分流增加，以及微血栓形成和肺血管收缩引起的无效腔样通气，又有由肺水肿所致的气体弥散功能障碍。

二、呼吸衰竭时机体功能和代谢的变化

呼吸衰竭时，低氧血症和高碳酸血症可引起机体各系统代谢和功能的改变，首先是引起一系列代偿适应反应，以改善组织的供氧，调节酸碱平衡和改变组织器官的功能代谢，以适应新的内环境，在代偿不全时，则可出现各系统严重的代谢和功能障碍。

（一）酸碱平衡及电解质紊乱

1. 呼吸性酸中毒　最常见。主要见于通气障碍所致的呼吸衰竭，因大量CO_2潴留可引起呼吸

性酸中毒。此时血液中电解质主要变化：①高钾血症：急性期由于酸中毒可致细胞内 K^+ 外移；慢性期由于肾小管上皮细胞泌 H^+ 增多而致排 K^+ 减少，造成血钾增高。②低氯血症：当血液中二氧化碳潴留时，在碳酸酐酶作用下，红细胞中 HCO_3^- 生成增多，HCO_3^- 与细胞外 Cl^- 交换使 Cl^- 进入细胞；酸中毒时肾小管上皮细胞产 NH_3 增多及 $NaHCO_3$ 重吸收增多，使尿中 NH_4Cl 和 $NaCl$ 排出增加，均使血清 Cl^- 浓度降低。

2. **代谢性酸中毒** 由于严重缺氧使无氧代谢增强，乳酸等酸性产物增多，可引起代谢性酸中毒。此外，呼吸衰竭时可能会发生功能性肾功能不全，致肾小管排酸保碱功能降低，亦可导致代谢性酸中毒。在代谢性酸中毒时，由于 HCO_3^- 降低，可使肾排 Cl^- 减少，故血 Cl^- 常升高，但当呼吸性酸中毒合并代谢性酸中毒时，血 Cl^- 可正常。

3. **呼吸性碱中毒** Ⅰ型呼吸衰竭的患者如有过度通气，血中 $PaCO_2$ 明显下降，可发生呼吸性碱中毒，此时可引起低钾血症和高氯血症。

（二）呼吸系统变化

外呼吸功能障碍造成的低氧血症和高碳酸血症可进一步影响呼吸功能。当 PaO_2 降低时，可刺激颈动脉体与主动脉体化学感受器，反射性增强呼吸运动，当 PaO_2 低于 60mmHg（8kPa）时作用更明显，PaO_2 为 30mmHg 时肺通气量最大。但当 PaO_2 低于 30mmHg（4kPa）时，缺氧对中枢的抑制作用可大于反射性的兴奋作用而使呼吸抑制。$PaCO_2$ 升高主要作用于中枢化学感受器，使呼吸中枢兴奋，引起呼吸加深加快，以增加肺泡通气量。当 $PaCO_2$ 高于 80mmHg（10.7kPa）时，反而抑制呼吸中枢，形成中枢 CO_2 麻醉。此时呼吸运动主要依靠动脉血低氧分压对血管化学感受器的刺激得以维持。在此情况下，氧疗只能吸入 24%～30% 的氧，以免缺氧完全纠正后反而使呼吸抑制，引起高碳酸血症加重，病情恶化。

呼吸衰竭时的呼吸变化多由原发疾病引起，如阻塞性通气不足，由于气流受阻，可表现为深慢呼吸。上呼吸道不全阻塞时可出现吸气性呼吸困难，下呼吸道阻塞时可发生呼气性呼吸困难。肺顺应性降低的疾病，因牵张感受器或肺毛细血管旁感受器（J感受器）兴奋而反射性地引起呼吸浅快。中枢性呼吸衰竭或严重缺氧时，呼吸中枢兴奋性降低，可出现呼吸浅而慢、潮式呼吸、间歇呼吸、抽泣样呼吸或叹气样呼吸等呼吸节律紊乱，甚至呼吸停止。

（三）循环系统变化

1. **代偿性心率加快，心肌收缩力增强** 一定程度的缺氧和二氧化碳潴留，可反射性地兴奋心血管中枢，使心率加快、心肌收缩力增强，以及呼吸运动增强使静脉回流增加，导致心排血量增加。但严重缺氧和二氧化碳潴留可直接抑制心血管中枢和心脏活动，并使血管扩张（肺血管例外），重者可致血压下降、心肌收缩力减弱、心律失常甚至心搏骤停等严重后果。

2. **慢性右心衰竭** 呼吸衰竭常伴有肺动脉高压，从而引起右心肥大和衰竭，即肺源性心脏病。其发病机制是：①肺泡缺氧和二氧化碳潴留所致血液 H^+ 浓度过高，可引起肺小动脉收缩，使肺动脉压升高，致右心负荷增加，这是右心受累的主要原因；②慢性缺氧使肺小动脉长期处于收缩状态，可引起肺血管壁平滑肌细胞和成纤维细胞的肥大和增生，使血管硬化，形成持续的肺动脉高压；③肺部炎症或气肿等导致病变，使肺毛细血管床减少，肺小动脉壁炎性增厚或纤维化，增加肺循环阻力，导致肺动脉高压；④长期缺氧引起的代偿性红细胞增多症，使血液黏度增高，从而增加肺血流阻力并加重右心的负担；⑤呼气困难时用力呼气使胸膜腔内压升高，心脏受压，影响心脏舒张功能，或吸气困难时，用力吸气使胸膜腔内压降低，即心脏外的负压增大，可增加右心收缩的负荷，促使右心衰竭；⑥缺氧、二氧化碳潴留、酸中毒和电解质代谢紊乱，均可损害心肌，促使右心衰竭的发生。

(四)中枢神经系统变化

中枢神经系统对缺氧最为敏感,随着缺氧程度的加重,可出现中枢神经系统功能障碍。早期,当 PaO_2 降至 60mmHg(8kPa)时,可出现智力和视力轻度减退。在 PaO_2 迅速降至 40~50mmHg(5.33~6.67kPa)以下时,就会引起一系列神经精神症状,如头痛、欣快感、烦躁不安,逐渐发展为定向和记忆障碍、精神错乱、嗜睡,甚至昏迷。PaO_2 低于 20mmHg(2.67kPa)时,几分钟即可造成神经细胞的不可逆损害。慢性呼吸衰竭患者 PaO_2 低至 20mmHg(2.67kPa)神志仍可清醒,而急性呼吸衰竭患者 PaO_2 达到 27mmHg(3.6 kPa)时即可昏迷。CO_2 潴留使 $PaCO_2$ 超过 80mmHg 时,可引起头痛、头晕、烦躁不安、言语不清、扑翼样震颤、精神错乱、嗜睡、昏迷、抽搐、呼吸抑制等"二氧化碳麻醉"症状。

由呼吸衰竭引起的以中枢神经系统功能障碍为主要表现的综合征,称为肺性脑病(pulmonary encephalopathy)。其发病机制:①脑血管扩张。CO_2 除对中枢有直接抑制作用外,还可直接使脑血管扩张,$PaCO_2$ 升高 10mmHg,可使脑血流量增加 50%。缺氧和酸中毒还能损伤血管内皮使其通透性增高,引起脑间质水肿。缺氧还可致细胞 ATP 生成减少,影响 Na^+、K^+-ATP 酶功能,使细胞内 Na^+、水增多,导致脑细胞水肿。脑水肿可使颅内压升高,压迫脑血管,更加重脑缺氧,由此形成恶性循环,严重时可致脑疝形成。②脑组织和脑脊液 pH 降低,神经细胞发生酸中毒。由于存在血-脑屏障,正常时脑脊液 pH 较血液低(pH 7.33~7.4),PCO_2 比动脉血高。当 CO_2 潴留时,脑脊液内碳酸很快增加,同时血液中 HCO_3^- 又不易通过血-脑屏障进入脑脊液,故脑内 pH 降低更为明显。神经细胞内酸中毒一方面可增加脑谷氨酸脱羧酶活性,使 γ-氨基丁酸生成增多,导致中枢抑制。另一方面可增强磷脂酶活性,使溶酶体水解酶释放,引起神经细胞和组织的损伤。

(五)肾功能变化

呼吸衰竭患者严重时可发生急性肾衰竭,出现少尿、氮质血症和代谢性酸中毒,此时肾结构往往并无明显改变,为功能性肾衰竭。肾衰竭的发生是由于缺氧与高碳酸血症反射性通过交感神经使肾血管收缩,肾血流量严重减少所致。

(六)胃肠道变化

严重缺氧可使胃壁血管收缩,降低胃黏膜的屏障作用。CO_2 潴留可增强胃壁细胞碳酸酐酶活性,使胃酸分泌增多。故呼吸衰竭时可出现胃肠黏膜糜烂、坏死、出血与溃疡形成等病变。

案例 16-1

患者男,22 岁。酗酒后遭雨淋,于当晚突然出现寒战、高热、呼吸困难、胸痛等症状,继而咳嗽,咳铁锈色痰,其家属送当地医院就诊。听诊左肺下叶有大量湿性啰音,触诊语颤增强。血常规:WBC $17×10^9$/L。X 线检查见左肺下叶大片致密阴影。入院经抗生素治疗,病情好转,各种症状逐渐消失。X 线检查,左肺下叶的大片致密阴影缩小 2/3 面积。于入院后第 7 天自感无症状出院。冬季征兵体检,X 线检查左肺下叶有约 3cm×2cm 大小不规则阴影,周围边界不清,怀疑为"支气管肺癌"。在当地医院即做左肺下叶切除术。病理检查,肺部肿块肉眼为红褐色肉样,镜下为肉芽组织。

思考题:
1. 患者所患疾病是什么?为什么起病急、病情重、预后好?
2. 患者为什么会出现咳铁锈色痰?
3. 怀疑左肺下叶的"支气管肺癌"在病理检查后确诊为什么病变?是如何形成的?

案例 16-2

患者男，工人，55岁。因心悸、气短、双下肢水肿4天来院就诊。15年来，患者经常出现咳嗽、咳痰，尤以冬季为甚。近5年来，自觉心悸、气短，活动后加重，时而双下肢水肿，但休息后缓解。4天前因受凉病情加重，出现腹胀，不能平卧。患者有吸烟史35年。体格检查：消瘦，明显发绀。颈静脉怒张，桶状胸，叩诊两肺呈过清音，双下肢凹陷性水肿。实验室检查：WBC 12.0×10^9/L，PaO_2 73mmHg，$PaCO_2$ 60mmHg。

思考题：
1. 根据所学的病理知识，对患者做出诊断并说明诊断依据。
2. 根据本例患者的症状、体征，推测肺部的病理变化。
3. 试分析患者患病的原因和疾病的发展演变经过。

（黄 勇）

知识链接——"中东呼吸综合症"

中东呼吸综合症（Middle East respiratory syndrome，MERS）是由一种新型冠状病毒引起的呼吸道疾病。2012年6月13日，沙特阿拉伯吉达的一名60岁男子因为发烧、咳嗽和气短入院，后因呼吸和肾衰竭死亡。荷兰鹿特丹伊拉斯姆斯大学医学中心经检测证实该患者感染的是一种此前从未见过的冠状病毒。2013年5月23日，WHO正式将该病毒命名为中东呼吸综合征冠状病毒（MERS coronavirus，MERS-CoV）。

MERS-CoV是一种动物源性病毒，潜伏期为2~14天，通过呼吸道和近距离密切接触可引起有限的人际传播，多为家庭成员、患者和医护工作者之间相互感染。病例主要局限于中东地区，好发于年长体弱者。

MERS-CoV感染可引起肺泡上皮细胞损伤，导致肺部充血和炎性渗出，双肺可有间质性肺炎的病变。病毒也能引起人体的肝、肾、小肠、胰腺等器官的损害，出现相应临床表现。在肺炎基础上，MERS常迅速发展为呼吸衰竭或多器官功能衰竭，严重者可危及生命。部分病例的临床症状与SRAS患者类似。

第十七章 消化系统疾病

胃炎
  急性胃炎
  慢性胃炎
消化性溃疡
  病因及发病机制
  病理变化
  结局及并发症
病毒性肝炎
  病因及发病机制
  基本病理变化
  临床病理类型

肝硬化
  肝硬化的分类
  门脉性肝硬化
  坏死后性肝硬化
消化系统常见肿瘤
  食管癌
  胃癌
  大肠癌
  原发性肝癌
肝衰竭
  肝功能不全对机体的影响
  肝性脑病

消化系统的基本功能是食物的消化和吸收,包括消化道和消化腺。消化道由口腔、食管、胃、肠及肛门组成。消化腺包括唾液腺、肝、胰及消化道的黏膜腺体等。临床上常把口腔到十二指肠的这一段称为上消化道,空肠以下的部分称为下消化道。消化系统所含器官多,消化道直接与外界相通,易受多种病原微生物和毒物入侵,故消化系统疾病较常见,疾病种类涵盖较广。胃炎、消化性溃疡、病毒性肝炎、肝硬化等是临床上常见的疾病,食管癌、胃癌、原发性肝癌及大肠癌位列中国最严重的十大恶性肿瘤之内。本章主要讲述消化系统常见疾病。

第一节 胃炎

胃炎(gastritis)是各种原因引起的发生在胃黏膜的炎症性疾病,可分为急性胃炎(acute gastritis)和慢性胃炎(chronic gastritis)。

一、急性胃炎

急性胃炎是指各种因素引起的胃黏膜广泛性或局限性的急性炎症。常有明确的病因,多由理化因素及微生物感染引起,可分为以下四种:

1. **急性刺激性胃炎**(acute irritant gastritis) 又称单纯性胃炎,多因暴饮暴食,食用过热或刺激性食物及烈性酒所致。胃镜可见黏膜充血、水肿,表面有黏液附着,有时可见糜烂。

2. 急性出血性胃炎（acute hemorrhagic gastritis） 多因服药不当或过度酗酒所致。此外，创伤及手术等引起的应激反应也可诱发。可见胃黏膜坏死、出血，或形成多发性浅表溃疡。

3. 腐蚀性胃炎（corrosive gastritis） 多因吞服强酸、强碱或其他腐蚀性化学剂所致。胃黏膜广泛坏死、溶解破坏，可累及深层组织甚至穿孔。常伴有口腔和食管的损伤。

4. 急性感染性胃炎（acute infective gastritis） 少见，可由金黄色葡萄球菌、链球菌或大肠杆菌等经血道播散或胃外伤直接感染所致。胃黏膜充血、水肿，大量中性粒细胞浸润，引起急性蜂窝织炎性胃炎。

急性胃炎大多数患者经过治疗能在短期内恢复正常，如反复发作则可迁延成为慢性胃炎。

二、慢性胃炎

慢性胃炎是指胃黏膜发生的慢性非特异性炎症，是一种常见病、多发病。

（一）病因及发病机制

病因及发病机制尚未完全明了，主要有：①幽门螺杆菌（helicobacter pylori，Hp）感染，其分泌尿素酶、细胞毒素相关蛋白及细胞空泡毒素等致病；②长期慢性刺激，如急性胃炎反复发作、酸辣烫刺激性食物、长期酗酒、吸烟、滥用水杨酸类药物等引起胃黏膜损伤；③自身免疫损伤，患者血液中出现抗壁细胞、抗内因子等自身抗体；④十二指肠液反流对胃黏膜屏障的破坏。

（二）类型及病理变化

1. 慢性浅表性胃炎（chronic superficial gastritis） 又称慢性单纯性胃炎，为胃黏膜活检中最常见的病变，多发生于胃窦部，灶性或弥漫性分布。胃镜下，病变部黏膜充血、水肿、呈淡红色，表面有灰白色或灰黄色黏液性渗出物覆盖，有时伴有点状出血或散在糜烂。光镜下，病变主要位于黏膜浅层即黏膜层上 1/3，胃黏膜充血、水肿、表浅上皮坏死脱落，固有层内有淋巴细胞和浆细胞等慢性炎性细胞浸润，慢性炎症急性发作期可见中性粒细胞浸润。大多数经治疗或合理饮食而痊愈，少数转变为慢性萎缩性胃炎。

2. 慢性萎缩性胃炎（chronic atrophic gastritis） 以胃黏膜固有腺体萎缩，常伴有肠上皮化生为特点。本型胃炎有 A、B 两型（表 17-1），A 型少见，与自身免疫有关，多伴恶性贫血，病变主要在胃底和胃体部；B 型较常见，与 Hp 感染、刺激性食物有关，病变主要在胃窦部。

表 17-1 慢性萎缩性胃炎 A 型、B 型比较表

	A 型	B 型
病因与发病机制	自身免疫	幽门螺杆菌感染（60%～70%）
病变部位	胃体部和胃底部	胃窦部
抗壁细胞和内因子抗体	阳性	阴性
血清胃泌素水平	高	低
胃内 G 细胞的增生	有	无
血清中自身抗体	阳性（>90%）	阴性
胃酸分泌	明显降低	中度降低或正常
血清维生素 B_{12} 水平	降低	正常
恶性贫血	常有	无
伴发消化性溃疡	无	高

胃镜下，病变区胃黏膜薄而平滑，皱襞变浅甚至消失，表面呈细颗粒状，色泽由正常橘红色

变为灰白或灰黄色，黏膜小血管清晰可见，有时伴出血、糜烂。光镜下：①病变区胃黏膜变薄，黏膜固有层内腺体变小，腺体数目明显减少，胃小凹变浅或呈囊性扩张，根据腺体萎缩的程度分为轻、中、重三级；②在黏膜全层内有不同程度的淋巴细胞和浆细胞浸润，常伴有淋巴滤泡形成；③在胃窦部常出现肠上皮化生（intestinal metaplasia），即病变胃黏膜上皮被肠黏膜上皮替代，出现带纹状缘的吸收上皮细胞、杯状细胞及潘氏细胞（图17-1）。肠上皮化生中，同时有杯状细胞和吸收上皮细胞者称为完全型化生；只有杯状细胞者为不完全型化生。不完全化生中又可根据其黏液组化反应，氧乙酰化唾液酸阳性者为大肠型不完全化生，阴性者为小肠型不完全化生。目前认为大肠型不完全化生与胃癌发生的关系较密切。有时还有另一种化生，即假幽门腺化生，即胃体和胃底部腺体壁细胞和主细胞消失，被类似幽门腺的黏液分泌细胞所取代。

本型胃炎因胃腺萎缩、壁细胞和主细胞减少或消失，因而胃液分泌减少，患者出现消化不良，食欲不佳，上腹部不适等症状。A型患者由于壁细胞破坏明显，内因子缺乏，维生素B_{12}吸收障碍，易发生恶性贫血。

3. 慢性肥厚性胃炎（chronic hypertrophic gastritis） 又称巨大肥厚性胃炎，原因未明。病变主要在胃底和胃体部。胃镜下黏膜层增厚，黏膜皱襞肥大、加深、变宽似脑回（图17-2）；光镜下腺体肥大、增生、腺管延长，黏液分泌细胞数量增加，黏液分泌增多。

4. 疣状胃炎（gastritis verrucosa） 是一种原因未明的慢性胃炎。病变多位于胃窦部，胃黏膜表面有许多结节状、中心有凹陷的痘疹状突起，圆形或卵圆形，系上皮变性、坏死脱落所致，黏膜表面有急性炎性渗出物覆盖。国内报道胃手术标本疣状胃炎检出率可达7.7%。

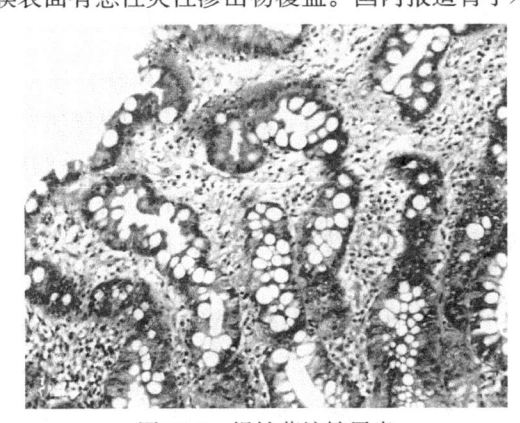

图17-1 慢性萎缩性胃炎
淋巴细胞浸润伴肠上皮化生

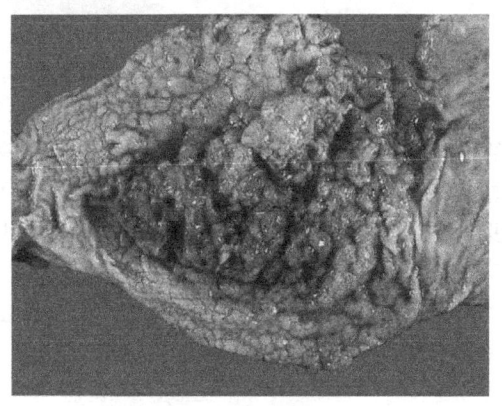

图17-2 慢性肥厚性胃炎
胃黏膜皱襞肥大、加深、变宽似脑回

第二节 消化性溃疡

消化性溃疡（peptic ulcer）是以胃、十二指肠形成慢性溃疡为病变特征的一种常见病。因其发生与胃液的自我消化作用有关，故称为消化性溃疡。多见于20～50岁的成人，男性多于女性。溃疡发生在十二指肠者较为多见，约占70%；发生在胃者约占25%；胃和十二指肠同时发生溃疡，称为复合性溃疡，约占5%。

一、病因及发病机制

胃、十二指肠黏膜的防御屏障功能主要包括：①黏膜上皮分泌黏液和碳酸氢盐覆盖于黏膜表面，减少或避免胃酸和蛋白酶与黏膜直接接触；②胃酸和胃蛋白酶从腺体陷窝处以喷射的方式分泌到胃腔，不直接与胃黏膜上皮接触；③黏膜上皮具有快速再生能力，从而保证上皮的完整性和屏障功能；④黏膜内丰富的血液循环可清除从胃腔回流的氢离子，黏膜上皮还可合成前列腺素以保持黏膜丰富血供，维持黏膜上皮的代谢和功能。若各种因素导致胃、十二指肠黏膜防御屏障破坏，黏膜组织可被胃酸和胃蛋白酶消化而形成溃疡。其影响损伤修复的因素大致如下：

1. Hp 的感染　Hp 能分泌尿素酶、蛋白酶、磷酸酯酶，破坏胃黏膜的防御屏障；可促进胃黏膜 G 细胞增生和胃泌素分泌，导致胃酸分泌增加。胃溃疡、十二指肠溃疡病灶的 Hp 检出率分别为 71.9% 和 100%，但感染 Hp 的人群中仅有 10%～20% 的个体发生消化性溃疡，尚有待进一步研究。

2. 长期服用刺激性解热镇痛抗炎药　阿司匹林、吲哚美辛、布洛芬等除了直接损伤胃黏膜外，阿司匹林还可抑制黏膜前列腺素的合成，影响黏膜血液循环。

3. 精神、心理因素　长期精神紧张、焦虑或情绪波动的人大脑皮质功能紊乱，皮质下自主神经功能障碍可表现为迷走神经兴奋性增加，促使胃酸分泌增多，常引起十二指肠溃疡；若迷走神经兴奋性降低，使胃蠕动减弱、食物潴留，引起胃泌素分泌增多、胃酸增多，促进胃溃疡的形成。

4. 遗传因素及其他　消化性溃疡在某些家庭中有高发趋势，提示本病的发生也可能与遗传因素有关。此外，吸烟、高钙血症、胰岛细胞瘤中的胃泌素瘤，均可引起胃酸分泌增高，导致消化性溃疡的形成。

二、病理变化

胃溃疡和十二指肠溃疡病变大致相同，故一并叙述。

1. 肉眼观　胃溃疡多位于胃小弯侧，越近幽门越多见，约 75% 分布在胃窦部。溃疡通常为一个，圆形或椭圆形，直径多在 2cm 以内；溃疡边缘整齐，状如刀切，底部平坦；溃疡周围黏膜皱襞因底部瘢痕收缩被牵拉呈放射状（图 17-3）；溃疡深浅不一，常达黏膜下层，深者可达肌层甚至浆膜层；有时溃疡相应浆膜面有纤维素渗出，病程长者可与周围脏器发生粘连。十二指肠溃疡与胃溃疡的病变相似，溃疡主要发生在十二指肠球部的前壁或后壁；溃疡一般较小，直径多在 1cm 以内，溃疡较浅而易愈合。

2. 光镜下　溃疡底部由浅至深大致分为四层（图 17-4）：①渗出层，由少量炎性渗出物覆盖，主要为中性粒细胞和纤维素；②坏死层，主要为坏死细胞、组织碎片及大量炎细胞浸润；③肉芽

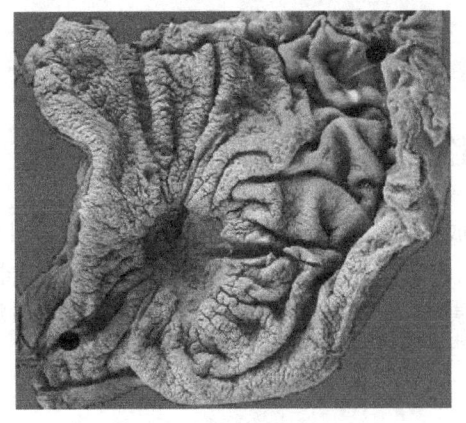

图 17-3　慢性胃溃疡
溃疡为圆形，周围黏膜呈放射状

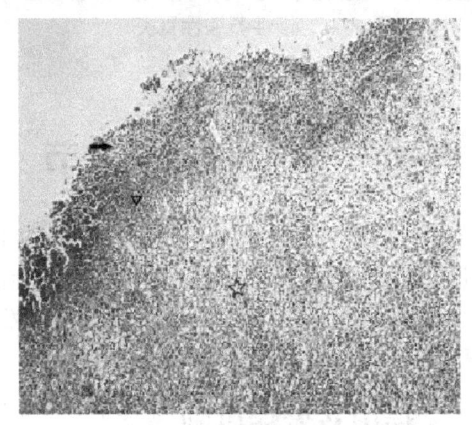

图 17-4　慢性胃溃疡
溃疡表面有渗出（箭头），其下为坏死（▽）及肉芽组织（☆）

组织层,由大量新生的毛细血管、成纤维细胞和炎细胞组成;④瘢痕层,为大量增生的纤维组织。在瘢痕组织中的小动脉因炎症刺激呈增殖性动脉内膜炎,管壁增厚、管腔狭窄或有血栓形成,这种血管改变虽然可防止血管溃破、出血,但可致血供障碍影响局部组织再生和溃疡的修复,故慢性溃疡一般较难愈合,病程长。在溃疡底部的神经节细胞和神经纤维常发生变性和断裂,有时神经纤维断端呈小球状增生,这可能与溃疡疼痛有关。

消化性溃疡病临床表现有周期性上腹部疼痛、反酸、嗳气等。胃溃疡疼痛出现在餐后半小时至两小时内,下次餐前消失,为进食后疼痛,因进食后,胃酸分泌增加,刺激溃疡局部的神经末梢所致,还与胃壁平滑肌痉挛有关。十二指肠溃疡疼痛出现在餐后 3～4 小时,进餐后缓解或出现饥饿痛、夜间痛,这与迷走神经兴奋性增高,刺激胃酸分泌增多有关。反酸、嗳气与胃幽门括约肌痉挛,胃逆蠕动,以及早期幽门狭窄,胃内容物排空受阻,滞留在胃内的食物发酵有关。

三、结局及并发症

1. 愈合　溃疡处渗出物和坏死组织逐渐被吸收、排出,局部先由肉芽组织增生填补,然后由周围的黏膜上皮再生、覆盖肉芽组织表面而逐步愈合。但已被破坏的肌层不能再生,由瘢痕组织替代。部分患者因病因不能去除,溃疡经久不愈,可出现并发症。

2. 并发症

(1) 出血 (hemorrhage):是溃疡病最常见的并发症,有 10%～35% 的患者发生出血。轻者仅为溃疡底部的毛细血管破裂,实验室检查患者大便潜血阳性;如溃疡底部较大血管被腐蚀破裂可发生大出血,临床上可出现呕血和柏油样黑便,严重者可致出血性休克而危及生命(图 17-5)。

(2) 穿孔 (perforation):约占 5% 的患者,溃疡穿透浆膜时可发生穿孔,十二指肠溃疡因肠壁较薄更易发生穿孔。穿孔后胃或十二指肠内容物漏入腹腔而引起急性弥漫性腹膜炎,患者可有剧烈腹痛、腹肌紧张、压痛反跳痛等,严重者可发生休克。如空腹穿孔或穿孔前病变处与周围组织已粘连,可形成局限性腹膜炎。

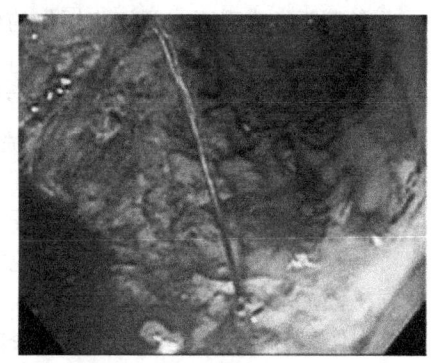

图 17-5　溃疡病合并出血
胃溃疡致动脉破裂并呈喷射性出血

(3) 幽门狭窄 (pyloric stenosis):约占 3% 的患者,溃疡经久不愈致大量结缔组织增生形成瘢痕,由于瘢痕收缩引起幽门狭窄,使胃内容物难于通过,继发胃扩张,胃内容物潴留。患者表现为反复呕吐、上腹痛、腹胀等症状,并出现水电解质失衡、营养不良等。此外,幽门部如伴有局部炎性充血、水肿及炎症刺激幽门括约肌痉挛时,可发生功能性幽门梗阻。

(4) 癌变 (malignant transformation):胃溃疡癌变率约 1%。癌变多发生于长期胃溃疡患者,溃疡边缘的黏膜上皮或腺体不断受到破坏及反复再生,并在致癌因素作用下,癌基因被激活,细胞发生癌变。十二指肠溃疡一般不恶变。

第三节　病毒性肝炎

病毒性肝炎 (viral hepatitis) 是指由肝炎病毒所引起的以肝实质细胞变性、坏死为主要病变的一种常见传染病。目前已证实的肝炎病毒有甲型 (HAV)、乙型 (HBV)、丙型 (HCV)、丁型 (HDV)、戊型 (HEV) 及庚型 (HGV) 等六种,我国常见的是甲型和乙型。病毒性肝炎在世界范围内均有发病和流行，且发病率有逐年升高趋势，发病无性别差异，各年龄均可罹患，约有 1/4 的患者最终发展为肝纤维化、肝硬化、肝癌等疾病。

一、病因及发病机制

肝炎病毒是一组嗜肝病毒。六种肝炎病毒的特点见表 17-2。

表 17-2　各型肝炎病毒的特点

肝炎病毒分型	潜伏期	转成慢性肝炎	病毒携带	暴发型肝炎	传染途径
甲型肝炎病毒	2～6 周	无	无	0.1%～0.4%	肠道（易暴发流行）
乙型肝炎病毒	4～26 周	5%～10%	有	<1%	血源性传播、密切接触
丙型肝炎病毒	2～26 周	>70%	有	极少	血源性传播、密切接触
丁型肝炎病毒	4～7 周	与 HBV 复合感染<5%	1%～10% 的吸毒者	复合感染 3%～4%	血源性传播、密切接触
戊型肝炎病毒	2～8 周	无	不详	1%～2% 的妊娠妇女	消化道
庚型肝炎病毒	不详	无	1%～2% 的输血或透析者	无	血源性传播

各型肝炎病毒引起肝细胞损伤的机制还不十分清楚，不同类型病毒的致病机制、过程也不尽相同。① HAV 属于 RNA 病毒，并不直接损伤肝细胞，可能通过细胞免疫机制而导致肝细胞损伤。HAV 一般不引起慢性肝炎或病毒携带状态，通常急性起病，大多数可痊愈。② HBV 属于 DNA 病毒，感染机体后进入肝细胞，在肝细胞内复制、转录，合成病毒的核心成分，然后被转运至胞质，与胞质内合成的病毒表面蛋白外壳部分相装配，形成病毒颗粒，并产生一系列相关抗原，包括乙型肝炎表面抗原（HBsAg）、乙型肝炎核心抗原（HBcAg）和乙型肝炎相关抗原（HBeAg），使患者具有传染性；病毒刺激机体的免疫系统，产生特异性抗病毒体和致敏 T 淋巴细胞，二者既可增强机体抗感染、清除病毒的能力，又能识别肝细胞表面抗原、产生细胞毒效应，导致肝细胞溶解性损伤。HBV 是引起我国慢性肝炎的主要致病原。③ HCV 属于 RNA 病毒，HCV 感染机体后，可直接破坏肝细胞或通过免疫因素引起肝细胞损伤。HCV 感染者约 3/4 可演变为慢性肝炎，其中 20% 患者可发展为肝硬化，部分可发生肝细胞性肝癌。

病毒性肝炎的发病机制比较复杂，肝脏病变程度及其临床表现类型不仅与感染病毒的数量、毒力有关，还与机体的免疫功能状态密切相关。①免疫功能正常，感染病毒数量较少、毒力较弱时，被侵犯和破坏的肝细胞较少，则发生急性普通型肝炎；②免疫功能过强，感染病毒数量多且毒力强时，受感染的肝细胞多、损伤程度严重，则发生急性重型肝炎；③免疫功能不足或低下时，只能将一部分病毒和感染的肝细胞杀灭和破坏，残留的病毒在肝内反复复制和感染肝细胞，导致肝细胞反复损害，则发展为慢性肝炎；④免疫功能缺陷，病毒感染后不能引起相应的免疫反应，感染的肝细胞未受到免疫性损伤，病毒在肝细胞内持续复制，病毒未能清除，则成为无症状的病毒携带者。

二、基本病理变化

各型肝炎的基本病变相同，均属于变质性炎。其基本病变特点是以肝细胞的变性、坏死为主，伴有不同程度的炎性细胞浸润、肝细胞再生和纤维组织增生。

（一）肝细胞变质性病变

1. 细胞水肿　为病毒性肝炎最常见的变性，表现为胞质疏松化和气球样变性，是由于肝细胞受损后细胞内水分增多所致。早期，肝细胞肿胀、体积大，胞质疏松呈网状、半透明，称胞质疏松化。进一步发展，肝细胞体积更加肿大，由多角形变为球形，胞质几乎完全透明，称为气球样变性（ballooning degeneration）。电镜下：内质网扩张、呈囊泡状，核蛋白体颗粒脱落，线粒体肿胀、嵴短或消失等。

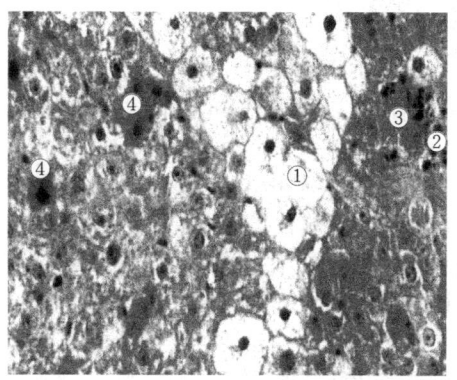

图 17-6　病毒性肝炎
①肝细胞气球样变；②点状坏死；③嗜酸性小体；
④嗜酸性变

2. 嗜酸性变及嗜酸性小体　嗜酸性变仅累及单个或几个肝细胞，散在于小叶内。胞质水分脱失浓缩，使肝细胞体积明显变小，胞质嗜酸性染色增强，呈均匀伊红染，细胞核染色亦较深，称为嗜酸性变。嗜酸性变进一步发展，除胞质更加浓缩外，胞核也浓缩以至溶解、消失，最后形成深红色均一浓染的圆形小体，称为嗜酸性小体（acidophilic body）（图 17-6）。嗜酸性小体是单个肝细胞死亡，属细胞凋亡。

3. 脂肪变性　肝细胞胞质内出现大小不等的圆形脂滴（空泡），脂滴大者将核挤向细胞一侧。脂肪变性常发生在丙型肝炎。

4. 溶解性坏死（lytic necrosis）　在严重细胞水肿的基础上发展而来。不同类型的病毒性肝炎，坏死的范围和分布不同，可分为：

（1）点状坏死（spotty necrosis）：指肝小叶内散在的、仅累及单个至几个肝细胞的局灶性坏死，常见于急性普通型肝炎。

（2）碎片状坏死（piecemeal necrosis）：指肝小叶周边部界板区的肝细胞灶状坏死和崩解，使肝细胞界板呈虫蚀状缺损，常见于慢性肝炎。

（3）桥接坏死（bridging necrosis）：指肝细胞呈带片状融合性坏死，坏死区常出现于小叶中央静脉与汇管区之间或两个小叶中央静脉之间或两个汇管区之间（图 17-7）。坏死处伴有肝细胞不规则再生、炎细胞浸润及纤维组织增生，后期增生的纤维组织形成纤维间隔而分割肝小叶结构。常见于中、重度慢性肝炎。

（4）亚大块坏死（submassive necrosis）和大块坏死（massive necrosis）：指累及大部分或整个肝小叶的大范围融合性坏死，使肝小叶组织结构塌陷不能辨认，是肝脏最严重的坏死，常见于重型肝炎。

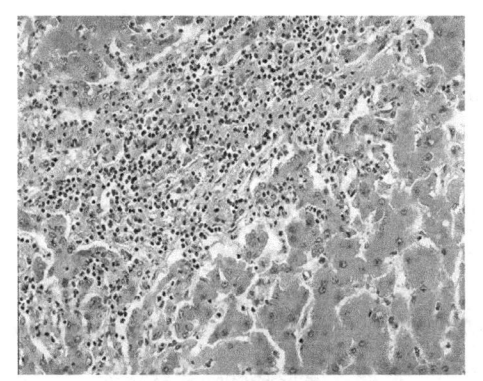

图 17-7　病毒性肝炎
坏死灶连接成桥带状

（二）渗出性病变

肝炎时，在汇管区或肝小叶内常有程度不等的炎细胞浸润，浸润的炎细胞主要是淋巴细胞和单核细胞，有时见少量浆细胞及中性粒细胞等。

（三）增生性病变

病毒性肝炎的急性期增生性病变较轻，慢性阶段有多种细胞增生，尤其是纤维组织的增生使病变逐渐向肝纤维化、肝硬化发展。

1. 肝细胞再生和小胆管增生　肝细胞坏死时，邻近的肝细胞通过分裂、再生进行修复。在肝炎恢复期或慢性阶段则更为明显。再生的肝细胞体积较大，胞质略呈嗜碱性，细胞核大且深染，可有双核。如坏死较轻，肝细胞沿原有的网状纤维支架增生，可完全恢复原来的结构和功能；但坏死面积较大时，肝小叶内网状纤维支架塌陷，再生的肝细胞则呈结节状排列，称为结节状再生。慢性且坏死较严重的病例，在汇管区或大片坏死灶内，可见小胆管增生。

2. 库普弗（Kupffer）细胞增生肥大　细胞呈梭形或多角形，胞质丰富，突出于窦壁或脱入窦内成为游走的吞噬细胞，参与炎症反应。

3. 肝星形细胞（hepatic stellate cell、贮脂细胞、Ito cell）和成纤维细胞增生　在肝炎或其他原因导致的慢性肝损伤时，肝星形细胞可演化为肌成纤维细胞，合成胶原纤维。原始间叶细胞和静止的纤维细胞被激活可转变为成纤维细胞，参与肝损伤的修复。长期大量的纤维组织增生可导致肝纤维化及肝硬化。

三、临床病理类型

（一）普通型病毒性肝炎

普通型病毒性肝炎多见，分为急性普通型肝炎和慢性普通型肝炎两种类型。

1. 急性（普通型）肝炎　是临床上最常见的病毒性肝炎。根据有无黄疸，可分为黄疸型与无黄疸型两种，两型肝炎病变基本相同，我国患者以无黄疸型肝炎居多，多见于乙型肝炎，部分见于丙型肝炎。黄疸型肝炎的肝细胞变性、坏死相对明显，多见于甲型、丁型和戊型肝炎。

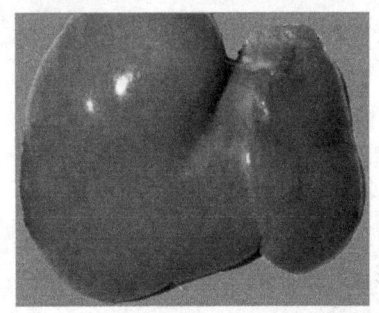

图 17-8　急性普通型肝炎
肝脏肿胀，质软，色浅，表面光滑

（1）病理变化：肉眼可见肝脏肿胀，质地变软，被膜紧张，表面光滑（图17-8）。光镜下肝细胞水肿为主，表现为胞质疏松化和气球样变，使肝细胞索排列紊乱和拥挤，肝窦受压。坏死表现为肝小叶内散在的点状坏死，有时可见肝细胞嗜酸性变或嗜酸性小体。汇管区及肝小叶内有轻度以淋巴细胞为主的炎细胞浸润。黄疸型肝炎坏死灶稍多且重，毛细胆管管腔中有胆栓形成，肝窦壁库普弗细胞增生肥大。

（2）临床病理联系：肝细胞弥漫性水肿，使肝体积增大，被膜紧张，为临床上肝大、肝区疼痛或压痛的原因；肝细胞坏死，细胞内的酶类释放入血，使血清谷丙转氨酶（SGPT）等升高；同时可引起不同程度肝功能异常，病变严重时，胆红素代谢障碍可引起黄疸；肝细胞广泛发生细胞水肿，导致肝血窦狭窄甚至闭塞，使门静脉血液回流受阻、胃肠淤血，患者出现食欲不振、消化不良等症状。

（3）结局：急性肝炎大多在半年内可逐渐恢复。点状坏死灶经周围肝细胞完全再生而修复。部分病例（多为乙型、丙型肝炎）恢复较慢，其中乙型肝炎中5%～10%、丙型肝炎中大部分可转变成慢性肝炎。

2. 慢性（普通型）肝炎　病毒性肝炎病程持续半年以上者即为慢性肝炎。慢性肝炎临床表现差异较大，有食欲不振、乏力、肝区隐痛、黄疸等症状及血清病毒抗原阳性和肝功能生化改变；病情较轻者，症状不明显，可稳定多年；有些病例进展快，发展到肝硬化，出现肝掌、蜘蛛状血管痣、脾大等体征和肝功能持续异常。根据细胞损伤、纤维化及再生修复的程度，慢性肝炎分为轻、中、重度三种类型。

（1）轻度慢性肝炎：肝细胞变性为主，坏死较轻，有点状坏死，偶见轻度碎片状坏死，汇管区炎细胞浸润，周围少量纤维组织增生。肝小叶界板无破坏，小叶结构清楚。

（2）中度慢性肝炎：肝细胞变性、坏死较明显，除灶状、带状坏死外，有中度碎片状坏死及特征性的桥接坏死。汇管区和肝小叶内炎细胞浸润明显，纤维组织增生形成纤维条索，但小叶结构大部分保存。

（3）重度慢性肝炎：肝细胞坏死严重且广泛，有重度碎片状坏死及大范围桥接坏死。坏死区肝细胞不规则再生，纤维组织增生形成纤维条索，伸入并分割肝小叶结构，称为肝纤维化。如果病变继续进展，小叶中央区和汇管区等处的纤维条索进一步相互连接，形成纤维间隔分割肝组织结构，形成假小叶，则发展为早期肝硬化。此类慢性肝炎有时在原有病变基础上出现大片新的肝细胞坏死而发展为重型肝炎。

毛玻璃样细胞：属变性范畴，多见于 HBsAg 携带者及慢性肝炎患者的肝组织。光镜下，HE 染色可见肝细胞质内充满嗜酸性细颗粒状物质，不透明，似毛玻璃样，故称毛玻璃样肝细胞。这些细胞内含的大量 HBsAg，电镜下为沉积在内质网池内的线状或小管状物质，用免疫酶标法或免疫荧光法证实这些物质呈 HBsAg 阳性反应。

（二）重型病毒性肝炎

重型病毒性肝炎较少见，是严重的临床病理类型。根据发病缓急和病变程度的不同，可分为急性重型肝炎和亚急性重型肝炎两种。

1. **急性重型肝炎** 少见，起病急骤，病程短，病情发展迅猛，病死率极高，大多数在 10 余天内死亡。临床上将本型肝炎称为暴发型、电击型或恶性肝炎。

（1）病理变化：肉眼可见肝脏体积显著缩小，尤以左叶为甚，重量减至 600～800g，质地柔软，被膜皱缩。切面呈黄色或红褐色，部分区域呈红黄相间的斑纹状，故又称急性黄色肝萎缩或急性红色肝萎缩（图 17-9）。光镜下肝细胞弥漫性大片坏死、溶解，使肝细胞索迅速解离，坏死面积可达肝实质的 2/3 以上；肝细胞坏死多自小叶中央开始，向四周扩展，仅小叶周边部残留少数变性的肝细胞；残留的肝细胞无明显再生现象；肝窦明显扩张，充血甚至破裂出血；库普弗细胞增生、肥大，吞噬细胞碎屑及色素；小叶内及汇管区有淋巴细胞和巨噬细胞为主的炎细胞浸润。

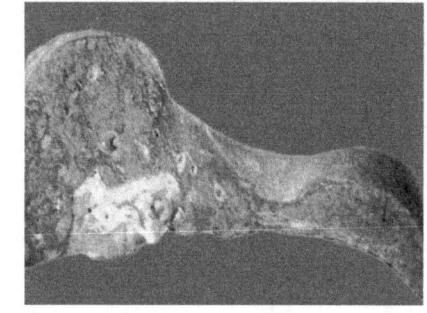

图 17-9 急性重型肝炎

肝体积明显缩小，重量减轻，质地柔软，被膜皱缩，切面呈黄色

（2）临床病理联系：由于大量肝细胞迅速溶解坏死，可导致大量游离胆红素未能结合而引起严重的肝细胞性黄疸；凝血因子合成障碍导致明显的出血倾向；对各种代谢产物的解毒功能障碍导致肝性脑病；因胆红素代谢障碍及血循环障碍等，诱发肾衰竭。

（3）结局：急性重型肝炎多数在短期内死亡，死因主要为肝性脑病，其次为消化道大出血或急性肾衰竭等。DIC 也较常见，是引起全身严重出血、致死的另一个因素。本型肝炎的少数病例如能渡过急性期，可迁延、转为亚急性重型肝炎。

2. **亚急性重型肝炎** 多数是由急性重型肝炎迁延而来，或一开始病变就比较缓和呈亚急性经过。少数病例可能由急性普通型肝炎恶化而来。本型肝炎病程可达一至数月。

（1）病理变化：肉眼观可见肝脏体积不同程度缩小，被膜皱缩不平，质地软硬不一。切面因胆汁淤积呈黄绿色、坏死区呈土黄色，可见小岛屿状再生结节，又称为亚急性黄色肝萎缩。光镜下既有肝细胞亚大块坏死，肝细胞坏死面积≤肝实质的 1/2，又有肝细胞结节状再生（图 17-10）。由于

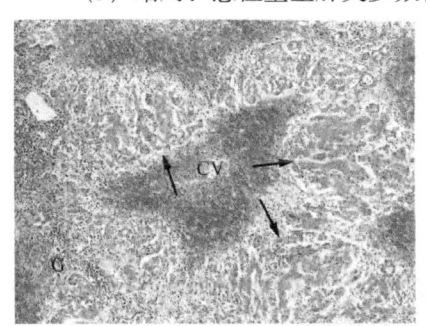

图 17-10 亚急性重型肝炎

肝细胞呈亚大块坏死，自小叶中央（CV）向四周扩展，小叶周边（G）残留正常肝细胞

坏死区网状纤维支架塌陷和胶原纤维化，致使再生的肝细胞无法沿原有网状支架排列成肝细胞索，故聚集在一起形成不规则的结节，失去原有小叶结构。肝小叶内外有明显的炎细胞浸润。小叶周边部小胆管增生，并有胆汁淤积、形成胆栓。陈旧的病变区有明显的纤维组织增生。

(2) 结局：本型肝炎如治疗得当，可阻止病变发展使患者存活。病程迁延 1 年以上则发展为坏死后性肝硬化。病情继续进展可出现不同程度肝功能不全等严重后果。

第四节　肝硬化

肝硬化（liver cirrhosis）是由多种原因引起的肝细胞变性、坏死，继而出现纤维组织增生和肝细胞结节状再生，这三种病变反复交错进行导致肝脏变形、变硬的一种慢性进行性肝脏疾病。临床上病变早期无明显症状，后期出现不同程度的门静脉压力升高和肝功能障碍。

一、肝硬化的分类

一般按照病因或依据形成结节的大小进行分类。按病因分为病毒性肝炎性、酒精性、胆汁性、淤血性、寄生虫性肝硬化等。按形态分为小结节型（结节直径 <3mm）、大结节型（结节直径 >3mm）、大小结节混合型、不全分隔型肝硬化（为肝内小叶结构尚未完全改建的早期硬化）。我国常用分类是结合病因、病变特点及临床表现的综合分类方法，分为门脉性、坏死后性、胆汁性、淤血性、寄生虫性和色素性肝硬化等。其中门脉性肝硬化最常见，其次为坏死后性肝硬化，其他类型较少见。

二、门脉性肝硬化

门脉性肝硬化（portal cirrhosis）相当于小结节型肝硬化，为各型肝硬化中最常见的类型，遍布世界各地。

（一）病因和发病机制

1. **病毒性肝炎**　是引起我国肝硬化的主要原因，尤其是乙型和丙型病毒性肝炎。由于慢性炎症，肝细胞反复发生变性、坏死，继而肝内纤维组织增生和肝细胞结节状再生，促进肝硬化形成。

2. **慢性酒精中毒**　长期酗酒是引起肝硬化的另一重要原因。乙醇在体内代谢过程中产生的乙醛对肝细胞有直接毒性作用，使肝细胞不断脂肪变性以至坏死，继而肝内纤维组织增生，发展为肝硬化。此外，酗酒者因酒后进食少和慢性酒精性胃炎导致不同程度的营养缺乏，也是促进肝硬化发生的因素。

3. **营养缺乏**　如食物中长期缺乏胆碱或蛋氨酸类营养物质，肝脏合成磷脂、脂蛋白障碍，肝内脂肪酸堆积，形成脂肪肝。严重脂肪变性导致肝细胞坏死，发展为肝硬化。

4. **化学毒物损伤**　长期接触某些化学物质，如砷、四氯化碳、黄磷等可导致慢性中毒，损伤肝细胞导致肝硬化。长期服用异烟肼、双醋酚丁、甲基多巴、甲氨蝶呤等药物可因药物性肝炎发展为肝硬化。

上述各种因素均可引起肝细胞弥漫性损害，如长期作用，反复发作，可导致肝内广泛的胶原纤维增生。胶原纤维主要来自增生的成纤维细胞、肝星形细胞，以及肝细胞坏死时局部网状纤维塌陷融合而成。初期增生的纤维组织虽形成小的条索，但尚未互相连接形成间隔而改建肝小叶结构时，称为纤维化，为可复性病变。如果病因消除，纤维化尚可被逐渐吸收。如果继续发展，小叶中央区和汇管区等处的纤维条索连成纤维间隔并互相连接，包绕和分割原有的或再生的肝细胞形成假小叶，最终使肝小叶结构破坏和肝内血管系统被改建而形成肝硬化（图17-11）。

（二）病理变化

1. 肉眼观　门脉性肝硬化的早期和中期，肝脏体积正常或稍增大，质地稍硬。晚期，肝脏体积明显缩小，重量减轻（由正常1400g减到1000g以下），硬度增加。表面及切面见弥漫性分布的圆形或类圆形的小结节，其大小相近，直径0.1～0.5cm，最大的结节不超过1cm。结节周围为增生的、较窄的纤维组织条索或间隔所包绕，肝被膜明显增厚（图17-12）。

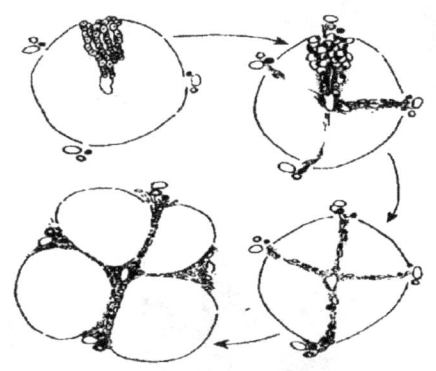

图17-11　肝硬化发病机制模式图

2. 光镜　正常的肝小叶结构被破坏，广泛增生的纤维组织将原有肝小叶重新分割、包绕成为大小不等的圆形或椭圆形的肝细胞团，称为假小叶（pseudolobule）（图17-13）。假小叶的结构特点：①中央静脉可缺如、偏位或有两个以上，有时可见被包绕的汇管区；②肝细胞排列紊乱，失去放射状肝索结构，肝细胞有不同程度的变性和坏死；③再生的肝细胞体积大、核大、深染，常出现双核。有些肝细胞内有胆色素沉着，细小胆管内胆汁淤积，这是增生的纤维组织压迫细小胆管所致。包绕假小叶的纤维间隔较窄且宽窄较一致，内有多少不等的慢性炎细胞浸润，还可见新生的细小胆管。

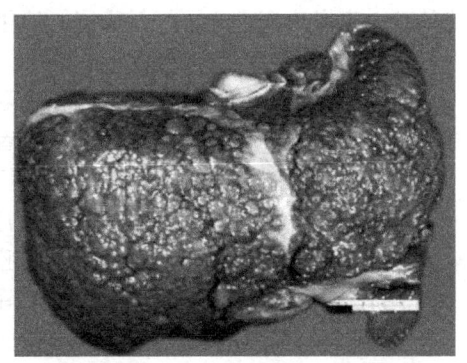

图17-12　门脉性肝硬化
肝脏体积缩小、变硬，表面大小一致小结节

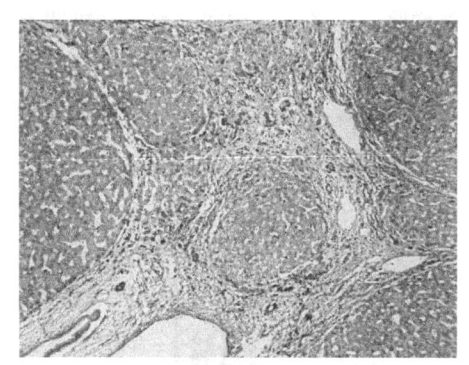

图17-13　门脉性肝硬化
假小叶形成

（三）临床病理联系

在肝硬化病变发展过程中，由于肝内血管系统受到严重破坏和改建，同时肝实质细胞广泛坏死且严重，临床上常出现门脉高压症及肝功能不全的表现。

1. 门静脉高压（portal hypertension）　正常门静脉压平均为13.2mmHg，肝硬化时，门静脉压力可增高至22.1～36.8mmHg，并出现一系列临床症状和体征，称为门静脉高压。

（1）发生机制：①窦后阻塞，由于假小叶形成压迫小叶下静脉，肝窦内的血液不易排出，进而使门静脉血液流入肝窦阻塞；②窦内阻塞，肝内广泛纤维组织增生，使肝窦闭塞或窦周及中央静脉周围纤维化，造成门静脉循环受阻；③窦前阻塞，肝动脉小分支和门静脉小分支之间形成异常吻合支，压力高的肝动脉血经吻合支注入压力低的门静脉内，使门静脉压增高（图17-14）。

（2）临床表现：门静脉压升高后，胃、肠、脾等器官的静脉回流受阻，早期由于代偿作用，临床上可无明显症状，晚期可出现以下表现：

1)脾大(splenomegaly):门静脉高压使脾静脉回流受阻,脾因长期慢性淤血而肿大。有70%~85%的肝硬化患者有脾大。肿大的脾多在500g以下,少数可达800~1000g,质地硬,被膜增厚,切面呈暗红色(图17-15)。光镜下,脾小体萎缩、纤维化,脾索增宽,脾窦扩张淤血,窦壁内皮细胞增生、肥大。患者可因脾功能亢进而出现贫血、白细胞和血小板减少症。

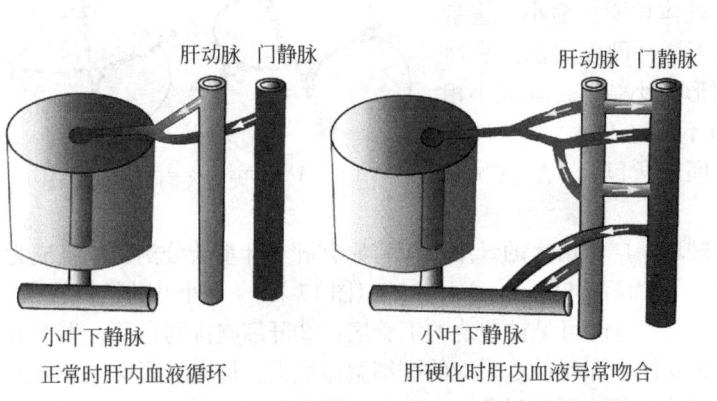

图17-14 门静脉高压形成模式图

图17-15 门脉性肝硬化之脾大

2)胃肠消化、吸收功能障碍:门静脉压升高,使胃肠静脉回流受阻而致胃肠淤血水肿,表现为胃肠壁增厚,黏膜皱襞增宽,严重者黏膜呈胶冻状外观,患者出现食欲不振、腹胀、消化不良等症状。

3)腹水:肝硬化晚期,腹腔内可积聚大量淡黄色透明液体(漏出液),重者腹部膨隆。引起腹水的主要原因是:①门静脉高压使肠及肠系膜毛细血管内流体静压升高,血管壁通透性升高,导致液体漏入腹腔;②晚期肝硬化,肝细胞合成白蛋白功能降低、消化不良使蛋白质吸收减少,可导致低蛋白血症,使血浆胶体渗透压下降,促进腹水形成;③小叶下静脉受压和小叶中央纤维化,使肝窦阻塞、窦内压升高,液体自窦壁漏入腹腔;④肝功能障碍,使肝脏对激素的灭活功能降低,体内醛固酮、抗利尿激素在血中水平升高,从而引起水、钠潴留。

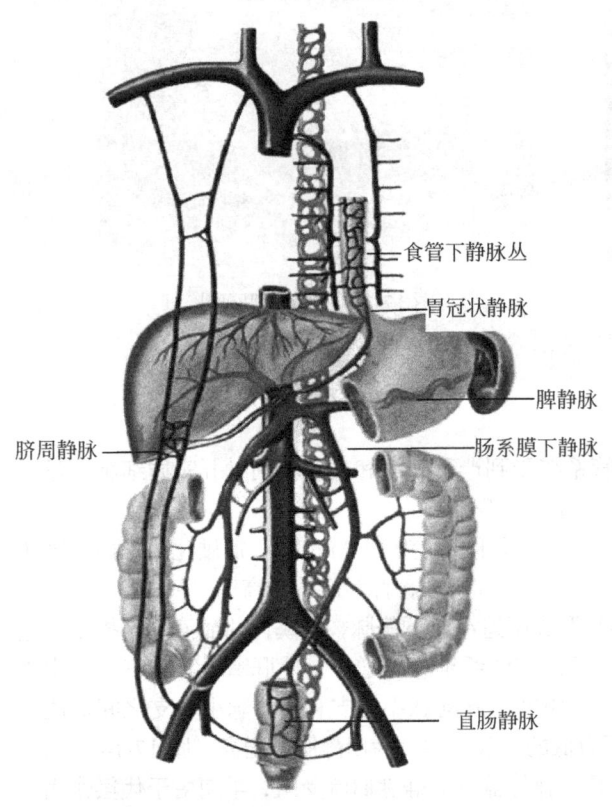

图17-16 肝硬化门静脉高压侧支循环模式图

4)侧支循环形成:由于门静脉高压,门静脉系统血液回流受阻,体内门静脉与体静脉之间多处吻合支呈代偿性扩张,形成侧支循环,使部分门静脉血绕过肝脏直接进入上、下腔静脉,降低了门静脉内压。主要的侧支循环和合并症如下(图17-16):①食管下段静脉丛曲张,门静脉血经胃冠状静脉、食管下段静脉丛、奇静脉入上腔静脉,常致食管下段静脉丛曲张，易破裂而引起上消化道大出血，是肝硬化患者常见的死亡原因之一。②直肠（痔）静脉丛曲张，门脉血经肠系膜下静脉、直肠静脉丛、髂内静脉进入下腔静脉，引起直肠静脉丛曲张，形成痔，该静脉破裂可发生便血，长期便血可引起贫血。③脐周腹壁浅静脉曲张，门静脉血经脐旁静脉到脐周静脉丛后，向上经胸腹壁静脉丛进入上腔静脉，向下经腹壁下静脉进入下腔静脉，引起脐肿大向外突出，脐周浅静脉高度扩张，临床上出现"海蛇头"状体征。

2. 肝功能不全　是肝实质细胞长期、反复破坏的结果，主要表现有：

（1）对激素的灭活功能降低：对雌激素的灭活作用减弱，使体内雌激素水平升高，引起男性睾丸萎缩、乳腺发育，女性月经不调、不孕；患者颈部、面部、上胸部和前臂皮肤可出现小动脉末梢扩张形成蜘蛛状血管痣；手掌大、小鱼际及指尖等部位小血管扩张呈鲜红色，称为肝掌。

（2）血浆白蛋白降低：肝硬化时，肝细胞变性、坏死，白蛋白合成减少，体内免疫系统产生球蛋白增多，常引起低蛋白血症及白蛋白与球蛋白的比例（A/G）下降或倒置（正常时 A/G 为 (1.5～2.5)：1）。

（3）转氨酶升高：肝细胞受损，细胞膜通透性增加，细胞内酶释放入血，使血清谷丙转氨酶（SGPT）等升高。

（4）出血倾向：表现有鼻出血、牙龈出血、浆膜及黏膜出血、皮下瘀斑等。主要原因是肝脏合成凝血因子减少及脾功能亢进使血小板破坏增多。

（5）胆色素代谢障碍：肝硬化时，既有肝内胆管的不同程度破坏、阻塞或扭曲，又有肝细胞变性、坏死引起毛细胆管内胆栓形成及肝细胞内胆汁淤积，均可导致黄疸。

（6）肝性脑病：是肝功能不全最严重的后果，常为肝硬化患者死亡原因之一。

（四）结局

门脉性肝硬化早期，如病因能消除，肝细胞不继续变性、坏死，有些病例增生的纤维组织可减少或消失。在病变发展过程中，由于肝脏有较强的代偿功能，及时治疗可使疾病在相当长时期内处于稳定状态。但在晚期发展到严重门静脉高压、肝衰竭时，患者或因肝性脑病、或因食管下段静脉曲张破裂引起的消化道大出血、合并肝癌及感染而死亡。

三、坏死后性肝硬化

坏死后性肝硬化（postnecrotic cirrhosis）属于大结节型和大小结节混合型肝硬化，是在肝实质细胞发生大块坏死的基础上形成的。坏死后性肝硬化病程较短，预后较差，易合并肝癌。

1. 病因　①肝炎病毒感染是本型肝硬化的主要原因，大部分为乙型、丙型肝炎病毒引起的亚急性重型肝炎迁延而来，慢性肝炎反复出现严重坏死者、孕妇感染戊型肝炎病毒发展为暴发型肝炎存活者亦可转变为坏死后性肝硬化。②某些药物及化学物质中毒，可引起弥漫性中毒性肝细胞坏死，继而出现肝细胞结节状再生，也可导致本型肝硬化。

2. 病理变化　肉眼观可见肝体积缩小，重量减轻，质地变硬。与门脉性肝硬化显著不同的是，肝明显变形，常见左叶明显萎缩；表面结节较大且大小相差悬殊，最大结节直径可达 6cm；切面见结节周围纤维间隔较宽，且厚薄不均，结节呈黄绿或黄褐色（图 17-17）。光镜下正常肝小叶结构大多破坏、消失，代之以大小不等的假小叶；假小叶内肝细胞坏死明显，呈灶状、带状甚至整个肝小叶坏死，

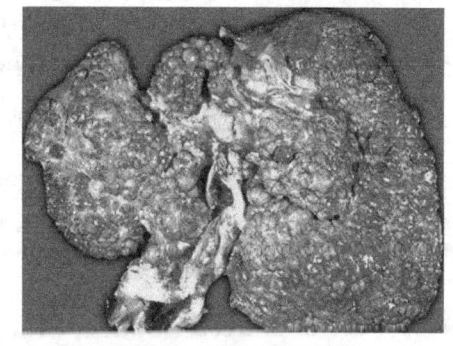

图 17-17　坏死后性肝硬化
肝体积缩小，质地变硬，变形明显

有胆色素沉着。假小叶间的纤维间隔较宽而厚薄不均，其中炎细胞浸润、小胆管增生均较显著。

第五节 消化系统常见肿瘤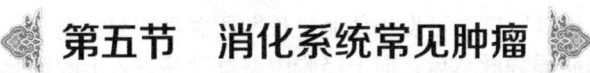

一、食管癌

食管癌（carcinoma of esophagus）是食管黏膜上皮或腺体发生的恶性肿瘤。食管癌是常见的消化道肿瘤，我国是世界上食管癌高发地区之一，发病年龄多在40岁以上，尤以60岁以上者居多，男多于女。临床上主要表现为哽噎和进行性吞咽困难，故中医称本病为"噎膈"。早期食管癌因临床症状不明显常被忽略，食管脱落细胞学检查或食管镜检查有助于早期发现，如及时手术，早期癌5年存活率在90%以上，预后较好。

（一）病因

尚未完全明了，主要的危险因素包含以下几个方面：①饮食因素在本病的发病中较为重要。长期饮酒，乙醇可作为致癌物的溶剂，促进致癌物进入食管，为食管癌的发生创造条件；长期食用过热、过硬及粗糙的饮食，刺激和损伤食管黏膜；我国有些地区居民喜欢的食品中，含有较多的亚硝酸盐，可诱发食管癌。②环境因素，如流行病学调查发现食管癌高发区土壤中所含微量元素与非高发区不同，如有钼缺乏，钼是硝酸盐还原酶的成分，可降低植物中硝酸盐的含量，缺钼可使农作物中硝酸盐的含量增高。③长期不愈的食管炎可能是食管癌的癌前病变。④遗传因素，如我国汉族人食管癌高发区主要在北方的太行山区及南方的潮汕与闽南地区，且有家族聚集现象。

（二）病理变化

食管癌好发于三个生理性狭窄部，以中段最多见（50%），其次为下段（30%），而上段最少（20%）。可分为早期食管癌和中晚期食管癌两类。

1. **早期癌** 指癌组织只局限于食管黏膜层及黏膜下层，未侵犯肌层，无淋巴结转移。此期临床尚无明显症状。肉眼可见癌变处黏膜稍肿胀、隆起，可见轻度糜烂或表面呈颗粒状，微小的乳头状，与周围黏膜分界较清。X线钡餐检查仅见管壁轻度局限性僵硬或正常。光镜下绝大部分为鳞状细胞癌，癌组织多位于上皮内，形成原位癌或黏膜内癌，一部分癌组织可浸润到黏膜下层。

2. **中晚期癌** 指癌组织已侵入食管肌层及其以下。此期患者多出现胸骨后疼痛、异物感、进行性吞咽困难等典型临床症状。

（1）肉眼分型：根据肉眼形态特点，可分为四型（图17-18）：①髓质型，最多见，癌组织在食管壁内浸润性生长，累及食管全周或大部分，管壁增厚、管腔变小。切面癌组织质地较软，似脑髓，色灰白。癌组织表面常有浅表溃疡。②蕈伞型，肿瘤呈扁圆形肿块，如蘑菇状突向管腔，表面有浅溃疡，边缘外翻。肿瘤组织侵犯食管管周的部分或大部分。③溃疡型，肿瘤表面有较深溃疡，边缘隆起，底部凹凸不平，深达肌层，多浸润食管管周的一部分。④缩窄型，癌组织质硬，有明显的结缔组织增生并浸润食管全周，因而使局部食管壁呈环形狭窄，狭窄上端食管腔则明显扩张。

(2)组织学分型：食管癌在组织学上有鳞状细胞癌、腺癌、腺棘皮癌、腺鳞癌和小细胞等类型。其中90%以上为鳞状细胞癌，腺癌次之。大部分腺癌来自Barrett食管，极少数来自食管黏膜下腺体。

（三）扩散与转移

1. **直接蔓延** 因食管无浆膜层，癌组织穿透食管壁后，容易向周围组织及器官浸润。依所发

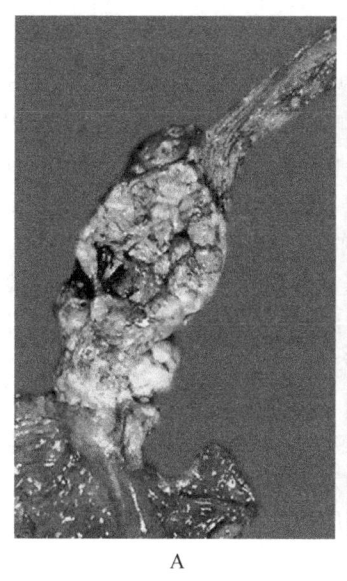 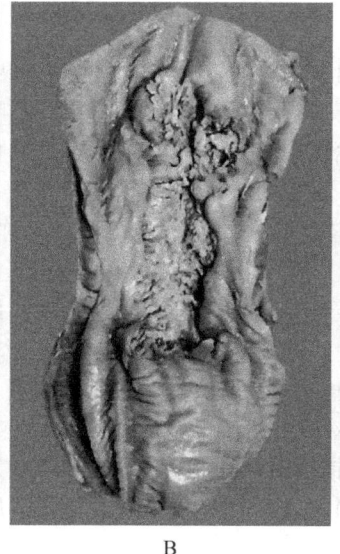 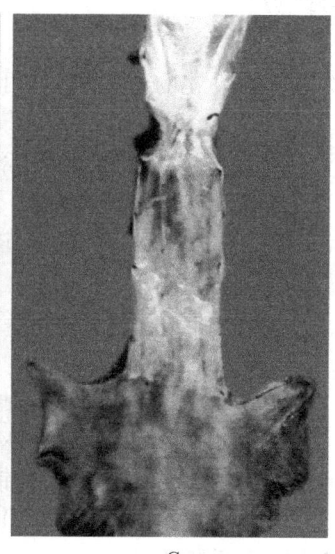

图 17-18 食管癌
A. 蕈伞型；B. 溃疡型；C. 缩窄型

生的部位不同，其累及的范围及器官不同，影响亦不同。食管上段癌可侵入喉部、气管和颈部软组织；中段癌多侵入支气管壁、肺；下段癌常侵入贲门、膈、心包等处。侵入食管黏膜下层的癌细胞可通过淋巴管在管壁内扩散，在远离原发灶的黏膜下形成转移病灶。

2. 转移　①淋巴道转移的部位与食管淋巴引流途径一致。上段癌可转移至颈部和上纵隔淋巴结，中段癌常转移到食管旁和肺门淋巴结，下段癌常转移至食管旁、贲门及腹腔淋巴结。②血道转移为晚期患者转移的方式，转移至肝、肺最多见，其次为骨、肾等，可同时转移至两个或两个以上部位。

二、胃癌

胃癌（carcinoma of stomach）是胃黏膜上皮和腺体发生的恶性肿瘤，是我国最常见的恶性肿瘤之一，其发病率和死亡率仅次于肺癌位居第二位。胃癌可发生于任何年龄，但以 40～60 岁多见，男多于女，约为 2∶1。胃癌好发于胃窦部，尤其是胃小弯侧，约占 75%。临床主要表现为上腹胀痛、体重减轻、食欲不振、腹部包块、贫血、消瘦、营养不良等症状。

（一）病因

尚未完全阐明，目前认为可能是多种因素综合作用的结果。①饮食和地理环境，胃癌的发生有一定的地理分布特点，可能与生活饮食习惯及土壤地质因素有关；肉类熏制食品、煎炸、高盐、变质食物含有亚硝胺类化合物可诱发胃癌；此外，吸烟、长期饮酒、暴饮暴食、营养失衡与胃癌的发生也有一定的关系。②幽门螺杆菌感染，胃癌患者幽门螺杆菌阳性率可达 66.7%。研究表明，幽门螺杆菌感染可通过增加细胞的增殖活性、癌基因激活和抑癌基因失活，诱发胃黏膜上皮细胞的癌变。③癌前病变，某些长期未治愈的慢性萎缩性胃炎、胃息肉、胃溃疡病伴有异型增生、胃黏膜大肠型肠上皮化生也是胃癌发生的病理基础。④遗传因素，有研究证实遗传性弥漫型胃癌患者的家族中存在 *E-cadherin* 基因的胚系突变。

(二)病理变化

根据病理变化的进展程度,可分为早期胃癌与中晚期胃癌两大类。

1. **早期胃癌** 指癌组织浸润仅限于黏膜层或黏膜下层。判断早期胃癌的标准不是其面积大小和是否有局部淋巴结转移,而是其浸润深度,故早期胃癌也称黏膜内癌或表浅扩散癌。早期胃癌中,若直径小于0.5cm者称为微小癌;直径0.6~1.0cm者称小胃癌;内镜检查时,在该癌变处钳取活检确诊为癌,但手术切除标本经节段性连续切片均未发现癌,称为一点癌。

(1) 肉眼分型:①隆起型(Ⅰ型),肿瘤从黏膜面明显隆起或呈息肉状,较少见;②表浅型(Ⅱ型),肿瘤表面较平坦,稍隆起于黏膜表面;③凹陷型(Ⅲ型),有溃疡形成,溃疡可破坏黏膜肌层,但仍局限在黏膜下层,此型最多见。

(2) 组织学分型:以管状腺癌最多见,其次为乳头状腺癌,未分化癌最少见。

早期胃癌术后5年生存率90%以上,10年生存率约75%,微小胃癌和小胃癌术后5年生存率为100%。认识早期胃癌,通过胃镜活检,可提高对早期胃癌的发现率,从而改善预后。

2. **中晚期胃癌(进展期胃癌)** 指癌组织浸润超过黏膜下层或浸润胃壁全层的胃癌。癌组织浸润越深,预后越差。

(1) 肉眼分型(图17-19):①息肉型或蕈伞型,癌组织向黏膜表面生长,呈息肉状或蕈伞状,突入胃腔内;②溃疡型,癌组织坏死脱落形成溃疡,溃疡一般多呈皿状,有的边缘隆起,如火山口状,底部凹凸不平;③浸润型,癌组织向胃壁内局限性或弥漫性浸润,与周围正常组织无明显分界。若弥漫浸润可致胃壁增厚、变硬,胃腔缩小,胃黏膜皱襞大部分消失。典型弥漫型胃癌的胃状似皮革制成的囊袋,称为革囊胃(linitis plastica)。

(2) 组织学分型:腺癌最常见,可分为乳头状腺癌、管状腺癌、黏液腺癌和印戒细胞癌四种。此外还有少见的腺鳞癌、鳞状细胞癌和未分化癌。

(三)扩散与转移

1. **直接蔓延** 癌组织向胃壁各层浸润,当穿透浆膜后,癌组织可连续不断地向周围组织和邻近器官广泛蔓延生长,如向肝脏、胰腺及大网膜等处浸润蔓延。

2. **转移** ①淋巴道转移为主要转移途径,首先转移到局部淋巴结,以幽门下胃小弯的局部淋巴结最为多见,进一步转移至腹主动脉旁淋巴结、肝门或肠系膜根部淋巴结;晚期可经胸导管转移至左锁骨上淋巴结(Virchow淋巴结)。②血道转移多发生于胃癌的晚期,常经门静脉转移至肝脏,其次是肺、脑、骨等器官。③胃癌特别是胃黏液腺癌细胞浸润至胃浆膜表面后,可脱落至腹腔,种植于腹壁、大网膜、直肠膀胱窝及盆腔器官浆膜上形成种植性转移。女性患者常在双侧卵巢形成转移性黏液腺癌,称Krukenberg瘤。

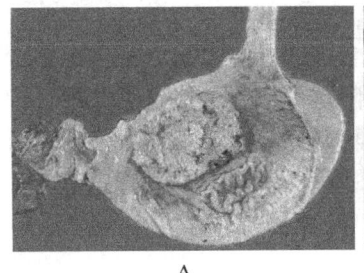
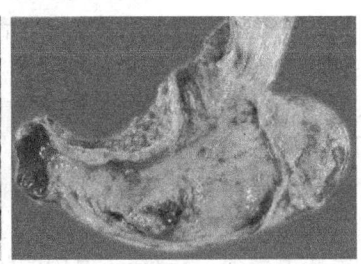

图 17-19 胃癌
A.息肉型;B.溃疡型;C.浸润型

三、大肠癌

大肠癌（carcinoma of large intestine）是大肠黏膜上皮和腺体发生的恶性肿瘤，包括结肠癌与直肠癌，其发生率在消化道恶性肿瘤中仅次于胃癌和食管癌。从全世界范围看，我国是大肠癌的低发区，但近年来由于饮食结构变化，其发病率呈上升趋势。大肠癌的好发年龄多在 60～70 岁，男女比例约 2 : 1。临床上患者常有贫血、消瘦、大便规律及性状改变、黏液血便、腹痛、腹部肿块和肠梗阻等表现。

（一）病因及发病机制

1. 病因　大肠癌的病因至今未得到完全阐明，可能与以下因素有关。①饮食习惯，高营养而少纤维的饮食与本病发生有关。这可能因为高营养而少消化残渣饮食不利于有规律的排便，延长了肠黏膜与食物中可能含有的致癌物质的接触时间。②遗传因素，大肠癌有家族性高发现象，如家族性腺瘤性息肉病（familial adenomatous polyposis，FAP）癌变，其发生是由于 *APC* 基因的缺失或突变；遗传性非息肉病性大肠癌（hereditary nonpolyposis colorectal cancer，HNPCC），其发生是由于错配修复基因的突变，如 *hMSH*，*hMLH$_1$* 等。③慢性肠疾病，如肠息肉状腺瘤、增生性息肉病、幼年性息肉病、绒毛状腺瘤、慢性血吸虫病及慢性溃疡性结肠炎等由于黏膜上皮过度增生而发展为癌。④环境因素，如某些缺钼、缺硒地区，以及石棉工人亦有较高的大肠癌发病率。

2. 发病机制　目前认为大肠癌发生的机制主要有以下 4 种：①经腺瘤癌变，大肠癌绝大多数来自原先存在的腺瘤，即所谓腺瘤、腺癌顺序，如家族性腺瘤性息肉病、遗传性非息肉病性大肠癌。②锯齿状病变通路，如增生性息肉病、锯齿状腺瘤的恶变，由于错配修复基因启动子区甲基化导致基因表达的抑制、功能丧失所致。③溃疡性结肠炎相关的大肠癌通路，即在很早期的上皮增生阶段就有 *p53* 的改变，导致腺瘤向腺癌转变。形态学上具有多发性、病灶呈扁平浸润灶，低分化腺癌及黏液腺癌多见。④幼年性息肉病-癌途径，部分幼年性息肉病的发生是由于 *smad4* 基因的突变所致。

（二）病理变化

大肠癌的好发部位以直肠最多见（50%），其于依次为乙状结肠（20%）、盲肠及升结肠（16%）、横结肠（8%）和降结肠（6%）。

1. 肉眼分型

（1）隆起型：肿瘤向肠腔内突出，又可分为隆起息肉型和盘状型两个亚型。多为分化较高的腺癌。

（2）溃疡型：肿瘤表面形成较深溃疡或呈火山口状，溃疡形态不规则，直径多在 2cm 以上，边缘隆起形似火山口状，肿瘤侵入底部并破坏肠壁各层组织，与周围组织界线不清，本型较多见（图 17-20）。

（3）浸润型：肿瘤向肠壁深层弥漫浸润，常累及肠管全周，导致局部肠壁增厚，表面常无明显溃疡。肿瘤若伴间质纤维组织增生，可使局部肠管周径明显缩小，形成环状狭窄。

（4）胶样型：肿瘤表面及切面均呈半透明、胶冻状，镜下为黏液腺癌或印戒细胞癌。此型多见于青年人，预后较差。

大肠癌肉眼形态在左右结肠略有不同，左侧大肠癌浸润型多见，易引起肠壁狭窄，早期出现梗阻症状。右侧结肠癌隆起息肉型多见。

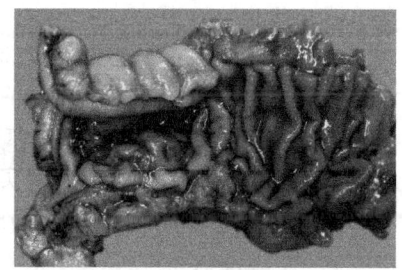

图 17-20　直肠癌

癌组织形成较大溃疡，边缘隆起，底部凹凸不平

2. 组织学分型 大肠癌主要以高分化管状腺癌及乳头状腺癌多见，少数为未分化癌或鳞状细胞癌。后者常发生于直肠肛门附近。

（1）管状腺癌：癌细胞呈腺管或腺泡状排列（图17-21），根据其分化程度可细分为低分化腺癌、中分化腺癌、高分化腺癌。

（2）乳头状腺癌：癌细胞排列组成粗细不等的乳头状结构，乳头中心索为少量血管间质。

（3）黏液腺癌：由分泌黏液的癌细胞构成，癌组织内有大量黏液。该型恶性程度较高，预后不良。

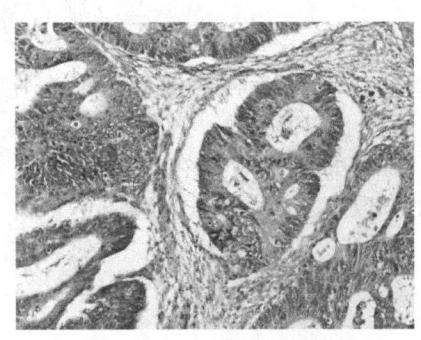

图 17-21 直肠管状腺癌

（4）印戒细胞癌：癌灶由弥漫成片的印戒细胞构成，细胞核染色较深，偏于细胞质的一侧，似戒指样。该型恶性程度较黏液腺癌高，预后极差。

（5）其他：包括未分化癌、腺鳞癌和鳞状细胞癌。

（三）扩散与转移

1. 直接蔓延 当癌组织浸润肌层达浆膜层后，可直接蔓延至邻近器官，如前列腺、膀胱及腹膜等处。

2. 转移 ①淋巴道转移，癌组织未穿透肠壁肌层时，较少发生淋巴道转移。一旦穿透肌层，则转移率明显增加。结肠癌在结肠上、旁、中间和终末等淋巴结均可有转移。直肠癌首先转移到直肠旁淋巴结，以后再扩散，侵入盆腔和肛周组织。②血道转移，晚期癌细胞可沿血道转移至肝、肺、骨等处。③种植性转移，癌组织穿破肠壁浆膜后，到达肠壁表面，癌细胞脱落播散到腹腔内形成种植性转移。

四、原发性肝癌

原发生肝癌（primary hepatic carcinoma）是肝细胞或肝内胆管上皮细胞发生的恶性肿瘤。简称肝癌。我国发病率较高，为常见肿瘤之一，多在中年后发病，男多于女。肝癌发病隐匿，早期无临床症状，故临床发现时多已为晚期，死亡率较高。近年来，广泛应用甲胎蛋白（AFP）检测、影像学检查使早期肝癌的检出率明显提高。一些直径在1cm以下的早期肝癌被发现并取得满意的疗效。

（一）病因

肝癌的发生可能是多种因素综合作用的结果。①病毒性肝炎，HBV与肝癌关系密切，其次为丙型肝炎。HBV感染导致的慢性肝损伤使肝细胞反复增殖和修复，容易诱发肝细胞自发性突变。研究发现，在HBV阳性的肝癌病变组织可见 *c-myc*、*c-fos* 等原癌基因激活和 *p53* 抑癌基因失活，还能激活有丝分裂原活化的蛋白激酶（MAPK）和Janus家族酪氨酸激酶（JAK）信号转导和转录激活因子通路（STATA），活化原癌基因，诱导肝癌发生。②肝硬化，我国肝细胞癌伴肝硬化者约为74.9%，其中以坏死后性肝硬化最多，其次为肝炎后肝硬化。③真菌及其毒素，如黄曲霉菌、青霉菌等可以引起实验性肝癌，尤其是黄曲霉素B_1或被其污染的食物均可诱发动物肝癌。④乙醇、硒缺乏和遗传易感性也是重要的危险因素。

（二）病理变化

1. 肉眼分型

（1）早期肝癌：也称小肝癌，指单个癌结节最大直径<3cm或两个癌结节合计最大直径

<3cm 的原发性肝癌。癌结节多呈球形或分叶状，灰白色，质软，边界清楚，切面均匀一致，无出血及坏死。患者常无临床症状，而血清 AFP 可阳性，术后 5 年生存率可达 75%。

（2）中晚期肝癌：肝体积明显增大，重量显著增加（常达 2000～3000g 以上），大体形态可分为三型（图 17-22）：①巨块型，肿瘤体积巨大，甚至达儿头大，圆形，右叶多见。切面呈灰白色或黄褐色，中心部常有出血、坏死。瘤体周围常有多少不一的卫星状癌结节。本型不合并或仅合并轻度肝硬化。②多结节型，最常见，通常合并有肝硬化。癌结节散在，圆形或椭圆形，大小不等，如融合则形成较大结节。③弥漫型，癌组织在肝内弥漫分布，累及大部分或整个肝脏，结节不明显，常发生在肝硬化基础上，形态上与肝硬化易混淆。此型较少见。

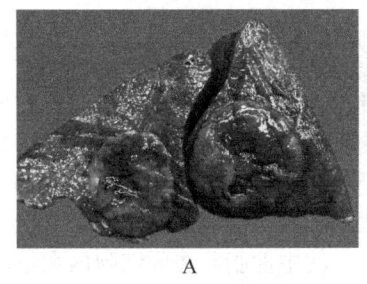
A

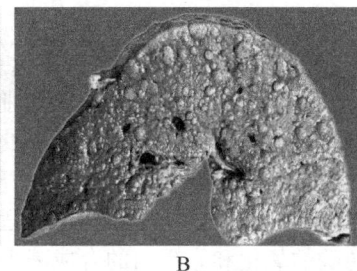
B

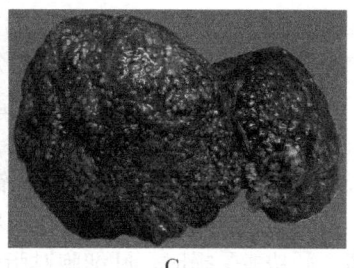
C

图 17-22　原发性肝癌
A. 巨块型；B. 多结节型；C. 弥漫型

2. 组织学分型

（1）肝细胞癌：此型最多见，是由肝细胞发生的肝癌。分化较高者癌细胞类似于肝细胞，分泌胆汁，癌细胞排列呈巢状，血管多（似肝血窦），间质少。分化低者癌细胞异型性明显，核质比例增大，癌细胞大小不一，形态各异。

（2）胆管细胞癌：较为少见，是肝内胆管上皮发生的癌。癌细胞呈腺管状排列，可分泌黏液，癌组织间质较多。有时继发于华支睾吸虫病、肝胆管结石等疾病，一般不并发肝硬化。

（3）混合细胞型肝癌：癌组织中具有肝细胞癌及胆管细胞癌两种成分，最少见。

（三）扩散

癌组织首先在肝内直接蔓延，也可在肝内沿门静脉分支播散、转移，使肝内出现多处转移结节。肝外转移通过淋巴道转移至肝门淋巴结、上腹部淋巴结和腹膜后淋巴结；晚期通过肝静脉转移至肺、肾上腺、脑及肾等处；侵入肝表面的癌细胞可脱落，在腹膜和卵巢表面形成种植性转移。

第六节　肝衰竭

肝是人体最大的代谢器官，由肝实质细胞和非实质细胞构成。肝实质细胞包括肝细胞和胆管上皮细胞，肝非实质细胞包括库普弗细胞、肝星形细胞、肝脏相关淋巴细胞和肝窦内皮细胞。肝承担着消化、代谢、解毒、分泌及免疫等多种生理功能。各种致肝损伤因素损害肝细胞，使肝脏的代谢、合成、解毒、分泌、生物转化与免疫等功能发生严重障碍，机体可出现黄疸、出血、感染、肾功能障碍及肝性脑病等一系列临床综合征，称为肝功能不全（hepatic insufficiency）。肝功能不全的晚期阶段一般称为肝衰竭（hepatic failure），主要临床表现为肝性脑病和肝肾综合征。

按病情经过可分为急性和慢性肝衰竭两种。急性肝衰竭起病急骤，病情凶险，发病后 12～24 小时后发生黄疸，2～4 天后即由嗜睡进入昏迷状态，并有明显的出血倾向，常伴发肾衰竭，又称暴发性肝衰竭。主要原因是严重而广泛的肝细胞变性、坏死，常见于急性重型病毒性肝炎、药物性或中毒性肝炎及妊娠期急性脂肪肝等。慢性肝衰竭病情进展缓慢，病程较长，往往在某些诱因如上消化道出血、感染、服用镇静剂、麻醉剂、电解质和酸碱平衡紊乱、氮质血症等作用下，病情突然加剧，进而发生昏迷。多见于各种类型肝硬化的失代偿期和部分肝癌的晚期。

一、肝功能不全对机体的影响

1. 物质代谢障碍

（1）糖代谢障碍：主要表现为低血糖症，其发生机制为：①大量肝细胞坏死致使肝内糖原合成、储存和分解降低；②受损肝细胞内质网上葡萄糖-6-磷酸酶活性降低，肝糖原转变为葡萄糖过程障碍。③肝细胞灭活胰岛素功能降低，使血中胰岛素含量增加，出现低血糖。严重肝病患者往往因低血糖而诱发肝性脑病，部分肝功能严重障碍的患者可出现类似糖尿病患者的糖耐量降低。

（2）蛋白质代谢障碍：肝是合成白蛋白的唯一脏器，肝细胞受损使白蛋白合成减少，导致低白蛋白血症，后者使血浆胶体渗透压降低，成为引发肝性腹水的机制之一。此外肝细胞多种运载蛋白的合成障碍（如运铁蛋白、铜蓝蛋白等）也可导致相应的病理改变。

（3）脂类代谢障碍：常表现为脂肪肝、血浆胆固醇酯/胆固醇比值下降和血浆胆固醇总量升高。肝功能受损时，肝细胞对脂肪酸的氧化和脂蛋白的合成减少，使中性脂肪在肝细胞内大量堆积而出现脂肪肝。此外，肝脏是合成胆固醇的主要场所，也是胆固醇酯化的唯一部位。肝衰竭时，血浆游离胆固醇向胆固醇酯转化减少，胆固醇酯/胆固醇比值下降，导致血浆胆固醇总量升高。

2. 水、电解质代谢紊乱

（1）肝性腹水：肝硬化等肝病晚期可出现腹水，机制为：①门静脉高压使肠系膜毛细血管压增高，液体漏入腹腔增多，形成腹水；②肝功能障碍，白蛋白合成减少，血浆胶体渗透压降低，促进液体漏入腹腔增多；③淋巴循环障碍继而引起包括蛋白在内的血浆成分经肝窦壁进入肝组织间隙，从肝表面漏入腹腔，引起腹水；④有效循环血量减少，肾血流量减少，可致钠、水潴留，促进腹水的形成。

（2）低钾血症：肝受损时，肝细胞对醛固酮的灭活功能减弱，又因严重肝病时往往有腹水发生，致使有效循环血量减少，从而引起醛固酮的分泌增多，故钾随尿排出增多。

（3）低钠血症：是病情危重的表现。水潴留是形成稀释性低钠血症的重要原因，可能与肝病时有效循环血量减少而引起的抗利尿激素分泌增多及抗利尿激素灭活障碍有关。

3. 胆汁分泌和排泄障碍

（1）高胆红素血症：正常情况下，胆红素的生成、运输和肝对胆红素的摄取、运载、结合（或酯化）、排泄及肝外的胆红素排泄（包括肝外胆管排泄，肝肠循环及肾的排泄）之间保持着动态平衡。肝衰竭时，可使其中一个或数个环节发生障碍导致高胆红素血症，临床表现为黄疸。

（2）肝内胆汁淤积：肝功能障碍时，因胆汁酸的摄入、运载和排泄受阻，胆汁流动缺乏驱动力，造成肝内胆汁淤积，临床表现为黄疸、皮肤瘙痒，并伴有血清结合胆红素、碱性磷酸酶等增高。严重胆汁淤积时，胆盐可激惹小胆管增生和炎症反应引起肝纤维化，进而发生肝硬化；胆汁不能排入肠腔，使维生素K吸收障碍，肝内相关凝血因子合成减少，引起出血倾向；肠内胆汁缺乏，促进肠源性内毒素血症的形成；血内胆盐积聚，引起动脉血压降低、心动过缓及神经系统抑制症状。

4. 凝血功能障碍　肝功能障碍时凝血功能降低，肝脏合成凝血因子减少，消除抗凝血物质功能减弱，患者常表现为出血，易诱发DIC。

5. 免疫功能障碍　肝脏的库普弗细胞是肝脏抵御细菌、病毒感染的主要屏障。肝功能障碍时，库普弗细胞对细菌、内毒素清除减少，屏障功能降低使肠菌移位入血，易继发细菌感染及菌血症，严重时可引起肠源性内毒素血症。库普弗被激活后产生的活性氧有杀菌作用，也可损害肝细胞。

6.生物转化功能障碍

(1) 药物代谢障碍：肝衰竭时，肝细胞对药物的代谢能力降低，使药物在血中的生物半衰期延长，改变药物在体内代谢过程，增加药物的毒副作用，易发生药物中毒。

(2) 解毒障碍：肝脏的解毒能力降低，从肠道吸收的有毒物质和机体代谢的分解产物不能被生物转化，使毒物入血增多；毒物也可经侧支循环绕过肝脏，直接进入体循环，严重时导致肝性脑病的发生。

(3) 激素代谢障碍：肝细胞在激素灭活中起到重要作用。肝功能障碍时，激素灭活功能减弱，体内出现多种激素蓄积。雌激素增多可引起女性卵巢功能紊乱，月经失调；男性乳房发育、睾丸萎缩；皮肤小动脉扩张而出现蜘蛛状血管痣、肝掌。醛固酮增多可导致低钾血症和钠水潴留。抗利尿激素增多可使水排出减少，造成水潴留而出现低钠血症。皮质醇增多可反馈性抑制垂体-肾上腺皮质功能，引起毛发脱落、色素沉着、易感染。

二、肝性脑病

肝性脑病（hepatic encephalopathy，HE）是指在排除其他已知脑疾病前提下，继发于肝功能障碍的一系列严重的神经精神综合征。肝性脑病从轻微的精神异常到昏迷可人为地分为四期：①一期（前驱期），轻微的性格和行为改变，可表现为轻度知觉障碍、欣快或焦虑、精神集中时间缩短等，轻微扑翼样震颤。②二期（昏迷前期），一期症状加重，出现嗜睡、淡漠、轻度时间及空间感知障碍、言语不清、明显的人格障碍及行为异常，明显的扑翼样震颤。③三期（昏睡期），以昏睡和精神错乱为主，能唤醒。④四期（昏迷期），患者完全丧失神志，不能唤醒，即进入昏迷阶段。肝性脑病是肝衰竭的最终临床表现。

（一）发病机制

肝性脑病的发病机制尚未阐明，根据临床与实验研究，提出以下几种主要学说。

1.氨中毒 ammonia intoxication) 学说　血氨升高是引起肝性脑病的主要因素。正常人氨的生成和清除之间维持着动态平衡。临床上约80%的肝性脑病患者血氨及脑脊液中氨浓度比正常人高2～3倍。肝硬化患者摄入高蛋白质饮食或服用含铵药物可诱发肝性脑病，而限制蛋白质摄入和采用降血氨治疗后病情可好转。当氨生成增多而清除不足时，血氨水平增高，过量的氨通过血-脑屏障进入脑内，作为神经毒素诱发肝性脑病。

(1) 血氨水平升高的原因

1) 氨的清除不足：氨的清除主要在肝内经鸟氨酸循环合成尿素，再由肾脏排出体外。在鸟氨酸循环中，生成1分子的尿素能清除2分子氨，消耗4分子ATP。肝功能严重障碍时，由于肝细胞的能量代谢障碍，供给鸟氨酸循环的ATP不足，催化鸟氨酸循环的有关酶的活性降低，鸟氨酸循环的各种底物（鸟氨酸、瓜氨酸、精氨酸）缺失及部分自肠道吸收的氨绕过肝脏，经门-体分流直接进入体循环等多个环节共同作用，使血氨清除障碍，导致血氨增高。

2) 氨的产生增多：①肠道产氨增多，此为血氨主要来源。肝硬化时门静脉高压引起消化道对食物的消化、吸收和排空障碍，肠道内未经消化的蛋白质成分堆积；胆汁分泌减少使胆汁酸盐抑菌作用减弱，造成肠道细菌大量繁殖，细菌释放的氨基酸氧化酶和尿素酶作用于肠道积存的蛋白及尿素，产氨明显增多，严重肝病常伴有肾功能障碍，血中尿素大量堆积，弥散入肠腔增加；合并上消化道出血或高蛋白饮食，肠道内增多的蛋白质经细菌分解产氨进一步增加。②肾脏产氨增多，肾脏产氨主要是在肾小管上皮细胞的谷氨酰胺酶作用下分解产氨。③肌肉产氨增多，肝性脑病早期，患者高度不安、躁动时肌肉活动增多，肌肉的腺苷酸分解代谢增强，使产氨增多。④肠腔内pH升高促进肠道氨的吸收。

(2) 氨对脑组织的毒性作用

1) 干扰脑组织的能量代谢：脑组织能量来源主要依靠葡萄糖的生物氧化。血氨升高导致过量的氨入脑，并从下列环节影响葡萄糖的氧化，干扰脑组织能量代谢：①氨抑制丙酮酸脱羧酶(pyruvate decarboxylase, PD) 的活性，阻碍丙酮酸的氧化脱羧过程，使乙酰辅酶A生成不足，三羧酸循环受阻；②氨与脑内α-酮戊二酸结合生成谷氨酸，消耗α-酮戊二酸，使三羧酸循环中断，ATP生成减少；③谷氨酸形成过程中，消耗还原型辅酶Ⅰ（NADH），影响细胞呼吸链中氢的传递，导致ATP生成不足；④氨进一步与谷氨酸结合生成谷氨酰胺，直接消耗大量ATP。

2) 脑内神经递质发生改变：血氨升高可使脑内乙酰胆碱、谷氨酸等兴奋性神经递质减少，而γ-氨基丁酸、谷氨酰胺等抑制性神经递质增多，使神经递质之间的平衡失调，导致中枢神经系统功能紊乱。其发生机制是：①氨使乙酰辅酶A生成不足，乙酰胆碱合成减少；②氨与谷氨酸结合成谷氨酰胺，使脑内谷氨酸减少，谷氨酰胺增多；③谷氨酸经谷氨酸脱羧酶脱羧生成γ-氨基丁酸。早期由于谷氨酸含量下降，γ-氨基丁酸生成减少，患者出现躁动、精神错乱、抽搐等脑兴奋症状。晚期因为氨抑制γ-氨基丁酸转氨酶（GABA-T）的活性，使γ-氨基丁酸不能转化为琥珀酸进入三羧酸循环，而在脑内蓄积，引起脑功能的抑制和昏迷。

3) 对神经细胞膜的抑制作用：①氨干扰神经细胞膜上Na^+、K^+-ATP酶的活性，影响复极后膜的离子转运，使膜电位变化和兴奋性异常；②氨与K^+有竞争作用，以致影响Na^+、K^+在神经细胞内外的正常分布，从而干扰神经的传导过程。

4) 促进脑水肿发生：氨与谷氨酸结合形成谷氨酰胺是脑组织清除氨的主要方式，星形胶质细胞是脑内合成谷氨酰胺的唯一场所。脑内氨增多，导致星形胶质细胞内谷氨酰胺蓄积。谷氨酰胺具有渗透分子作用，引起星形胶质细胞水肿。因此，谷氨酰胺蓄积可能是高氨导致脑水肿的主要机制。

(3) 氨中毒学说的不足之处：血氨水平升高虽与肝性脑病密切相关，但并不能完全解释肝性脑病的发病机制。临床观察发现约有20%肝性脑病的患者血氨保持在正常水平；有的肝硬化患者血氨水平明显增高，但并未发生肝性脑病；重型肝炎患者的动脉血氨水平与其临床表现无相关性，降氨疗法也无效果，提示氨中毒学说并非解释肝性脑病发生的唯一机制。

2. 假性神经递质学说 false neurotransmitter hypothesis) 认为由于正常神经递质被假性神经递质所取代，使脑干网状结构中神经突触部位冲动的传递发生障碍，引起神经系统的功能障碍而导致肝性脑病。

(1) 正常神经递质生成及其作用：去甲肾上腺素和多巴胺是脑内正常神经递质。在脑神经细胞内苯丙氨酸在苯丙氨酸羟化酶作用下生成酪氨酸，酪氨酸在酪氨酸羟化酶作用下生成多巴；多巴经多巴脱羧酶形成多巴胺。多巴胺进入突触囊泡经β-羟化酶作用生成去甲肾上腺素。去甲肾上腺素、多巴胺被脑干网状结构中的神经元摄取，在突触部位传递神经冲动，调节大脑皮质的兴奋性，使机体处于清醒状态。

(2) 假性神经递质的产生及其毒性作用：苯乙醇胺和羟苯乙醇胺是脑内假性神经递质。正常情况下，食物中的蛋白质经消化后在肠内分解成多种氨基酸，再经肠内细菌脱羧酶作用形成胺类。其中苯丙氨酸和酪氨酸可转变为苯乙胺和酪胺，吸收后经门静脉入肝，再经单胺氧化酶的作用解毒。当肝功能严重障碍或伴有门静脉高压时，由于胃肠淤血、消化吸收不良，肠内蛋白质腐败分解过程增强，经肠道吸收的苯乙胺和酪胺增多。由于肝解毒功能降低，或者部分门静脉血绕过肝经门-体分流直接进入腔静脉，使体循环中苯乙胺和酪胺含量明显增加并进入脑内，经脑组织中β-羟化酶作用，生成苯乙醇胺和羟苯乙醇胺。这两种生物胺的化学结构与去甲肾上腺素和多巴胺结构相似（图17-23），但其传递信息的生理功能却远较正常神经递质为弱，故称为假性神经递质（false

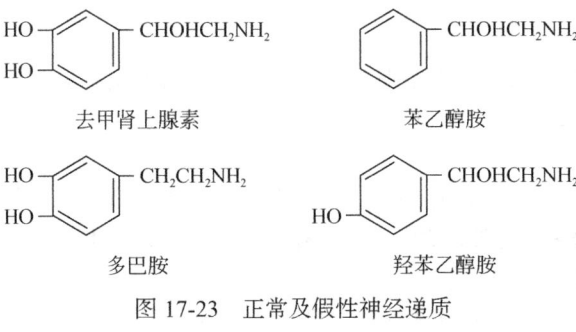

图 17-23　正常及假性神经递质

neurotransmitter）。当脑干网状结构中假性神经递质增多时，则竞争性地取代正常（真性）神经递质而被神经末梢所摄取和储存，每当发生神经冲动时再释放出来。由于二者结构的相似性，假性神经递质可取代正常神经递质被脑干网状结构中神经元所摄取、储存和释放，但其生理效应弱，导致神经传导功能障碍，脑干网状结构上行激动系统的唤醒功能不能维持，而发生昏迷。

3. 血浆氨基酸失衡学说　肝性脑病患者血中氨基酸含量有明显的改变，表现为支链氨基酸（BCAA）减少，芳香族氨基酸（AAA）增多。支链氨基酸与芳香族氨基酸的比值可由正常 3～3.5 下降至 0.6～1.2，故肝性脑病的发生可能与血浆氨基酸比例失衡有关。

（1）血浆支链氨基酸与芳香族氨基酸失衡的原因：肝功能严重障碍时，肝细胞灭活胰岛素和胰高血糖素的功能降低，使两者浓度升高。胰高血糖素的增多，促进肝和肌肉组织蛋白分解代谢，产生大量 AAA 并释放入血；肝功能障碍造成肝对 AAA 的降解能力下降及利用 AAA 的糖异生作用障碍，使血中 AAA 含量升高。BCAA 的代谢主要在骨骼肌和脂肪组织中进行，胰岛素增多促进二者摄取和利用 BCAA，使血中 BCAA 含量减少。上述因素共同作用造成血浆支链氨基酸与芳香族氨基酸失衡。

（2）氨基酸失衡与肝性脑病：BCAA 和 AAA 均呈电中性，二者经同一载体转运通过血-脑屏障入脑。血中 BCAA 减少、AAA 增多时，后者竞争性入脑增多，其中以苯丙氨酸、酪氨酸和色氨酸增多为主。脑内苯丙氨酸和酪氨酸先后在芳香族氨基酸脱羧酶、β-羟化酶的作用下，最后生成苯乙醇胺和羟苯乙醇胺，致使假性神经递质增多，导致肝性脑病发生。进入脑内的色氨酸在羟化酶和脱羧酶的作用下，生成 5-羟色胺。5-羟色胺既能作为抑制性神经递质干预酪氨酸转变为多巴胺，又能作为假性神经递质被肾上腺素能神经元摄取、储存和释放，促使肝性脑病发生。因此，血浆氨基酸失衡学说是假性神经递质学说的补充和发展。

4. γ-氨基丁酸学说　临床研究表明急性肝衰竭患者的血清 γ-氨基丁酸（GABA）水平比正常人高 10 倍；动物实验发现肝性脑病模型神经元突触后膜上 γ-氨基丁酸受体数量增多。据此认为 GABA 与肝性脑病的发生有密切关系。

（1）γ-氨基丁酸增多的原因：血中的 GABA 主要来自肠道细菌作用于肠内容物产生，经门静脉进入肝被进一步降解。当肝功能障碍时，GABA 分解减少，或经侧支循环绕过肝脏进入体循环，使血中 GABA 浓度升高。上消化道出血时，细菌以血液作为形成 GABA 的良好底物，使肠道产生 GABA 明显增加。此外，严重肝功能障碍引起血-脑屏障通透性增高，致使进入脑内的 GABA 增多。

（2）γ-氨基丁酸与肝性脑病：GABA 是中枢神经系统的主要抑制性神经递质，脑内的 GABA 储存于突触前神经元细胞质囊泡内。一旦脑内 GABA 增多，突触前神经元兴奋时，过多的 GABA 释放到突触间隙，与突触后神经元的特异性受体结合，引起 Cl^- 通道大量开放，Cl^- 内流增加，神经元呈超极化状态，发挥突触后抑制作用，造成中枢神经系统功能抑制，促使肝性脑病发生。

综上所述，肝性脑病的发病机制较复杂，每一种学说都难以全面解释其机制，可能是多种因素综合作用的结果。由于氨中毒学说与其他学说明显相关，且血氨水平与肝性脑病的严重程度密切相关，因此有人提出氨中毒为肝性脑病发病的唯一机制，而其他学说所涉及的变化均为氨增高所引起的继发性变化。

(二)肝性脑病的诱发因素

肝性脑病常有诱发因素。凡能增加毒性产物来源、降低肝脏解毒功能、增加脑组织对毒性产物的敏感性及减低神经细胞对毒性产物的耐受性,以及引起血-脑屏障通透性增高的各种因素,均可成为肝性脑病的诱因。主要有:

1. **消化道出血** 是诱发肝性脑病的最常见原因。肝硬化并发食道下端静脉丛曲张破裂,大量血液进入肠道,血中蛋白质经细菌分解产生氨增多。另外,大量出血时循环血量减少,可引起肝、脑和肾等组织缺血,加重其功能障碍,促使肝性脑病的发生。

2. **高蛋白饮食** 摄入过量的蛋白质是诱发肝性脑病的常见原因,尤其有门-体静脉分流的患者,对肠内蛋白质代谢产物的毒性作用更为敏感,血氨增高,诱发肝性脑病。

3. **输血** 特别是输入库存的陈旧血液。陈旧血液氨含量逐日增加,据统计,库存 21 天的陈旧血,其氨含量可增加 5 倍以上,可引起氨中毒,促进肝性脑病的发生。

4. **药物** 镇静、麻醉类药物,可增加肝负担,加重肝损伤,诱发肝性脑病。利尿药物使血容量降低,钾大量丢失;肝性肾衰竭可引起氮质血症,过多的尿素弥散入肠腔,经细菌分解而产氨增多。

5. **其他因素** 感染、大量放腹水、酗酒等都可诱发肝性脑病。①感染时,细菌及其毒素损伤肝脏,加重肝功能障碍。感染时发热和组织坏死使组织蛋白分解加强,内源性氨生成增多。细菌、毒素及高热还可增加氨的毒性效应。②腹腔穿刺放腹水时,一次放腹水量过多或速度过快,腹腔内压骤然下降,造成有效循环血量减少和缺钾,加重肝、肾、脑功能障碍。③酗酒可损伤肝实质细胞,加重肝功能障碍,诱发肝性脑病。

案例 17-1

患者男,56 岁。因肝区隐痛 3 年,双下肢反复水肿 6 月,复发加重伴乏力,腹胀 10 天入院。3 年前开始出现不明原因肝区疼痛,为持续隐痛、伴鼻出血及刷牙后牙龈出血。体格检查:左颈部和面部见多个蜘蛛状血管痣。右侧腹上区膨隆、叩痛,肝肋下未扪及、质韧。脾大,腹腔积液征阳性,双下肢凹陷性水肿。入院后经保肝、利尿、支持等对症治疗。于入院后 2 周突发呕血,抢救无效死亡。

尸检摘要:口、鼻腔内有血性液体,胃及空肠内约 2000ml 咖啡色液体,胃底食管下段静脉曲张,并见一破口,直径约 1cm。肝:体积小、重 900g、质硬、表面有 0.1~0.5cm 不等细小均匀的结节。镜下见肝细胞广泛变性、小灶性坏死,肝小叶结构破坏,代之以大小不等的假小叶,假小叶间纤维结缔组织增生,大量淋巴细胞浸润。脾:体积大、重 450g、暗红色,切面有较多血液流出。腹腔:各脏器无粘连,腹腔内有淡黄色液体 1000ml。

思考题:
1. 请分析患者的临床诊断和死亡原因。
2. 用脏器病变解释临床表现:鼻和牙龈出血;蜘蛛状血管痣;腹水;呕血。

案例 17-2

患者男,32 岁,教师。因周期性节律性上腹部疼痛 5 年,突然剧烈疼痛伴呕吐 1 小时入院。5 年前开始每年天气转冷季节发生上腹部隐痛,天气转暖后缓解,疼痛多发生在上午 11 时左右,下午 4~5 时,进食后缓解,常有夜间疼痛。有时有反酸、胃烧灼感。入院当日中餐后突然上腹部剧烈疼痛,伴恶心呕吐,吐出胃内容物,急诊入院。入院体检:体温 37.2℃,脉搏 100 次/分,呼吸 22 次/分,血压 124/80mmHg。急性病容,板样腹,上腹部压痛明显,有反跳痛。腹部 X 线透视膈下有游离气体,经外科急诊手术治愈出院。

思考题:
1. 请分析患者的临床诊断及诊断依据。
2. 若在病变处做一组织切片,镜下可见哪些病理变化?

案例17-3
一位患者患肝硬化已5年,平时状态尚可。1次进食不洁肉食后,出现高热(39℃)、频繁呕吐和腹泻,继之出现说胡话,扑翼样震颤,最后进入昏迷。
思考题:
试分析该患者发生肝性脑病的诱发因素?

(唐 群)

> **知识链接——消化系统肿瘤临床表现**
>
> 食管癌:早期癌组织症状不明显,或轻微的胸骨后疼痛、烧灼感、噎梗感;中晚期患者出现吞咽困难,甚至不能进食,最终导致恶液质、全身衰竭;如侵犯支气管可致呼吸困难,形成食管支气管瘘则可引起呛咳;压迫喉返神经出现声音嘶哑等。
>
> 胃癌:早期胃癌临床症状和体征不明显,少数有恶心、呕吐或类似溃疡病的上消化道症状;进展期胃癌常出现疼痛与体重减轻,如上腹不适、进食后饱胀,随着病情进展上腹疼痛加重,食欲下降、乏力。
>
> 大肠癌:大肠癌早期多无明显症状,随瘤体增大便血、便秘和腹泻交替出现,腹部胀痛、腹部肿块,后期出现贫血、消瘦、腹水及恶液质。右半结肠癌可出现腹部肿块、贫血及中毒症状,左半结肠癌易出现肠腔狭窄和肠梗阻,伴发腹痛、腹胀、便秘和肠蠕动亢进。
>
> 肝癌:临床上多有肝硬化病史,出现进行性消瘦、肝区疼痛、肝迅速增大、黄疸及腹水等表现。有时由于肝表面癌结节自发性破裂或破坏大血管而引起腹腔内大出血。由于肿瘤压迫肝内外胆管及肝组织广泛破坏而出现黄疸。

> **知识链接——幽门螺杆菌与胃病**
>
> 幽门螺杆菌或幽门螺旋菌,英文名Helicobacterpylori,简称Hp。是革兰阴性、微需氧的细菌。1983年由巴里·马歇尔(BarryJ.Marshall)和罗宾·沃伦(J.RobinWarren)二人发现,首次从慢性活动性胃炎患者的胃黏膜活检组织中分离成功,他们因此获得了2005年诺贝尔生理学或医学奖。Hp是目前所知能够在人胃中生存的惟一微生物种类,它与慢性胃炎、消化性溃疡病、胃癌和胃黏膜相关样淋巴组织(MALT)淋巴瘤等疾病密切相关。据统计,67%~80%的胃溃疡和95%的十二指肠溃疡是由Hp引起的,Hp感染与胃癌死亡率的高低呈现平行关系。专家们认为,及早发现而有效地用抗生素杀灭Hp,对预防和控制胃病有重大意义。Hp杀菌治疗,不提倡用单一的抗菌药物,因为它的治愈率较低且易产生耐药性。一般采用三联疗法或四联疗法,即服用1种PPI(埃索美拉唑、奥美拉唑、雷贝拉唑)+铋剂(枸橼酸铋钾、果胶铋等)+2种抗生素(通常是阿莫西林+克拉霉素等),连续服用7~14天。

第十八章　泌尿系统疾病

肾小球肾炎
　　病因及发病机制
　　基本病理变化
　　临床表现
　　肾小球肾炎常见病理学类型
肾盂肾炎
　　病因及发病机制
　　类型

泌尿系统常见肿瘤
　　肾肿瘤
　　膀胱肿瘤
肾衰竭
　　急性肾衰竭
　　慢性肾衰竭
　　尿毒症

　　泌尿系统由肾、输尿管、膀胱和尿道组成。肾的基本结构和功能单位是肾单位，由肾小球和与之相连的肾小管构成。肾的主要功能是形成尿液，通过尿液生成和排出调节水、电解质和酸碱平衡，排泄代谢产物和毒物；肾还具有内分泌功能，通过分泌肾素、促红细胞生成素、前列腺素、1,25-二羟维生素D_3等多种活性物质，参与血压的调节、红细胞生成及钙的吸收等。正常情况下肾一般只要有25%左右的肾单位交替活动就能维持其正常的生理功能，因而具有强大的储备代偿能力，只有肾发生严重损伤，才会出现肾功能障碍及一系列病理过程。
　　本章主要介绍肾小球肾炎、肾盂肾炎、肾衰竭及泌尿系统常见肿瘤。

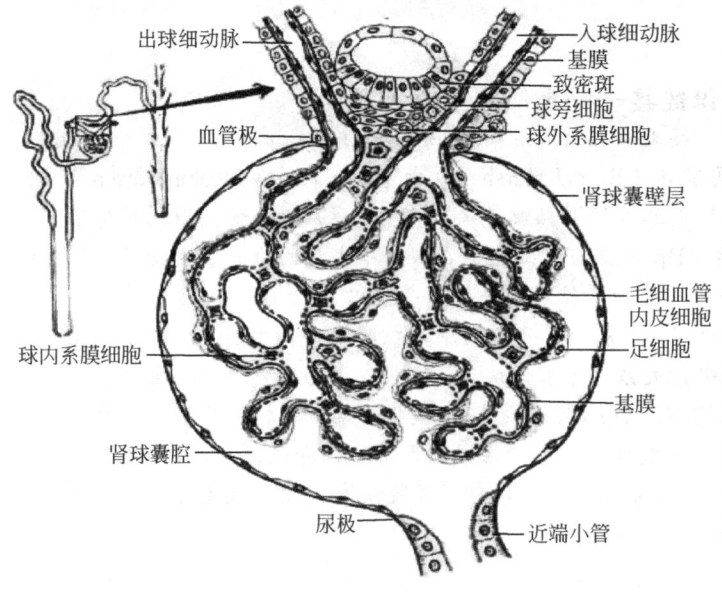

图18-1　肾小球正常结构

　　肾小球主要由毛细血管丛、血管系膜和肾球囊组成（图18-1）。①毛细血管丛：肾小球的一侧为血管极，入球细动脉由此进入肾小球即分成5~8个分支，每个分支又分出许多仅有一层内皮细胞的毛细血管并彼此吻合成袢而形成小叶，继而各小叶毛细血管又汇合为出球细动脉，经血管极离开肾小球，并再度分支形成球后毛细血管网供血于肾小管。②血管系膜：由系膜细胞和基质组成，位于肾小球毛细血管袢之间并形成其轴心以支持毛细血管丛。③肾球囊：由肾球囊上皮细胞和球囊腔组成，位于囊腔外周的单层扁平细胞称为球囊壁层上皮细胞，当其在血管极反折并被覆在毛细血管袢表面时称为球囊脏层上皮细胞，其中壁层上皮细胞在血管极对侧与近曲小管的起始部相连，称为肾小球尿极。

肾小球的毛细血管壁为滤过膜，由毛细血管内皮细胞、基底膜和球囊脏层上皮细胞组成（图18-2）。①毛细血管内皮细胞：位于基底膜内侧，属于有孔型扁平内皮细胞，胞质满布 70～100nm 的窗孔，切片上呈不连续状。②基底膜：是一种半透膜，主要由Ⅳ型胶原和层粘连蛋白、纤维连接蛋白等非胶原糖蛋白及硫酸肝素等蛋白聚糖组成，正常时无任何孔隙或缺损，带有大量负电荷。③球囊脏层上皮细胞：位于基底膜外侧，其胞质伸出许多指状突起（称为足突）紧贴基底膜，故该细胞又称为足细胞。足细胞膜上所带负电荷可使足突相互分离，足突间为 20～30nm 宽的裂孔，裂孔上覆孔径为 7～11nm 的裂隙膜。必须指出，滤过膜上述三层结构的渗透性各不相同，其中基底膜的通透性比毛细血管内皮细胞的窗孔小，但较足细胞的裂隙膜大。

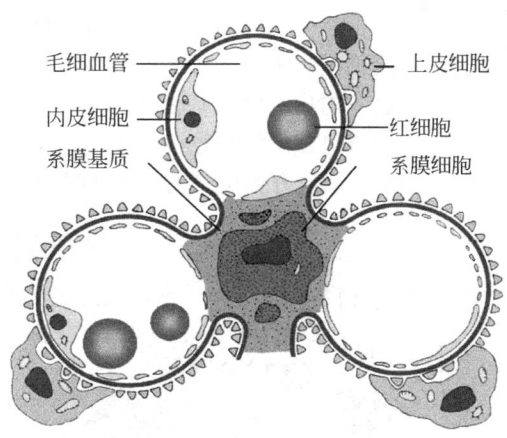

图 18-2　肾小球毛细血管壁超微结构示意图

正常情况下，水和小分子溶质可通过肾小球滤过膜，但蛋白质等大分子则几乎完全不能通过。滤过膜具有体积依赖性和电荷依赖性屏障作用。分子体积越大，通透性越小；分子携带阳离子越多，通透性越强。

第一节　肾小球肾炎

肾小球肾炎（glomerulonephritis，GN）简称为肾炎，是指以肾小球损害为主的变态反应性炎性疾病，临床主要表现为血尿、蛋白尿、管型尿、尿量异常、水肿、高血压等，是导致肾衰竭的最常见原因，严重危害人们的健康。肾小球肾炎可分为原发性和继发性两大类：原发性肾小球肾炎是指原发于肾并以肾小球病变为主的独立性疾病，继发性肾小球肾炎则指某些全身性疾病所并发的肾小球损害。以下介绍原发性肾小球肾炎。

一、病因及发病机制

原发性肾小球肾炎的病因和发病机制尚未完全阐明，大量的实验和临床研究表明大多数原发性肾小球肾炎是由抗原-抗体反应引起的变态反应性疾病。

引起肾小球肾炎的抗原物质很多，一般根据其来源分为内源性和外源性两大类。内源性抗原是指来自体内的抗原物质，包括肾小球性抗原（指肾小球的某些结构成分，如基底膜抗原、足细胞、内皮细胞和系膜细胞的细胞膜抗原等）和非肾小球性抗原（DNA、核抗原、免疫球蛋白、肿瘤抗原和甲状腺球蛋白等）；外源性抗原包括各种细菌、病毒、寄生虫、真菌、螺旋体等生物性病原体的成分，以及药物、外源性凝集素和异种血清。

抗原-抗体反应是肾小球损伤的主要原因。与抗体有关的损伤主要通过以下机制：①血液循环中的抗原-抗体复合物在肾小球内沉积，引起肾小球病变；②抗体与肾小球内的抗原在原位发生反应；③针对肾小球细胞成分的细胞毒抗体引起的肾小球损伤。

1. 循环免疫复合物性肾炎（nephritis caused by circulating immune complex）　是由Ⅲ型超敏反应引起的免疫性病变。抗体与非肾小球性可溶性抗原结合，形成免疫复合物，随血液流经肾脏，沉积于肾小球，并与补体结合，引起肾小球病变（图18-3）。局部常有中性粒细胞浸润，伴有内皮细胞、系膜细胞和脏层上皮细胞增生。免疫复合物在电镜下表现为高电子密度的沉积物，分别定位于系膜区、内皮细胞与基膜之间，构成内皮下沉积物、基膜与足细胞之间构成上皮下沉积物。免疫荧光检查可显示沉积物内的免疫球蛋白或补体。荧光标记的抗免疫球蛋白或补体抗体可显示在肾小球病变部位有颗粒状沉积物（图18-4）。

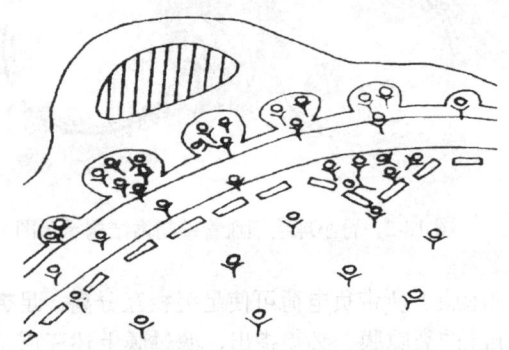 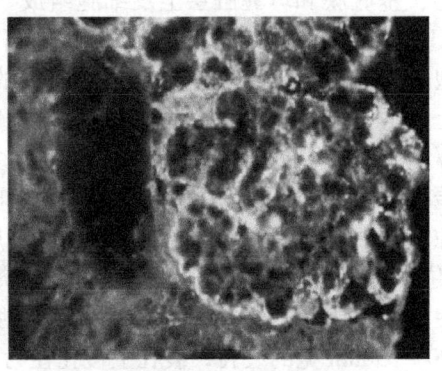

图 18-3　循环免疫复合物性肾炎示意图　　　　图 18-4　免疫荧光染色，示不连续的颗粒状荧光

2. 原位免疫复合物性肾炎 (nephritis caused by in situ immune complex)　抗体直接与肾小球本身的抗原成分或经血液循环植入肾小球的抗原反应，在肾小球内形成原位免疫复合物，引起肾小球病变。引起原位免疫复合物形成的抗原分为以下三种类型：

（1）抗肾小球基底膜抗体引起的肾炎（anti-GBM antibody-induced nephritis）：此类肾炎的抗体与肾小球基膜本身的抗原成分反应（图18-5）。抗体沿 GBM 沉积，免疫荧光检查显示特征性的连续的线性荧光（图18-6）。GBM 抗原的形成可能是由于感染或其他因素使基膜结构发生改变，也可能是由于病原微生物与 GBM 成分具有共同抗原性而引起交叉反应。与抗 GBM 抗体引起的肾炎发病有关的抗原为基膜Ⅳ型胶原 α_3 链羧基端非胶原区即 α_3（Ⅳ）NC1 结构域。

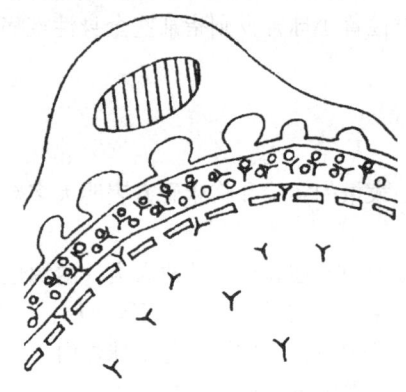 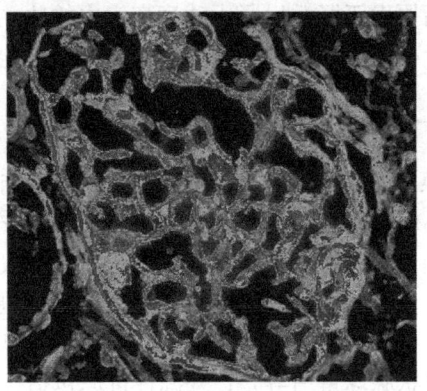

图 18-5　原位免疫复合物性肾炎示意图　　　　图 18-6　IgG 细线状荧光沿肾小球毛细血管壁沉积

（2）Heymann 肾炎（Heymann nephritis）：是研究人类原发性膜性肾小球病的经典动物模型。该模型以近曲小管刷状缘成分为抗原免疫大鼠，使大鼠产生抗体，并由抗体与位于脏层上皮细胞基底侧小凹上足细胞膜外表面的抗原复合物反应，引起与人膜性肾小球病相似的病变。该抗体与肾小管刷状缘具有交叉反应性，免疫复合物自细胞表面脱落，形成典型的上皮下沉积物。免疫荧

光检查显示弥漫颗粒状分布的免疫球蛋白或补体沉积。电镜检查显示毛细血管基膜与足细胞之间有许多小块状电子致密沉积物。但与人膜性肾小球病相关的抗原尚未被确定。

人类抗肾小球基膜抗体引起的肾炎和膜性肾小球病是抗体与内源性组织成分反应引起的自身免疫病，自身抗体形成的机制尚未阐明。实验研究显示氯化汞等药物、感染产物（如内毒素）和移植物抗宿主反应等均可导致自身免疫性肾小球肾炎。

（3）抗体与植入抗原的反应（antibodies against planted antigens）：植入性抗原是肾小球以外的成分，随血液流经肾脏时，通过与肾小球成分的反应定位于肾小球。体内产生的抗体与病原反应，免疫荧光检查显示散在的颗粒状荧光。

3. 细胞免疫性肾小球肾炎（cell-mediated immunity in glomerulonephritis） 越来越多的证据表明细胞免疫产生的致敏 T 淋巴细胞可引起肾小球损伤。细胞免疫可能是未发现抗体反应的肾炎发病的主要机制。此外，抗肾小球细胞抗体和补体替代途径的激活也可引起肾小球损伤。

4. 肾小球损伤的介质（mediators of glomerular injury） 肾小球内出现免疫复合物或致敏 T 淋巴细胞后需有各种介质的参与才能引起肾小球损伤，这些介质包括细胞和大分子可溶性生物活性物质。

（1）补体-白细胞介导的机制：是引起肾小球改变的一个重要途径。补体激活后产生 C5a 等趋化因子，引起中性粒细胞和单核细胞浸润。中性粒细胞释放的蛋白酶使肾小球基膜降解，氧自由基引起细胞损伤，花生四烯酸代谢产物使肾小球滤过率降低；单核细胞和巨噬细胞激活时也释放大量生物活性物质，加剧肾小球损伤。

（2）补体 C5~C9 构成的膜攻击复合物形成：许多肾炎病变中炎细胞数量很少，病变可能由该复合物引起，一是上皮细胞剥脱，刺激系膜细胞和上皮细胞分泌损伤性化学介质；二是上调上皮细胞表面的转化生长因子受体的表达，使细胞化基质合成过度、肾小球基膜增厚。

（3）抗肾小球细胞抗体引起的细胞损伤：在未发现有免疫复合物沉积的肾小球疾病中，抗体可直接与肾小球细胞的抗原成分反应，通过抗体依赖的细胞毒反应等机制诱发病变。例如，抗系膜细胞抗原的抗体造成系膜溶解，并使系膜细胞增生；抗内皮细胞抗原的抗体引起内皮细胞损伤和血栓形成；抗脏层上皮细胞糖蛋白抗体引起的损伤可导致蛋白尿。

（4）其他引起肾小球损伤的介质：①聚集在肾小球内的血小板可释放二十烷类花生酸衍生物和生长因子等，促进肾小球的炎性改变；②肾小球固有细胞，如系膜细胞、上皮细胞和内皮细胞在肾小球免疫损伤中生成的多种细胞因子、系膜基质和 GBM 降解产物可激活和释放活性氧、细胞因子、趋化因子、花生酸衍生物、一氧化氮和内皮素等，在无炎细胞浸润的情况下引起肾小球病变。③纤维素及其产物引起白细胞浸润和肾小球细胞增生；④其他炎症介质（见炎症章）也可引起肾小球损伤。

二、基本病理变化

1. 细胞增多　肾小球细胞数量增多，系膜细胞和内皮细胞增生，并可有中性粒细胞、单核细胞及淋巴细胞浸润。壁层上皮细胞增生可导致肾球囊内新月体形成。

2. 基膜增厚　光镜下，过碘酸-Schff（PAS）和过碘酸六胺银（PASM）等染色可显示基膜增厚。电镜观察表明基膜改变可以是基膜本身的增厚，也可以为内皮下、上皮下或者基膜内免疫复合物沉积。

3. 炎性渗出和坏死　发生急性肾炎的肾小球内可有中性粒细胞等炎细胞浸润和纤维素渗出，毛细血管壁可发生纤维素样坏死，可伴有血栓形成。

4. 玻璃样变和硬化　肾小球玻璃样变指光镜下苏木素伊红（HE）染色显示均质的嗜酸性物质

沉积。电镜下见细胞外出现无定形物质，其成分为沉积的血浆蛋白、增厚的基膜和增多的系膜基质。严重时毛细血管管腔狭窄和闭塞，肾小球固有细胞减少甚至消失，胶原纤维增加，最终导致节段性或整个肾小球的硬化。肾小球玻璃样变和硬化为各种肾小球病变发展的最终结果。

5. 肾小管和间质的改变 由于肾小球血流和滤过性状的改变，肾小管上皮细胞常发生变性，管腔内可出现由蛋白质、细胞或细胞碎片浓聚形成的管型。肾间质可发生充血、水肿和炎细胞浸润。肾小球发生玻璃样变和硬化时，相应肾小管萎缩或者消失，间质发生纤维化。

肾小球疾病的病理诊断应反应病变的分布状况。根据肾小球病变的数量和比例，肾炎分为弥漫性和局灶性两大类。弥漫性肾炎指病变累及全部或大多数肾小球，局灶肾炎指病变仅累及部分肾小球，根据病变肾小球受累毛细血管袢的范围，肾炎分为球性和节段性两大类。球性病变累及整个肾小球的全部或者大部分毛细血管袢，而节段性病变仅累及肾小球的部分毛细血管袢（不超过肾小球切面的50%）。

三、临床表现

肾小球疾病常表现为具有结构和功能联系的症状组合，即综合征（syndrome）。肾小球肾炎的临床表现与病理类型有密切的联系，但并非完全对应，即不同的病变可引起相似的临床表现，同一病理类型的病变可引起不同的症状和体征，并且与病变的程度和阶段等因素有关。主要临床表现为以下类型：

1. 急性肾炎综合征（acute nephritic syndrome） 起病急，常表现为明显的血尿、轻至中度蛋白尿，常有水肿和高血压。严重者出现氮质血症。引起急性肾炎综合征的病理类型主要是急性弥漫性增生性肾小球肾炎。

2. 急进性肾炎综合征（rapidly progressive nephritic syndrome） 起病急，进展快。出现水肿、血尿和蛋白尿等改变后，迅速发展为少尿或无尿，伴氮质血症，并发生急性肾衰竭。引起急进性肾炎综合征的病理类型主要是急进性肾小球肾炎（新月体型肾小球肾炎）。

3. 肾病综合征（nephrotic syndrome） 主要表现为：①大量蛋白尿，尿中蛋白含量达到或超过3.5g/d；②明显水肿；③低白蛋白血症；④高脂血症和脂尿。多种类型的肾小球肾炎均可表现为肾病综合征。

4. 无症状性血尿或蛋白尿（asymptomatic hematuria or proteinuria） 表现为持续或反复发作的镜下或肉眼血尿，或轻度蛋白尿，也可两者同时发生。相应的病理学类型主要是IgA肾病。

5. 慢性肾炎综合征（chronic nephritis syndrome） 主要表现为多尿、夜尿、低比重尿、高血压、贫血、氮质血症和尿毒症，见于各型肾炎的终末阶段。

四、肾小球肾炎常见病理学类型

（一）毛细血管内增生性肾小球肾炎

毛细血管内增生性肾小球肾炎（endocapillary proliferative glomerulonephritis）以肾小球毛细血管内皮细胞和系膜细胞增生为特征，是临床最常见的肾炎类型，多见于儿童。患者起病急，病因大多与链球菌感染有关，又称为急性链球菌感染后肾小球肾炎。其病变性质以肾小球弥漫性增生性炎为主，又称为急性弥漫性增生性肾小球肾炎。

1. 病理变化 肉眼观察可见双侧肾脏对称性弥漫性肿大，被膜紧张，表面光滑充血，呈红色，故称大红肾；若肾表面及切面出现散在的小出血点，状如蚤咬则称为蚤咬肾。

光镜观察可见病变累及双侧肾脏绝大多数肾小球，表现为肾小球体积增大，细胞数量增多（图

18-7)：主要是内皮细胞和系膜细胞增生、肿胀，可使毛细血管腔受压狭窄或阻塞而致肾小球缺血；同时常伴中性粒细胞、单核细胞浸润；病变严重时毛细血管壁可发生纤维素样坏死而致血管破裂出血。

电镜观察可见肾小球毛细血管内皮细胞和系膜细胞增生，并在基底膜外侧的上皮下可见沉积的免疫复合物呈电子致密的小丘状突起，称为"驼峰"（也可见于内皮细胞下或基底膜内等处）。免疫荧光检查常见 IgG 和补体 C3 沿毛细血管壁呈不连续的颗粒状荧光。

此外，肾近曲小管上皮细胞因肾小球的病变而继发缺血性损伤，可引起各种变性，如细胞水肿、脂肪变性等；肾小管管腔内可见由肾小球滤出的蛋白质、白细胞、红细胞、脱落的上皮细胞及其所形成的管型；肾间质常见充血、水肿及少量炎细胞浸润。

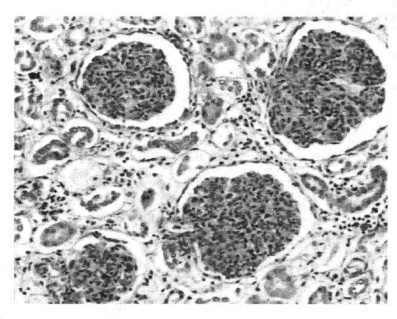

图 18-7　急性毛细血管内增生性肾小球肾炎

肾小球细胞数量增多，毛细血管狭窄（☆）；炎细胞浸润（▽）；肾小管上皮细胞变性、管腔内管型（→）

2.临床病理联系　临床表现主要为急性肾炎综合征。

（1）尿变化：表现为少尿或无尿、蛋白尿、血尿和管型尿。①少尿或无尿是病变肾小球内皮细胞和系膜细胞增生、肿胀，毛细血管腔受压狭窄或阻塞，以致缺血引起滤过率降低而肾小管重吸收尚正常所致；②血尿、蛋白尿是肾小球基底膜损伤引起基底膜通透性增加，红细胞和血浆蛋白漏出至球囊腔内随尿排出所致；③管型尿是漏出至球囊腔内的蛋白、红细胞、白细胞和脱落的肾小管上皮细胞等成分随原尿在远端肾小管内浓缩、凝集而形成各种管型（蛋白管型、细胞管型、颗粒管型）随尿排出所致。

（2）水肿：主要是肾小球滤过率降低而引起钠水潴留所致；可能也与变态反应引起毛细血管壁通透性增加有关。水肿出现较早，轻者眼睑水肿，重者可发生全身水肿。

（3）高血压：主要是钠水潴留引起血容量增加所致。血浆肾素水平一般不增高。

3.结局　一般预后较好，尤其是儿童，绝大多数病例临床症状可以消失，病变可逐渐消退；少数病例可缓慢进展为慢性肾小球肾炎，或发展为新月体性肾小球肾炎。成人病例预后较差，较易（15%～50%）转变为慢性肾小球肾炎。

（二）新月体性肾小球肾炎

新月体性肾小球肾炎（crescentic glomerulonephritis）以肾球囊壁层上皮细胞增生形成新月体为特征，又称为毛细血管外增生性肾小球肾炎。临床上较为少见，多数原因不明，常见于中青年。患者起病急、病情重、进展快、预后差，临床上称为快速进行性肾小球肾炎。

1.病理变化　肉眼观察可见双侧肾脏呈对称性肿大，颜色苍白，皮质表面及切面易见散在出血点。

光镜观察可见双侧肾脏大多数（50%以上）肾小球内形成具有特征性的新月体（crescent）（图 18-8）。新月体是指在球囊壁层由增生的壁层上皮细胞和渗出的单核细胞形成多层细胞组成的新月形或环形结构，此即细胞性新月体，随后新月体内纤维成分逐渐增多而最后形成纤维性新月体。肾球囊壁的新月体形成可使其囊壁

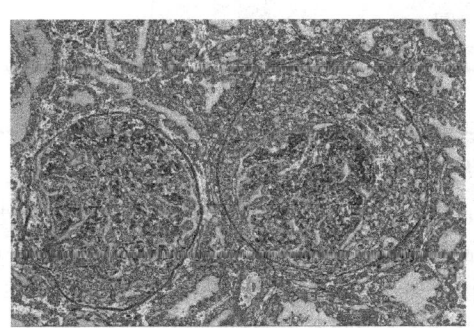

图 18-8　新月体性肾小球肾炎

肾球囊壁的新月体形成

增厚，并与毛细血管丛粘连而致囊腔狭窄或闭塞；同时可使毛细血管丛受压而发生萎缩、纤维化及玻璃样变性，终致肾小球功能丧失。

电镜观察可见肾小球毛细血管基底膜呈局灶性断裂或缺损。现认为基底膜损伤可使血浆纤维蛋白原渗入球囊腔内形成纤维素，继而刺激壁层上皮细胞增生而形成新月体。免疫荧光观察可见部分病例 IgG 和补体 C3 沿肾小球毛细血管呈连续的线形荧光，或呈粗颗粒状荧光；约半数病例未见阳性荧光沉积物。

此外，肾小管上皮细胞可发生萎缩、变性，肾间质可见水肿及炎细胞浸润。

2. 临床病理联系　临床表现主要为快速进行性肾炎综合征。

（1）尿变化：主要表现为血尿及中度蛋白尿，并迅速出现少尿、无尿。①血尿和蛋白尿系肾小球基底膜缺损使大量红细胞和血浆蛋白漏出所致，②少尿、无尿系弥漫性新月体形成使肾球囊腔闭塞和肾小球纤维化而肾小球滤过面积迅速减少所致。

（2）氮质血症：是由于肾小球滤过面积严重减少，使血中尿素、肌酐等排出障碍而造成非蛋白氮增高所致。

（3）患者常有不同程度的高血压和水肿。

3. 结局　预后甚差，多数患者常因少尿、无尿、氮质血症而在数周或数月内死于尿毒症。

（三）膜性肾小球肾炎

膜性肾小球肾炎（membranous glomerulonephritis）以肾小球毛细血管基底膜弥漫性增厚为特征，又因其肾小球的炎症性病变不明显而被称为膜性肾病（membranous nephropathy），是临床上引起成人肾病综合征的最常见病理类型。好发于中老年人，男多于女。患者起病缓慢，病程较长。本病多为原发性（约占 85%），其原因不明；部分为继发性，其发生与慢性乙型肝炎、系统性红斑狼疮、某些恶性肿瘤（肺癌、肠癌等）、金属或汞中毒等有关。原发性膜性肾小球肾炎的病变与 Heymann 肾炎极为相似。

1. 病理变化　肉眼观察可见双肾肿大，颜色苍白，称为"大白肾"；晚期则体积缩小，表面呈细颗粒状。

光镜观察的主要特点是双肾大多数肾小球毛细血管壁呈弥漫性渐进性增厚；晚期可造成毛细血管腔逐渐狭窄甚至闭塞，最终导致肾小球纤维化、玻璃样变性及功能丧失。肾小球内通常未见细胞增生及炎细胞浸润等炎症病变。银染色观察可见基底膜早期仅出现多数微小空泡（图 18-9）；继而基底膜向外侧增生形成多数微细的钉状突起，称为钉突（spike），钉突与基底膜垂直相连而形如梳齿；随后钉突逐渐增粗并相互融合，致使基底膜高度增厚，通透性显著增高。

电镜观察可见基底膜的病变与银染色所见有一定的对应关系：早期上皮下免疫复合物沉积呈少数体积较小的电子致密物；继而沉积的电子致密物逐渐增多，体积逐渐增大，位于基底膜与钉突之间；随后电子致密物被增生的基底膜所包围，并逐渐被吸收、溶解而呈电子透明区，以致增厚的基底膜呈虫蚀状改变；最后电子致密物消失，基底膜高度增厚。免疫荧光检查可见 IgG 和补体 C3 沿肾小球毛细血管壁呈弥漫性颗粒状荧光。

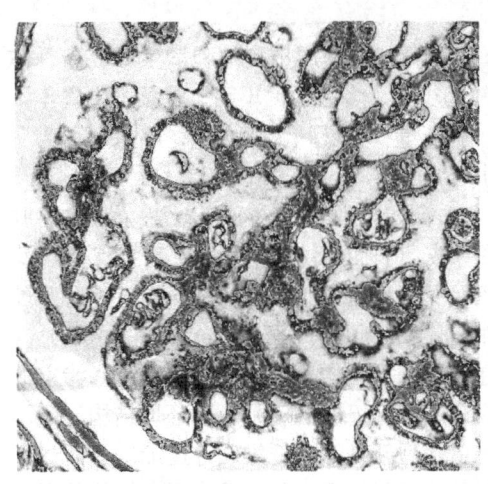

图 18-9　膜性肾小球肾炎（镀银染色）

此外，肾小管上皮细胞可发生细胞水肿、脂肪变性等病变，晚期则发生萎缩。

2. 临床病理联系　临床表现主要为肾病综合征。

（1）大量蛋白尿：膜性肾小球肾炎由于基底膜严重损伤，其通透性显著增加，以致大量血浆蛋白，包括小分子和大分子蛋白均可滤出而出现非选择性蛋白尿。

（2）低蛋白血症：系大量血浆蛋白随尿排出而使血浆蛋白减少所致。

（3）高度水肿：主要系低蛋白血症使血浆胶体渗透压降低所致；同时可因组织间液增多继发血容量减少，刺激醛固酮和抗利尿激素增多，导致钠水潴留进而加重水肿。

（4）高脂血症：发生机制虽不很清楚，但现认为可能系低蛋白血症刺激肝脏合成脂蛋白增多而使血中胆固醇和三酰甘油增多所致。血脂过高可使血浆脂蛋白由肾小球滤出而继发脂尿症。

3. 结局　膜性肾小球肾炎是一种慢性进行性疾病，病程较长，常逐渐出现慢性肾衰竭；部分患者预后较好，症状可缓解。

（四）微小病变性肾小球肾炎

微小病变性肾小球肾炎（minimal change glomerulonephritis）在光镜下肾小球并无明显病变，但其肾小管上皮细胞内有大量脂质沉积，因此又称为脂性肾病（lipoid nephrosis）；又因电镜下可见肾球囊脏层上皮细胞足突肿胀、消失而称为足突病（foot process disease），这是引起儿童肾病综合征的最常见病理类型。患者多为2～8岁儿童，起病缓慢。病因和发病机制尚不清楚，至今虽未见肾小球内免疫复合物沉积，但仍有体液和细胞免疫介导的可能。

1. 病理变化　肉眼观察可见双肾肿大，颜色苍白，切面见肾皮质增厚，并出现黄色放射状条纹（肾小管上皮细胞内脂质沉积所致）。光镜观察未见肾小球明显病变，而肾近曲小管上皮细胞则可见明显的脂肪变性。电镜观察可见肾球囊脏层上皮细胞胞质空泡变性，足突融合、扁平、消失；这些病变是可逆的，经治疗可恢复正常。肾小球毛细血管基底膜未见病变，亦无电子致密物沉积。免疫荧光检查未见免疫复合物和补体沉积。

2. 临床病理联系　临床表现主要为肾病综合征，其中大量蛋白尿为选择性蛋白尿，其尿蛋白主要是小分子的白蛋白，可能系肾小球滤过膜的阴离子丢失过多而使带负电荷的白蛋白易于滤出所致。

3. 结局　预后好，90%以上的患儿经肾上腺皮质激素治疗可以恢复，少数病例预后较差，可反复发作而发展为慢性肾衰竭。

（五）系膜增生性肾小球肾炎

系膜增生性肾小球肾炎(mesangial proliferative glomerulonephritis)，以肾小球系膜细胞增生和系膜基质增多使系膜细胞区增宽为特征。本病是一种形态学诊断，可以发生于多种肾小球疾病，根据免疫荧光检查是否有IgA沉积而分为IgA肾病和非IgA系膜增生性肾小球肾炎。一般所指的系膜增生性肾小球肾炎系无IgA者，在我国较为多见，常发生于青少年，临床表现具有多样性。

1. 病理变化　肾小球弥漫性系膜增生病变既可能是与免疫复合物形成有关的原发性病变，也可能是由于系统性红斑狼疮、糖尿病等引起的继发性改变。光镜观察可见病变弥漫性累及多数肾小球，早期以系膜细胞增生为主，继而系膜基质逐渐增多，致使系膜增宽。病变进一步发展可导致系膜硬化和肾小球硬化。电镜观察可见系膜区增宽，系膜细胞增生，系膜基质增多；在系膜基质中出现较多呈结节状分布的电子致密物。免疫荧光检查常见系膜区IgG、C3沉积，部分病例仅见C3或未见沉积物。

2. 临床病理联系　临床表现多种多样，可表现为无症状血尿、蛋白尿、慢性肾炎综合征或肾病综合征等。

3. 结局　多为慢性进行性经过，病变轻者预后较好，病变重者（约30%）可逐渐发展为慢性肾衰竭，预后差。

（六）IgA 肾病

IgA 肾病 (IgA nephropathy) 以肾小球系膜区 IgA 沉积为特征。发病率较高，多见于儿童和青年，常于呼吸道、消化道或泌尿道感染后发病，因而有人认为其发病可能与其黏膜产生分泌型 IgA 增多，并沉积于肾小球有关。临床表现主要为反复发作性血尿。

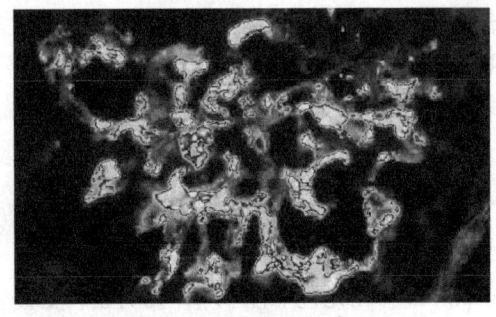

图 18-10 IgA 肾病

1. 病理变化　系膜区 IgA 的沉积可能是原发性病变，也可能继发于过敏性紫癜或肝肠等疾患。光镜观察的最常见病变是系膜细胞增生，系膜基质增生，但也可表现为新月体形成，或局灶性节段性增生及硬化病变。电镜观察主要表现为系膜细胞增生、系膜基质增多，系膜基质内出现块状电子致密物沉积。免疫荧光检查则以系膜区多量 IgA 颗粒状沉积为主（图18-10），常伴 C3 沉积。

2. 临床病理联系　临床表现最主要为反复发作性血尿，多为肉眼血尿，少数为镜下血尿，可伴轻度蛋白尿。少数患者可出现肾病综合征。

3. 结局　多呈慢性病程，部分病例可长期维持正常肾功能，部分病例则可发展为慢性肾衰竭，预后差。

（七）慢性硬化性肾小球肾炎

慢性硬化性肾小球肾炎（chronic sclerosing glomerulonephritis）以多数肾小球纤维化、玻璃样变性等硬化性病变为特征，是各种类型肾炎发展到晚期的共同表现，又称为硬化性肾炎，是引起慢性肾衰竭的最常见病理类型。多见于成年人，病程长短不一，呈慢性进行性经过，预后差，临床表现主要为慢性肾炎综合征。

1. 病理变化　肉眼观察双肾呈对称性缩小，颜色苍白，质硬，表面呈弥漫性细颗粒状，称为继发性颗粒性固缩肾；切面肾皮质明显变薄，皮髓质分界不清，肾小动脉因管壁变硬而管腔呈哆开状；肾盂周围的脂肪组织增多。

光镜下病变弥漫性累及双肾大多数肾单位，其肾小球因系膜基质、基底膜样物质、胶原纤维增多和血浆蛋白沉积而逐渐发生纤维化、玻璃样变性；所属肾小管萎缩、消失；而且病变肾小球常因肾小管萎缩、消失和间质纤维组织增生、收缩而相互靠拢、密集，呈"肾小球集中"现象。残存的较正常的肾小球呈代偿性肥大，肾小管扩张。肾间质纤维组织增生伴淋巴细胞浸润（图18-11）。这种由纤维化的肾小球和萎缩的肾小管组成的病变肾单位，与由肥大的肾小球和扩张的肾小管组成的代偿性肾单位的交错分布，使肾脏表面呈细颗粒状。

2. 临床病理联系　临床表现主要为慢性肾炎综合征。

（1）尿变化：主要为多尿、夜尿、低比重尿，系大量肾单位结构破坏、功能丧失，血液经少数残存肾小球的滤过速度和原尿流经肾小管的速度均大大加快，使肾小管来不及重吸收所致。

（2）高血压：由于大量肾小球发生硬化，使肾组织严重缺血，肾素分泌增多，肾素-血管紧张素系统激活而致血压升高；血压升高进而导致全身细、小动脉硬化而使肾缺血加剧，血压持续升高；二者相互影响可引起左心室肥大及左心衰竭。

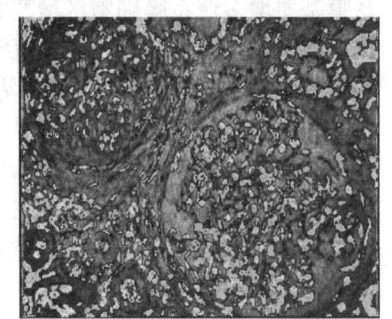

图 18-11 硬化性肾小球肾炎
肾小球玻璃样变性、纤维化
肾小管萎缩、消失和间质纤维组织增生

（3）贫血：系大量肾单位破坏，使肾促红细胞生成素分泌减少和毒性代谢产物在体内积聚，从而抑制骨髓造血功能和促进溶血所致。

（4）氮质血症和尿毒症：由于大量肾单位结构破坏，肾小球滤过总面积大为减少，使大量代谢废物排出障碍而在体内潴留，其中血中尿素、肌酐等非蛋白氮浓度增高则造成氮质血症，随着肾功能的逐渐减退，最终可引起尿毒症。

3. 结局　预后较差，晚期患者常因尿毒症、心力衰竭、脑出血或继发感染而死亡。

第二节　肾盂肾炎

肾盂肾炎（pyelonephritis）是由细菌感染引起的、以肾盂和肾间质化脓性炎为特征的疾病。本病是肾脏最常见的感染性疾病，多见于女性，其发病率可为男性的9～10倍。临床表现主要有发热、腰痛、脓尿、菌尿、血尿及膀胱刺激症状等。

一、病因及发病机制

肾盂肾炎是由致病菌直接感染肾组织引起的，其中最常见的致病菌是大肠埃希菌，其他还有变形杆菌、产气杆菌、葡萄球菌等。肾盂肾炎的感染途径主要有两种。

1. 上行性感染　是肾盂肾炎最主要的感染途径，病原菌由尿道侵入膀胱，继而沿输尿管或输尿管周围的淋巴管上行到肾盂、肾盏及肾间质而引起炎症，又称为尿路感染。病原菌以大肠埃希菌为主，病变可累及单侧或双侧肾。其发生机制：①泌尿道结石或狭窄、肿瘤压迫、前列腺肥大等所致尿路完全或不完全梗阻引起尿流不畅，使病菌不易被冲走和引起尿液潴留而有利于细菌繁殖，均可促进肾盂肾炎的发生。②女性发病率高可能与其尿道口距离肛门和阴道较为接近易受到病菌污染、尿道短而宽易使病菌侵入尿道、妊娠子宫压迫输尿管易引起不完全梗阻，以及女性激素水平的变化有利于细菌对尿道黏膜的黏附，以及性交时黏膜容易受伤等因素有关。③插导尿管、膀胱镜检查和逆行肾盂造影等操作使细菌得以从尿道进入膀胱，引起膀胱炎。④膀胱输尿管尿液反流（多见于输尿管先天性开口异常）可使膀胱排尿后残尿增加，易于细菌繁殖，以致含菌尿液反流输尿管、肾盂、肾盏及肾间质而引起肾盂肾炎。⑤肾内反流，尿液通过肾乳头的乳头孔进入肾实质。⑥慢性消耗性疾病等所致机体抵抗力下降及导尿等所致局部尿道黏膜损伤，也与肾盂肾炎的发生有关。

2. 血行感染　是肾盂肾炎较为少见的感染途径，指病原菌从体内的感染灶侵入血流，并随血流到达肾组织引起炎症，继而可蔓延到肾盏和肾盂，又称为下行性感染，有时可为全身脓毒血症的肾脏病变。病原菌最常见为葡萄球菌，病变常累及双侧肾脏。

二、类型

肾盂肾炎一般分为急性和慢性两种，其中急性肾盂肾炎常由单种细菌感染引起，而慢性肾盂肾炎则常为多种病菌混合感染所致。

（一）急性肾盂肾炎

1. 病理变化　急性肾盂肾炎的病变特点是肾间质和肾盂黏膜的化脓性炎，其病灶分布不规则，可累及单侧或双侧肾脏。肉眼观察病变肾脏肿大、充血，表面和切面散在分布多数大小不等的黄白色脓肿；切面常可见髓质内黄色条纹状化脓性病灶，可向皮质伸延或相互融合成小脓肿（图18-12A）；肾盂黏膜充血、水肿，表面可见脓性渗出物及散在小出血点。

光镜下可见肾间质内有大量中性粒细胞浸润，并形成多数大小不等的脓肿，脓肿破坏肾小管

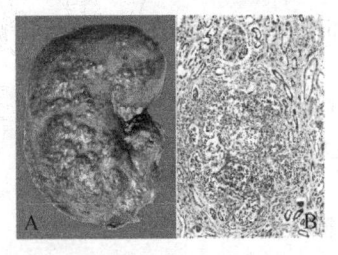

图 18-12　急性肾盂肾炎
A. 肉眼观；B. 镜下观

可使其管腔内充满脓细胞和细菌；肾盂黏膜充血、水肿、出血，伴大量中性粒细胞浸润；病变严重时可破坏肾小球。（图 18-12B）

2. 临床病理联系　起病急，常出现：①发热、寒战、白细胞增多等比较明显的全身急性感染症状，系急性化脓性炎所致；②腰痛，系肾脏肿大使肾被膜紧张所致；③脓尿、菌尿，系肾间质脓肿破坏肾小管和肾盂黏膜表面化脓使脓细胞和细菌随尿排出所致；④血尿，系肾组织和肾盂黏膜出血所致；⑤膀胱刺激征，系病变累及膀胱、尿道所致下尿路感染而引起的尿频、尿急、尿痛。

3. 结局　急性肾盂肾炎预后好，大多数患者经及时、彻底的治疗可在短期内治愈；若治疗不彻底或尿路梗阻等诱因未消除可转变为慢性；严重尿路梗阻可致肾盂积脓。

（二）慢性肾盂肾炎

慢性肾盂肾炎（chronic pyelonephritis）为肾小管 - 间质的慢性炎症。病变特点是慢性间质性炎症、纤维化和瘢痕的形成，常伴有肾盂和肾盏的纤维化和变形。

1. 发病机制　根据发生机制可将慢性肾盂肾炎分为两种类型：①反流性肾病（reflux nephropathy）又称慢性反流性肾盂肾炎，为常见类型。具有先天性膀胱输尿管反流或肾内反流的患者常反复发生感染，多于儿童期发病，病变可为单侧或双侧性。②慢性阻塞性肾盂肾炎（chronic obstructive pyelonephritis），尿路阻塞导致尿液潴留，使感染反复发作，并有大量瘢痕形成。肾脏病变可因阻塞部位的不同而分别呈双侧或单侧性。

2. 病理变化　慢性肾盂肾炎的病变特点是肾间质、肾盂的慢性炎症和纤维化、瘢痕形成伴肾盂、肾盏变形等病变同时并存，其病变分布不规则，可累及单侧或双侧肾脏，其中双侧肾脏受累者可因两侧病变不对称而大小不相等。肉眼观察，病变肾脏体积缩小，质地变硬；表面呈粗大不规则的凹陷性瘢痕，切面皮髓质分界不清，肾乳头萎缩，肾盏、肾盂因瘢痕收缩而变形，肾盂黏膜增厚、粗糙。

光镜下可见病变呈不规则的灶状或片状分布于相对正常的肾组织之间，表现为肾间质、肾盂黏膜大量纤维组织增生和淋巴细胞、浆细胞等炎细胞浸润；肾小管多萎缩、消失，有的肾小管呈代偿性扩张，其管腔内出现均质红染的胶样管型，形似甲状腺滤泡；肾小球一般不受累，但常因球周纤维组织增生而使其球囊壁增厚，严重时可致肾小球纤维化、玻璃样变性。

3. 临床病理联系　①慢性肾盂肾炎常反复发作，发作期间可出现与急性肾盂肾炎相似的临床表现。②病变常造成肾小管较早、较严重的破坏，可导致肾小管浓缩功能障碍而出现多尿、夜尿；体内电解质因多尿而丢失过多，可致低钠、低钾血症和代谢性酸中毒。③晚期大量肾单位破坏可致高血压、氮质血症及尿毒症。

4. 结局　病程较长，常反复发作。若及时治疗、消除诱因，可使病情得以控制；若双肾病变广泛而严重，最终可引起高血压、尿毒症等严重后果。

第三节　泌尿系统常见肿瘤

一、肾肿瘤

（一）肾细胞癌

肾细胞癌（renal cell carcinoma）又称肾癌，是最多见的肾原发肿瘤，多发生于 40 以后，男性多于女性，组织来源为肾小管上皮细胞。

1. **病理变化** 肾细胞癌可发生于肾的任何部位，多见于肾两极，一般为单个圆形，大小差别很大。切面上癌组织呈淡黄色或灰白色，其间常有出血、坏死、软化和钙化区，故常呈红、黄、灰白相间的多种色彩。癌组织与邻近的肾组织分界明显，常有假包膜形成，但肿瘤周围组织中常可见小肿瘤结节环绕，说明肿瘤具有侵袭性。

光镜下癌细胞排列呈实性巢片状、管状、腺泡状、乳头状，癌间质是丰富的窦状血管。多数癌细胞体积较大，呈多角形立方、柱状，轮廓清楚，胞质清亮透明或嗜酸性颗粒状，核小而

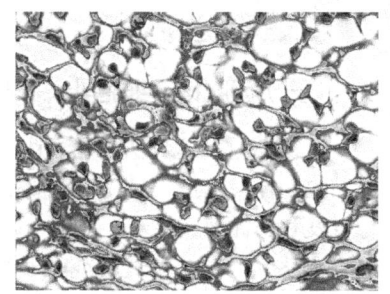

图 18-13 透明细胞癌

深染，位于细胞中央或边缘，以这种形态结构为主的称为透明细胞癌（图 18-13），是肾细胞癌中最多见的类型。分化较好的癌细胞比较规则，排列成腺状或片状；分化不好的癌细胞大小形状不规则，胞质深染，核大并有多数核分裂象，可有癌巨细胞形成；高度未分化的癌细胞呈梭形或不规则形，似肉瘤样，称为未分化癌。在大多数肾癌中，几种类型常同时并存，而以某一类型为主。癌组织的间质很少，但血管丰富，常有出血、坏死和钙化。

2. **扩散** 肾细胞癌可直接蔓延向邻近组织扩散；由于血管丰富，早期即可发生血道转移，常转移到肺，其次为骨、局部淋巴结、肝、肾上腺和脑；淋巴道转移常首先到肾门及主动脉旁淋巴结。

3. **临床病理联系** 肾细胞癌早期常无症状，或仅有发热、乏力等全身症状，肿瘤体积增大时才被发现。临床主要表现为血尿、肾区痛和肿块，还可产生多种激素和激素样物质而引起各种症状，如红细胞增多症、血钙过高、肾性高血压、女性化或男性化等。

（二）肾母细胞瘤

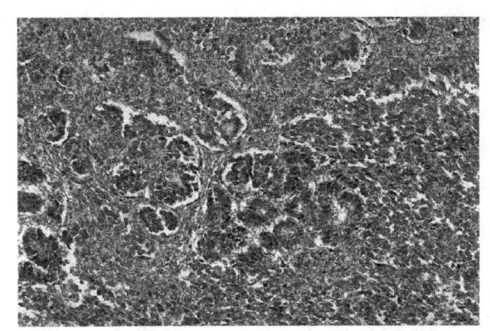

图 18-14 肾母细胞瘤组织内有原始的肾小球和肾小管样结构

肾母细胞瘤（nephroblastoma，wilms tumor）是肾胚基来源的肿瘤，好发于婴幼儿。

1. **病理变化** 瘤组织通常为单侧，多巨大呈球形，压迫周围肾组织，可占据大部分腹腔，但肿瘤界线清楚。切面色彩多样，与肿瘤成分有关，质硬的呈灰白色，质软的呈黏液样，部分呈鱼肉状，可见透明软骨样组织，并常有钙化、大片出血和坏死区。早期，肿瘤一侧可见残留的肾组织，晚期肾组织可全部被破坏，并穿破肾包膜侵入肾周围组织。

光镜下有原始的肾小球样和肾小管样结构，周围为间叶组织来源的梭形细胞基质。梭形细胞胞质少，核染色深，呈肉瘤样。此外，肿瘤内还可见横纹肌、平滑肌、胶原纤维、软骨、骨和脂肪细胞。部分有坏死，其中可见胆固醇结晶和吞噬脂类的巨噬细胞（图 18-14）。

2. **扩散** 肿瘤在局部生长可侵入邻近组织，也可沿血道和淋巴道转移到肺、肝、肾门淋巴结和主动脉旁淋巴结。

3. **临床病理联系** 腹部肿块是最常见的症状，有些患者可有血尿。巨大的肿块可越过腹中线直到盆腔，压迫邻近器官引起腹痛、肠梗阻。有些患者有高血压，可能与肿瘤压迫肾动脉和产生肾素有关。

二、膀胱肿瘤

（一）膀胱移行细胞乳头状瘤

膀胱移行细胞乳头状瘤（transitional cell papilloma）组织来源膀胱移行上皮细胞，可发生于膀胱黏膜的任何部位，但以膀胱侧壁和三角区最多见。临床上主要表现为无痛性血尿，属良性肿瘤，易复发和恶性变。

乳头状瘤可为单发性或多发性，一般体积较小，为 0.5～2.0cm，在膀胱黏膜表面形成乳头状突起，向肠腔生长。乳头细长呈绒毛状或分支状，有蒂与膀胱黏膜相连，细长的乳头漂浮于尿液内，易折断脱落，引起血尿。

镜下可见乳头表面被覆上皮和排列与正常移行上皮相似，无异型性。乳头轴心的间质纤细，由少量纤维结缔组织构成，其中含有少数薄壁毛细血管，并有少量炎性细胞浸润。

（二）膀胱移行上皮癌

膀胱移行上皮癌（transitional cell carcinoma of urinary bladder）约占膀胱癌的 90%，是最多见的泌尿道肿瘤。多发生于 40～60 岁，男性比女性多 3 倍。

1. 病理变化　肿瘤可为单发性或多发性，大小不等，从数毫米至数厘米，外观呈乳头状或扁平。移行细胞癌分化程度不同，包括从分化良好的乳头状非浸润性癌到高度未分化的浸润性癌。根据癌细胞分化程度不同，将移行细胞癌分为三级。

(1) 移行细胞癌Ⅰ级：癌组织呈乳头状，乳头表面被覆的移行上皮较厚，细胞层次较多，缺乏从底层到表层由柱状细胞到扁平细胞逐渐分化的现象。细胞核大小不甚一致，核分裂象可见。有些癌细胞可浸润固有膜。

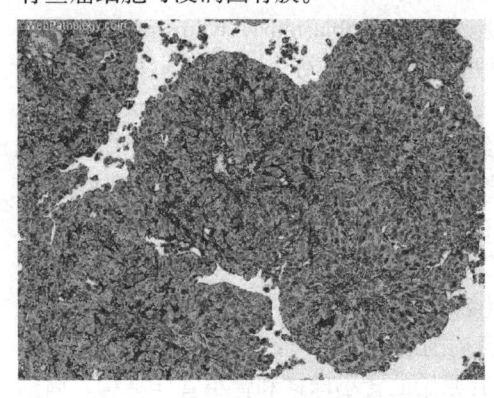

图 18-15　移行细胞癌Ⅱ级

(2) 移行细胞癌Ⅱ级：肿瘤呈乳头状、菜花状或扁平无蒂，表面常有坏死和溃疡形成。镜下，部分癌组织仍保持乳头状结构，但多不规则，并有许多实体癌巢，癌细胞大小不一，排列紊乱，极性消失，常有癌巨细胞形成。核大小不等，染色深，核分裂象较多。癌组织常浸润至上皮下组织，甚至可达肌层（图 18-15）。

(3) 移行细胞癌Ⅲ级：部分为菜花状，底宽无蒂，或为扁平的斑块，表面常有坏死和溃疡形成。癌细胞高度未化化，细胞大小、形态不一，排列紊乱，很少或无乳头状结构，有的形成不规则的癌巢，常有瘤巨细胞。核形状不规则，染色深，核分裂象多，并有多数不典型的病理性核分裂象。癌组织常浸润到膀胱壁肌层深部，并可穿过膀胱壁浸润到邻近器官，如前列腺、精囊、子宫和腹膜后组织等。

2. 扩散　膀胱癌主要通过淋巴道转移到局部淋巴结，并常侵犯子宫旁、髂动脉旁和主动脉旁淋巴结。晚期可发生血道转移，多发生于高度未分化癌。

3. 临床病理联系　最常见的症状为无痛性血尿，肿瘤表面坏死、溃疡形成及并发膀胱炎等皆可引起血尿。膀胱癌因多发生于膀胱侧壁和三角区近输尿管开口处，故易阻塞输尿管口引起肾盂积水和肾盂肾炎。肿瘤侵犯膀胱壁，刺激膀胱黏膜及并发感染时可引起尿频、尿急和疼痛，多见于Ⅱ级和Ⅲ级膀胱癌。各级膀胱移行细胞癌都有复发倾向，并且复发的肿瘤分化往往更不成熟。

第四节 肾衰竭

肾衰竭（renal failure）是指各种原因引起肾泌尿功能严重障碍，使体内代谢产物堆积，水、电解质和酸碱平衡紊乱及肾内分泌功能障碍的临床综合征。根据发病急缓与病程长短，将其分为急性肾衰竭和慢性肾衰竭。急、慢性肾衰竭发展到严重阶段便成为尿毒症，尿毒症是肾衰竭的最终表现。

一、急性肾衰竭

急性肾衰竭（acute renal failure，ARF）是指各种原因导致肾泌尿功能急剧降低，并引起内环境严重紊乱的急性病理过程，主要表现为少尿或无尿、氮质血症、高钾血症、代谢性酸中毒及水中毒等。

（一）病因与分类

1. 病因

（1）肾前因素：由于肾脏血液灌流量急剧减少，使肾小球滤过率显著下降所致，见于失血、失液、感染等引起的休克以及急性心力衰竭、血管床容量扩大等。该因素引起的肾衰竭因肾脏无器质性损害，短期内肾血液灌注得到改善，肾功能可恢复正常，故又称功能性 ARF（functional renal failure）。

（2）肾性因素：①急性肾小管坏死（acute tubular necrosis,ATN），由持续性肾缺血和肾毒物所致，见于严重休克、心力衰竭及肾毒物中毒，如重金属（汞、铅、砷、锑等）、药物（先锋霉素、庆大霉素、卡那霉素、磺胺、马兜铃酸等）、生物性毒物（蛇毒、蕈毒等）、有机毒物（有机磷、甲醇等）。上述毒物及挤压综合征时肌肉释放出的肌红蛋白，经肾脏排泄时均可损害肾小管。②肾实质损害，如肾小球肾炎、肾动脉血栓形成或栓塞、急性肾盂肾炎引起的肾间质损害等。由肾性因素所致的肾衰竭因其均有肾脏的器质性损害，故又称器质性 ARF（parenchymal renal failure）。

（3）肾后因素：由肾盂至尿道口的任何部位尿路梗阻，如双侧输尿管阻塞（如结石、肿瘤）和尿道梗阻（如前列腺增生、前列腺癌）所致。早期无肾脏器质性损害，如能及时解除梗阻，肾泌尿功能可很快恢复。

2. 分类　①根据病因，分为肾前性、肾性和肾后性 ARF；②根据尿量，分为少尿型和非少尿型 ARF；③根据肾脏是否发生器质性损害，可分为功能性和器质性 ARF。

（二）发病机制

不同类型 ARF 的发病机制不尽相同，但临床表现均源于肾小球滤过率下降所致的少尿或无尿，而各种肾细胞损伤是肾小球滤过率下降的病理生理学基础。少尿型 ARF 的发病机制如下：

1. 肾缺血

（1）肾灌注压下降：当全身动脉血压显著下降时，肾灌注压随之下降，使肾脏缺血。全身血压降低到 50～70mmHg（6.7～9.3kPa）时，肾血流量和肾小球滤过率降低 1/2～2/3，而全身血压下降到 40mmHg（5.3kPa）时，肾血流和肾小球滤过率几乎等于零。

（2）肾血管收缩：主要是皮质肾单位入球小动脉收缩降低了肾小球滤过率。其机制为：①休克、创伤等因素使交感-肾上腺髓质系统兴奋，儿茶酚胺分泌增多，皮质肾单位呈缺血改变；②肾缺血刺激肾近球细胞分泌肾素，使肾素-血管紧张素系统激活，引起入球动脉痉挛而导致肾小球滤过率降低；③内皮素、血管加压素增多，一氧化氮、激肽减少等均引起肾血管收缩、肾皮质缺血；④肾缺血、肾中毒使肾间质细胞合成前列腺素减少，使扩血管作用减弱。

(3) 血液流变学变化：血黏度增高、白细胞黏附于血管壁并阻塞微血管、肾微血管口径缩小及其自动调节功能丧失等变化，均可使肾缺血加重。

2. **原尿回漏** 是指持续性肾缺血和肾中毒使肾小管上皮细胞坏死、基底膜断裂，导致肾小管腔内的原尿经断裂的基底膜扩散到肾间质。原尿回漏使尿量减少的同时，肾间质水肿，压迫肾小管使肾球囊内压升高、肾小球滤过率进一步下降。

3. **肾小管阻塞** 溶血性疾病、严重挤压伤、使用大量磺胺药等引起肾小管管腔被血红蛋白、肌红蛋白、磺胺结晶等阻塞，其结果是：不但因管腔阻塞影响尿液排出，而且囊内压升高导致肾小球滤过率降低。

（三）发病过程及功能代谢变化

1. **少尿型急性肾衰竭**（oliguric acute renal failure） 其发病过程分为三期。

（1）少尿期 (oliguric phase)：病情最危险，可持续数日至数周，平均 8~16 日。其功能代谢变化是：

1）少尿或无尿：早期即迅速出现，24 小时尿量可少于 400ml（少尿）或少于 100 ml（无尿）。尿中可含有蛋白、红细胞、白细胞、上皮细胞及管型。

2）高钾血症：是少尿期最严重的并发症，可引起心室纤颤、心搏骤停而致死亡。产生原因，如肾排钾减少组织损伤使细胞内钾释放到细胞外增多、代谢性酸中毒时细胞内钾向细胞外转移和摄入过多的含钾食物、药物、保钾利尿剂及输注库存血。

3）氮质血症：因肾脏不能充分排出蛋白质代谢产物，使血液中尿素、尿酸、肌酐等非蛋白含氮物质（non-protein nitrogen, NPN）增多，称氮质血症。严重氮质血症可引起机体自身中毒发生尿毒症而危及生命。

4）水中毒：主要由于肾排水减少、组织分解代谢增强使内生水增多和输液过多。水在体内潴留可导致细胞水肿，严重时可发生肺水肿、脑水肿、心力衰竭及稀释性低钠血症。

5）代谢性酸中毒：是肾排氨减少而体内分解代谢加强，酸性代谢产物（硫酸、磷酸、有机酸等）形成增多，并在体内蓄积所致。酸中毒可降低心肌和外周血管对儿茶酚胺的反应性，从而使心排血量下降、血管扩张、血压下降。

（2）多尿期（diuretic phase）：以尿量增加到每日 400 ml 以上为标志，尿量逐渐增多甚至达每日 3000 ml。多尿期意味着肾功能开始恢复、病情开始好转，一般持续 1~2 周。产生多尿的机制是：①肾小球滤过功能恢复；②肾间质水肿消退、肾小管阻塞解除；③少尿期潴留在体内的尿素等代谢产物排出增多，肾小管腔内渗透压增高，阻止了水的再吸收而产生渗透性利尿；④新生的肾小管上皮细胞重吸收水、钠功能尚未完全恢复，故原尿未能充分浓缩。多尿期早期由于肾功能恢复尚不完全，使体内代谢产物仍不能充分排出，故高钾血症、氮质血症、酸中毒等仍继续存在。多尿期后期可因尿量过多而发生脱水及低钠、低钾血症。

（3）恢复期 (recovery phase)：一般在发病第 5 周开始，持续数月至一年。此期尿量逐渐恢复正常，氮质血症、水、电解质和酸碱平衡紊乱得到纠正，相应的症状消失。多数 ARF 患者可以痊愈，少数病例因肾损害严重而发展成慢性肾衰竭。

2. **非少尿型急性肾衰竭**（nonoliguric acute renal failure） 非少尿型 ARF 在临床上并不少见，约占 ARF 的 20%。其临床特点是肾小管浓缩功能障碍，尿量较多，每日 400~1000 ml；尿比重降低，尿钠含量较低；仍发生进行性氮质血症及水、电解质和酸碱平衡紊乱。此型肾衰竭症状较轻、病程较短、预后较好、并发症少。若因尿量减少不明显而延误诊断，则可转为少尿型 ARF，使病情恶化，预后更差。

二、慢性肾衰竭

慢性肾衰竭（chronic renal failure, CRF）是指各种肾脏疾病的晚期，由于肾单位进行性破坏，残存肾单位不能充分排出代谢废物和维持内环境稳定，导致体内出现了代谢产物蓄积，水、电解质和酸碱平衡紊乱及肾脏内分泌功能障碍等的一系列综合病征。

（一）病因

凡能引起肾实质慢性进行性破坏的疾病，均可导致CRF。①肾疾患，如慢性肾小球肾炎、慢性肾盂肾炎、肾结核、多囊肾、全身性红斑狼疮等。50%~60%CRF为慢性肾小球肾炎所引起。②肾血管疾患，如高血压性和糖尿病性肾小动脉硬化、结节性动脉周围炎等。③尿路慢性阻塞 如尿路结石、前列腺增生、肿瘤等。

（二）发病过程

两侧肾脏共有200万个肾单位，具有强大的代偿储备能力，引起CRF的各种疾病并非突然导致肾功能障碍，而是呈现一个缓慢而渐进的过程。根据病变的发展可将CRF分为四期，并以内生肌酐清除率（正常值80~120ml/min）作为评价肾功能的重要指标（表18-1）。

表18-1 慢性肾衰竭的发展阶段

分期	内生肌酐清除率 （ml/min）	血尿素氮 （mmol/L）	血肌酐 （μmol/L）	氮质血症	临床表现
肾功能不全代偿期	50~80	<9	133~177 (1.5~2mg%)	无	除原发病外，无临床症状
肾功能不全失代偿期	20~50	9~20	178~445 (2~5mg%)	轻度或重度	乏力、贫血、多尿、夜尿、消化道不适
肾功能衰竭期	<20	20~28	451~707 (5~8mg%)	较重	严重贫血、代谢性酸中毒、低钙、高磷、高氯、低钠血症
尿毒症期	<10	>28.6	>707 (>8mg%)	严重	尿毒症的各种症状

（三）发病机制

CRF的发病机制尚未完全明了，一般用如下学说来解释。

1. 健存肾单位日益减少　慢性肾脏疾病不断损伤肾单位并使其丧失功能，残留的相对正常肾单位称健存肾单位，这些肾单位发生代偿性肥大，需加倍工作进行代偿。随着病情的加重，健存肾单位逐渐减少，不足以维持内环境稳定而发生CRF。

2. 矫枉失衡（trade-off）　在肾脏疾病晚期，体内溶质增多，机体通过代偿使一些调节因子分泌增多，以促进这些溶质的排泄即"矫枉"过程。这种矫枉过程也可以引起新的内环境"失衡"，如肾小球滤过率降低，肾脏排磷减少，发生高磷血症和低钙血症。低钙血症引起甲状旁腺激素（parathyroid hormone, PTH）分泌增多，PTH促使肾排磷增加，使内环境恢复稳定。但是，长期PTH分泌增多会动员骨钙进入血中，导致骨质脱钙、肾性骨营养不良，还可见软组织坏死、皮肤瘙痒与神经传导障碍等。因此矫枉失衡使肾衰竭进一步加剧。

3. 肾小球过度滤过（glomerular hyperfiltration）　部分肾单位破坏后，残留肾单位发生代偿。随着代偿肾单位负荷过重，出现高灌注和过度滤过，使残存肾单位发生继发性破坏，致肾小球纤维化和硬化而促进CRF。

4. 肾小管-肾间质损害（tubular and interstitial cells lesion） 主要病理变化为肾小管肥大或萎缩、肾小管腔内细胞显著增生、堆积、堵塞管腔、间质炎症与纤维化。肾小管-间质损伤是多种病理因素综合作用的结果，其主要机制包括慢性炎症、慢性缺氧、肾小管高代谢。

（四）功能代谢变化

1. 泌尿功能障碍

（1）尿量的变化：早期表现为夜尿和多尿，晚期则出现少尿。①夜尿，正常成人每日尿量约1500ml，白天和夜间尿量分别占2/3和1/3。CRF早期即有夜间排尿增多的症状，尿量与白天相近或超过白天尿量，发生机制不明。②多尿，指24小时尿量超过2000ml。可能由于多数肾单位遭到破坏，流经残存的肾小球的血量呈代偿性增多，因此滤过的原尿多、流速快，使肾小管来不及重吸收而致终尿增多；原尿中增多的溶质产生渗透性利尿；CRF时肾髓质破坏使高渗环境不能形成，尿浓缩功能降低。③少尿，全日尿量少于400 ml，因CRF晚期残存有功能的肾单位极度减少使肾小球滤过率显著下降所致。

（2）尿成分的变化：出现蛋白尿、血尿和管型尿。①肾小球滤过膜通透性增强使蛋白滤过增多，肾小管上皮细胞因受损使滤过的蛋白重吸收减少；②因慢性肾脏病变时肾小球基底膜出现局灶性溶解破坏、通透性增高，使血液中的红、白细胞从肾小球滤过形成血尿，肾小管内可形成各种管型，随尿排出；③脓尿仅见于慢性肾盂肾炎时。

（3）尿渗透压的变化：早期出现低渗尿，这是因为肾小管浓缩功能减退而稀释功能正常；晚期出现等渗尿，因肾小管浓缩、稀释功能均丧失使终尿渗透压接近血浆晶体渗透压。临床上常用尿比重来判断尿渗透压的变化，低比重尿即代表低渗尿。

2. 氮质血症 正常人血中的非蛋白含氮物质包括尿素、尿酸、肌酐、嘌呤、核苷酸、氨基酸、多肽、谷氨酰胺、肌酸共九种，其中尿素、尿酸、肌酐必须通过肾脏才能排泄。当肾功能下降时其浓度增加。因此，氮质血症实际上是血中尿素、尿酸、肌酐的增多。

（1）血浆尿素氮（blood urea nitrogen, BUN）：CRF时氮质血症以尿素增多为主、BUN浓度与肾小球滤过率的变化密切相关，因此临床上常用BUN升高作为氮质血症的指标。

（2）血浆肌酐：血浆肌酐取决于肾脏排泄肌酐的功能和肌肉磷酸肌酸分解产生的肌酐量，而与外源性蛋白质摄入量无关，故可较好地反映肾功能。但血浆肌酐只在CRF较晚期才较明显的升高。

（3）血浆尿酸氮：CRF时血浆尿酸氮有一定程度升高，但较尿素和肌酐为轻。

3. 代谢性酸中毒 CRF均有代谢性酸中毒发生，主要机制：①肾小球滤过率下降，使硫酸、磷酸等酸性代谢产物滤过减少，体内酸性物质潴留；②肾小管上皮细胞泌 H^+、排 NH_3 减少，重吸收 $NaHCO_3$ 的功能降低；③机体分解代谢增强使酸性代谢产物生成增多。

4. 水、电解质代谢紊乱

（1）水代谢失调：特点是肾脏对水负荷变化的调节适应能力下降：当水摄入增加时不能相应地增加排泄而发生水潴留，引起肺水肿、脑水肿和心力衰竭；当严格限制水摄入时，不能相应地减少水的排出而发生脱水，使血容量减少甚至血压降低。这是由于肾脏对尿的浓缩与稀释能力降低所致。

（2）钠代谢失调：所有CRF患者均有不同程度的钠丢失，失钠引起细胞外液和血管内液量减少，可进一步降低肾小球滤过率。因此，适当补充钠盐可以免发生低钠血症，但补钠要慎重，否则引起钠水潴留，从而导致血容量过多、水肿、高血压或充血性心力衰竭。

（3）钾代谢失调：只要尿量不减少，CRF患者可在较长一段时间内维持血钾正常。但当出现厌食、呕吐或严重腹泻使钾摄入不足或丧失过多时，或长期多尿及应用利尿剂时，可发生低钾血症。

但当 CRF 晚期出现少尿，或因严重酸中毒、感染、发热或应用钾盐过多时，又可发生高钾血症。高钾血症和低钾血症均可影响神经、肌肉的反应性，严重时可引起致命的心律失常。

（4）钙、磷代谢失调：CRF 时血磷升高、血钙降低，同时继发甲状旁腺功能亢进和肾性骨营养不良。在 CRF 早期，肾小球滤过率降低使磷排出减少，发生高磷血症。此时血钙降低，血浆中游离钙减少能刺激甲状旁腺分泌 PTH，PTH 可抑制肾对磷的重吸收，使磷排出增多。随着 CRF 的进行性加重，肾小球滤过率极度下降，PTH 分泌增多已不能使磷充分排出，故血磷显著升高。并且此时 PTH 增高不但不能调节钙、磷代谢，反而加强溶骨活性，使骨磷释放增多。其结果一方面使血磷水平不断上升，形成恶性循环，另一方面使骨盐溶解、骨质脱钙，发生骨质疏松、肾性骨营养不良。

CRF 时的低钙血症，仅是结合钙降低，游离钙并不减少，原因是 CRF 所致的长期蛋白尿使血浆蛋白减少，因此钙与血浆蛋白结合减少、游离钙增多；酸中毒时，结合钙易解离为游离钙。因此，患者无手足搐搦症。

5. 肾性骨营养不良（renal osteo-dystrophy） 成年人表现为骨质疏松、纤维性骨炎和骨软化症，儿童表现为肾性佝偻病。其发生机制与钙磷代谢障碍、继发性甲状旁腺功能亢进、维生素 D_3 代谢障碍、代谢性酸中毒有关。

6. 肾性高血压（renal hypertension） 因肾实质病变引起的高血压称为肾性高血压，是 CRF 十分常见的并发症。出现高血压后又使肾功能进一步减退，肾功能减退又使血压继续升高，造成恶性循环，其机制是：

（1）钠水潴留：CRF 时肾排钠排水减少，体内钠水潴留，引起血容量增加、心排血量增多，导致血压升高。此种高血压称为钠依赖性高血压（sodium-dependent hypertension），此时血管外周阻力可正常。

（2）肾素-血管紧张素系统活性增强：CRF 时肾血流量减少，刺激肾球旁细胞分泌肾素，并激活肾素-血管紧张素系统，使血管收缩、外周血管阻力增加，引起高血压。此种高血压称为肾素依赖性高血压（renin-dependent hypertension）。

（3）肾分泌扩血管物质减少：CRF 时肾实质破坏。肾髓质的间质细胞分泌降压物质前列腺素 E_2（PGE_2）、前列腺素 A_2（PGA_2）和降压脂质（medullitin）减少，使扩血管、排钠、降低交感神经活性的作用减弱，引起血压升高。

7. 贫血和出血倾向 CRF 患者常常伴有贫血，其发生机制为肾实质破坏使肾脏生成促红细胞生成素减少，从而使骨髓干细胞生成红细胞减少；血液中的毒性物质如甲基胍潴留，即可抑制骨髓造血功能，又可引起溶血和出血，造成红细胞的破坏和丢失；CRF 时胃肠功能减退，铁和叶酸吸收减少，丢失过多，影响红细胞生成。再者 CRF 患者常有出血倾向，表现为皮下瘀斑和黏膜出血、胃肠道出血、鼻出血、月经过多等。出血原因主要是血中毒性物质抑制血小板功能，使血小板黏附和聚集减少、血小板第 3 因子释放被抑制而发生的凝血机制障碍，而非数量减少所致。

三、尿毒症

尿毒症（uremia）是指急性和慢性肾衰竭发展到最严重的阶段，由于肾单位大量破坏，使终末代谢产物和内源性毒性物质在体内蓄积、水和电解质及酸碱平衡紊乱、内分泌功能失调，从而引起一系列自体中毒症状。

（一）发病机制

尿毒症的发病机制除了与水、电解质、酸碱平衡紊乱及内分泌功能障碍等因素有关外，还与体内的尿毒症毒素（uremia toxin）引起全身中毒有关。尿毒症毒素包括蓄积在体内的正常代谢产物、内源性毒物和浓度异常升高的生理活性物质。按照相对分子质量大小可分为三类：

1. 大分子毒性物质　相对分子质量大于5000，主要是在体内异常增多的激素，如PTH、胃泌素、胰岛素、生长激素等。其中PTH的毒性作用最强，分泌过多时可导致肾性骨营养不良、皮肤瘙痒、软组织坏死、胃溃疡、贫血、心肌损害、周围神经受损等。

2. 中分子毒性物质　相对分子质量500～5000，包括正常代谢产物、细胞代谢紊乱产生的多肽、细胞或细菌崩解产物等。高浓度时可致嗜睡、运动失调、神经系统病变，并抑制白细胞吞噬和细胞免疫功能。

3. 小分子毒性物质　相对分子质量小于500，包括尿素、肌酐、胍类、胺类、酚等。①尿素，血中尿素浓度持续过高可引起头痛、恶心、呕吐、糖耐量降低、出血倾向；尿素刺激可引起纤维素性心包炎；尿素的代谢产物氰酸盐可影响神经中枢的整合功能。②胍类，正常情况下，精氨酸在肝内经鸟氨酸循环生成尿素等并由肾排出。肾功能不全晚期，尿素等排泄障碍，精氨酸经另一途径转变为甲基胍和胍基琥珀酸。动物实验证明，甲基胍、胍基琥珀酸等胍类物质能引起厌食、呕吐、抽搐、出血、溶血、抑制血小板功能等与尿毒症相似的表现。③胺类，多胺、芳香族胺、脂肪族胺等胺类物质浓度过高可引起恶心、呕吐、扑翼样震颤，促进脑水肿及肺水肿形成。

（二）功能代谢变化

1. 神经系统　尿毒症时该系统症状最突出，主要表现为尿毒症脑病和周围神经病变。脑病表现为头痛、头昏、记忆力减退，严重时出现谵妄、幻觉、扑翼样震颤、嗜睡、昏迷等；周围神经病变表现为下肢疼痛、痛觉过敏，严重时出现运动障碍。可能与下列因素有关：①毒性物质使中枢神经系统发生能量代谢障碍，使脑细胞膜通透性增高，引起脑水肿；②肾性高血压使脑血管痉挛，加重脑缺血、缺氧；③PTH可促进铝进入脑细胞而产生尿毒症痴呆，可促进钙进入施万细胞或轴突，造成周围神经损害。

2. 心血管系统　约有50%以上尿毒症患者有心血管损害。主要由于肾性高血压、钠水潴留、酸中毒、贫血、毒性物质可引起心力衰竭，高钾血症引起心律不齐，尿毒症毒素刺激心包引起纤维素性心包炎，也称为尿毒症性心包炎。

3. 呼吸系统　肺是尿毒症常见的受累器官之一。尿毒症时酸中毒使呼吸加深加快，严重时由于呼吸中枢受到抑制而出现潮式呼吸或深而慢的呼吸，唾液酶分解尿素生成氨使呼出气中有氨味，因尿素刺激可出现纤维素性胸膜炎，因钠水潴留、心力衰竭、低蛋白血症可发生肺水肿而导致呼吸困难。

4. 消化系统　消化系统的症状是出现最早、最突出的症状。表现为食欲减退、恶心、呕吐、腹泻、口腔黏膜溃疡、消化道出血等。这是由于氮质血症时，尿素经肠道排出，被肠道细菌的尿素酶分解成氨，氨刺激胃肠道黏膜引起溃疡或假膜性炎症所致。

5. 内分泌系统　除前列腺素、促红细胞生成素、1，25-二羟维生素D_3等分泌障碍和PTH分泌过多外，还有垂体-性腺功能失调，女性患者出现月经不规则、闭经、流产，男性患者性欲减退、阳萎、精子减少或活力下降。

6. 免疫系统　免疫功能低下，尤其是细胞免疫受到明显抑制。中性粒细胞吞噬、杀菌能力减弱。因此，尿毒症患者易发生严重感染甚至引起死亡。

7. 物质代谢　①约半数病例伴有葡萄糖耐量降低，但空腹血糖正常。其机制可能是因尿毒症患者血中有胰岛素拮抗物质，并与尿素等毒性物质影响糖代谢酶有关。②出现负氮平衡，表现为消瘦、恶液质，同时有低蛋白血症，并因此引起肾性水肿。负氮平衡的原因与蛋白质摄入不足，组织分解代谢加强，蛋白质和氨基酸经尿丢失有关。③血中三酰甘油增高，出现高脂血症。因肝脏合成三酰甘油增加、三酰甘油清除减少所致。

8. 皮肤　皮肤瘙痒和出现尿素霜是常见的症状。瘙痒主要是甲状旁腺功能亢进引起皮肤钙盐沉积所致，切除甲状旁腺能立即解除此症状。尿素霜是尿素随汗排出时在汗腺开口处沉积的白色尿素结晶。此外，由于贫血、皮肤黑色素沉积及眼睑肿胀，患者可出现尿毒症的特殊面容。

案例 18-1

患者男，7 岁。因眼睑水肿、尿少 3 天入院。1 周前曾发生上呼吸道感染，体格检查：眼睑水肿，咽红肿，心肺（－），血压 126/91mmHg。实验室检查：尿常规示：红细胞（＋＋），尿蛋白（＋＋），红细胞管型 0 ～ 3/HP；24 小时尿量 350ml，尿素氮 11.4mmol/L，血肌酐 170μmol/L。B 超检查：双肾对称性增大。

思考题：
1. 请做出诊断。
2. 描述患者肾脏的病理变化。
3. 根据病理变化解释临床表现。

案例 18-2

患者男，49 岁。因"间断性眼睑水肿 5 年，血压持续增高 2 年，多尿、夜尿 1+ 年，尿量明显减少伴呕吐 5 天"入院。自述 10 岁时曾患过"肾炎"，经住院治疗痊愈。体格检查：血压 192/135mmHg(25.6/18.0kPa)。

实验室检查：血红蛋白 70g/L，尿：密度 1.008，蛋白（＋＋＋），颗粒管型（＋），脓细胞（－）。血浆非蛋白氮（NPN）214mmol/L。

入院后经抢救治疗，于第 5 天出现嗜睡及心包摩擦音，第 7 天出现昏迷，第 8 天死亡。

尸体解剖主要所见：左肾重 37g，右肾重 34g；两肾体积明显缩小，表面呈细颗粒状，但无瘢痕；切面见肾实质变薄，皮髓分界不清，肾盂黏膜稍增厚但不粗糙。镜下见多数肾小球萎缩、纤维化、硬化，肾小管萎缩，间质纤维组织明显增生及淋巴细胞浸润；残留肾小球体积增大，肾小管扩大；间质小动脉壁硬化，管腔狭小。心重 450g，心包脏层粗糙，有少数纤维蛋白附着，并有少量出血点，左室壁增厚，左右心室稍扩张。脑重 1600g，脑回增宽，脑沟变浅。

思考题：
1. 请做出本例病理诊断并给出诊断依据。
2. 结合病理解剖所见解释临床表现。
3. 请讨论本例死因。

（陈　丽　雷久士）

肾活检技术在肾脏病理诊断中的应用

肾活检技术是将穿刺取得的肾组织标本通过光镜、电镜和免疫组化等方法技术的观察，结合临床表现和其他实验室结果，得出明确的病理诊断的过程。它可以帮助临床医师明确病情、制订诊疗方案，并对移植肾的排异反应进行评估。例如，在肾病综合征、狼疮性肾炎等原发或继发肾疾病中，通过肾活检术能清楚得知疾病的病理类型或明确诊断，这对于指导治疗和判断预后有着不可替代的意义（不同的病理类型，即使是同一个疾病，治疗的方向和疾病预后可能完全不同）。当然，在必要的时候，可以反复/多次进行肾活检穿刺以追踪病情的变化。同时，肾活检作为一项有创操作技术，在临床运用中仍有诸多风险需要医患双方共同承担，所以在实际操作中，我们需要严格掌握其适应证和禁忌证，尽可能使该诊疗技术更多地服务于临床，体现其真正的价值。

血液净化在慢性肾脏病中的应用

　　血液净化是慢性肾脏病替代治疗的三大手段（血液透析、腹膜透析、肾移植）之一，平时我们常称之为血液透析，但实际上血液净化包括血液透析、血液透析滤过、血液灌流、血浆置换、免疫吸附等。它主要是将患者的血液从体内引流至体外循环管路中，流经净化装置，再将"净化"后的血液引回体内，以达到治疗的目的，不同的血液净化方式，可以侧重不同毒素的清除。随着临床诊疗技术的不断提升，血液净化已经不仅仅限于急慢性肾衰竭的替代治疗，还可以用于重症感染、纠正心力衰竭、肺水肿、药物或毒物中毒等。一般情况下，对于要长期行血液净化的患者，医生会为其至少提前4~8周建立好血管通路（多数为自体动静脉内瘘），并让患者提前了解血液净化技术的必要性和特殊性，熟悉相关国家医保政策、调适患者的心理状态，以期使患者在进入透析后，生活质量和生存预期都能得到较好保障。

第十九章 生殖系统和乳腺疾病

> 子宫疾病
>   慢性宫颈炎
>   宫颈上皮内病变和宫颈癌
>   子宫内膜增生症
>   子宫内膜癌
>   子宫内膜异位症
> 滋养层细胞疾病
>   葡萄胎
>   侵蚀性葡萄胎
>
>   绒毛膜上皮癌
> 乳腺疾病
>   乳腺增生性疾病
>   乳腺纤维腺瘤
>   乳腺癌
> 前列腺疾病
>   前列腺增生
>   前列腺癌
>
>   生殖系统和乳腺的疾病有炎症、肿瘤，以及与内分泌紊乱和妊娠相关的疾病，其中多为临床上的常见病和多发病，严重危害着女性的身体健康，但多种女性生殖系统和乳腺疾病是可以通过体检能早期发现、早期治疗的，且能达到较好的治疗效果。因此，积极防治生殖系统炎症性疾患，加强生殖系统恶性肿瘤的早期诊断和早期治疗对提高人类健康水平具有重要意义。生殖系统炎症，病理变化比较单一，而对健康危害最大的是肿瘤，其中乳腺癌位居第一，宫颈癌第二，且发病年龄日益年轻化，因此，是本章重点学习的恶性肿瘤。乳腺位置浅表可通过及时体检、细针穿刺抽吸细胞学检查进行早期诊断，宫颈癌可通过宫颈刮片进行细胞涂片或液基细胞学检查进行筛查，利于早期诊断。

第一节 子宫疾病

一、慢性宫颈炎

    子宫颈可发生急性和慢性炎症，以慢性炎症居多。慢性宫颈炎（chronic cervicitis）是育龄妇女最常见的妇科疾病，临床主要表现为白带增多，偶尔带血，有时伴下腹坠胀、腰酸等不适。其发病与子宫颈的感染和损伤有关。常见病原体为链球菌、肠球菌、大肠埃希菌和葡萄球菌，也可由沙眼衣原体、淋球菌、单纯疱疹病毒和人类乳头状瘤病毒（HPV）等引起。此外，分娩、机械损伤也是慢性宫颈炎的诱发因素。

    慢性宫颈炎的基本病变是子宫颈黏膜及黏膜下间质的非特异性慢性炎症。子宫颈黏膜充血水肿，间质内有淋巴细胞、浆细胞和单核细胞浸润，常伴子宫颈黏膜腺上皮的增生及鳞状上皮化生。

部分患者可发展为宫颈上皮内瘤变。常见病理类型如下:

1. 宫颈糜烂(cervical erosion)　是慢性宫颈炎最常见的病变类型。慢性宫颈炎时,子宫颈阴道部的鳞状上皮坏死脱落,形成浅表性缺损,称为宫颈真性糜烂,较少见。临床上常见的宫颈糜烂实质上是子宫颈损伤的鳞状上皮被子宫颈管内的柱状上皮增生取代,由于柱状上皮较薄,上皮下血管较易显露而呈红色,病变黏膜呈边界清楚的红色糜烂样区,称为宫颈糜烂,实际上是假性糜烂;随后柱状上皮又可被化生的鳞状上皮所替代,称为糜烂愈复。如上述过程反复进行,则部分病例可通过非典型增生进展为子宫颈鳞状细胞癌。

2. 子宫颈腺囊肿　慢性宫颈炎可因炎症刺激、子宫颈腺上皮增生、鳞状上皮化生均可覆盖和阻塞子宫颈管腺体的开口,使黏液潴留,腺体逐渐扩大呈囊,形成子宫颈腺囊肿,又称纳博特囊肿(Naboth cyst)(图19-1)。

3. 宫颈息肉(cervical polyp)　慢性宫颈炎可刺激子宫颈黏膜上皮、腺上皮及间质局限性增生而在黏膜表面形成单个或多个带蒂的肿物,称为宫颈息肉(图19-2)。

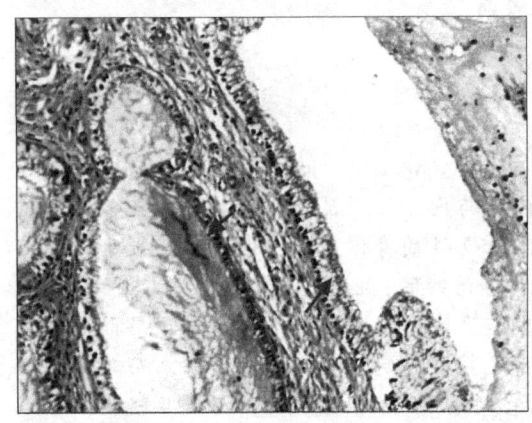

图 19-1　宫颈腺体潴留性囊肿

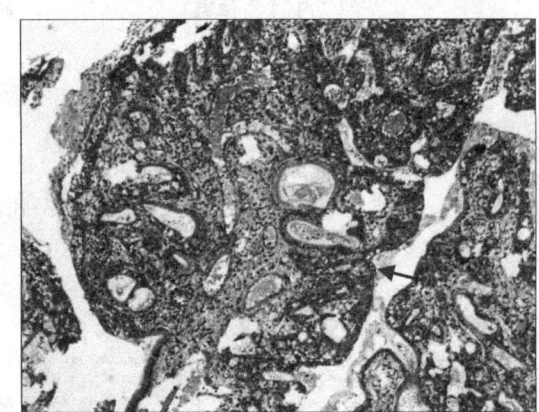

图 19-2　子宫颈炎性息肉

二、宫颈上皮内病变和宫颈癌

宫颈癌(cervical carcinoma)是来源于子宫颈黏膜上皮或腺上皮的恶性肿瘤,是女性生殖系统常见恶性肿瘤之一。发病年龄以 40～60 岁居多,临床常见的症状是阴道不规则流血、血性白带及接触性出血。20 世纪 50 年代之前,宫颈癌曾是女性肿瘤死亡的首要原因,由于子宫颈脱落细胞学检查的推广和普及,使许多癌前病变和早期癌得到早期诊断、早期治疗,因此,五年生存率和治愈率已有明显提高。

(一)病因

病因尚未完全明了。一般认为与早婚、多产、性生活紊乱、宫颈裂伤、包皮垢刺激等多种因素有关。流行病学调查说明性生活过早和性生活紊乱是宫颈癌发病最主要的原因,HPV 感染后上皮的典型改变是出现挖空细胞(图19-3,图19-4),经性传播的 HPV 感染是宫颈癌致病主要因素之一,尤其是 HPV-16、18 型为高危险性亚型。HPV-16、18 的 $E6$ 和 $E7$ 基因是病毒癌基因,具有将培养的鳞状细胞转化为非典型细胞的功能,在一定条件下可进一步转化为鳞癌。

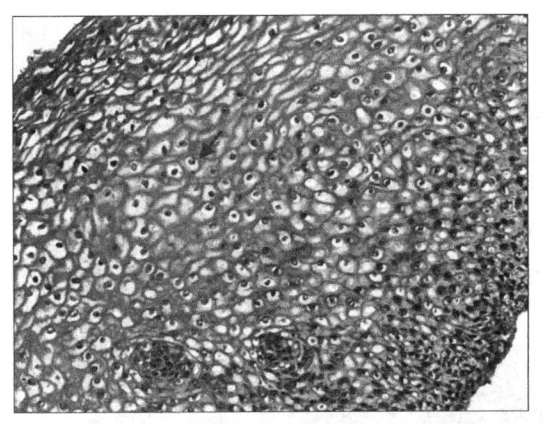

图 19-3　子宫颈 HPV 感染出现典型挖空细胞

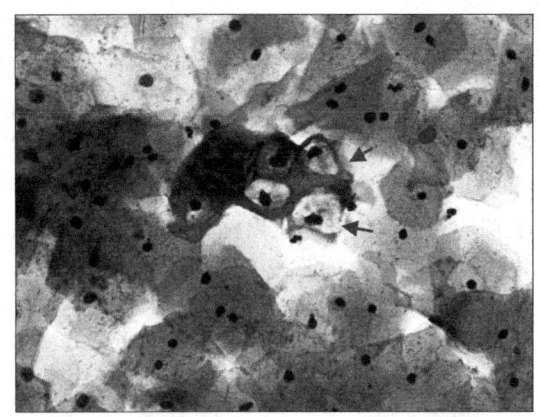

图 19-4　子宫颈 HPV 感染典型挖空细胞
细胞核大、扭曲，胞质空泡状

知识链接——宫颈癌的发生与 HPV 感染

2008 年诺贝尔医学奖获得者德国的病毒学家（Harald zur Hausen）于 1986 年首次发现 HPV 并进一步证实 HPV 为宫颈癌的主要致癌因素，使得宫颈癌成为至今为止病因明确的癌症之一。HPV 感染后机体未能自我清除病毒，造成 HPV 持续感染并在宫颈上皮细胞内整合、复制和增生并出现挖空细胞，逐渐发展为癌前病变（宫颈上皮内病变），最后发展到宫颈浸润癌。

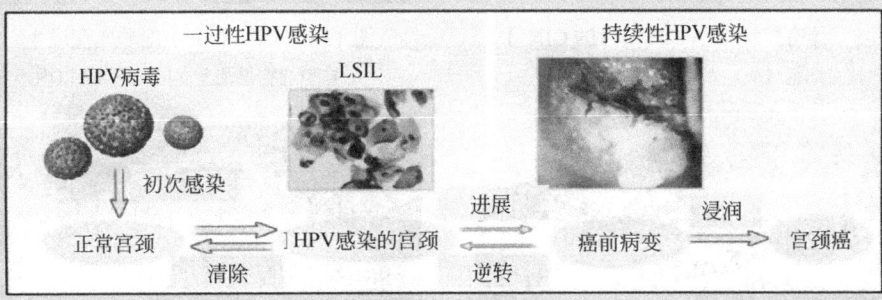

从 HPV 感染到发生宫颈癌，需 8~10 年时间，是一个长期的过程。在这期间，若能在病变早期进行筛查（宫颈液基细胞学检查和高危型 HPV 检查），筛查重点是在无自觉症状时期，发现癌前病变，在非癌时期及早进行临床诊治，可起到"可预防、早发现、早治疗"的作用。HPV 疫苗也已成为预防宫颈癌的重要手段。

（二）病理变化

宫颈癌来源于子宫颈外口的鳞状上皮和子宫颈管黏膜的柱状上皮及腺体，以鳞状细胞癌最为常见（占 90% 以上），腺癌较少，若有腺癌和鳞癌两种成分同时存在则称为腺鳞癌，较少见。

1. 宫颈鳞状细胞癌　来源于子宫颈外口鳞-柱状上皮交界处及其附近（称为移行带）的鳞状上皮或鳞状上皮化生。宫颈上皮在致癌因素作用下常先发生非典型增生，之后可消退或长期不变或发展为原位癌，原位癌突破基底膜进一步发展为早期浸润癌和浸润癌。

（1）非典型增生、子宫颈上皮内病变、原位癌（atypical hyperplasia and carcinoma in situ）：非典型增生属于癌前病变，表现为细胞大小形态不一，核大深染，核质比例增大，核分裂象增多，细胞极性紊乱，病变由基底层逐渐向表层发展。依据病变程度不同分为三级；Ⅰ级（轻度）指上述异型性局限于上皮的下 1/3 以内；Ⅱ级（中度）指异型细胞累及上皮层的下 1/3～2/3；Ⅲ级（重度）指异型细胞超过上皮全层的 2/3，但还未累及全层；若异型细胞累及上皮全层但未突破基底膜浸润间质时则称为原位癌。原位癌细胞可由表面沿基底膜蔓延至子宫颈腺体，若腺体基底膜完整时，称为原位癌累及腺体，仍属于原位癌范畴。从鳞状上皮非典型增生到原位癌呈一逐渐演化的过程，重度非典型增生和原位癌并无明确界限，二者的生物学行为亦无显著的差异。近年来常将子宫颈上皮非典型增生和原位癌称为宫颈上皮内瘤变（cervical intraepithelial neoplasia,CIN），CIN-Ⅰ为轻度非典型增生（图 19-5）；CIN-Ⅱ为中度非典型增生（图 19-6）；CIN-Ⅲ则包括重度非典型增生和原位癌（图 19-7）。

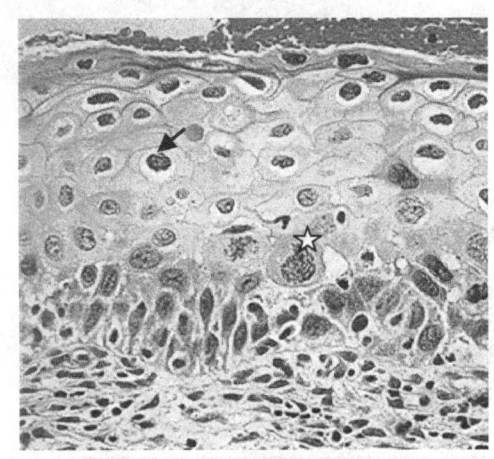

图 19-5 伴有挖空细胞非典型性的 CIN Ⅰ
挖空细胞（→）；核分裂象（☆）

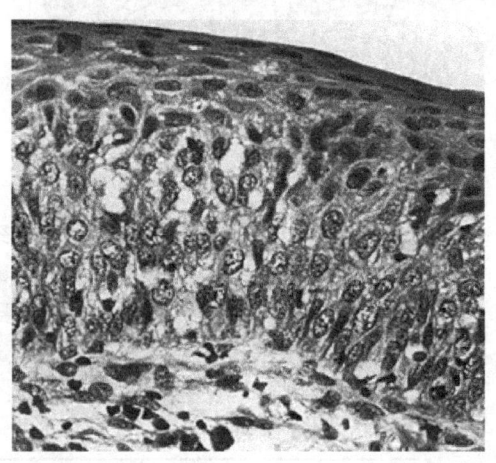

图 19-6 CIN Ⅱ（中度非典型增生）
异型细胞累及上皮层的下 2/3 以内

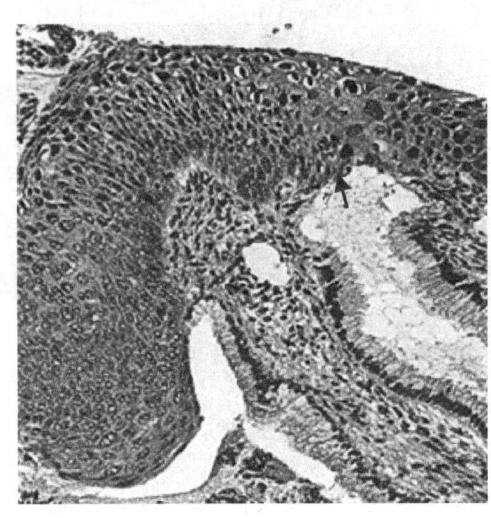

图 19-7 宫颈内膜 CIN Ⅲ
异型细胞增生向深部未突破基底膜

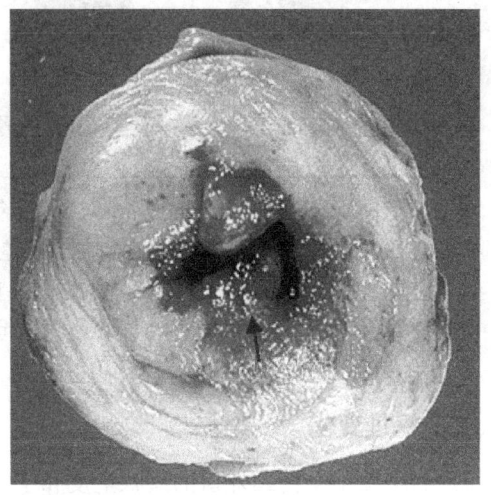

图 19-8 广泛累及宫颈的原位癌 CIN Ⅲ
宫颈口红色斑片状

子宫颈上皮非典型增生并不一定都发展为原位癌乃至浸润癌，如经适当治疗，绝大多数可逆转或治愈。一般非典型增生的病变级别越高，其转化为癌的概率越高，所需时间越短；级别越低，自然消退的机会也越多。大约一半 CIN Ⅰ可自然消退，约 20% CIN Ⅰ需经 10 年以上经由 CIN Ⅱ转变为 CIN Ⅲ，CIN Ⅲ在 10 年内发展为浸润癌的概率为 20%。

(2) 早期浸润癌（early invasive carcinoma）：指原位癌癌细胞突破基底膜浸润到黏膜下间质的深度不超过 5mm，一般肉眼不能发现，仅镜检时才能确诊，术后五年生存率达 100%。

(3) 浸润癌（invasive carcinoma）：指癌组织明显浸润间质超过基底膜下 5mm 者。肉眼可将宫颈癌分为四型：①糜烂型，与子宫颈糜烂相似，表现为局部黏膜潮红、粗糙或呈微细颗粒状，质脆易出血，多属早期癌（原位癌或早期浸润癌）（图 19-8）。②外生菜花型，肿瘤呈乳头状或菜花状突出于子宫颈外口，表面常有坏死伴出血、感染及溃疡形成（图 19-9）。③内生浸润型，癌组织主要向深层浸润，使宫颈肥厚、变硬，或呈结节状突起，晚期可继发溃疡、出血或感染。④溃疡型，癌组织除向深部浸润外，表面同时有大块坏死脱落，形成溃疡，形似火山口状（图 19-10）。

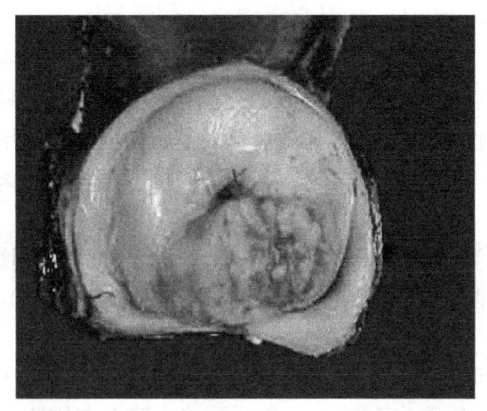
图 19-9 宫颈癌（外生菜花型）

图 19-10 宫颈癌（溃疡型）

2. 宫颈腺癌 主要来源于子宫颈管黏膜的柱状上皮和腺上皮。肉眼类型与鳞状细胞癌基本相同，镜检多为腺管状腺癌。

> **知识链接——宫颈上皮内病变分类：低级别与高级别上皮内病变**
>
> 2014 版 WHO 女性生殖系统肿瘤分类将宫颈上皮内瘤变的三级分类（CIN Ⅰ、CIN Ⅱ 和 CIN Ⅲ）修改为与宫颈细胞学诊断一样的二级分类：低级别上皮内病变（LSIL）和高级别上皮内病变（HSIL），与三级分类相比二级分类 LSIL 和 HSIL 与生物学行为的相关性更好，组织学诊断的重复性更佳，更有利于临床诊断和治疗。LSIL 包括挖空细胞病、扁平湿疣或 CIN Ⅰ，低级别是指并发癌或将来发生癌的风险低，绝大多数无异常核分裂象；HSIL 包含宫颈上皮内瘤变 Ⅱ 级（CIN Ⅱ）、宫颈上皮内瘤变 Ⅲ 级（CIN Ⅲ）、中度鳞状上皮异型增生、重度鳞状上皮异型增生、鳞状细胞原位癌（CIS），与高危型 HPV 感染有关，与宫颈癌关系密切。

（三）扩散

肿瘤向上可直接蔓延浸润破坏整段子宫颈，向下可累及浸润至阴道穹窿部及阴道壁，向两侧可侵犯双侧阔韧带及盆腔组织并可压迫输尿管引起肾盂积水，向前侵及膀胱可形成子宫膀胱瘘，向后侵犯直肠可形成子宫直肠瘘。淋巴道转移是宫颈癌最常见最重要的转移途径，首先转移到了宫颈旁淋巴结，而后可到闭孔、髂内、髂外、髂总等盆腔淋巴结及腹股沟深部淋巴结等。血道转移少见，晚期可经血道转移到肺、骨和肝。

（四）临床病理联系

早期宫颈癌常无自觉症状，与宫颈糜烂不易区别。可用 Schiller 碘试验加以区别。活体组织学检查可确诊。浸润癌癌组织可破坏血管，患者出现不规则阴道流血或接触性出血；因癌组织坏死继发感染，同时刺激宫颈腺体使其分泌亢进，可致白带增多，伴有特殊腥臭味；晚期因癌组织浸润盆腔神经，可出现下腹部及腰骶部疼痛；当癌组织侵及膀胱及直肠时，可引起子宫膀胱瘘或子宫直肠瘘。

三、子宫内膜增生症

子宫内膜增生症（endometrial hyperplasia）是子宫内膜常见疾病，主要特征是子宫内膜腺体和间质的过度增生，临床表现为不规则子宫出血，月经过多、经期较长或绝经后出血，育龄期和更年期妇女均可发病。一般认为是由于内源性或外源性雌激素长期刺激引起的子宫内膜的过度增生。

病变子宫内膜弥漫性增厚，可达 10mm 以上，表面光滑、柔软，有时局限性增生可呈息肉状。光镜下可分为以下几种类型：

1. **单纯性增生（simple hyperplasia）** 腺体数量增加，某些腺体扩张成小囊又称为轻度增生或囊性增生。腺上皮细胞呈柱状，无异型性，单层或假复层，与增生期子宫内膜相似（图 19-11）。1% 的单纯性子宫内膜增生可进展为子宫内膜癌。

2. **复杂性增生（complex hyperplasia）** 腺体明显增生并密集排列相互拥挤，因间质稀少有些腺体有"背靠背"现象，腺腔轮廓不规则，以往也称腺瘤型增生。有的腺腔内腺上皮细胞增生可呈乳头状，有的腺上皮向间质内出芽样生长，但未见腺上皮有异型性（图 19-12）。约 8% 可发展为腺癌。

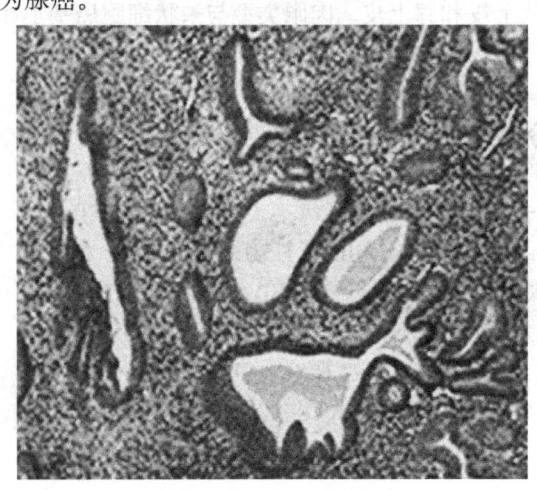

图 19-11　单纯性子宫内膜增生
腺体增生扩张成小囊，细胞无异型

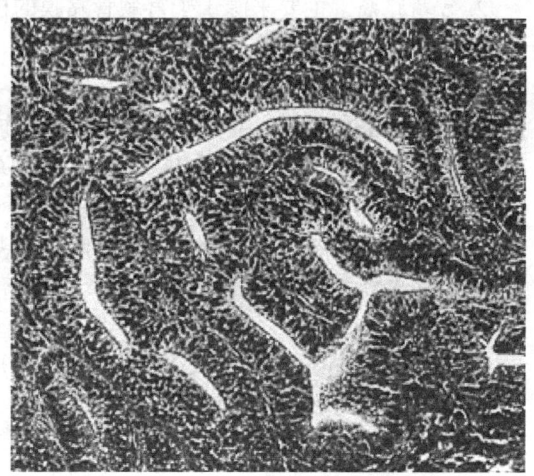

图 19-12　复杂性子宫内膜增生
腺体"背靠背"，细胞层次增多有异性

3. **非典型增生（atypical hyperplasia）** 在复杂性增生的基础上，伴有上皮细胞异型性，细胞极性紊乱，体积增大，核大深染，核仁增大，可见多少不等的核分裂象。1/3 的患者可发展为腺癌。

四、子宫内膜癌

子宫内膜腺癌（endometrial adenocarcinoma）又称子宫体癌，为子宫内膜最常见的恶性肿瘤，来源于子宫内膜上皮细胞。多见于 50 岁以上绝经期和绝经期后妇女，以 50～59 岁为高峰。临床主要表现为绝经后或更年期阴道不规则出血及阴道排液增多。

（一）病因

病因尚未完全明了，一般认为与雌激素长期持续作用有关，伴非典型增生的子宫内膜增生症较易发展为子宫内膜癌。另有部分子宫内膜癌的发生似乎与体内雌激素增加及子宫内膜增生无关，而是在非活动性或萎缩子宫内膜基础上发生，这组患者平均年龄偏大，肿瘤分化较差。

（二）病理变化

肉眼观，子宫内膜癌分为弥漫型和局限型。弥漫型指癌组织广泛累及大部分或全部子宫内膜，使其内膜弥漫性显著增厚，并可伴多数不规则的乳头状突起，表面粗糙不平，灰白质脆，常有出血坏死或溃疡形成，并不同程度的浸润子宫肌层（图 19-13）。局限型多位于子宫底或子宫角，常呈息肉或乳头状突向宫腔。光镜下以子宫内膜腺癌（也称为子宫内膜样癌）最为常见（图 19-14），以高分化腺癌居多。在高分化子宫内膜腺癌中，若伴有良性化生的鳞状上皮，称腺棘皮癌（adenoacanthoma）；腺癌伴有鳞癌上皮成分，则称为腺鳞癌（adenosquamous carcinoma）。

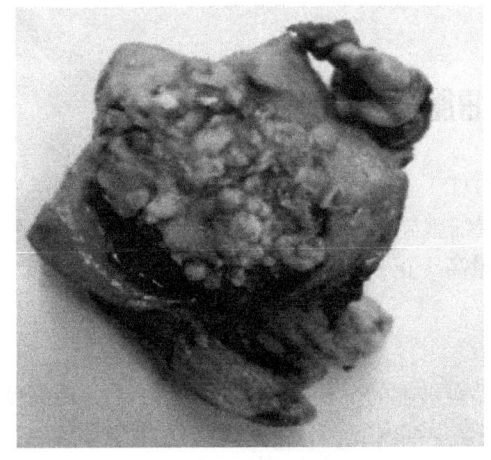

图 19-13 子宫内膜样癌
内膜见多数不规则的乳头状突起

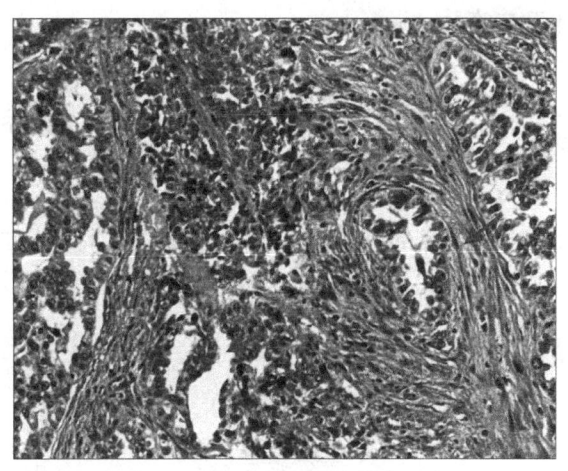

图 19-14 子宫内膜样癌镜下观
癌组织呈腺样排列

（三）扩散

子宫内膜癌一般生长缓慢，可局限于宫腔内多年，主要扩散途径是直接蔓延和淋巴道转移：①直接蔓延，向上可达子宫角、输卵管、卵巢和其他盆腔器官，向下至宫颈管和阴道，向外可侵透肌层达浆膜并可累及腹膜和大网膜。②子宫底部的癌多经淋巴道转移至腹主动脉旁淋巴结，子宫角部的癌可经圆韧带的淋巴管转移至腹股沟淋巴结，累及宫颈管的癌可转移至子宫旁、髂内外和髂总淋巴结。③晚期可经血道转移至肺、肝及骨骼。

（四）临床病理联系

早期，患者可无任何症状，最常见的临床表现是阴道不规则流血及分泌物增多；如继发感染则分泌物呈脓性，有腥臭味。晚期，癌组织侵犯盆腔神经，可引起下腹部及腰骶部疼痛等症状。

五、子宫内膜异位症

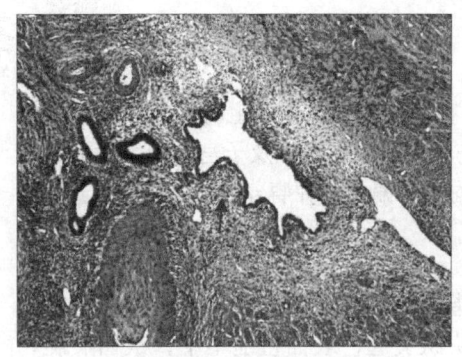

图 19-15 子宫腺肌病
子宫肌壁间可见子宫内膜腺体及间质

子宫内膜异位症（endometriosis）是指子宫内膜腺体和间质出现于子宫内膜以外的部位，多发生于卵巢，其余可见于子宫阔韧带、子宫直肠窝、盆腔腹膜、子宫肌层及外膜、腹部手术疤痕、脐部、阴道、外阴和阑尾等。异位于子宫肌层中者称为子宫腺肌病（adenomyosis）（图19-15）。病因未明，或月经期子宫内膜经输卵管反流至腹腔器官；子宫内膜因手术种植在手术切口或经血流播散至远方器官；异位的子宫内膜由体腔上皮化生而来。

异位子宫内膜受卵巢分泌激素影响，可发生周期性变化，随月经反复性出血，在局部形成紫红或棕黄色，结节状或囊性肿物，由于出血机化，可与周围器官发生纤维性粘连。如发生在卵巢，反复出血可致卵巢体积增大，形成囊腔，内含棕红色黏稠的血性液体，称巧克力囊肿。光镜下，在病变部位出现了与正常子宫内膜相似的子宫内膜腺体、子宫内膜间质及含铁血黄素颗粒。临床症状以子宫内膜异位的位置不同而表现不一，主要表现为痛经，卵巢囊肿，不孕症等。

第二节 滋养层细胞疾病

滋养层细胞疾病（gestational trophoblastic diseases,GTD）包括葡萄胎、侵蚀性葡萄胎、绒毛膜上皮癌和胎盘部位滋养细胞肿瘤，其共同特征是滋养层细胞异常增生，患者血液和尿液中人绒毛膜促性腺激素（human chorionic gonadotropin,HCG）含量高于正常妊娠。

一、葡萄胎

葡萄胎（hydatidiform mole）又称水泡状胎块，是胎盘绒毛的一种良性病变，以绒毛间质高度水肿、滋养层细胞不同程度增生为特征。本病常见于妊娠早期（2～4个月），可发生于育龄期的任何年龄，以20岁以下和40岁以上的孕妇中发病较多，这可能与卵巢功能不足或衰退有关。

（一）病因

病因尚未完全明了，染色体异常可能起主要作用，根据病因及病变不同分为完全性葡萄胎和不完全性葡萄胎。①完全性葡萄胎90%以上为正常二倍体核型46XX，其全部染色体来源于精子，可能是由精子与不含染色体的空卵受精所致；其余10%为空卵在受精时和两个精子结合（23X和23Y），染色体核型为46XY。由于缺乏卵细胞的染色体，故胚胎不能发育，是一个无胚胎的妊娠。②部分性葡萄胎核型多是69XXX或69XXY三倍体，极偶见92XXXY四倍体，由带有母方染色体的正常卵细胞（23X）和一个没有发生减数分裂的双倍体精子（46XY）或两个单倍体精子（23X或23Y）结合所致。

（二）病理变化

肉眼可见水泡状胎块仅局限于宫腔内，不侵入肌层。水泡状胎块是由胎盘绒毛高度水肿形成的透明或半透明的薄壁水泡，内含清亮液体并有蒂相连，形似葡萄，水泡大小不一，大者直径可达2cm

(图 19-16)。若所有绒毛均呈葡萄状，无胚胎或胎儿，称之为完全性葡萄胎；部分性葡萄胎又称为不完全性葡萄胎，其部分绒毛正常，部分绒毛呈葡萄状，另外可见胚胎、胎膜和部分正常胎盘组织。光镜下呈三个明显特点：绒毛因间质高度水肿而增大；绒毛间质内血管减少或消失；滋养层细胞包括合体滋养层细胞和细胞滋养层细胞都有不同程度增生，并有轻度异型性（图 19-17）。

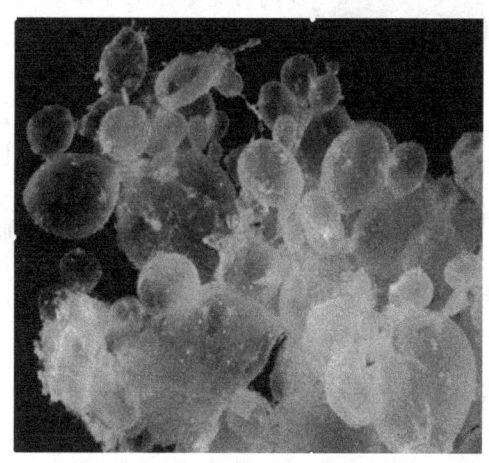

图 19-16　完全性葡萄胎
水泡状胎块

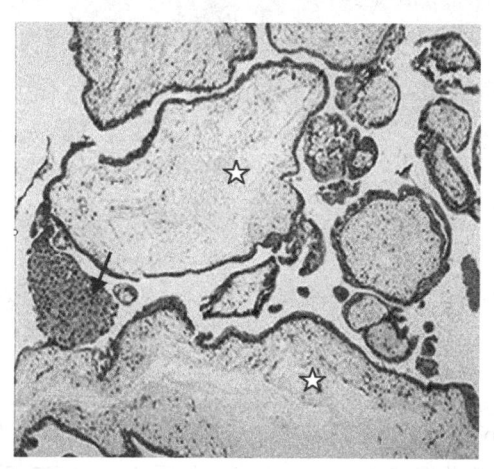

图 19-17　葡萄胎
绒毛间质水肿血管消失（☆）
滋养层细胞增生（→）

（三）临床病理联系

①患者有停经、不规则阴道出血及水泡状胎块排出等症状，多在妊娠 12～15 周出现。②由于胎盘绒毛水肿及子宫出血，子宫体积增大程度超过同月份正常妊娠子宫的大小。因胚胎早期死亡，故临床检查听不到胎心，亦无胎动。③由于滋养细胞增生，患者血和尿中 HCG 明显增高，尿妊娠试验呈强阳性，孕妇妊娠呕吐严重且时间长。④由于 HCG 明显增多，促使双侧卵巢内成熟的颗粒层细胞发生黄素化形成黄素囊肿。一般无症状，偶有蒂扭转或囊肿破裂。⑤葡萄胎经彻底清宫后，绝大多数能痊愈，少数患者可转变为侵蚀性葡萄胎或绒毛膜上皮癌，出院后应定期随访。

二、侵蚀性葡萄胎

侵蚀性葡萄胎（invasive mole）又称恶性葡萄胎，是界于葡萄胎和绒毛膜上皮癌之间的交界性肿瘤。葡萄胎清宫后阴道仍不规则出血，子宫复旧不全，HCG 持续增高是其主要临床特征。侵蚀性葡萄胎与良性葡萄胎的主要区别是水泡状绒毛侵入子宫肌层，引起子宫肌层出血、坏死，形成紫蓝色结节，光镜下滋养层细胞增生程度和异型性比良性葡萄胎显著，可见水泡状绒毛或坏死的绒毛。

侵蚀性葡萄胎可经血管栓塞至阴道、肺、脑等远方器官，但绒毛不会在栓塞部位继续生长并可自然消退，和转移有明显区别。大多数侵蚀性葡萄胎对化疗敏感，预后良好。

三、绒毛膜上皮癌

绒毛膜上皮癌（choriocarcinoma）简称绒癌，是滋养层细胞的高度恶性肿瘤。绝大多数与妊娠有关，多发生在妊娠结束后半年内，以 30 岁左右青年女性多见。极少数绒癌起源于原始生殖细胞，原发于卵巢或睾丸。

（一）病理变化

肉眼观，子宫不同程度增大变形，子宫肌壁及宫腔内可见数个大小不等（多为0.5～5cm）的紫蓝色癌结节，质软，结节切面大部分为凝血块及坏死组织，其中散在有大小不等的棕黄色区（图19-18）。光镜下绒毛膜上皮癌与侵蚀性葡萄胎最主要的区别是癌细胞不形成绒毛和水泡状结构。瘤组织由分化不良的细胞滋养层和

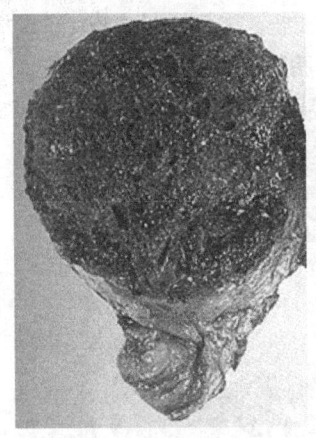

图19-18 子宫绒毛膜癌重度出血

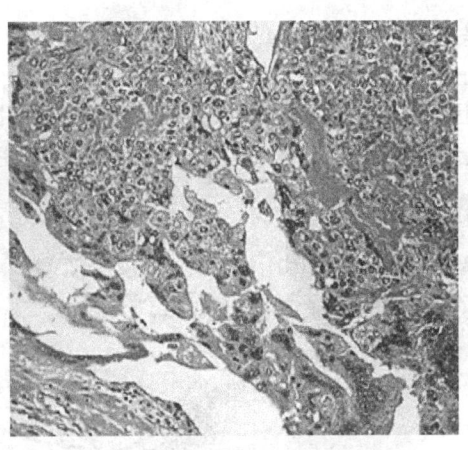

图19-19 绒毛膜上皮癌
合体滋养层样瘤细胞；细胞滋养层样瘤细胞

合体细胞滋养层两种瘤细胞组成，混合排列成巢状或条索状，细胞异型性明显，核分裂象易见（图19-19），偶见个别癌巢由一种细胞组成。肿瘤自身无间质、无血管，癌细胞靠浸润破坏周围组织的血管获取营养，故癌组织和周围正常组织有明显出血坏死，有时癌细胞大多坏死，仅在边缘部可见少数残存的癌细胞。

（二）临床与病理联系

①葡萄胎流产和妊娠数月甚至数年后，阴道出现持续不规则出血，子宫增大，血或尿中HCG持续升高。②由于绒毛膜癌侵袭破坏血管能力很强，血道转移较早。出现在不同部位的转移灶可引起相应症状，如有肺转移，可出现咳嗽、咯血、胸痛；脑转移可出现头痛、呕吐、瘫痪及昏迷；肾转移可出现血尿等症状。③绒癌是恶性度很高的肿瘤，目前应用化疗后，治愈率有明显提高。

第三节 乳腺疾病

一、乳腺增生性疾病

乳腺纤维囊性变

乳腺纤维囊性变（fibrocystic changes）是最常见的乳腺疾患，为一组非肿瘤性病变，以乳腺末梢导管和腺泡扩张、间质纤维和上皮不同程度增生为特征。多发于25～45岁的女性，绝经前达发病高峰，绝经后一般不再进展。一般认为发病多与卵巢内分泌失调有关，孕激素减少而雌激素分泌过多时，对此病的发生起一定的作用。

1. 非增生型纤维囊性变 病变常累及双侧乳腺，表现为囊肿形成和间质纤维增生，但无继发浸润性癌的危险性。肉眼观，病变呈多灶小结节性分布，边界不清，由末梢导管和腺泡扩张形成囊肿，囊肿大小不一，多少不等，相互聚集的小囊肿和增生的间质纤维相间交错，囊肿通常含浑浊黄色或清亮的液体。光镜下，囊肿被覆的上皮多数为扁平上皮，也可为柱状或立方上皮，或上皮完全缺如，仅见厚的纤维性囊壁。若囊肿破裂，内容物溢出可致炎性反应和间质纤维增生，纤维化的间质进一步发生玻璃样变。

2. 增生性纤维囊性变　除了囊肿形成和间质纤维增生外，往往伴有末梢导管和腺泡上皮的增生（图19-20）。上皮增生可使层次增多，形成乳头突入囊内，乳头顶部相互吻合，构成筛状结构。囊肿伴有上皮增生，当上皮异型增生时，有演化为乳腺癌的可能，应视为癌前病变。

3. 硬化性腺病（sclerosing adenosis）　是增生性纤维囊性变的少见类型。病变特征是小叶间质纤维显著增生伴小叶内末梢导管上皮、肌上皮数量增多而无囊肿形成。肉眼观多结节结构，切面灰白质硬，与周围乳腺组织界线不清，易被误诊为癌的浸润。

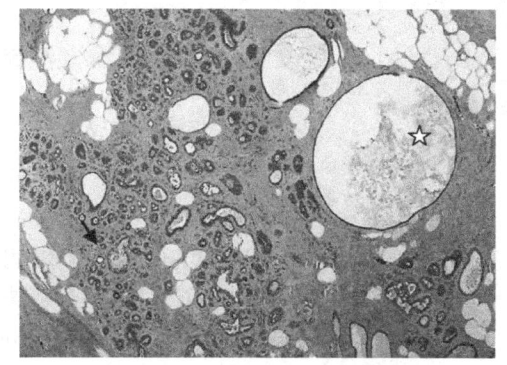

图 19-20　增生性纤维囊性乳腺病
小叶增生（→）；导管扩张（☆）

二、乳腺纤维腺瘤

乳腺纤维腺瘤是乳腺最常见的良性肿瘤，多见于生育期妇女。肉眼表现为界线清楚、包膜完整的圆形或卵圆形结节，质硬，直径一般在 3cm 以内，切面呈实性，灰白色，并有漩涡状结构及裂隙状区域，无坏死（图 19-21）。光镜下肿瘤由增生的间质纤维和腺体组成，腺体圆形或卵圆形，或被周围的纤维结缔组织挤压呈裂隙状（图 19-22）；间质通常较疏松，富于酸性黏多糖，可发生玻璃样变或钙化。临床上多表现为无痛性、孤立性、生长缓慢的结节，术后不易复发，癌变率低。

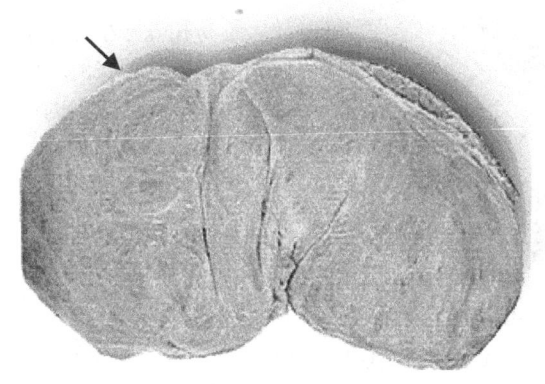

图 19-21　乳腺纤维腺瘤
包膜完整（→）

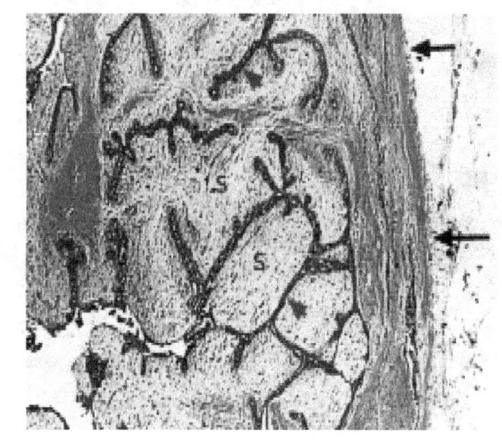

图 19-22　乳腺纤维腺瘤
腺体（▼）；间质 S；包膜（→）

三、乳腺癌

乳腺癌（carcinoma of breast）是来源于乳腺导管和小叶上皮的恶性肿瘤，现居女性恶性肿瘤首位，好发于 40～60 岁的妇女。乳腺癌的发病机制尚未完全阐明，雌激素长期作用、家族遗传倾向、环境因素和长时间大剂量接触放射线是其发病的重要危险因素。

（一）病理变化

乳腺癌组织形态十分复杂，类型较多，大致分为非浸润性癌和浸润性癌两大类。

乳腺癌 ┫ 非浸润性癌 ┫ 导管原位癌 ┫ 粉刺癌
　　　　　　　　　　　　　　　　 非粉刺导管癌
　　　　　　　　　　　　　　　　 乳头乳晕湿疹样癌（Paget 病）
　　　　　　　　　　　 小叶原位癌
　　　　 浸润性癌 ┫ 浸润性导管癌
　　　　　　　　　 浸润性小叶癌
　　　　　　　　　 特殊类型的癌

1. 非浸润性癌　占乳腺癌的 15%～30%，分为导管原位癌（ductal carcinoma in situ）和小叶原位癌（lobular carcinoma in situ）。

（1）导管原位癌：发生于乳腺小叶的终末导管，导管明显扩张，癌细胞局限于扩张的导管内，导管基底膜完整。①粉刺癌（comedocarcinoma），位于乳腺中央部位，切面可见扩张的导管内含灰黄色粉刺样坏死物质，挤压可由导管内溢出，状如皮肤粉刺，故称为粉刺癌；光镜下癌细胞体积较大，胞质嗜酸，分化不等，大小不一，核仁明显，伴丰富的核分裂象。癌细胞在导管内呈实性排列，中央常见坏死、钙化（图 19-23）。②非粉刺型导管内癌（noncomedo intraductal carcinoma）癌细胞在导管内排列成实性、乳头状或筛状等多种形式，细胞呈不同程度异型，但不如粉刺癌明显，细胞体积较小，形态比较规则，一般无坏死或仅有轻微坏死。

（2）小叶原位癌（lobular carcinoma in situ）：发生于乳腺小叶的末梢导管和腺泡。因肿块小，临床上一般扪不到明显肿块，不易和乳腺小叶增生区别。光镜下扩张的乳腺小叶末梢导管和腺泡内充满呈实体排列的癌细胞，癌细胞体积较导管内癌的癌细胞小，大小形状较为一致，核圆形或卵圆形，核分裂象罕见。癌细胞局限于小叶内，腺泡基底膜完整，小叶结构尚存（图 19-24）。

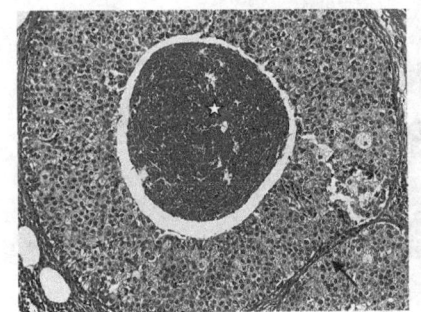

图 19-23　粉刺癌
导管基膜完整（→）；坏死物（☆）

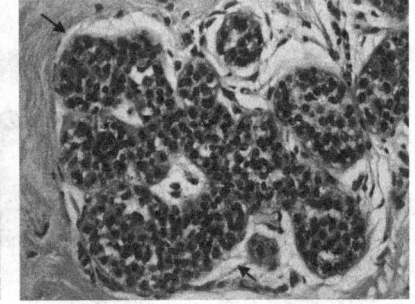

图 19-24　小叶原位癌
癌细胞局限于小叶内，未突破腺泡基底膜（→）

2. 浸润性癌　乳腺癌细胞穿破乳腺导管基底膜或腺泡基底膜侵入间质即为浸润癌。

（1）浸润性导管癌（invasive ductal carcinoma）：由导管内癌发展而来，是最常见的乳腺癌类型，约占乳腺癌 70%。肿瘤直径一般为 2～3cm，灰白色，质硬，与周围组织分界不清。癌组织呈树根状侵入临近组织内，较大肿瘤可累及表面的皮肤也可深达筋膜及胸肌，癌肿侵及乳腺大导管又伴有大量纤维组织增生时可导致乳头下陷；癌组织阻塞真皮内淋巴管，可致皮肤水肿，而毛囊汗腺处皮肤相对下陷，呈橘皮样外观（图 19-25）；癌组织穿破皮肤，可形成溃疡。

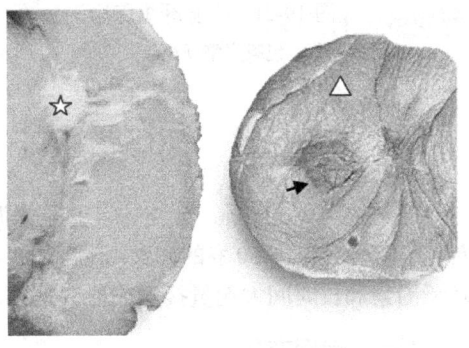

图 19-25　浸润性导管癌
癌组织（☆）乳头内陷（→）橘皮样改变（△）

光镜下组织学形态多种多样。高分化癌极少见，常形成明显的腺样结构，细胞形态较一致，核分裂象少见；低分化癌多见，癌细胞排列成巢状、条索状，大小形态各异，核分裂象多见。癌细胞周围间质有致密的纤维组织增生，癌细胞在纤维间质内浸润生长。根据癌实质和纤维间质的比例不同肿瘤质地不同，含肿瘤细胞少而间质纤维多者质地较硬；癌实质多而间质少者，质地较软（图19-26）。

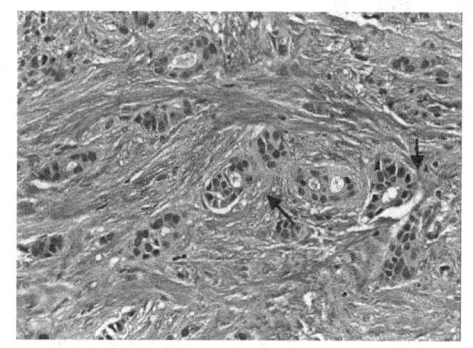

图 19-26 浸润性导管癌
癌细胞成腺样排列（→）

（2）浸润性小叶癌（invasive lobular carcinoma）：由小叶原位癌穿透基底膜向间质浸润所致，多见于老年妇女，在乳腺癌中占 5%~10%。大约 20% 的浸润性小叶癌累及双侧乳腺或在同一侧乳腺内可呈多灶性分布，肿块边界不清，质硬，切面灰白。光镜下癌细胞呈单行串珠状或细条索状浸润于纤维间质之间，或环形排列在正常导管周围。癌细胞小，大小一致，核分裂象少见，细胞形态和小叶原位癌的瘤细胞相似。

（二）扩散

癌细胞在局部浸润性生长，可沿乳腺导管、导管周围组织间隙向周围扩散，累及乳头、皮肤、胸肌及胸壁。淋巴道转移是乳腺癌最常见的转移途径，首先转移至同侧腋窝淋巴结，晚期可相继至锁骨下淋巴结、锁骨上淋巴结，少部分病例可通过胸壁浅部淋巴管或深筋膜淋巴管转移到对侧腋窝淋巴结。晚期乳腺癌可经血道转移至肺、肝、骨、脑等组织或器官。

第四节 前列腺疾病

一、前列腺增生

良性前列腺增生（benign prostatic hyperplasia）又称结节状前列腺增生（nodular hyperplasia）或前列腺肥大（hypertrophy），是老年男性的常见病，发病率随年龄的增加而递增。病变以前列腺腺体和间质增生为特征，临床表现为不同程度的排尿困难。一般认为本病的发生与更年期后雌激素水平相对过高有关。

前列腺呈结节状增大，重量增加，可达正常的 2~4 倍，颜色和质地与增生的成分有关。以腺体增生为主的呈淡黄色，质地较软，切面可见大小不一的蜂窝状腔隙，可挤出奶白色液体（图19-27）；以纤维、平滑肌增生为主者，色灰白，质地较韧，和周围正常组织界线不清。光镜下，增生成分主要由纤维、平滑肌和腺体组成（图19-28）。增生的

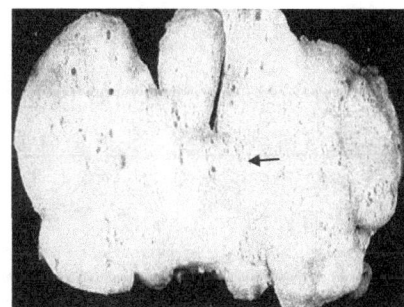

图 19-27 前列腺结节状增生

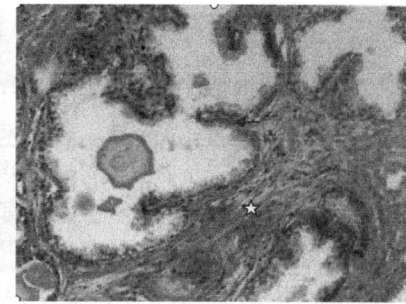

图 19-28 前列腺增生症
前列腺腺体增生（→）；间质结缔组织及平滑肌增生（☆）

腺体腺泡数量增多，腺腔扩大，腺腔内常含均质红染的淀粉小体；内层腺上皮细胞呈柱状，核位于基底部，排列整齐；外层细胞呈立方或扁平形，周围有完整的基底膜包绕；位于腺体之间的纤维、平滑肌增生，形成宽窄不一的间隔，使增生的前列腺呈结节状。

二、前列腺癌

前列腺癌（prostatic cancer）是源自前列腺上皮的恶性肿瘤，多发于60岁以上的老年人，发病率随年龄增加逐步提高。临床上，早期肿瘤较小时可无明显症状，若癌组织累及尿道可引起局部疼痛、进行性排尿困难及血尿等症状。前列腺癌病因尚未完全明了，一般认为与老年人激素紊乱有关，切除睾丸或服用雌激素可抑制肿瘤生长，说明雄激素和前列腺癌的发生相关。

（一）病理变化

肉眼观，早期为单个或少数结节，约70%的肿瘤发生在前列腺的周围区，以后叶多见。晚期前列腺增大，质地变硬，切面呈结节状，与周围前列腺组织界线不清。光镜下，绝大多数为腺癌，以高分化腺癌居多，形成明显的腺样结构，腺上皮由单层立方或低柱状上皮构成，大小形状不一，有一定的异型性，可呈单层、多层或乳头、筛状排列，细胞核体积增大，呈空泡状，含有一个或多个大的核仁，核分裂象少见；腺泡较规则，排列拥挤，可见"背靠背"现象。低分化癌中，癌细胞排列成条索状、巢状或片状。

（二）扩散

5%～20%的前列腺癌可发生局部浸润和远处转移，常直接向精囊和膀胱底部浸润，后者可引起尿道梗阻。血道转移主要到骨，以脊椎骨最常见。男性肿瘤骨转移应首先想到前列腺癌转移的可能。偶见内脏的广泛转移。淋巴转移首先至闭孔淋巴结，随之到内脏淋巴结、胃底淋巴结、髂骨淋巴结、骶骨前淋巴结和主动脉旁淋巴结。

（三）临床病理联系

早期前列腺癌一般无症状，常在前列腺增生的切除标本中，或在死后解剖中偶然发现。高分化腺癌进展缓慢，大多数前列腺癌长期局限于前列腺内，不引起症状。随病变进展，可引起前列腺肿大，排尿困难。肛诊检查可直接扪及。晚期可侵犯周围组织如精囊、膀胱底部。

正常前列腺组织可分泌前列腺特异性抗原（prostatic specific antigen, PSA），但前列腺癌的PSA分泌量可高出正常前列腺10倍以上，如血中PSA水平明显增高时，应高度怀疑为癌，必要时，可行前列腺组织穿刺，由组织病理检查确诊。

案例 19-1

患者女，48岁。白带增多7个月，不规则阴道流血5个月且逐渐加重。病前月经周期正常，自述7个月前白带增多，开始为黄白色，以后呈脓性，有臭味，阴道流血时多时少，少时呈血性分泌物，常伴下腹坠胀不适，曾按慢性宫颈炎治疗，无明显效果。既往12年前曾患有"宫颈糜烂"，无其他病史。发育正常，体格消瘦，营养欠佳。妇科检查见宫颈膨大直径约5cm，质硬，宫颈表面不光滑有结节状突起，且有一小溃疡面，有接触性出血。阴道内存少许血性分泌物，有臭味。子宫体增大，宫颈旁有结节状隆起，肛诊直肠软，指套无血。CT：腹膜后腹主动脉旁淋巴结肿大，肠系膜见多个肿大淋巴结。B超：子宫体、宫颈增大，子宫壁不规则，右输卵管及卵巢见实性肿块。入院后进行宫颈活检。病理诊断为低分化鳞状细胞癌。因患者已属晚期未行手术治疗，故采用放疗及支持疗法。此后病情逐渐恶化，骶部极度酸痛，日渐消瘦，半年后因恶液质而死亡。

思考题：
1. 本病例从慢性宫颈糜烂是如何发展为宫颈浸润癌的？经历了哪些病理过程？
2. 肉眼病变属于宫颈癌的哪种类型？

案例 19-2

患者女，26 岁。1 年半前曾患葡萄胎（病理确诊），经反复刮宫后阴道流血停止，妊娠试验转为阴性。1 月前咳嗽、咯血、阴道不规则出血。妇科检查：子宫约 3 月妊娠大，形状不规则；妊娠试验阳性；X 线胸片示双肺圆形占位病变。诊断：恶性葡萄胎。行子宫及双侧附件切除。病理检查：子宫大小为 10cm×7cm×5cm；切面可见后壁有一 5cm 暗红色结节，突入子宫腔，其深部子宫肌壁有出血、坏死，经多个切面未见水泡状结构。光镜病变组织内可见两种高度异性的细胞，一种细胞胞质丰富、淡染，单核或多核，核大呈泡状；另一种细胞胞质丰富，深红色，多数为多核，核深染，细胞间有大量红细胞及坏死组织，未见肿瘤间质。肿瘤向子宫肌层浸润。经连续切片未见绒毛。

思考题：
1. 本病的诊断及诊断依据？
2. 此次发病与葡萄胎有无关系？
3. 肺部病变的性质及其发生机制，咳嗽、咯血的病变基础是什么？

（李瑞琴）

第二十章 淋巴造血系统疾病

淋巴结的良性增生
    反应性淋巴结炎
    淋巴结的特殊感染
淋巴瘤
    霍奇金淋巴瘤
    非霍奇金淋巴瘤

髓系肿瘤
    急性髓系白血病
    骨髓增殖性肿瘤
组织细胞和树突状细胞肿瘤

    淋巴造血系统包括髓系和淋巴系统两个部分，髓系主要由骨髓和外周血细胞构成，淋巴系统包括胸腺、脾和淋巴结等淋巴器官，以及在人体广泛分布的结外淋巴组织，如扁桃体、腺样体、肠黏膜固有层的集合和孤立淋巴小结群等。实际上这两种组织在构成成分和功能上都是密切相关的。由于淋巴造血组织更新快，终身处于不断的增殖状态，所以对于内外环境的刺激十分敏感，容易发生疾病。淋巴结是机体内数量最多且分布最广泛的淋巴器官，故经常通过淋巴结活检来诊断淋巴组织疾病。
    造血系统的疾病种类繁多，主要表现为各种成分的量和（或）质的变化。本章主要要介绍淋巴结的一些常见良、恶性病变，重点讨论淋巴组织的肿瘤性疾病。

第一节 淋巴结的良性增生

    淋巴结作为人体重要的免疫器官和防御屏障，常受到各种因子的刺激，如各类病原微生物、外来毒物、异物、机体自身代谢产物等均可以引起淋巴结内细胞的增生，主要是淋巴细胞、组织细胞和树突状细胞的增生，导致淋巴结肿大。此增生是机体抗损伤的免疫反应，根据病因、组织病理学改变及临床表现，可将淋巴结的良性病变分为3类：反应性淋巴结炎、淋巴结的各种特殊感染和原因不明的淋巴增生性疾病。

一、反应性淋巴结炎

    反应性淋巴结炎（reactive lymphadenitis）是淋巴结最常见的良性病变。引起淋巴结炎的原因多种多样，但其病理改变基本相似，缺乏特异性，故称为非特异性淋巴结炎。可分为急性和慢性两种非特异性淋巴结炎。

（一）急性非特异性淋巴结炎

    急性非特异性淋巴结炎常见于局部感染的引流淋巴结。发炎的淋巴结肿胀，灰红色。光镜下可见淋巴滤泡增生，生发中心扩大，有大量核分裂象。化脓菌感染时滤泡生发中心可发生坏死。

临床上局部淋巴结肿大,有疼痛和触痛,形成脓肿时有波动感,皮肤发红,可穿破皮肤形成窦道。

(二)慢性非特异性淋巴结炎

慢性非特异性淋巴结炎常引起淋巴结反应性增生,患者无明显感觉。根据病因不同,淋巴结的病理形态学改变可表现为以下三种:

1. 淋巴滤泡增生　常由体液免疫反应的刺激引起。淋巴滤泡的数量增多、体积增大,滤泡大小不等、境界清楚,生发中心扩大,有大量核分裂象,其中的细胞成分具有多样性(图20-1)。滤泡之间有正常的淋巴组织,但淋巴窦、淋巴索及淋巴滤泡的结构保持完整。多见于非特异性炎症,尤其是儿童,类风湿关节炎和HIV感染早期也可见明显的淋巴滤泡增生。

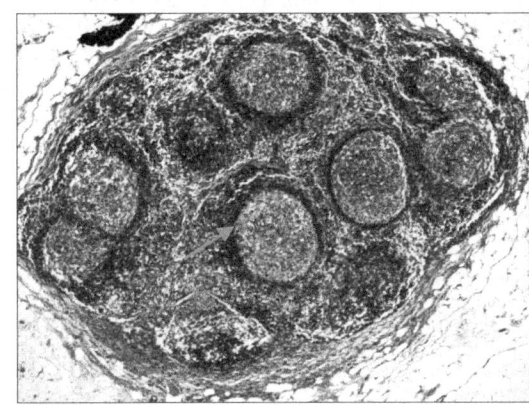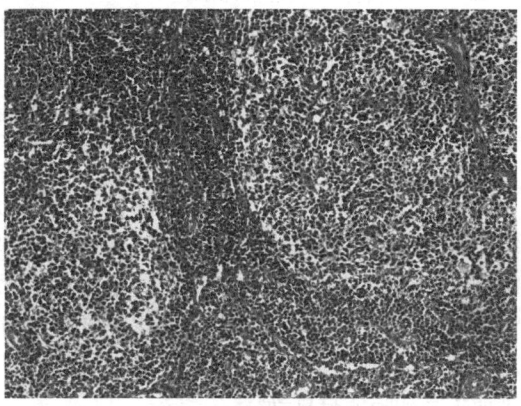

图 20-1　淋巴滤泡增生

生发中心明显扩大(→),细胞增生,细胞成分多样,核较大;周围有小淋巴细胞围绕

2. 副皮质区淋巴增生　常由引起细胞免疫反应的刺激而引起。病变特征是淋巴结的副皮质区增宽,可见活化的T免疫母细胞,常伴有血管内皮细胞增生和淋巴窦扩张。多见于活跃的病毒感染,特别是传染性单核细胞增多症、病毒性疫苗接种后及某些药物反应等。

3. 窦组织细胞增生　多见于肿瘤引流区的淋巴结,也见于淋巴造影后的淋巴结和伴巨大淋巴结病的窦组织细胞增生症。表现为淋巴窦腔明显扩张,窦内组织细胞(巨噬细胞)明显增生和内皮细胞肥大。

二、淋巴结的特殊感染

淋巴结的特殊感染多由特殊的病原微生物引起,有特殊的病理形态学改变,临床上需要特殊的检测及特殊的药物治疗。

1. 结核性淋巴结炎　是淋巴结最常见的特殊感染,其典型病变是形成结核性肉芽肿,临床上常表现为一组淋巴结肿大,颈部淋巴结多见。

2. 淋巴结真菌感染　少见,通常是作为机体全身感染的一部分而存在的,多发生于儿童和老人。常见真菌有曲菌、新型隐球菌和组织胞浆菌等。曲菌感染的基本病变是化脓性炎及脓肿形成,新型隐球菌感染为肉芽肿性炎,组织胞浆菌感染的病灶中常见组织细胞增生和肉芽肿性炎。

3. 组织细胞坏死性淋巴结炎　又称Kikuchi病,好发于青年女性,目前认为与病毒感染有关。病理变化为淋巴结被膜下和副皮质区不规则的片状凝固性坏死,坏死灶中央可见明显的核碎片,中性粒细胞稀少或阙如;坏死灶及周边可有大量的组织细胞(巨噬细胞)活跃增生,常见吞噬

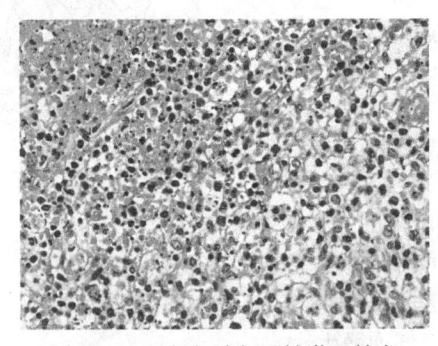

图 20-2 组织细胞坏死性淋巴结炎
淋巴结灶性凝固性坏死，可见明显的核碎片，坏死灶周边可见组织细胞和淋巴细胞活跃增生

核碎片的现象（图 20-2）。患者颈部淋巴结轻度肿大、轻微疼痛，部分患者有发热。该疾病有自限性，多数患者在 2～3 个月内自愈。

4. 猫抓病 可能是由立克次体感染引起的自限性淋巴结炎。患者在被猫抓伤或咬破皮肤后 1～2 周出现引流区淋巴结肿大，多位于腋下和颈部，皮损部位出现红斑状丘疹、脓疱或痂皮。病理变化为肉芽肿形成，肉芽肿中央可见中性粒细胞浸润形成微小脓肿，脓肿外周有上皮样细胞增生，一般无朗汉斯巨细胞。大多数患者淋巴结肿大在 2～4 个月后自行消退。

第二节 淋巴瘤

淋巴瘤（lymphoma）也称恶性淋巴瘤（malignant lymphoma，ML），是淋巴细胞及其前体细胞克隆性增生而形成的一类恶性肿瘤，可原发于淋巴结和结外淋巴组织，在我国约占恶性肿瘤的 3%～4%。肿瘤性增殖的细胞有 B 淋巴细胞、T 淋巴细胞、NK 细胞及其前体细胞等。80%～85% 的淋巴组织肿瘤是 B 淋巴细胞来源的，其余的多为 T 淋巴细胞来源，来自 NK 细胞的肿瘤较少见。淋巴瘤的确诊主要依靠淋巴结或其他受累器官的病理组织学检查、免疫表型、分子细胞遗传学和临床特点等。

WHO 关于淋巴组织肿瘤的分类（2008 年版）将淋巴瘤分为前体淋巴瘤、成熟 B 细胞肿瘤、成熟 T 细胞和 NK 细胞肿瘤、霍奇金淋巴瘤。习惯上，人们把霍奇金淋巴瘤（Hodgkin lymphoma，HL）以外的所有淋巴组织肿瘤统称为非霍奇金淋巴瘤（non-Hodgkin lymphoma，NHL）。尽管各种类型淋巴瘤的临床表现与其病变部位关系密切，但是几乎所有的 HL 和大多数 NHL 患者会出现无痛性、进行性淋巴结肿大，直径常大于 2cm，可表现为局部或全身淋巴结肿大。

一、霍奇金淋巴瘤

霍奇金淋巴瘤（Hodgkin lymphoma，HL）是一种独特的淋巴瘤类型，占所有淋巴瘤的 10%～20%。HL 患者多以儿童和青年成人为主，有以下特点：①约 90% 肿瘤原发于淋巴结，病变往往从一个或一组淋巴结开始，逐渐由近及远地向其周围的淋巴结扩散；②瘤组织成分多样，在不等量的各种炎细胞浸润和不同程度的纤维化的背景下，含有一种独特的瘤巨细胞，即 Reed-Sternberg 细胞（Reed-Sternberg cell，R-S cell）及其变异细胞；③约 10% 的病例可累及骨髓，但不发生白血病转化；④现已证实 98% 以上病例的 R-S 细胞有 Ig 基因克隆性重排，支持 R-S 细胞起源于滤泡生发中心 B 细胞的观点。

（一）病理变化

HL 最常累及颈部淋巴结和锁骨上淋巴结，其次为腋下淋巴结、纵隔淋巴结、腹膜后和主动脉旁淋巴结等，晚期可累及脾、肝、骨髓等处。肉眼观察，病变的淋巴结肿大，早期可活动，无粘连，后随瘤组织侵犯淋巴结被膜、周围组织，使相邻肿大的淋巴结粘连、融合成块，切面灰白色、鱼肉状，可有灶性坏死。光镜下淋巴结正常结构部分或全部被破坏，由瘤组织取代。瘤组织内的细胞成分多样，但基本上分为两类，一类是瘤细胞，另一类是反应性细胞。反应性细胞如嗜酸粒细胞、中性粒细胞、浆细胞、组织细胞、淋巴细胞及纤维细胞等；瘤细胞主要有四种：

1. **典型 Reed-Sternberg 细胞（诊断性 R-S 细胞）** 是一种直径 20～50mm 或更大的双核或多核的瘤巨细胞。瘤细胞呈圆形或椭圆形，胞质丰富，略嗜酸性或嗜碱性，核圆形或椭圆形，染色质粗糙，沿核膜聚集呈块状，核膜厚而清楚。核内有一大而醒目的、直径与红细胞相当、嗜酸性、中位的核仁，核仁周围有空晕。典型的 R-S 细胞的双核面对面的排列，彼此对称，形成所谓镜影细胞（mirror image cell）（图20-3）。这种细胞是霍奇金淋巴瘤特有的，故有诊断意义。

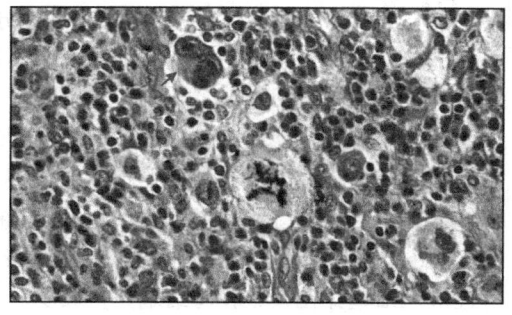

图 20-3 经典霍奇金淋巴瘤可见诊断性 R-S 细胞

2. **单核的 R-S 细胞** 又称霍奇金细胞（Hodgkin cell），形态与典型的 R-S 细胞相似，但只有一个核。一般认为霍奇金细胞是典型 R-S 细胞的前体细胞，不能作为诊断依据，但可作为主要参考指标。

3. **腔隙型 R-S 细胞** 即陷窝（lacunar）细胞，为 R-S 细胞的变异细胞。该类细胞体积大，直径为 40～50mm，胞质丰富而空亮，核多叶而皱折，核膜薄，染色质稀疏，核仁多个，且较典型 R-S 细胞的核仁小，嗜碱性。胞质的空亮是由于甲醛固定后胞质收缩至核膜附近所致，常见于结节硬化型 HL（图20-4）。

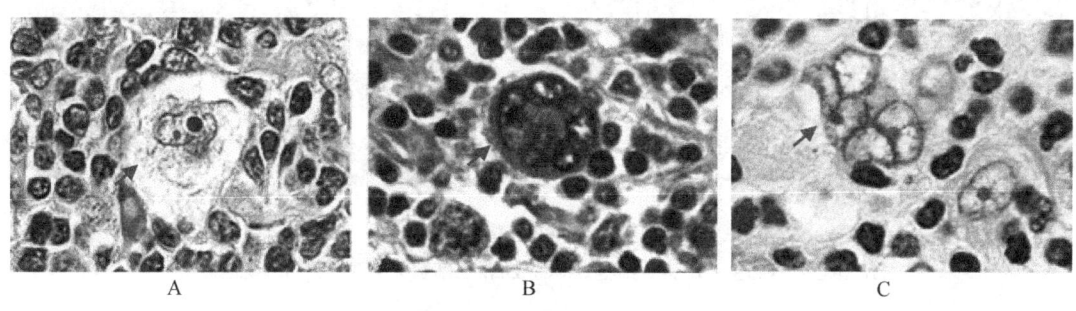

图 20-4 R-S 细胞的变异型
A. 陷窝细胞；B. 多核瘤巨细胞；C. "爆米花"细胞

4. **多核瘤巨细胞** 为 R-S 细胞的变异细胞。瘤细胞体积大，大小形态多不规则，可以呈梭形，有明显的多形性。核大，形态不规则，染色质粗，有明显的大核仁。核分裂象多见，常见多极核分裂（图20-4）。

5. **LP 细胞（lymphocyte predominant cell）** 为 R-S 细胞的变异细胞，又称"爆米花"细胞，瘤细胞体积大，胞质淡染，核有皱折或分叶状，染色质细腻，核膜薄，核仁常为多个，嗜碱性。在结节型淋巴细胞为主型中出现的肿瘤性细胞为 LP 型 R-S 细胞（图20-4）。

（二）组织学分型

在 WHO 分类中，将 HL 分为经典型霍奇金淋巴瘤（classical Hodgkin's lymphoma，CHL）和结节性淋巴细胞为主型霍奇金淋巴瘤（nodular lymphocyte predominant Hodgkin lymphoma，NLPHL）两大类。根据病变组织中肿瘤细胞和淋巴细胞的数量和比例，以及组织特征，又将 CHL 分为 4 种亚型：结节硬化型、混合细胞型、淋巴细胞为主型、淋巴细胞消减型。

1. **经典型 HL**

（1）结节硬化型（nodular sclerosis，NS）：以年轻女性患者相对多见，好发生于颈部及锁骨上淋巴结，常同时有纵隔淋巴结累及，部分患者以纵隔占位性病变为首发表现而就诊。光镜下，粗大的胶原纤维分隔病变的淋巴结为大小不等的结节，有较多的陷窝细胞和少量的典型的 R-S 细胞分散在炎性背景中。

(2) 混合细胞型 (mixed cellularity, MC)：以男性患者多见，是 HL 中最多见的一种亚型，预后较好。肿瘤细胞与各种炎细胞混合存在，诊断性 R-S 细胞及其单个核变异型瘤细胞均多见。常伴 EB 病毒感染，随着肿瘤的进展，可向淋巴细胞减少型 CHL 转化。

(3) 富于淋巴细胞型 (lymphocyte-rich, LR)：较少见，且预后较好。病变组织中有大量反应性淋巴细胞存在，而肿瘤细胞数量较少。多数病例的淋巴结呈弥漫性累及，有时可见残存的淋巴滤泡，约 40% 的病例伴 EB 病毒感染。

(4) 淋巴细胞减少型 (lymphocyte depletion, LD)：最少见的 CHL 亚型，不到 5%。好发于老年人，临床分期高，常有系统症状，预后不良。病变组织中有极少量的淋巴细胞和大量 R-S 细胞或其多形性变异型（图 20-5）。

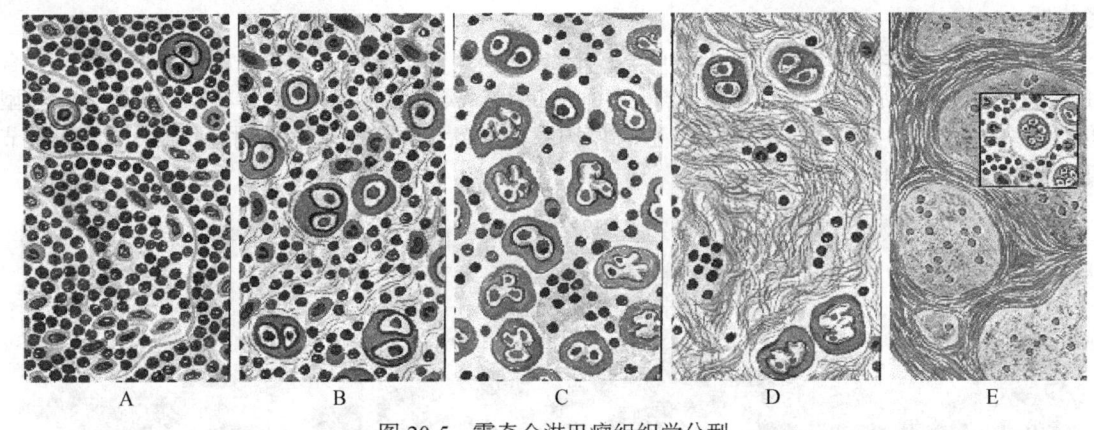

图 20-5 霍奇金淋巴瘤组织学分型
A. 淋巴细胞为主；B. 混合细胞型；C, D. 淋巴细胞减少型；E. 结节硬化型

2. 结节性淋巴细胞为主型 HL 是一种以结节性增生为特点的单克隆性的 B 细胞肿瘤。约占所有 HL 的 5%，患者多数为男性，颈和腋下淋巴结肿大者多，而纵隔和骨髓受累者罕见。病程较慢，易复发，但预后较好。光镜下可见淋巴结呈深染的模糊不清的结节状，结节内有散在的 LP 型 R-S 细胞，难觅典型 R-S 细胞，嗜酸粒细胞、中性粒细胞和浆细胞也少见，几乎无坏死和纤维化改变。部分患者可转化为大 B 细胞淋巴瘤。

（三）病理诊断

HL 的诊断依赖于淋巴结活检。如有典型的 R-S 细胞和适当的背景改变可诊断该病。当病变组织中缺乏诊断性 R-S 细胞或只有各种变异型肿瘤细胞时，需要免疫组化染色，如 CD30、CD15 和 PAX5 等来协助诊断。

（四）霍奇金淋巴瘤的分期

HL 分期对治疗方案及判断预后有重要作用，至今仍广泛应用修改后的 Ann Arbor 分期系统（表 20-1）。这一系统也基本上适用于 NHL。

表 20-1　由 Costwolds 修改的 Ann Arbor 分期（1989 年）

分期	累及部位、范围
Ⅰ期	累及单组淋巴结或单个结外淋巴样器官（如脾、胸腺、咽环淋巴组织等）
Ⅱ期	累及膈肌同侧的两组或两组以上的淋巴结（纵隔为单个部位，肺门淋巴结为两个部位），累及的解剖学部位由数字后缀说明（如 Ⅱ₃）
Ⅲ期	累及膈肌两侧的淋巴结或结构
Ⅲ 1	伴有或不伴有脾、肺门、回盲部或肝门淋巴结受累
Ⅲ 2	伴有主动脉旁、髂或肠系膜淋巴结受累
Ⅳ期	累及除上述结外部位以外的部位（如骨髓）

（五）临床病理联系

局部淋巴结无痛性肿大是 HL 的主要临床表现，也是导致患者就诊的主要原因。多数患者就诊时为临床 Ⅰ 或 Ⅱ 期，常缺乏系统性症状；而临床 Ⅲ、Ⅳ 期者或 CHL-MC 和 LD 亚型者常有系统性症状，如发热、盗汗和体重减轻等。

HL 的扩散是可预知的，首先是局部淋巴结肿大，然后是脾、肝，最终是骨髓累及和淋巴结外病变。基于这一共同的扩散方式，HL 的临床分期在估计预后和治疗方案的选择上均有重要意义，对局部病变者可采用放射治疗。临床 Ⅰ 和 Ⅱ 期患者的治愈率接近 90%；即使是进展性 HL，5 年无病生存期仍可达 60%～70%。

二、非霍奇金淋巴瘤

非霍奇金淋巴瘤（non-Hodgkin's lymphoma，NHL）约占所有淋巴瘤 80%～90%，其中有 2/3 原发于淋巴结，以颈部淋巴结最常见；1/3 原发于淋巴结外器官或组织，如消化和呼吸道、肺、皮肤、涎腺、甲状腺及中枢神经系统等。

（一）病理变化

病变淋巴结呈不同程度肿大，早期无粘连，随着病变的发展，瘤组织浸润淋巴结被膜及周围组织，相邻淋巴结粘连，融合形成结节状巨块。肿瘤切面灰白色，质软，均匀湿润如鱼肉状。光镜下，病理组织学特点表现为：淋巴结正常结构破坏较彻底；瘤细胞呈相对一致性和缺乏特征性 R-S 细胞；瘤细胞侵袭性较强，常侵犯淋巴结被膜和周围软组织，淋巴结外原发性病变较 HL 多见。

（二）非霍奇金淋巴瘤组织学分型

与 HL 不同之处在于 NHL 发病部位的随机性或不定性，肿瘤扩散的不连续性，组织学分类的复杂性和临床表现的多样性。在某些 NHL，淋巴瘤与淋巴细胞白血病有重叠，二者为同一疾病的不同发展阶段，形成一个连续的谱系。下面介绍一些常见类型 NHL。

1. 前体 B 细胞和 T 细胞肿瘤　前体淋巴细胞肿瘤，即急性淋巴母细胞白血病/淋巴瘤（acute lymphoblastic leukemia/lymphoma，ALL），是不成熟的前体 B 淋巴细胞或前体 T 细胞（又称淋巴母细胞）来源的一类高度侵袭性肿瘤，包括 B 淋巴母细胞白血病和淋巴瘤（B-ALL）、T 淋巴母细胞白血病和淋巴瘤（T-ALL）两种类型。淋巴母细胞白血病和淋巴瘤是同一肿瘤的两个时相或两种临床表现。当临床表现为瘤块，不伴或仅有轻微血液和骨髓受累时，诊断为淋巴瘤；当存在广泛骨髓受累、血液扩散时诊断为急性淋巴母细胞白血病更为合适，其骨髓中原始淋巴母细胞通常超过 25%。

（1）病理改变：B 和 T 细胞性淋巴母细胞白血病/淋巴瘤有相似的组织学表现。光镜下见淋巴结结构有不同程度的破坏,大量淋巴母细胞弥漫性浸润,并可累及淋巴结的被膜和结外软组织。瘤细胞的体积较小,细胞质少,核染色质细腻或呈点彩状,多不见核仁或核仁不清楚。病变累及骨髓时,骨髓内肿瘤性淋巴母细胞弥漫性增生,取代原骨髓组织,并可浸润全身各器官、组织,特别是淋巴结、肝和脾等,多引起全身淋巴结肿大。

(2) 免疫表型和细胞遗传学　约95%的病例瘤细胞均表达原始淋巴细胞的标记——末端脱氧核苷酸转移酶(terminal deoxynucleotidyl transferase,TdT),多数病例的瘤细胞表达CD10抗原,以及B和T淋巴细胞分化抗原。细胞遗传学检测示90%以上ALL的瘤细胞有染色体数目或结构的异常。

(3) 临床表现　B-ALL患者多为儿童,4岁为发病高峰,常表现为白血病,一般有广泛的骨髓累及和外周血白细胞数量增加。T-ALL多见于青少年,表现为局部包块,常累及胸腺。由于骨髓内肿瘤细胞的增生抑制了骨髓正常造血功能而致患者产生贫血、成熟粒细胞减少、血小板减少、出血和继发感染等。T-ALL的患者纵隔肿块可致上腔静脉压迫和呼吸道压迫症状,骨痛和关节痛可为显著表现。

2. 成熟(外周)B细胞肿瘤　在全世界,约85%的NHL是成熟B细胞肿瘤即外周B细胞的肿瘤,是B淋巴细胞在其分化的不同阶段发生的克隆性肿瘤,其肿瘤细胞形态和免疫表型类似于不同分化阶段的正常B细胞,根据它们假定的细胞起源将其分为若干类型。

(1) 慢性淋巴细胞白血病/小淋巴细胞淋巴瘤(chronic lymphocytic leukemia / small lymphocytic lymphoma,CLL/SLL):①根据免疫球蛋白重链可变区的突变状态,可将CLL/SLL分为两组,即IgVH未突变组及IgVH突变组。前者的侵袭性较强,预后较差,而后者疾病进展较缓慢,表现为惰性的临床过程。随肿瘤发展时期的不同,在临床和病理上可表现为小淋巴细胞淋巴瘤、慢性淋巴细胞白血病或淋巴瘤和白血病共存的状态。②光镜下,淋巴结结构破坏,成片浸润的成熟的6～12μm的小淋巴细胞的弥漫性增生。瘤细胞核为圆形或略不规则,染色质浓密,胞质少(图20-6)。其中可见数量不等的大细胞,即前淋巴细胞散在分布。有时可见前淋巴细胞灶性聚集性分布,形成增殖中心,又称"假滤泡",它对CLL/SLL具有一定的诊断意义。③肿瘤性淋巴细胞主要浸润骨髓、脾脏白髓和红髓,肝脏的汇管区。CLL患者的周围血白细胞显著增多,绝大多数为成熟的小淋巴细胞,SLL患者的周围血白细胞可能正常。④免疫表型和细胞遗传学,CLL和SLL的CD19、CD20、CD5和CD23等均阳性;常见的染色体异常为12号染色体三体,13q缺失和11q缺失,分别占20%～30%。⑤CLL/SLL常见于50岁以上老年人,男性多于女性。病情进展缓慢,一般无自觉症状,50%～60%的患者有不同程度的肝、脾和浅表淋巴结肿大。还可出现低丙种球蛋白血症和自身免疫异常等。

(2) 滤泡性淋巴瘤(follicular lymphoma,FL):①滤泡性淋巴瘤来源于淋巴滤泡生发中心细胞的惰性B细胞肿瘤,组织学特征是肿瘤细胞形成明显的结节状生长方式(图20-7)。肿瘤性滤泡主要由中心细胞(centrocyte,CC)和中心母细胞

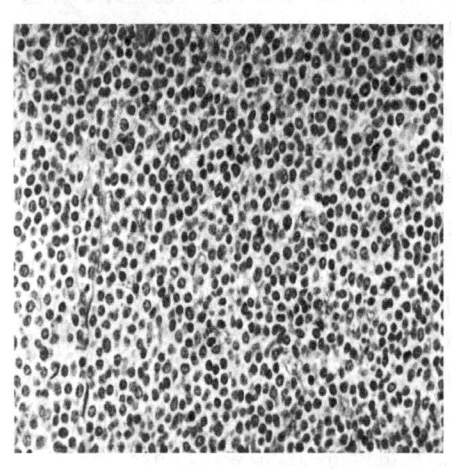

图20-6　非霍奇金淋巴瘤,小淋巴细胞性相对单一形态的小淋巴细胞弥漫性浸润

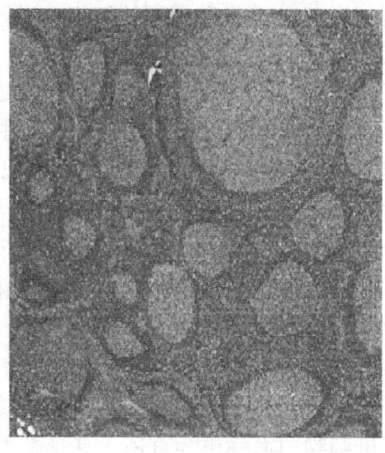

图20-7　非霍奇金淋巴瘤,滤泡性肿瘤细胞形成明显的结节状生长方式

（centroblast，CB）以不同比例混合组成。中心细胞的细胞核形态不规则、有裂沟，核仁不明显，胞质稀少；中心母细胞较正常淋巴细胞大 2~3 倍或更大，核圆形或分叶状，染色质呈小斑块状靠近核膜分布，有 1~3 个靠近核膜的核仁。多数肿瘤细胞是中心细胞，随着病程的进展，中心母细胞数量逐渐增多。生长方式从滤泡性发展成弥漫性，提示肿瘤的恶性程度增高。②免疫表型和细胞遗传学，肿瘤细胞表达 CD19、CD20、CD10 和单克隆性的表面免疫球蛋白，大多数病例的瘤细胞还表达 bcl-2 蛋白，而正常滤泡生发中心 B 细胞为 bcl-2 阴性；t（14；18）是其特征性遗传学改变，14 号染色体上的 *IgH* 基因和 18 号染色体上的 *bcl-2* 基因的拼接，导致 *bcl-2* 基因高表达。③常见于中年人，发病无性别差异。一般表现为局部或全身淋巴结无痛性肿大，以腹股沟淋巴结受累为多。部分患者有发热和乏力等，就诊时多数是临床Ⅲ期或Ⅳ期。

（3）弥漫性大 B 细胞淋巴瘤（diffuse large B-cell lymphoma，DLBCL）：① DLBCL 是一组异质性的侵袭性 NHL，占所有 NHL 的 30%~40%。组织学表现为相对单一形态的大细胞的弥漫性浸润。瘤细胞的直径为小淋巴细胞的 4~5 倍，可以类似中心母细胞，免疫母细胞，或者伴有浆细胞分化。染色质边集，有单个或多个核仁（图 20-8）。②免疫表型和细胞遗传学，瘤细胞表达 B 细胞分化抗原 CD19 和 CD20，多数表达表面 Ig；可检测到 t（14；18），少部分病例有 3 号染色体上 *bcl-6* 基因易位。③老年男性患者略多，患者常在短期内出现淋巴结迅速长大或结外肿块，可累及肝、脾，但骨髓受累者少见。该肿瘤除原发于淋巴结外，还可发生于纵隔、咽环、胃肠道、皮肤、骨和脑等处。DLBCL 属侵袭性肿瘤，若不治疗，患者会在短期内死亡。

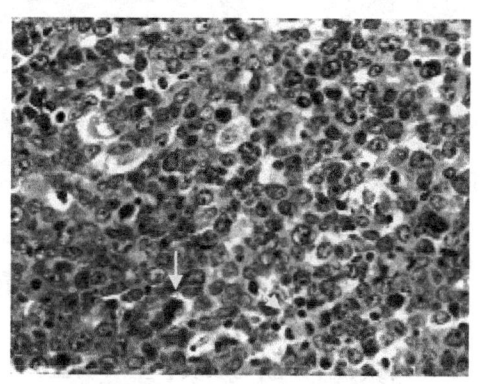

图 20-8　弥漫性大 B 细胞淋巴瘤
单一形态的大淋巴细胞弥漫性浸润，瘤细胞核呈圆形、有清楚的核仁，分裂象多见（→）

（4）Burkitt 淋巴瘤（Burkitt lymphoma，BL）：① Burkitt 淋巴瘤是淋巴滤泡生发中心细胞或生发中心后 B 细胞起源的高度侵袭性肿瘤，有 3 种临床亚型：地方性 BL、散发性 BL 和免疫缺陷相关性 BL。这 3 种 BL 的组织学改变相同，但在发生部位、基因型和某些临床表现方面有所不同。②组织学特点是中等大小的、相对单一形态的淋巴样细胞弥漫性浸润，瘤细胞间有散在分布着胞质丰富而透亮的反应性巨噬细胞，形成所谓满天星（starry sky）图像（图 20-9），分裂象多见。③免疫表型和细胞遗传学，瘤细胞表达成熟 B 细胞分化抗原，如 CD19、CD20、CD79a，表达滤泡生发中心细胞标记 Bcl-6 和 CD10 等，反映细胞增殖活性的 Ki-67 表达几乎 100% 阳性；所有 BL 都存在与第 8 号染色体上 *c-myc* 基因有关的易位。④ BL 多见于儿童和青年人，肿瘤常发生于淋巴结外的器官和组织，地方性 BL 常表现为颌面部巨大包块，以及腹腔脏器的受累，特别是肾脏、卵巢和肾上腺等；散发性 BL 常表现为腹腔内巨大占位性病变，常累及回盲部和肠系膜，也可表现为颌面部巨大包块。

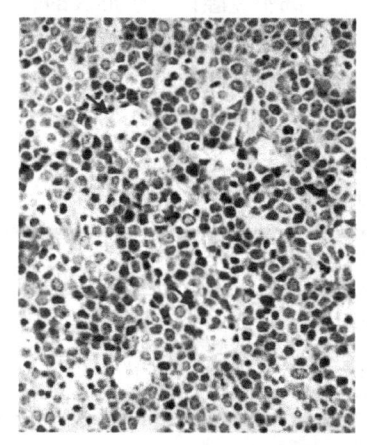

图 20-9　Burkitt 淋巴瘤
小圆形肿瘤细胞弥漫浸润，其间有吞噬细胞散在分布（→），呈"满天星"图像

3. 成熟（外周）T 和 NK 细胞肿瘤

（1）外周 T 细胞淋巴瘤，非特殊类型（peripheral T-cell lymphoma，not otherwise specified，PTCL-NOS）：① PTCL-NOS 来源胸腺后成熟 T 淋巴细胞，为一组异质性的侵袭性肿瘤，包括

T免疫母细胞性淋巴瘤和多形性周围T细胞淋巴瘤等亚型。②淋巴结结构多有不同程度的破坏，肿瘤细胞在副皮质区浸润或呈弥漫性浸润，瘤细胞由大小不等的多形性细胞组成，常伴有众多的非肿瘤性反应性细胞，如嗜酸粒细胞、浆细胞、组织细胞等，胶原纤维穿插分隔病变组织。③瘤细胞表达CD2、CD3、CD5等成熟T细胞标记；T细胞受体的基因重排分析显示有单克隆性重排，但缺乏特征性的细胞遗传学改变。④临床上患者成年人多见，全身淋巴结肿大，有时还有嗜酸粒细胞增多、皮疹、发热和体重下降。有些患者出现嗜血综合征（hemophagocytic syndrome），常有高热、全血细胞减少和肝、脾大等。

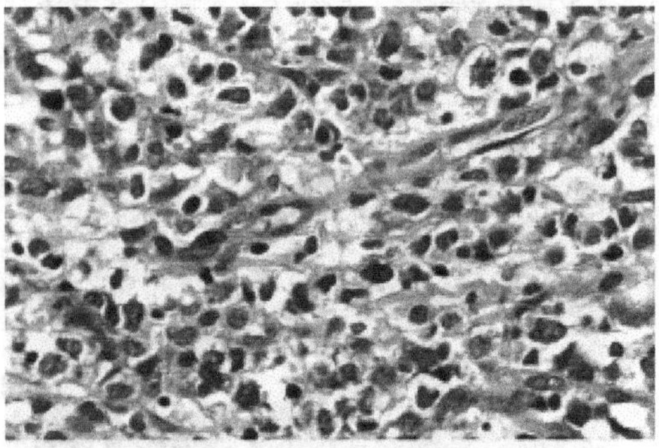

（2）结外NK/T细胞淋巴瘤（extranodal natural killer/T-cell lymphoma）：①结外NK/T细胞淋巴瘤为细胞毒性细胞（细胞毒性T细胞或者NK细胞）来源的侵袭性肿瘤，绝大多数发生在结外，以鼻及鼻副窦受累最常见，其次是皮肤、胃肠道和附睾等，属EB病毒相关淋巴瘤。②基本病变是在组织坏死和多种炎细胞混合浸润的背景上，肿瘤性淋巴样细胞散布或呈弥漫性分布（图20-10）。瘤细胞大小不等、形态多样，细胞核形态不规则而深染，不见核仁或呈圆形、卵圆形，染色质边集，有1~2个小核仁。瘤细胞可浸润到血管壁内而致管腔狭窄、闭锁和弹力膜的破裂，呈所谓血管中心性浸润。③肿瘤细胞常表达T细胞抗原CD2、胞浆型CD3、以及NK细胞标记CD56；大多数病例可检出EB病毒DNA的克隆性整合和EB病毒编码的小分子量RNA（EBER）。④临床上发病的高峰年龄在40岁前后，主要症状有顽固性鼻塞、涕血、分泌物增加和鼻面部肿胀，偶有鼻中隔或硬腭穿孔等。晚期可发生播散，多累及淋巴结外器官或组织。

图20-10 鼻NK/T细胞淋巴瘤
镜下可见瘤细胞大小不等、形态多样，有核分裂和核碎片散布

第三节 髓系肿瘤

髓系肿瘤（myeloid neoplasm）是骨髓内具有多向分化潜能的造血干细胞克隆性增生形成的恶性肿瘤。骨髓中的多能干细胞可以向两个方向分化：向髓细胞方向克隆性增生形成粒细胞、单核细胞、红细胞和巨核细胞系列的肿瘤，统称为髓系肿瘤；向淋巴细胞方向克隆性增生则形成淋巴组织肿瘤。某些NHL淋巴瘤与淋巴细胞白血病有重叠，两者为同一疾病的不同发展阶段。

在WHO分类中，将髓系肿瘤分为六大类：①骨髓增殖性肿瘤，以终末分化的髓细胞数量增加，极度增生的骨髓象，外周血细胞数量明显增加为特征；②伴嗜酸粒细胞增多和 *PDGFRA*、*PDGFRB* 或 *FGFR1* 基因异常的髓系和淋巴肿瘤，主要依据遗传学异常界定的新的髓系肿瘤亚类；③骨髓增生异常/髓系增殖性肿瘤，同时具有增生异常和增殖性肿瘤的特征，表现为不同程度的有效造血及发育异常；④骨髓增生异常综合征，以骨髓无效造血、外周血一系或多系血细胞减少为特征；⑤急性髓系白血病及其相关的前体细胞肿瘤，以不成熟细胞在骨髓聚集，骨髓造血抑制为特征；⑥急性未明系别白血病，没有明确沿单一系列分化证据的白血病。临床上较为常见的是急性髓系白血病和骨髓增殖性肿瘤。

一、急性髓系白血病

急性髓系白血病（acuter myeloid leukemia，AML）是骨髓造血干细胞分化不成熟导致髓系母

细胞在骨髓内聚集克隆增生形成的恶性肿瘤。AML可发生在各年龄人群，15～39岁是其发病高峰，也可见于老人和儿童。

（一）病理变化

1. 病变特点　骨髓内异常的原始造血干细胞在骨髓内弥漫性增生，取代原始骨髓组织，进入周围血并可浸润肝、脾、淋巴结等全身各组织和器官，一般不形成肿块。同时抑制正常的骨髓造血细胞，出现贫血、成熟粒细胞减少、血小板减少、出血和继发感染等。

2. 周围血象　周围血检查出现"三联征"，即白细胞总数升高，可达 100×10^9 / L以上；可见原始粒细胞 >30%；伴有贫血和血小板减少。

3. 骨髓　骨髓内白血病细胞弥漫性增生，浸润脂肪组织，使长骨内的黄骨髓变成红骨髓，肉眼观呈灰红色。光镜下见原始粒细胞弥漫性增生，红细胞和巨核细胞等正常造血组织受到抑制，数量减少（图20-11）。

4. 淋巴结　AML侵犯淋巴结较少见，一般引起全身淋巴结肿大。光镜下淋巴结内见成片原始粒细胞浸润，取代正常细胞，并可以累及结外脂肪组织。

5. 脾　轻度肿大，包膜紧张，切面呈暗红色，质软。光镜下见红髓中弥漫性原粒细胞浸润，并可压迫白髓。

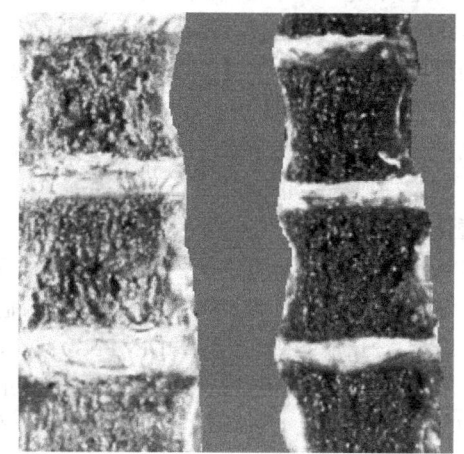

图20-11　急性白血病
急性粒细胞白血病患者椎骨骨髓大体改变（左），正常椎骨骨髓（右）

6. 肝　中度肿大，表面光滑。光镜下见白血病细胞主要沿肝窦在小叶内弥漫浸润。

7. 其他　急性粒单核细胞白血病（M4）和急性单核细胞白血病（M5）除上述器官浸润外，还可以侵犯皮肤和牙龈。非常少见的是在AML发病前或以后出现髓肉瘤（myeloid sarcoma），是幼稚造血细胞在骨髓以外的器官或组织内增生而形成的肿块，如骨、眼眶、皮肤、淋巴结、胃肠道、前列腺、睾丸、乳腺等处可出现局限性的原始粒细胞肿瘤，称为粒细胞肉瘤（granulocytic sarcoma）或绿色瘤（chloroma）。粒细胞肉瘤组织在新鲜时呈绿色，暴露于日光后绿色迅速消退，但若用还原剂（过氧化氢或亚硫酸钠）可使绿色重现。粒细胞肉瘤的组织学特征为形态一致的原始粒细胞的聚集性增生和浸润，有时可见少数单核的嗜酸粒细胞散在分布。如果不给以系统性的治疗，一般在几周或几年后发展为急性粒细胞白血病。

（二）临床表现

AML的共同临床特点为发热、乏力、进行性贫血、出血倾向、骨痛、肝脾和淋巴结肿大等。在黏膜和皮肤有出血（瘀斑和瘀点），并可出现便血、咯血，其原因主要是由于血小板的生成受恶性增生的白细胞破坏和抑制所致；患者的红细胞系受破坏，故贫血；白细胞的数量虽不少，但大多数分化低不成熟缺乏吞噬能力，患者的免疫力和抵抗力低下，所以有口腔炎、肠胃和肺的继发感染和坏死，感染且易于扩散引起败血症，是危险的并发症；晚期常出现恶液质，死于多器官衰竭和继发机会性感染。

二、骨髓增殖性肿瘤

骨髓增殖性肿瘤（myelo-prohferative neoplasms，MPN）是骨髓中具有多向分化潜能干细胞克隆性增生的一类肿瘤性疾病。MPN 以骨髓中一系或一系以上髓系（如粒系、红系、巨核细胞系和肥大细胞系）发生增殖为特征，干细胞的成熟分化相对不受影响，因此 MPN 的瘤细胞可分化为成熟的红细胞、血小板、粒细胞和单核细胞，其结果是骨髓造血增加伴外周血细胞数量显著增多。

在 WHO 分类中，MPN 包括下列疾病：①慢性粒细胞白血病（CML），BCR-ABL1 阳性；②慢性中性粒细胞白血病，其特征是外周血中性粒细胞持续增多，骨髓的中性粒细胞显著增生，无 Ph 染色体或 *BCR-ABL1* 融合基因；③真性红细胞增多症，由于酪氨酸激酶基因 *JAK2V617F* 的突变，具有不依赖于促红细胞生成素正常调节的红系细胞增殖，同时伴有粒、巨核细胞系的增殖，外周血以红细胞、血红蛋白增多为主要表现；④原发性骨髓纤维化，骨髓中以巨核细胞和粒系细胞增生为主，在疾病后期出现纤维结缔组织显著增生和纤维化；⑤特发性血小板增多症，以骨髓中细胞体积大、胞核分叶多的巨核细胞显著增生为特征，外周血中的血小板持续增多；⑥慢性嗜酸粒细胞白血病，非特指型，是一种前体嗜酸粒细胞克隆性增殖，导致外周血、骨髓及其他组织中嗜酸粒细胞持续增多的骨髓增殖性肿瘤，缺乏特异性基因异常；⑦肥大细胞增生症，其特征是克隆性增生的肥大细胞在一个或多个器官、系统内聚集浸润，通常是皮肤浸润，也可累及全身多器官和伴有 *KIT* 基因的 D816V 突变；⑧不能分类的 MPN，是指该类疾病尚未进展到典型表现，不符合以上任何一种特定类型的 MPN，或有两种以上 MPN 类型的重叠表现。

慢性粒细胞白血病（chronic myelogenous leukemia, CML）来源于可以向髓样细胞和淋巴样细胞分化的多能干细胞。患者主要是成人，发病高峰年龄为 30～40 岁。骨髓中可见到从原粒细胞到成熟的分叶核粒细胞的整个粒细胞分化谱系。

1. **病理变化** 周围血象中白细胞总数的增高，可达 $100～800×10^9/L$，绝大多数为较成熟的中、晚幼和杆状粒细胞，原粒细胞少于 10%，常有嗜酸和嗜碱粒细胞增多。骨髓增生极度活跃，以粒细胞系增生占绝对优势，以中、晚幼粒、杆状和分叶核粒细胞为主，原始细胞很少。红细胞系和巨核细胞系并不消失，在早期还可增生。淋巴结肿大不明显。脾显著肿大，严重者可达盆腔，是 CML 最明显的特点，可达 4000～5000g；切面呈灰白色、微红，红髓的脾窦内有大量的白血病细胞浸润，可压迫血管引起梗死。肝弥漫肿大，肝窦内有很多粒细胞系弥漫浸润。

2. **遗传学特点** 90% 以上的 CML 有其独特的分子遗传学改变和标记染色体——Ph1 染色体。Ph1 染色体是由于 t（9；22）形成的。在此易位中，原位于 9 号染色体的 *BCR* 基因和原位于 22 号染色体的 *ABL* 基因拼接成新的融合基因——*BCR-ABL* 基因，定位于变短了的 9 号染色体，此染色体称为 Ph1 染色体，其编码的 210kDa 的蛋白具有酪氨酸激酶活性，可能和 CML 的发生有关。

3. **临床表现** CML 临床上起病隐匿，表现为乏力、体重下降、食欲不振、心悸、头晕等症状。贫血和明显脾大是重要的体征，有的患者以脾极度肿大引起的不适作为首发症状。部分病例可转变为急性白血病。这时患者突然出现高热，脾迅速肿大、贫血、血小板减少，出血症状加剧，骨及关节疼痛，骨髓和周围血中的原始细胞突然增加。急性变发生后病情常急转直下，预后很差。

第四节　组织细胞和树突状细胞肿瘤

组织细胞（巨噬细胞）和树突状细胞在人体免疫系统的功能属于抗原提呈细胞，都起源于骨髓干细胞。

组织细胞肉瘤可发生在淋巴结、皮肤、软组织和肠道，部分患者有全身性的表现，伴有多器官累及。多发生于成人，中位年龄 52 岁。真性组织细胞肉瘤罕见，过去曾被认为是组织细胞来源的恶性肿瘤，近年来经过临床病理研究、免疫表型检测和基因重排分析，结果表明其实为一组异质性的、侵袭性的 NHL，只有极少数的病例才是真正的组织细胞肉瘤。

树突状细胞肿瘤少见,包括下列疾病:Langerhans 细胞组织细胞增生症、Langerhans 细胞肉瘤、指状树突状细胞肉瘤、滤泡树突状细胞肉瘤等。

案例 20-1

患者男,37 岁。1 个月前开始出现乏力、消瘦、腹胀、食欲减退,有时夜间盗汗,无发热、胸痛、腹痛、关节痛、黄疸,大小便正常。有血吸虫病史。

体格检查:体温 36.7℃,脉搏 84/ 分,呼吸 17/ 分,血压 110/70mmHg。贫血貌,皮肤黏膜未见出血点,无蜘蛛痣,皮肤巩膜无黄疸,胸骨有叩痛。双肺未闻及啰音,心率 89/ 分,律齐。左侧腹部隆起,肝右肋下 2cm,脾大达盆腔,无移动性浊音。面部和四肢不肿。

辅助检查:血常规:RBC 2.72×10^{12}/L,HgB 80g/L,HCT 0.261,WBC 53×10^9/L,可见各阶段幼稚粒细胞,中幼粒、晚幼粒、杆状和分叶核细胞多见,嗜酸和嗜碱粒细胞增多,并见有核红细胞。PLT 106×10^9/L。肝肾功能正常。骨髓象示粒细胞和红细胞之比约 10:1,原始粒细胞约 1%,中幼粒细胞 18%,嗜碱和嗜酸粒细胞增加,Ph 染色体阳性。基因分析显示 *bcr/abl* 基因重排。胸片正常。B 超示肝脾大,肾脏大小形态正常。

思考题:

1. 该患者临床诊断是什么?
2. 有何诊断依据?
3. 为何出现肝脾大?

病案 20-2

患者男,22 岁。以发热、盗汗、体重减轻入院。体检:颈部淋巴结和锁骨上淋巴结肿大,尚可活动,为无痛性。淋巴结活检,镜下见淋巴结结构消失,其内细胞成分多样,有大量嗜酸粒细胞、浆细胞、组织细胞,淋巴细胞和少量中性粒细胞浸润,并有多种瘤巨细胞,体积大,直径 15~45μm,椭圆形或不规则形;胞质丰富,双色性或嗜酸性;核大,核内有一嗜酸性核仁,周围有一透明晕;可见部分典型的 R-S 细胞。

思考题:

1. 做出病理诊断。
2. 本病有何临床特点?
3. 本病有哪些组织类型?

(高爱社)

易混概念

1. 滤泡性反应增生与滤泡性淋巴瘤　前者指淋巴滤泡数量增多,体积增大,但滤泡结构正常,是一种良性的反应性增生;后者指淋巴滤泡生发中心发源的 B 细胞性恶性淋巴瘤,除细胞具有明显的异型性以外,瘤细胞呈结节状增生,类似于"滤泡状",但大小不等并出现"背靠背"现象。

2. 白血病和类白血病反应　白血病是来源于造血干细胞的恶性肿瘤,在骨髓和外周血中可出现幼稚细胞;类白血病反应是由于各种原因刺激造血组织而产生的异常反应,表现为外周血白细胞数明显增多,并有幼稚细胞出现,刺激因素消失后可恢复正常。

第二十一章 常见传染病与寄生虫病

结核病
    概述
    肺结核病
    血源性结核病
    肺外结核病
伤寒
    病因及发病机制
    病理变化及临床病理联系
    结局与并发症
细菌性痢疾
    病因与发病机制
    病理变化及临床病理联系
流行性脑脊髓膜炎
    病因及发病机制
    病理变化
    临床病理联系
    结局和并发症

流行性乙型脑炎
    病因、传染途径与发病机制
    病理变化
    临床病理联系
梅毒
    病因及发病机制
    病理变化与临床病理联系
获得性免疫缺陷综合征
    病因及发病机制
    病理变化
    临床病理联系
阿米巴病
    病因和发病机制
    肠阿米巴病
    肠外阿米巴病
血吸虫病
    病因及感染途径
    基本病理变化及发病机制
    主要器官的病变及其后果

    传染病是由病原微生物侵入人体所引起的具有传染性的一类疾病，能在人群中引起局部的或广泛的流行。传染病的病原体入侵人体常有一定的传染途径和方式，并常定位于一定的组织或器官，其病理过程往往与社会人群的卫生条件、教育水平、生活习惯等有一定的关系，也取决于病原微生物的性质和机体的反应，以及是否及时适当的治疗。多数发展中国家的发病率与死亡率明显高于发达国家，是严重的社会问题。近年来由于基因诊断技术和抗生素的广泛应用，我国传染病的发病率和死亡率已明显下降，有些传染病如天花已灭绝，麻风和脊髓灰质炎已接近消灭，但另一些传染病如结核病、梅毒、淋病，由于种种原因其发病率又有上升趋势，并且出现了一些新的传染病如获得性免疫缺陷综合征等。

    寄生虫病是由寄生虫感染引起的常见病和多发病，其中有些具有传染性。本章主要介绍常见传染病和寄生虫病。

第一节 结核病

一、概述

结核病(tuberculosis)是一种以结核结节形成及干酪样坏死为特征性病变的慢性肉芽肿病，以肺结核最常见，亦可累及全身各器官。临床上多呈慢性经过，常有低热、盗汗、食欲不振、消瘦和血沉加快等结核中毒症状。

结核病曾经威胁整个世界，由于有效抗结核药物的应用，结核病的死亡率一直呈下降趋势。自20世纪80年代以来，由于获得性免疫缺陷综合征的流行和耐药菌株的出现，结核病的发病率又有上升的趋势。近年来统计表明，世界人口1/3感染结核菌，仍然是危害人类健康的公共卫生问题。而我国每年新发病例145万，居世界第二位，仅次于印度。2011～2015年，我国积极推进落实了《全国结核病防治规划》，结核病疫情虽然出现缓慢下降，但仍然任重而道远。

（一）病因和发病机制

结核病的病原菌是结核分枝杆菌(mycobacterium tuberculosis)，简称结核杆菌，对人致病的主要是人型和牛型。结核杆菌既不产生内、外毒素，也无侵袭性酶类，其致病作用可能主要由该菌体所具有的脂质、蛋白和多糖类三种成分所引起。脂质成分与细菌的毒力及肉芽肿的形成有关，蛋白具有抗原性可引起机体产生超敏反应，多糖类可引起局部中性粒细胞浸润，以及作为半抗原参与免疫反应。

本病主要经呼吸道传染，也可经消化道传染（食入带菌的食物及含菌牛奶），极少数经皮肤伤口传染。由结核杆菌引起的细胞免疫和超敏反应是导致组织破坏和机体抵抗细菌并进行修复的基础，两种反应的效应细胞都是巨噬细胞，其具体过程：当开放性肺结核患者从呼吸道排出大量带菌微滴，吸入这些带菌微滴即可造成感染，即直径小于5μm的微滴到达肺泡时，通过趋化作用吸引巨噬细胞，并为巨噬细胞所吞噬。在有效的细胞免疫建立以前，巨噬细胞将其杀灭的能力很

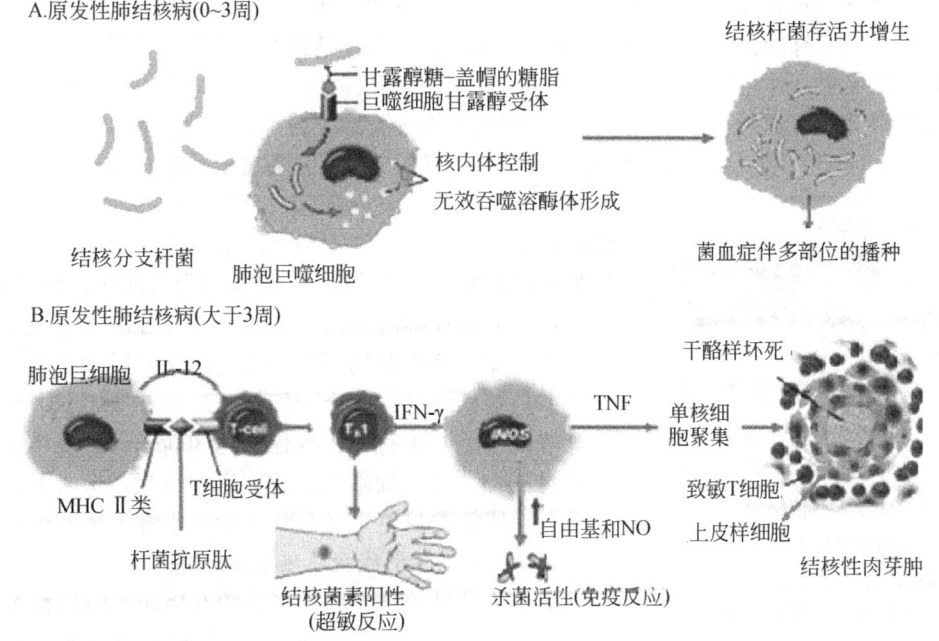

图21-1 巨噬细胞被结核杆菌致敏和激活后的演变

有限，则结核杆菌在巨噬细胞内存活并增殖，一方面可引起局部炎症，另一方面可发生全身性血源性播散，成为以后肺外结核病的根源（图21-1）。机体对结核杆菌产生特异的细胞免疫一般需要30～50天时间，这种特异的细胞免疫在临床上表现为皮肤结核菌素试验阳性。

结核病的免疫反应和超敏反应（Ⅳ型）常同时发生或相伴出现。免疫反应的出现提示机体已获得免疫力，对病原菌有杀伤作用。然而超敏反应除包含免疫力外，常同时伴随干酪样坏死，引起组织结构的破坏。已致敏的个体动员机体防御反应较未致敏的个体快，但组织坏死也更明显。因此机体对结核杆菌感染所呈现的病理变化取决于不同的反应。如免疫反应为主，则病灶局限，结核杆菌被杀灭；如表现为超敏反应为主，则呈现急性渗出性炎和干酪样坏死。结核病的基本病理变化与机体的免疫状态的关系见表21-1。

表21-1 结核病基本病变与机体的免疫状态

| 病变 | 免疫力 | 机体状态 | 结核杆菌 | | 病理特征 |
		超敏反应	菌量	毒力	
渗出为主	低	较强	多	强	浆液性或浆液纤维素性
增生为主	较强	较弱	少	较低	结核结节
坏死为主	低	强	多	强	干酪样坏死

（二）基本病理变化

结核杆菌在机体内引起的病变虽然有一般炎症的变质、渗出和增生三种基本变化，但亦有其特殊性。由于机体的反应性和入侵细菌的量及毒力不同，可形成不同类型的病变。

1. 以渗出为主的病变　出现于结核性炎症的早期或机体抵抗力低下、菌量多、毒力强或超敏反应较强时，主要表现为浆液性或浆液纤维素性炎。病变早期局部有中性粒细胞浸润，但很快被巨噬细胞所取代。在渗出液和巨噬细胞中可查见结核杆菌。此型变化好发于肺、浆膜、滑膜和脑膜等处。渗出物可完全吸收不留痕迹，或转变为以增生或以变质为主的病变。

2. 以增生为主的病变　发生在细菌量少、毒力较低或人体免疫反应较强时，则发生以增生为主的病变，形成具有诊断意义的结核结节（tubercle），又称结核性肉芽肿。结核结节是在细胞免疫的基础上形成的，由上皮样细胞（epithelioid cell）、朗汉斯巨细胞（Langhans giant cell），以及外周局部集聚的淋巴细胞和少量反应性增生的成纤维细胞构成的特异性肉芽肿。当有较强的超敏反应发生时，典型的结核结节中央常有干酪样坏死（图21-2）。吞噬有结核杆菌的巨噬细胞体积增大逐渐转变为上皮样细胞，呈梭形或多角形，胞质丰富，淡伊红染色，境界不清，细胞间常以胞质突起互相连接。核呈圆或卵圆形，染色质较少，甚至可呈空泡状，核内有1～2个核仁。上皮样细胞的活性增加，并可分泌一些化学物质，有利于吞噬和杀伤其周围的病菌。朗汉斯巨细胞是由多个上皮样细胞互相融合或一个细胞核分裂而胞质不分裂形成的一种多核巨细胞，细胞大，直径可达300μm，胞质丰富，其胞质突起常和上皮样细胞的胞质突起相连接，核与上皮样细胞核相似。核的数目由十几个到几十个不等，核排列在胞质周围呈花环状、马蹄形或密集在胞体一端。

单个结核结节非常小，直径约0.1mm，肉眼和X线片不易看见，3～4个结节融合成较大结节时才能见到。这种融合

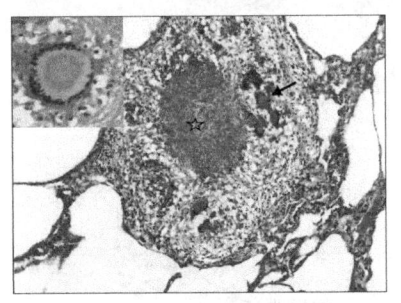

图21-2　结核结节

结核结节中央为干酪样坏死（☆），周围是上皮样细胞、朗汉斯巨细胞（→）及淋巴细胞；左上插图提示朗汉斯巨细胞的高倍镜

结节境界分明，约粟粒大小，呈灰白半透明状。有干酪样坏死时略显微黄，可微隆起于器官表面。

3. 以坏死为主的病变　在结核杆菌数量多、毒力强，机体抵抗力低或超敏反应强烈时，上述以渗出为主或以增生为主的病变均可继发干酪样坏死。坏死灶由于含脂质较多而呈淡黄色、均匀细腻，质地较实，状似奶酪或豆腐渣，故称干酪样坏死（caseous necrosis）。光镜下为红染无结构的细颗粒状物。干酪样坏死物中大都含有一定量的结核杆菌，但其中心因低氧环境而含菌量少。坏死灶内含有大量抑制酶活性的物质，故可长期不发生自溶，也不易被吸收。有时可因中性粒细胞或巨噬细胞释放大量溶解酶，使干酪样坏死物质发生液化，此时病菌大量繁殖，成为结核病恶化进展的原因。干酪样坏死与结核结节都是结核病的特征性病变，对本病的诊断具有一定的意义。

渗出、变质和增生三种变化往往同时存在而以某一种改变为主，而且可以互相转化。例如，渗出性病变可因治疗或机体免疫力增强而转化为增生性病变；然而在机体抵抗力低下或处于较强的超敏反应时，增生性病变也可转化为渗出和坏死性病变，或原有的渗出性病变转化为坏死性病变。因此在同一器官或不同器官中的结核病变是复杂的。

（三）发展和结局

结核病的发展和结局取决于机体抵抗力和结核杆菌致病力之间的矛盾关系。在机体抵抗力增强时，结核杆菌被抑制、杀灭，病变转向愈合，即吸收、消散或纤维化、钙化；反之，则转向恶化，即浸润进展或溶解播散。

1. 转向愈合

（1）吸收、消散：为渗出性病变的主要愈合方式，渗出物经淋巴道吸收而使病灶缩小或消散。X线检查可见边缘模糊、密度不匀、呈云絮状的阴影逐渐缩小或被分割成小片，以至完全消失，临床上称为吸收好转期。较小的干酪样坏死灶及增生性病灶，经积极治疗也有吸收消散或缩小的可能。

（2）纤维化、纤维包裹及钙化：增生性病变和小的干酪样坏死灶愈合时，上皮样细胞逐渐消失，并为成纤维细胞所取代，最后使结节纤维化形成瘢痕。较大的干酪样坏死灶难以全部纤维化，则由其周边纤维组织增生将坏死物包裹，继而坏死物逐渐干燥浓缩，并有钙盐沉着。病灶纤维化后，一般已无细菌存活，称为完全痊愈。在纤维包裹及钙化的结核灶内常有结核杆菌残留，病变处于相对静止状态，即为临床痊愈，但当机体抵抗力降低时仍可复发进展。X线检查可见纤维化病灶呈边缘清楚、密度较高的条索状阴影；钙化灶则为密度更高、边缘清晰的阴影，临床称为硬结钙化期。

2. 转向恶化

（1）浸润进展：疾病恶化时，病灶周围出现渗出性病变（病灶周围炎），范围不断扩大，并继发干酪样坏死。X线检查，原病灶周围出现絮状阴影，边缘模糊，临床上称为浸润进展期。

（2）溶解播散：病情恶化时，干酪样坏死物可发生液化，形成的半流体物质可经体内的自然管道（如支气管、输尿管等）排出，致局部形成空洞。空洞内液化的干酪样坏死物中含有大量结核杆菌，可通过自然管道播散到其他部位，形成新的结核病灶。X线检查可见病灶阴影密度深浅不一，出现透亮区及大小不等的新播散病灶阴影。临床称为溶解播散期。此外，结核杆菌还可循血道、淋巴道播散至全身各处，引起全身粟粒性结核病及淋巴结结核。

二、肺结核病

结核病中最常见的是肺结核病。肺结核病可因初次感染和再次感染结核菌时机体反应性的不同，而致肺部病变的发生、发展各有不同的特点，从而分为原发性和继发性肺结核病两大类。

（一）原发性肺结核病

原发性肺结核病（primary pulmonary）是指第一次感染结核杆菌所引起的肺结核病。多发生于儿童，故称儿童型肺结核病，但也偶见于未感染过结核杆菌的青少年或成人。免疫功能严重受抑制的成年人由于丧失对结核杆菌的免疫力，可多次发生原发性肺结核病。

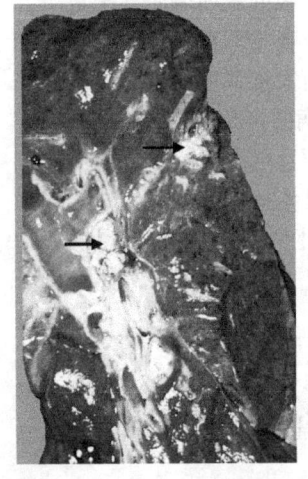

1. 病变特点　原发性肺结核病的病理特征是原发综合征（primary complex）。结核杆菌被吸入肺泡后，最初通气较好的上叶下部或下叶上部近胸膜处，形成直径 1～1.5cm 的灰黄色炎性实变灶，称为原发病灶（primary focus，或称 Ghon 灶）。以右肺多见，通常只有一个。绝大多数病灶中央有干酪样坏死。因初次感染结核菌，机体缺乏特殊免疫力，原发病灶的结核杆菌游离或被巨噬细胞吞噬，很快侵入淋巴管，循淋巴液引流到局部肺门淋巴结，引起相应结核性淋巴管炎和淋巴结炎，表现为淋巴结肿大和干酪样坏死。肺的原发病灶、结核性淋巴管炎和肺门淋巴结结核称为原发综合征（图 21-3）。X 线呈哑铃状阴影。

2. 临床表现　临床上症状和体征多不明显。患儿多在不知不觉中度过，仅结核菌素试验为阳性。少数病变较重者，可出现倦怠、食欲减退、潮热和盗汗等结核中毒症状，但很少有咳嗽、咯血等呼吸道症状。

图 21-3　肺结核原发综合征

3. 结局　原发综合征形成后，虽然在最初几周内有细菌通过血道或淋巴道播散到全身其他器官，但随着细胞免疫的建立，约 95% 的患者不再发展，小的病灶可吸收、纤维化、纤维包裹和钙化。少数营养不良或同时患有其他传染病（如流感、麻疹、百日咳、白喉等）的患儿，机体抵抗力下降，病变恶化，肺内原发灶及肺门淋巴结病变继续扩大，并通过支气管、淋巴管和血道播散。例如，肺门淋巴结病变恶化后，结核杆菌经淋巴管到达气管分叉处、气管旁（支气管淋巴结结核）、纵隔、锁骨上下及颈前颈后淋巴结引起病变；当有大量细菌入血，机体抵抗力较弱时，则可引起血源性结核病。因儿童支气管树发育不完善，形成空洞和支气管播散者较少见。

（二）继发性肺结核病

继发性肺结核病（secondary pulmonary tuberculosis）是指再次感染结核杆菌所引起的肺结核病，多见于成人，又称成人型肺结核病。结核杆菌来源：①外源性再感染，结核菌由外界再次侵入机体；②内源性再感染，由原发性肺结核病血源性播散时在肺尖部形成的潜伏病灶，当机体抵抗力下降时，潜伏病灶可发展为继发性肺结核病。

继发性肺结核病患者因对结核菌已有一定的特异免疫力，故其病变与原发性肺结核病有以下不同特点（表 21-2）：①病变多始发于肺尖部，这可能与人体直立时该部动脉压低、血循环较差，以致局部组织抵抗力较低，病菌易在该处繁殖有关；②由于超敏反应，病变发生迅速而且剧烈，易发生干酪样坏死；③由于免疫反应较强，在坏死灶周围常常有以增生为主的病变，形成结核结节，免疫反应不仅可使病变局限化，还可抑制病菌的繁殖，防止其沿淋巴道和血道播散，病变在肺内蔓延主要通过支气管播散；④病程较长，病情复杂，随着机体免疫反应和超敏反应的消长，临床经过常时好时坏，病变有时以增生性变化为主，有时则以渗出、坏死变化为主，新旧病变交杂存在，且临床类型多样。根据其病变特点和临床经过，继发性肺结核病可分为以下几种类型：

1. 局灶型肺结核（focal pulmonary tuberculosis）　是继发性肺结核病的早期病变，属非活动性肺结核病，X 线显示肺尖部有单个或多个边界清楚的高密度阴影结节状病灶，多位于肺尖下 2～4cm 处，右肺多见，一般为 0.5～1cm 大小。病变多以增生为主，中央为干酪样坏死，周围有纤维组织包裹。临床上患者常无明显自觉症状，多在体检时发现。如患者免疫力较强，病灶常发生纤维化、钙化而痊愈。如免疫力降低，可发展为浸润型肺结核。

2. 浸润型肺结核（infiltrative pulmonary tuberculosis）　是临床上最常见的活动性肺结核病，多由局灶型肺结核发展而来，X线检查锁骨下可见边缘模糊的云絮状阴影，常位于肺尖部或锁骨下肺组织。病变以渗出为主，中央有干酪样坏死，病灶周围有炎症包绕。患者常有午后低热、疲乏、盗汗、咳嗽和咯血等症状，痰中可检出病菌。如及早发现，合理治疗，渗出性病变可吸收（吸收好转）；增生、坏死性病变可通过纤维化、钙化而愈合。如病变继续发展，干酪样坏死灶扩大（浸润进展），坏死物液化后经支气管排出，局部形成急性空洞，洞壁薄，坏死层内含大量结核杆菌，经支气管播散，可引起干酪样肺炎（溶解播散）；如果空洞靠近胸膜可穿破胸膜，造成自发性气胸；大量液化坏死物入胸腔，可发生结核性脓气胸；经适当治疗后，洞壁肉芽组织增生，洞腔逐渐缩小、闭合，最终形成瘢痕组织而愈合；也可通过空洞塌陷，形成条索状瘢痕而愈合；如果急性空洞经久不愈，则可发展为慢性纤维空洞型肺结核。

3. 慢性纤维空洞型肺结核（chronic fibro-cavernous pulmonary tuberculosis）　为继发性肺结核的晚期表现，X线可见一侧或两侧上、中肺有一个或多个厚壁空洞互相重叠呈蜂窝状，由于病变空洞与支气管相通成为结核病的传染源，故此型又有开放性肺结核之称。临床上，病程长，历时多年，时好时坏，与病变的好转或恶化相关。病变恶化时一般表现为午后低热、盗汗等结核中毒症状，以及咳嗽、咳痰、咯血、呼吸困难或气短等症状。该型病变有以下特点：①肺内有一个或多个厚壁空洞。多位于肺上叶，大小不一，不规则。壁厚可达1cm以上（图21-4）。光镜下，洞壁分为三层：内层为干酪样坏死物，其中含有大量病菌；中层为结核性肉芽组织；外层为纤维结缔组织。②同侧或对侧肺组织，特别是肺下叶可见由支气管播散引起的很多新旧不一、大小不等、病变类型不同的病灶。越往下越新鲜。③后期肺组织严重破坏，广泛纤维化、胸膜增厚并与胸壁粘连，使肺体积缩小、变形，严重影响肺功能，演变为硬化型肺结核。

如空洞壁的干酪样坏死侵蚀较大血管，可引起大咯血，患者可因吸入大量血液而窒息死亡；空洞突破胸膜可引起气胸或脓气胸；经常排出含菌痰液引起喉结核；咽下含菌痰液可引起肠结核；后期由于肺动脉高压而致肺源性心脏病。近年来，由于广泛采用多药联合抗结核治疗及增加抵抗力的措施，较小的空洞一般可机化，收缩而闭塞，发生瘢痕愈合。体积较大的空洞，内壁坏死组织脱落，肉芽组织逐渐变成纤维瘢痕组织，由支气管上皮覆盖，空洞仍存在，但已无菌，称开放性愈合。

4. 干酪样肺炎（caseous pneumonia）　发生在机体免疫力低下并对结核杆菌变态反应过高的患者，可由浸润型肺结核恶化进展而来，也可由急、慢性空洞内的细菌经支气管播散所致。根据病灶范围的大小分小叶性和大叶性干酪样肺炎，肉眼可见肺叶肿大实变，切面黄色干酪样，坏死物排出后可有急性空洞形成（图21-5）。光镜下，广泛的干酪样坏死，周围肺泡腔内有大量浆液纤维素性渗出物，内含巨噬细胞等炎细胞。临床上起病急剧，病情危重，中毒症状明显，病死率高，故有"百日痨"或"奔马痨"之称。

图21-4　慢性纤维空洞型肺结核

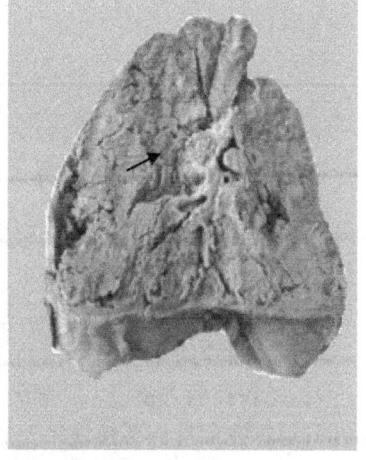

图21-5　干酪样肺炎

5. 结核球　又称结核瘤（tuber-

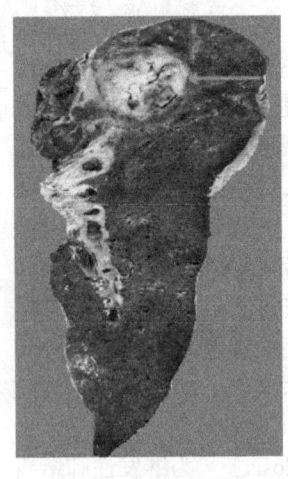
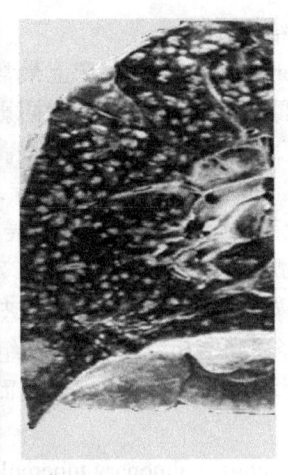

culoma），是指有纤维包裹的孤立的境界分明的球型干酪样坏死灶，直径2～5cm（图21-6）。多为单个，也可多个，常位于肺上叶。结核球可来自：①浸润型肺结核的干酪样坏死灶纤维包裹；②结核空洞引流支气管阻塞，空洞由干酪样坏死物填充；③多个干酪样坏死病灶融合并纤维包裹。结核球为相对静止的病变，临床多无症状。但由于其纤维包膜的存在，抗结核药不易发挥作用，且有恶化进展的可能，故临床常采用手术切除。X线上有时需与肺癌鉴别。

图21-6　肺结核球　　图21-7　肺粟粒性结核病

6. 结核性胸膜炎　原发性、继发性肺结核病的各个时期，只要累及胸膜均可发生。结核性胸膜炎根据病变性质可分干性和湿性两种，以湿性结核性胸膜炎为常见。

（1）湿性结核性胸膜炎：又称渗出性结核性胸膜炎，多见于青年人。结核菌播散至胸膜引起，可能为对结核菌菌体蛋白发生的过敏反应。病变主要为浆液纤维素性炎，可引起血性胸腔积液。一般经适当治疗可吸收，如渗出物中纤维素较多，不易吸收，则可因机化而使胸膜增厚粘连。

（2）干性结核性胸膜炎：又称增生性结核性胸膜炎，很少有胸腔积液，由肺膜下结核病灶直接蔓延到胸膜所致。常发生于肺尖。病变多为局限性，以增生性改变为主。一般通过纤维化而愈合。

原发性和继发性肺结核病见表21-2。

表21-2　原发性和继发性肺结核病比较表

	原发性肺结核病	继发性肺结核病
结核杆菌感染	初次	再次
发病人群	儿童	成人
对结核杆菌的免疫力或过敏性	无	有
病理特征	原发综合征	病变多样，新旧病灶复杂，较局限
起始病灶	上叶下部下叶上部近胸膜处	肺尖部
主要播散途径	淋巴道或血道	支气管
病程	短、大多自愈	长，需治疗

三、血源性结核病

原发性和继发性肺结核病恶化进展时，细菌可通过血道播散引起血源性结核病。此外，肺外结核病也可引起血源性结核病。由于机体抵抗力、细菌侵入血流的部位和数量不同，其病变部位、病变程度和特点亦不相同，常见有以下类型：

1. 急性全身粟粒性结核病（acute systemic miliary tuberculosis）　多见于原发性肺结核病恶化进展。结核杆菌大量侵入肺静脉分支，经左心至大循环，播散到全身各器官如肺、肝、脾和脑膜等处，可引起急性全身性粟粒性结核病。肉眼观，各器官内均匀密布大小一致、灰白色、圆形、境界清楚的小结节。光镜下主要为增生性病变，偶尔出现渗出、坏死性病变。X线可发现两肺有散在分布、密度均匀、粟粒大小的点状阴影（图21-7）。临床上病情危重，有高热、食欲不振、衰竭、烦躁不安等明显中毒症状，肝脾大，常有脑膜刺激征。如能及时治疗仍可治愈。少数病例可因结核性脑膜炎而死亡。

2. 慢性全身粟粒性结核病（chronic systemic miliary tuberculosis） 如急性期不能及时控制而病程迁延 3 周以上，或结核杆菌在较长时期内每次以少量反复多次不规则进入血液，则形成慢性粟粒性结核病。此时，病变的性质和大小均不一致，同时可见增生、坏死及渗出性病变，病程长，成人多见。

3. 急性肺粟粒性结核病 由于肺门、纵隔、支气管旁的淋巴结干酪样坏死破入邻近大静脉，或因含有结核杆菌的淋巴液由胸导管回流，经静脉入右心，沿肺动脉播散于两肺，而引起两肺急性粟粒性结核病。急性肺粟粒性结核病也可是急性全身性粟粒性结核病的一部分。肉眼可见肺表面和切面密布灰黄或灰白色粟粒大小结节。临床起病急骤，有较严重的结核中毒症状。

4. 慢性肺粟粒性结核病 多见于成人。患者原发灶已痊愈，由肺外某器官的结核病灶内的结核杆菌间歇入血而致病。病程较长，病变新旧、大小不一，小的如粟粒，大者直径可达数厘米以上，病变以增生性改变为主。

四、肺外结核病

肺外结核的基本病变与肺结核病相同，多数只限于一个器官，呈慢性经过，常见于肠道、腹膜、肾脏、生殖系统、脑膜及关节等。

（一）肠结核

肠结核病包括原发性和继发性肠结核病两型。前者很少见，常见于小儿，多因饮用含牛型结核杆菌的牛奶引起，形成以肠的原发性结核溃疡、结核性淋巴管炎及肠系膜淋巴结结核组成的肠结核原发综合征。绝大多数肠结核继发于活动性空洞型肺结核病，因反复咽下含结核杆菌的痰液感染肠道引起。肠结核可发生于任何肠段，以回盲部为其好发部位（约占 85%）。按病变不同分两型：

1. 溃疡型 多见。结核杆菌首先侵入肠壁淋巴组织，形成结核结节，逐渐结节融合并发生干酪样坏死，病变处黏膜破溃、脱落形成边缘不整齐、较浅、与肠管长轴垂直的环状溃疡，底部附有干酪样坏死物，其下为结核性肉芽组织（图 21-8）。由于病变沿环形分布的肠壁淋巴管向周围扩展，故溃疡呈半环状。溃疡愈合后常因纤维组织增生和瘢痕收缩而致肠腔狭窄。受累肠壁的浆膜面可见灰白成串的结核结节及纤维素渗出，并常与邻近组织粘连。临床上有腹痛、腹泻与便秘交替、营养不良和结核中毒症状。由于溃疡底部血管多发生闭塞，一般很少发生肠出血和肠穿孔。

2. 增生型 少见。病变特点是肠壁内有结核性肉芽组织及大量纤维组织显著增生，肠壁高度增厚、变硬、肠腔狭窄。黏膜有浅表性溃疡及息肉形成。临床常有慢性不全性肠梗阻，右下腹可触及包块，需与肠癌鉴别。

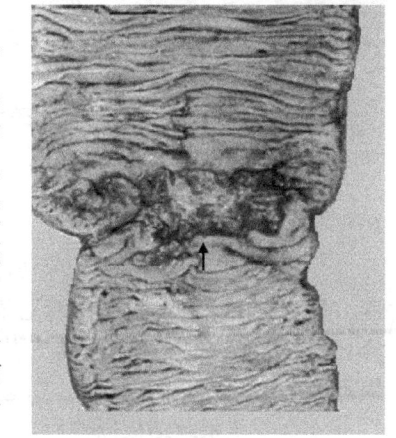

图 21-8 溃疡性肠结核

（二）结核性腹膜炎

结核性腹膜炎多见于青少年，常继发于溃疡型肠结核、肠系膜淋巴结结核或输卵管结核，血行播散者较少见。根据病理特征可分干、湿两型，但多为混合型。

1. 干型 病变腹膜上除见有结核结节外，尚有大量纤维素渗出，机化后引起肠管间、大网膜、肠系膜等腹腔器官广泛粘连,有时粘连处结核性肉芽组织发生干酪样坏死,穿破肠管在肠管间或向腹外溃破形成瘘管。临床上因广泛粘连出现慢性肠梗阻症状;腹上部可触及一横行块状物,为收缩粘连的大网膜;因腹膜增厚触诊时有柔韧感。

2. 湿型　腹腔内有大量草黄色浆液性腹水,亦可为血性。腹膜上密布无数结核结节。因含纤维素少,一般不粘连。患者有腹胀、腹痛、腹泻及结核中毒症状。

(三) 结核性脑膜炎

结核性脑膜炎多见于儿童,主要由原发性肺结核血道播散所致,常为全身性粟粒型结核病的一部分。在成人则由肺结核、骨关节结核或泌尿生殖系统结核播散所致。部分病例也可因脑内结核球液化破溃,大量结核杆菌进入蛛网膜下腔引起。

病变以脑底最为明显。肉眼观,在脑桥、脚间池、视神经交叉及大脑外侧裂等处的蛛网膜下腔内,有多量灰黄色混浊胶冻样渗出物。偶见散在粟粒大小的结核结节。光镜下,蛛网膜下腔内炎性渗出物主要由浆液、纤维素、巨噬细胞、淋巴细胞组成,偶见典型的结核结节。病变严重者可累及脑皮质引起脑膜脑炎。部分病程迁延的病例,因蛛网膜下腔渗出物机化而造成蛛网膜粘连,造成第四脑室正中孔与外侧孔堵塞,引起脑积水。出现颅内压增高的症状和体征,如头痛、呕吐、眼底视盘水肿和不同程度的意识障碍,甚至脑疝形成等。

(四) 肾结核病

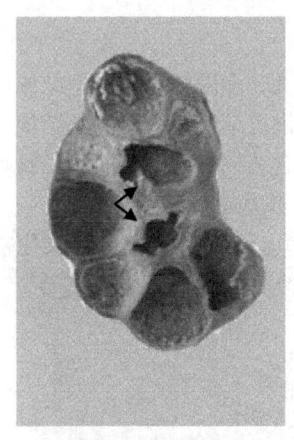

图 21-9　肾结核
肾实质内多数干酪样坏死灶及空洞形成

肾结核病主要由原发性肺结核血道播散而来。最常见于 20~40 岁男性,多为单侧,双侧约为 10%。病变开始于肾皮髓质交界处或乳头体内。初为局灶性,结核结节和干酪样坏死形成后,病灶逐渐扩大破坏肾乳头并溃入肾盂,形成结核性空洞。随着病变在肾内扩大蔓延,可形成多个结核空洞,甚至使肾仅剩一空壳(图 21-9)。液化的干酪样坏死物中的结核杆菌随尿液下行,可相继感染输尿管、膀胱,输尿管黏膜可发生溃疡和结核性肉芽组织形成,使管壁增厚、管腔狭窄甚至阻塞,引起肾盂积水和积脓;膀胱结核往往以膀胱三角区最先受累,形成溃疡,以后可侵及整个膀胱,继而膀胱壁因纤维化而使膀胱容积缩小。临床上,因肾实质破坏可有血尿,液化的干酪样坏死物质排出时形成脓尿,尿中可检测出结核杆菌。大多数患者出现膀胱刺激征,即尿急、尿频和尿痛的症状。

(五) 生殖系统结核病

男性生殖系统结核主要见于附睾。结核杆菌经泌尿道相继感染前列腺、精囊、输精管及附睾,偶见睾丸受累。血源性感染较少见。病变器官有结核结节形成和干酪样坏死,其症状主要由附睾结核引起。病变附睾体积逐渐增大、轻微疼痛或无痛,可与阴囊壁粘连,溃破后形成长期不愈的窦道,引起男性不育。

女性生殖系统结核以输卵管结核多见,其次是子宫内膜,多由血道播散所致。也可来源于邻近器官结核病的直接蔓延。输卵管结核病变可使管腔阻塞,引起不孕症。

(六) 骨与关节结核

1. 骨结核病　多见于脊椎骨及长骨骨骺等处,以第 10 胸椎至第 2 腰椎多见,病变常始于松质骨内的小结核病灶,以后发展分为两型:①干酪样坏死型,多见,病变以干酪样坏死、骨质破坏为主,多形成死骨,可累及周围软组织,发生干酪样坏死及结核性脓肿。由于脓肿局部无红、肿、热、痛,故有"冷脓肿"之称，病变穿透皮肤可形成经久不愈的窦道。②增生型，较少见，主要形成结核性肉芽组织。病变骨组织中可见多个结核结节，无明显干酪样坏死和死骨的形成。

脊椎结核是骨结核中最常见的结核，脊椎骨病变可因椎体发生干酪样坏死而软化塌陷，病变进展也可破坏椎间盘和邻近锥体，使病变的锥体不能负重塌陷呈楔形，脊柱后突畸形（驼背），严重患者可压迫脊髓，引起截瘫。若坏死物质穿过骨皮质，可侵犯周围软组织在脊柱两侧形成"冷脓肿"，坏死物或沿筋膜间隙下流，在远隔部位形成"冷脓肿"。

2. 关节结核病　以髋、膝、踝、肘等处多见，常继发于骨结核，病变通常开始于骨骺或干骺端，当干酪样坏死累及关节软骨及滑膜时引起关节结核。炎症波及周围软组织可使关节明显肿胀。当干酪样坏死穿破软组织及皮肤时，可形成经久不愈的窦道。病变愈合时，由于大量纤维组织增生，充填关节腔，致使关节强直，失去运动功能。

（七）淋巴结结核

淋巴结结核病多见于儿童和青年，以颈部、支气管和肠系膜淋巴结，尤以颈部淋巴结结核（俗称瘰疬）最为常见。结核杆菌可来自肺门淋巴结结核的播散，亦可来自口腔、咽喉部结核感染灶。淋巴结常成群受累，有结核结节形成和干酪样坏死。淋巴结逐渐肿大，最初各淋巴结尚能分离，当炎症累及淋巴结周围组织时，淋巴结彼此粘连，形成较大的包块。颈部淋巴结结核干酪样坏死物质液化后可穿破皮肤，形成经久不愈的窦道。

第二节　伤寒

伤寒（typhoid fever）是由伤寒杆菌引起的一种急性传染病，发生在单核巨噬细胞系统的急性特异性增生性炎，病变特征是形成伤寒肉芽肿，尤以回肠淋巴组织的改变最为明显。多见于儿童和青壮年，临床上主要表现为持续性高热、神智淡漠、相对缓脉、脾大、皮肤玫瑰疹及血中白细胞减少等。

一、病因及发病机制

伤寒杆菌属沙门菌属，革兰染色阴性，其菌体（O）抗原、鞭毛（H）抗原和表面（Vi）抗原能使人体产生相应的抗体。由于O及H抗原的抗原性较强，故可用于血清凝集试验（肥达反应，Widal reaction），以测定血清中的O及H抗体的效价来辅助临床诊断。菌体裂解时可释放强烈的内毒素，是伤寒杆菌致病的主要因素。

伤寒患者和带菌者是本病的传染源，苍蝇可作为本病的传播媒介。病菌随粪便和尿排出体外，通过污染饮水和食物，经口感染。病后可获得比较稳固的免疫力，很少再感染。伤寒杆菌在胃内大部分被胃酸杀灭，当机体抵抗力低下或入侵病菌量较大时，可进入小肠，穿过小肠黏膜上皮细胞侵入肠壁的淋巴组织，特别是回肠下段的集合淋巴小结和孤立淋巴小结，并沿淋巴管至肠系膜淋巴结，在肠壁淋巴组织被巨噬细胞吞噬后，在其胞内生长繁殖，并沿淋巴管扩散，经胸导管入血引起菌血症。入血的细菌被全身单核巨噬细胞系统如肝、脾，骨髓和淋巴结中的巨噬细胞吞噬，并进一步在其中大量繁殖。这一阶段患者无明显临床症状，故称潜伏期，约10天。随后，大量的细菌及内毒素再次释放入血引起败血症和毒血症，造成全身中毒症状，细菌随之散布到全身各器官和皮肤等处引起病变，病变主要发生于回肠末段，其肠壁的淋巴组织出现明显的增生肿胀，此时相当于疾病的第1周，血培养伤寒杆菌阳性。在发病的第2～3周，胆囊内的大量细菌随胆汁再次进入小肠，使原已致敏的小肠淋巴组织发生强烈过敏反应而坏死，坏死组织脱落、溃疡形成，此期粪便培养伤寒杆菌阳性。在发病的第4周，随着机体免疫力增强，血液和器官内的细菌逐渐被清除，中毒症状减轻、消失，病变痊愈。

二、病理变化及临床病理联系

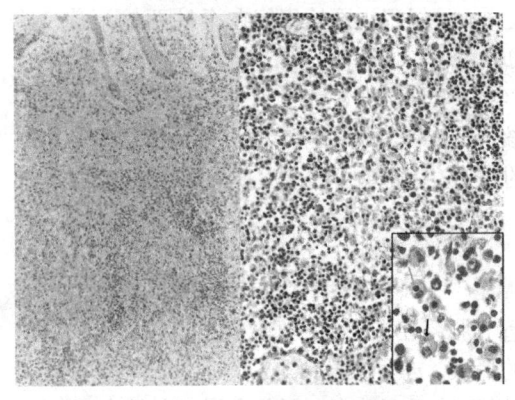

图 21-10　伤寒小结内大量增生的伤寒细胞，胞质内含有红细胞及组织碎屑等

病变主要累及全身单核巨噬细胞系统，尤其是肠道淋巴组织、肠系膜淋巴结、肝、脾和骨髓等处，主要以巨噬细胞增生为特征，因此伤寒杆菌引起的炎症属急性增生性炎症。增生的巨噬细胞吞噬能力十分活跃，胞质中常吞噬伤寒杆菌、受损的淋巴细胞、红细胞及坏死细胞碎屑，而吞噬红细胞的作用尤为显著，故常称这种巨噬细胞为伤寒细胞。伤寒细胞常聚集成团，形成小结节，称为伤寒肉芽肿（typhoid granuloma）或伤寒小结（typhoid nodule）（图21-10），是伤寒的特征性病变，在病理诊断上具有一定的意义。

1. 肠道病变　以回肠下段的集合和孤立淋巴小结的病变最为常见和明显。按病变自然发展过程可分为以下四期，每期约1周。

（1）髓样肿胀期：起病的第1周，回肠下段淋巴组织增生肿胀，凸出于黏膜表面，色灰红，质软，其中以集合淋巴小结肿胀最为突出，表面形似脑回样隆起（图21-11）。肠黏膜有充血、水肿、黏液分泌增多等变化。

（2）坏死期：发生于起病第2周，在髓样肿胀处肠黏膜坏死。肿胀的淋巴组织在中心部发生灶性坏死，失去正常光泽，色灰白或被胆汁染成黄绿色，并逐步融合扩大。中央坏死区凹陷而周围淋巴组织肿胀凸起，使外形呈脐状。光镜下，坏死组织呈一片红染无结构的物质。

（3）溃疡期：发病后第3周。坏死组织崩解脱落、形成溃疡。集合淋巴小结处发生的溃疡，其长轴与肠的长轴平行。孤立淋巴小结处的溃疡小而圆。溃疡边缘稍隆起，底部高低不平。溃疡一般深及黏膜下层，坏死严重者可深达肌层及浆膜层，甚至穿孔，如侵及小动脉，可引起严重出血。

（4）愈合期：相当于发病后的第4周。溃疡底部逐渐有肉芽组织增生将其填平，溃疡边缘上皮再生覆盖而愈合。

临床上患者出现食欲减退、腹部不适、腹胀、便秘或腹泻及右下腹轻压痛。病程第1周因败血症及肠道病变而开始出现持续高热，可高达40℃，粪便细菌培养在病程第2周起阳性率逐渐增高，在第3～5周阳性率最高可达85%。第4周因病变逐渐愈合而体温下降。由于临床早期应用有效抗生素如氯霉素，以上四期的病变极不典型。

2. 其他病变　肠系膜淋巴结、肝、脾及骨髓由于巨噬细胞的活跃增生而致相应组织器官肿大。光镜下可见伤寒肉芽肿和灶性坏死；心肌纤维可有水肿，甚至坏死，严重者可出现中毒性心肌炎，使迷走神经兴奋性增加出现相对性缓脉；肾小管上皮细胞水肿，肾小球毛细血管壁可有免疫球蛋白（IgG，IgM）及补体（C3）沉着，出现蛋白尿；皮肤出现淡红色小丘疹（玫瑰疹）；膈肌、腹直肌和股内收肌常发生凝固性坏死（亦称蜡样坏死），临床出现肌痛和皮肤知觉过敏。大多数患者胆囊无明显病变，细菌可在胆汁中生存，并通过胆汁由肠道排出，在一定时期内仍

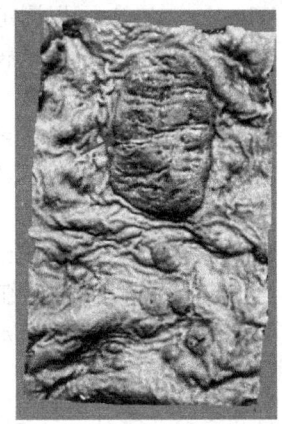

图 21-11　伤寒肠道病变：髓样肿胀期

是带菌者，有的患者甚至可成为慢性带菌者或终身带菌者。

三、结局与并发症

在无并发症的情况下，一般经过 4～5 周就可痊愈，病后可获得较强的免疫力。应用抗生素可使病程显著缩短，症状减轻，但复发率有所增加。如治疗不当，可出现并发症，极少数患者可致死，败血症、肠出血和肠穿孔是本病重要的死亡原因。慢性感染病例亦可累及关节、骨、脑膜及其他部位，但很少见。

第三节　细菌性痢疾

细菌性痢疾（bacillary dysentery）简称菌痢，是痢疾杆菌引起的一种常见肠道传染病，病变多局限于结肠，以大量纤维素渗出形成假膜为特征。全年均可发生，夏秋季多见，儿童发病率一般较高，其次是 20～39 岁青壮年，老年患者较少。临床上常表现为腹痛、腹泻、黏液脓血便和里急后重。

一、病因与发病机制

痢疾杆菌是革兰阴性的短杆菌。按抗原结构和生化反应可分为福氏、宋内氏、鲍氏和志贺菌。所有痢疾杆菌均能形成内毒素，志贺菌还可产生强烈外毒素。菌痢患者和带菌者是本病的传染源。痢疾杆菌从粪便中排出后，可直接或间接（通过苍蝇等）污染食物、饮水、食具、日常生活用品和手等，再经口传染给健康人。食物和饮水的污染有时可引起细菌性痢疾的暴发流行。

痢疾杆菌经口进入消化道后，在抵抗力较强的健康人可被胃酸大部分杀灭，即使有少量未被杀灭的病菌进入肠道，亦可通过正常肠道菌群的拮抗作用将其排斥，使之不能吸附于肠黏膜表面，从而防止菌痢的发生。而当侵入的菌量多、毒力强或机体抵抗力降低时，侵入肠黏膜上皮细胞繁殖，并侵入黏膜固有层，在该处进一步繁殖。在其产生的毒素作用下，迅速引起炎性反应，肠黏膜变性、坏死，形成溃疡。菌体内毒素吸收入血，引起全身毒血症。志贺菌产生的外毒素是引起菌痢早期水样腹泻的主要因素。

二、病理变化及临床病理联系

菌痢的病理变化主要发生于大肠，尤以乙状结肠和直肠为重。病变严重者，整个结肠甚至回肠下段也可受累。根据肠道炎症特征、全身变化和临床经过的不同，菌痢可分为以下三种：

1. 急性细菌性痢疾　典型的病变过程为初期的急性卡他性炎症、随后特征性的假膜性炎和溃疡形成，最后愈合。

初期表现为黏液充血、水肿、分泌亢进、中性粒细胞及巨噬细胞浸润，上皮坏死脱落后形成表浅糜烂；大多数发展为本病特征性的假膜性炎，表现为病变黏膜表层坏死，同时在渗出物中出现大量纤维素，后者与坏死组织、中性粒细胞、红细胞和细菌一起形成假膜（图 21-12）。假膜首先出现于黏膜皱襞的顶部，呈糠皮状，随着病变扩展可融合成片。假膜一般呈灰白色，如出血严重或被胆色素浸染时，则可分别呈暗红色或灰绿色（图 21-13）。大约在发病后 1 周，在中性粒细胞破坏后释出的蛋白溶解酶作用下，纤维素和坏死组织发生溶解液化，而使假膜成片脱落，形成大小不等、形状不一的地图状溃疡。溃疡多数浅表，很少穿破黏膜肌层，但亦偶有深达肌层引起穿孔导致腹膜炎者。当病变趋向愈复时，肠黏膜的渗出物和坏死物逐渐被吸收、排出，经周围健康组织再生缺损得以修复。

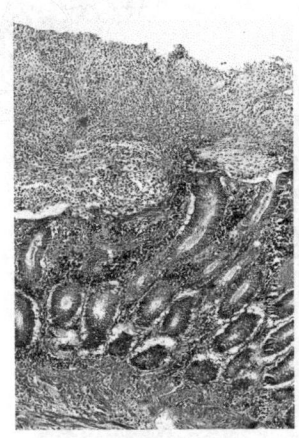
图 21-12 细菌性痢疾肠黏膜表层坏死并有白细胞和纤维素性渗出物

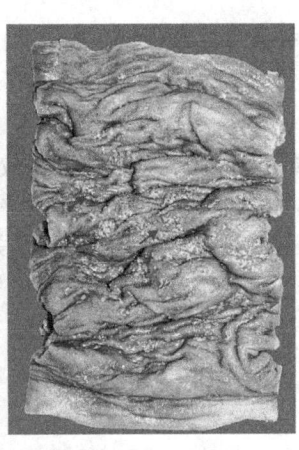
图 21-13 细菌性痢疾结肠黏膜表面有假膜形成

临床上，本病由于毒血症，可出现发热、头痛、乏力、食欲减退等全身症状和白细胞增多；炎症激惹肠管蠕动亢进并痉挛，引起阵发性腹痛、腹泻等症状；炎症刺激直肠壁内的神经末梢及肛门括约肌，导致里急后重和排便次数频繁；随着肠道炎症的变化，最初为稀便混有黏液，随后即转为黏液脓血便，偶尔排出片状假膜。急性细菌性痢疾的自然病程为 1～2 周，在适当的治疗下大多痊愈，少数可转为慢性细菌性痢疾。

2. 中毒型细菌性痢疾　多见于 2～7 岁儿童，特征为起病急骤，肠道病变及其症状常不明显，但全身中毒症状严重。发病后数小时或数十小时即可出现中毒性休克或呼吸衰竭，表现为高热、惊厥、昏迷。常由毒力较低的福氏或宋内氏痢疾杆菌引起，由毒力强的志贺菌引起者反而少见。

肠道病变一般较轻，主要为黏液分泌增加、黏膜充血、水肿和少量中性粒细胞浸润等卡他性肠炎的改变。有时肠壁集合淋巴小结和孤立淋巴小结滤泡增生肿大，而呈滤泡性肠炎的变化。临床上常无明显的腹痛、腹泻及脓血便。

3. 慢性细菌性痢疾　细菌性痢疾病程超过 2 个月以上者称为慢性细菌性痢疾。多由急性细菌性痢疾转变而来，其中以福氏菌感染者居多。慢性细菌性痢疾的病程可长达数月或数年，在此期间随着患者全身及局部抵抗力的波动，肠道病变反复发作，不断出现黏膜上皮变性、坏死、溃疡、肉芽组织修复等多种新旧病变。由于肠壁反复受损的结果，纤维组织大量增生及瘢痕形成，使肠壁不规则增厚、变硬，严重者可造成肠腔狭窄。慢性溃疡边缘黏膜上皮常过度增生形成息肉。

临床上可出现不同程度的肠道症状，如腹痛、腹胀、腹泻或便秘与腹泻交替出现，经常带有黏液或少量脓血。炎症加剧时，可出现急性细菌性痢疾的症状。有少数慢性细菌性痢疾患者可无明显症状和体征，但大便培养持续阳性，成为慢性带菌者，常为传播细菌性痢疾的传染源。

第四节　流行性脑脊髓膜炎

流行性脑脊髓膜炎（epidemic cerebrospinal meningitis，简称流脑）是指由脑膜炎球菌引起的急性化脓性脑脊髓膜炎。常为散发性，冬春季可引起流行，称为流行性脑脊膜炎。患者多为儿童和青少年，临床上可出现发热、头痛、呕吐、皮肤及黏膜有瘀点和瘀斑、颅内压升高和脑膜刺激症状。

一、病因及发病机制

脑膜炎球菌具有荚膜，能抵抗体内白细胞的吞噬作用，并能产生内毒素，可引起小血管或毛细血管的出血、坏死，致使皮肤及黏膜出现瘀点和瘀斑。该菌存在于患者及带菌者的鼻咽部，经飞沫呼吸道传染。细菌入侵呼吸道后，大多数人引起鼻咽部轻度炎症，出现上呼吸道感染症状（上呼吸道炎症期）；仅有少数人由于各种原因，机体抵抗力下降，病菌经上呼吸道黏膜侵入血流，在血中繁殖，轻者引起暂时菌血症，重者病菌在血液中繁殖，产生内毒素，引起短期的败血症（败血症期）；2%～3% 的患者，病菌突破血-脑屏障到达脑脊髓膜，定位于软脑膜，引起化脓性炎症（脑膜炎期）。化脓菌在蛛网膜下腔的脑脊液循环中迅速繁殖、播散，因此脑膜炎症一般呈弥漫性分布。

二、病理变化

根据临床病程及病理变化特点，分为普通型、暴发型两种。

肉眼观察，脑脊膜血管扩张充血，病变严重区域，蛛网膜下腔充满灰黄色脓性分泌物，覆盖脑沟、脑回，以致结构模糊不清（图21-14）。渗出物可累及大脑凸面矢状窦附近或脑底部视神经交叉及邻近各池（如交叉池，脚间池）。

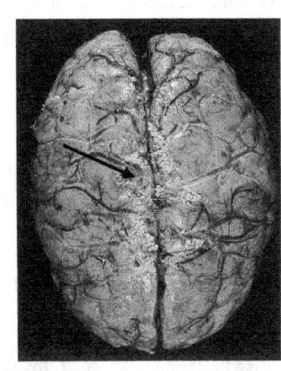

图21-14　化脓性脑膜炎

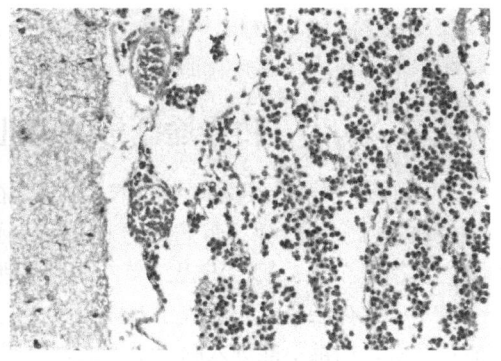

图21-15　化脓性脑膜炎

由于渗出物的阻塞，脑脊液循环出现障碍，可引起脑室扩张。光镜下，蛛网膜血管高度扩张充血，蛛网膜下腔增宽，可见大量中性粒细胞、纤维蛋白和少量单核细胞、淋巴细胞（图21-15）。用革兰染色，细胞内外均可见病菌。脑实质一般并不受累，邻近的脑皮质可有轻度的水肿，内毒素使脑实质神经元不同程度变性，进而导致脉管炎和血栓形成，严重病例可累及邻近脑膜的脑实质发生缺血和坏死。

三、临床病理联系

除发热、寒战、高热及出血性皮疹等感染性毒血症引起的全身症状外，常伴神经症状。

1. **脑膜刺激症状**　颈项强直。炎症累及脊髓神经根周围的蛛网膜、软脑膜、软脊膜，致使神经根通过椎间孔时受压，当颈部或背部肌肉活动时引起疼痛。婴幼儿由于腰背肌肉发生保护性痉挛可引起角弓反张的体征。Kernig征（屈髋伸膝征）阳性，因腰骶节段神经后根受到炎症波及受压，当屈髋伸膝时，坐骨神经受到牵引，腰神经根受压疼痛而出现阳性体征。

2. **颅内压升高症状**　头痛，喷射性呕吐、小儿前囟饱满。这是由于脑膜血管充血，蛛网膜下腔渗出物堆积，蛛网膜颗粒因脓性渗出物阻塞而影响脑脊液吸收所致。如伴有脑水肿，则颅内压升高更显著。

3. **脑脊液变化**　压力升高，混浊不清，含大量脓细胞、蛋白增多，糖减少，经涂片和培养检查可找到病原体。脑脊液检查是本病诊断的一个重要证据。

四、结局和并发症

及时治疗和应用抗生素，大多数患者都能痊愈，其病死率已由过去的70%～90%降到5%～10%以下。如不能及时治疗，病变可由急性转为慢性，并可出现以下后遗症，如由脑膜粘连、脑脊液循环障碍所致的脑积水；脑神经麻痹，如耳聋、斜视、视力障碍、面神经瘫痪等；脑底脉管炎导致管腔阻塞致脑缺血和梗死。

暴发性脑膜炎球菌败血症是暴发型脑脊膜炎的一种类型，多见于儿童。起病急，病情凶险，主要表现为周围循环衰竭、休克和皮肤大片紫癜。同时，两侧肾上腺严重出血，肾上腺皮质功能衰竭，称为沃-弗（Waterhouse-Friederichsen）综合征，其发生机制是因内毒素所致DIC，常在短期因严重败血症死亡，患者脑膜症状轻微。

第五节 流行性乙型脑炎

流行性乙型脑炎（epidemic encephalitis B）简称乙脑，为乙型脑炎病毒感染所致的急性传染病，多在夏秋季流行，儿童患病率高于成人，占乙型脑炎的50%～70%。此病起病急，病情重，死亡率高，临床表现为高热、嗜睡、抽搐、昏迷等。

一、病因、传染途径与发病机制

乙型脑炎病毒为嗜神经性RNA病毒，在神经细胞内增殖。传染源为患者及感染过病毒的家畜，通过蚊虫叮咬而传播。带病毒的蚊叮人吸血时，病毒可侵入人体，首先在局部血管内皮细胞中及随血流播散至肝、脾、淋巴结单核吞噬细胞系统中繁殖，然后入血引起短暂性病毒血症。病毒能否进入中枢神经系统，取决于机体免疫反应和血-脑屏障功能状态。凡免疫能力强，血-脑屏障功能正常者，病毒不能进入脑组织致病，故成为隐性感染，多见于成人。若免疫功能低下，血-脑屏障功能不健全者，病毒可侵入中枢神经系统而致病，由于受染细胞表面有膜抗原存在，从而激发体液免疫与细胞免疫，导致损伤和病变的发生。

二、病理变化

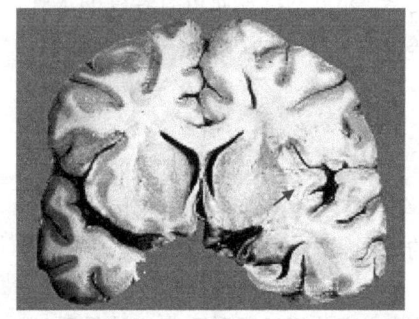

图21-16 流行性乙型脑炎

病变可累及整个脑灰质，以大脑皮质、基底核、视丘最重，小脑皮质、延髓及脑桥次之，脊髓病变最轻，常仅限于颈段脊髓。肉眼观，脑膜充血、水肿、脑回宽、脑沟窄，重者脑实质切面上有散在点状出血，也可见散在粟粒或针尖大的软化灶，境界清楚，弥散或聚集成群，以顶叶及丘脑等处最为明显。在大脑皮质深层、基底核、视丘等部位切面可见粟粒或针尖大半透明软化灶，弥散或聚集分布（图21-16）。

光镜下，脑实质主要以神经细胞损害及软化灶形成为特征。

1. 血管变化和炎症反应　血管高度扩张充血，甚至血流淤滞，血管周围间隙增宽，脑组织水肿，有时可见环状出血。灶性炎细胞浸润多以变性坏死的神经元为中心，或围绕血管周围间隙形成血管套袖现象，其炎细胞以淋巴细胞、单核细胞、浆细胞为主，早期可有少数中性粒细胞（图21-17）。

2. 神经细胞变性坏死　病毒在细胞内增殖，导致细胞的损伤、细胞肿胀、尼氏体消失、胞质内空泡形成、核偏位等。严重者神经细胞坏死，核浓缩、溶解、消失，周围被增生的少突胶质细胞所环绕，称为卫星现象，如神经细胞坏死，被胶质细胞吞噬，称为嗜神经细胞现象。

3. 软化灶形成　灶性神经组织坏死、液化形成筛网状软化灶，对本病有诊断意义。病灶呈圆形或卵圆形，边界清楚（图21-18），分布广泛，除大脑（顶叶、额叶、海马回）

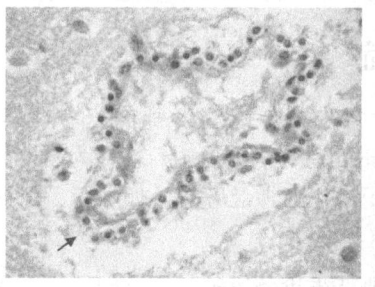

图21-17 流行性乙型脑炎
炎细胞围绕血管周围形成血管套袖现象

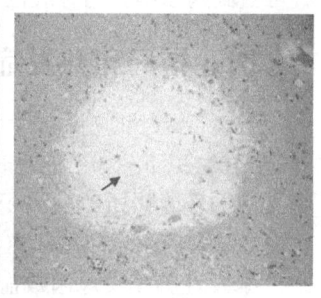

图21-18 流行性乙型脑炎
灶性神经组织坏死、液化形成筛网状软化灶

皮质灰、白质交界处外，丘脑、中脑也常见。关于软化灶发生的机制除病毒或免疫反应对神经组织可能造成的损害外，病灶局部循环障碍（淤滞或小血管中透明血栓形成）也是造成软化灶的一个因素。

4. 胶质细胞增生　小胶质细胞增生并聚集成群，形成小胶质细胞结节，此为病毒性脑炎的特征性病变之一，多位于小血管旁或坏死的神经细胞附近。少突胶质细胞的增生也很明显。

三、临床病理联系

昏迷和嗜睡是最早出现的症状，此为神经细胞受累所致，如脑神经受损则导致相应的麻痹症状。脑内血管扩张充血、血流淤滞、内皮细胞受损可使血管通透性增高，引起脑水肿和颅内压增高，患者出现头痛、呕吐。严重者出现脑疝，其中小脑扁桃体疝可致延髓呼吸中枢受压呼吸骤停而致死。因脑膜有不同程度的炎症反应，临床上有脑膜刺激症状和脑脊液中细胞数增多的现象。

本病患者经过治疗，大多数在急性期后可痊愈，脑部病变逐渐消失。病变较重者，可出现痴呆、语言障碍、肢体瘫痪及脑神经麻痹引起的吞咽困难、中枢神经性面瘫、眼球运动障碍等，这些表现经数月之后多能恢复正常。少数病例病变不能完全恢复而留下后遗症。

第六节　梅　毒

梅毒（syphilis）是由梅毒螺旋体引起的一种慢性传染病，是性传播疾病（sexually transmitted diseases，STD）中危害较严重的一种。本病的特点是病程的长期性和隐匿性，临床表现多样性，可出现硬下疳、皮疹、主动脉炎和主动脉瘤等典型症状，也可隐匿多年而毫无临床表现。

一、病因及发病机制

梅毒螺旋体体外活力低，不易生存。对理化因素的抵抗力极弱，对四环素、青霉素、汞、砷、铋剂敏感。梅毒患者是唯一的传染源，早期梅毒患者皮肤黏膜病变中有大量的梅毒螺旋体，具有高度的传染性。梅毒分先天性和后天性两种，病原体常在接触破损的皮肤或黏膜时才进入机体，95%以上通过性交传播，少数可因输血、接吻、医务人员不慎受染等直接接触传播（后天性梅毒）；梅毒螺旋体还可经胎盘感染胎儿（先天性梅毒）。

机体在感染梅毒后第6周血清出现梅毒螺旋体特异性抗体及反应素，有血清诊断价值。特异性抗体在补体的参与下将病原体杀死或溶解，病变部位的螺旋体数量减少，以致早期梅毒病变有不治自愈的倾向。然而不治疗或治疗不彻底者，播散在全身的螺旋体常难以完全消灭，这就是复发梅毒、晚期梅毒发生的原因。少数人感染了梅毒螺旋体后，在体内可终身隐伏（血清反应阳性，而无症状和病变），或在二、三期梅毒活动，局部病变消失而血清反应阳性，均称为隐性梅毒。本病潜伏期为10~90天，通常约3周。

二、病理变化与临床病理联系

1. 基本病理变化

（1）增生性动脉内膜炎和小血管周围炎：动脉内膜炎指小动脉内皮细胞及纤维细胞增生，使管壁增厚、血管腔狭窄甚至闭塞。小动脉周围炎指管周单核细胞、淋巴细胞和浆细胞浸润，大量浆细胞出现是本病的病变特点之一。

（2）树胶样肿（gumma）：是一种特殊性肉芽肿，又称梅毒瘤。此病变可能与迟发型超敏反应有关。病灶灰白色,大小不一,小者从镜下才可见到,大者至数厘米不等。因肉芽肿质韧而有弹性,如树胶,故而得名树胶样肿。光镜下结构颇似结核结节,中央为凝固性坏死,类似干酪样坏死,但不如干酪样坏死彻底,弹力纤维尚保存;坏死灶含有大量淋巴细胞和浆细胞,而上皮样细胞和朗汉斯巨细胞较少,且伴有增生性小动脉内膜炎和动脉周围炎,这是有别于典型结核结节的形态特征。树胶样肿后期可被吸收、纤维化,最后使器官变形,但绝少钙化,这又与结核结节截然有别。

梅毒树胶样肿可发生于任何器官,最常见于皮肤、黏膜、肝、骨和睾丸。血管炎病变可见于各期梅毒,而树胶样肿则见于第三期梅毒。

2. 后天性梅毒 后天性梅毒分可分为三期。一、二期梅毒称早期梅毒,有传染性。三期梅毒又称晚期梅毒,因常累及内脏,故又称内脏梅毒。

(1) 第一期梅毒:梅毒螺旋体侵入人体后3周左右,侵入部位如阴茎冠状沟、龟头、阴囊、子宫颈、阴唇等处发生炎症反应,出现单个、无痛,直径1~2cm,表面可发生糜烂或溃疡的病变,称下疳。溃疡底部洁净、湿润,边缘稍隆起、质硬,故称硬性下疳(图21-19)。下疳亦可发生于口唇、舌、肛周等处。光镜下所见为增生性动脉内膜炎和动脉周围炎,大量浆细胞浸润。

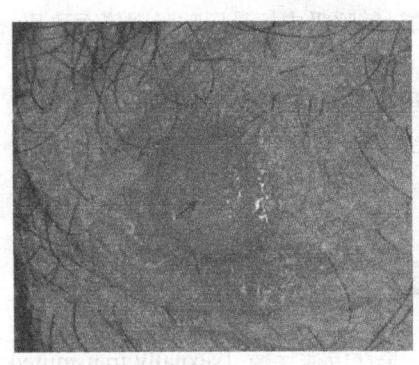
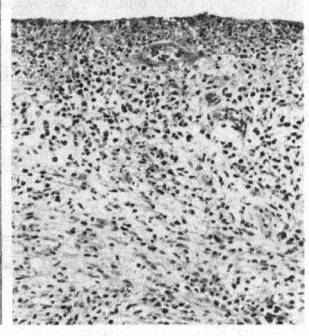

图21-19 硬下疳
左:外阴硬性下疳;右:淋巴细胞、浆细胞浸润及血管炎

下疳出现后1~2周,局部淋巴结轻度肿大,质硬无痛,呈非特异性增生性反应。及时治疗可阻止病变向第二期梅毒发展。如不经治疗,由于患者产生免疫反应,下疳经2~6周后多自然消退,局部肿大的淋巴结也消退。临床上处于静止状态,但体内螺旋体仍继续繁殖。

(2) 第二期梅毒:下疳发生后8~10周,潜伏于体内的螺旋体又大量繁殖,引起全身淋巴结肿大和皮肤、黏膜广泛的皮肤损害即梅毒疹。梅毒疹通常表现为口腔黏膜、掌心、足心等处的斑疹和丘疹、脓疱,以及阴茎、外阴、肛周的扁平湿疣。后者是暗红色突起的扁平斑块,光镜下呈典型的增生性动脉内膜炎和血管周围炎改变,病灶内可找到螺旋体,故此期梅毒传染性大。几周后梅毒疹可自行消退,再次进入无症状的静止状态,但梅毒血清反应阳性。若给予治疗,将阻止其向第三期梅毒发展。

(3) 第三期梅毒:常发生于感染后4~5年以上,可侵犯任何内脏器官和组织,特别是心血管和中枢神经系统。病变以树胶样肿和瘢痕形成为特征,由于树胶样肿纤维化、瘢痕收缩引起严重的组织破坏、变形和功能障碍。

病变侵犯主动脉,可引起梅毒性主动脉炎、主动脉瓣关闭不全、主动脉瘤等,梅毒性主动脉瘤破裂常是患者猝死的主要原因;神经系统病变主要累及中枢神经及脑脊髓膜,可导致麻痹性痴呆和脊髓痨;肝脏病变主要形成树胶样肿,肝呈结节性肿大,继而发生纤维化、瘢痕收缩,以至肝呈分叶状;病变常造成骨和关节损害,鼻骨被破坏形成马鞍鼻。

3. 先天性梅毒 根据被感染胎儿发病的早晚有早发性和晚发性之分。早发性系指胎儿或婴幼儿期发病的先天性梅毒,发病在2岁以内,病原体在胎儿体内和胎盘中大量繁殖,可引起晚期流产、死胎或早产。晚发性先天性梅毒发病在2岁以上,患儿发育不良,智力低下,可引发间质性角膜炎、神经性耳聋及楔形门齿,并有骨膜炎及马鞍鼻等体征。

第七节 获得性免疫缺陷综合征

获得性免疫缺陷综合征（acquired immunodeficiency syndrome，AIDS）简称艾滋病，是由人类免疫缺陷病毒（human immunodeficiency virus，HIV）感染所引起慢性传染病，主要通过性接触或血及血制品传染。临床表现为发热、乏力、体重下降、全身淋巴结肿大及神经系统症状。本病传播迅速、发病缓慢、病死率极高。我国的 HIV 的感染率和发病率有上升趋势，因此其防治工作已经是医疗卫生工作者面临的严峻课题。

一、病因及发病机制

HIV 是一种反转录病毒，目前已知该病毒有 2 型，即 HIV-1 和 HIV-2，两者均可引起 AIDS。已经证实 HIV 存在于单核细胞、血浆、精液、唾液、尿、泪液、乳汁、脑脊液、淋巴结、脑组织、骨髓和宫颈阴道分泌液中，并可通过适当的方式和途径传播。其中性传播是主要的传播方式，约占所有病例的 75%；吸毒者共用被污染的针头、注射器、输血或血制品可造成血行传播；母体内的病毒可通过胎盘直接传播，也可在分娩过程或通过污染的乳汁传染，器官移植、医务人员的职业性感染也可传播。

HIV 对人体免疫系统功能破坏的主要靶细胞是 $CD4^+T$ 淋巴细胞。淋巴细胞的 CD4 分子是 HIV 的主要受体，HIV 与 T 淋巴细胞膜上 CD4 分子结合而进入 T 淋巴细胞并在细胞内复制、繁殖，大量的病毒颗粒在 CD4 细胞膜处通过出芽的方式释放，同时也引起 T 淋巴细胞的溶解、死亡。释放出来的 HIV 新病毒颗粒，又可攻击其他的 $CD4^+T$ 淋巴细胞，如此重复，终致 $CD4^+T$ 淋巴细胞的耗竭。由于 $CD4^+T$ 淋巴细胞在免疫应答中起着关键的作用，当 $CD4^+T$ 淋巴细胞大量破坏，总数下降，就会造成免疫缺陷，从而引起机会性感染和恶性肿瘤的发生。此外，HIV 还存在于脑、淋巴结和肺等器官组织的单核巨噬细胞内进行低水平复制，因该细胞能抵抗 HIV 的致病作用而不造成细胞的迅速破坏，反而成为HIV 在体内的储存池，并随该细胞运行发生扩散或通过血-脑屏障引起中枢神经系统感染（图 21-20）。

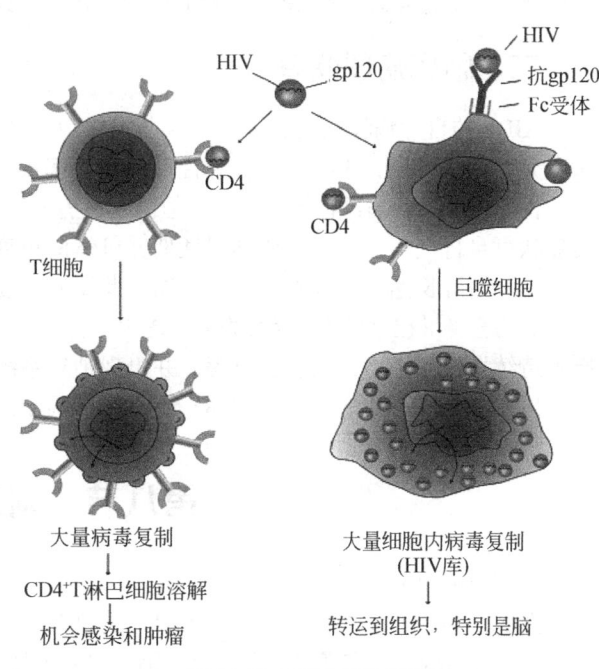

图 21-20 HIV 感染机制

二、病理变化

AIDS 的主要病理改变可分三大类：①免疫学损害的形态学表现，即全身淋巴结组织的变化；②感染常常表现为混合性机会感染；③肿瘤最常见于 Kaposi 肉瘤和非霍奇金恶性淋巴瘤。

1. **淋巴组织的变化** 早期淋巴结肿大。光镜下淋巴滤泡明显增生，髓质内大量浆细胞浸润，这是 B 细胞激活的表现，与临床上的高球蛋白血症有关。HIV 分子位于生发中心，主要集中在滤泡树突状细胞，也可出现于巨噬细胞及 $CD4^+$ 细胞内；随着病变的发展，滤泡外层的淋巴细胞减少或消失，有血管增生，生发中心被零落分割，副皮质区 CD4$^+$ 细胞减少，浆细胞浸润；晚期淋巴结病变显示淋巴细胞细胞明显减少，几乎消失殆尽，呈现一片荒芜，仅有少许巨噬细胞和浆细胞残留，有时可见大量的结核杆菌、真菌等病原微生物，却很少看到肉芽肿形成等细胞免疫反应性病变。

2. 机会性感染　多发生机会感染是本病另一特点，一是感染范围广泛，可累及各器官，其中以中枢神经系统、肺、消化道的疾病最为常见；二是病原种类多，可有两种以上感染同时存在，包括卡氏肺囊虫、弓形虫、隐孢子虫、新型隐球菌、巨细胞病毒等。40%～60% 的病例有中枢神经系统受累，感染弓形虫或新型隐球菌引起脑炎和脑膜炎，感染巨细胞病毒导致进行性多灶性白质脑病；70%～80% 病例有卡氏肺孢子虫感染可引起肺间质及肺泡腔内有较多巨噬细胞及浆细胞浸润，并出现由大量免疫球蛋白及原虫组成的伊红色泡沫样渗出物，伴间质性肺炎；由于严重的免疫缺陷，感染所致炎症反应往往轻而不典型，如肺结核杆菌感染，很少形成典型的肉芽肿性病变，而病灶中的结核杆菌却甚多；机会性感染临床表现常呈多系统、播散性、进行性和复发性炎症，可引起肺炎、食管炎、肠炎、直肠肛管炎、皮肤损害、脑炎、脑膜炎、脑神经炎甚至全身性感染等，并常有多种感染及肿瘤同时存在，使临床表现复杂多样。

3. 肿瘤　AIDS 患者易患恶性肿瘤，尤其是 Kaposi 肉瘤、非霍奇金恶性淋巴瘤及宫颈癌。皮肤 Kaposi 肉瘤表现为局部红斑，周围出现由红变紫的淤斑，有时呈结节状，可有坏死，光镜下由内皮细胞、梭形细胞、巨噬细胞、血管裂隙、含铁血黄素和红细胞组成，也可有少数炎细胞的浸润。

三、临床病理联系

AIDS 的自然病程反映了 HIV 感染与机体免疫系统相互消长的过程，通常临床上可将 AIDS 的病程分为三个阶段：①早期或称急性期，感染病毒 3～6 周后可出现咽痛、发热、肌肉酸痛等一些非特异性表现。病毒在体内复制，但由于患者尚有较好的免疫反应能力，2～3 周后这种急性感染症状可自行缓解。②中期或称慢性期，机体的免疫功能与病毒之间处于相互抗衡阶段，在某些病例，此期可长达数年或不再进入末期。此期病毒复制持续于低水平，临床可以无明显症状或出现明显的全身淋巴结肿大，常伴发热、乏力、皮疹等。③后期或称危险期，机体免疫功能全面崩溃，患者持续发热、乏力、消瘦、腹泻，并出现神经系统症状，明显的机会感染及恶性肿瘤，血液化验可见淋巴细胞明显减少（＜30%），CD4$^+$ 细胞减少尤为显著，细胞免疫反应丧失殆尽。

第八节　阿米巴病

阿米巴病（amoebiasis）是溶组织内阿米巴（entamoeba histolytica）原虫感染人体引起的一种寄生虫病，主要通过"粪-口"途径传播，传染源为粪便中持续带包囊者。该原虫主要寄生于结肠，可经血流运行或直接侵袭到达肝、肺、脑、皮肤等处，引起相应部位的阿米巴溃疡或阿米巴脓肿，也可同时累及多种组织和脏器成为全身性疾病。本病遍及世界各地，以热带及亚热带地区为多见。在我国多见于南方，多为散发、慢性或不典型病例，男性多于女性，儿童多于成人。由于我国卫生状况的不断改善，近年来本病的流行和急性病例已明显减少。

一、病因和发病机制

阿米巴原虫有许多属种，其中只有溶组织内阿米巴与人类疾病有关。溶组织内阿米巴生活史一般分包囊期和滋养体期，包囊是阿米巴的传染阶段，滋养体是致病阶段。包囊见于慢性阿米巴病患者或包囊携带者的大便中，人体因误食被溶组织内阿米巴包囊污染的食物和水而被传染。包囊进入胃后，其囊壁具有抗胃酸作用，而能安全到达回盲部，在碱性肠液的消化作用下脱囊而出，发育成为小滋养体。小滋养体在肠道正常生理功能的情况下，一般不侵入肠壁而再次形成包囊，并随粪便排出体外，此为无症状的带虫者。当肠功能紊乱或肠壁有损伤时，小滋养体可附着于肠黏膜表面或下行至结肠，通过溶组织酶或靠变形运动侵入肠壁组织，分裂繁殖变为大滋养体。大滋养体可吞噬红细胞和组织碎片，侵入破坏肠壁组织，引起溃疡。

溶组织内阿米巴的致病机制目前尚不完全清楚，其毒力和侵袭力主要表现在对宿主组织的溶解破坏作用，可能的作用机制有：①滋养体特别是大滋养体能在组织中进行伪足运动，破坏组织并吞噬和降解已受破坏的细胞；②大滋养体的质膜有丰富的溶酶体，当它与宿主接触时，释放溶酶体活性物质，溶解破坏肠黏膜组织；③从溶组织内阿米巴分离出来的肠毒素，可损伤肠黏膜；④阿米巴原虫的凝集素有抗补体的作用，半胱氨酸酶也能降解补体 C3 为 C3a，从而逃避宿主的免疫攻击。

二、肠阿米巴病

肠阿米巴病（intestinal amoebiasis）是由侵袭型溶组织内阿米巴寄生于结肠而引起的以坏死为主的变质性炎症，因临床上常出现腹痛、腹泻、暗红色果酱样大便和里急后重等痢疾症状，故常称为阿米巴痢疾（amoebic dysentery）。病变部位主要在盲肠、升结肠，其次为乙状结肠和直肠，严重病例整个结肠和小肠下段均可受累。基本病变为组织溶解液化为主的变质性炎，以形成口小底大的烧瓶状溃疡为特点，可分为急性期和慢性期。

1. 急性期病变　早期在肠黏膜表面可见多数小的灰黄色点状坏死或浅溃疡，周围有充血、水肿和出血。随病变进展，坏死灶渐增大，呈圆形钮扣状。滋养体在肠黏膜层内不断繁殖，并突破黏膜肌层进入黏膜下层，借助疏松的黏膜下层组织，向四周蔓延，坏死组织液化脱落后，形成大小不等、圆形或卵圆形、口小底大的烧瓶状溃疡，溃疡边缘不规则、肿胀，其下方呈潜行性，对本病具有诊断意义（图 21-21）。溃疡间黏膜正常或表现轻度卡他性炎症。如病灶继续扩大，邻近溃疡可在黏膜下层形成隧道样互相沟通，其表面黏膜可大块坏死脱落，形成边缘潜行的巨大溃疡。少数溃疡严重者可累及肠壁肌层，甚至浆膜层，造成肠穿孔，引起腹膜炎。

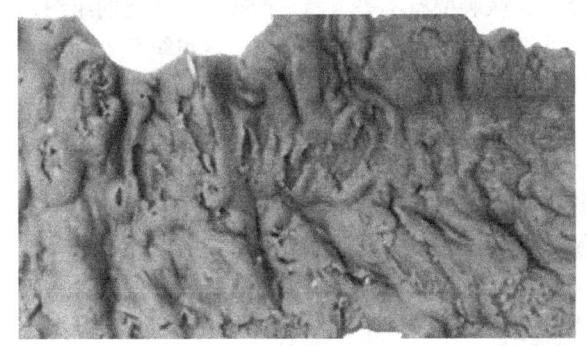

图 21-21　结肠阿米巴病
肠黏膜可见大小不一、形状不规则的溃疡

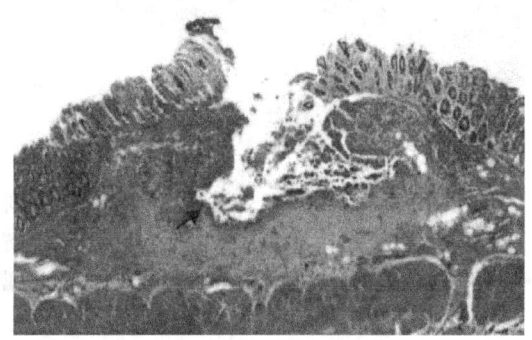

图 21-22　烧瓶状溃疡

光镜下，病变以组织的坏死溶解为主要特征，呈无结构淡红色病灶，周围炎症反应轻微，仅见充血、出血及少量淋巴细胞、浆细胞和巨噬细胞浸润（图 21-22）。如继发细菌感染则可有中性粒细胞浸润。在溃疡边缘与正常组织交界处及肠壁的小静脉腔内可找到阿米巴滋养体。在组织切片上，滋养体一般呈圆形，体积通常较巨噬细胞大，直径为 20～40μm，核小而圆呈紫蓝色，胞质内常含糖原空泡或吞有红细胞、淋巴细胞和组织碎片等。在滋养体周围常有一空隙，可能因组织被溶解所致。

临床上，患者因结肠炎症刺激，蠕动增强，黏液分泌增多，表现为腹痛、腹泻、大便次数增多，大便因肠黏膜坏死脱落及小血管出血而呈暗红色果酱样，腐败后呈腥臭的脓血便。粪检时可找到阿米巴滋养体。由于本病的直肠及肛门病变较轻，故里急后重症状不如细菌性痢疾明显，全身中毒表现也很轻微。肠阿米巴病的并发症有肠穿孔、肠出血、肠腔狭窄、阑尾炎及阿米巴肛瘘等，亦可引起肠外器官的病变。急性期多数可治愈，少数因治疗不够及时、彻底而转入慢性期。

2. 慢性期病变　病变甚为复杂。由于新旧病变共存，坏死、溃疡和增生反复交错发生，黏膜上皮增生形成息肉，纤维组织增生形成瘢痕，可使肠壁增厚变硬，甚至引起肠腔狭窄。有时可因上皮组织、肉芽组织增生而形成瘤样包块，称为阿米巴肿（amoeboma），多见于盲肠，临床上易误诊为结肠癌。

三、肠外阿米巴病

肠外阿米巴病（extraintestinal amoebiasis）可见于许多器官，以肝、肺及脑为常见。

（一）阿米巴肝脓肿

阿米巴肝脓肿（amoebic liver abscess）是肠阿米巴病最重要和最常见的并发症，大多发生于阿米巴痢疾发病后 1～3 个月内，但也可发生于痢疾症状消失数年之后。阿米巴滋养体一般经肠壁小静脉到达肝，偶尔也可直接进入腹腔而侵犯肝。阿米巴肝脓肿可为单个或多个，但以单个者为多见，且多位于肝右叶（80%）。

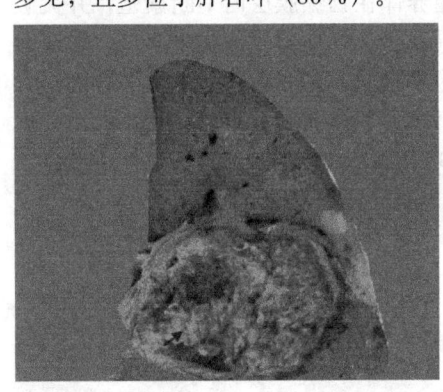

图 21-23　阿米巴肝脓肿
腔内残存破棉絮样物质

肉眼观，脓肿大小不等，大者可达儿头大，几乎占据整个肝右叶。脓肿内容物呈棕褐色果酱样，由液化性坏死物质和陈旧性血液混合而成，炎症反应不明显，但习惯上仍称为脓肿。脓肿壁上附有尚未彻底液化坏死的汇管区结缔组织、血管和胆管等，呈破絮状外观（图 21-23）。

光镜下，脓肿壁有不等量尚未彻底液化坏死的组织，有少许炎性细胞浸润，在坏死组织与正常组织交界处可查见阿米巴滋养体。如伴有细菌感染，则可形成典型脓肿，光镜下可见不等量的炎细胞和脓细胞。慢性脓肿周围可有肉芽组织及纤维组织包绕。

临床上，阿米巴肝脓肿常表现长期不规则发热伴有右上腹痛及肝大和压痛，全身消耗等症状。若治疗不及时，阿米巴性肝脓肿可继续扩大和向周围组织穿破，引起相应部位的病变，如膈下脓肿、腹膜炎、肺脓肿或脓胸、胸膜-肺-支气管瘘和心包炎等。慢性阿米巴性脓肿常继发细菌感染，与一般细菌性脓肿相似，其脓液呈黄色或黄绿色，病情也相应恶化。

（二）阿米巴肺脓肿

阿米巴肺脓肿（amoebic lung abscess）少见，大多数由阿米巴肝脓肿穿过横膈直接蔓延而来，少数为阿米巴滋养体经血流到肺。脓肿多位于右肺下叶，常单发，由于横膈被穿破，故肺脓肿常与肝脓肿互相连通。脓肿腔内含咖啡色坏死液化物质，如破入支气管，坏死物质被排出后形成空洞。临床上患者有类似肺结核症状，咳出褐色脓样痰，其中可检见阿米巴滋养体。

（三）阿米巴性脑脓肿

阿米巴性脑脓肿（amoebic brain abscess）极少见，往往是肝或肺脓肿内的阿米巴滋养体经血道进入脑而引起。当人们在河流中游泳时，生长在河流深潭中的阿米巴原虫可自鼻黏膜沿嗅神经进入额叶。患者可出现头痛、高热、昏迷乃至死亡。

第九节 血吸虫病

血吸虫病（schistosomiasis）是由血吸虫寄生于人体引起的一种寄生虫病，主要病理变化是由虫卵沉着引起的组织坏死、假结核结节形成及纤维化。临床上，急性期有发热、肝大、腹泻或排脓血便；慢性期表现为肝脾大，进而发展成为门静脉高压症。寄生于人体的血吸虫主要有三种，在我国流行的只有日本血吸虫引起的日本血吸虫病，主要流行于长江流域及其以南的十三个省市的广大农村地区。根据 1972 年在湖南长沙马王堆一号墓出土的西汉女尸及 1975 年在湖北江陵出土的西汉男尸内皆发现有大量典型血吸虫卵的存在，说明在 2100 多年前我国已有血吸虫病的流行。解放后，我国的血吸虫病防治工作取得了巨大成效，但由于本病传播媒介极难彻底消灭，近年来有些地区的发病率有所回升，因此，血吸虫病的防治工作任重而道远。

一、病因及感染途径

日本血吸虫的生活史可分为虫卵、毛蚴、胞蚴、尾蚴、童虫及成虫等阶段。成虫以人体或其他哺乳动物如犬、猫、猪、牛等为终宿主，寄生在门静脉-肠系膜静脉系统内。毛蚴至尾蚴的发育繁殖阶段以钉螺为中间宿主。

血吸虫虫卵随同患者或病畜的粪便排入水中，卵内的毛蚴成熟孵化，破壳而出，钻入钉螺体内，经过母胞蚴及子胞蚴阶段后，发育成尾蚴，然后离开钉螺再次入水。当人畜与疫水接触时，尾蚴借其头腺分泌的溶组织酶作用和其肌肉收缩的机械运动，钻入皮肤或黏膜并脱去尾部发育为童虫。童虫进入小静脉或淋巴管，随血流经右心到肺。以后由肺的毛细血管入大循环向全身散布。只有进入肠系膜静脉的童虫，才能继续发育为成虫，其余多在途中夭折。通常在感染尾蚴后 3 周左右即可发育为成虫，雌雄成虫交配后产卵。虫卵随门静脉血流顺流到肝，或逆流入肠壁而沉着在组织内，经 11 天左右逐渐发育为成熟虫卵，内含毛蚴。肠壁内的虫卵成熟后可破坏肠黏膜而进入肠腔，并随粪便排出体外，再重演生活周期。

二、基本病理变化及发病机制

血吸虫发育阶段中的尾蚴、童虫及成虫、虫卵等均引起宿主不同的损害和复杂的免疫病理反应，由于虫卵的数量巨大，以虫卵引起的病变最严重，对机体的危害也最大。

1. 尾蚴引起的损害　尾蚴侵入皮肤后，可引起皮肤的炎症反应，称为尾蚴性皮炎。一般在尾蚴钻入皮肤后数小时至 2~3 日内发生，皮肤呈红色的小丘疹或荨麻疹，局部瘙痒，数日后可自然消退。光镜下，真皮充血、出血及水肿，开始以中性及嗜酸粒细胞浸润为主，以后主要为单核细胞浸润。

2. 童虫引起的损害　童虫在体内移行时可引起血管炎和血管周围炎，以肺组织受损最为明显。表现为充血、水肿、点状出血及嗜酸粒细胞和巨噬细胞浸润，病变一般轻微，短期内即可消退。患者可出现发热、一过性咳嗽和痰中带血等症状。

3. 成虫引起的损害　少量的成虫寄生在静脉内对机体的损害作用较轻，可能是成虫吞噬宿主红细胞后，将红细胞的抗原分布于膜表面，被宿主认为是"自我"组织而逃避了免疫攻击。大量成虫寄生除机械性损伤外，其代谢产物可使机体发生贫血、嗜酸粒细胞增多、脾大、静脉内膜炎及静脉周围炎等。死亡虫体可引起周围组织坏死，大量嗜酸性粒细胞浸润，形成嗜酸性脓肿。

4. 虫卵引起的损害　虫卵沉着所引起的损害是最主要的病变。虫卵主要沉着于乙状结肠壁、直肠壁和肝，也可见于回肠末段、阑尾、升结肠、肺、脑等处。未成熟卵无毒液分泌，所引起的病变轻微。成熟虫卵的毛蚴其头腺分泌物有抗原性，可引起细胞和体液免疫反应，而且均可发生超敏反应损伤，形成特征性虫卵结节（血吸虫性肉芽肿）。按其病变发展过程可分为急性虫卵结节和慢性虫卵结节两种。

(1) 急性虫卵结节：是由成熟虫卵引起的一种急性坏死、渗出性病灶。肉眼为灰黄色、粟粒至绿豆大的小结节，直径为0.5～4mm。光镜下见结节中央常有1～2个成熟虫卵，虫卵表面有红染、放射状或火焰样物质，为形成的抗原-抗体复合物。其周围是一片无结构的颗粒状坏死物质及大量嗜酸粒细胞浸润，状似脓肿，故也称为嗜酸性脓肿（图21-24）。其间可见菱形或多面形屈光性蛋白质晶体，即Charcot-Leyden结晶，系嗜酸粒细胞的嗜酸性颗粒互相融合而成。随着病程的发展，肉芽组织逐渐向虫卵结节中央生长，并出现围绕结节呈放射状排列的上皮样细胞，嗜酸粒细胞显著减少，构成晚期急性虫卵结节，逐渐演变成慢性肉芽肿性虫卵结节。

(2) 慢性虫卵结节：急性虫卵结节经10余天后，卵内毛蚴死亡，由它分泌的抗原物质消失，病灶内坏死物质逐渐被巨噬细胞清除，虫卵崩解、破裂。随后病灶内巨噬细胞变为上皮样细胞和少量异物巨细胞，病灶周围有淋巴细胞浸润和肉芽组织增生，形

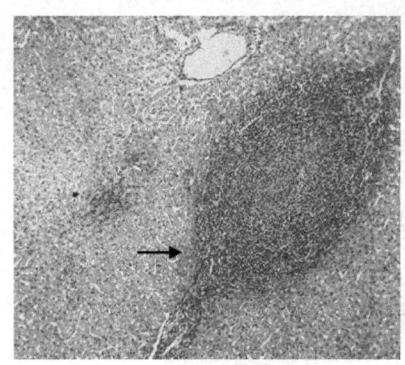　　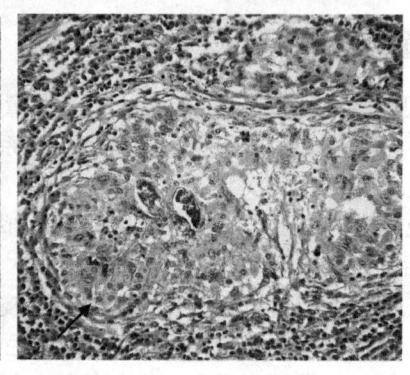

图21-24　嗜酸性脓肿　　　　图21-25　慢性虫卵结节

态上似结核样肉芽肿，故称为假结核结节（pseudo tubercle），即慢性虫卵结节（图21-25）。进一步发展，成纤维细胞增生，胶原纤维形成，出现略成同心圆排列的纤维性虫卵结节，最后，结节纤维化玻璃样变，中央的卵壳碎片及钙化的死卵可长期存留。

肉芽肿形成的机制尚未阐明，一般认为它是宿主对虫卵的一种免疫应答。它的形成有利于隔离及中和虫卵释放的抗原及毒性物质，起局部免疫屏障作用。另一方面，该肉芽肿的纤维化能破坏宿主正常组织并导致器官纤维化。

三、主要器官的病变及其后果

1. 结肠　病变常累及全部结肠，以乙状结肠和直肠最为显著，这是因为成虫多寄生于肠系膜下静脉和痔上静脉的缘故。虫卵沉着在结肠黏膜及黏膜下层，引起急性虫卵结节形成。

肉眼观，可见肠黏膜充血水肿及灰黄或黄白色小结节，稍隆起，直径0.5～4mm。继而病灶中央可发生坏死脱落，形成大小不一、边缘不规则的浅表溃疡，随着病变的发展，虫卵结节最后纤维化，虫卵也逐渐死亡及钙化。晚期，由于虫卵的反复沉着，肠黏膜反复发生溃疡和纤维化，最终导致肠壁增厚变硬或息肉状增生，可出现肠腔狭窄和肠梗阻。光镜下，肠壁内可见急、慢性

虫卵结节,晚期有不同程度的纤维化及瘢痕形成,肠黏膜上皮萎缩或增生形成息肉。

溃疡形成时虫卵可随坏死物脱落入肠腔,在粪便中可查见虫卵。临床上可出现腹痛、腹泻等痢疾样症状。慢性患者结肠可有梗阻症状或并发息肉等,甚至可发生癌变。

2. **肝** 肝虫卵随门静脉血流到达肝,由于虫卵直径大于门静脉末梢分支之口径,不能进入肝窦,因而虫卵引起的病变主要在汇管区,以左叶更为明显。

肉眼观,早期可有轻度肝大,表面及切面可见多个不等的灰白或灰黄色、粟粒或绿豆大小的小结节。晚期肝因严重纤维化而变硬、变小,肝表面不平,有浅的沟纹分割成若干大小不等稍隆起分区,严重时形成粗大结节。切面上,增生的结缔组织沿门静脉分支呈树枝状分布,故称为干线型或管道型肝硬化,与门脉性肝硬化显著不同。光镜下,早期在汇管区附近见许多急性虫卵结节,肝细胞可因此受压萎缩,也可有变性及小灶性坏死。库普弗细胞增生和吞噬血吸虫色素。晚期可见慢性虫卵结节和纤维化,导致血吸虫性肝硬化。由于血吸虫卵主要沉积在汇管区门静脉末梢周围,因此汇管区周围有大量纤维组织增生,肝小叶并未遭受严重破坏,故不形成明显假小叶,与门脉性肝硬化不同。

感染轻的病例,仅在汇管区有少量的慢性虫卵结节,临床上一般不出现症状。长期重度感染的病例,由于虫卵结节主要见于汇管区,造成门静脉分支虫卵栓塞、静脉内膜炎、血栓形成和机化,以及门静脉周围纤维组织增生,使肝内门静脉分支阻塞和受压,从而造成较为显著的窦前性门静脉高压。临床上常出现腹水、巨脾、食管静脉曲张、胃肠淤血等后果。

3. **脾** 早期脾略肿大,主要由于成虫的代谢产物引起的单核巨噬细胞增生所致。晚期脾进行性肿大,可形成巨脾,重量可达 4000g,主要由门静脉高压引起的脾淤血所致。肉眼上,脾质地坚韧,包膜增厚,切面暗红色,常见棕黄色的含铁小结,主要由陈旧出血灶伴有铁质及钙盐沉着和纤维组织增生构成,有时还可见多数梗死灶。光镜下,脾窦扩张充血,窦内皮细胞及网状细胞增生,窦壁纤维组织增生而变宽。脾小体萎缩减少,单核巨噬细胞内可见血吸虫色素沉着。脾内偶见虫卵结节。临床上可出现贫血、白细胞减少和血小板减少等脾功能亢进症状。

4. **肺** 肺血吸虫病是常见的异位血吸虫病。在部分急性病例,肺内可出现多数急性虫卵结节,其周围肺泡出现炎性渗出物,X 线片类似肺的粟粒性结核。临床上常有咳嗽、气促、哮喘和肺部啰音等表现。通常肺的变化甚轻微,一般不导致严重后果。关于肺内虫卵的来源,近年来认为系寄生于肠系膜的成虫,经门-腔静脉之间的交通枝至下腔静脉或肝静脉内产卵,再经右心而入肺。

5. **其他器官** 脑血吸虫病是较常见的异位血吸虫病,主要见于大脑顶叶,也可累及额叶及枕叶。表现为不同时期的虫卵结节形成和胶质细胞增生。临床上出现脑炎、癫痫发作和疑似脑内肿瘤的占位性症状。关于虫卵进入脑的途径,一般认为是肺部虫卵经肺静脉到左心,而后由动脉血流带入脑内。近年来发现由血吸虫感染引起的血吸虫病肾小球肾炎,肾小球内发现有 IgG 及补体 C3 的沉着,故属于Ⅲ型变态反应引起的免疫复合物肾炎。少数病例中,胰腺、胆囊、心、膀胱及子宫等也可有血吸虫病变存在。儿童长期反复重度血吸虫病,严重影响肝功能,以致某些激素不能被灭活,从而继发脑垂体功能抑制,垂体前叶及性腺等萎缩,影响其生长发育,表现为身体矮小,面容苍老,第二性征发育迟缓,称血吸虫病侏儒症。

案例 21-1

患者女,56 岁,农民。间断咳嗽、咳痰 5 年,加重伴咯血 1 个月。患者 5 年前受凉后低热、咳嗽、咳白色黏痰,给予抗生素及祛痰治疗,1 个月后症状不见好转,体重逐渐下降,后拍胸片诊为"浸润型肺结核",肌注链霉素 1 个月,口服利福平、异烟肼(雷米封)3 个月,症状逐渐减轻,遂自行停药,此后一直咳嗽,少量白痰,未再复查胸片。2 个月前劳累后咳嗽加重,少量咯血伴低热、盗汗、胸闷、乏力又来就诊。病后进食少，二便正常，睡眠稍差。无药物过敏史。

体格检查：体温 37.4℃，脉搏 94 次/分，呼吸 22 次/分，血压 130/85mmHg，神志清楚，消瘦，全身无皮疹，浅表淋巴结未触及，巩膜不黄，气管居中，两上肺呼吸音稍减低，并闻及少量湿啰音，右下肺背部可闻及湿啰音，心界不大，心率 94 次/分，律齐，无杂音，腹部平软，肝脾未触及，四肢及脊柱正常。

辅助检查：血 Hb 126g/L，WBC 4.7×10^9/L，N 60%，L 45%，PLT 220×10^9/L，ESR 40mm/h，尿蛋白（-）。痰涂片查抗酸杆菌阳性。胸片示两肺上叶斑片状密度增高影，其间可见透光区。右侧位片示病灶位于右中叶背段，可见空洞。

思考题：
1. 本病的诊断及诊断依据有哪些？
2. 浸润性肺结核临床表现与转归是什么？

案例 21-2

患者女，9 岁。3 月前渐起腹痛、腹泻，每日 3～4 次，大便为黄色糊状，常少量黏液及血液，有恶臭味。腹泻间断发作，常伴脐周阵发性疼痛，受凉及生冷食物后诱发，病后无发热、恶心、呕吐等症状。在当地间断用药，如中药、庆大霉素、黄连素等，疗效不佳。既往身体健康。居住在农村，当地卫生条件较差。

体格检查：体温 36.8℃，脉搏 75/分，呼吸 16/分，血压 100/70mmHg。神志清楚，消瘦，中度贫血貌。右颌下可触及一绿豆大小淋巴结，活动，质软无压痛。心肺正常。腹软，无压痛及反跳痛，未及包块，肝脾肋下未触及，肠鸣音正常。

辅助检查：血常规 RBC 3.68×10^{12}/L，HGB 83g/L，WBC 8.0×10^9/L，PLT 120×10^9/L。大便常规肉眼为暗红色黏液便，镜检红细胞 2+，白细胞 +。纤维结肠镜示乙状结肠有大小不等的散在溃疡，溃疡间的黏膜正常，取溃疡边缘脓液涂片发现大量阿米巴滋养体。

思考题：
1. 本病的诊断及诊断依据是什么？
2. 本病的溃疡特点是什么？为什么出现暗红色果酱样大便？

（高爱社）

知识链接——淋病

淋病是由淋球菌引起的急性化脓性炎，是最常见的性传播性疾病。病变主要累及泌尿生殖系统，多发生于 15～30 岁，以 20～24 岁最常见。病变特征为化脓性炎，伴肉芽组织形成及纤维化。在受染的第 2～7 天，尿道黏膜和尿道的附属腺体呈现急性化脓性炎，表现为黏膜充血、水肿，脓性渗出物自尿道口流出。临床上，男性淋病患者首发症状为尿频、尿急、尿痛，尿道口红肿，溢出黄色黏稠脓性或血性分泌物；女性患者出现尿痛、下腹痛和阴道脓性渗出物排出。未经治疗者，感染上行蔓延可引起相应部位的临床表现。严重病例可发生淋病性败血症，导致 DIC。患者及无症状带菌者是本病的主要传染源。主要通过性交直接传染，也可通过染菌手指、衣物等传染。

知识链接——尖锐湿疣

尖锐湿疣是由人乳头状瘤病毒（HPV）引起的性传播性疾病，多见于20~40岁。HPV具有宿主和组织特异性，对人皮肤、黏膜，尤其是外生殖器及其周围上皮细胞有高度亲嗜性。好发于潮湿温暖的黏膜和皮肤交界部位。男性常见于阴茎冠状沟、龟头、系带、尿道口或肛门附近。女性多见于阴蒂、阴唇、会阴部及肛周。病变初起为小而尖的突起，逐渐扩大，呈淡红或暗红色，表面凹凸不平，呈疣状颗粒，有时可融合成鸡冠或菜花状，颜色逐渐加深。疣体表面湿润、质软，触之易出血。1/3病例可自行消退。本病有癌变的可能，与HPV感染部位和病毒类型有关，约15%的阴茎癌患者既往患有尖锐湿疣。目前，用原位杂交、原位PCR技术检测HPV的DNA有助于诊断。

附 病理学常用新技术原理及应用

病理学的发展离不开病理技术的进步。纵观病理学的发展史，从器官病理学、细胞病理学、超微病理学、免疫病理学、分子病理学、远程病理学及当今的计算机网络信息病理学，每一个发展阶段都有新技术的革命。新技术使我们对疾病认识更加深入切实，从大体、细胞、超微结构、分子基因水平逐步深入。

病理学技术包括传统病理学技术和现代新技术。肉眼的大体观察和光学显微镜水平的形态学观察技术，是病理学研究和学习的最传统、最基本的技术，已广泛应用于基础和临床病理学工作。随着分子生物学研究的进展和分子病理学相应技术的建立，一些新的先进技术手段已经应用在病理学的研究和对疾病的病理诊断上。现介绍一些新技术方法，供同学们在以后的学习工作中参考。

第一节 组织化学与免疫组织化学技术

一、传统的组织与细胞化学

组织与细胞化学技术（histochemistry and cytochemistry technique）是在不破坏细胞形态结构的情况下，应用化学或物理反应原理，通过显示组织或细胞内的化学成分或酶活性，而对其进行定性、定位和定量研究。细胞化学染色的基本原理是在组织切片上或被检材料上，加一定试剂，使它与组织或细胞中待检物质发生化学反应成为有色沉淀物，然后用显微镜观察。如通过嗜银染色，可显示弹力纤维、基底膜及尼氏小体和神经纤维等为棕黑色（图附-1）；通过过碘酸雪夫反应（periodic acidschiffreaction, PAS）可显示糖原和其它多糖物质为紫红色（图附-2）。如进一步应用显微分光光度计等测定标本中沉淀物的强度，则能较精确的进行定量研究。

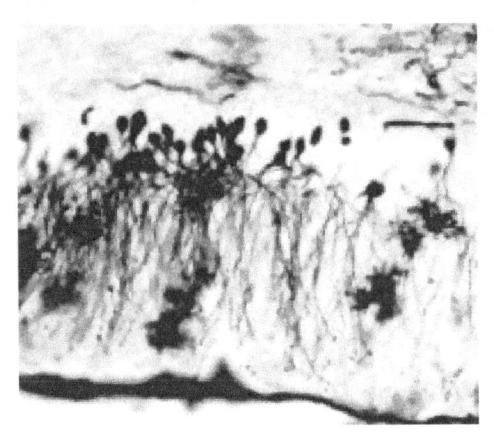

图附-1 嗜银染色，大鼠脑神经细胞及突起阳性

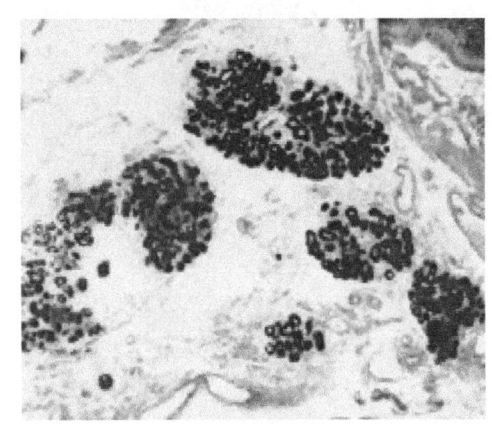

图附-2 胃贲门腺体细胞胞浆呈 PAS 阳性

多种等进行研究细胞内的细胞化学方法能够对多种细胞，包括悬浮胸腹水细胞、血液细胞以及体外培养细胞等进行研究。目前，用细胞化学技术所能显示的细胞内的化学成分有蛋白质（显示某

些特定蛋白、氨基酸或功能基)、核糖核酸(RNA)和脱氧核糖核酸(DNA)、糖类(如糖原、粘多糖和糖脂等)、脂类(如中性脂肪、磷脂和固醇等)、酶(包括水解酶如磷酸酶)、特异抗原(其化学本质可能是多肽、蛋白、糖蛋白等)、无机盐和微量元素(如铁、铜、锌、钴、锰、铬等)。

二、免疫组织化学与免疫细胞化学技术

免疫组织化学(immunohistochemistry,IHC)与免疫细胞化学(immunocytochemistry,ICC)技术是由免疫学和传统的组织细胞化学相结合而形成。传统的组织细胞化学是在组织细胞上进行化学反应,用颜色的变化来判断检测组织或细胞的成分。免疫组化则是用抗原与抗体特异性结合反应来检测组织或细胞中的某种化学物质,即把抗体标记上可见的颜色(荧光素、酶、金属离子、同位素等),使抗体由不可见变为可见,来寻找、定位组织细胞中的抗原(蛋白、多肽、酶等多种基因产物)。基于抗原抗体反应的原理,免疫组化染色技术具有较高的敏感性和特异性,并可在组织和细胞中进行抗原的准确定位,因而可同时对不同抗原在同一组织或细胞中进行定位观察。同时,结合计算机图像分析技术等,可对被检测物质进行定量研究。

免疫组化染色方法有很多,按标记物的性质可分为免疫荧光法、酶标法(辣根过氧化物酶,碱性磷酸酶等)、免疫胶体金技术等。免疫荧光法是将已知抗体标上荧光素,以此作为探针,检查细胞或组织内的相应抗原,在荧光显微镜下观察,当抗原抗体复合物中的荧光素受激发光的照射后即会发出一定波长的荧光,从而可确定组织中某种抗原的定位、定量分析,由于免疫荧光技术特异性强、灵敏度高、快速简便,所以在临床病理诊断、检验中应用比较广。酶标法是继免疫荧光法后发展起来的技术,基本原理是先以酶标记的抗体与组织或细胞作用,然后加入酶的底物,生成有色的不溶性产物或具有一定电子密度的颗粒,通过光镜或电镜,对细胞表面和细胞内的各种抗原成分进行定位、定量研究,是目前最常用的技术。免疫胶体金技术是以胶体金这样一种特殊的金属颗粒作为抗体标记物,与组织或细胞内的抗原结合,进行研究,由于胶体金有不同大小的颗粒,且胶体金的电子密度高,所以免疫胶体金技术特别适合于免疫电镜的单标记或多标记定位研究,由于胶体金本身呈淡至深红色,因此也适合进行光镜观察,如应用银加强的免疫金银法则更便于光镜观察。

免疫组化染色方法按染色步骤可分为直接法(又称一步法)和间接法(二步、三步或多步法)(图附-3);按结合方式可分为抗原-抗体结合,如过氧化物酶-抗过氧化物酶(peroxidase-antiperoxidase, PAP)法、标记的葡聚糖聚合物(labeled dextran polymer,LDP)法等;以及亲和连接,如卵白素-生物素-酶复合物(avidin-biotin-peroxidase complex, ABC)法、标记的链亲和素-生物素

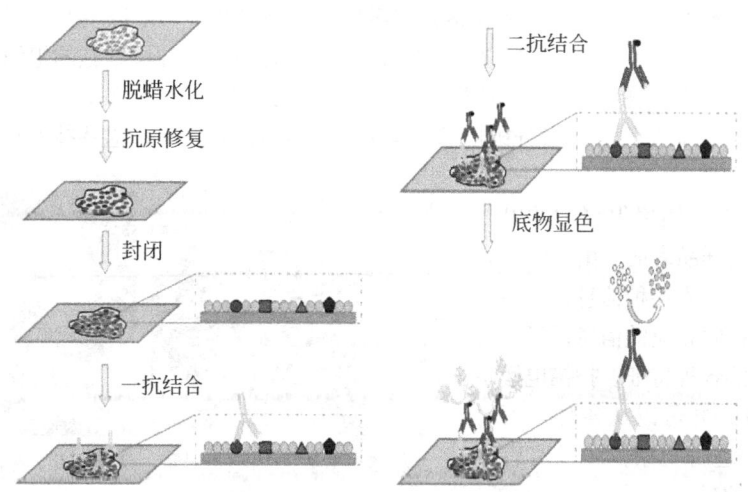

图附-3 免疫组化的步骤及原理(间接法)

(labeled streptavidin-biotin, LSAB) 法等, 其中 LSAB 法是最常使用的方法。最常用的检测显示系统是辣根过氧化物酶 (HRP)- 二甲基联苯胺 (DAB) 系统, 阳性信号呈棕色细颗粒状。(图附 -4)。

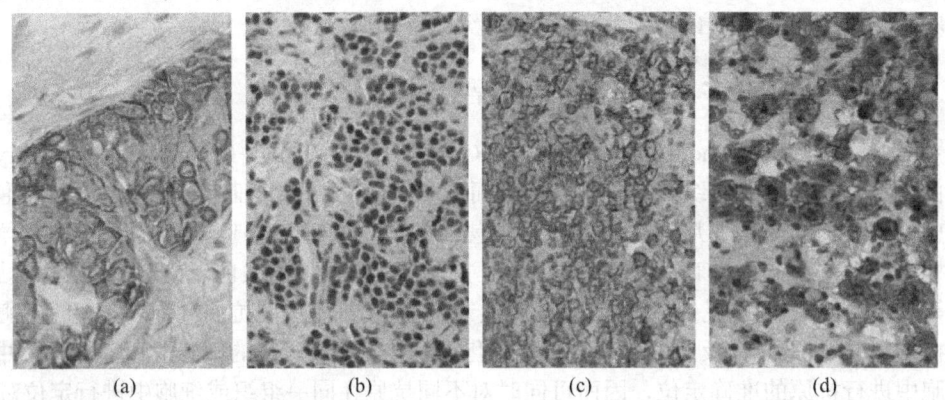

图附 -4　免疫组织化学染色阳性信号定位
(a) 细胞质内弥漫阳性（细胞角蛋白）；(b) 细胞核阳性（雌激素受体）；
(c) 细胞膜阳性（B 细胞分化抗原 CD20）；(d) 细胞膜和细胞质内点状阳性（CD30）

第二节　电子显微镜技术

电子显微镜 (electron microsocope) 简称电镜, 是根据电子光学原理, 用电子束和电子透镜代替光学显微镜中的光束和光学透镜, 通过电子流对生物样品的透射以及电磁透镜的多级放大后, 使物质的细微结构在非常高的倍数下成像的仪器。光学显微镜由于光线波长的限制, 它的分辨极限是 0.2mm, 有效放大倍数不超过 2000 倍, 而电镜的分辨本领最佳可以达到 0.14mm, 放大倍率最高达 100 万倍。电镜技术是 20 世纪的重大科学技术发明, 它使病理学对疾病的认识从组织、细胞水平深入到细胞内超微结构水平, 观察到了细胞膜、细胞器、细胞核或大分子水平的细微结构及其病理变化, 极大的促进了生命科学的发展。电镜按工作原理和用途的不同可分为透射式电镜 (transmission electron microscope, TEM) 和扫描式电镜 (scanning electron microscope, SEM) 二种基本类型。

透射式电镜主要用于观察细胞内部的微细结构。由于电子的穿透力较弱, 故用于透射电镜观察的标本必须切成厚度 50nm 左右、不能超过 100nm 的超薄切片。换句话说, 一个细胞要被切成 100 ～ 200 个薄片才适于在透射电镜下观察。在疾病的病理诊断中, 电镜主要用于肾脏的细针穿刺活检标本, 来进行肾小球肾炎的分型。在肿瘤诊断中, 电镜在确定肿瘤细胞的组织发生、类型和分化程度上起着重要作用 (图附 -5)。使用透射电镜的实验方法包括负染色技术、冷冻蚀刻技术、电镜细胞化学技术、电镜 X 射线显微分析技术、电镜放射自显影技术等, 这些技术在疾病的研究中已得到广泛的应用。

扫描式电镜就是用聚得很细的电子束流照射要检测的样品表面。由于电子束与样品的相互作用产生各种信息, 然后通过不同的检测器接收相应的信息, 经过处理后显示出样品的各种特征。扫描电镜不用切成超薄切片, 并可以从各种角度对样品的表面结构进行观察, 图像富有立体感, 分辨率也比较高 (图附 -6)。此外,

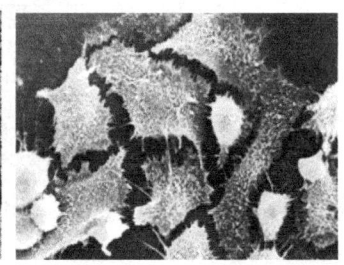

图附 -5　食管癌细胞奇异形核透射电镜图　　图附 -6　食管癌细胞系扫描电镜图

还可以采用冷冻树脂割断法将细胞打开,观察到细胞的内部结构;用铸型技术研究空腔脏器,尤其是血管系统复杂的立体分布;用盐酸化学消化法观察细胞的基底面及深层细胞表面结构。

第三节 显微切割技术

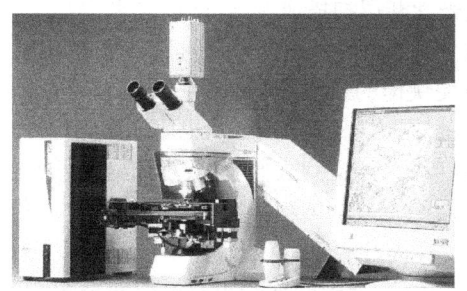

图附-7 激光显微切割仪

显微切割术(microdissection)是20世纪90年代初发展起来的一门新技术,它能够从组织切片和细胞涂片上的任一区域内切割下几十个、几百个同类细胞的细胞群,甚至单个细胞,以备进一步做分子水平的研究(图附-7)。

用于显微切割的组织切片可以是冷冻切片、石蜡切片、细胞涂片、细胞铺片和细胞爬片,切片的厚度可为4~10μm。另外,用于显微切割的组织切片还必须染色,以便于进行目标细胞群或单一细胞的定位。染色可以用普通方法,如甲基绿、核固红、瑞氏染液或苏木素等,也可用免疫组化染色。

显微切割的方法有手工操作法和激光捕获显微切割法。手工操作是用消毒的细针或刀片搔刮组织切片上的细胞,并将其移至试管中备用。仪器操作是利用激光进行微切割和细胞采集,基本原理是:将组织切片放在倒置显微镜的载物台上,并在切片表面覆盖一层乙烯乙酸乙烯酯薄膜。激光束从切片的上方垂直照射下来,使其光路与显微镜聚光器的光路共轴,光斑恰好落在显微镜视野中心,即要切割的区域。该区的薄膜揭起来,与之相连的细胞也随之被完好地从切片上切割下来(图附-8)。将带有细胞的薄膜放入试管内经蛋白酶消化使细胞与膜分开,同时也将细胞裂解,获得待提取物质,如DNA、RNA和蛋白质等,做细胞基因突变及微卫星变异、细胞基因拷贝数的变化和甲基化水平、PCR、cDNA微阵列(芯片)及比较基因组杂交等有关的分子水平研究。显微切割术尤其适用于肿瘤的分子生物学研究,如肿瘤的克隆性分析、肿瘤发生和演进过程中各阶段细胞基因改变的比较研究,以及肿瘤细胞内某些酶活性的定量检测等。

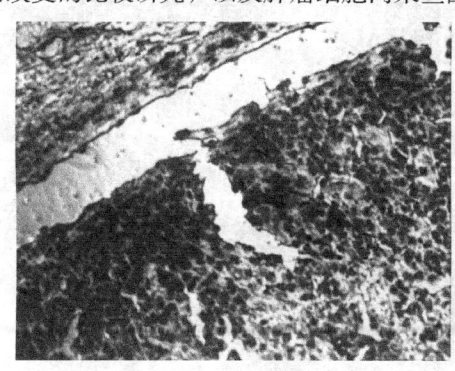 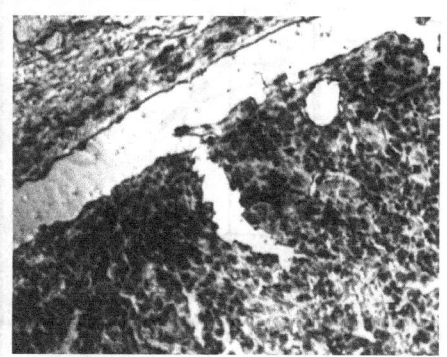

图附-8 冷冻切片的激光显微切割
左图:被切割细胞的定位;右图:切割后组织切片上留下的空隙

第四节 激光扫描共聚焦显微镜技术

激光扫描共聚焦显微镜(laser scanning confocal microscopy, LSCM)是近代生物医学图像分

析仪器研究最重要的成就之一。它是在荧光显微镜成像基础上加装了激光扫描装置,利用计算机进行图象处理,使用紫外或可见光激发荧光探针,从而得到细胞或组织内部微细结构的荧光图像。普通的光学显微镜在观察生物样品时,物镜焦点以外的样品部分发出的光会减低图像的清晰度,尤其是观察较厚的样品时,这种清晰度会严重降低,而 LSCM 能够对样品中的任一点清晰成像,其图像的对比度较普通光学显微镜有明显的改善。该仪器突破了普通光学显微镜不能对细胞或组织内部进行定位监测的限制,实现了对细胞内部非侵入式光学断层扫描成像(类似 CT 断层扫描)(图附 -9、10),可以在亚细胞水平上观察诸如 Ca^{2+}、pH 值、膜电位等生理信号及细胞形态的变化。基于其卓越的光学切片和三维重建的能力,该技术可以方便快捷的从比较厚的生物样品获得清晰的光学切片,而且可以对样品的任何可能的角度做进一步的观测,从而获得三维图像。由于它的高灵敏度和能观察空间结构的独特优点,从而对被检物体样品从停留到表面单层、静态平面的观察进展到立体、断层扫描、动态全面的观察,使其成为形态学、分子细胞生物学、神经科学、药理学、遗传学等领域中新一代强有力的研究工具。

LSCM 可应用于:①观察活细胞、活组织:LSCM 在不损伤细胞的前提下,可以对活组织、活细胞进行观察和测量,这不仅省去了繁琐的样品前期处理过程(如脱水、脱蜡、染色等),而且观察过的样品还可以继续用于其他的研究。②生化成分精确定位观察:配合专用的分子探针,对于要检测的成分不仅可以定位到细胞水平,还可以定位到亚细胞水平和分子水平。③图像分析:借助于共聚焦系统,通过对同一样品不同层面的实时扫描成像,进行图像叠加,可构成样品的三维结构图像,揭示亚细胞结构的空间关系。④定量测量:可对单细胞或细胞群的溶酶体、线粒体、内质网、细胞骨架、结构性蛋白质、DNA、RNA、酶、受体分子的含量、组分及分布等进行定性及定量测定。⑤采用荧光漂白恢复技术进行细胞间通讯、细胞骨架的构成、生物膜结构和大分子

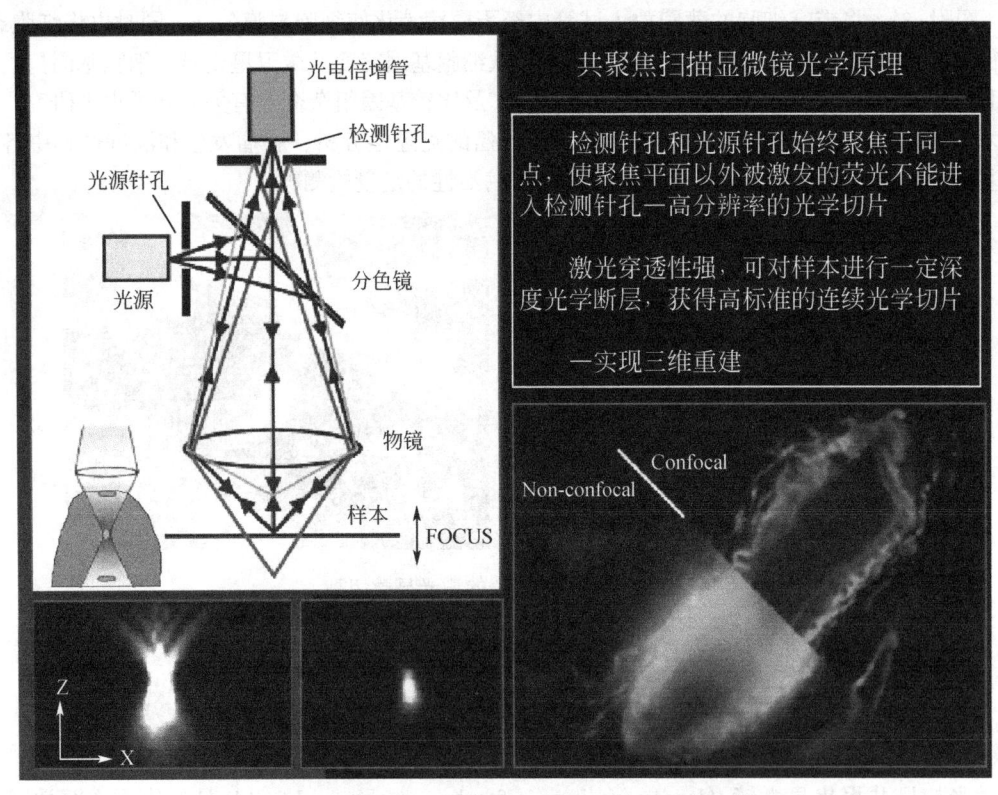

图附 -9　共聚焦扫描显微镜光学原理示意图　confocal non-

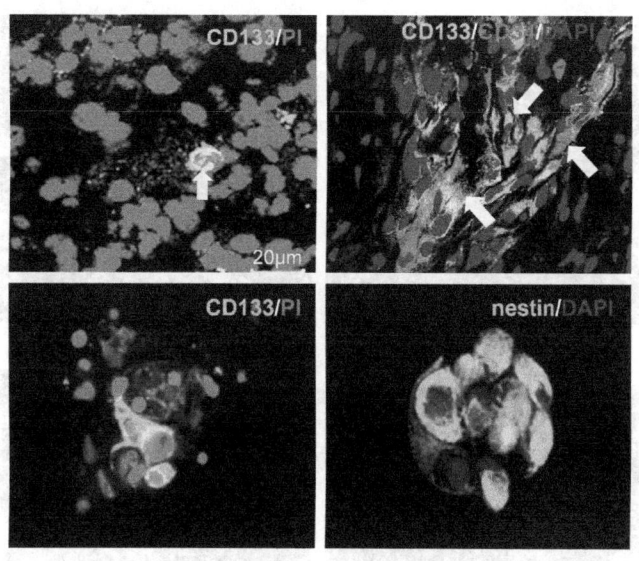

图附-10 胶质瘤干细胞的分布和培养

肿瘤干细胞在胶质瘤组织中散在分布（左上图），微血管附近相对较多（右上图），体外培养的胶质瘤干细胞呈球体样生长，干细胞标记物 CD133 和 nestin 呈阳性表达（下图）（免疫荧光标记，激光共聚焦扫描显微镜观察）

组装等的研究。⑥细胞膜流动性测定和光活化技术等。

用于 LSCM 的样本最好是培养细胞样本，如培养细胞涂片或细胞爬片，也可以是冷冻切片，石蜡切片不适用于该技术。LSCM 主要使用直接或间接免疫荧光染色和荧光原位杂交技术。

第五节 核酸原位杂交技术

原位杂交 (in situ hybridizacion，ISH) 是将组织化学与分子生物学技术相结合以检测和定位核酸的技术。它是用标记了的已知序列的核苷酸片段作为探针，与组织或细胞中待测的核酸按碱基配对的原则进行特异性结合，形成杂交体，杂交后的信号可以在光镜或电镜下进行定性、定位和相对定量分析的一种研究方法。根据所选用的探针和待检测靶序列的不同，有 DNA-DNA 杂交、DNA-RNA 杂交和 RNA-RNA 杂交。由于核酸分子杂交的特异性强、敏感性高、定位精确、并可半定量，因此该技术已广泛应用于生物学、医学等各个领域的研究之中。

原位杂交的实验材料可以是石蜡切片、冷冻切片、细胞涂片和细胞爬片等，用于杂交的探针有双链 cDNA 探针、单链 cDNA 探针、单链 cRNA 探针以及合成的寡核苷酸探针等。探针标记物有放射性和非放射性之分，前者如放射性核素 ^{3}H、^{35}S、^{32}P 等，非放射性探针标记物有荧光素、地高辛和生物素等。其中，荧光原位杂交 (fluorescence in situ hybridization，FISH) 可以用直接法或间接法进行。直接法是以荧光素直接标记已知 DNA 探针，所检测的靶序列为 DNA。间接法是以非荧光标记物标记已知 DNA 探针，再桥连一个荧光标记的抗体。目前已有大量商品化的荧光标记探针，使 FISH 技术得到越来越广泛的应用 (图附 -11)。

原位杂交实验中应用不同的探针可显示某一种物种的全部基因、某一染色体片段及单拷贝序列，结合激光共聚焦显微镜可对间期核及染色体进行三维结构研究，故可应用于：①细胞特异性 mRNA 转录的定位，如基因图谱、基因表达和基因组进化的研究；②受感染组织中病毒 DNA/RNA 的检测和定位，如 EB 病毒 mRNA、人类乳头状瘤病毒 DNA(图附 -12) 和巨细胞病

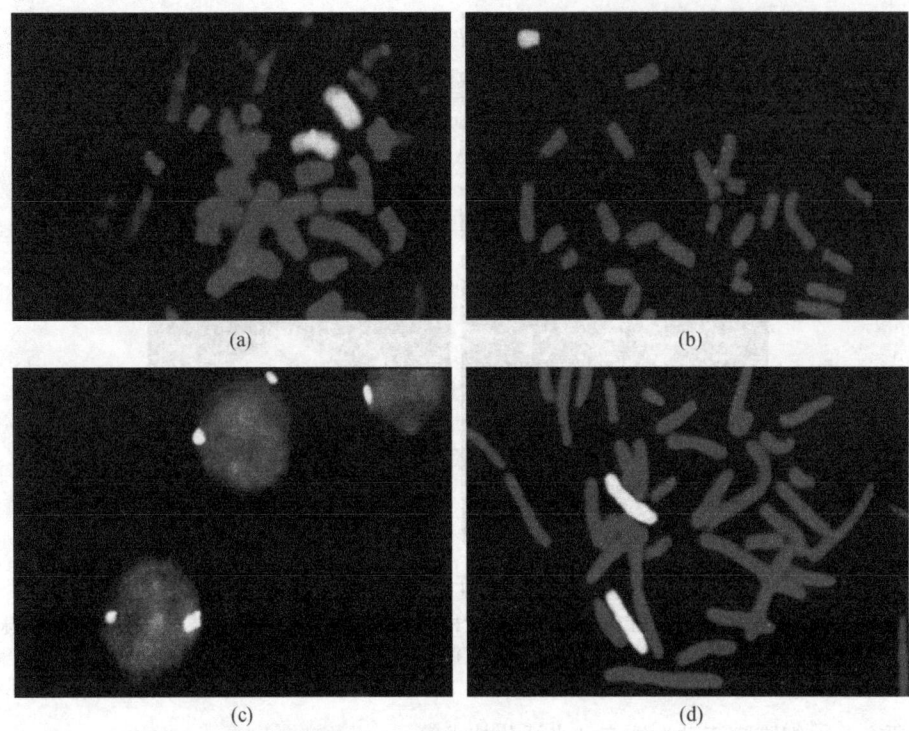

图附-11 染色体的荧光原位杂交

(a) 一对X染色体（绿色）；(b) Y染色体（红色）；(c) 间期细胞X染色体（绿色）；Y染色体（红色）；
(d) 一对12号染色体（绿色）

毒DNA的检测；③癌基因、抑癌基因及各种功能基因在转录水平的表达及其变化的检测；④基因在染色体上的定位；⑤染色体变化的检测，如染色体数量异常和染色体易位等；⑥分裂间期细胞遗传学的研究，如遗传病的产前诊断和某些遗传病基因携带者的确定，某些肿瘤的诊断等。

原位杂交与免疫组化染色技术相比较，IHC使用的是抗体，其检测对象是抗原，机制是抗原抗体的特异性结合，是蛋白质表达水平的检测；ISH使用的是探针，遵循碱基互补配对的原则，与待检测的靶序列结合，是DNA或转录（mRNA）水平的检测。两者均有较高的敏感性和特异性，但ISH更容易受到外界因素的影响。

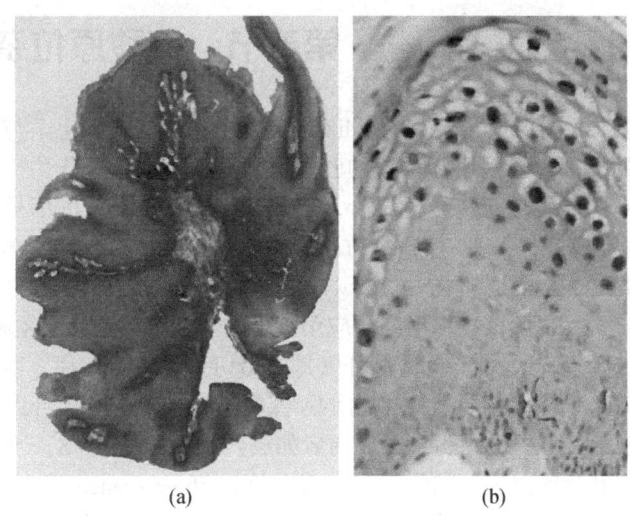

图附-12 原位杂交检测人乳头状瘤病毒（HPV）

A. 外阴尖锐湿疣的组织形态；B. 用生物素标记的探针对HPV-6的DNA探针进行原位杂交，在石蜡包埋组织切片上检测HPV-DNA，示鳞状上皮棘细胞层中的一些凹空细胞呈细胞核阳性（棕色），DAB显色

第六节 原位多聚酶链式反应技术

多聚酶链式反应（polymerase chain reaction，PCR）技术和原位杂交技术都是研究基因结构和表达非常有用的工具。原位杂交是将特定标记的已知序列核酸作为探针，与细胞或组织中核酸进行杂交并对其进行检测的方法，该技术特异性高，精确定位，但又时常被探测敏感度所限制。PCR技术快速、灵敏、特异性高，能将单一拷贝或低拷贝的待测核酸以指数的形式扩增，很容易被琼脂糖凝胶电泳和Southern blot杂交检测，但该项技术由于不能进行组织细胞的定位，在组织学、病理学、胚胎学等研究工作中的应用受到限制。原位PCR（in situ PCR）技术则是原位杂交和PCR技术合二为一，将目的基因的扩增与定位相结合，弥补了这两项技术的不足。

原位PCR技术是在冷冻切片、石蜡切片、细胞涂片或细胞爬片上的细胞内进行特定核酸序列PCR反应，使拷贝数增加到可以由原位杂交和免疫组化检测的水平，再用特异性探针进行原位杂交，即可检出待测DNA或RNA是否在该组织或细胞中存在。技术要点是先进行细胞或组织样品的固定和渗透，目的在于保持细胞或组织样品的形态，同时便于PCR试剂到达细胞中需要扩增的序列。靶序列的扩增可在完整的细胞内进行，如EP管中的细胞悬液，在玻片上的细胞离心制备物或组织切片上滴加PCR反应混合物，覆盖盖玻片进行扩增。热循环后，胞内PCR产物可由原位杂交检测（间接原位PCR），也可在热循环期间将标记的核苷酸和PCR产物结合，进行免疫组化检测（直接原位PCR）。

原位PCR技术可对低拷贝的内源性基因进行检测和定位，在完整的细胞样本上能检测出单一拷贝的DNA序列，可用于基因突变、基因重排等的研究和观察；还可用于外源性基因的检测和定位，如对各种感染性疾病病原的基因检测（如EB病毒、人乳头状瘤病毒、肝炎病毒、巨细胞病毒和人免疫缺陷病毒基因组及结核杆菌、麻风杆菌基因的检测等）；在临床上还可用于对接受了基因治疗的患者体内导入基因的检测等。

从理论上说，原位PCR是一个较完美的技术，兼具较高的敏感性和基因的细胞内定位功能，但目前该技术方法还欠完善，主要表现在以下几个方面：①特异性不高，有由于引物扩增序列的弥散、引物与模板的错配等可能产生假阳性；②技术操作复杂，影响因素过多；③需要特殊的设备，即原位PCR仪，价格昂贵，加之技术方法上存在的问题等，短时间内还难以在国内大面积推广使用，但有一定的潜在应用前景。

第七节 流式细胞技术

流式细胞技术（flow cytometry，FCM）是利用流式细胞仪进行的一种单细胞定量分析和分选的新技术，可对单个细胞逐个的进行高速准确的定量分析和分类，是免疫细胞化学、激光和电子计算机等科学高度发展、综合的结晶。

流式细胞仪的工作原理是细胞或微粒经荧光染料染色后制成样品悬液，在稳定的液流推动装置作用下，一个一个的依次恒速通过激光束的照射区，细胞受激光照射后发生散射光和荧光，通过检测散射光可知细胞体积，监测荧光可知细胞DNA或RNA的含量，同时由荧光探测器捕获荧光信号并转换成分别代表前向散射角、侧向散射角和不同荧光强度的电脉冲信号，经计算机处理形成相应的点图、直方图和假三维结构图像进行分析。检测后细胞样品被分割形成一连串均匀的小液滴，其中的细胞是已被测定的细胞，如特性与被选定要进行分选的细胞特性相符，则仪器在含有这个细胞的液滴形成时就使其带有特定的电荷，否则液滴不带电荷，带电荷的液滴依据自身所带电荷性质落入各自的收集容器，不带电荷的液滴进入废液容器，从而实现细胞分选的目的

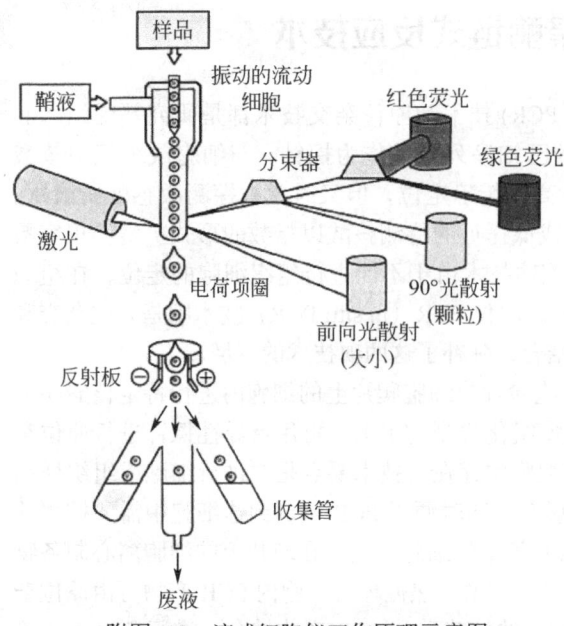

附图-13 流式细胞仪工作原理示意图

（图附-13）。

流式细胞仪具有精密、准确、快速和高分辨力等特性，具体表现在以下几个方面：①测定细胞内DNA的变异系数最小，一般在2%以下；②能准确地进行DNA倍体分析，故可用于细胞周期分析（图附-14、）及凋亡细胞的鉴别（图）；③借助于荧光染料进行细胞内蛋白质和核酸的定量研究；④快速进行细胞分选和细胞收集（图附-15）。流式细胞术在医学基础研究和临床检测中有多方面的应用，如外周血细胞的免疫表型测定和定量分析，某一特定细胞群的筛选和细胞收集，细胞多药耐药基因的检测，癌基因和抑癌基因的检测，细胞凋亡的定量研究，细胞毒功能检测以及细胞内某些蛋白质和核酸的定量分析等。

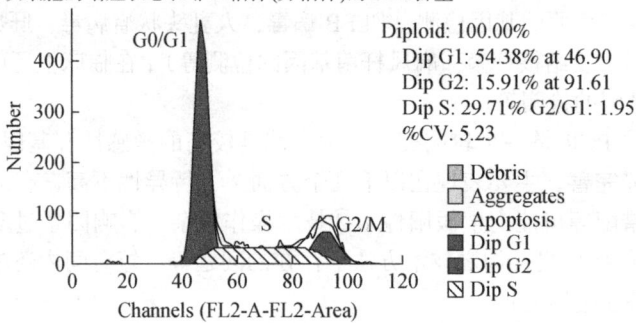

附图-14 流式细胞术检测细胞周期

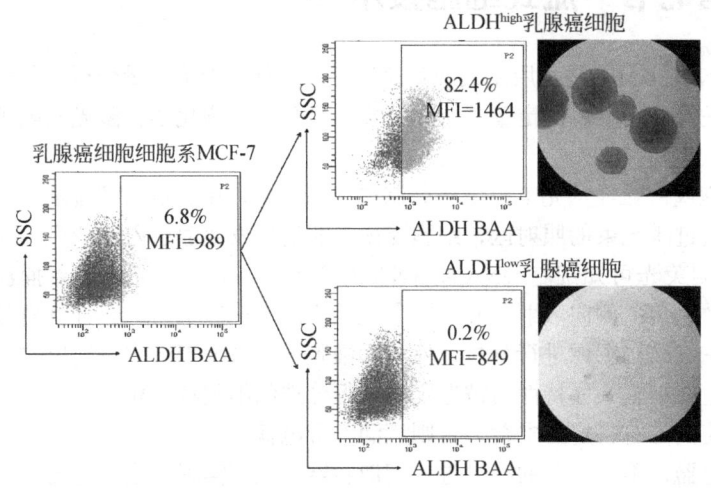

图附-15 流式细胞术进行细胞分选

采用乳腺癌干细胞已知标记物将乳腺癌细胞系MCF-7中ALDH高表达细胞和低表达细胞进行标记分选，前者体外细胞成球速率快（免疫标记和流式细胞术）

第八节 图像采集和分析技术

随着计算机技术日新月异的发展，数字化图像采集与分析技术的应用已经成为一种趋势。数字化切片系统可以将整个载玻片全信息、全方位快速扫描，使传统物质化的载玻片变成新一代数字化病理切片。由于提供全切片信息，使诊断价值等同显微镜观察，可广泛用于病理临床诊断、病理教学、组织学细胞成像、荧光分析、免疫组化数字成像，还可实现病理切片多层三维重建、病理切片管理数字化。

一、病理图像采集

数字病理切片（digital slide of pathology）又称虚拟病理切片（vitual slide of pathology）。它将现代数字系统与传统光学放大装置有机结合，通过全自动显微镜或光学放大系统扫描采集得到高分辨数字图像，再应用计算机对得到的图像自动进行高精度多视野无缝隙拼接和处理，获得优质的可视化数据以应用于病理学的各个领域。

数字病理系统主要由数字切片扫描装置和数据处理软件构成。操作过程首先是利用数字显微镜或放大系统在低倍物镜下对玻璃切片进行逐幅扫描采集成像，显微扫描平台自动按照切片 XY 轴方向扫描移动，并在 Z 轴方向自动聚焦；然后，由扫描控制软件在光学放大装置有效放大的基础上利用程控扫描方式采集高分辨数字图像，图像压缩与存储软件将图像自动进行无缝拼接处理，制作生成整张全视野的数字化切片；再将这些数据存储在一定介质中建立起数字病理切片库；随后就可以利用相应的数字病理切片浏览系统，对一系列可视化数据进行任意比例放大或缩小以及任意方向移动的浏览和分析处理。浏览时可随时随地对显微切片区域进行不同放大倍率的浏览（2×，4×，10×，20×，40×，100×）（图附-16），放大倍率均为光学放大而非数码放大，因此不存在图像信息失真和细节不清的问题，就好比在操作一台真实的光学显微镜。

数字病理系统进行的数字切片具有全信息图像、高清晰度、高分辨率、操作便捷、易于保存、便于检索及管理等优点，实现了病理资源数字化、网络化，可视化数据的永久储存和不受时空限制的同步浏览处理，主要用于病理学等形态学相关学科的教学与考试，病理学科读片交流会议，医院病理科信息管理，临床上重大病例诊断中的远程会诊与咨询，科研成果的分析与交流，病理专科医师的培训，建立常规和疑难病例的可视化资源数据库，图像的标准化分析和统计分析等诸多工作中。

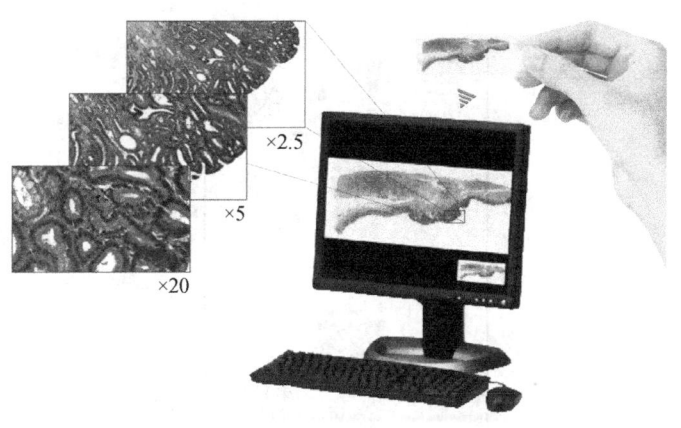

图附-16 数字病理切片浏览系统

二、病理图像分析

病理图像分析技术包括定性和定量两个方面。图像的定性分析是指用肉眼、显微镜等观察图像后对图像的结构特点、含义进行描述、分析、推理和判断。以往由于技术所限，常规病理形态学观察基本上只能定性，缺乏精确而更为客观的定量标准和方法。图像分析技术 (image analysis)

是应用计算机图像分析系统进行操作，对于病变中组织、细胞或细胞器等的二维和三维结构进行定量或半定量分析（形态计量分析），是对病变形态进行定性分析的一种量化性补充。其操作过程包括图像采集、图像处理和图像分析三个步骤：①图像采集是通过数字化摄像机等设备采集操作者选定的图像，并将其转化成电子信号的过程；②图像处理是对采集到的图像进行修饰加工的过程，去除图像的缺陷或不足，将模糊图像变为清晰图像或以新图像形式来表达原图像等；③图像分析是应用几何学参数、光度学参数和特化参数等结构参数进行。图像分析技术可用于对细胞核形态参数的测定（如直径、周长、面积、体积等）、DNA倍体的测定和显色反应（如免疫组化）的定量，甚至辅助肿瘤的组织病理学分级和预后判断等。

生物体视学（Biological stereology）也是常常应用于定量病理学研究的一种方法。在统计概率的意义上，二维切片包含有三维结构的定量信息。体视学方法就是基于组织细胞的二维切片的全面观察而获得显微结构的三维定量信息的精确手段，它结合了数学、生物组织学和图像分析技术，借助计算机及数据处理系统和显微镜及显微成像系统，将二维连续的平面切片经过成像及计算机分析处理得到三维立体形态，以准确地对物体进行定量及形态结构分析。

第九节　比较基因组杂交技术

比较基因组杂交 (comparative genomic hybridization, CGH) 是一种分子细胞学技术，通过单一的一次杂交，可对某一肿瘤全基因组的染色体拷贝数量的变化进行检查。其基本原理是：用不同的荧光染料分别标记正常人基因组 DNA 与肿瘤细胞 DNA，制成探针，再与正常人的分裂中期染色体进行共杂交，通过检测染色体上两种荧光（红、绿）的相对强度比率，两组 DNA 相异部分会显出颜色偏移，借助于图像分析技术可计算出 DNA 的缺失与放大，从而了解肿瘤组织 DNA 拷贝数的改变进行定量研究，并能同时在染色体上定位 (图附 -17、18)。

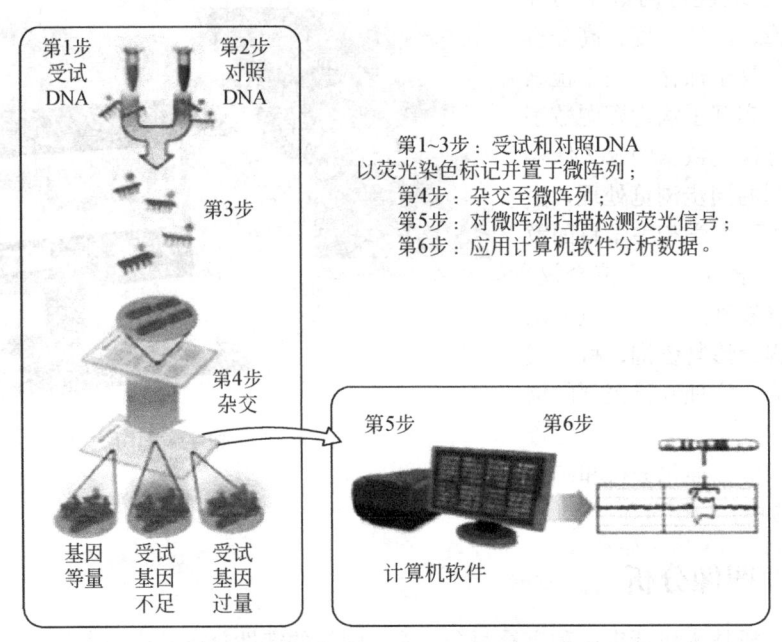

图附 -17　微阵列 CGH 步骤示意图

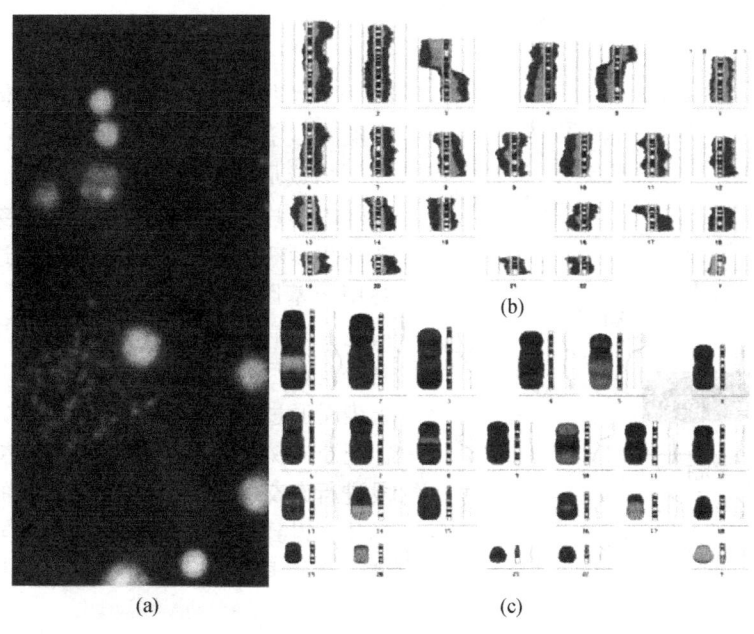

图附-18 比较基因组杂交(CGH)

(a) 示 CGH 在共聚集显微镜下合成的图像。(b) 和 (c) 为肺小细胞癌的 CGH 结果的计算机分析图, (b) 示与各染色体相伴随的曲线走向,表示染色体的不均衡性;(c) 原发瘤和转移瘤有大量相同的变化提示其单一克隆关系。红色为 DNA 丢失,绿色为 DNA 获得。

CGH 技术的优点是只要从肿瘤组织中提取少量 DNA,就可进行全基因组检测。如对肺的小细胞癌的原发癌和淋巴结转移癌细胞的检测,可发现二者为单一克隆关系。该方法适用于外周血、培养细胞、新鲜组织、石蜡组织、DNA 量过少而经 PCR 扩增等样本的研究。可检测癌变过程中的不同阶段,肿瘤进展的不同时期及不同类型肿瘤的非随机性染色体改变,有助于从分子细胞遗传学角度了解肿瘤的发生发展,对发现肿瘤遗传学标记,初步查寻肿瘤相关基因的位置均具有重要意义。CGH 也有其局限性:一是用 CGH 技术所能检测到的最小的 DNA 扩增或缺失是 3～5Mb,对于低水平的 DNA 扩增和小片段的缺失就会漏检;二是在染色体的拷贝数量无变化时,CGH 技术不能检测出平行染色体的易位。

第十节 生物芯片技术

生物芯片技术 (biochip technique) 是将多种具有生物识别功能的分子探针或生物样品,有序的点阵排列在固相基质上,并与标记的检测分子同时反应或杂交,通过放射自显影、荧光扫描、化学发光或酶标显示可获得大量有用的生物信息(图附-19),从而实现对 DNA、RNA、多肽、蛋白质、细胞、组织以及其他生物成分的高通量快速检测,达到一次实验同时检测多种疾病或分析多个生物样本的目的,对于科研、开发、疾病的分子诊断、预后分析、药物治疗靶点的筛选、组织分布、细胞定位、抗药性和新药的筛选等方面均具有十分广泛的实用价值。生物芯片技术包括基因芯片、蛋白质芯片、细胞芯片、组织芯片、以及元件型微阵列芯片、通道型微阵列芯片、生物传感芯片等新型生物芯片。

一、基因芯片

基因芯片 (gene chip) 是将大量靶基因或寡核苷酸片段有序、高密度地排列在如硅片、玻片、聚丙烯或尼龙膜等固相载体上，形成基因芯片。按基因芯片的功能用途可分为三类：表达谱基因芯片、诊断芯片和检测芯片。表达谱基因芯片主要用于基因功能的研究，后两者可用于遗传病、代谢性疾病和某些肿瘤的诊断、病原微生物的检测等。基因芯片检测的基本原理是：用不同的荧光染料通过逆转录反应将不同组织的 mRNA 分别标记制成探针，将探针混合后与芯片上的 DNA 片段进行杂交、洗涤，然后用特有的荧光波长扫描芯片，得到这些基因在不同组织或细胞中的表达谱图片，再通过计算机分析出这些基因在不同组织的表达差异。

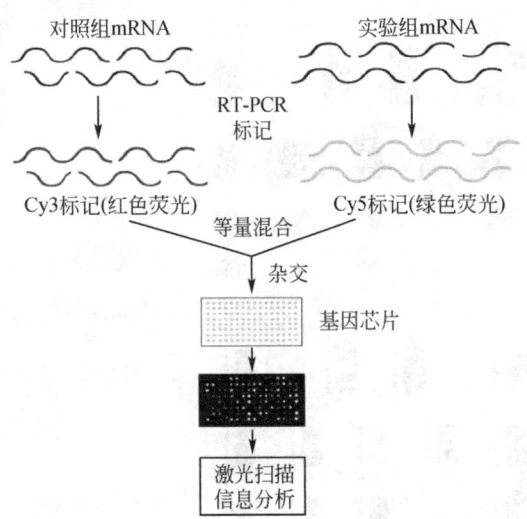

图附-19 表达谱基因芯片的检测原理流程示意图

基因芯片技术可用于生命科学研究的各个领域，在基础研究方面有基因表达谱分析、肿瘤基因分型、基因突变的检测、新基因的寻找、遗传作图和重测序等；在临床上可用于抗生素和抗肿瘤药物的筛选和疾病的诊断等方面。利用基因芯片技术可以大规模、高通量地对成千上万个基因同时进行研究，解决了传统的核酸印迹杂交技术操作复杂、自动化程度低、检测效率低等问题。因而，通过设计不同的探针阵列和使用特定的分析方法使该技术具有广阔的应用前景。

二、蛋白质芯片

蛋白质芯片 (protein chip) 也是在一个载体（如滴定板、滤膜和载玻片）上高密度有序地点布不同种类的蛋白质成为检测用的芯片，然后，用标记了特定荧光素的蛋白质或其他成分与芯片作用，经漂洗将未能与芯片上蛋白质互补结合的成分洗去，再利用荧光扫描仪或激光共聚焦扫描，测定芯片上各点的荧光强度，通过荧光强度分析蛋白质与蛋白质之间相互作用的关系，由此达到检测多种蛋白质及其功能的目的。如抗体芯片可排列数百种单克隆抗体，通过这张芯片，人们在一次实验中就能够比较几百种蛋白质的表达变化，具有高效率、低成本的特点。对于诊断疾病如传染病、肿瘤、遗传病等临床工作，以及信号传导、细胞周期调控、细胞结构、细胞凋亡和神经生物学等基础研究都具有广泛的应用前景。

三、组织芯片

组织芯片 (tissue chip) 是将数十个至数百个小的组织片整齐地排列在某一载体上（通常是载玻片）而成的微缩组织切片。组织芯片的制作流程主要包括组织筛选和定位、阵列蜡块的制作和切片等步骤。组织芯片的特点是体积小、信息含量大，可根据不同的需求进行组合制成各种组织芯片，能高效、快速和低消耗地进行各种组织学的原位研究和观察，如形态学、免疫组化、原位杂交和原位 PCR 等，并有较好的内对照及实验条件的可比性。在科研工作中可单独应用或与基因芯片联合应用，用于基因及其蛋白表达产物的分析和基因功能的研究，基因探针的筛选和抗体等生物制剂的鉴定，可作为组织学和病理学实习教材、外科病理学微缩图谱等。

第十一节 生物信息学技术

上世纪 80 年代末随着人类基因组计划的启动，生物科学和技术有了长足的发展，基因组研究不断深入，生物分子数据迅速增长，数据量巨大。其中既有生物分子序列的信息，又有结构和功能的信息；既有生命本质信息（如基因），又有生命表象信息（如基因表达信息），并且数据之间存在着密切的联系。生物信息学（bioinformatics）是在这种情况下兴起的一门新兴边缘学科。它应用数理和信息科学的理论、技术和方法去研究生命现象、组织和分析呈现指数增长的生物数据。具体表现为以计算机、网络为工具，以数据库为载体，发展各种软件，对逐日增长的浩如烟海的 DNA 和蛋白质的序列和结构进行收集、整理、储存、发布、提取、加工、分析和研究。目的在于通过这样的分析逐步认识生命的起源、进化、遗传和发育的本质，破译隐藏在 DNA 序列中的遗传语言，揭示生物体生理和病理过程的分子基础，为探索生命的奥秘提供最合理和有效的方法或途径。

生物信息学主要涉及的生物数据是遗传物质的载体 DNA 及其编码的大分子蛋白质。研究范畴是以基因组 DNA 序列比对的信息分析作为源头，通过基因识别、基因重组，来分析基因组结构，寻找或发现新基因，分析基因调控信息，并在此基础上研究基因的功能，模拟和预测蛋白质的空间结构，分析蛋白质的性质以及蛋白质结构与功能之间的关系，为基于靶分子结构的药物分子设计和蛋白质分子改性设计提供依据。

生物信息学的主要任务是研究生物分子数据的获取、存储和查询，发展数据分析方法。主要包括三个方面：①生物信息的收集、存储、管理与提供：生物信息学的重要内容是建立生物信息数据库，提供数据查询、搜索、筛选和序列比对，为信息分析和数据挖掘打下基础。目前，生物信息数据库种类繁多，归纳起来大体可以分为 4 个大类，即基因组数据库、核酸和蛋白质一级结构序列数据库、生物大分子（主要是蛋白质）三维空间结构数据库。②生物学数据的处理和分析：如，通过基因组序列分析、基因表达数据的分析与处理，发现数据之间的关系，认识数据的本质，并在此基础上了解基因与疾病的关系，了解疾病产生的机制，为疾病的诊断和治疗提供依据，帮助确定新药的作用靶点和作用方式，设计新的药物分子，为进一步的研究和应用打下基础。③生物学数据的有效利用：开发研制管理分析数据的新工具和实用软件，为生物信息学的具体应用服务。如与大规模基因表达谱分析相关的算法和软件研究，基因表达调控网络的研究，与基因组信息相关的核酸、蛋白质空间结构的预测和模拟，以及蛋白质功能预测的研究等（图附-20）。

生物信息学发展十分迅速，研究内容日益扩展，新的研究方法不断涌现，已经成为生物医学、农学、遗传学、细胞生物学等学科发展的强大推动力量，也是药物设计、环境监测的重要组成部分。因此，及时、充分、有效地利用网络上不断增长的生物信息数据库资源，已经成为生物学科研工作中强有力的必不可少的研究手段。

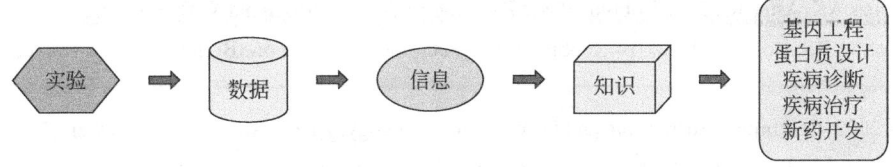

图附-20　生物分子信息处理流程

湖北中医药大学　尹漾阳　李　萍

主要参考文献

陈杰,李甘地.2010.病理学.北京:人民卫生出版社
陈思锋,钱睿哲.2015.病理生理学.上海:复旦大学出版社
杭振镳.2003.超微病理学图谱.成都:四川大学出版社
黄启福.2011.病理学.北京:科学出版社
黄玉芳.2016.病理学.第10版.北京:中国中医药出版社
金惠铭,陈思锋.2010.高级临床病理生理学.上海:复旦大学出版社
李桂源.2010.病理生理学.北京:人民卫生出版社
李萍.2009.现代病理学教程.北京:科学出版社
李萍.2011.病理学.北京:科学出版社
李玉林.病理学.2013.第8版.北京:人民卫生出版社
李玉林.2003.分子病理学.北京:人民卫生出版社
刘彤华.2006.诊断病理学.第2版.北京:人民卫生出版社
刘雨清,吕世军.2013.肿瘤病理学.济南:山东人民出版社
罗塞.2006.阿克曼外科病理学.第9版.回允中译.北京:北京大学医学出版社
潘琳.2012.实验病理学技术图鉴.北京:科学出版社
石增立,李著华.2006.病理生理学.北京:科学出版社
汤钊猷.2011.现代肿瘤学.第3版.上海:复旦大学出版社
田昆仑,肖献忠.2008.病理生理学.第2版.北京:高等教育出版社
汪谦.2009.现代医学实验方法.第2版.北京:人民卫生出版社
王斌,陈命家.2015.病理学与病理学.第7版.北京:人民卫生出版社
王伯沄,李玉松,黄高昇,等,2000.病理学技术.北京:人民卫生出版社
王建枝,殷莲华.2013.病理生理学.第8版.北京:人民卫生出版社
吴其夏,余应年,卢建.2011.新编病理生理学.第3版.北京:中国协和医科大学出版社
杨惠玲,潘景轩,吴伟康.2010.高级病理生理学.第2版.北京:科学出版社
中华医学会.2009.临床诊疗指南病理学分册.北京:人民卫生出版社
朱大年.生理学.2013.第8版.北京:人民卫生出版社
Kumar V, Abbas AK, Aster JC, 2012.Robbins Basic Pathology. 9th ed. Philadelphia:W.B. Saunders
Kumar V, Cotran RS, Robbins RS, 2014.Robbins Basic Pathology. 9th edition. Beijing: Peking University Medical Press
Robbins SL, 2003. Cell Injury, Adaptation, and Death.Basic Pathology. 7th ed. Amsterdam: Elsevier
Rubin R, Strayer DS, 2011.Rubin's Pathology:Clinicopathologic Foundations of Medicine.6th ed.Philadelphia:Lippincott Williams & Wilkins